KB182567

그들의 대한제국 1897~1910

김태웅

서울대학교 사범대학 역사교육과를 졸업하고 같은 학교 대학원 국사학과에서 문학석사·박사학위를 받았다. 현재 서울대학교 사범대학 역사교육과 교수로 재직 중이다.

지은 책으로 《대한제국과 3·1운동》, 《근대 전환기 한국의 개화와 유교》(공저), 《일제강점기 고등교육 정책》(공저), 《한국 근대사를 꿰뚫는 질문 29》(공저), 《어윤중과 그의 시대》, 《신식 소학교의 탄생과 학생의 삶》, 《한국사의 이해》(공저), 《이주노동자, 그들은 우리에게 어떻게 다가왔나》, 《국사교육의 편제와 한국근대사 탐구》, 《우리 역사 어떻게 읽고 생각할까》(공저), 《뿌리 깊은 한국사 샘이 깊은 이야기 6: 근대》, 《한국근대 지방재정 연구》(2013년 두계학술상 수상), 《우리 학생들이 나아가누나》 등이 있으며, 박은식의 《한국통사》를 우리말로 풀었다.

그들의
대한제국
1897~
1910

**5인의 기록으로 재구성한
있는 그대로의 대한제국사**

김 태 웅   지 음

윤치호
귀스타브 뮈텔
정교
황현
지규식

책을 펴내며

이 책은 대한제국기(1897~1910)에 살았던 5인의 현실 인식과 경험을 바탕으로 그들의 눈에 비친 대한제국 이야기를 재구성한 것이다. 시대가 우여곡절과 파란만장을 넘어, 국가적 위기를 넘어 종말로 달려가고 있었기에 그들의 삶 또한 평온하지 않았다. 어떤 이는 나락으로 떨어지는 아픔을 견디지 못해 자결로 자신의 책무를 다하고자 했고, 어떤 이는 시대의 고통을 묵묵히 감내하며 역사와 함께 걸어갔다. 또 어떤 이는 시대와의 불우한 만남을 비관하기보다는 애써 눈감으며 자신의 뜻대로 나아갔다. 그러나 세상에 대한 인식과 처세가 각양각색일지라도 동시대 사람들의 삶과 수많은 사건을 기록하고 자신의 시선과 생각을 표출했다는 공통점이 있다. 이 이야기는 그들이 남겨놓은 일기와 역사 기록에서 출발한다.

2024년은 러일전쟁이 발발한 지 120주년이 되는 해다. 러일전쟁은 우리에게도 결코 망각할 수 없는 사건이다. 우리 선조의 삶이 이 전쟁으로 말미암아 송두리째 바뀌었기 때문이다. 누군가는 나라를 되찾기 위해 목숨을 걸고 독립운동을 펼치다가 이름 모를 들판과 어둠침침한 형무소에서 죽어갔고, 누군가는 강제로 끌려나가 참혹한 운명을 맞이했다. 이럴 때마다 역사 책임 논쟁이 늘 따라다녔고 일제와 함께 대한제국이 피고인처럼 역사의 법정에 불려 나왔다. 대한제국은 왜 피해자임에도 불려 나왔는가. 약육강식의 시대를 이겨내지 못한 망국의 책임자라는 이유에서다. 다른 한편에서는 대한제국의 근대화 노력을 재조명하면서 이 책임이 일본을 비롯한 제국주의 열강이 문명화의 이름 아래 침략을 일삼던 제국주의 시대의 모순에서 비롯되었음을 간과해서는 안 된다고 주장한다. 여기서 누구의 주장을 따라가든 오늘날 우리의 삶이 120년 전 이 땅에 살았던 주민들의 삶과 무관하지 않았음은 분명하다.

그런데 이러한 책임 논쟁은 최근 들어 연탄재처럼 꺼지기보다는 오히려 화톳불처럼 더욱 가열되고 있다. 세월이 흐를수록 이해 당사자의 충돌이 잦아들고 자료의 발굴과 공개가 활발해질수록 진실에 다가가므로, 오히려 이런 논쟁은 줄어들고 상호 이해의 폭도 넓어질 법한데 왜 이런 현상이 나타나는 것일까. 그것은 100여 년 전 사람들이 남긴 자료에 다양한 목소리가 담겨 있고 일제가 편찬한 《고종·순종실록》이 끼치는 부작용이 적지 않기 때문이다. 특히 《고종·순종실록》은 일제가 편찬했다는 점에서 찬술 의도와 방식, 수록 사료에 대한 엄밀한 사료 비판이 수반되어야 함에도 불구하고, '실록'이라는 주술에 걸려들어 맹목적으로 활용하는 경향이 적지 않다. 또한 오늘날 정치 집단 사이의 갈등이 커지면서 과거 사건의 역사적 맥락은 고려하지 않은 채 특정 기사를 부풀리거나 자의적으로 선별하여 자신들의 입지를 강화하고 정치적 주장을 정당화하는 경우도 많다. 나는 대한제국 역사 연구자로서 이런 현상들을 보면서 당혹감과 자괴감을 감출 수 없다.

여기서 독자들은 학계의 팽팽한 주장들이 맞서는 지점에서 언제까지 관객으로 남아 있어야 하는가라고 문제를 제기할 수 있다. 물론 용맹한 독자는 여러 학자의 견해와 고증 과정을 하나하나 꼼꼼히 따지며 자신의 견해를 정립해 갈 수 있다. 아니면 잘 정리된 대한제국사 개설서를 읽고 자신의 판단을 빨리 깔끔하게 내릴 수 있다. 그럼에도 여전히 의문은 남는다. 설령 독자들이 여러 학자의 글을 읽고 정리한다 한들 자신 역시 확증편향에서 벗어나 있다고 자신할 수 있을까? 혹시 어느 특정 학자나 저널리스트가 섣부르게 견해를 드러낸 글을 줄기차게 읽으면서 자신의 역사적 확증편향을 강화하고 있지 않을까 하는 의구심이 들 수 있기 때문이다. 반대로 특정 학자의 해석에 매몰되어 주체적인 판단을 보류하고 그의 보이지 않는 손에 자신을 맡기고 있는 것은 아닐까. '나' 역시 이 책의 자매편으로 《대한제국과 3·1운동》을 출간하면서 독자들을 나의 주관적 역사 세계로 끌고 오고자 한 것은 아닐까 하는 의구심이 들었다.

이에 독자들이 나를 비롯한 여러 학자의 연구서에 아랑곳하지 않고 타임머신을 타고 대한제국 시대로 가서 그 시대의 인물이 되어 당대를 느끼고 고민할 수 있는 자리를 만들어야 할 필요성을 절감했다. 독자들이 남의 주장에 휘둘리지 않고 그렇다고 자신의 견해를 아무 근거 없이 무턱대고 밀어붙이지 않는 가운데 그 시대를 냉정하게 관조하면서 역사적인 맥락에서 접근할 수 있는 길을 찾고자한 이유가 여기에 있다. 이렇게 된다면 여러 학자의 주장을 상대화해 비판적으로 성찰할 수 있는 동시에 나와 상이한 역사관과 세계관을 가진 이들과 소통할 수 있는 여지가 넓어지지 않을까 하는 기대감을 갖게 된다. 나아가 동일한 사건과 대상을 두고 다양하게 인식하고 해석하는 당대 인물들의 처지와 정치관을 통해 오늘날 우리네 이웃의 역동적인 삶과 다채로운 인식을 폭넓게 이해할 수 있으리라 여긴다. 역사는 현재적 평가에 앞서 맥락적 이해가 선행되어야 하듯이 당대 행위자의 다양한 처지와 지향, 욕망을 다층적으로 이해해야 한다. 당대 그들은 어떤 생각을 가지고 왜 그렇게 행동해야 했는지를 이해하고 성찰해야 하는 것이다. 이러한 작업이 오늘날 우리 사회에 횡행하는 흑백 진영 논리를 조금이나마 완화하고 시대적 통찰력을 키워갈 수 있다면 금상첨화라고 하겠다.

그렇다면 독자들과 어떻게 타임머신을 타고 100여 년 전으로 갈 것인가. 그리고 누구를 만날 것인가. 이러한 취지와 기준에 맞추어 세 가지 기술 원칙을 세웠다. 준수하기에 결코 만만치 않은 원칙이어서 곳곳에서 벗어날 수도 있지만, 가능한 한 준수하고자 했다.

첫째, 나는 3인칭 관찰자로서 처지도 세계관도 상이한 5인의 언설과 행동을 보여주며 그들이 목격했거나 들었던 주요 사건의 이야기를 무성영화의 변사처럼 들려주고자 한다. 역사가가 현재주의적 자세를 가진 채 초월자인 양 전지적 시점에서 과거를 휘젓고 다니는 폐해를 최대한 줄여보고자 했기 때문이다. 그들의 다양한 목소리를 독자들과 공유하기 위해 그들이 남긴 자료를 가능한 한 날것으로 보여줌으로써 그들의 시국에 대한 다양한 인식과 삶의 역정을 온전하게 전하고자 했다. 독자들은 이러한 시간여행을 통해 주인공 각자의 처지가 되어 그 시대의 사건을 내재적으로 인식하는 한편, 주인공들의 파란만장한 삶을 상호교차하며 이해하리라 본다. 물론 독자의 이해를 돕기 위해 역사적 배경에 대한 해설을 덧붙였다. 이 과정에서 독자가 당대 분위기를 감지할 수 있도록 《승정원일기》와

《일성록》, 각종 신문 자료 등을 방증 근거로 제시했다.

둘째, 나는 당시 여러 목소리를 전달하기 위해 그 시대를 살아갔던 다양한 처지의 사람들을 역사의 무대로 불러냈다. 3인칭 관찰자 또는 변사로 남아야 하겠지만 여전히 인물 선정은 나의 몫이라서 이를 감당했다. 특히 많은 자료를 남긴 이들을 중심으로 출연시키다 보니 평범하게 살았던 일반 백성의 목소리를 충분하게 전달하기에는 다소 미흡했다는 점을 고백해야겠다.

대한제국 시기에는 이전 시대와 마찬가지로 일기로 삶의 흔적을 남긴 인물이 많기에 선정의 폭을 다소 넓힐 수 있었다. 그중 방대한 분량의 일기를 남긴 윤치호를 가장 먼저 섭외했다. 그를 출연시킨 것은 단연코 그의 일기가 가장 주요한 요인이기도 하거니와, 윤치호 자신이 서구의 문물을 가장 빨리 받아들인 대표적인 식자이고 국내외 활동이 광범위해 이 시기 정국을 이해하는 데 핵심적인 인물이기 때문이다. 물론 냉소 어린 발언과 시종 알 수 없는 속내를 일기 곳곳에 남겼지만 말이다. 다음 섭외 인물은 프랑스 신부 뮈텔이다. 그 역시 방대한 일기를 남겼을뿐더러 외국인 신부임에도 대한제국 권력의 핵심 가까이에 있으면서 국내외 정국에 깊이 관여했기 때문이다. 특히 천주교 선교에 온갖 힘을 기울인 외국인의 처지에서 정국의 흐름을 자세하게 보고 있어 그의 독특한 처지와 활동은 또 하나의 목소리로 담을 만하다. 이어서 훗날 야사를 썼던 황현과 정교를 이 자리에 불렀다. 두 사람은 각각 재야의 선비와 도시의 식자층으로서 당시의 시국을 예리하게 관찰하면서 자신의 관점에서 당대의 사건과 인물의 활동을 역사로 정리했다. 특히 정교는 황현과 시선이 상이했으며 독립협회와 만민공동회 운동에 깊이 관여했음에도 윤치호를 경원했으니 이 시기 이야기를 풀어내는 데 유효하다. 끝으로 앞의 네 사람이 일반 백성의 시각을 충분히 담고 있지 않기에 지규식이라는 인물을 역사의 무대에 세웠다. 그는 자기(瓷器)를 생산하고 조달하는 상인으로서 양반 출신이 아닌 일반인의 눈으로 당시에 벌어졌던 역사적 사건과 자신의 일상을 담담히 적고 있다. 물론 그는 사는 동네가 서울과 떨어진 경기도 광주인 데다가 생계를 꾸려가기 바쁜 직업인이어서 정국 동향을 충분히 일기에 담고 있지 않다. 그러나 격랑의 시대를 사는 일반인의 평범한 삶과 고민을 엿볼 수 있다. 그 밖에 주요 인물은 아니지만 고종으로 대표되는 정부의 견해를 들어보기 위해 《승정원일기》 등에서 이 주인공들의 활동과 관련된 정부의 조치들을 기술했다. 망국의 군주로서 역사에서 소외되었던 그의 목소리를 들어보고자 한 것이다.

셋째, 나는 주인공들의 언설이 분산되지 않도록 동일한 맥락 속에서 그들을 가능한 한 상호연계시키고자 했다. 살았던 공간이 다소 떨어져 있고 주요 사건에 대한 반응이 달랐더라도 정국의 급격한 변동 속에서 분위기를 공유했다는 점에서 주인공들은 특징적 경향이나 추세를 보이고 있다. 그들 중 일부가 설령 변방에 있었다고 하더라도 그들 모두 공히 일본의 침략을 인식하고 있었고 역사의 중요한 현장에 끌려 들어가곤 했다. 윤치호와 정교는 만민공동회 운동에 자의반 타의반 중요한 역할을 담당했고, 신부 뮈텔은 선교 활동을 확대하기 위해 정국의 한복판으로 뛰어들었으며, 지규식은 의병과 일본군이 전투하는 소용돌이 속에서 갈등과 고뇌의 시간을 감내했고, 황현은 경술국치 소식에 자결을 선택했다. 이에 나는 그들을 역사적 사건으로 불러들이되 이들의 언설과 행동은 물론 내면세계를 미시적인 부분까지 보여주고자 했다. 인과론적이거나 목적론적 설명에서 벗어나 그들의 삶이 지니는 의미를 시대적 맥락 속에서 독자들과 함께 돌아보고자 했기 때문이다.

집필 과정에서 학계의 연구 성과를 최대한 반영하고자 했다. 다만 이 책이 대중서에 가까운지라 각주를 일일이 달지 않고 참고문헌에 단행본과 주요 논문을 소개하는 것으로 갈음했지만, 이 연구자들의 지대한 성과가 아니었다면 이 책은 사실상 자료집에 가까웠을 것이다. 주인공들의 목소리가 급변하는 역사의 흐름과 얽히고설킨 실타래 속에서 길을 잃지 않고 다가올 수 있었던 것은 이분들의 풍성한 연구 성과 덕분이다. 이 자리를 빌려 감사드린다. 하지만 이 책의 오류에 대한 책임은 저자에게 있다. 독자들의 혜량을 구할 뿐이다.

끝으로 오랫동안 기다려준 휴머니스트 편집부의 최인영, 강창훈 님께 송구한 마음을 표함과 함께 감사의 인사를 드린다. 거친 원고가 꼼꼼한 검토와 교열을 통해 반듯한 책으로 거듭난 것은 두 분의 노고 덕분이다. 아울러 디지털 시대에도 여전히 아날로그 감성으로 역사의 품격을 지키고 있는 휴머니스트 출판사 여러분께 감사드린다. 모쪼록 120년 전 이 땅에서 고단한 삶을 꾸렸던 앞선 세대의 통탄 어린 고뇌와 삶에의 의지를 잊지 않으면서, 오늘날 우리 사회의 격절된 거리를 조금이나마 좁힐 수 있는 터전의 도래를 꿈꾸어 본다.

2024년 11월
관악산 앞자락에서 봄날 강진 백련사 나들이를 기다리다
지은이

차례

제1부 아관파천에서 대한제국 수립까지

일러두기

1. 날짜는 기본적으로 양력으로 표기했다. 단 음력 날짜일 경우 별도로 밝혀 두었다.
2. 명성왕후가 사후 '명성황후'로 책봉되기 전의 시점을 언급할 때는 '명성왕후'로 표기했다.
   예) 명성왕후 시해 사건
3. 인용문에 표기한 [ ]는 모두 저자 주이다.

5인의 이력과 기록물

윤치호와 《윤치호일기》

이 책에서 가장 많은 자료를 제공하는 인물은 《윤치호일기》의 주인공 윤치호(尹致昊)다. 그는 1866년(고종 3) 12월 21일 충청도 아산에서 윤웅렬(尹雄烈)의 장남으로 출생했다. 본관은 해평(海平), 호는 좌옹(佐翁)이다. 아버지 윤웅렬은 윤취동의 서자로 대한제국 시기 군부 대신을 지냈다.

1869년 고향 아산에서 글공부를 시작했다. 1873년 아버지를 따라 서울로 이주해 1878년까지 여느 인물들과 마찬가지로 사숙(私塾) 형태로 유학을 공부하다가 1879년 어윤중 문하에서 수학했다. 이 인연으로 1881년 어윤중을 따라 조사시찰단 수행원으로 일본을 방문했고, 어윤중의 주선으로 일본에 남아 도쿄 도진샤(同人社)에 입학했다. 이때 어윤중을 따라갔던 유길준(俞吉濬)도 유정수(柳正秀)와 함께 후쿠자와 유키치(福澤諭吉)가 설립한 게이오의숙에 입학했다.

1882년에는 도쿄대학교 철학과 교수의 부인 밀레트(L. G. Millet)와 도쿄대학교 영어 강사 간다 나이부(神田乃武) 등으로부터 영어를 배웠다. 특히 간다 나이부는 조선에서 일본어를 보급할 목적으로

세운 경성학당(京城學堂)의 찬조원이자 회원으로 활동했고 윤치호
는 이곳에서 연설하기도 했다. 양자 사이의 인연이 상당히 오래간
것으로 보인다. 훗날 윤치호는 자신이 익히고 닦은 영어 실력 덕분
에 1882년 5월 조미수호통상조약에 따라 조선에 부임하는 초대 주
한 미국 공사 푸트(L. H. Foote)의 통역으로 귀국할 수 있었다. 이어
서 1883년 4월(음력) 통리교섭통상사무아문의 주사로 임명되었다.

그는 일본 체류와 귀국 시점에 김옥균, 서광범, 박영효 등 급진 개
화파와 가까이 지냈고, 일본 문명개화론의 선구자 후쿠자와 유키치
의 영향을 많이 받았다. 그리하여 전통적인 유교를 비판하면서 서
구의 문명개화론에 기울기 시작했고 전통을 바탕으로 자강을 모색
했던 스승 어윤중과 멀어졌다. 그는 이러한 문명개화론을 일기 곳
곳에 드러내고 있으며, 특히 일본을 문명의 국가로 인식하는 반면
에 조선을 야만의 국가로 인식하는 경향이 짙어졌다.

1884년 12월 윤치호는 아버지의 반대로 갑신정변에 직접 가담
하지 않았으나, 정변의 주역인 김옥균·박영효 등과 각별한 사이였
기 때문에 신변에 위협을 느끼고 1885년 1월 중국 상하이로 망명
했다. 이후에도 그들과 접촉하면서 정신적 유대의 끈을 놓지 않았
다. 같은 해 2월 상하이에서 미국 총영사 스탈(G. Stahl)의 알선으로
중서서원(中西書院)에 입학하여 1888년 8월까지 3년 6개월 동안 서
양 교육을 받았다. 특히 이 기간에 이 학교의 선교 교육자 알렌(A.
J. Allen) 학장과 본넬(W. B. Bonnel) 교수의 영향을 받아 기독교인이
되었다. 중서서원을 수료한 윤치호는 알렌과 본넬의 알선과 감리교
회의 후원으로 1888년 9월 미국 유학길에 올랐다. 같은 해 11월 테
네시주에 있는 밴더빌트(Vanderbilt)대학교 신학과 영어 과정에 입

학하여 우수한 성적으로 졸업한 뒤 1890년 조지아주 소재 에모리 (Emory)대학교에 입학하여 1893년 9월 졸업했다. 유학 시절은 그의 세계관과 인생관에 커다란 영향을 미쳤으며 훗날 그의 행보는 이러한 경험에서 나왔다고 해도 과언이 아니다.

윤치호는 미국을 선망하는 조선 상류층 사회에서 인정받을 수 있을 정도로 서구식 교육의 혜택을 입었지만 바로 귀국할 수는 없었다. 김옥균과 매우 가깝다는 낙인이 지워지지 않았기 때문이다. 그래서 중국 상하이에 있는 모교 중서서원에서 영어를 가르쳤다. 물론 미국에서 중국으로 가는 노정에서 도쿄에 들러 후쿠자와 유키치와 김옥균, 박영효를 만났다. 이윽고 귀국 기회를 엿보던 차에 조선에서 청일전쟁이 발발한 데 이어 김홍집 내각이 들어서자 1895년 2월 귀국했고, 의정부 참의에 임명되어 갑오개혁에 동참했다. 1884년 통리교섭통상사무아문의 주사로 임명된 지 10여 년이 지난 시점이었다. 이후 김홍집 내각의 지원 아래 승승장구하여 학부 협판과 외부 협판을 지냈다. 그러나 임최수, 이도철 등 이른바 정동파 인사들이 고종을 미국 공사관으로 모시려고 벌인 춘생문 사건에 연루되어 외부 협판에서 면직되었다. 정동파는 정치적 사교·외교의 중심지였던 정동에서 활동하던 친러파·친미파 관료들로 구성된 데다 주조선 미국 외교관 및 러시아 외교관 들과 긴밀하게 친교를 맺고 있었다. 윤치호는 정동파의 일원으로 일본과 연계되어 있을 뿐만 아니라 미국 선교사와도 연결되어 있어 살아남을 수 있었다. 이어서 1896년 2월 아관파천이 일어났는데, 윤치호는 김홍집 내각 인사들처럼 축출되거나 살해당하지 않고 고종의 특지(特旨)로 학부 협판에 다시 임명되었다. 미국 유학생 출신으로서 아관파천 이후 새로 구성된 내각에서도 쓸모 있는 인물로 인식되었기 때문이기도 했다. 1896년 4월에는 러시아 황제 니콜라이 2세(Nicolai Ⅱ)의 대관식에 러시아 특명 전권 대사 민영환(閔泳煥)의 수행원으로 참석했다. 그러나 윤치호는 김옥균과 가까웠다는 이유로 여전히 정부의 경계 대상이었다. 일기 곳곳에 민영환을 비롯한 일행이 자신을 소외시킨다는 느낌을 기록해 두었다. 그는 러시아 황제 대관식이 끝난 1896년 8월 블라디보스토크행 기차를 타는 민영환 일행을 따르지 않고 파리로 향했다. 이후 정부 인사들과는 거리를 두었다. 1897년 1월 27일에 잠시 귀국했는데 3월 28일 상하이로 다시 출국하여 6월 15일까지 체류하면서 국내의 정국을 관망했다.

1897년 6월 17일에 귀국한 윤치호는 김병시(金炳始) 내각에 입각하지 않고 7월 독립협회에 가담해 서재필(徐載弼)·이상재(李商在) 등과 독립협회를 이끌었다. 갑신정변의 주동자 서재필과 매우 가까웠던지라 적극 참여한 것으로 보인다. 1898년 2월 독립협회 부회장에 선임되었고 3월 회장 대리가 되었다. 같은 해 5월《독립신문》사장과 주필을 맡았고, 7월 중추원 1등 의관(議官)이 되었으며, 8월 서재필이 추방당한 뒤 제2대 회장이 되었다. 그해 10월 독립협회 회장으로 1만여 명이 참석한 관민공동회를 개최했고, 관민공동회 회장으로 헌의 6조(獻議六條)를 결의했다. 여기에는 갑오개혁 시기에 제정된 법률을 제대로 시행하라는 만민공동회의 요구와 고종의 통치권에 복종하라는 정부의 요구를 절충하는 내용을 담았다. 정부와 만민공동회가 마주 오는 열차같이 부딪치기 직전에 양자의 입장을 절충하는 견해를 제시하여 가까스로 봉합한 것이었다. 같은 달 중추원 부의장과 관민공동회 대회장을 맡았다. 그러나 박영효와 서재필을 따르며 고종의 통치권에 도전하는 만민공동회 강경파와 노선을 달리했다. 만민공동회 주도자들이 중추원 의관 임명을 둘러싸고 정부와 극한 대립으로 치달을 때 양자 사이를 오가며 중재하고자 노력했다. 1898년 12월 만민공동회가 정부에 의해 강제 해산을 당하자 윤치호는 같은 달 한성부 판윤 겸 한성부재판소 수반판사에 임명된 데 이어 1899년 1월 원산 감리 겸 덕원 부윤으로 전임되었다. 사실상 중앙 정계에서 축출된 셈이다. 그래도 만민공동회 지도자들과 달리 큰 화를 면할 수 있었던 것은 군부 대신이었던 아버지의 덕분이었다. 이후에는 중앙 정계에서 활동할 수 있는 기회를 좀처럼 얻지 못했다.

그러나 러일전쟁이 또 한 번의 기회를 제공했다. 러일전쟁 발발 직후인 1904년 3월 외부 협판에 임명된 것이다. 이어서 8월 외부 대신 서리를 겸하면서 8월 22일 제1차 한일협약을 맺었다. 그가 이듬해인 1905년 11월 17일 을사늑약 체결에 대한 책임을 지고 사퇴했다고는 하나 일본의 침략에 일조했음도 부인할 수 없다.

중앙 정계에서의 꿈이 또다시 좌절되자, 윤치호는 민간인으로서 계몽운동에 적극 나섰다. 대한자강회 회장에 추대되었으며 개성 한영서원을 설립하여 원장에 취임했고 국채보상총합임시사무소(國債報償總合臨時事務所) 사무원으로 참여했다. 심지어 1908년 9월 안창호(安昌浩) 등이 주도하는 평양 대성학교(大成學校) 교장으로 취임했다. 1909년 2월 안창호 등이 결성한 청년학우회 회장에 추대되기도 했다. 그는 관료로서는 꿈을 이루지 못했지만 조선인 사회에서 지도자이자 명망가로 활동할 수 있었다. 이런 활동 끝에 일제가 날조한 '105인 사건'에 연루되어 1913년 10월 징역 6년형을 언도받았다.

5인의 이력과 기록물

그리고 1915년 2월 일본 천황의 특별사면으로 석방된 뒤 개신교 선교와 교육 활동에 진력했다. 1916년 4월 조선기독교청년회전국연합회(YMCA) 총무로 선출된 이래 세브란스연합의학전문학교 이사, 연희전문학교 이사로 위촉되었다. 1919년 3·1운동 당시 참가 권유를 뿌리치고 오로지 개신교 선교 활동과 교육 사업에 종사했으며 1937년 중일전쟁 이후에는 학병·지원병 독려, 이른바 국방비 헌금 등 각종 부일협력에 앞장섰다. 그리고 1945년 8월 한반도가 일제로부터 해방되고 4개월이 지난 12월 6일 별세했다.

이 책에서 활용한 《윤치호일기》는 윤치호가 1880년대부터 1940년대까지 60여 년에 걸쳐 쓴 일기로, 한국사 전체를 통틀어 현재 남아 있는 일기 중 가장 오랜 기간에 걸쳐 쓴 것이다. 초창기에는 한문으로 기록했으나 곧이어 한글로 기록했고, 1889년 7월 이후 1945년 12월 사망할 때까지는 모두 영문으로 기록했다. 일기 전부가 국사편찬위원회에서 번역되어 인터넷으로 제공되고 있다. 이 책에서 주로 활용한 일기 역시 국사편찬위원회가 간행한 활자본에 의거했고 번역본을 참고했다.

이 일기는 여타 일기와 달리 사적인 것 외에도 국내외 정세와 지방 사회의 동향을 상세하게 기록하고 있어 사료적 가치가 매우 높다. 특히 역사적 사건이나 인물에 대한 의견이나 감정을 잘 드러내고 있어 윤치호의 내면세계를 이해하는 데 매우 귀중한 자료다. 많은 연구자가 이 일기를 통해 당시 정국의 동향, 지역 주민의 삶과 윤치호의 인생관, 세계관은 물론 심리 상태를 분석해 왔다.

우선 이 일기에는 지식과 명망과 재력을 두루 갖춘 한 인물의 일상과 속내가 고스란히 담겨 있다. 그의 국내외 정세 인식, 일제의 조선 통치 정책에 대한 복잡미묘한 견해, 여러 독립운동에 대한 결코 긍정적이지 않은 판단, 조선의 역사·문화와 조선인들에 대한 부정적인 인식 등이 진술하게, 때로는 매우 노골적으로 드러나 있다. 이 점에서 일제하 명망가이자 지식인으로 살아갔던 윤치호의 내면세계를 심도 있게 탐색할 수 있다.

윤치호의 일기에는 신문이나 잡지 등에서 찾을 수 없는 정보들이 다수 수록되어 있다. 일반인으로는 쉽게 접할 수 없는 귀중한 정보도 적잖이 실려 있다. 그가 조선인 지주, 자본가, 종교계 거물, 언론계·학계 인사들을 자주 만나기도 했거니와 조선총독부 당국 관리들과도 빈번하게 교류하면서 일제의 통치 정책이라든가 민족주의 진영의 움직임을 적어놓았기 때문이다. 특히 당시 풍문으로 전해졌던 각종 사건의 뒷이야기들이 숱하게 기록되어 있다. 예컨대 일제 당국을 긴장케 했던 고종황제 독살설이라든가 유길준의 을미사변 관련설, 1930년대 중반 최남선의 '변절'설 등 오늘날에도 여전히 미스터리로 남아 있는 각종 풍문들은 학자들은 물론 일반 대중의 궁금증을 자아내는 중요한 논쟁거리다. 이 점에서 《윤치호일기》는 개인의 내면세계를 탐구하는 데 그치지 않고 한국근현대 인물과 지성사, 민족운동, 친일파 연구에 필수적인 사료 역할을 한다고 하겠다. 다만 옥에 티라면 《윤치호일기》 가운데 1906년 8월부터 1915년 12월까지가 누락되어 있다는 점이다. 1911년 조선총독부가 '105사건'으로 그를 체포하고 그의 일기를 압수했는데 이후 일부를 빼고 돌려주었기 때문이다. 그리고 1912년부터 1915년 초까지는 투옥 중이었기 때문에 일기를 쓰지 못했을 것이다. 그는 1916년 1월 1일부터 일기를 다시 쓰기 시작했다. 따라서 1906년 8월부터 1915년 12

월 말까지는 그의 행적과 내면세계를 추적하는 데 많은 한계가 따른다.

귀스타브 뮈텔과 《뮈텔주교일기》

귀스타브 뮈텔(Gustave Charles Marie Mutel)의 한국식 이름은 민덕효(閔德孝)다. 1854년 프랑스 오트마른 데파르트망의 블뤼므레에서 태어났다. 1877년 신부가 되어 조선 천주교회 주교 발령을 받고 중국 남만주의 차거우(岔溝)에서 입국 기회를 엿보았다. 이 기간에 조선어와 한문을 배운 그는 1880년 11월 리우빌(Liouville) 신부와 함께 뱃길로 황해도 장연에 상륙, 입경했다. 이때는 조선과 프랑스가 수교하기 전이라 그들의 상륙과 선교 활동은 불법이었다. 그들은 1886년 조불수호통상조약 체결 때 신교(信敎)의 자유를 허용하는 데 힘을 기울였는데, 당시의 경험이 크게 작용한 것 같다.

1890년 8월 4일 블랑(Marie Jean Gustave Blanc) 주교가 죽자 제8대 조선 교구장에 임명되어 주교가 되었다. 이때부터 공식적으로 쓰기 시작한 일기는 1933년 1월 14일까지 이어졌다. 무려 42년간의 일기를 남겼으며 분량은 200자 원고지 3만 장가량이다. 오늘날 '뮈텔주교일기'로 불린다.(이하 '뮈텔일기')

뮈텔은 천주교의 교세를 확장하는 데 진력했으며 심지어 정치에도 깊이 관여했다. 그의 일기를 보면, 교회의 일반 행사를 다수 기록하면서도 틈틈이 조선 정계 인물의 활동이라든가 외국 열강의 움직임을 수시로 언급하고 있다. 삼국 간섭의 경우, 사전에 알고 있었다는 느낌을 지울 수가 없다. 또한 고종이라든가 주요 관료들을 만난 이야기를 상세하게 적어 《조선왕조실록》이나 각종 관서에서 생산한 기록물에서 볼 수 없는 희귀한 내용들을 담고 있다. 공식적인 정치 활동 뒤의 갖가지 풍문과 숨은 일화 등을 확인할 수 있다. 물론 엄밀한 사료 비판이 필요하다.

특히 뮈텔은 공격적인 선교 방식으로 지역 주민들과 자주 충돌했는데, 여기에 굴하기는커녕 온갖 인맥과 정치권의 도움을 받아 천주교 신도들의 민원을 해결해 주거나 특권을 실현해 주었다. 선교에 도움이 된다고 판단하면 물불을 가리지 않고 천주교 신도들의 권익을 지켜주는 데 힘을 기울인 셈이다. 또한 개신교와의 선교 경쟁에도 매우 신경을 썼다. 독립협회 운동에 대해 개신교 앞잡이들의 활동이라고 폄하, 경계하면서 고종 정부에 힘을 실어주려고 노력했다. 나아가 그는 조국 프랑스의 동아시아 정책에 편승하여 프랑스의 한반도 진출을 도와주면서 천주교 신도들의 정치·사회·경제적 기반을 확고히 하는 데 힘을 보탰다. 1901년 제주도에서 이재수 등이 일으킨 제주 교안(이재수의 난)이 발생하자, 자국 공사관과 함께 대한제국 정계를 움직여 주동자들을 응징하고 관련자들에게 보복하고자 했다. 반대로 천주교에 불리하면 언제든지 정치적 상대자를 바꾸고자 했다. 그러나 러일전쟁 이후에는 태도를 바꾼다. 일본이 한반도에 통감부를 설치하자 이전과 달리 정교분리를 내세우며 정치 활동을 자제하면서 교세 보호에 힘을 기울였다. 예컨대 1909년 천주교 신자 안중근이 이토 히로부미를 처단하자 안중근의 천주교 신자 자격을 박탈했을뿐더러 안중근의 고해성사와 종부성사를 위한 기도회를 가진 빌렘 신부의 성무(聖務)를 2개월간 정지시켰다. 특히 1910년 대한제국의 주권이 일제에 넘어가자 일제와 타협하면서 교회 재산을 지키고 신도들을 보호하는 데 힘을 기울였다. 예컨대 1911년 안중근의 사촌동생 안명근이 군자금을 모집하기 위해 황해도에 나타나자, 눈이 많이 내리는 와중에도 헌병사령관을 찾아갔다. 뮈텔의 밀고로 훗날 105인 사건이 터졌고 수많은 애국지사가 고초를 겪었다.

이후 순교자 시복에 주력하여 1925년에는 기해사옥(1839) 때 순교한 천주교 신도 순교자 79위가 시복되었다. 또 〈황사영백서(黃嗣永帛書)〉와 기해·병오·병인사옥의 순교자 기록을 프랑스어로 번역했다.

《뮈텔일기》는 1933년 그의 사후 A. J. 라리보(元亨根) 주교를 거쳐 서울대목구 주교관에 보관되다가 용산의 옛 예수성심신학교로 옮겨졌고 다시 프랑스 파리외방전교회 본부의 고문서고로 옮겨 보관되어 왔다. 이후 한국교회사연구소의 최석우 신부가 1983년 파리외방전교회 한국지부의 협조 아래 복사본 일부를 입수하고 1984년에 일기 전체를 마이크로필름으로 인수했으며 판독과 정서 작업을 거친 뒤 한글 번역 작업에 착수하여 2008년 12월 모두 8권으로 번역을 마무리했다.

이 일기는 한국 천주교회 관련 내용을 비롯하여 조선의 정치, 사회, 외교 상황을 망라하고 있다. 특히 역사가의 눈길을 끄는 것은 그가 선교를 최우선시하여 3·1운동에 참여한 대신학교(大神學校) 학생들을 퇴학시키며 천주교 신도의 독립운동 참여를 원천 봉쇄했다는 점이다. 이처럼 훗날 논란거리가 될 내용들을 은폐하지 않고 솔직하게 사실대로 남기고 있다는 점에서 사료적 가치가 매우 높다. 이 책에서 근거로 삼은 일기는 한국교회사연구소가 역주한 《뮈텔일기》 8권 중 II권(1896~1900), III권(1901~1905), IV권(1906~1910)이다.

《뮈텔일기》는 한국교회사연구소에서 1983년 프랑스 파리외방전교회 본부로부터 입수하여 역주 작업에 들어간 뒤 1896년 I권이 나왔고 2008년 마지막 VIII권이 간행되면서 오랜 기간에 걸친 역주 작업이 마침표를 찍었다. 그러나 학계에서는 이 자료 자체를 알지 못했을뿐더러 설령 존재를 확인했어도 활용 가치를 낮게 평가하여 한국근대사 연구에 별로 활용하지 않았다. 이 일기를 천주교 신부가 개인적으로 작성하여 남긴 생활일기로 인식했기 때문이다. 필자역시 예외가 아니었다. 2001년 제주 교안 100주년을 맞이하여 학술발표를 준비하는 과정에서 처음으로 꼼꼼히 읽기 시작했다. 무엇보다 공식 연대기나 신문에서 확인할 수 없었던 희귀한 정보들이 다수 쏟아져 나왔다. 그러나 이후 2008년에 역주본이 완간되었음에도 이러한 사정은 달라지지 않았다. 천주교 측과 이와 관련된 연구자들만 활용한 것도 무관하지 않다.

이 일기는 학계의 무관심에도 불구하고 사료적 가치가 무궁무진하다. 크게 세 가지 측면에서 그렇다.

우선 뮈텔이 40여 년이라는 장구한 세월에 걸쳐 특별한 사정이 있는 날을 제외하고는 매일매일 지속적으로 썼다는 점이다. 물론 《윤치호일기》의 작성 기간과 비교하면 짧다. 그러나 《윤치호일기》는 한국근대사에서 매우 중요한 시기라 할 1906년 8월부터 1915년 12월까지의 내용이 누락되어 있어 아쉬움이 적지 않은 반면, 《뮈텔일기》는 필자가 국내에 있든 국외에 있든 거의 매일 작성했기 때문에 한국근대사의 중요 국면을 생생하게 만날 수 있다.

다음으로 뮈텔은 사목만 펼치지 않고 고종을 비롯하여 정치권의 주요 인사와 만나고 교류하면서 그들과 나눈 대화 내용, 교유 관계와 함께 여러 요로에서 확보한 각종 정보들을 일기에 적고 있다. 이런 정보는 한국 근대 정치사와 외교사의 이면을 파악하는 데 결정적인 역할을 한다. 특히 이런 정보를 공식적인 자료에서는 찾기가 어렵다는 점에서 한국근대사의 공백을 채우는 데 기여하리라고 본다. 예컨대 대한제국 정부와 프랑스 기업가의 만남을 주선한 뒤 그간의 사정을 일기에 빼곡히 적고 있어 대한제국의 산업화 정책과 한불 관계를 이해하는 데 큰 도움이 된다.

또한 이 일기는 사목일지(司牧日誌)의 성격을 띤 공식 일기임에도 행사와 회의를 기록하거나 정보를 수록하는 데 그치지 않고 개인의 현실 인식과 신념, 태도 등을 솔직하게 표현하고 있다. 즉 뮈텔이 주교로서 프랑스 파리외방전교회에 올리는《뮈텔문서》와 달리 이런 내면적인 요소들을 담고 있어 역사 연구자에게는 그의 내면세계를 이해하는 데 중요한 길잡이가 된다. 이 점에서《윤치호일기》에 비견할 만하다.

끝으로 이 일기는 보통 일기와 달리 다양한 기록물이 첨가되어 있다. 예컨대 지도, 명함, 초청장, 건물배치도, 유적들의 위치나 비문 등 여타 일기에서 발견할 수 없는 중요 정보를 제공하고 있다. 예컨대 초청장의 경우, 초청장을 발송한 주체의 의도와 행사 기획, 행사 내용을 생생하게 접할 수 있다. 약도 역시 현재는 검색할 수 없는 중요 장소의 정보를 보여주고 있어 당시 지형이라든가 도로 형태 등을 복원하는 데 도움이 될 수 있다.

정교와 《대한계년사》

정교(鄭喬)의 본관은 하동이고 호는 추인(秋人)이다. 1856년(철종 7)

서울에서 출생했고 1925년 이리(현재 익산)에서 사망했다. 그는 후리후리한 키에 얼굴은 가무스름하고 좀 긴 편이었다고 전한다. 풍채는 언뜻 보기에 시골 노인 같으나 빛나는 눈빛과 비범한 풍채는 노학자의 풍모를 드러냈다고 한다.

그는 《대한계년사(大韓季年史)》와 일부 역사책을 집필했지만, 자신의 가계나 학문적 연원을 밝히지 않아 그의 학문적 계보를 확인하기가 어렵다. 그래서 위정척사파인지 동도서기론자인지 문명개화론자인지 현재 학계에서도 의견이 분분하다. 그만큼 신비스러운 인물이다. 다만 저술들을 보면 그가 유학과 문장에 매우 조예가 깊은 양반임이 분명하다. 그리고 그가 《대한계년사》 곳곳에서 남궁억을 비롯한 상촌 출신의 중인들을 싫어했던 것을 보면 양반 출신으로서 신분 차별 의식이 결코 작지 않았음을 짐작할 수 있다.

정교가 공식 기록에 등장하는 것은 《승정원일기》 1894년 8월 24일(음력 7월 24일) 기사다. 이날 정교는 궁내부 주사로 임명되었다. 1894년 농민전쟁이 일어나고 청일전쟁이 벌어지고 있는 시기여서 그의 관직 진출 동기가 궁금하지만 자료가 부족해 파악할 길이 없다. 이후 1895년 5월 23일(음력 4월 29일)에는 수원판관에 임명되었고, 4개월도 안 된 9월 17일(음력 7월 29일)에는 장연 군수에 임명되었다.

그러나 정교는 을미사변 직후인 1895년 10월 23일(음력 9월 6일) 어려운 경제 형편에도 관직을 사임할 정도로 일본에 대한 적개심이 적지 않았다. 비록 의병 권유를 거절하긴 했지만 독립협회 운동에 가담한 것도 무관하지 않아 보인다. 웅변에 능하고 글을 잘 지었던 그는 1896년 독립협회에 가입하자마자 서기, 제의(提議) 등을 맡으며 두각을 나타냈다.《대한계년사》여기저기에 자신의 활약상을 틈틈이 적어놓은 것은 이 시기의 활동을 역사로 남기고 싶었기 때문인 것으로 보인다. 당시 윤치호, 이상재와 함께 독립협회와 만민공동회 활동에 적극 참여했으며 각종 상소 작성을 도맡다시피 했다. 그러나 정부와 타협을 모색하는 윤치호, 남궁억 등 독립협회 상층부의 노선에 대해서는 비판적인 자세를 취했다. 특히 중인 출신인 남궁억에 대해서 일기 곳곳에 불신을 드러냈다. 그렇다고 박영효를 적극 지지한 것도 아니다. 오히려 만민공동회가 박영효 등과 연계되는 것을 우려했고, 특히 황국협회 부회장 출신 고영근의 만민공동회 운동 가담에 의혹을 품었다.

러일전쟁이 끝난 뒤인 1905년 10월 9일 제주 군수로 임명되었으나 신병을 핑계로 사직을 청원했다. 내부 대신 이지용에게 임명된 것이 달갑지 않은 데다가 부임하는 데 여비가 모자랐기 때문이다. 1906년 1월 학부 대신 이완용(李完用)의 주선으로 학부 참서관이 되었다. 이때 한성사범학교장을 겸임했다. 그러면서도 계몽운동에 참여하여 진학신(秦學新), 이순하(李舜夏) 등과 함께 여성 교육 기관인 양규의숙(養閨義塾)을 설립, 운영했다. 또 서소문 밖 약현에 광흥의숙을 설립하여 운영하기도 했다. 그 밖에 그는 대한자강회에서 활동했다. 그러나 이토 히로부미 송덕비 건립을 위한 기부금 모집에 참여하기도 했다. 통감부 측에서는 정교가 경제적으로 어려운 나머지 송덕비 건립을 구실삼아 기부금을 모아 생계에 보태려고 한 것이 아닌가 추정하고 있다.

따라서《대한계년사》를 활용할 때는 정교의 유불리에 따른 자의적인 해석이 개입되어 있음에 유의해야 한다. 특히《대한계년사》가

《윤치호일기》,《뮈텔일기》와 달리 그날그날 적은 일기가 아니라 훗날 정리한 역사서에 가깝다는 점에서 자신에게 불리한 이야기는 은폐하거나 누락했을 여지가 있다. 독자들의 안목이 필요한 지점이다. 후일 일제의 검열을 의식한 게 아닌가 한다. 예컨대 자신이 가입한 대한자강회와 기호흥학회 활동에 관해서는 언급하지 않았다. 심지어 친일 단체인 대동학회에 가입한 사실은 의도적으로 누락했다. 반면에 대한협회(大韓協會)에 대해서는 신랄하게 비판하면서 친일 활동을 하나하나 폭로했다.《윤치호일기》에서 자주 언급되고 있듯이 당시 대한협회 회장을 맡았던 남궁억과 독립협회 시절부터 원수지간이어서 그랬던 것 아닐까 짐작된다.

1910년 경술국치로 그는 분노와 허탈감에 빠져 아들이 근무하는 삼남은행이 있는 전주에 정착한 뒤 그동안 모은 자료에 근간하여《대한계년사》저술 작업에 들어갔고 어느 시점에 총 8책으로 완성한 듯하다.《대한계년사》말고도 전주 귀향 전 1905년에 최경환과 함께 출간한《대동역사》가 있다. 여기에서 주나라 무왕이 기자를 봉했다는 주장을 반박하고 단군의 후손이 기자에게 손위(遜位)하고 국인(國人)들이 추대했다고 주장했다. 그것은 대한제국이 청국과 대등한 제국임을 역사적으로 증명하기 위해 기자조선을 단군조선의 계승자이자 국인의 추대로 새롭게 수립된 왕조로 재구성하고자 노력한 결과다. 그 밖에《홍경래전》을 저술했다고 알려져 있다. 이때 훗날 국문학자이자 시조 작가로 대성할 가람 이병기와 교류한다. 이병기는 1935년 3월 25일 정교의 손자로부터《대한계년사》원본을 입수했고 국사편찬위원회는 1957년 이 원고를 활자화하여 출간했다. 1956년 1월 16일 이병기에게 이 수필본(手筆本)을 받으러 간청년은 역사학자 김용섭이다. 이 책에서는 국사편찬위원회에서 간행한 활자본 《대한계년사》를 전거로 삼았고, 《대한계년사》(조광 편, 이상식·변주승·김우철·이철성 역, 소명출판사, 2004)를 참고했다.

《대한계년사》는 정교가 시간을 두고 과거를 회상하면서 당대에 미처 정리하지 못한 자료를 검토해서 정리했다는 점에서 사료적 가치가 적지 않다. 기술 대상 시기는 1863년 고종 즉위부터 1910년 일본의 한국 병합까지다. 경복궁 중건·서원 철폐·천주교 금압 등 흥선대원군의 정책, 통리기무아문 설치와 조사시찰단·영선사의 파견 등의 근대화 정책, 임오군란·갑신정변·동학농민운동, 일본을 비롯한 여러 국가와 체결한 조약, 청일전쟁, 갑오개혁, 아관파천, 독립협회 설립과 만민공동회 활동, 대한제국 성립, 을사늑약, 의병 활동, 안중근의 이토 히로부미 처단, 일제의 한국 병합 과정 등을 망라하고 있다. 이 수필본은 국가에서 공식적으로 편찬한 정사(正史)는 아니지만, 당대 신문 자료와 기타 공식 기록을 최대한 활용해 서술한 역사서로서의 요건을 갖춘 야사(野史)임에는 틀림없다.

무엇보다 자신이 몸소 겪었던 경험을 기록하면서 윤치호나 뮈텔이 미처 기록하지 못했거나 감춘 역사적 사실들을 담고 있어, 두 사람의 기록으로는 밝히지 못했던 역사적 진실에 다가갈 수 있다. 예컨대 만민공동회의 상소기초위원으로 활동하다가 민회 핵심 간부 16명과 함께 체포되는 과정을 기술한 내용에서 만민공동회의 주요 인물에 대한 평가와 다양한 교유 관계를 확인할 수 있다. 그리고 그가 독립협회 시절 올린 상소문은 다른 곳에서 접할 수 없을 정도로 사료적 가치가 매우 높다. 끝으로 직접 목격하거나 경험한 사건은 아니지만 안중근의 재판 과정을 일자별로 상세하게 기술하고 있는데, 재판정에서 직접 보고 듣고 기록한 것 아닌가 하는 착각이 들 정도로 구체적이고 실감 나게 재현하고 있다. 다만 전술한 바와 같이 주변 인물과의 친소 관계나 감정적인 호오(好惡)로 인해 평가가 매우 편향적이어서 조심스럽게 읽어야 할 부분도 적지 않다.

황현과 《매천야록》

황현(黃玹)의 본관은 장수(長水), 자는 운경(雲卿)이고 호는 매천(梅泉)이다. 1855년(철종 6) 전라도 광양에서 태어났으며 1910년 8월 국망 직후 음독자살했다. 황희 정승의 후예이나 조부 때 장사를 잘하여 부를 축적한 집안 출신으로 알려져 있다. 따라서 그는 집안의 경제적 풍요로움을 기반으로 여느 양반 자제와 마찬가지로 20대 청년 시절 과거를 보기 위해 서울에 올라왔다. 이때 문필가로 명성이 높던 강위(姜瑋), 이건창(李建昌), 김택영(金澤榮) 등과 교유했으며, 이들과 어깨를 나란히 할 정도로 뛰어난 문장가였다.

1888년 아버지의 명을 못 이겨 생원회시(生員會試)에 응시해 장원으로 합격했다. 그러나 정국의 혼란과 부패에 환멸을 느껴 관직에 나아가지 않고 평생 재야에서 학문 연구와 시문 짓기에 열중하고자 했다. 이를 위해 구례에 작은 서재를 마련하여 3,000여 권을 모았다. 조부가 모은 재부 덕분이었다.

하지만 안온한 생활은 오래가지 못했다. 황현이 살고 있었던 전라도에서 1894년 초입에 고부민란이 터지더니, 곧이어 거대한 농민전쟁이 일어났다. 그러자 농민전쟁의 원인과 배경을 고찰하고 그 전개 과정을 하나하나 조사했는데, 그 결과물이 《오하기문(梧下記聞)》이다. 나아가 그는 관료는 아니었지만 농민전쟁이 진압된 뒤 사후 수습책도 제시했다. 그는 왕조 측의 입장에서 농민군을 역도로 몰며 혹독하게 비판했지만 정부의 무능에 대한 비판도 빼놓지 않았다.

《매천야록(梅泉野錄)》은 흥선대원군 집권 이래 1910년 일본의 한국 병합에 이르기까지 한국근대사의 주요 사건들을 서술 대상으로 삼았다. 특히 1894년 고부민란부터 1910년까지의 역사가 다수의 분량을 차지하고 있으며, 일제의 침략 과정에 지면을 상당 부분 할애하고 있다. 따라서 유족이 오랫동안 일제의 눈길을 피해 몰래 보관하고 있다가 해방 후 이 원고의 존재를 알렸다. 이에 1955년 국사편찬위원회는 일제강점기에 조선사편수회가 이미 입수한 부본(副本), 황현 후손의 소장 원본과 김택영의 교정본, 이 셋을 대조한 뒤 '한국사료총서1'로 간행했다. 이 책에서는 국사편찬위원회가 간행한 활자본 《매천야록》을 전거로 삼았고, 《역주 매천야록》(임형택 외 옮김, 문학과지성사, 2005)을 참고했다.

《매천야록》은 정교의 《대한계년사》와 마찬가지로 임오군란, 갑신정변, 동학농민운동, 청일전쟁, 명성왕후 시해 사건(을미사변), 아관파천, 대한제국 수립, 러일전쟁과 을사늑약, 의병전쟁, 1907년 고종의 강제 퇴위와 군대 해산, 1910년 일본의 한국 병합 등을 포함하고 있다. 시기순으로 배열하는 편년체를 기조로 하면서 사건 위주로 서술하는 기사본말체(紀事本末體)를 배합했다. 그런데 서술 착수 시점은 《오하기문》의 하한 시점인 1907년 12월 30일 이후로 추정된다. 1907년 일련의 사건 이후 일제의 침략이 본격화하고 현실 인식이 달라지면서 후손들을 염두에 두고 저술 작업에 착수한 것이다. 따라서 《오하기문》을 집필하는 과정에서 그때그때 수집·정리한 자료들을 저본으로 삼아 대대적으로 증보했다. 그래서 《오하기문》에 수록되어 있지 않은 기사들이《매천야록》에는 추가로 수록되어 있는 경우가 많다. 예컨대《오하기문》1900년 기사에서는 '행산림측량법(行山林測量法)'이라고 제목만 적어놓았지만《매천야록》에서는 측량법의 내용과 민인들의 반응을 자세히 첨가했다.

1894년 이전 시기는 권1(1864~1887)과 권2(1888~1893)로 나누어 개설적으로 서술했고, 1894년부터 1910년 말까지는 연도별로 사건별로 집필했다. 특히 해당 연도 기사만 적지 않고 이후 내용도 추가했다. 예컨대 1900년 토지 측량에 대한 민인들의 동향을 전하면서 1910년 현재의 측량 상황도 기입하고 있다. 1908년 이래 1910년 순국 직전까지《매천야록》을 집필하면서 수시로 보충한 것으로 보인다. 이러한 보완 작업은 황현 사후에도 이어졌다. 호남 의병장 김태원의 처가 1919년 1월 자결했음을 적고 있다. 이는 황현의 유족이나 지인들이 추가로 기록한 것으로 보인다. 또한 황현은 자신이 직접 견문한 사건을 기록했을뿐더러 수시로 구독하거나 수집한 신문이나 목격자의 전언, 기타 자료들도 망라하여 서술했다. 따라서 이 책은 정교의《대한계년사》와 유사한 특징을 지닌다.

황현은 한국근대사의 중요 사건을 서술하는 과정에서 무엇보다 공적인 기록들을 근간으로 삼았다. 이 책에는《대한매일신보》와《황성신문》기사가 다수 인용되어 있다. 여타 식자층과 마찬가지로 당시 새로운 매체로 떠오르고 있는 이 신문들을 구독하고 중요한 기사를 메모했다가 이 책을 저술할 때 적극 활용한 것으로 보인다. 그리고 황현은 중요 공문서도 확보하여 활용한 것으로 짐작된다. 예컨대 동학농민전쟁을 진압하는 데 공을 세운 이두황의《양호우선봉일기(兩湖右先鋒日記)》나 군국기무처에서 생산한《계초존

안(啟草存案)》 같은 문서들도 활용한 흔적이 보인다. 또한 주변 인물들과 서울 거주 교우들에게 들은 이야기들을 메모했다가 저술 과정에서 활용한 경우도 있다. 간혹 신문 기사에서 확인할 수 없는 중요 내용들이 나오는데 이는 가까운 인맥에서 취재원을 구한 것으로 보인다. 따라서 일부 기사에서 착오라든가 왜곡이 드러나는데, 이것은 황현 자신의 착각에서 비롯된 것일 수도 있으나 취재원의 오류에서 빚어진 것일 수도 있다. 그럼에도 황현의 사건 선별·기술 방식은 당대 중요 사건의 맥락과 의미를 파악하는 데 도움이 된다. 이 점에서 《매천야록》 역시 《대한계년사》처럼 저자의 역사 인식과 기술 방식을 잘 보여주는 야사로서의 특장과 한계가 있다.

그러나 《매천야록》의 저자 황현이 《대한계년사》를 저술한 정교와 비교할 때 여러모로 상이하다는 점에서 그의 역사관과 현실 인식도 정교의 그것과 대조되는 측면이 적지 않다. 무엇보다 황현이 농촌형 유학자에 가깝다면 정교는 도시형 개화 지식층에 가깝다. 따라서 황현은 근대 시기의 역사적 사건을 무미건조하게 나열하기도 하지만 주요 사건들을 두고는 자신의 역사관에 입각하여 하나하나 평가하고 비판하고 있다. 우선 민씨 척족을 비롯한 집권층의 부패와 무능도 날카롭게 비판했다. 특히 고종의 우유부단함과 명성왕후의 정치 행위, 황탄하고 무도한 일을 신랄하게 비난했다. 그렇다고 해서 그가 개화파를 두둔한 것은 아니다. 일본의 침략을 심각하게 우려하면서 개화파를 친일 개화파로 인식했고 나아가 독립협회 역시 같은 무리라고 여겼다. 《매천야록》 곳곳에 보이는 독립협회와 만민공동회에 대한 비판은 그의 노선이 개화파가 아님을 보여준다. 또한 대한제국 정부의 쓸데없는 예산 낭비에도 비판의 화살을 날렸다. 그러나 그도 개혁의 필요성을 절감하고 있던 터라, 부세 개혁을 추진하면서 자강을 강조한 탁지부 대신 어윤중의 죽음에 대해서는 여타 인물들과 달리 동정심을 나타냈다. 또한 러일전쟁을 분기점으로 일제의 침략이 본격화하자 초기에 부정적으로 인식했던 의병들의 대일 항쟁을 주목하면서 그들의 활동을 크게 다루었다. 예컨대 황현은 의병 기사를 《대한매일신보》에서 발췌했다가 《매천야록》에 시기별로 정리하여 반드시 실었다. 그의 이러한 기술 방식은 그의 현실 인식과 역사의식이 시세의 변화에 맞추어 변화하고 있었음을 보여준다.

1905년 11월 을사늑약이 강제 체결되자, 황현은 통분을 금하지 못하던 차에 당시 중국에 있는 김택영과 함께 국권회복운동을 벌이기 위해 망명을 시도하다가 실패했다. 그리하여 1910년 8월 나라의 주권이 일제에 강탈당하자 절명시 4수를 남기고 자결했다.

지규식과 《하재일기》

지규식(池圭植)은 평민 출신으로서 자기(瓷器)를 왕실과 관부에 조달하는 공인(貢人)이다. 본관은 충주, 호는 하재(荷齋)다. 출생 연도는 1851년(철종 2)으로 추정되며 사망 연도는 확인할 수 없다. 출생지도 그가 주로 활동했던 경기도 양근군 남종면 분원리(오늘날 광주시에 편입)가 아닐까 추정된다. 그는 집 근처 양근군 우천평(牛川坪)과 광주군 퇴촌면에 상당한 논밭을 소유할 정도로 부유한 자산가였다. 1897년 도자기 회사인 번자(燔磁) 회사 창설을 주도한 것도 이러한 재력 때문에 가능했다고 추정된다.

《하재일기(荷齋日記)》는 41세인 1891년 1월부터 쓰기 시작하여 회갑이 되는 1911년 윤6월에 그쳤다. 원본은 규장각에 소장되어 있으며 일제강점기의 어느 시점에 입수된 것으로 보인다. 거의 20년 동안 하루도 빠짐이 없이 일기를 썼다는 점에서 그의 성실성과 근면성을 짐작할 수 있다.

지규식은 평민 출신의 평범한 인물이어서 일대기를 파악할 길이 없으나 그의 일기는 그의 활동과 일상생활을 들여다보는 데 주요한 자료이다. 특히 사옹원의 공인으로서 분원의 경영과 도자기의 궁궐 납품 및 시장 판매 상황 등을 소상하게 기록하고 있어서 우리나라 근대 도자기 제조와 유통의 역사를 연구하는 데 도움이 된다. 또한 제사와 세시풍속, 질병, 혼사, 의료, 가족생활 등 소소한 일상을 세세하게 기록하고 있어서 여타 양반들의 일기와 달리 평민들의 삶을 재구성하는 데 매우 긴요한 자료다.

지규식은 평범한 사람이었지만, 그 역시 정국의 변동이 극심하고 외세의 침략이 두드러진 시대에 살았기 때문에 시국에 대한 고민과 뼈저린 고통을 일기 곳곳에 남기고 있다. 예컨대 그는 단발령에 대한 비분강개를 일기에 남겼다. 단발령에 대한 반발을 유생 양반들과 마찬가지로 일반 평민들에게서 확인할 수 있다. 또한 을미의병 때 마을 주민들이 의병과 일본군에게 돌아가면서 시달리는 곤경을 토로하기도 하고, 러일전쟁 직후 한국을 방문한 시어도어 루스벨트 미국 대통령의 딸 앨리스의 행선지에 관심을 갖기도 했다. 당시 고종이나 일반민들과 마찬가지로 지규식도 대한제국이 미국의 지원을 받아 일본의 위협으로부터 벗어났으면 하고 바라지 않았을까 추측해 볼 수도 있다. 그리고 《대한매일신보》를 통해 을사늑약 소식을 듣고 통분하기도 했다. 이어서 매국노 이근택을 비판하며 스스로 집안을 뛰쳐나간 찬비(饌婢)와 침모(針母)의 의협심을 칭송하는 글을 일기에 남기면서 자신의 심경을 간접적으로 밝히고 있음을 확인할 수 있다. 지규식은 공인(貢人)이었지만 나라의 위기 앞에 애국적인 선비 못지않게 자신의 속내를 일기에서나마 드러냈던 것이다. 특히 민영환, 조병세, 홍만식이 을사늑약 후 자결했다는 소식에 경악을 금치 못했다. 그래서인지 조병세가 남긴 상소문을 모두 일기에 옮겨놓았다. 나아가 그가 기독교 성경책 외에도 현채의《동국역사》, 저자 미상의《대한역사》, 량치차오의《월남망국사(越南亡國史)》, 신채호의《이순신전》, 량치차오의《음빙실자유서(飮冰室自由書)》등을 읽었다는 점을 통해서, 일반 평민도 계몽운동과 구국운동에 깊은 관심을 가졌음을 짐작할 수 있다. 그러나 그는 일제의 대한제국 강제 병합 소식을 일기에 적으면서도 어쩔 수 없다는 자포자기의 심정을 드러내기도 했다. 그런데 이 소식을 전하는 일기의 행간을 들여다보면 '민족'이라는 용어를 쓰고 있어, 당시 이러한 용어가 일부 특정 계층에 한정되지 않고 널리 퍼지고 있음을 알 수 있다.《하재일기》는 이러한 평범한 사람들이 훗날 3·1운동 만세시위에 가담한 역사적 배경을 이해하는 데 실마리가 될 듯하다.

따라서 이 책에서 지규식의 일기를 적극 활용하는 데는 한계가 따랐다. 그가 중앙 정계의 움직임에 귀를 기울이는 관료나 지식인이 아니어서 일기 내용이 주로 소소한 일상이나 영업 활동에 국한되어 있다. 그럼에도 이 자료를 활용하고자 한 것은 일기 행간에서 나타나는 그의 세계관과 현실 인식을 드러냄으로써 평민들의 사회의식과 국가관을 단편적이나마 엿보고자 했기 때문이다. 사료적 가치가 결코 낮다고 볼 수 없다. 특히 윤치호, 황현, 정교처럼 정치관이 뚜렷한 인물들과 달리, 지규식은 일상 속에서 조금씩 뚜렷해지는 평범한 인물들의 시국 인식을 보여주고 있어 정밀한 분석이 필요하다.

이 책에서는 서울특별시사편찬위원회가 2005~2009년 간행한 《국역 하재일기》를 활용했다. 특히 번역본 8책 모두에 각각 실린 해제는 길잡이가 돼주었다.

제1부

아관파천에서
대한제국 수립까지

제1부에서는 1896년 2월 아관파천부터 1897년 10월 대한제국 수립까지 총 1년 8개월을 다룬다.

반만 년 역사에 비해 1년 8개월이라는 시간은 짧지만, 이 짧은 기간에 한반도의 운명을 가르는 사건들이 일어나지 않았던가. 아관파천과 독립협회의 탄생, 대한제국 수립이 그것이다.

1895년 8월(음력) 명성왕후 시해 사건과 단발령으로 국민들의 반일 감정이 높아지고 각지에서 항일 의병이 일어나자, 중앙의 일본군 주력부대가 의병 진압을 위해 지방에 파견되었다. 왕비가 대궐에서 살해당하자 신변에 불안을 느낀 고종은 러시아 공사관으로 처소를 옮겨 갔다. 이를 아관파천이라 한다. 그 결과 김홍집 내각이 무너지고 국왕의 측근 인물과 친러파 인사로 구성된 김병시 내각이 출범했다.

그러나 이 내각은 러시아의 간섭을 받지 않을 수 없었다. 러시아는 군사·재정 고문을 파견하여 조선 내정에 깊이 관여했다. 국민들과 정부의 대다수 관료가 러시아의 내정 간섭에 항의하고 국왕의 환궁을 요구하자 고종은 러시아의 바람과 달리 1년 뒤 경운궁으로 돌아왔다.

나아가 고종은 명성왕후 국장을 수차례 연기함으로써 반일 여론을 지속시켜 일본의 영향력을 약화시키고자 했다. 그리고 이 여세를 몰아 오랫동안 꿈꾸었던 황제의 나라이자 다른 나라와 동등한 나라를 만들고자 했다. 대한제국 수립은 그러한 노력의 산물이다.

그러나 5인은 이 시기에 일어난 갖가지 사건에 대해 의견이 때로는 일치하지만 때로는 극과 극으로 갈린다. 예컨대 재야 유생인 황현과 지규식을 비롯한 대다수 사람이 반대했던 단발령에 대해 외국 유학생 출신 윤치호는 옹호한다. 단발은 문명개화의 길로 가기 위한 풍속 개량이라 생각했기 때문이다. 다만 일본이 너무 서둘렀다고 비판하면서 그 미숙함을 지적했을 뿐이다. 정부가 명성왕후 국장을 성대하게 치르는 것을 두고 황현과 윤치호는 민생 파탄을 불러오는 쓸데없는 짓이라고 맹비난한 반면, 지규식은 고종에 대한 동정과 존경심으로 국장 행렬을 바라보기도 한다. 다만 지규식은 명성왕후 시해 사건의 진상을 전해 들었는데도 일본에 대한 적대적인 감정을 드러내지 않는다. 또한 반일 의병과 일본군 진압대를 가리지 않고 자신의 마을 주민에게 피해를 주는 행위에 예민하게 반응한다.

5인은 대한제국 수립을 두고도 의견이 갈린다. 대다수가 조공책봉질서를 종식시킬 것이라고 기대하여 역사적 대사건으로 기록했지만, 윤치호는 대한제국의 수립이 한낱 눈속임에 불과하다며 냉소적인 태도를 보였다. 그의 평가는 왜 다른 인물들과 달랐을까?

1. 단발령의 여파와 아관파천

내각은 여러 가지 정령(政令)을 시행했는데, 단발령은 백성이 가장
따르지 않는 것이었다. 이로 인해 전국이 가마솥 끓듯했으며, 의로
운 무리(의병)가 각 지방에서 봉기하여 관리를 살해했다. _ 정교

폐하가 적들의 땅에서 벗어난 것은 기쁜 일이다. … 그러나 폐하가
개혁을 본격적으로 추진하기로 결심하지 않는다면, 이러한 변화를
통해 나라의 진정한 복지가 증진될 가능성은 결코 없다. _ 윤치호

단발령, 조선을 분노케 하다

1896년 1월 1일 이날도 여느 때와 마찬가지로 한겨울이어서 눈이 내렸다. 그러나 달력상으로는 색다른 일자였다. 우리 전통 달력인 음력에 따르면 이날은 1895년 11월 17일이어야 했는데, 이틀 전에 정부가 채택한 태양력에 따라 1896년 1월 1일이 된 것이다. 그 바람에 우리 달력에서 40여 일이 지워졌다.

정부는 이날부터 "양력으로 세운다"는 의미의 '건양(建陽)'을 새 연호로 쓰기 시작하면서 중국을 기준으로 한 표준시각(중국의 연호)을 버리고 서양을 기준으로 한 표준시각으로 바꿨다. 태양력 시행은 중국으로부터 태음력 달력을 하사받아 사용하는 기존의 관행을 부정함으로써 중국 중심의 세계관을 무너뜨린 상징적 사건임을 잘 보여준다. 그리하여 고종은 이날 여러 나라 공사의 하례를 받았다.

당시 윤치호는 이날(1st. (17th of 11th Moon) Wednesday) 일기에 달력이 양력으로 바뀐 것에 대해서 별다른 언급을 하지 않았다. 조선의 서구화를 꿈꿨던 그에게는 다른 이들과 달리 대수롭지 않은 사건이었을 것이다. 물론 태양력 시행은 척사 유생들로부터 많은 반발을 일으켰다. 그러나 단발령의 충격이 컸던지라 대다수 일반인은 태양력 시행을 두고 결사적인 반대 의사를 드러내지 않은 채 그저 옛날 방식을 고수했다. 그릇 장사꾼인 지규식도 일기에 음력 11월 17일이라고 쓰고, 정부가 이날 연호를 건양 원년 1월 1일로 정했다고 담담하게 적고 있을 뿐이다. 당시 태양력 시행은 대다수에게 근대 개혁을 추진하는 과정에서 반드시 거쳐야 할 조치로 비쳤으나 그렇다고 적극적으로 수용된 것도 아니다. 다만 시행 시점이 명성왕후 시해 사건 직후라는 점에서 반발이 적지 않았다.

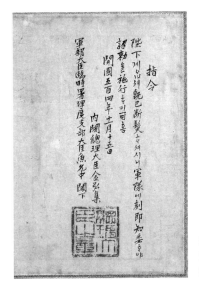

단발령 시행 공문
고종이 솔선수범하여 머리를 깎았음을 알리고
군대에서 단발 시행을 명하는 내용이다.

그러나 태양력 시행과 달리 단발령 문제에 대해서는 유생뿐만 아
니라 일반인 대부분이 격노했다. 지규식은 자신의 지인이 단발을
했다는 사실에 탄식을 금치 못했다. 서구화론자인 윤치호도 정부가
내린 단발령이 1월 1일부터 민간에서 시행된다는 점을 걱정했다.
단발령 시행에 찬성하지만 급작스러운 발표와 획일적인 강요가 민
인들의 반발을 야기할 것이라고 판단했기 때문이다.

그럼에도 단발령은 내부 대신 서리 유길준의 이름으로 공포되었
다. 명분은 "위생에 이롭고 활동하기 편하다"는 것이었다. 단발령이
공포된 그날 고종은 세자와 함께 단발을 했다. 일본군이 대포로 궁
궐을 둘러싸고 삭발하지 않는 자는 모조리 죽이겠다고 엄포를 놓는
가운데, 농상공부 대신 정병하(鄭秉夏)는 임금의 머리카락을, 유길
준은 세자의 머리카락을 잘랐다. 다음 날에는 총리 대신 김홍집 이

하 정부의 모든 관료·군인·순검 등 관인에 대한 단발이 강행되었다. 물론 일반 백성들도 단발령을 받아들여야 했다. 그러나 머리를 깎으려 하지 않자 정부는 강압적인 방법을 강구했다. 서울에서는 가위를 든 순검이 유동 인구가 많은 곳에 배치되어 신분을 막론하고 상투 튼 행인들에게 가위를 들이댔다. 그 결과 서울 성문 안으로 들어오는 선비나 상인의 발길이 끊기고 물가가 크게 올랐다. 독일 공사 크리인(F. Krien)이 외무 대신 김윤식(金允植)에게 통상에 방해가 된다며 단발령을 금지해 달라고 요청할 정도였다. 양반들을 가마로 모시며 생계를 이어가던 가마꾼들도 단발을 당할까봐 궁궐에 가까이 가려 하지 않았다. 지방 각지에는 머리 깎는 일을 맡은 체두관(剃頭官)이 파견되어 단발을 독려했고, 지방의 벼슬아치들도 다른 사무를 제쳐두고 나섰다. 많은 사람이 상투만 잘리고 머리카락은 그대로 늘어져 장발 승려처럼 보이기도 했다.

많은 사람이 분노한 데는 이유가 있었다. 유교 윤리가 일상에 깊이 뿌리내린 조선 사회에서 머리카락은 부모로부터 물려받은 것이므로 잘 보존하는 것이 효의 시작이라고 인식해 왔기 때문이다. 단발령은 서울 안팎을 흥분의 도가니로 만들고 있었다. 특히 윤치호는 정부의 단발령 시행에 의심을 품고 있었다. 굳이 단발령을 강행하여 민심을 소란케 하는 까닭을 이해할 수 없었다. 서구화론자로서 단발령을 지지하고 있었지만 이렇게까지 무리하게 밀어붙일 필요가 있나 하는 의심을 품었다. 그가 판단하기에 단발령은 정치적으로 도무지 '수지타산'이 맞지 않는 어리석은 조치였다. 그는 1896년 1월 1일 일기에서 단발령에 대한 소견을 다음과 같이 피력하고 있다.

19세기 말 사진관의 모습
단발령이 시행되자 부모가 물려준 모습을 사진으로라도 남기기 위해 사진관을 찾는 사람들이 늘어
났다. 영혼을 빼앗긴다며 사진 찍기를 거부하던 조선인들이 단발령으로 스스로 사진관을 찾으면서
사진관은 뜻밖에 호황을 누렸다.

    단발령 때문에 서울 안팎이 울면서 이를 가는 흥분의 도가니가
되어 있다. 정부에서는 '망건' 착용을 금지했다. 일각에서는 민중
이 폭동으로 들고일어나는 것이 아니냐는 우려도 나오고 있다. 이
곳에 주둔하고 있는 일본군은 그런 소요 사태를 막을 수 있을 것이
다. 왕후가 일본인에게 살해된 일에 대해 일반인들이 보여주는 극
도의 무관심과 무감각한 태도는, 충분한 힘을 가진 이가 조선인에
게 또는 조선인들과 무슨 짓이든 할 수 있으리라는 내 생각을 확고
하게 해준다.

    어떤 사람들은 머리 양식을 바꾸기 전에 자신들의 정신과 마음
을 바꾸려는 것이라고 불평하고 있다. 그러나 한국인이 스스로 각
성해 자신의 상투를 자를 만큼 지각이 있게 되려면 시간이 많이 걸

릴 것이다. 그러나 내각이 왜 사람들에게 망건을 포기하라고 강요함으로써 불필요하게 민심을 자극하는지를 모르겠다.

그럼에도 불구하고 친일 내각이 단발령에 집착한 이유는 무엇일까? 일부 학자의 해석에 따르면, 일본의 네 가지 전략이 담겨 있었다. 정치 전략으로는 백성들의 반정부 투쟁을 유발하는 것, 군사 전략으로는 조선 정부를 위기로 몰아 일본군 증파의 구실을 마련하는 것, 상업 전략으로는 일본 상품(양복·모자·시계·구두·양말 따위)의 판로를 확장하는 것, 문화 전략으로는 조선인들의 유교적 관념과 자존심을 일거에 제거해서 굴욕감과 패배감을 조장하는 것이었다. 일본의 전략대로, 조선 백성들은 친일 내각 이상으로 머리카락에 큰 의미를 부여하면서 적극적으로 저항했다. 조선 백성들이 목숨을 걸었던 것은 머리카락 자체를 아껴서는 아니었다. 전통과 자긍심을 지키고, 폭력과 침략을 거부하는 정신을 '머리카락'에 담아 자신들의 삶 전부를 걸고 투쟁했던 것이다.

고종도 단발을 몹시 못마땅하게 여겼다. 단발령 직전에 자신의 답답한 심경을 어머니 민씨 부대부인을 통해 뮈텔 주교에게 전했다. 뮈텔의 1895년 12월 29일 일기에 따르면, 고종은 뮈텔을 가끔 만나는 어머니에게 일본의 단발령 강요에 대한 불만을 토로했다. 이후에도 사정은 마찬가지였다. 단발령 직후 의료 선교사 에비슨(Oliver. R. Avison)을 만난 고종은 "보시오. 그들이 우리 모두를 중으로 만들어 놓았소"라고 말했다. 에비슨도 단발령이 "일본인이 이미 자행한 여러 가지 일로 생긴 조선인들의 적개심에다 극히 불필요한 모욕감을 더 보탰다"고 평가했다. 선교사 언더우드(H. G. Underwood)의 부인 언더우드(L. H. Underwood)도 《상투의 나라(Fifteen years among the top-knots)》(1904)에서 "그들의 긍지·자존심과 위엄은 모두 비난받고 짓밟혔다"고 기록했다. 당시 뮈텔은 백성들이 여기저기에서 단발을 당했다는 소식을 전해 듣고, 그동안 서울에서 벌어진 일들을 일기 여러 군데에 적었다. 이때 어떤 순검은 한 시골 상인이 이웃 사람들에게 팔려고 사둔 '망건' 290개를 종각 근처에서 불살랐다. 반면에 양복과 모자를 판매하는 일본인 상인의 경우, 단발령 시행 이후 매출이 예전에 비해 두 배 이상이나 올랐다. 상투가 잘렸으니 단발에 걸맞은 복장이 필요해진 것이다. 단발령이 야기한 파장은 문화적 충돌에 그치지 않고 의류 시장에 새로운 변화를 몰고 왔다.

의병 봉기와 러시아 공사관의 움직임

정부의 단발령 공포는 1895년 10월 8일 명성왕후 시해 사건을 계기로 '적을 토벌하고 원수를 갚자(討賊復讐)'라는 기치 아래 봉기하기 시작한 척사 유생들의 의병이 전국적으로 확산하는 데 도화선 역할을 했다. 척사 유생들은 단발령을 기화로 다시 한번 세력을 결집하여 의병 조직을 강화했다. 특히 이들은 단발령에 앞서 흰옷을 흑색의 서양식 복제로 바꾸라는 1895년 1월 변복령에 이미 분노하던 터였다. 이른바 오랑캐의 양복을 입으라는 지시로 비쳤기 때문이다. 같은 해 2월 유인석은 전통 복제를 지키기 위해서는 죽음도 불사하겠다면서 소장파 유생들에게 들고일어날 것을 호소했다. 그해 5월 유인석의 동지 이소응은 소매를 좁게 하고 머리를 깎는 자들을 '금수의 앞잡이'라며 격렬하게 비난했다.

　이런 가운데 1896년 1월 15일 척사 유생 김하락 등이 경기도 이천에서 의병을 조직했다. 이러한 봉기 소식은 전국 각지에서 들려왔다. 명성왕후 시해가 의병 봉기의 1차 요인이었다면, 단발령은 이러한 봉기를 지속적으로 확산시키는 2차 요인이었다.

내부 대신 유길준은 관리를 지방으로 보내 백성을 타이르려 했지만, 의병은 관아를 공격해 관리들은 살해했다. 이때 의병에게 피살된 관리만 수십 명에 달했다. 이에 고종은 조칙을 내려 의병들에게 해산을 명했다. 이런 위급한 분위기 속에서 미군 해병대가 미국 공사관을 수비하기 위해 서울에 도착했다.

같은 날 뮈텔 주교는 러시아 공사관 서기관 겸 통역관 스타인(E. Stein)에게 러시아 군대가 개입할 것 같냐고 조심스럽게 물었다. 당시 경기도를 비롯하여 여러 지역에서 의병이 일어나고 있었기 때문이다. 스타인은 즉답을 회피했지만 뮈텔의 이러한 생각은 이후에도 변함이 없었다.

나아가 뮈텔은 정국의 커다란 변동을 예감하고 있었다. 이러한 조짐은 일본 신문에서도 감지한 듯하다. 1896년 1월 26일 일본 신문에서 유길준이 단발령을 내려 폭동을 초래했다고 비난할 정도로 정국이 조선 정부에 불리해지고 있었다. 당시 일본 정부도 이러한 사태를 예측하지 못한 상황에서 일본 신문이 그 책임을 조선 정부에 묻고 있었던 것이다. 이때 뮈텔은 러시아가 조선을 점령하여 천주교의 선교 활동에 해가 되지 않을까 우려했다. 이에 1896년 1월 26일 뮈텔은 프랑스 공사관을 통해 스페이에르(Alexei de Speyer) 러시아 공사에게 의견을 타진했고, 스페이에르는 프랑스 공사관을 통해 뮈텔에게 1세기 동안 조선을 점령하지 않을 것을 약속하면서 자국이 추구하는 것은 일본인이 조선에 정착하지 못하게 하는 것임을 확인해 주었다. 러시아 공사는 뮈텔이 고종을 두 번이나 몰래 알현할 정도로 조선 정국에서 중요한 위치를 차지하고 있다는 것을 알고 있을뿐더러 프랑스와 러시아의 돈독한 관계를 염두에 두고 있었던 터였다. 그리고 러시아가 일본과 조약을 맺으려는 것은 물론 아니되, 다만 외교적인 방법과 설득으로 그런 목적을 달성하려는 것뿐임을 강조했다. 또한 러시아는 조선 정부의 대외 정책을, 조언을 통해 지도하고자 한다는 점을 연이어 각인시켜 주었다. 뮈텔은 이런 발언을 전해 듣고, 조선 정부가 일본의 영향력에서 벗어나도록 러시아가 모종의 조치를 취하리라 눈치채지 않았을까?

러시아 공사는 어떤 점들을 염두에 두고 뮈텔에게 이런 고급 정보를 제공했을까. 당시 프랑스 정부와 파리외방전교회는 제국의 팽창과 선교의 확대가 상호 이익이 된다는 점에서 1905년 12월 정교분리법 제정 이전까지는 정교일치라고 불릴 정도로 밀월 관계를 유지하고 있었다. 또 러시아와 프랑스 양국은 독일제국·오스트리아-헝가리제국·이탈리아왕국이 결성한 삼국동맹에 대항하여 2년 전인 1894년 1월 4일 군사동맹을 체결한 상태였다. 당시 러시아는 국내의 현대화 추진을 위해서 외자 도입이 필요했고, 프랑스는 비스마르크 외교 시대의 고립에서 벗어나고자 했다.

러시아 공사의 발언에 뮈텔은 안심했다. 러시아든 일본이든 외국의 조선 내정 장악이 천주교 선교에 어떻게 작용할 것인가가 가장 큰 관심사였기 때문이다. 이어서 뮈텔은 1월 27일 저녁 스페이에르를 직접 방문했다. 조선 관리들에게 조선 정부가 일본에 기울어져 있다고 비판하면서 일본 및 러시아와 등거리를 유지해야 한다고 말했다고 전했고, 스페이에르는 감사를 표명하면서 상호 신뢰를 강조했다. 그리고 얼마 뒤인 2월 1일 뮈텔은 '필립 제이슨'이라는 조선 청년을 만났다. 1884년 갑신정변에 가담했다가 미국에 망명한 서재필이 필립 제이슨이 되어 조선으로 입국한 뒤 뮈텔 신부를 만나러 성당에 온 것이다. 뮈텔은 서재필과 만난 정경과 대화 내용을 2월 1일 일기에 남기고 있다.

정오에 양복 차림의 한 젊은 사람이 찾아왔는데, 그의 명함엔 'Philip Jason M. D.(닥터 필립 제이슨)'이라고 박혀 있다. 그는 다름 아닌 1884년의 음모자들 가운데 한 사람으로 미국으로 피신했다가 미국인으로 귀화하고 미국 여자와 결혼한 서재필이다. 그는 우리에게 조선은 평온하지 않으니 조선에 머물러서는 안 된다고 말했다. 현재 그는 중추원의 외국인 고문으로 있으면서, 여행 때도 순검 2명의 호위를 받고 다닌다. 서광범의 집에서 유숙하고 있다.

뮈텔은 서재필과의 만남이 불편했던 것 같다. 그를 '음모자들 가운데 한 사람'으로 표현한다든가 미국인이나 다름없는 사람임을 기록한 것을 보면 말이다. 그리고 서재필이 뮈텔에게 조선 정국이 평온하지 않으니 이 땅에서 떠나라고 요구한 것은 당시 고종과 뮈텔의 관계를 염두에 두고 의도적으로 무례를 범한 것은 아닐까? 훗날 양자는 결코 편하지 않은 관계로 대립하게 된다. 고종을 두둔하는 뮈텔이 추후 고종 정부를 공격하는 만민공동회로 인해 서재필과 악연을 맺은 것이다.

한편 정부가 의병 진압을 시도했지만, 단발령에 대한 반발은 더욱 확산되었다. 정교는 《대한계년사》에서 다음과 같이 묘사했다.

내각은 여러 가지 정령(政令)을 시행했는데, 단발령은 백성이 가장 따르지 않는 명령이었다. 이로 인해 전국이 가마솥 끓듯했으며, 의로운 무리[의병]가 각 지방에서 봉기하여 관리를 살해했다.

서울에서는 의병들이 도성에 들어올까 전전긍긍했다. 심지어 진압부대 500명이 의병에 합류했다는 소문이 들려왔다. 단발한 사람이 무자비하게 죽임을 당했다는 풍문도 돌았다. 질서 회복을 위해 춘천에 새로 파견한 관찰사 조인승이 이소응 의병에게 살해당했다는 소식도 전해졌다.

지규식 역시 의병 소식을 일기에 적어놓았다. 1896년 2월 8일(음력 1895년 12월 25일) 일기에 따르면, 각처에서 지방군 포수들이 봉기하여 길에서 일본인을 만나면 죽였다는 것이다. 이 일기에 따르면 광주 초일면 서하촌에서도 일본인이 피살되었다. 이러한 소식은 광주 부근에 사는 지규식의 분원 마을 주민들에게는 불안 그 자체였다.

이런 가운데 2월 9일 러시아 공사관 수비병이 160명으로 증원되었다. 이때 윤치호는 뮈텔과 달리 러시아 공사관의 움직임을 눈치채지 못했다. 그는 아관파천 이틀 전인 2월 9일 자신의 생일 잔치를 일기에 적었을 뿐이었다.

《뮈텔일기》 2월 10일 기록에 따르면 강원도 홍천 근방에서 벌어진 관군과 의병의 새로운 전투 결과를 알리는 벽보가 남대문에 붙었다. 의병 20명이 피살되고, 같은 수만큼의 포로가 잡혔다. 관군이 춘천을 탈환하여 안정시켰다는 주장도 나왔다. 뮈텔은 정부가 알리는 이런 전황 소식을 전하면서 이런 소식들을 믿는 사람은 거의 없다고 적었다. 당시 백성들은 뮈텔의 말대로 "오로지 여론을 진정시키기 위한" 술책임을 알 정도로 개화파 정부에 대한 불신이 매우 컸기 때문이다.

뮈텔에 따르면 2월 10일 오후 100명의 러시아 해병이 제물포에서 왔다. 아관파천이 계획대로 성공할 것에 대비해서 고종의 신변을 보호하고 러시아 공사관을 경비하기 위해 상경한 것이다.

아관파천, 어떻게 가능했나

1896년 2월 11일 오전 7시 30분 고종과 왕세자가 러시아 공사관으로 이어했다. 이른바 아관파천이다. 러시아가 고종의 망명 요청을 받아들여 이범진(李範晉), 이완용 등 친러파와 손잡고 고종과 왕세자를 러시아 공사관으로 피신케 한 것이다. 이범진이 단발령 선포 이후 이완용·이윤용(李允用) 형제와 함께 막후에서 고종과 러시아 공사관을 연결하며 파천 계획을 세우고 고종이 이 계획을 승인했다는 점에서, 고종이 자발적으로 러시아 공사관에 망명한 셈이다. 물론 이 과정에서 강석호를 비롯한 내시와 궁녀의 도움이 적지 않았다.

아관파천 소식에 윤치호는 경악을 금치 못했다. 비록 두 달 전인 1895년 12월 12일 외부 협판에서 면직되었지만 누구보다도 궁궐 사정에 밝았음에도 아관파천의 내막을 전혀 모르고 있었던 것이다. 2월 11일 일기는 이러한 사정을 보여주고 있다.

전하(King)가 궁을 떠나 러시아 공사관으로 갔으며, 4명의 러시아 병사가 경무청의 부관 안환(安桓)을 러시아 공사관으로 데리고 갔다는 것, 박정양(朴定陽)이 내각총리로 임명되었다는 것, 이윤용과 이완용이 각각 경무사와 군부 대신으로 임명되었다는 것, 조희연(趙羲淵)과 유길준 등 각료들은 모두가 도주했다는 것, 서울에는 대포 여러 문을 보유한 러시아 병사가 최소 200명이 주둔하고 있다는 소식이 오전 10시 반쯤 내게 전해졌다. 무슨 일이 일어났지만, 무슨 영문인지 모르고 있다(낮 12시).

오후 12시 반에 언더우드 부인을 방문했다. 폐하[Majesty, 윤치호가 여기에서는 King 대신 Majesty를 사용]가 나인의 가마를 타고 오늘 아침 7시쯤 러시아 공사관에 왔다는 사실을 확인했다. 세자도 함께 왔다.

윤치호는 고종과 세자, 왕족들이 러시아 공사관으로 갔다는 소식을 오전 10시 30분경에 알았다. 그러나 고종과 세자 외에 다른 왕족들도 러시아 공사관에 들어갔다는 정보는 명백한 오류다. 정오 무렵에도 "무슨 영문인지 모르"고 있었다. 그는 오후 12시 30분 언더우드 부인의 방문을 받고 나서야 사건의 진상을 파악했다. 반면에 이범진은 2월 9일 윤치호에게 편지를 보내 다음 날인 2월 10일 오전 서울을 떠나 외국의 항구로 갈 예정이라고 했다. 그러나 이범진의 이런 언급은 거짓말이었다. 아무래도 아관파천을 대비하여 잠시 몸을 숨기려 했던 것으로 보인다.

서울 주민들도 전격적으로 진행된 아관파천의 내막을 속속들이 알고 있지는 못했다. 2월 11일 오전 7시 30분을 지나 고종과 세자가 러시아 공사관으로 이어했다는 벽보가 나붙으면서 아관파천 소식을 듣게 되었다. 전 러시아 공사 베베르의 증언에 따르면, 이때 수천 명의 주민이 다수의 고관들과 함께 러시아 공사관 담장을 에워싸면서 고종과 세자의 파천을 환호했다. 당시 서울에 주둔하고 있는 일

옛 러시아 공사관의 전경
《르 프티 주르날》 1904년 2월 21일자에 실린 러시아 공사관의 모습이다. 1896년 아관파천의 현장이다.

본군이 1,000명이 넘었음에도 미처 파천을 막지 못함으로써 일본인들과 갑오정권 관료들은 공황 상태에 빠졌다.

　그러면 윤치호가 파악한 아관파천의 내막은 무엇일까? 갑오정권 관료들과 일본군의 삼엄한 감시를 뚫고 어떻게 궁궐을 빠져나와 공사관까지 갈 수 있었을까? 사건 당일 2월 11일 일기에 따르면, 윤치호가 파악한 내막은 이러하다.

　전하와 세자는 4명의 여성이 시중을 들고 있다. 전하의 거처[경복궁]는 그의 어머니(대원군의 부인)와 대원군의 첩이 곁에서 지키고 있었다. 전하의 형 이재면에게는 유길준 내각 당시 왕실 인물을 안전하게 보호하는 임무가 맡겨졌다. 위에 언급한 두 노부인이 밤에 교대로 불침번을 서고 있다. 전하는 이전에 한번 탈출하려다 실패했다.[춘생문 사건을 가리킴] 그러나 이달 10일 초저녁에 모든 준비를 마친 뒤 두 노부인에게 향수로 기억되는 지난 시간들을 이야기하여 지치고 졸리게 만들었다. 노부인들은 이날 새벽 2시쯤 곤한 잠에 빠져들었다. 전하와 세자는 잠자리 드는 척했다. 그러고 나서 나인들의 도움을 받아 궁녀의 한 방으로 가서 문이 열리기를 기다렸다. 날이 밝자마자 일행은 가마에 탔다. 전하는 나인 뒤에 앉고 세자도 그렇게 했다. 나인들은 흔히 가마 하나에 둘이 타고 다녔기 때문에 아무런 의심도 받지 않았다. 궁을 빠져나가기 위해 가마가 통과할 궁궐 문의 문지기들을 불러 약간의 술과 맛있는 국을 구석에서 마시게 했다. 그들이 그러는 동안 가마는 다른 문을 통해서 검문을 받지 않고 빠져나왔다. 모든 계획은 이범진의 작품이었다.

훗날 러시아 문서에 따르면 고종과 세자가 지나간 길은 경복궁 영추문 → 금천교 → 내수사 앞길 → 새문고개 → 러시아 공사관이었다.

그런데 이 서술에 의문이 있다. 궁궐 문의 문지기들은 왜 가마를 의심하지 않았을까? 그것은 고종이 이들 경비병의 검문을 완화할 요량으로 일찍부터 궁녀들이 가마를 타고 궁궐을 자주 드나들도록 몰래 지시했기 때문이다. 감시하는 병사들이 가마 내부를 보면 항상 궁녀 2명이 타고 있었던 것이다. 또한 모시고 따르는 사람이 1명도 없었기에 궁궐에서는 고종과 세자가 여전히 침실에 있다고 생각했다. 그래서 2월 11일 새벽 당일에도 가마의 출입을 예사롭게 보고 통과시킨 것이다. 이때 고종과 세자는 감투를 쓰지 않은 채 가마 2대에 나눠 탔고 가마 앞 열에는 나인이 각각 앉았다.

후일 정교가 집필한 《대한계년사》도 윤치호의 이러한 기술과 크게 다르지 않다. 다만 정교는 고종이 왜 동의하고 파천을 단행했는지에 대해 부연 기술하고 있다.

내각은 권력을 마음대로 휘두르고 인재 등용에 사사로운 이익만을 생각하니, 궁중의 하인 노복들이 모두 이진호[李珍鎬, 춘생문 사건 때 내응하기로 약속했다가 내각에 알려 고종의 망명을 좌절시킴]의 지휘 아래로 들어갔다. 임금이 가까이하고 믿는 사람들을 모두 쫓아내자, 임금의 권력이 고립되었다. 이에 임금이 의구심을 이기지 못했다.

정교가 파악한 바에 따르면, 고종은 갑오내각이 권력을 마음대로 휘두르고 인재 등용에 사적 이익만 추구한 데다가 자신과 가까운 궁궐 주변 인사들을 내쫓기까지 하자 왕권의 실추와 신변의 불안을 느껴 이범진 등의 파천 건의에 응한 것이다. 따라서 고종은 처음부터 러시아 공사관에 오래 머물 생각은 아니었다. 일본의 마수에서 벗어나 권력을 되찾는 데만 골몰했다.

고종은 2월 13일 조칙을 공포하고 3일 뒤인 2월 16일 갑오개혁을 계속 이어나가겠다고 선언했다. 이는 아관파천이 갑오정권의 개혁 방향보다는 권력 문제에 기인한 것임을 암시한다.

이어서 2월 18일 내각을 새로 구성했다. 내부 대신 박정양이 단발은 각자 자유의사에 맡긴다는 방문을 게시함과 동시에 의병 해산을 종용하는 조칙을 공포했다. 을미의병 발생의 주된 계기였던 단발령을 철회함으로써 의병들에게 해산 명분을 제공할 수 있다고 판단했기 때문이다.

당시 단발령 철회를 건의한 인사는 아관파천 직후인 2월 12일 학부 협판에 임명될 윤치호였다. 그는 2월 12일 일기에 다음과 같이 적고 있다.

오늘 아침 이완용의 도움으로, 적어도 당분간은 전하가 단발 상태를 유지하고 모든 사람들에게 단발 문제를 자신의 판단과 편리에 맡겨두도록 설득하는 데 성공했다. 전하에게 진언했다. 만일 (전하가) 다시 머리를 기른다면 이것은 다음 두 가지 중 하나를 뜻하는 것이다. 다시 말해서 전하가 유길준과 김홍집의 강요로 상투를 잘랐거나 전하가 갑자기 단발을 한 것이 어리석은 일이었음을 깨달으신 것이라고 했다. 전자의 경우라면 전하가 조롱을 당할 것이고 후자의 경우라면 전하가 변덕쟁이라는 논란을 불러일으킬 것이다. 전하에게 적어도 나를 어떤 직위에 임명하지 않기를 바란다고 진언했는데, 그런 관직 수여에 내 충성심이 영향을 받지 않고자 했기 때문이다. 학부 협판 김준희는 김홍집의 사촌이라는 이유로 해고되어서는 안 된다고도 했다. 전하께서는 내게 관직을 수여하지는 않겠다고 기꺼이 약속하셨다. 그러나 내각 인사들은 나를 학부 협판에 임명해야 한다고 주장했다.

단발 여부를 백성들의 의사에 맡김으로써 국왕의 권위도 살리고 단발령에 따른 반발도 무마할 수 있었던 것이다. 그리하여 2월 18일 내부 대신 박정양이 단발령 철회 조치를 각 지방에 내렸다.

3일 뒤인 2월 21일 이범진은 법부 대신에 임명되는 동시에 경무사를 겸임하게 되었다. 아관파천의 주동자로서 정치적 실세로 등장

아관파천의 주역 이범진(1852~1911)
독립운동가이자 헤이그 특사 이위종의 부친으로 대한제국 시기 대표적인 고종 측근 관리였다. 1895년 11월 춘생문 사건을 주도했다가 실패하자 러시아 공사관으로 피신했다. 일제의 대한제국 강제 병합에 맞서 1911년 1월 자결했다.

한 것이다. 그렇다면 이범진이 고종과 러시아 공사관을 연결하는 역할을 했음도 분명한 셈이다.

다만 당시 러시아 공사가 고종의 요청을 받아 추진한 파천 계획이 본국 정부의 훈령에 따른 것인지 아닌지는 러시아 공사관 외에는 거의 파악하지 못했다. 후일 역사학자들은 스페이에르 러시아 공사가 본국 정부의 훈령도 없이 단행했다고 밝혔다. 뮈텔의 경우, 아관파천이 단행된 지 세 시간도 안 된 10시경에 그 사실을 알았고 이틀 후인 2월 13일 스페이에르 공사로부터 본국과 연결되는 전신이 두절되어 회답을 받을 수 없는 상황에서 자신의 책임 아래 강행했다는 후일담을 직접 들었다.

그런데 아관파천 당시 궁궐 수비를 약화시킨 요인이 무엇인지도 확인할 필요가 있다. 무엇보다 일본군이 각지에서 일어난 의병들을 진압하기 위해 많은 병력을 지방으로 파견했다는 점을 감안해야 한다. 이 역시 주도자들이 세운 계획의 결과였다. 더욱이 조선군 훈련대 병력 중 420명은 이소응 의병을 진압하기 위해 춘천으로 내려간 상태였다. 후일 많은 연구자가 밝힌 대로, 이소응 의병을 비롯한 일부 의병은 봉기를 촉구하는 고종의 밀지에 호응하여 의병을 일으켜 일본군과 관군의 파견을 유도했던 것이다.

아관파천 당일 고종은 경관에게 김홍집, 정병하를 체포하라고 명한 뒤 경무관 안환에게 빨리 가서 이들을 베어 죽이라고 지시했다. 총순 소흥문(이완용의 심복)이 김홍집을 경무청 문 앞 소석교(지금의 KT 광화문지사와 주한미국대사관 중간 지점) 위에서 칼로 찔러 죽였다. 정병하도 베어 죽였다. 두 사람의 시체를 종로 큰 길가에 널어놓자, 격분한 백성들이 돌멩이로 때려 시체의 팔다리와 몸통이 깨졌다.

고종이 두 사람을 죽이라고 명한 것은 이들이 명성왕후 시해에 깊이 관여했다고 판단했기 때문이다. 정병하의 경우, 을미사변 당시 왕후가 궁궐 밖으로 피하는 것을 간사한 계략으로 막았을뿐더러 왕후를 폐위시켜 일반 백성으로 만드는 일에 힘을 다한 사람으로 비쳤다. 김홍집의 경우, 명성왕후 시해에 가담하지 않았지만, 왕후를 서인으로 강등하는 데 서명했던 장본인이다.

이때 김홍집에게 도피를 권유하는 사람도 있었다. 김홍집이 말하길, "내가 재상이었으니 조돈의 책임을 면하기 어렵다. 간다면 어디로 갈 것인가?" 하고 마침내 체포되었다. 김홍집은 왕에게 충성했지만 춘추시대 진(晉)나라 재상 조돈(趙盾)의 고사를 들어 그 책임도 져야 한다고 강조한 것이다.

유길준도 순검에 의해 곧바로 체포되어 광화문을 통해 궁궐 바깥으로 나왔다. 이때 유길준은 광화문 앞 삼군부에 주둔하고 있는 일본 병사를 보고 구해달라고 애걸했다. 그러자 순검이 발로 차서 땅

갑오개혁을 이끈 대표적 인물 김홍집(1842~1896)과 유길준(1856~1914)
김홍집(왼쪽)은 1880년대 이래 조선 근대화에 앞장섰으며 갑오개혁 시기에 총리를 맡아 근대개혁
을 추진하다가 아관파천 때 피살되었다. 유길준(오른쪽)은 최초의 조선인 유학생으로 근대개혁 사상
을 정립하고 개혁을 추진했지만 그 역시 아관파천으로 일본에 망명해야 했다.

에 엎어뜨렸는데 일본 병사가 급히 가서 그를 채갔다. 위기의 순간
이었다. 군부 관아에 있던 조희연은 순검이 오는 것을 보고 유리창
을 깨부수고 뒷문으로 도망쳤다. 장박(張博)은 자기 집에 있다가 심
복이던 순검의 통지를 받고 달아났다. 얼마 되지 않아 세 사람은 일
본 공사관에서 양복으로 갈아입고 일본 병사의 보호를 받으며 일본
으로 달아났다. 그 밖에 이진호, 이범래, 외부 교섭국장 육종윤, 법부
형사국장 조중응, 이두황, 우범선도 일본으로 도망쳤다. 이런 가운데
일본인들도 살해되었다. 뮈텔의 추정에 따르면, 2월 25일까지 사망
자가 조선인과 일본인을 합쳐 무려 25명에 이르렀다. 개화파 정부
에 대한 반감과 일본 침략에 대한 원한이 주된 요인이었다.

《승정원일기》 2월 11일 기록에 따르면, 아관파천을 단행한 당일
고종은 조칙을 내렸다. 을미사변에 대한 본인의 속내를 드러내면서

을미사변 직후에 내린 1895년 8월 22일(음력) 조칙과 10월 10일(음력) 조칙을 전면 취소했다.

> 8월의 변고는 만고에 없었던 것이니, 차마 말할 수 있겠는가? 역적들이 명령을 잡아 쥐고 제멋대로 위조했으며 왕후가 붕서했는데도 석 달 동안이나 조칙을 반포하지 못하게 막았으니, 고금 천하에 어찌 이런 일이 있을 수 있는가? … 역적 무리가 물들이고 입김을 불어넣은 자들이 하나둘이 아니니 앞에서는 받들고 뒤에서는 음흉한 짓을 할 자들이 없을 줄을 어찌 알겠는가? … 을미년(1895) 8월 22일 조칙과 10월 10일 조칙은 모두 역적 무리가 속여 위조한 것이니 다 취소하라.

여기서 8월 22일 조칙과 10월 10일 조칙이 무엇인지 궁금해진다. 전자는 고종이 친일 관료들의 강요에 못 이겨 명성왕후의 정치 관여를 구실 삼아 서인으로 강등시킨 조칙을 말하며, 후자는 명성왕후의 위호를 회복시키는 조령이었다. 그렇다면 전자를 취소한 것은 이해가 되지만 후자를 취소한 이유는 무엇인가? 굳이 추론하자면, 후자의 경우는 을미사변의 내막이 알려지고 외국 공사의 항의가 빗발치면서 갑오정부가 마지못해 취한 조치이며 단지 왕후로 복위했을 뿐 시호를 내리지 않았기 때문에, 왕후로 제대로 복위시키기 위해서 취소한 것이다. 특히 고종은 갑오내각이 명성왕후를 복위시키면서 왕후의 승하를 반포하고 국장을 마친 행위에 불만이 컸다. 추후에 국장을 자신의 주도로 치름으로써 정치적 효과를 키우고 자신의 지위를 찾고자 했던 것으로 보인다.

이어서 신내각이 방문(榜文)을 내걸었다.

"역적 유길준, 조희연, 장박, 우범선, 이두황, 이진호, 이범래는 곧 머리를 베어 오면 후한 상이 있을 것이다."

조칙을 내려 단발령을 철회했다. 의병들의 반발을 무마하면서 민심을 수습하고자 했기 때문이다. 고종은 아관파천을 단행한 지 이틀이 지난 2월 13일 두 개의 조칙을 내렸다. 첫 번째 조칙은 백성들의 지지를 이끌어내기 위해 갑오개혁을 비판하고 세금을 탕감하겠다는 내용이고, 두 번째 조칙은 다음과 같다.

그저께의 일을 어찌 차마 말할 수 있겠는가. 역괴(逆魁)와 난당(亂黨)의 흉악한 모의와 교활한 계책은 그 정절(情節)을 숨길 수 없는데, 그들을 막고 제어하는 방법에 있어서 혹 잘 대처하지 못하여 잘못될까 염려스러웠다. 이에 임시적인 편의로 외국에서 이미 행한 예를 써서 짐이 왕태자를 거느리고 대정동(大貞洞)에 있는 러시아 공사관으로 잠시 이어했고, 그 뒤에 왕태후는 왕태자비를 거느리고 경운궁으로 행차했다. 짐이 유사(有司)에게 명하여 범인들을 잡아들인 다음 바로 환어(還御)하고자 했는데, 어떤 범인을 잡아들일 때에 어리석은 백성들이 폭동을 일으켜 갑자기 사람을 죽이고 해치는 바람에 나머지 범인들이 모두 도망치고 말았다. 이 때문에 여론이 더욱 흉흉해져 진정되지 않는 상황이었으므로 이때를 당해 짐이 있는 곳을 그대 대중에게 분명하게 알릴 겨를이 없었다. 이제 궁궐이 무사하고 민심이 예전같이 되었으니 짐은 경사스럽고 다행한 일로 여기며, 며칠 안으로 환어할 것이다. 이에 그대 대중에게 분명하게 알리니, 각자 의심을 풀고 생업에 편안히 종사하기 바란다.

고종은 이 조칙을 통해 아관파천의 정당성을 역설하고 환어를 약속하고 있다. 당시 고종은 아관파천을 통해 정권을 장악한 뒤 곧바로 경복궁으로 돌아가고자 했던 것이다. 아관파천이 망명이 아니라 김홍집 내각을 무너뜨리기 위해 취한 임시방편이었음을 짐작할 수 있다. 그러나 환어는 경호 문제와 러시아의 만류로 늦어졌다.

일본 공사관과 일본 본국은 아관파천 당일 커다란 충격에 빠진 나머지 러시아의 의도를 파악하지 못했다. 일본 공사관은 당일 오후 3시에야 본국에 보고했다. 자국 병력을 사용하면 러시아와 충돌이 발생하므로 본국 외무성의 훈령이 도착하기 전까지는 '온건한 수단'으로 대응할 각오라는 내용이었다. 물론 김홍집 내각의 붕괴도 예상했다. 일본 본국 역시 러시아의 의도를 예의 주시하면서 협상의 길을 모색했다.

아관파천에 대한 여러 평가

2월 11일의 아관파천에 대해 우리의 주인공들은 어떻게 보았을까.

윤치호는 아관파천 단행에 대해서는 원칙적으로 찬성했다. 자신은 관여하지 않았지만 조선이 친일개화파와 일본의 수중에서 벗어나기를 고대했기 때문이다. 당시 미국인 선교사 및 러시아 공사관의 견해와 동일했다. 그는 아관파천 당일인 2월 11일 일기에서 다음과 같이 적고 있다.

폐하(Majesty)가 적들의 땅에서 벗어난 것은 기쁜 일이다. 11월 28일 사건[춘생문 사건]에 관계된 사람들이 이제 반역자라는 누명을 벗어나게 된 것은 즐거운 일이다. 그러나 폐하가 개혁을 본격적으

로 추진하기로 결심하지 않는다면, 이러한 변화를 통해 나라의 진
정한 복지가 증진될 가능성은 결코 없다.

윤치호는 아관파천으로 고종이 일본의 입김에서 벗어나고, 이재
순 등 춘생문 사건 관련자들이 유배에서 풀려난 것을 보고 안도하
고 있다. 춘생문 사건은 1895년 11월 28일 친러파와 친미파가 중심
이 되어 고종을 모시고 춘생문을 빠져나와 미국 공사관으로 망명하
고자 했던 사건인데, 그 자신이 여기에 연루되었기 때문이다. 당시
그는 러시아 공사관의 통역을 담당했던 김홍륙(金鴻陸)의 도움을 받
아 미국 공사관으로 도피하여 체포를 면했다. 나아가 윤치호는 춘
생문 사건을 주도한 인물들의 신원(伸寃) 활동에 대해서 높이 평가
하고 있다. 사실 춘생문 사건 주모자의 신원 회복은 윤치호 자신의
지위 회복을 의미했다.

그렇다고 해서 합리성을 입에 달고 사는 그가 순검들이 김홍집과
정병하를 재판 없이 처단한 것에 대해 눈감을 수는 없었다. 윤치호는
그들이 재판 형식을 거치지 않고 처형되었을뿐더러 그 시신마저 군
중에 의해 처참하게 짓밟히도록 내버려 둔 일에 대해 분노했다. "참
으로 잘못되었다!"는 윤치호의 말은 그의 분노를 잘 드러낸 표현이다.

또한 윤치호는 아관파천의 필요성을 인정하면서도 고종의 러시
아 공사관 장기 체류를 만류했다. 물론 그도 경복궁에서 일어난 을
미사변에 대한 고종의 트라우마를 이해한다. 그럼에도 남의 나라
공사관 체류는 국정 운영에 문제가 있다고 보았다.

반면 황현은 아관파천을 두고 윤치호와 정면으로 맞서는 평가를
내렸다. 이 사건의 주모자인 이범진을 사전에 러시아 공사에게 충

황현(1855~1910)
문장가이자 학자로서 여러 시문과 역사책을 남겼다. 1910년 8월 일제가 대한제국을 강점하자 절명시 4수를 남기고 자결했다.

성을 맹세한 친러파로 인식하면서 "이범진 등의 이 거사는 충의를 위해서가 아니요, 아국[러시아]을 후대하고 일본을 박대하려는 것도 아니요, 단지 권력을 노린 것이다. 세상에서 김윤식, 어윤중은 청당이라 일컫고, 김홍집, 유길준은 왜당, 이범진, 이윤용은 아당"이라고 부르고 있음을 강조했다. 한편, 김홍집의 죽음에 대해서 매우 애석해했다. 그는 《매천야록》에서 김홍집의 인품과 행적에 대해서 다음과 같이 서술했다.

김홍집은 왜와 화의를 주장하여 청의[清議, 깨끗하고 공정한 언론]에 죄를 지었으나 나랏일에 마음을 다했고, 그 역량과 책략은 시류배에 비교할 바가 아니었다. 그가 죽자 여론은 자못 그를 애석하게 여겼다. … 김홍집은 병자년(1876) 큰 흉년이 들었을 때 홍양현감으로 있으면서 굶주린 백성을 살린 것이 만 명을 헤아렸다.

어윤중(1848~1896)
19세기 말 근대개혁을 추진했던 대표적인 정치가
로 아관파천 직후 그에게 원한을 가졌던 용인 향리
에게 피살되었다.

　위정척사파이자 원칙을 중시하는 소론 준론 계열의 황현이 동도
서기파이자 융통을 중시하는 소론 완론 계열의 김홍집을 용납할 수
없는 처지였지만, 인물 됨됨이를 들어 김홍집을 동정하고 있다. 왜
그렇게 평가했을까? 김홍집이 크게 보면 당파가 황현과 마찬가지로
소론 계열인 점도 있지만, 무엇보다 김홍집이 백성을 다스리고 진
휼하는 데 역량을 발휘했기 때문이다. 또한 황현은 노론 계열 탁지
부 대신 어윤중의 죽음에 대해서도 동정적인 견해를 표명했다. 황
현은 어윤중이 용인으로 도망가지 않고 김윤식처럼 고종에게 나타
났더라면 죽음을 면했을 것이라고 했다. 윤치호 역시 어윤중과 외
세 인식에서 차이점을 드러냈음에도 어윤중의 죽음을 아깝게 여겼
다. 사실 고종도 명성왕후 시해 사건에 직접 관여하지 않은 어윤중
과 김윤식은 살해 명단에 넣지 않았다. 타인에 대한 평가에서 인색
하기 짝이 없는 윤치호마저 어윤중을 두고 "내가 가장 유감스럽게

생각하는 유일한 사람"이라고 못 박았다. 당시 어윤중은 청렴한 관리이자 민생의 안정에 힘쓰며 근대 재정 개혁에 앞장선 인물로 평가받았기 때문이다.

정교와 뮈텔은 아관파천 직후 살해된 김홍집을 비롯한 갑오정권 대신들의 죽음을 어떻게 생각했을까? 정교는 이 사태를 담담하게 기술할 뿐 속내를 드러내지 않았다. 다만 경기도 용인에서 어윤중을 살해한 범인들에 대한 판결문을 소개하면서 훗날 그들이 고종의 지시로 감형되었다고 전하고 있다. 사형선고를 받은 정원로와 임록길이 각각 유배 5년, 유배 2년으로, 안관현은 종신형에서 유배 1년으로, 김순병은 태형 60대에서 한 등급을 낮추는 등 감형 조치를 받았던 것이다. 혹시 이들에게 배후가 있었던 게 아닌가 짐작되는 대목이다. 반면에 뮈텔은 2월 16일 일기에서 윤치호와 비슷한 견해를 보이면서, 모든 관리와 백성에게 공정한 재판을 보장해야 한다는 원칙을 내세워 김홍집 처형의 절차적 불법성을 지적했다.

한편, 관료나 재야 유생이 아닌 일반 평민들은 아관파천을 어떻게 보았을까. 지규식의 일기가 어느 정도 이를 대변할 것 같다. 그는 정부의 태양력 제정에도 불구하고 여전히 날짜를 음력으로 표기하면서 "음력 12월 28일[양력 1896년 2월 11일] 아라사 군사가 갑자기 서울로 들어왔고 김홍집과 정병하가 피살되어 도성 안이 크게 소란스럽다"고 적고 있다. 그는 아관파천의 전모를 모르고 있었던 것이다. 구체적인 정보를 접하지 못했을뿐더러 평범한 백성으로서 생업과 동네 일을 중시했기 때문에 서울의 크나큰 변을 자세하게 적지 못하고 있다.

"도적 떼와 다름없는 을미의병"

이번에는 을미의병에 대한 5인의 평가를 살펴보자.

황현은 이 문제에 대해《매천야록》에 많은 지면을 할애했다. 을미의병이 위정척사를 지향한다고 여겨 누구보다도 관심이 컸기 때문이다. 그는 양반 유생들이 의병운동을 일으킨 사실을 담담하게 적시하는 가운데, 이들이 주도한 의병으로 인해 향촌이 고통에 빠졌음을 지적하면서 을미의병을 신랄하게 비난했다. 특히 의병이 전투에 나가는 일임에도 형식에 매여 심의(深衣)를 입고 큰 갓을 쓰고서 읍양(揖讓)의 절차를 차렸음을 비꼬았고, 군량과 병기를 준비하지 못했을뿐더러 엄한 기율을 찾아볼 수 없다고 비판했다. 또한 이러한 의병이 시간이 갈수록 날카로운 기운이 사라져 서울 군대만 만나면 패배하여 다수가 죽었다고 언급했다. 왕후 시해와 단발령에 반발하여 봉기한 것 자체에는 동조했지만, 그들이 대단히 고루하며 일반 백성들에게 민폐를 끼쳤음을 빼놓지 않고 적은 것이다.

강제로 단발할 때 온 나라가 분노하여 의병의 봉기를 촉발시켰다. 그러나 시간이 조금 지나자 날카로운 기운은 차츰 사라지고 경군(京軍)만 만나면 곧 패하여 전사자도 셀 수 없이 많았다. 또한 참으로 충의에 뜻을 품은 자는 몇 명에 지나지 않았으며, 명예를 탐하는 자가 앞장을 서면 변란을 좋아하는 자들이 달라붙어서 불량한 백성 수천 수백 명이 무리를 이루어 저마다 의려(義旅)라 일컬었고, 심지어는 동비[東匪, 동학농민군을 낮추어 부르는 말]의 잔당이 얼굴을 바꾸고 끼어들어 쫓아다니는 자들이 반이나 되었다. 이에 이들은 잔인하고 포악하여 온갖 음행과 약탈을 저질러 미친 도적 떼와 다름없는 경우도 있었다. 남쪽 지방에서 보고 들은 바에 따르면, 노응규 부대는 진주에 주둔해 있으면서 온 동네에 분탕질하여 그곳 백성들은 "동비를 다시 만났다"고 말했다.

안동 등 10여 고을도 협박을 받아 약탈되었는데 다시 경군에 의해 유린을 당하여 관민이 온통 거덜이 났다. 이윽고 김홍집 등이 죽임을 당하고 윤음이 연이어 선포되고 나서야 거의 멈추어졌다. 그러나 일을 주동한 이들 중 다수가 수령을 죽였기 때문에 후환이 두려워 부대를 유지하고 해산하지 않아 나라 안이 시끄러웠는데, 경기도와 충청도, 강원도 등이 화를 크게 입었다.

황현의 이러한 비난은 학계에서 늘 언급하는 을미의병의 근왕주의 역사상과 너무 다르다. 황현의 눈에는 그가 그토록 미워하는 동학농민군과 별로 다를 게 없는 존재로 비쳤던 것이다. 황현은 양반 지배층의 입장에서 동학농민군을 기존의 향촌 지배 질서를 무너뜨리고 약탈을 하는 도적으로 인식하고 철저히 응징해야 한다고 주장했던 터였다. 그는 을미의병의 행태에서도 '동비(東匪)'의 흔적을 발견했다. 또한 고종이 아관파천 이후 해산 명령을 내렸음에도 불구하고 을미의병이 해산하지 않은 것은 자신들의 죄과 때문이라는 그의 지적은 을미의병의 본질을 잘 보여준다.

윤치호 역시 개화정책에 대해서는 황현과 견해가 전혀 다르지만 을미의병에 대한 평가는 비슷하다. 1896년 3월 1일 윤치호의 일기에서 적나라하게 드러나고 있다.

곳곳에서 소요가 일어나고 있다. 많은 중앙 관리와 지방 하급 관

리가 피살되었다. 마을이 약탈을 당했다. 지금 소요를 일으킨 자들
은 "왜놈들은 물러가라!"는 구호를 외친다. 다른 사람들의 희생으
로 자신을 먹이고 옷을 입히는 것 외에는 전투의 원칙이나 전투를
수행할 뚜렷한 목적도 없는 떼강도에 지나지 않는다.

특히 윤치호는 고향에서 일어난 일에 대해 매우 민감하게 반응했
다. 고향에서는 자신을 일본과 친하다고 여기고 있었기 때문이다.
그의 집안이 충청도 아산에 자리 잡은 이래 많은 토지를 사들여 대
지주로 성장하면서 주민들의 반발을 받아오던 터에 1894년 농민전
쟁 때 농민들로부터 공격을 받았고, 을미의병에게도 약탈을 당했던
것이다. 그래서 이 시기의 습격 주체를 위정척사파 의병이 아니라
1894년 동학농민군의 잔당으로 간주하며 과민하게 반응했다. 그러
나 1896년 3월 당시의 시점에는 동학농민군의 기세가 관군과 일본
군에 의해 사실상 완전히 꺾인 상태였기 때문에, 윤치호의 이러한
인식은 과민 반응이라고 하겠다. 당시 해평 윤씨 가문을 공격한 무
리는 남한산성을 거점으로 수원, 용인, 이천 일대에서 활동하던 의
병들로서, 1896년 2월 22일 아산 둔포에서 진위[지금의 평택]로 이
동하던 후쿠오카 출신 일본인 곤도 에이조(近藤榮藏)를 잡아 총살했
다. 이 점에서 윤치호의 이런 주장은 오히려 부를 축적하는 과정에
서 지역사회로부터 존경받지 못하는 자기 집안의 문제점을 호도한
것으로 받아들여졌고, 당시 대신들은 동학 잔당 진압을 호소하는
윤치호의 주장에 웃거나 망연자실한 표정을 지었다.
　윤치호의 집안이 을미의병의 공격을 받았을 무렵, 향촌 주민들이
의병들에게 징집을 당하기도 했다. 이 소식을 접한 뮈텔은 조선 정

부에 아산에 군사들을 보내 의병들을 진압해 줄 것을 요청했다. 주민들 가운데 천주교 신도가 있었기 때문이다. 그러면서도 5월 11일 일기에서는 의병들이 프랑스 신부의 통행을 허락했을뿐더러 그의 복사[僕射, 신부를 보좌하는 심부름꾼]와 마부의 술값까지 지불했다는 양근(지금의 경기도 양평) 지방의 보고 내용을 기록하고 있다. 뮈텔은 의병들이 군이 프랑스 신부 일행을 공격할 이유가 없음에도 윤치호 집안의 피습 소식을 듣고 의병들에게 지레 겁먹은 게 아닌가 한다. 그러나 양근 소식을 듣고는 내심 안심이 되어 의병들의 선처를 사실대로 기록한 것으로 보인다.

지규식은 이러한 상황을 어떻게 인식했을까. 일단 그는 을미의병의 봉기로 자신을 둘러싼 환경이 바뀌어 가고 있음을 인지했다. 의병의 물적·인적 요구가 그의 생활에 영향을 끼치기 시작했기 때문이다. 이즈음 그는 서울과 경기도 광주를 오가며 궁중에 그릇을 조달하던 터라 광주부를 점령한 김하락 의병에게 잡혔는데, 글을 잘한다는 이유로 징집될 뻔했다. 2월 26일 일기다.

광주의병소 전령(傳令)에 "분원 창검(槍劍)을 낱낱이 거두어 보내라"는 뜻을 담은 독촉이 왔다. 또 양근의병소에서 온 전령에 따라 "창군(槍軍) 200명을 건장한 자로 선발하여 각각 창검과 총을 가지고 성화같이 와서 대기하라"고 엄히 독촉하니, 일이 몹시 난처했다. 해가 저물어서 광주의병과 양근의병이 진영을 합쳐 갑자기 분원 안에 들어왔는데 300여 명이었다. 이들을 각 집에 나누어 배치하고, 대장과 중군 일행 8명 모두는 공소[貢所, 특산물을 바치는 기관] 도중(都中) 자리에 들여보내 배치했다. 양근대장 이병승(李秉

承)이 나를 보고 "지금 이 의병 가운데 글을 잘하는 자가 없으니, 바라건대 당신이 상종하는 것이 어떻겠는가?"하고 말했다. 나는 집안이 가난하고 어머니가 늙으셔서 종군할 수 없다고 여러 가지로 꾀를 내어 피했다. 사경(四更)에 밥을 지어 먹고 오경(五更)에 행군하여 곧바로 남한산성으로 향해 갔다.

의병의 갑작스러운 내방으로 마을이 혼비백산한 가운데 지규식은 연로한 어머니를 핑계 대고 겨우 의병 모집에서 빠져나올 수 있었다. 그러나 다음 날에는 또 다른 고통이 기다리고 있었다. 이번에는 일본군이 의병 진압을 구실로 양근 분원 마을(왕실용 백자 생산지 분점으로 지금의 경기도 광주시 남종면 분원리)로 진주한 것이다. 2월 27일 일기다.

아침이 되니 온 분원이 크게 동요하여 남녀노소가 들로 달아나고 산으로 올라갔다. 내가 무슨 연고냐고 물으니 "일본군이 뒤 언덕에서 에워싸고 들어와 불을 지르고 사람을 죽이려 한다"고 했다. 내가 동임(洞任)을 붙잡고 좋은 말로 타일러 깨우쳐 들썩거리지 않게 했다. 조금 있으니 일본군 20여 명이 집 뒤 언덕에 올라서 분원 안을 자세히 살핀 뒤 내려와서 포군(炮軍) 소식을 물었다. 동임이 지난밤에 나갔다고 대답하니 일본군은 사각(射閣)에 들러 조금 쉬고 도로 곤지암 진영으로 향해 갔다.

분원 마을 사람들은 철렁한 가슴을 쓸어내리며 불안에서 벗어날 수 있었다. 다음 날 2월 28일에는 다시 의병이 지규식의 처가가 있는 남한산성으로 들어와 친일 개화파의 앞잡이라며 군수와 순검 3명을 죽이되, 성안 거주민은 어루만져 위로했다. 병 주고 약 주는 꼴이었다.

한편, 남한산성 주민과 달리 의병에 강제로 징집당한 광주부 주민들은 훗날 폭도로 몰려 도륙 위기에 몰렸다. 주민들은 양쪽으로부터 뺨을 맞는 셈이었다. 당시 내각의 군부는 광주분원 주민 중 일부가 무모하게 의병 부대에 들어갔다는 이유로 현지 지휘관에게 병력을 이동하여 도륙하라는 명령을 내렸다. 이 소식을 전해 들은 지규식은 공방으로 들어가 중요한 문서와 장부를 챙겼다. 그로서는 절체절명의 위기였다. 3월 4일 일기에서 적고 있듯이 "앞일을 생각하니 가슴이 몹시 답답하다"고 할 만했다. 그리하여 그는 인근에 거주하는 정1품 이호준(이완용의 양부)에게 다급한 사정을 품고하여 그의 아들이자 군부 대신인 이윤용이 "병력을 분원으로 이동시키라"는 영을 즉시 거두도록 요청했다. 같은 광주부 출신인 이완용 집안과 매우 친밀했음을 보여주는 대목이다. 그의 노력으로 양근분원 주민은 몰살을 면했다.

또 지규식은 1896년 3월 8일(음력 1월 25일) 어떤 사람으로부터 고종의 밀지를 베껴 요약한 편지 한 통을 받았다. 그러나 그 밀지가 어디서 나온 것인지 알 수 없어서 의아하게 여겼다. 더욱이 이 밀지의 원본은 아관파천 이전에 보낸 것으로 보인다. 고종이 아관파천 이후에 이런 밀지를 보낼 이유가 없었기 때문이다. 따라서 의병들이 이러한 밀지를 이용하여 군자금이나 군량을 확보하려 한 것으로 보인다. 마침 의병들은 군량미를 요구했고 곧이어 일본군이 의병을 토벌하러 들어오고 있었다. 그는 일본군의 행렬을 보고 깜짝 놀라

집에 들어갈 정도였다. 지규식은 이러한 일련의 사태를 보며 한탄을 금치 못했다.

이러한 상황은 6월 초 경병이 남한산성의 의병들을 체포하여 모두 처형할 때까지 반복되었다. 이 와중에 이 지역에서 선교하고 있었던 프랑스 신부가 뮈텔에게 보내는 편지를 통해 경기도 용인 근방에서 의병들이 일본인 상인 부부를 살해하고 미화 900달러를 약탈했다고 전하고 있다. 이에 뮈텔은 2월 20일 일기에서 밝히고 있듯 이 신부들의 신자 방문과 상경 과정에서 생길 수 있는 안전 문제를 우려하고 있다. 심지어 경기도 양주의 천주교 신자들이 의병들의 강제 모집을 모면하기 위해 피신하고 있음을 적고 있다. 반면에 정교는 의병들의 이러한 행동에 대해 특별히 언급하지 않은 채 정부의 의병 해산을 독촉하는 호소문을 수록하고 있을 뿐이다.

친러 세력을 견제하라

고종의 아관파천으로 득세한 친러 세력에 대한 하마평도 여기저기에 보인다. 이 가운데 젊은 날 이범진에 대한 황현의 평은 매우 가혹했다.

그는 가는 곳마다 탐학을 부리고 강제로 빼앗아 '젖 먹는 호랑이'라 불렸다. 그가 순천에 있을 때 여러 기생을 발가벗겨서 풍마희[風馬戲, 암내 나는 말을 좇는 놀이]를 했다. 그리고 부민(富民)들에게 형벌을 가할 때는 곤장질은 하지 않고 다만 칼을 씌워 동헌 뜨락에 세워놓고 있다가 무릎을 조금만 구부려도 발가벗겨 마구 매질을 했다. 이렇게 서 있은 지 며칠 지나면 다리가 부어올라 차라리 죽여달라고 애걸하지 않는 자가 없었다. 자기 재산을 전부 갖다 바치지 않으면 풀려나지 못했다. 그는 늘 긴 칼을 좌우에 세워놓고 주먹을 휘두르면서, "난동을 부리는 자가 있으면 작살을 내겠다"고 했다. 그곳의 아전과 백성 들이 입을 모아 애태우며 그를 마주 들어 고을 바깥으로 쫓아내려고 했지만, 그의 용맹을 두려워하여 감히 나서지 못했다.

황현은 유자의 입장에서 신분 질서와 윤리적 잣대를 들이대어 그의 출신과 행실을 신랄하게 비판했던 것이다.

윤치호는 이범진을 무력이 아닌 방법으로 내각에서 축출하고자 했다. 고종을 환궁시키기 위해서는 이범진 세력의 힘을 약화시키는 것이 선결 과제였기 때문이다. 이에 윤치호는 1896년 3월 공사로 다시 돌아온 베베르로부터 이범진을 떼어놓기 위해 베베르에게 그의 축출을 촉구했다. 당시 고종도 이범진에 대한 부담감을 떨칠 수가 없었다. 드디어 3월 3일 이범진이 경무사 자리에서 면직되고 김재풍이 그 자리에 임명되었다. 김재풍 역시 춘생문 사건에 관여한 인물로 이범진과 함께 아관파천의 디딤돌을 놓은 장본인이었다. 3월 13일 윤치호는 별기군 출신 김노완과 만나 대화한 내용을 일기에 적었다.

집에서 김노완을 만났다. 그는 폐하가 이범진을 싫어하기 시작했다는 것, 폐하가 자신이 호랑이 등에 올라탔다고 느끼고 있고 또 그렇게 말하고 있다고 말했다. 이 모두를 믿을 수는 없다. 그러나 폐하는 시치미 떼는 법을 알고 있다. 임금은 이런 방법을 매우 잘 이용해서 그가 궁을 떠나기 얼마 전에 자신은 권좌에 복귀할 모든 희망을 접었다는 것을 널리 알려 믿게 했다.

이러한 진술은 윤치호의 말대로 그대로 믿을 수는 없다. 그러나 이범진의 권력 강화는 곧 왕권의 약화를 의미했기 때문에 고종은 당연히 주변 인물의 이범진 축출 건의에 귀를 기울였다고 하겠다. 그리하여 이범진은 6월 20일 주미 공사로 임명되었고 6월 30일 종1품으로 승진했다. 이러한 승진은 이범진의 노고에 보답한다는 고종의 배려라고 알려졌지만, 그 본질은 축출이었다. 곧이어 7월 16일 그는 가족들과 함께 출국한다.

황현은 이범진의 이런 처신을 날카롭게 인식하고 있었다.

이범진을 종1품으로 승진시켜 주러 공사 서광범의 대리로 임명하니, 그는 처자를 데리고 부임했다. 그는 시국이 다시 변하면 죽음을 면하기 어렵다는 것을 염려하여, 힘써 외국 공사를 구하여 출국했다.

황현은 이범진의 주미 공사 임명을 착각하여 주러 공사 임명으로 잘못 기술하고 있지만, 이범진의 출국 의도를 간파하고 있었던 것이다. 또한 후술하겠지만 러시아와 일본이 비밀리에 타협을 모색하면서 고종의 환궁이 가시화되자, 아관파천의 공로자로서 이범진의 정치적 입지가 약화되고 있었다. 이후 그는 1911년 러시아에서 망국의 비탄 속에서 자결로 생을 마감할 때까지 고국으로 돌아오지 못했다.

| 이범진이 근무한 주미 조선 공사관 | 주미 공사 시절 이범진 부부와 차남 이위종 |

이범진은 무반 가문 출신의 서자이지만 전주 이씨 종실인 데다가 적자가 없는 까닭에 왕실에 접근할 수 있었다. 특히 부친 이경하가 철종 대에서 고종 대에 걸쳐 훈련대장과 어영대장 등 치안과 군사 관련 요직을 두루 거치며 정권 안보에 핵심적 역할을 수행했던 터라, 이범진 역시 이런 가문의 배경에 힘입어 1878년 대과에 급제하기에 이르렀다. 특히 갑신정변이 발발했을 때 명성왕후를 등에 업고 경기도 노원의 각심사(覺心寺)로 피신시켰다. 이곳은 포도대장을 지낸 아버지 이경하의 별장이었기 때문이다.

당연히 명성왕후를 비롯한 왕실의 총애가 두터웠다. 그리고 삼국 간섭 직후 왕실의 요구대로 러시아를 끌어들여 일본을 견제하는 데 앞장섰으며 명성왕후 시해 당시 이를 막으려고 러시아 공사관으로 달려간 인물도 그였다. 훗날 궁정파의 핵심이라 불린 것도 이런 이유 때문이다. 그런 그가 드디어 고종의 견제와 시국의 변동을 우려하여 먼 나라 미국 공사로 일가를 거느리고 출국하기에 이른 것이다. 훗날 1907년 헤이그 특사가 될 차남 이위종이 이때 함께 출국했다. 특히 일본이 이범진의 반일 활동을 문제 삼아 제거하고자 진력하고 있었고, 미국과 러시아 역시 일본과 타협을 모색하면서 그를 정국의 걸림돌로 여기던 터였다. 미국과 가까운 윤치호가 이범진을 비롯하여 김홍륙을 축출하기 위해 왜 안달이 나 있었는지 이해할 수 있는 대목이다.

그러나 근래 새로운 문서가 발굴되고 연구가 진척되면서 그에 대한 새로운 평가가 나오기 시작했다. 이에 따르면 그는 미국 공사에 이어 임명된 러시아 공사 시절 대한제국의 국권 수호를 위해 최선의 노력을 경주했다. 한국 주재 러시아 공사 마튜닌(Nikolai G. Matiunine)이 1901년 2월 압록강 유역의 삼림 벌채권을 3년간 연장하려는 불순한 시도를 한 것에 대해 강경하게 반대했으며, 러시아가 평안북도 용암포(龍巖浦)를 조차하려고 시도한 것에 대해서도 강력 반대했다. 그는 친러파의 거두로 러시아의 이익에 앞장섰다는 주변 인물들의 인식과 달리 오히려 국권 수호에 앞장선 인물이었지만, 불행하게도 일본과 정적들에 의해 몰락했을뿐더러 친러파 야심가로 매도되어 일반인들에게 오랫동안 부정적인 인상을 남겼다.

반면에 이범진과 함께 가장 많이 언급된 김홍륙은 이범진과 달리 윤치호의 뜻대로 축출되지 않았다. 그는 어떤 인물이었기에 많은 이들의 질시를 받으면서도 고종 측근 세력으로 활동할 수 있었나.

정교는 《대한계년사》에서 김홍륙의 이력을 소개하면서 1896년 2월 23일 시종원의 시종으로 임명된 일을 두고 혹평했다.

러시아어 통역관 김홍륙을 시종원 시종으로 임명했다. 함경도 출신 천인이다. 고무래를 놓고 정(丁) 자도 모른다. 그러나 러시아어를 대충 통역할 수 있어 러시아 공사의 통역관이 된 지 몇 년도 지나지 않아 이 관직에 임명되었다.

윤치호의 김홍륙에 대한 하마평은 정교보다 훨씬 신랄했다. 당시 김홍륙이 조선 정부와 러시아 공사 간의 대화를 통역하면서 승승장구하는 것에 대한 심각한 우려를 일기 곳곳에 드러냈다. 윤치호에게 비친 김홍륙은 러시아를 등에 업고 온갖 사기와 협잡을 일삼는 '교활한 악당'이었다. 특히 그가 온갖 청렴한 척을 하면서 이권 확보와 뇌물수수에 혈안이 되었음을 자주 강조했다. 1896년 2월 25일의 일기를 보자.

이범진, 이재순, 김홍륙이 국내적으로 나라를 망치고, 아니 국제적으로도 끝장내고 있다. 김홍륙은 러시아어 통역관이다. 그는 교활한 악당이다. 가장 나쁜 사실은 그가 [전 러시아 공사] 베베르 부부와 [현 러시아 공사] 스페이에르 부부의 완전한 신임을 받고 있다는 점이다. 언젠가 베베르 부인은 나에게 말로는 아니더라도 적어도 노력으로는 사도 바울이 김홍륙보다 더 정직할 수 없다고 말했다. … 사실 이 악당은 내각의 어떤 관리보다 더 부유한 사람으로, 이쪽저쪽에서 뇌물을 받아 챙긴다. 그는 이범진이나 이재순의 모종의 목적을 이루어 주기 위해 러시아 공사의 이름으로 고종에게 거짓말을 하고 있다.

당시 윤치호의 눈에 비친 김홍륙 일당은 "자신들과 그 무리들의 배를 채우면서 나약하고 절망적인 국왕을 오도하는" '못된 악당'이었다. 그리하여 윤치호는 김홍륙의 승진을 막는 일에 적극 나섰다. 특히 그가 외부 협판에 임명된다는 소식에 충격을 받고 승진 저지에 나선 끝에, 베베르의 동의를 얻어 윤치호 본인이 내각회의의 일원이자 학부 대신 서리사무로서 김홍륙의 외부 협판 승진에 동의하지 않음으로써 승진을 막을 수 있었다.

황현의 눈에도 김홍륙이 들어왔다. 그는 김홍륙이 출세할 수 있었던 요인으로 러시아어에 능통했다는 것과 더불어 러시아어가 매우 어려워 제대로 구사할 수 있는 통역관이 그 말고는 없었다는 점도 덧붙였다. 러시아어가 어렵지 않아서 러시아어 통역관이 적지 않았다면, 황현의 말대로 김홍륙에게만 의존하지는 않았을 것이다.

김홍륙은 오히려 5월 16일 비서원 승(지금의 비서실 주임관)에 임명되었다. 윤치호가 민영환과 함께 러시아 황제 대관식을 축하할 겸 러시아로부터 군사적, 재정적 지원을 받을 요량으로 출국하기 4일 전이었다.

열강의 이권 쟁탈이 시작되다

이런 가운데 아관파천 후 새로이 들어선 내각은 산업화에 필요한 철도 공사에 힘을 기울이고 있었다. 당시 국가 재정이 이를 감당하기에는 턱없이 부족했고 기술도 뒤따르지 못했기 때문에 외국의 자본과 기술이 절실했다. 그렇다고 조선 내정에 여러 번 깊이 개입한 일본을 끌어들이자니 매우 두려웠다. 러시아 역시 언젠가 그들의 영향권에서 벗어나야 할 대상이므로 경제적으로 의존하기에는 부담스러웠다. 미국의 자본과 기술을 끌어들이고 싶었지만, 미국은 한반도 문제에 무관심한지라 정부의 노력은 수포로 돌아갔다. 미국 정부는 조선에 나와 있는 현지 외교관과 달리 한반도에서 취할 이익이 별로 없다고 판단했기 때문이다. 그래서 정부는 한반도에 직접 연결되지 않아 영토에 대한 야심이 상대적으로 적으면서도 경제적 관심이 컸던 프랑스를 끌어들이려고 했다.

우선 프랑스 자본의 도움을 받아 서울-평양 간 철도 건설계획안을 마련했다. 뮈텔은 처음에는 소극적이었지만 정국이 안정되어 가자 중재자로서 발 벗고 나섰다. 이 사업을 통해 조선 정부로부터 신뢰를 얻어 선교 확대의 발판을 확보하는 한편, 조국 프랑스의 자본가들이 조선에 투자하여 이득을 챙기도록 도와줄 수 있기 때문이었다. 때는 바야흐로 아관파천이 일어난 지 3개월쯤 되는 1896년 5월이었다. 그리고 두 달 뒤인 7월 정부는 프랑스 측에 경의선 부설권과 한 곳의 광산채굴권을 제공하기에 이른다. 뮈텔로서는 일거양득인 셈이다. 개신교 목사들이 주로 교육과 복지 활동을 통해 선교 사업을 하는 반면에, 뮈텔은 포교에 도움이 된다는 판단 아래 정치·경제 브로커 활동에 적극 나섰던 것이다. 이후에도 그의 일기 곳곳에서 이러한 브로커 활동을 볼 수 있다. 예컨대 9월 14일 일기를 보면, 뮈텔이 프랑스 사업가 그릴을 만나 평양 부근의 석탄, 철, 구리 등 세 광물에 대한 광산채굴권을 확보하기 직전까지 이르렀다는 소식을 전해 들었다.

뮈텔의 이러한 시도는 성공적으로 보였다. 6월 16일 일기에 따르면, 당시 일본 신문들은 왕실과 뮈텔의 관계를 다음과 같이 보도했다고 전하고 있다.

제1부 아관파천에서 대한제국 수립까지

왕이 영세를 받고 가톨릭 신자가 되었다. 프랑스 주교 뮈텔은 자주 알현한다. 왕은 그를 극진하게 대우한다. 며칠 후 왕은 가톨릭 성당으로 기도하러 갈 것이다.

이런 소식을 전해 들은 뮈텔의 기분은 어땠을까. 비록 이러한 보도가 사실을 과장하고 있지만 허무맹랑하지는 않아 자신의 입지가 강화되고 있음에 자부심을 느꼈을 것이다.

그는 왕실과의 이런 밀월 관계를 믿고 공격적인 선교로 나아갔다. 그러나 이것이 한국인 향촌 사회의 반발을 불러일으켜, 제주도를 비롯한 여러 지역에서 다수의 천주교 신자들이 죽임을 당하는 반천주교 운동이 발전하게 될 줄은 생각하지 못했을 것이다.

그런데 이즈음 독일도 다른 열강에 못지않게 이권 확보에 관심을 가졌으며, 1896년 5월 전후에 평안도 은산광산 채굴권을 강경하게 요구했다. 이후 은산광산은 영국인 멀덕(J. V. B. Murdoch)과 헤이(J. A. Hay)에게 넘어갔지만, 세창양행이라 불렸던 독일의 마이어도 강원도 금성군의 당현광산 채굴권을 확보했다. 이권을 가져간 나라가 이뿐이랴. 러시아, 미국, 일본 등도 앞다투어 참가했다. 당시 고종은 이러한 이권을 양여하면서 무엇을 받으려 했을까.

2. 고종의 환궁과 명성왕후 국장

오늘이 명성왕후의 기일이다. 유교 의식에 따라 성대한 추념식이 거행된다. … 특정한 신호가 떨어지면 모두 땅바닥에 엎드려 가장 불쌍하고 가증스러운 통곡을 하는데, 그때 한 바보가 외친다. "그만!" 그러자 다들 일어나서 웃고 농담하고 떠든다. 그런 다음 다시 통곡하는 소극(笑劇)이 계속되어 아름다운 밤은 끔찍한 밤이 되고, 경건한 의식은 가장 완벽한 조롱거리, 터무니없는 소동으로 전락한다. _ 윤치호

임금은 왕후의 죽음을 매우 애통해 마지않아 말만 나오면 줄줄 눈물을 흘렸으며, 왕후가 사용한 화장대와 세숫대야 등등만 보아도 탄식하면서 손으로 어루만지며 차마 손을 떼지 못했다. _ 황현

고종, 환궁 계획을 세우다

고종은 아관파천으로 러시아 공사관에 머물러 있었지만 정국 운영을 주도하고자 백방으로 시도했다. 우선 명성왕후 시해 사건 직후 서인으로 강등된 명성왕후를 제대로 복권시키고자 했다. 이러한 조치로 자신의 주도권을 강화할 수 있다고 인식했기 때문이다. 물론 1895년 10월(음력) 김홍집 내각과 일본 정부가 국제적 비난을 의식하여 강등된 왕비를 왕후로 복작시켰지만, 이는 형식적인 복작일 뿐 시해에 관한 규명도 없었고 시호조차 결정되지 못했다. 이에 정부는 미국 선교사의 도움을 받아 《코리안 리포지토리(The Korean Repository)》 1896년 3월 호에 명성왕후 시해 사건 조사 보고서를 실었다. 일본의 만행을 구미 외교관을 비롯하여 일반민에게 알려 일본을 경계하고 반일 언론 분위기를 이끌어 내고자 한 것이다. 뮈텔도 이런 사실을 3월 27일 일기에 기록하면서, 자신도 명성왕후 시해자가 일본인임을 확신할 수 있었다고 밝히고 있다.

이어서 3월 10일 고종은 김홍집 내각이 여론 때문에 마지못해 추진해 온 명성왕후 국장 작업을 중단하라는 조칙을 내렸다. 김홍집 내각이 추진한 명성왕후의 산릉(국장을 지내기 전 이름을 짓지 않은 새 능)이라 할 숙릉(肅陵) 조성 사업이 마음에 걸렸던 것이다. 고종의 표현에 따르면 동구릉 내 숙릉이 길지가 아니라는 것이다. 그래서 본격적인 산릉 조성 사업은 후일로 미뤄졌다.

한편, 5월에 들어와 정국이 안정 국면에 들어서자 고종은 환궁에 관심을 기울이기 시작했다. 이에 왕의 비서라 할 승선 이시우는 1896년 7월 27일 환궁 계획을 설명하러 뮈텔을 찾아갔다. 이시우의 말에 따르면 고종의 계획은 이러했다. 우선 백성이 왕의 환궁을 간청하는 청원운동을 일으키게 하고, 왕이 청원을 기꺼이 받아들여 환궁하는 형식으로 한다. 그러나 서울을 점령하고 있는 일본군의 방해를 차단하기 위해서는 외국 공사와 영사 들에게 일본군의 철수를 요구하도록 요청해야 한다. 그러기 위해서는 우선 뮈텔을 통해 플랑시(Victor Collin de Plancy) 프랑스 공사에게 도움을 요청하고, 플랑시 공사가 다른 외국 공사와 영사 들을 움직이게 한다. 뮈텔의 중재 역할이 매우 중요함을 여실하게 보여주는 계획이었다.

부탁을 받은 뮈텔은 환궁의 기본 조건을 제시했다. 정치적 관여를 피해야 하는 외국인 신부가 제시하기에는 무리한 요구 조건이었지만, 조선 정부가 프랑스 정부에 의존하고 있음을 보여주는 반증이기도 하다. 뮈텔이 제시한 환궁 조건은 다음과 같다.

1. 왕이 환궁을 진심으로 원할 것
2. 대신들이 그 일에 반대하지 않을 것
3. 러시아 공사가 그 일을 긍정적으로 여길 것

이에 대해 이시우는 앞의 두 가지 사항은 기정사실이고, 세 번째 사항도 베베르 공사가 왕을 자신의 공사관에 붙잡아 둘 이유가 없으므로 자연 해결될 것이라고 대답했다. 물론 수긍할 만한 이유였다. 그러나 뮈텔은 이런 제안에 대해 플랑시 공사에게 말은 하겠으나 성공 여부는 장담할 수 없다고 대답했다.

고종 환궁 계획은 8월 3일에 방문한 탁지부 대신 심상훈(沈相薰)을 통해서도 확인할 수 있다. 심상훈은 고종의 이종사촌이어서 고종의 심중을 잘 아는 인물이었다. 고종의 분신인 셈이다. 또한 명성왕후의 양 오라버니 민승호가 심상훈의 외삼촌이었다는 점에서 죽은 명성왕후의 유지를 누구보다도 잘 알고 있었다고 하겠다. 특히 심상훈은 갑신정변 시기에 고종의 밀지를 받고 청군에게 김옥균의 정변 사실을 알려 이를 진압하는 데 공을 세웠을뿐더러, 1895년 명성왕후 시해 직후 의병들에게 고종의 밀지를 전달하여 의병의 봉기를 끌어냈고, 결국 아관파천을 단행할 수 있는 조건을 마련한 인물이라고 하겠다. 심지어 삼국 간섭 이후 프랑스의 도움을 받아 일본 세력을 축출하고자 시도했다. 이 점에서 뮈텔과 심상훈은 상호 신뢰하는 사이였다. 또한 이 시기에 프랑스로부터 조선은행 설립에 필요한 재원을 마련하기 위해 프랑스 공사와 접촉을 벌이기도 했다. 이날 심상훈은 뮈텔에게 왕은 아직 환궁할 수 없고 또 왕의 환궁을 위해서는 러시아와의 진정한 협정이 선행되어야 하며 '현재의 주인'인 러시아 공사와 협의가 있어야 한다고 주장했다.

사실 고종은 장차 구미 공사관과 가까운 경운궁(지금의 덕수궁)으로 환어할 뜻을 세우고 있었다. 경운궁은 석어당과 즉조당 등의 건물이 남아 있었으나 아직 왕궁으로서는 시설물이 매우 부족하여 이를 수리하는 일에 착수했다. 고종은 이밖에 침전인 함녕전과 외빈 접객소인 준명당 등을 새로 건축하라고 지시했다. 이에 경운궁의 수리는 1896년 8월 10일에 시작되어 9월 28일 완료되었다.

뮈텔은 조선 정부의 환궁 일정을 알고 8월 24일 일기에서 고종이 9월 4일 경운궁으로 환궁할 것이라고 적었다. 그사이에 궁궐 수리가 진행되어 공사관들이 있는 지역이 눈에 띄게 달라지고 있었다. 서양인들의 입식 생활을 돕기 위해 서양 가구를 취급하는 고급 가구상들이 늘어선 이른바 '가구거리(Funiture Street)'가 크게 넓혀지고

20세기 초 경운궁 전경

조선 성종의 형인 월산대군의 집터였다가 광해군 때 경운궁으로 개칭되었다. 아관파천 이후 고종이
환궁할 때 이곳에 머무름으로써 대한제국의 중심 궁궐 역할을 했다. 1907년 고종이 강제 폐위된 뒤
이름이 덕수궁으로 바뀌었다.

돌로 포장되었다. 또 새 궁궐 가까이에 있는 집들도 모두 매입되어
헐렸다. 아울러 수천 명이 길을 고르고 새집을 짓는 데 종사했다.

정부는 새 궁궐을 수리하고 공사관 지역을 포장하는 한편, 조세
행정 개혁을 시도했다. 이즈음 8월 4일 정부는 향리들과 조세징수
권을 둘러싸고 마찰을 빚었던 각 군의 세무주사 및 좌수를 폐지하
고 향장제(鄕長制)를 실시했다. 기존 향리의 독자적 권한을 제약하
되 고을 주민의 의사를 수렴하려는 의도에서 비롯되었다. 조세 징
수 방식의 급격한 변화가 가져올 충격을 완화하면서 기존 향리들이
저지르던 조세 행정 폐단을 점차 시정하고자 한 것이다. 황현도 정
부의 조치를 예의 주시하면서《매천야록》에 기록했다.

정부는 향리들의 불법적인 조세 행위를 묵인하지 않았을뿐더러
정규 조세 이외의 각종 잡세를 혁파했다. 그리고 지방 관원의 연

봉, 임기 및 휴가, 지방에 주둔하는 지방 군대인 지방대(地方隊)의 정원을 규정하여 군사적 기반을 확충했다. 또 윤치호의 아버지 윤웅렬과 왕실의 재정을 담당한 이용익(李容翊)을 각각 전남관찰사와 평북관찰사로, 그 밖의 측근 세력을 지방 요직에 임명하여 지방 통치의 안정을 기했다. 여기서 주목할 점은 정교와 황현 모두 1896년 8월 15일 지방의 부, 목, 군의 전패(殿牌)를 궐패(闕牌)로 고치라는 정부의 지시 사항을 기록했다는 점이다. 정부가 제후의 위패를 뜻하는 전패를 궐패로 변경함으로써 국왕 지위의 격상을 의도했다는 점을 두 사람이 눈치챘다 하겠다. 후일 대한제국의 탄생을 예고하는 의례로 보인다.

또한 고종은 환궁과 함께 왕권을 정상적인 궤도에 올리기 위해 지방행정제도를 개편하고자 했다. 지방 통치 안정이 시급했기 때문이다. 1896년 8월, 갑오개혁 이전의 8도제를 세분하여 13도제를 시행했다. 1895년 김홍집 내각이 일본의 지방제도를 본떠 시행한 23부제가 너무나 파격적이어서 지방 통치의 안정을 가져오지 못한 데다가 오히려 지방 경비의 증가를 야기했기 때문이다. 이러한 13도제는 오늘날 지방행정제도의 원천이 되었다.

명성왕후 국장 준비로 왕권 회복을 꾀하다

1896년 8월경에 명성왕후 장례 준비가 본격화되었다. 우선 경운궁의 수리가 마무리되고 있어, 고종은 8월 23일 경복궁에 모셨던 왕후의 빈전(殯殿, 국상 때 상여가 나갈 때까지 왕이나 왕비의 관을 모시던 전각)과 진전(眞殿, 왕실이 사적으로 신위를 모시는 전각)을 경운궁으로 옮기라고 지시했다. 이어서 8월 26일에는 장례를 구성하는 각각의 행사

길일을 다시 정했다.

　1896년 9월 3일에는 다음 날 거행될 왕비의 유해를 새 궁궐로 옮기는 의식을 예행 연습하느라 가구거리는 물론 모든 도로가 혼잡했다. 이때 고종이 나와 지켜보고 있었다. 드디어 9월 4일 명성왕후의 유해를 경운궁으로 옮기는 행사가 치러졌다. 왕과 왕세자는 온종일 경운궁에 있었다. 초대받은 외국 공사와 영사 들도 행사에 참석했다. 총호사(總護使)를 비롯한 1,400명가량이 상복을 입고 참여하여 마치 작은 국상을 연상케 했다. 물론 명성왕후 시해와 관련이 있는 일본인 공사와 영사는 참석하지 않았다.

　명성왕후 국장 준비는 지규식의 눈에도 띄었다. 1896년 9월 1일 그는 훈련원에서 장례에 쓸 여러 시전의 깃발을 점검하는 모습을 목격했다. 이 시전들은 왕실에 물품을 조달했기 때문에 왕실과 각별했다. 그리고 9월 4일 일기에 명성왕후의 빈전(일기에는 '혼전'으로 오기)이 경운궁(일기에는 '명례궁'으로 오기)으로 이어했다는 소식도 적었다. 그 역시 분원 소속이어서 국장에 상납할 그릇에 대해서도 빠뜨리지 않고 적었다.

　이런 가운데 고종은 명성왕후 1주기 기일을 이틀 앞둔 9월 24일에 조칙을 내려 내각을 폐지하고 의정부로 칭할 것을 명했다. 그 이유는 김홍집 내각의 '난역배들'이 국가의 전헌(典憲)을 무너뜨렸다고 판단했기 때문이다. 여기서 제시하는 원칙은 옛 법을 그대로 따르면서 새 규정을 참고하는 '솔구장이차신규(率舊章而參新規)'로, 줄이면 '구본신참(舊本新參)'이다. 《승정원일기》 1896년 9월 24일(음력 8월 18일)에 실린 조칙은 다음과 같다.

지난날 난역의 무리가 국가 권력을 마음대로 휘두르고 정치제도를 변경하여 심지어 의정부를 내각으로 개칭하기까지 했는데, 대부분 칙명을 사칭한 것이 많았다. 전헌이 이 때문에 따라서 무너지고 중외(中外)가 이 때문에 소란하게 되어 백관과 만민의 분노와 통탄을 자아낸 지 지금 3년이 되었다. 국가의 흥쇠(興衰)에 관계됨이 또한 크니, 이제부터 내각을 폐지하고 도로 의정부로 칭한다. 새로 정한 제도는 옛 법식을 따르고 새로운 규식을 참작하되, 무릇 민국(民國)의 편의에 관계되는 것은 가감하고 절충하여 반드시 행해지도록 하는 데에 힘썼다. 근래 들어 온갖 일이 경황이 없고 개혁이 여러 가지로 많았으니, 민심이 안정되지 못하고 조령(朝令)에 대한 신뢰가 없게 된 것도 당연한 일이다. 이번의 관제는 실로 짐이 밤낮을 잊은 채 근심하고 애써 마땅함을 얻은 것이니, 만백성은 모두 그리 알도록 하라.

이 조칙은 내각에 집중된 권력을 되찾아 왕권으로 귀속시키고자 한 시도였다. 이어서 고종은 음력으로 왕후가 시해된 지 1년이 되는 9월 26일(음력 8월 20일)을 맞아 1주기 제사 분위기를 활용하여 자신의 권력을 다지고자 했다. 일종의 '춘추복수(春秋復讐)'를 통한 왕권 회복으로, 세상을 어지럽게 한 신하와 도둑을 공자가 늘 강조하는 춘추필법에 따라 벌하는 방식이었다. 고종의 복심이라 할 세자 역시 "나라의 원수를 갚지 않으면 그 나라는 나라가 아니다. 또 나라의 원수를 갚지 않는 것은 《춘추》의 대의에도 어긋난다"고 말했다.

그러나 황현에게 비친 고종의 명성왕후에 대한 추모는 여느 사람들과 달랐다.

임금은 왕후의 죽음을 매우 애통해 마지않아 말만 나오면 줄줄 눈물을 흘렸으며, 왕후가 사용한 화장대와 세숫대야 등등만 보아도 탄식하면서 손으로 어루만지며 차마 손을 떼지 못했다.

어느 환관이 자기와 절친한 사람의 성명을 써서 왕후의 화장대 서랍 속에 넣어두었다. 그 후 임금이 그것을 꺼내 보고 돌아보며 "이것을 어떤 사람이 무슨 까닭으로 적어 이곳에 넣어두었느냐?" 고 물었다. 그러자 그 환관은 울먹이며 말하기를, "마마께서 살아 계실 때 이 늙은 놈에게 수령 재목을 물으시기에 제가 감히 이 사람의 이름을 올린 것입니다. 마마께서 손수 간직하고 계셨는데 변고로 인하여 기용되지 못했습니다"라고 했다.

임금이 "그런 일이 있었구나, 슬프도다!"라고 말하고는 즉시 그 사람을 군수로 제수했다. 왕후를 추념하는 간절함이 이와 같았다. 매달 삭망(朔望)이면 반드시 친히 제문을 지어 제사를 지내니, 사람들은 공민왕이 원나라 공주[公主, 노국대장공주]를 위해 곡하는 것과 견주곤 했다.

고종의 명성왕후에 대한 추념을 기술하면서도 명성왕후의 인사 개입을 비판하는 한편, 고종이 이를 묵인하고 수용하는 모습을 풍자적으로 언급하고 있다. 심지어 황현은 고종의 이러한 행태를 노국대장공주를 추념하여 나라를 망친 공민왕에 비유하기까지 했다. 심지어 고종의 인물 보는 안목을 다음과 같이 폄하했다.

임금은 성격이 스스로 성스러운 체하여 남들이 영합하기를 좋아했다. 그러므로 대신 중에 지모가 있는 김홍집이나 김병시 같은 사람들은 능력 있고 현명한 사람들을 바로 추천하지 않고 반드시 임금 스스로 선택하도록 유도하여, 사람을 잘 알아본다는 명성이 돌아가도록 했다. 아! 이는 신하의 도리가 아니라 장사꾼의 도리인 것이다.

그러면서도 정부가 누누이 역설한 개혁 방향은 언급하지 않았다. 간접적으로 자주 들었을 강령임에도 정부가 제시한 구본신참의 논리를 일절 언급하지 않았다. 그러나 《매천야록》의 저본이라 할 《오하기문》 양력 1896년 9월 24일조에서는 구본신참 관련 기사를 그대로 옮겼다. 황현은 1907년 이후 《매천야록》을 저술하면서 이런 중요 기사를 의도적으로 누락한 것이다. 고종에 대한 원망과 편견이 심했던 게 아닐까 싶다.

또한 황현은 원로 대신 김병시(金炳始)가 의정부 의정(내각 최고 책임자)으로서 전달한 고종의 조령을 인용하지 않았다. 《승정원일기》 1896년 10월 9일(음력 9월 3일)에서 인용하면 다음과 같다.

조령을 내리기를,
"서울의 군대가 지방에 나가서 주둔하는 것은 비도(匪徒)들을 잠재우고 민생을 지키기 위한 것이다. 이른바 비도는 모두 가난한 백성들이 생업을 잃고 곤경에 빠져 이 지경에 이른 것이니, 창을 집어던지고 농기구를 잡고서 더럽게 물든 것을 제거하여 함께 새로운 길로 나간다면 나의 백성으로 돌아오게 될 것이다. 수령이란 자들 가운데 더러는 백성들을 안정시키지 못하고 도리어 못살게 굴거나 또 더러는 어떤 구실을 내세워 백성을 침탈하며, 군사를 거느리는 자들은 군사를 제대로 통제하지 못하고 풀어놓아 마을로 싸다니며 제멋대로 하게 하니, 듣기에 매우 놀랍다. 심지어 포(砲)를 쏘아 백성을 위협하여 인명이 많이 다치는 바람에 민심이 안정되지 않고 불안해하며 두려워하고 있으니, 짐은 잠자리에 누워도 이리저리 몸을 뒤척거리며 눈을 붙이지 못한다. 잘못을 저지른 수령들이나 백성들에게 폐를 끼치는 병정(兵丁)들이 정말 나라의 기강을 두려워한다면 어찌 감히 이렇게 하겠는가. 여기에까지 생각이 미치니, 매우 통탄스럽다. 만약 이전 버릇을 다시 답습하면 결단코 특별히 징계할 것이니, 각별히 군부(軍部)와 각 해당 관찰사에게 신칙(申飭)하라."

이 조칙 역시《오하기문》에는 수록되었지만《매천야록》에는 누락되어 있다. 동학농민운동을 겪었던 황현이 동학농민운동을 도적 무리가 일으킨 '비란(匪亂)'으로 인식한 나머지《매천야록》을 저술하는 과정에서 이 부분을 의도적으로 누락한 것으로 보인다. 당시 이런 조령을 내리면서 고종과 김병시는 다음과 같은 대화를 나누었다.《승정원일기》1896년 10월 9일(음력 9월 3일)에서 일부 내용을 인용하면 다음과 같다.

임금이 이르기를,
"백성은 나라의 근본이니, 근본이 튼튼해야 나라가 편안하다. 그런데 지금 백성들의 마음이 안정되지 못하고 걱정거리가 여전히 많은 만큼 나라를 생각하는 경의 정성으로는 잠잘 겨를도 없을 것이다"

하니, 김병시가 아뢰기를,

"백성은 나라에 의지하고 나라는 백성에 의지하여 나라와 백성이 한 몸이 되는 것이 옛날의 의리입니다. 그런데 근래에는 백성은 백성대로 나라는 나라대로 따로 나가면서 나라에서는 백성을 잊은 듯이 괄시한 지가 오래되었습니다. 그러니 나라와 백성의 근심이 어찌 이 지경에 이르지 않겠습니까? 신이 비록 보잘것없지만 나라를 걱정하고 임금을 사랑하는 마음만은 남들보다 뒤지지 않는다고 자부하니, 잠을 자면서도 잊지 않는다고 말할 수 있습니다. 지금의 상황은 본래 아랫사람들이 직임을 제대로 수행하지 못한 탓이기는 하지만, 성상께서 전적으로 아랫사람들만 탓할 수는 없습니다. 삼가 바라건대, 성상께서 마음을 굳게 정하여 시원스레 용단을 내리심으로써 모든 법도를 바르게 하소서."

했다.

같은 날 고종과 김병시는 대화를 나누는 가운데 나라와 백성이 한 몸이 되는 민국일체(民國一體)의 중요성을 공통적으로 강조하고 있다. 즉 백성과 나라는 상호 의존하는 관계로서 백성과 나라는 한 몸임을 강조한 것이다. 비록 백성을 정치 주체로 설정할 수 없지만 백성이 국가의 기반임을 인정하고 있는 셈이다. 재야에 있던 황현으로서는 이런 대화 내용을 알 수 없어서 이 부분을 《매천야록》에 담지 않았을 수 있다. 그러나 정부가 10월 9일 공개적으로 하달한 조령마저 수록하지 않은 것은 의도적인 누락으로 볼 여지가 크다. 백성을 교화 대상으로 여기는 그로서는 조령에 담긴 민국일체의 논리가 못마땅했기 때문이다. 동학 농민을 도적 떼로, 동학농민운동을 도적 무리가 일으킨 '비란'으로 간주했던 그로서는 정부의 이러한 비도 인식과 조치는 납득할 수 없었던 것이다.

또한 정부의 신구절충(新舊折衷) 기조를 보여주는 김병시의 이런 사직 상소도 주목하지 않았다.《승정원일기》1897년 1월 10일(음력 1896년 12월 8일)에서 인용하면 다음과 같다.

지금 시대를 논하는 자들은 새로운 규칙과 옛 규칙을 참작하고 절충하여 길이 전할 법을 만들고 믿음을 얻는 법을 만들어야 한다고 하니, 이는 법이 반드시 정립되어야만 믿음이 없어지지 않는다는 것을 말하는 것입니다. 신 또한 그렇게 생각합니다만, 먼저 하고 나중에 할 것을 아는 것이야말로 정치의 요체라 하겠습니다. 옛 규례로 돌아가고자 하는 이유가 어찌 전적으로 관제(官制)가 방만하다는 데에만 있겠으며, 새로운 방식을 세우고자 하는 것이 또한 어찌 기무(機務)의 지엽적인 문제에만 그치려는 것이겠습니까. 이는 신이 전부터 직접 아뢰고 소장을 통해 아뢰었던 일인데, 지금 다시 되풀이하는 것은 신의 생각이 여기에서 벗어나지 않기 때문입니다.

김병시의 이런 주장은 고종이 명성왕후 1주기 제사를 앞두고 제시한 구본신참과 동일하다. 사실상 정부의 개혁 방향이었다.

그러나 황현은《오하기문》에서 김병시의 사직 사실을 적으면서도 사직 상소 내용을 소개하지 않고 있다. 대신에 고종의 무능과 무기력을 지적하는 데 지면을 할애하고 있다.

김병시는, 삼남의 어사를 소환하여 피폐한 백성을 소생케 하고,

백관의 차함[借銜, 실제로는 근무하지 않고 이름만 빌리는 벼슬]을 없애 관로를 깨끗이 하고, 지방대에게 엄히 지시하여 토비[土匪, 지방 도적 떼]를 평정하도록 건의했으나, 임금은 그저 대꾸만 할 뿐이었다.

황현은 김병시가 아뢰는 3건의 의견을 요약하여 옮기되 고종을 이런 의견조차 무시하는 군주로 묘사하고 있다. 그러나 이런 내용도 고종에 대한 편견으로 왜곡되어 있었다. 관련 기사를 《승정원일기》 4월 8일(음력 3월 7일) 기사에서 찾으면, 고종은 각각의 건의를 받고 대책을 강구해서 시행할 것을 지시했다. 황현의 고종에 대한 부정적 인식은 후일 정부의 명성왕후 국장을 서술하는 과정에서 극에 달했다.

한편, 정부는 숙릉 조성 사업을 중지한 뒤, 11월 좀처럼 진척되지 않았던 명성왕후 산릉 조성 사업에 착수했다. 새로운 장지 후보로 선정된 27곳 가운데 풍수가 좋은 지금의 카이스트 홍릉 캠퍼스 자리를 장지로 정했다. 그런데 능 조성에 맞추어 장례 준비를 하다 보니 장례 일정이 지연되었다. 세간에서는 명성왕후가 살아 있다느니, 왕이 러시아 공사관에 있어서 장례를 치를 수 없다느니 하는 소문이 돌았다.

그러나 이는 어디까지나 근거 없는 낭설이었다. 황현은 고종이 대한제국을 수립한 뒤 명성왕후를 황후의 예로 장례를 치르기 위해 일정을 지연시켰다고 보았다. 이러한 지적은 고종의 심중을 잘 읽었다고 하겠다. 그러나 후술하는 바와 같이, 고종으로서는 명성왕후 국장을 주도함으로써 모종의 정치적 효과를 이끌어 내는 것이 무엇보다 큰 목적이었다고 할 수 있다.

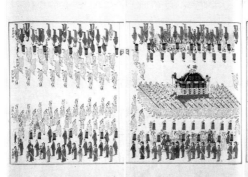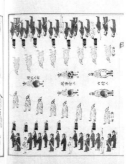

명성황후 발인반차도(부분)

그런 가운데 고종의 환궁 준비는 여전히 지지부진했다. 해가 바뀌는 1896년 12월에도 환궁을 차일피일 미루었다. 그 이유에 대해서는 윤치호도, 뮈텔도 가늠할 수 없었다. 일본 정보망에 따르면 고종이 12월 28일에 환궁하기로 결정해 놓고도 환궁 시의 안전을 보장할 궁궐 수위를 우려하여 일자를 연기한 것으로 파악되었다.

반면 명성왕후 국장 준비는 착착 진행되었다. 드디어 1897년 1월 6일 정부는 민비(閔妃)의 시호를 명성(明成), 능호를 홍릉(洪陵), 전호(殿號, 혼전의 명칭)를 경효(景孝)로 했다. 명성(明成)의 명은 "사방에 밝게 임하는 것"을, 성은 "예악이 밝게 갖추어진 것"을 뜻했다. 처음에 시호를 지을 때 '문성(文成)'으로 정하려다가 정조의 시호와 동일하다는 점에서 2순위인 '명성'으로 변경했다.

국장을 둘러싼 비판과 대응

명성왕후 국장 준비가 이처럼 진행되고 있을 때 윤치호는 명성왕후에 대한 인상을 일기 곳곳에 남겼다. 1896년 9월 26일 러시아 황제

대관식 참석차 민영환을 수행하던 중에, 러시아 상트페테르부르크 숙소에서 다음과 같이 명성왕후를 회고했다.

음력에 따르면 오늘은 고인이 되신 조선 왕후의 기일이다. 그녀는 얼마나 많은 삶의 폭풍과 죽음의 태풍을 겪었는가! 정말 대단한 분이었다. 민영환은 나에게 그녀가 약 20년 전 오빠가 폭사한 뒤 밤에 잠을 이루지 못했다고 말했다. 그녀는 아침 11시쯤 일어나 한두 시간 휴식을 취한 후 서간들을 읽고 쓰고 모든 공문서를 살펴보고 서리의 임명부터 대외 조약의 협상에 이르기까지 모든 정사를 처리하면서 대부분의 시간을 보냈다. 그녀는 한문 고전을 잘 읽을 뿐만 아니라 그 주요 구절들은 잘 기억했다. 그녀는 조선과 중국의 역사에 정통했다. 그녀는 종종 궁녀들을 도와 조선의 주머니끈으로 멋진 매듭을 묶는 일을 하곤 했다.

윤치호 자신이 왕실의 후원과 배려 속에서 성장했음을 잘 알기 때문에 명성왕후에 대한 인식이 유별났다. 그런 까닭에 을미사변을 상세하게 일기에 기록했다. 그에게 을미사변 소식은 "생각하기에도 너무 끔찍한" 사건이었으며 명성왕후가 이렇게 야만적인 행동으로 인해 죽었다는 사실에 잠을 이룰 수가 없었다. 즉 그는 명성왕후가 음모로 나라를 다스렸으며 좋은 통치자가 아니었다고 생각하지만 그런 죽임을 당할 만큼 나쁜 사람은 아니었다고 평가했다. 더군다나 명성왕후는 '한 국가의 왕후'였다면서 사건의 절대적 잔인성을 강조했다. 심지어 프랑스 파리에 체류할 때 프랑스 대혁명 당시의 장면을 지하 동굴에 재현한 것을 관람하고 "너무 우울하고 역겹다!

영친왕의 모후, 엄비(1854~1911)

마리 앙투아네트의 고통은 시해당한 조선 왕후의 참혹한 운명을 생각나게 해 매우 슬펐다"고 적고 있다.

그런데 윤치호의 일기에서 주목할 점이 있다. 당시 명성왕후 장례식이 지연된 이유를 황현과 달리 고종의 후궁 엄비의 영향력에서 찾았다. 엄비가 고종의 재혼을 막기 위해 무당의 말에 꾀여 장례식을 미루었다는 것이다. 또 1897년 9월 15일(음력 8월 19일) 일기에서는 명성왕후 기일 2주기를 맞아 행한 과도한 애도가 우스꽝스러운 조롱거리로 전락했다고 평가했다.

스타일[O. Style, 윤치호가 만난 정체불명의 인물]에 따르면, 오늘이 명성왕후(Her Majesty)의 기일이다. 유교 의식에 따라 성대한 추념식이 거행된다. 3품 이상 관료들이 모두 참석해야 한다. 낮에 여러 번, 밤 12시에 한 번 제사를 지내는 동안 모두 악마가 재단한 것 같은 흉물스러운 상복을 입는다. 그런 빈전을 바라보면서 줄을 맞추어 바닥에 일렬로 앉는다. 특정한 신호가 떨어지면 모두 땅바닥에 엎드려 가장 불쌍하고 가증스러운 통곡을 하는데, 그때 한 바보가 외친다. "그만!" 그러자 다들 일어나서 웃고 농담하고 떠든다. 그런 다음 다시 통곡하는 소극(笑劇)이 계속되어 아름다운 밤은 끔찍한 밤이 되고, 경건한 의식은 가장 완벽한 조롱거리, 터무니없는 소동으로 전락한다.

윤치호는 스타일이 잘못 알려준 명성왕후의 기일이 맞는지 확인하지도 않고 음력 8월 19일을 기일로 보고 있다. 그럼에도 그는 근대가 막 시작된 시점에 진정성 없이 애도하는 이들에게서 더는 백성의 존경을 받지 못하는 왕실의 구시대적인 모습을 발견하고, 유교 전통을 고수하는 사람들에게 진실이 없음을 꼬집는다.

《독립신문》은 1897년 11월 20일 논설에서 22일이 명성왕후의 기일임을 알리는 가운데 만고에 큰 변이 생겨 승하했음을 지적하면서도, 그 변고의 원인을 제공한 주체가 누구인지를 분명하게 밝히지 않고 명성왕후가 자주 독립 국가의 국모가 되었음을 강조했다. 이어서 일본이 청일전쟁에서 승리함으로써 조선이 청으로부터 독립되었음을 부각시켰다.

반면에 황현은 《매천야록》에서 명성왕후를 추념하는 고종의 행위를 다음과 같이 신랄하게 비난했다.

임금은 왕후의 상사(喪事)에 있어서 그 예를 한없이 높여 조금이라도 자신의 비통한 마음을 달랠 수 있을 것 같아 유교 경전도 무시하고 여론을 어기면서까지 삼년상을 강행했으니, 이것은 천고에 수치스러운 일이었다. 이에 여러 신료들도 우물쭈물 견해를 진술하되 자기 뜻을 조금 드러냈을 뿐이었고 누구 한 사람도 제대로 정론(正論)을 내세워 임금의 마음을 꺾은 사람이 없었다. 송병선 같은 사람은 이른바 한 시대의 유자이면서도 입을 꼭 다물고 말 한마디 하지 못했으니, 사람들은 더욱 그를 수치스럽게 여겼다. 임금은 황제에 즉위한 뒤에 왕후를 황후의 예로 장례를 치르고 싶었으므로 장례 기일을 늦추었다.

그가 이러한 비판을 한 것은 평소 명성왕후에 대한 인상이 매우 나빴기 때문이다. 우선 민씨 척족들의 매관매직 행위를 날카롭게 꼬집었다.

왕후는 비용 부족을 염려하여 마침내 수령 자리를 팔기로 마음먹고 민규호(閔奎鎬)에게 그 정가를 적어 올리도록 했다. 민규호는 목민관의 관직을 팔 수는 없다고 판단하고 응모자가 없도록 하기 위해 그 가격이 1만 꾸러미라면 2만 꾸러미로 정했다.
그러나 그 응모자들은 더욱 경쟁이 심했고, 그들이 관직에 나아가면 착취하여 백성들은 더욱 궁핍하게 되었으므로 민규호는 비로소 후회했다.

또한 명성왕후의 세자를 위한 명산 기도를 신랄하게 비난했다.

왕후는 명산의 사찰을 두루 다니며 세자를 위해 기도했다. 그리고 많은 고사[瞽史, 일종의 맹인 음송 서사 시인을 가리킴. 여기서는 여자 맹인을 가리킴]들도 고을을 횡행하면서 후전[候錢, 기후제나 노제를 지낼 때 사용하는 지전]을 길에 뿌렸다.

금강산은 속칭 1만 2,000봉이라고 하는데 봉우리마다 규폐[圭幣, 제사를 지낼 때 필요한 예물]의 가치가 1만 냥이나 된다고 하면서 승려와 비구니 들은 이를 인연으로 삼아 출입하기 시작했으며, 그들이 거처한 암자로서 조금 명망이 있는 곳이면 원당(願堂)을 세우지 않는 곳이 없었다. 이것을 축리[祝釐, 신께 제사를 지내 복이 내리기를 기원함]라고 한다.

다만 명성왕후의 총명과 박식, 학구열에 대해서는 인정했다.

왕후는 제가문(諸家文)과《사기(史記)》에 통달하여 늘 백관의 장주(章奏)를 친히 보았다. 그녀는 〈팔가문초(八家文抄)〉도 읽기를 좋아하여 일찍이 베이징에서 질 좋은 책을 구입했다.

그러나《매천야록》을 읽어보면 나라 망친 제일의 책임은 임금 고종과 명성왕후 민씨에게 지워지고 있음을 실감할 수 있다. 밑 빠진 독처럼 뇌물을 빨아들이고 미신에 현혹되는 등 이들의 황탄무계한 일들을 구체적 사례로 폭로하고 있는 것이다. 나아가 장례 비용의 과용에 대해서도 비난했다.

산릉총호사(山陵總護使) 조병세(趙秉世)가 다시 인산할 곳을 일곱 군데나 자세히 살펴보았지만 모두 흡족하지 않았다. 세 번째로 자세히 살펴보고 양주의 청량리에다가 봉표[封標, 능의 터를 미리 정하여 봉분을 하고 세우는 나무 푯말]를 임시로 결정하고, 탁지부가 장례비 10만 원을 지불하도록 했다.

장지를 제대로 잡지 못하고 어영부영하다가 장례비가 10만 원에 육박했던 것이다. 당시 국가 1년 예산이 약 400만 원임을 감안하면 과다한 비용이 지출된 셈이다. 또한 산릉 조성에도 그의 말대로 조선왕조 역사상 가장 훌륭한 산릉을 만들기 위해 엄청난 비용을 사용했는데, 다 기록할 수가 없다고 할 정도였다. 그 비용을 대략이나마 뽑아보면 제사용 고깃값 6만 냥, 상여꾼에게 베풀어 준 돈 6만 2,000여 냥, 능을 지키기 위해 면세해 준 토지 105결 등이었다.

일부 식자층에서 이와 같이 비난하고 있을 때, 당사자인 고종의 생각은 어떠했을까. 그는 1897년 10월 대한제국 선포 이후 11월 22일에 내린 〈명성황후행록〉(고종의 문집 《주연집》에 수록)에서, 명성왕후가 천수를 다하지 못하고 45세의 나이에 세상을 뜬 것이 자신의 탓이라며 절절한 심정을 토로했다.

내가 일찍이 황후의 말이 정확한 것이라고 생각하지 않은 것은 아니었으나 일찍 용단을 내려 홍집(弘集), 길준(吉濬), 희연(羲淵), 병하(秉夏) 네 역적을 제때에 처형하지 않았기 때문에 마침내 가만히 외국 군사를 불러들이게 했으며 훈련한 부대를 몰래 사주하여 천하 만고에 있어 본 적이 없는 을미년의 큰 변란을 일으키기까지 했다.

아, 짐이 황후를 저버렸다. 황후는 짐을 간절한 한 가지 생각으로 받들었다. 비록 문안하는 것과 같은 절차에 대해서도 오직 빠짐이 있을까 봐 근심하여 성실하게 했으나 짐은 황후의 몸을 궁중에서 잘 보존하지 못했으니 아, 내가 황후를 저버린 것이다. 지금 슬퍼하고 추모한들 후회와 여한이 어찌 없겠는가?

황후가 경복궁의 곤녕전 합문에서 8월 20일 무자일(戊子日) 묘시에 세상을 떠났다. 나이는 45세다. 이날 새벽에 짐과 황후가 곤녕전의 전각문 북쪽의 작은 난간에서 거닐고 있을 때 흉악한 역적들이 함부로 대궐 안에 들어와 소동을 피우니 황후가 개연(蓋然)히 짐에게 권하기를,

"원하건대 종묘사직의 중대함을 잊지 말 것입니다."

라고 했다. 비록 위급한 때라고 하더라도 종묘사직을 돌보는 마음이 이와 같았다. 조금 후에 황후를 다시 볼 수 없었으니, 오직 이 한마디 말을 남기고 드디어 천고(千古)의 영결(永訣)을 지었다. 아, 슬프다.

이번 장례와 관련하여 의복을 비롯한 여러 가지 기물과 휘장 등속은 왕실에서 마련하여 쓰고 탁지부에 번거롭게 하지 말게 함으로써 황후가 그 전에 나라의 계책을 생각하고 백성들의 부담을 줄이도록 한 지극한 뜻을 체득하게 할 것이다.

여기서 황후의 인격과 행실을 상찬하면서 명성왕후 시해 사건이 김홍집, 유길준, 조희연, 정병하를 처형하지 않아 일어난 것으로 정리했다. 이것은 바로 대한제국 정부가 일본에 간접적으로 경고하고 민인에게 을미사변을 상기시키는 것이었다. 또한 황현을 비롯한 세

간의 비난을 의식한 듯 장례 비용이 탁지부가 아니라 내탕금(임금과 왕실이 사적으로 쓸 수 있는 사유재산)에서 나왔음을 분명히 밝히고 있다. 그럼에도 세간의 비난은 끊이지 않았다.

세자 역시 명성황후의 묘지문에서, 1894년 황후의 부친 민치록의 묘지를 보령(保寧)으로 이장할 때 길이 너무 멀어 경비가 많이 드는데도 따져 헤아리지 않고 모두 내탕고의 재력을 내서 마련했으며, 공물과 백성의 노력은 하나도 사용하지 않았음을 강조했다. 또 묘를 쓰는 지역 내 백성의 집을 철거하는 것과 영구가 지나가는 길의 논밭 곡식이 손상되는 것과 조각돌 하나, 흙 한 삽에 대해서도 반드시 값을 넉넉히 치렀으니, 백성들의 생계를 돌보는 명성황후의 훌륭한 생각이 미치지 않은 곳이 없었다고 부연했다. 특히 명성황후가 세자에게 늘 "나라가 있는 것은 백성이 있기 때문이다. 백성이 없으면 나라가 어찌 나라를 영위하겠는가? 그러므로 백성은 나라의 근본이라고 말한다. 근본이 굳어야 나라가 편안하다. 혹시 위에서 돌보지 못해 백성이 곤궁해져서 살아갈 수 없다면 그 백성은 우리의 백성이 아니니 비록 백성이 없다고 말해도 옳을 것이다"라고 하여 민국 이념을 강조했음을 상기시키고 있다. 이 구절이 설령 과장되고 미화되었을지라도 당시 황실이 민국이념을 표방하고 싶어 했음을 미루어 짐작할 수 있겠다. 또한 〈명성황후행록〉에서 대한제국 건립 사실을 명기함으로써 명성황후 장례가 독립의 기초를 다지고 자주권을 행사하고자 단행한 대한제국 건립과 매우 밀접함을 시사했다.

유생들과 일반인들의 생각은 어떠했을까. 그들의 목소리를 전하는 자료가 부족하여 쉽게 파악하기 어렵다.

경상북도 예천군 용문면 대저동(큰맛질)에 살고 있는 양반 박주대(朴周大, 1836~1912)는 명성왕후 시해 소식을 듣고 의병장으로 추대되었던 유생으로, 명성왕후의 장례가 길어진 이유에 대해서 일본 측의 방해를 손꼽고 있다. 일본으로서는 명성왕후의 장례로 그들의 범죄 행위가 전국적으로 알려져 조선인들의 엄청난 반발을 살까 우려했기 때문이다. 박주대의 일기(박씨 가문 4대가 117년 동안 연이어 쓴 일기 중 하나)의 1897년 2월을 들여다보자.

억울하게 돌아가신 국모를 위하여 복수할 목적으로 경기와 영남 선비들이 서울로 상경하여 선혜청에다 유소청(儒疏廳)을 크게 설치했다. 유소청은 전국 각 도 각 읍에 출연금을 배당했고, 그들이 올린 상소에 대해서는 이미 상감으로부터 융숭한 비답을 받기로 되었다고 하는데, 저 왜병들이 덮쳐서 강제로 해산시켰다고 한다. 국모의 인산 시기를 세 번이나 물렸다고 한다. 그래서 어떤 이는 4월 25일로 정했다 하고 어떤 이는 5월 7일로 잡았다고 하니 가히 국사가 엉망인 것을 알 만하다.

한편, 지규식은 명성왕후의 죽음에 대해서 을미사변이 일어난 지 나흘째 되던 1895년 10월 12일(음력 8월 24일) 일기에 기록해 놓았다. 지인의 전언을 통해 "국모가 살해되어 석유를 뿌려 태워서 재가 되었는데"《관보》에 따르면 "폐위시켜 서인을 삼아 궁 밖으로 내쳤다"고 했다. 지규식은 《관보》의 내용이 거짓임을 이미 알고 있었던 터라 일기에 국모가 살해당했다고 담담하게 적었다. 당시 일본 군부와 낭인들이 증거를 남기지 않기 위해 야음을 틈타 경복궁을 침탈하고 명성왕후의 시신을 불태웠지만, 러시아 건축가 사바틴

(Afanasy Ivanovich Seredin-Sabatin)을 비롯한 몇몇 서양인들이 목격했다. 이들 가운데 사바틴은 당일 오전 러시아 공사 베베르에게 목격 사실을 보고했고, 베베르는 미국 대리공사 알렌과 함께 궁궐로 가서 고종을 알현하고 각국 공사들에게 알렸다. 이후 시해 소식이 곧바로 외부에 알려지면서 일반인들도 알게 되었다.

그리고 2년 뒤인 1897년 11월 21일 명성황후 국장이 고종에 의해 다시 거행되자 그날 지규식은 지인을 따라 인산 발인을 구경하러 나갔다. 이날 지규식의 일기 내용이다.

27일[음력] 계미 맑음. … 사람들이 일어나 와서 마구 지껄여 시끄럽게 떠들었다. 인산 발인을 구경하러 나가니, 이 부위(副尉)도 졸다가 일어나 나를 데리고 큰 거리로 나갔다. 궐문에서 ▨▨문[흥인지문으로 추정] 대로까지 좌우 두 줄의 홍사등(紅紗燈)이 휘황찬란하게 비추었고, 선비와 부녀 들이 달려와 모였다. … 종루 거리로 나가 … 가마가 비로소 위의(威儀)를 나타냈는데, 그 성대하기가 이전에 비하여 장관이었다.

다음 날 지규식은 명성황후의 반우대가(返虞大駕, 장사를 치른 뒤 신주를 모시고 집으로 돌아오는 가마)와 황태자의 환궁을 구경하고 돌아왔다.

명성황후의 국장 행렬은 전국의 많은 한국인이 몰려들 정도로 정치적 효과가 컸다. 그리고 많은 외국인이 명성황후의 죽음을 상기시키는 계기가 되었다. 한성사범학교 교사 헐버트(Homer Bezaleel Hulbert)는 당시 장례 광경을 다음과 같이 묘사했다.

11월 21일에는 죽은 민비의 장례식이 거행되었다. 그것은 매우 당당한 장관이었다. 장례 행렬은 서울을 벗어나 밤이 되어 능에 이르렀다. 그곳에는 이미 온갖 준비가 다 되어 있었으며 많은 외국인들이 장례식을 보기 위해 몰려들었다.

1897년 11월 21~22일 이틀에 걸쳐 발인과 장례가 거행됐으니 왕후 시해 후 무려 2년 2개월 만이다. 왕실의 장례는 대개 3개월을 넘기지 않았음을 감안한다면, 이러한 국상은 재래의 법도에서 한참 벗어난 셈이다. 물론 고종은 장지를 선택하는 과정에서 어려움이 있었음을 비치고 있지만, 그것은 오히려 구실에 불과할 뿐 실상은 명성황후 국장을 통해 대한제국 수립의 명분을 마련할뿐더러 역으로 대한제국 수립 이후 명성황후 국장을 성대하게 치름으로써 황후의 명예를 드높이고자 했던 것이다.

한편, 국장을 준비하는 동안에 명성왕후 시해를 방관하거나 명성왕후 폐위에 앞장섰던 김홍집, 정병하에게 다시 반역죄를 적용했다. 정교와 황현 역시 이런 조칙을 눈여겨보았다. 그러나 황현은 명성황후 국장에 대해서는 앞서 서술한 바와 같이 매우 못마땅하게 여겼다. 그에게 일본이 저지른 을미사변과 명성황후의 삶에 대한 평가는 별개였던 것이다.

환궁, 그러나 구미 열강에 넘어간 이권

고종은 명성황후 국장을 1897년 11월에 매듭짓는 과정에서 많은 일을 벌였다. 우선 1897년 2월 2일, 아관파천 이후 처음으로 경운궁에 잠시 나가 그곳에서 밤을 보냈다. 2월 9일에는 경운궁 공사를 마치는 대로 환어할 것임을 신민들에게 알렸다. 그리고 2월 11일 조병식이 고종의 경운궁 환어를 상소했다. 13일에는 유학(幼學) 심의경(沈義慶) 등이 임금의 거처를 경운궁으로 옮길 것을 상소했다. 이러한 상소들이 고종의 환궁을 결정하는 계기가 되었다고 보기는 어렵다. 이러한 상소는 이미 1896년 내내 올라왔기 때문이다. 어쩌면 아무도 언급하지 않았지만, 고종이 환궁을 단행할 수 있었던 것은 시위대가 러시아 교관에게 훈련받은 군인들로 다시 조직되었기 때문이 아닐까? 2월 18일 고종은 이틀 뒤인 20일에 경운궁으로 환어할 것이라 했다. 아관파천으로 러시아 공사관에 들어간 지 1년이 지나서야 자신의 궁궐로 돌아오기에 이른 것이다. 그 1년 동안에, 정권을 잃을 것이 두려워 환궁을 반대하는 친러 세력과 환궁을 요구하는 비친러 세력 사이에 엄청난 격론이 벌어졌음은 미루어 짐작하고도 남음이 있겠다. 뮈텔 역시 2월 19일 일기에 《관보》에 의거하여 왕이 마침내 경운궁으로 돌아가기로 결심했다고 적으면서 "이 소식은 특히 서울 시민들이 간절히 원한 것이지만 그래도 뜻밖이었다"라고 덧붙였다.

　이 소식은 특히 서울의 도성민들이 간절히 기다리던 것이었지만, 사람들은 반신반의했다. 이전에도 환어한다는 소식은 들려왔으나, 그때마다 번번이 궁궐 건물의 수리 미흡과 국제 정세로 인해 하지 못했기 때문에 "뜻밖이었다"고 했던 것이다. 드디어 2월 20일 고종이 러시아 공사관에서 경운궁으로 환어했다. 경운궁은 서부의 정릉방(貞陵坊)에 있는 궁궐로, 선조가 임진왜란 때 한양을 수복한 1593년부터 기거한 곳이자 선조의 계비 인목대비가 광해군 말기에 폐위된 뒤 잠시 거처했던 서궁을 가리킨다. 이날 오후 1시에 왕의 행렬이 러시아 공사관에서 새 궁궐로 돌아왔다. 뮈텔에 따르면 조선 백성들이 크게 기뻐했다고 한다. 고종은 즉시 백관의 축하를 받고 대사령을 내렸다.

그런데 왜 경복궁이 아니라 경운궁이었을까? 신하들이 수차례 구궁(舊宮, 경복궁)으로 환어하기를 간청했으나 고종은 끝까지 경운궁 이거를 고집했다. 우선 고종 자신이 명성왕후 시해 현장인 경복궁에 거주하고 싶지 않았을뿐더러 일본의 독살 위협 속에서 미국 선교사들의 도움으로 연명했던 상황을 다시는 마주하고 싶지 않았기 때문이다. 그리고 구미 각국의 공관이 정동에 있어 경운궁과 가까웠고 그중 러시아 공사관이 가장 가까이 있으므로, 고종은 위급한 일이 일어나면 즉시 몸을 피할 수 있다고 판단했기 때문이다.

이럴 즈음에 뮈텔에게 러시아 목재상 브리너(J. I. Bryner)가 찾아왔다. 그는 스위스 출신으로 1874년부터 블라디보스토크에 정착했고 러시아 국적을 취득했다. 일본을 비롯한 열강이 한국에서 온갖 이권을 확보하기 위해 혈안이던 차에 본국의 위세를 믿고 프랑스와 연대하여 삼림벌채권을 얻어내기 위해 뮈텔을 먼저 방문한 것이다. 훗날 삼림벌채권 획득은 러시아와 일본 사이에 커다란 쟁점으로 부각되는데, 러일전쟁을 '삼림전쟁'으로 부른 이유가 여기에 있다. 뮈텔에 따르면, 그는 바르프 농장과 목재상을 경영하고 있었다. 서울에 여행 온 목적은 두만강변 조선 영토에 위치하고 있는 산림의 개발권을 얻기 위함이었다. 결국 브리너는 뮈텔의 영향력과 러시아 공사관의 지원 덕분에 1897년 8월 두만강 주변의 삼림벌채권을 확보했다. 그는 영화배우 율 브리너(Yul Brynner)의 조부로서, 후일 러시아 혁명으로 몰락했다. 이후 1920년 블라디보스토크

러시아 목재상 율리우스 브리너   영화배우 율 브리너

에서 브리너(J. I. Bryner)의 아들 부부에게서 율 브리너가 태어났다.

　뮈텔도 구미 열강의 이권 확보 시도에 귀를 기울였다. 특히 자신이 중개자로 나섰던 조선과 프랑스의 이권 교섭에 일기의 많은 지면을 할애했다. 1896년 7월 10일 일기에서 조선과 프랑스 사이에 서울-평양, 서울-의주 철도 계약이 조인되었음을 밝히고 있다. 아울러 이러한 계약이 조선과 미국 사이에 조인된 경인선 철도 계약을 본보기로 삼아 이루어졌다는 점도 부기하고 있다. 특히 서울-목포, 서울-원산-러시아 국경 철도에 대한 욕심도 밝히면서 미국 목사들의 방해를 우려했다. 당시 알렌을 비롯한 미국 개신교 측에서도 이권 확보에 관심을 가지고 있었기 때문이다.

　물론 조선 정부가 구미 열강에 이권을 부여한 것에는 낙후된 조선의 사회간접자본 시설을 획기적으로 확충하려는 의도가 담겨 있었다. 그러나 여기에는 고종이 아관파천을 전후하여 러시아 공사관 못지않게 미국 선교사에게 절대적으로 의지하고 있었던 것이 취약점으로 작용한 측면도 적지 않다. 예컨대 명성왕후 시해 사건 이후 언더우드, 헐버트, 애비슨 등 선교사들이 고종의 침전에서 불침번을 서며 지켰다. 그중 언더우드는 춘생문 사건에도 관여했다. 그리하여 정부는 아관파천을 전후하여 운산 금광채굴권(미국), 경인선 부설권(미국), 경의선 부설권(프랑스) 외에 경원·종성 금광채굴권, 인천 월미도 저탄소(석탄보관소) 설치권, 두만강·압록강·울릉도 삼림벌채권, 동해 포경권 등을 러시아에 넘겼다. 특히 방금 언급한 세 지역의 삼림벌채권을 러시아가 획득했다는 것은 당시 조선에서 목재가 가장 풍부한 지역의 벌채권을 모두 독점했음을 의미했다. 원시림의 삼림·목재는 선박 제조용으로 전 세계에서 수요가 급증하고 있었기 때문에 벌채하여 수출하면 일확천금을 챙길 수 있었다. 1897년에는 부산 절영도(지금의 영도) 저탄소 설치권도 러시아에 넘겼는데, 이는 러시아가 부산, 진해, 마산만 일대에 부동항을 확보하여 군사기지를 설치할 수 있게 되었음을 의미했다. 이런 와중에 1896년 4월 17일 관립 아어학교(俄語學校)가 개교했다. 윤치호가 1896년 3월 30일 일기에서 말한 대로 "메뚜기도 한철"이듯이 중국어와 일본어의 시대가 끝나고 러시아어 통역관이 중시되는 시대가 열린 것이다.

3. 대한제국 수립으로 가는 길

어쨌든 조선은 독립국으로 머물러 있을 수 없을 것이다. 그것은 시
간문제다. 현 왕이 사라지면 현재의 왕세자가 왕위에 오른다고 보기
는 어렵다. _ 뮈텔

진지함이나 아름다움, 질서라고는 전혀 찾아볼 수 없는 이런 행렬을
보니 저절로 이런 의문이 떠올랐다. "전 세계 역사상 이보다 더 수
치스러운 황제의 칭호가 있을까?" 폐하께서는 줄곧 기쁜 얼굴이셨
다. 환관들은 이런 소극에서 주요한 역할을 했다. _ 윤치호

《독립신문》 창간과 독립협회 결성

1896년 4월 7일 《독립신문》이 창간되었다. 최초의 한글 신문이고 민간인이 발행했다는 점에서 당시 식자층이나 일반 민인에게 충격적인 사건이었을 것이다. 창간의 주역은 서재필이었다. 서재필은 김홍집 내각 말기인 1895년 12월에 귀국했지만, 외교 담당 요직을 제안한 정부의 요구를 뿌리치고 신문을 발간해 백성을 계몽하고자 했다. 그러나 이러한 희망은 아관파천으로 물거품이 될 뻔했다. 그를 지원했던 김홍집 내각이 붕괴했기 때문이다. 재정적으로도 어려움을 겪었을 뿐 아니라 특히 《한성신보》, 《조선시보》 등 일본 신문과 경쟁하게 될 것을 우려한 일본 공사 고무라의 방해 공작이 만만치 않아 신문 창간이 난항을 겪었다. 그런데 김홍집 내각을 붕괴시키고 새로 구성된 박정양 내각이 뜻밖에 신문 창간비로 거액을 보조하는가 하면 정부 건물을 독립신문 사옥으로 제공했다. 서재필 자신도 고문으로서 정부와 계약을 체결하면서 정부로부터 10년 동안 매달 300달러(1,500냥)씩 받기로 했다. 정부도 국민을 계몽할뿐더러 일본 신문들의 여론 공작에 적극 대응해야 할 필요성을 절감했기 때문이다. 그 점에서 미국에서 오래 살아 서구 문화에 밝은 서재필이 창간의 적임자로 비쳤을 것이다.

그런데 5인의 일기에는 《독립신문》 창간 소식이 적혀 있지 않다. 윤치호 정도라면 서재필의 뜻을 이해하고 신문의 중요성을 잘 아는지라 반드시 기록했을 법하지만, 러시아 황제 대관식 참석차 4월 1일 민영환과 더불어 출국했으므로 이 소식을 듣지 못했다. 나머지 인물들은 아마도 별다른 관심이 없었던 듯하다. 아니면 《독립신문》을 정부 관리들의 인사 소식을 알려주는 조보(朝報) 정도로 생각하지

《독립신문》 창간호(1896. 4. 7)　　　《대조선독립협회보》 제1호(1896. 11. 30)

않았을까. 그러나 이들의 무관심에 아랑곳하지 않고 《독립신문》은 식자층의 관심과 정부의 지원 속에 사람들의 입에 오르내렸다. 관보 내용도 소개하거니와 국내외 각종 기사를 게재함으로써 정보에 목말라 있던 식자층과 민인들의 관심을 끌었기 때문이다.

1896년 전반기를 넘어 7월에 들어서니 어수선한 가운데 새로운 희망들이 생겨났다. 7월 2일 독립협회가 결성되었다. 회장은 안경수(安駉壽), 위원장은 이완용으로 정해졌고 서재필은 미국인이어서 고문으로 초빙되었다. 당시 황현과 정교는 독립협회 결성을 중시하여 기록을 남겼다. 다만 황현은 독립협회를 안경수가 세운 것으로 기록하고 있다. 당시 독립협회 회장과 위원장이 각각 안경수와 이완용이어서 혼동했던 것으로 보인다. 정교는 《대한계년사》 9월 6일 기록에서 독립협회 회원과 서재필이 약속을 맺고 독립문 건립을 맡았다는 소식을 적었다. 이어서 11월 9일 한성부에 모인 독립협회 회원들이 11월 21일 오후 2시 30분에 독립문 정초식을 거행하기로 결정했다고 적었다. 정교 자신이 독립협회에 관여하고 있는 까닭에 독립협회 소식을 빠짐없이 적고 있었던 것으로 보인다. 또 독립협회 잡지 발간의 취지도 옮겨 적었다. 이 잡지는 1896년 11월 30일에 창간된《대조선독립협회회보》를 가리키며 매달 2회 발행했다. 정교의 기술에 따르면, 이 잡지는 우리나라의 역대 연혁, 세계 여러 나라의 치세와 난세, 흥기와 멸망을 소개할뿐더러 옛날이나 지금이나 정치는 백성과 나라가 일치되어야만 업적을 쌓을 수 있음을 밝히고, 사안마다 논설을 실었다.

불리해지는 국제 정세

국제 정세는 정부와 독립협회의 바람대로 흘러가지 않았다. 당장 1896년 5월 14일 러시아 공사와 일본 공사가 비밀리에 맺은 각서가 일본 신문에 보도되어 정부 관료들을 당황케 했다. 이른바 베베르-고무라 각서라고 불리는 '서울의정서'는 고종의 신변 안전 및 조선 대신의 임명에 관한 문제, 조선 내의 전신선 보호 문제와 러·일의 경비병 배치 건을 다루었다. 러시아로서는 아관파천을 통해 한반도에서 주도권을 잡았지만 아직 시베리아 철도가 완성되지 않았기 때문에 시간을 벌기 위해 일본과 타협하고자 했고, 일본 역시 아관파천으로 주도권을 잃었지만 여전히 한반도에 대한 지배력을 유지하고자 하여 이러한 각서가 성사된 것이다. 일본어 각서를 요약하면 다음과 같다.

첫째, 조선 국왕의 환궁은 폐하의 판단에 일임하되, 러·일 양국 대표는 적당한 시기에 조선 국왕의 환궁을 충고한다.

둘째, 현 내각은 국왕의 자유 선택에 의해 임명되었으며, 러·일 양국 대표는 금후에도 관대 온후한 인물이 조선의 대신에 임명될 수 있도록 권고한다.

셋째, 부산과 경성(서울)을 잇는 일본 전신선 보호를 위해 일본군을 헌병으로 바꾸고, 대구, 가흥에 50명, 기타 10개 처에 각 10인씩 합계 200명을 배치하며, 장래 조선 정부가 평온을 되찾을 때 점차 철수한다.

넷째, 조선의 정황이 평온해질 때까지 일본은 경성, 부산, 원산에 합계 800명의 군대를 주둔시키고, 러시아도 동 지역에 일본의 병력 수를 초과하지 않는 범위에서 위병(衛兵)을 둘 수 있다.

그런데 조선 정부는 1년 가까이 이러한 비밀 각서 체결도 모른 채 러시아만 믿고 국내 정국의 주도권 다툼에만 몰두하고 있었다. 여기서 주목할 점은 조선 정부가 프랑스는 물론 독일과 환궁 문제를 타진하고 있을 때, 러시아와 일본이 고종의 환궁 문제를 논의했고 일본이 이를 묵인했다는 점이다. 이는 고종의 환궁이 국내 여론의 압박 때문인 탓도 있지만, 열강끼리 흥정한 결과 일본으로부터 안전 보장을 약속받은 것도 작용했음을 의미한다.

더욱 놀랍게도 서울의정서 체결 이후 한 달도 채 안 된 6월 9일 러시아 외상 로바노프(A. B. Lobanov-Rostovskij)와 일본 특파대사 야마가타 아리토모(山縣有朋)가 일명 모스크바의정서를 체결했다. 그러나 당시 조선 정부는 이런 비밀 협정에 대해서도 정확한 내용을 알지 못했다.《독립신문》이 1897년 3월 1일, 3월 4일, 3월 11일 논설을 통해 이 협정 내용을 기사화하고 나서야 양국이 맺은 서울의정서와 모스크바의정서의 정확한 내용을 알고, 3월 9일 일본 공사에게 양국 사이의 이러한 의정서는 조선의 자주권을 침해하는 행위라고 항의할 정도였다.《주한일본공사관기록》에 따르면 당시 외무 대신 이완용이 일본 공사 가토 마스오(加藤增雄)에게 보낸 조회 내용은 다음과 같다.

다만 생각하건대 우리나라 정부는 이미 그 두 가지 문서의 체결에 동의한 적이 없다는 것입니다. 그 두 가지 문서 가운데 정해진 각 항목은 우리 정부의 자주행사권(自主行事權)을 결코 구속할 수 없는 것입니다. 이에 문서로 회답하니 귀 공사께서는 번거롭지만 살펴보시고 잘 조처해 주시기 바랍니다.

물론 일본 정부는 이 두 문서가 조선의 독립에 조금도 영향을 주지 않으며 이는 도리어 조선의 독립을 공고히 한다고 이미 조회한 상태였다. 그러나 이 두 문서가 한반도 주변 열강이 조선의 주권을 무시하고 비밀리에 체결한 문서라는 점에서, 러일 간 세력 균형이 깨지면 조선 정부의 의지와 상관없이 한반도는 전쟁터로 변할 수 있었다. 윤치호도 러시아 황제 대관식에 참석했다가 프랑스를 들러 귀국한 직후 당시 조선인들의 분위기를 다음과 같이 전하고 있다. 《윤치호일기》1897년 3월 16일 기록이다.

얼마 전《한성신보》에 보도된 러시아와 일본 간의 소위 비밀 조약에 대해 서울 사람들은 상당히 흥분하고 있다. 그들은 일본이 이제 군대를 파견하여 조선과 무기력한(poor) 조선인들을 위해 싸울 수도 있다고 두려워하고 있다. 조선의 문제는 일본도 러시아도 아닌 바로 조선의 실정(失政)에 있다.

물론 윤치호는 이런 문제의 최종 책임은 조선의 실정에 있다고 못 박고 있다.

뮈텔도 3월 2일 일본 신문을 통해 전년(1896) 5월 비밀리에 체결된 서울의정서 요약 보도를 접하자 일본 공사 가토에게 그 진위를 물었고, 가토는 과장된 보도라고 얼버무리려고 했다. 반면에 황현이나 정교는 이에 대한 언급이 없다. 일본 신문을 접하기 어려운 사정을 감안하면, 기사를 보지 못했다고 추정할 수 있다.

이틀 뒤인 3월 4일, 프랑스에서 귀국한 윤치호가 뮈텔을 방문했다. 최초의 만남이었다. 어떤 대화를 나누었는지는 둘 다 일기에 남기지 않아 알 수 없지만, 정국 현안에 대한 이야기도 오갔을 것이다. 다만 뮈텔이 일기에 윤치호가 프랑스어를 매우 잘했다고 적은 것으로 보아 호감을 가졌던 것으로 짐작된다. 그러나 역사의 운명은 뮈텔과 윤치호를 가깝게 붙이기는커녕 점차 멀어지게 만들었다. 러일전쟁 후 천주교 신부와 개신교 목사 간에 선교를 둘러싼 갈등이 표면화되면서 양자의 관계도 불편해지기 시작했다. 뮈텔이 훗날 윤치호를 다시 만났을 때는 개인과 개인의 만남이 아니었다. 천주교와 개신교 간 종교 갈등이 그들을 더욱 멀어지게 이끈 것이다.

이어서 윤치호가 3월 16일 고종을 알현했는데, 고종은 윤치호 아버지 윤웅렬의 근황을 물어보고 나서 윤치호의 프랑스어 학습에 관심을 표명했다. 첫 번째 질문보다는 두 번째 질문에 무게를 두고 있다는 점에서 고종이 윤치호 집안이나 개인보다는 프랑스에 대해 매우 관심이 많았음을 보여주는 것은 아닐까. 고종의 프랑스에 대한 이러한 관심은 얼마 안 되어 직접적으로 드러났다. 뮈텔의 일기에 따르면, 1897년 4월 2일 고종은 프랑스 정부에 보호를 청하기 위해 플랑시 프랑스 공사를 불렀다. 그리고 이 사안을 극비리에 진행하기 위해 뮈텔을 불러 통역하게 했다. 이 자리에는 고종과 왕세자, 플랑시와 뮈텔이 참석했다. 고종은 "프랑스가 함께 효과적으로 보호해 줄 날이 오기를 바란다"고 했다. 나아가 고종은 "프랑스의 제도와 법, 고귀하고 풍부한 경험과 지식에 근거한 정신을 알고 있고 또 평가하고 있으며, 현재 그 나라를 대표하는 플랑시 씨는 자신에게 호의적이었고 또 언제나 호의적이다"라고 말했다.

그러나 뮈텔은 고종의 보호 요청에 대해 즉답을 피하면서 속으로는 조선 정부가 프랑스 정부에 특혜를 제공해야 한다고 생각했다. 그의 속내는 4월 2일 일기에서 노골적으로 드러난다.

조선에서 직접적인 이해관계가 있는 러시아나 일본과 같은 열강처럼 프랑스가 조선에서 우세한 역할을 맡을지 여부는 프랑스에 달려 있는 것도 아니고 그 대표자에게 달린 것도 아니며 오로지 조선 왕에게 달려 있다. … 청일전쟁이 끝나자 프랑스와 독일은 일본에 랴오둥에서의 철수를 요구하기 위해 러시아와 연합했다. 그것은 결과적으로 조선에 각별한 도움이 되었다. 그랬다고 해서 프랑스와 독일이 그에게서 무슨 보상이라도 받았는가? 예를 들면, 작년에 한 프랑스 회사가 광산채굴권과 조선의 철도부설권을 요청했을 때 그 요청에 응했어야 현명했을 것이다.

뮈텔은 조선 정부가 프랑스에 철도부설권은 물론 직접적인 이익을 가져다줄 광산개발권도 제공했어야 했다고 푸념하고 있는 셈이다. 더욱이 이즈음 그는 러시아가 프랑스의 동맹국이지만 삼림 벌채를 비롯한 각종 이권을 가져가는 상황을 보면서 몹시 불쾌했다. 심지어 독일 세창양행마저 광산채굴권을 확보할 정도였으니 뮈텔은 약이 더 올랐다.

잇따른 재해에도 희망의 싹이 보이다

이런 가운데 1897년에는 농사가 흉작이어서 많은 고통을 안겨주었다. 정교는 비와 우박으로 밀과 보리, 콩과 팥 등의 작황이 좋지 않다고 기록하면서 가을 수확을 바랄 수 없다는 우울한 분위기를 전했다. 정교는 《대한계년사》에서 이 시기에 일어난 자연재해를 다음과 같이 적고 있다.

6월 14일 경상도 비안군과 웅천군에 비와 우박이 번갈아 내렸다. 강원도 양구군에는 비가 오기도 하고 우박이 떨어지기도 하다가, 밤새도록 폭우가 쏟아졌다. 16일 충청도 옥천군, 경상도 거제군에는 큰 우박이 갑자기 떨어져, 보리, 콩과 팥 등이 많이 꺾여 죽었다. 그 가운데 거제가 더욱 심해 항아리가 깨지고 가축들이 죽어버리고, 볏모가 썩어 문드러져 남은 게 없었으니, 가을 수확을 바랄 수 없게 되었다. … 경상남도 각 고을에 며루의 재해가 생겨, 곡식이 많은 손해를 입었다. 그 가운데 동래, 거제, 고성, 진해, 창원,

웅천, 김해, 양산, 기장, 울산, 칠곡, 함안, 의령, 삼가, 진주, 곤양, 사천, 남해, 하동 등 열아홉 고을이 더욱 심했다.

6월 27일부터 30일까지 강원도 인제군 서화면 이포리에 된서리가 연이어 내려, 온갖 곡식이 모두 말라 누렇게 되었다.

황현 역시 인제의 된서리, 삼남의 모충(蟊虫, 곡식의 뿌리를 먹는 해충) 창궐 등 재이 현상을 기록했다. 오늘날에도 가뭄과 홍수는 농사에 치명적인 피해를 준다고 생각하는데, 수리 시설이 잘 갖춰져 있지 않았던 시대였으니 많은 이들이 자연재해에 민감하여 기록으로 남겼던 것이다.

윤치호 역시 7월 1일 일기에서 자연 재난이 가져다줄 피해를 우려했다.

가뭄이 계속되고 있다. 농민들은 심각하게 고통을 받고 있다. 며칠간의 좋은 비는 모두에게 큰 축복이 될 것이다. 올해 기근이 들 것이라는 끔찍한 예언이 나왔다. 지긋지긋하다.

그러나 황현은 재난 기사 못지않게 단발 문제에 머리털을 곤두세웠다. 특히 1897년 7월 말 귀국한 민영환의 단발과 복장에 불편한 기색을 드러냈다. 당시 민영환은 영국, 프랑스, 러시아, 이탈리아, 오스트리아-헝가리제국, 독일 6개국 특명전권공사로 발령을 받고 잠시 유럽으로 나갔다가 돌아온 터였다. 황현의 기록에서 관련 내용을 인용하면 다음과 같다.

1896년 민영환이 러시아에서 찍은 사진　　　단발하고 양장한 민영환

　　영국에 부임했던 공사 민영환이 귀국했다. 임금은 그가 공사의
임무를 끝내지 않고 먼저 귀국했다는 이유로 그를 면직할 것을 명
했다. 그는 런던에 도착하여 각국 축하 사절이 모두 머리를 깎고
양복을 입은 것을 보고 자신만 유독 남들과 다른 것이 마음에 차지
않아 머리를 깎고 양복을 입었다. 영국 여왕[빅토리아 여왕]은 조선
에서 아직 머리를 깎지 않았다는 말을 진작 듣고 조선 공사의 차림
새를 보기 위해 앞으로 데리고 오도록 명했는데, 그가 이르자 영국
여왕은 실망한 표정으로 돌아가라고 손짓했다. 그 말을 들은 사람
들이 그가 국가의 체면을 떨어뜨렸다고 책망하자 민영환도 후회했
으나, 귀국하고서도 복장을 고치지는 않았다.

　　여기서 영국 여왕 빅토리아가 민영환을 왜 냉대했는지 궁금해진다. 황현은 영국 여왕이 상투를 튼 민영환을 보고자 했지만 민영환이 단발을 하고 오는 바람에 실망했다고 전하고 있지만, 이는 국제외교상 납득이 되지 않는다. 오히려 후일 밝혀진 대로, 민영환이 영국에 앞서 러시아에 들른 것에 대해 영국 정부가 불만을 품었던 게 아닌가 짐작된다. 황현은 단발 문제에 신경이 곤두선 나머지 확인되지 않은 풍문에 근거하여 영국 정부의 처사를 단발과 관련지어 지레짐작한 셈이다. 이어서 황현은 지방대(地方隊)가 어떻게 민폐를 끼쳤는지에 주목했다. 1897년 6월경《매천야록》에 다음과 같이 적었다.

수원, 원주, 공주, 안동, 광주(光州), 황주, 안주, 종성 등지에 지방대 600명을 증원하여 장관(將官)을 두고 참령(參領)이라 했다. 그 품질[品秩, 직급]이 병사(兵使)와 같아, 관찰사와 같은 예우를 받았다. 이로 인해 그들은 안하무인으로 탄압했는데 지방에 끼친 폐단이 옛날의 병사나 수사에 견주어 오히려 심했다.
병졸들도 수령과 품질이 같다는 것을 스스로 자랑하며 수령을 두려워하는 바가 없었다. 그들은 변란이 발생하여 출동할 때마다 적을 보면 먼저 도주했으며, 오직 평민만 착취하고 사족을 경멸했으므로 온 나라가 소란했다. 그러나 임금의 그들에 대한 비호가 심해졌고, 간혹 군관이 그들 중 더욱 행패가 심한 자들을 적발하여 법으로 다스렸지만 그때마다 조서를 내려 용서했으므로 군대의 기강이 날로 문란해졌다.

그러나 서울은 정부와 독립협회의 동상이몽 속에서 새로운 변화가 일고 있었다. 1897년 8월 13일 독립협회 주최로 독립관에서 개국 505주년 기념식이 진행되었다. 다만 뮈텔은 독립협회가 미국과 개신교의 대변자이자 개신교 선교사의 본산이라는 인식이 강하여 독립협회의 온갖 초대에도 불구하고 불참했다. 8월 10일 일기에서 적고 있듯이 독립협회를 "온갖 유의 미국인들이 마치 자기들 나라에서처럼 거드름을 피우는, 효과도 없고 우스꽝스러운 의식을 벌이는 곳"이라고 적을 정도였다.

한편, 정부는 조선왕조 개창 기념보다는 제국의 수립에 관심을 두고 있었던 터라 제국과 관련된 의례를 준비하느라 눈코 뜰 새 없이 바빴다. 당장 제국의 위용에 걸맞은 연호를 제정하는 데 온 힘을 기울였다. 우선 8월 12일에 고종은 단발령 취소를 재확인하는 동시에 1895년 11월 15일(음력) 공포한 '건양(建陽)' 연호를 취소했다. 이어서 8월 13일에는 기원(紀元)을 세우는 일을 두루 살피고 논의해 결정하라고 지시했다. 이에 의정부는 8월 14일 건원 연호를 '광무'(光武)와 '경덕'(慶德)으로 의정해 올렸고 고종은 이날 '광무'로 결정했다. 주지하다시피 연호 제정은 기년, 즉 일정한 기원으로부터 차례로 센 햇수를 정하는 것인데, 이러한 기년 제정은 오로지 황제만이 할 수 있다는 점에서 연호 제정은 황제국으로 나아가는 실질적이고 상징적인 행위다. 정교도 대한제국 수립 과정 하나하나를 적어두었다가 《대한계년사》에 수록했다.

이어서 정부는 8월 16일 환구단, 사직단, 종묘의 정전과 영녕전, 경모궁에서 연호를 세운 사정과 내력을 신명(천왕, 별신, 인신 등)과 조상에게 알리는 고유제를 지냈다. 유교식 예법을 통해 대한제국 수립의 정당성을 확보해 가고 있었던 것이다. 그리고 이날 경운궁 즉조당에서 연호를 세운 것을 진하(進賀)하는 의식을 치렀다. 또한 연호 제정을 축하했다. 이때 황현은 조선이 제후국에서 황제국으로 전환하는 과정을 꼼꼼하게 적어두었다.

정부가 8월 16일 반포한 조서의 내용은 다음과 같다.

"왕은 다음과 같이 말한다. … 근래 어려운 시기가 거듭 닥쳐옴에 생각지도 못했던 극도의 화변(禍變)을 어찌 차마 말로 다 할 수 있겠는가. 짐이 부덕한 탓으로 이렇게 많은 어려운 고비를 당하게 되었고 온갖 액운을 다 겪었으니 어찌하여 이 지경에 이르렀단 말인가?

그때 역신(逆臣)들이 제 마음대로 권력을 휘둘러 절문[節文, 사리(事理)에 따라 정한 조리(條理)]이 온통 무너지고 제사가 폐지되는 지경에 이르렀다.

짐이 마침내 옛 전례를 회복하여 선대 임금들의 성헌(成憲)을 받들고 좋은 정책을 구해 때로는 수호(修好)하고 때로는 양척(攘斥)했다. 우방국과는 친목을 강구하여 맹약을 맺되 자주(自主)로 조절해야 할 것이다. 지금 것을 참작하고 옛것을 기준으로 삼아 이에 전장(典章)을 가감해야 할 것이다.

대체로 주나라가 일어난 후 예절은 성왕과 강왕의 시대에 처음 정비되었고 한나라가 창업되고서 원조[元肇, 연호]는 문제와 경제 연간에 처음 일컬어졌다. 이제 올해 8월 16일에 천지와 종묘사직에 삼가 고하여 '광무(光武)'로 연호를 세우는 바다. 우러러 생각건대 하늘의 보살핌과 열성(列聖)들의 중대한 계책을 우러러 받들어 짐 스스로를 돌보고 선대 임금들의 아름다운 덕을 밝혀 윤음(綸音)을 반포하니, 멀리까지 미치지 않는 곳이 없게 하라. 지금부터 시작하여 발생할 모든 일에 아울러 사리에 합당하게 행할 바를 아래에 조목조목 열거한다. … 아, 시대의 변천에 따라 그에 맞는 정사를 하고 사물과 함께 갱신하는 법이 있어야 한다. 조정에 있는 모든 문무의 신료들은 오히려 나 한 사람을 도와 화충[和衷, 속마음을 합침]한 방책을 생각해 내어 태평성대를 함께 이룩하여 하늘의 도움에 보답하고 온 나라를 영원토록 맑게 하라. 사방에 널리 선포하니 모두 듣고 알도록 하라."

우선 고종은 선대의 성헌과 예절을 부정한 갑오개혁을 비판하되 정치의 일신을 약속하고 있다. 특히 이웃 나라와의 화목을 언급함으로써 1876년 국교 확대 이전 체제로 돌아가지 않을 것임을 강조하고 있다. 이는 정국의 주도권을 내각이 아닌 황제가 쥐고 개혁을 추진하는 한편, 만국공법체제에 적극 참여하면서도 자주를 유지하겠다는 의지를 보여준다고 하겠다. 그리고 그 원칙은 이미 1897년 2월 경운궁으로 환궁한 이후 제시한 구본신참이었다. 나아가 이러한 기준을 세우는 데는 역사관과 세계관의 변동이 수반되었다. 시대의 변천에 따라 그에 맞는 정사를 하고(因時制宜) 사물과 함께 갱신하는(與物更新) 원리에 입각했다.

한편, 이 조서에서 주목할 것은 '광무'라는 연호의 연원이다. 한나라 역대 황제를 언급하면서 고종은 자신을 한나라를 부흥시킨 후한(後漢)의 황제 광무제에 빗대어 '적신(賊臣)'에 의해 훼손된 국법과 조선을 다시 일으킨 중흥(中興) 군주로 자리매김하고 있다. 이러한 광무 연호 조칙은 정교도 매우 중요하게 여기고 《대한계년사》 1897년 8월 17일에 기록했다.

그러나 대한제국 수립으로 가는 길은 매우 험난했다. 당장 고종을 매우 가까운 거리에서 수행했던 윤치호마저 8월 15일 일기에서 광무 연호 제정을 비판하면서 이런 조치를 눈속임이라고 표현했다. 물론 윤치호는 고종의 눈앞에 있고자 했다. 8월 23일(월요일) 오후 3시, 그는 후텁지근한 날씨에도 고종의 생신을 경축하는 한국성교서회(韓國聖教書會, The Korean Religious Tract Society)에 들렀다. 조선인 기독교인과 일반 시민 수백 명이 참석했고 행사는 기독교 집회처럼 진행되었다. 개신교 측에서는 조선 정부의 방침과 달리 고종의 음력 생일 7월 25일을, 출생 연도인 1852년 기준 음양력 환산이 아닌 1897년 기준 음양력 환산에 따라 양력으로 환산해 보니 8월 22일이었는데, 이날이 마침 주일인 일요일이어서 다음 날인 8월 23일에 행사를 거행한 것이 아닌가 한다. 이날 이채연과 서재필, 윤치호가 연설했다. 대규모 군중은 상당히 질서정연했고 연설에 귀를 기울였다. 이때 윤치호는 프랑스인과 영국인 선교사가 한 사람도 참석하지 않았음을 확인하고, 정부의 외국인 고용자가 국가 행사에 무관심함을 지적하면서 이를 주목할 만한 일이라고 적었다. 윤치호가 프랑스 천주교의 움직임은 물론이고 영국 성공회 측의 움직임에 민감했음을 짐작할 수 있다.

그러나 뮈텔은 8월 23일 개신교의 고종 생일 축하 행사를 다음과 같이 적고 있다.

르페브르 부인을 방문함. 여전히 비가 오는 날씨. 프로테스탄트들은 왕의 45회 탄신을 지내기 위해 언제나처럼 동분서주하고 있다. 제등 행렬과 기의 게양 등. 언더우드 씨는 왕의 초상화가 실린 그들의 신문 특집호를 냈다. 또 오늘은 동대문 안에서 모든 교파의 전체 모임이 있다.

뮈텔은 개신교 선교사들의 고종 생일 모임을 비꼬면서 개신교 측의 동향을 적고 있다.

반면에 윤치호는 개신교 측의 이런 움직임에 구애받지 않고 8월 29일 일기에서 고종의 황제 등극을 과감하게 비판했다.

폐하께서 현재 전심전력하시는 계획이 두 가지 있다고 들었다. 하나는 황제가 되는 것이고, 다른 하나는 지금 일본에 있는 소위 반역자들을 처단하는 것이다. 폐하 주변에는 이런 헛된 계획을 부추기고 속이기 위해 지옥의 사냥개 무리가 있다.

윤치호의 비판은 대한제국 수립일이 다가올수록 더욱 심해졌다. 그것은 윤치호 개인의 생각을 넘어 러시아를 비롯한 미국, 영국, 프랑스 등 각국 공사들의 냉담하고 부정적인 반응을 의식한 결과이기도 했다.

그러면 황현은 대한제국 수립 과정을 어떻게 바라보았을까. 그는 그 광경을 담담히 《매천야록》에 기술했다. 당시 러시아를 비롯한 국가들이 제국 수립을 반대하고 있음에도 불구하고 고종이 강행했다는 점을 덧붙였다. 고종이 자신의 속내를 드러내지 않은 채 러시아가 다음과 같이 극렬하게 반대했음에도 강행했다고 전하고 있다.

러시아 공사도 "귀국이 굳이 참칭하고자 한다면 우리 러시아는 외교관계를 반드시 끊을 것이다"라고 했다. 임금이 처음에는 두려워했으나 일이 거의 완성되는 단계에서 저지당하는 것은 별로 보기에 좋은 일은 아니므로 몇몇 신료들에게 뜻을 내려 연이어서 주청하도록 했다. 흡사 임금이 뜻을 굽혀 중론을 따르는 것같이 하려고 했다.

고종은 8월 14일 연호를 개정한 데 이어, 8월 31일 대외 관계를 강화하기 위해 민영환의 사직으로 비어 있던 유럽 6개국 특명전권공사에 민영익을 임명하여 영국, 독일, 러시아, 이탈리아, 프랑스, 오스트리아-헝가리제국에 주재시켰다. 대한제국 수립을 앞두고 주권국가로서의 위상을 유럽 국가들에 인지시키고자 한 것이다.

9월에 들어와 고종은 정부 대신들이 칭제 상소를 올리도록 유도했다. 국왕의 존호와 관련된 문제인 만큼 고종이나 그 측근들이 직접 전면에 나서기보다는 중망(衆望) 있는 대신들이 국민 여론으로 요청하는 형식이 필요했기 때문이다. 농상공부 협판 권재형, 외부 협판 유기환 등의 상소가 이어지고, 봉조하 김재현 등 716명의 연명 상소까지 올라왔다. 10월 1일에는 심순택(沈舜澤), 조병세, 박정양, 남정철 등 중신들의 청대(請對, 신하가 급한 일이 있을 때 임금에게 뵙기를 청하던 일)가 이루어졌다. 황현은 이들이 올린 상주문 중 일부를 《매천야록》에 적었다.

"… 예악의 체제와 의복의 제도에서도 한(漢), 당(唐), 송(宋)을 참작하여 한결같이 명의 제도를 표준으로 삼았으니, 빛나는 문화와 순정한 예의가 대일통에 곧바로 닿아 있는 경우는 오직 우리나라

뿐입니다. … 그리고 독립의 기초를 세우고 자주권도 행사할 수 있게 되었으니, 이것이야말로 하늘이 권하는 대명(大命)을 이어받을 때입니다. 〈만국공법(萬國公法)〉을 상고해 보건대 각국의 자주(自主)라 함은 자국의 의사대로 스스로 존호를 세워 자국의 백성들로 하여금 추대할 수 있지만, 다른 나라가 승인하도록 할 권리는 없다고 했고, 그 아래의 조문에 어떤 나라가 왕이라 칭하고 황제라 칭할 경우, 먼저 자인(自認)을 하고, 다른 나라는 뒤에 승인을 한다는 구절이 있습니다.

무릇 존호를 세우는 권리가 우리에게 있으면 자주라 하고, 남에게 있으면 자주권이 없다고 합니다. 이에 남에게 승인하도록 할 권리가 없다고 해서 우리의 자립 권리까지 포기해야 한다는 말은 듣지 못했습니다. 그러므로 왕이라 칭하고 황제라고 칭하는 나라는 타국의 승인을 기다리지 않고 존호를 세우는 것입니다. 때문에 어떤 나라가 먼저 승인하고 다른 나라가 나중에 승인한다는 법에 있어서 이른바 먼저 승인한다는 것은 존호를 세우기에 앞서서 한다는 의미가 아니라 타국보다 먼저 한다는 것을 이른 말입니다. 그런즉, 어찌 존호를 세우지도 않고 먼저 타국의 인준을 구하겠습니까? … ”

내용인즉, 조선이 동아시아의 보편 문명을 계승했을뿐더러 만국공법에 의거하여 다른 나라의 승인에 상관없이 스스로 존호를 세워 주권국가로서의 제국을 세울 수 있다는 점에서 조선이 제후국에서 제국으로 나아갈 수 있다는 것이다.

이날 윤치호는 고종의 황제 등극 계획과 상소 행렬을 다음과 같이 비난했다.

지난 2주 동안 폐하와 신하들은 왕조를 제국으로 만들겠다는 계획에 몰두해 왔다. 일주일 전, 폐하는 권재형에게 황제 칭호를 받아들이시라고 읍소하는 상소를 올리라고 은밀하게 명하셨다! 지난 금요일부터 의정부 의정[議政, 의정부의 최고 관직]은 폐하의 간절한 소망과 기도에 응해서 황제 칭호를 수락해 달라는 일련의 상소를 올리기 시작했다!

　문제는 이 우스꽝스러운 상소를 올릴 때면 정부와 관련된 모든 사람이 참석해야 한다는 것이다. 지난 사흘 동안 관복을 입은 관리들은 오후 3시부터 6시까지 궁궐 뜰에서 무릎을 꿇고 있었다. 오늘 아홉 번째 상소를 올렸고, 폐하는 의무적으로(!) 이를 받아들여 온 나라의 간절한 소망에 따라 자신을 황제라 칭하는 것을 허락하셨다! 양쪽 다 눈속임이다!

　윤치호는 대한제국 수립을 마뜩지 않게 여기면서 정부의 노력을 평가절하했다.

　조선 정부에 우호적이었던 뮈텔마저 1897년 9월 8일 일기에서 다시 러시아 공사로 부임한 스페이에르(1895년 9월 주한 러시아 공사로 임명되었다가 정부의 승인 없이 아관파천을 결정해서 전출된 뒤 1897년 8월 러시아 공사로 다시 부임)의 말을 인용하면서 비관적인 전망을 내놓고 있다. "어쨌든 조선은 독립국으로 머물러 있을 수 없을 것이다. 그것은 시간문제다. 현 왕이 사라지면 현재의 왕세자가 왕위에 오른다고 보기는 어렵다"고 표명했다. 나아가 러시아는 만주를 지키기 위해 조선을 일본에 넘겨줄 수 있다는 의견까지 제시했다. 물론 뮈텔은 스페이에르의 전망을 믿고 싶지 않았지만 그로서는 수긍하

는 바가 있었다. 후술하는 바와 같이 만한교환론(滿韓交換論)의 싹이
이미 보인 셈이다.

물론 다른 열강도 러시아와 마찬가지로 대한제국의 황제 칭호에
대해 부정적인 견해를 보였다. 뮈텔은 10월 14일 일기에 각국 공사
관의 속내를 전하고 있다.

   일본을 제외하고는 어느 나라도 황제란 새 칭호를 승인하지 않
   은 것 같고, 또 모두가 이 승인을 위해 서두르지 않기로 합의를 본
   모양이다. … 내가 (프랑스 공사관에) 도착했을 때, 거기에는 전 영사
   중국인 탕사오이(唐紹儀) 씨와 발터(Walter) 씨가 있었다. 전자는 왕
   에게 새로운 칭호가 건의되고 받아들여진 방법이 매우 불만스러웠
   다. 그에게 보낸 황제 즉위식 초청장에서 중국의 옛 왕조들인 당,
   한, 송, 명은 언급했으나, 현 왕조인 청, 그리고 원에 대한 언급은
   고의로 피한 것 같았다.

청국에게는 과거 자신들의 제후국에 지나지 않았던 조선이 한,
당, 송, 명을 계승하는 황제국이 되었다고 선언한 내용이 충격으로
다가왔다. 그러나 고종의 즉위 강행 결심이 강했던지라 각국 공사
들은 이미 10월 13일 고종을 알현했고 모두 자국 정부에 서둘러 그
사실을 알리겠다고 답했다. 우선 일본이 고종의 환심을 사기 위해
열강 중 가장 먼저 황제 칭호를 사용하도록 했다. 이어서 12월 23일
러시아 차르 니콜라이 2세가 의외로 신속하게 고종의 칭제를 축하
하며 대한제국을 승인했다. 프랑스, 미국, 영국도 1898년 3월경 일
제히 공식 승인했다. 러시아가 일본을 견제하기 위해 재빠르게 승

인했다면 여타 나라들도 각국의 복잡한 이해관계 속에서 대한제국을 결국 승인했다. 또한 대한제국 승인을 끝까지 거부했던 청국마저 1899년 9월 11일 대한제국 정부와 한청통상조약을 체결함으로써 대한제국을 승인한 셈이 되었다. 무엇보다 한반도에 거주하는 화교의 안전과 경제 활동 보호가 시급한 과제로 떠올랐기 때문이다.

고종, 대한제국 황제가 되다

정부는 대한제국에 걸맞은 각종 의례와 시설물을 만들고 국가의 위상을 높이는 일에 집중했다. 10월 2일 하늘에 제사를 지내는 환구단이 예전에 중국 외교관을 대접하던 남별궁 터에 신축되었다. 윤치호는 대한제국 수립 하루 전날인 10월 11일 환구단에서 벌어진 일을 그날 일기에 빼놓지 않고 적었다. 이날 고종은 환구단에 왕림하여 제물을 바치고, 황제의 칭호를 갖겠다는 의지를 천신에 알렸다. 이어서 경운궁과 환구단 사이의 행렬이 공지된 시간보다 3시간 늦은 오후 5시에 시작되었다. 그 행렬에는 구식 복장과 신식 복장, 녹슨 창과 칼, 현수막이라 불리는 붉고 노란 천, 보기 흉한 끔찍한 옷을 입은 각계각층의 관료들, 소음과 혼란이 무질서하게 뒤섞여 있었다.

당시 이러한 광경을 본 윤치호는 자신의 감상을 다음과 같이 이어나간다.

진지함이나 아름다움, 질서라고는 전혀 찾아볼 수 없는 이런 행렬을 보니 저절로 이런 의문이 떠올랐다. "전 세계 역사상 이보다 더 수치스러운 황제의 칭호가 있을까?" 폐하께서는 줄곧 기쁜 얼굴이셨다. 환관들은 이런 소극에서 주요한 역할을 했다. 저녁이 되

환구단과 황궁우

환구단은 1897년 고종이 황제로 즉위하면서 하늘에 제사를 지내기 위해 만든 제단이며, 황궁우는
천신을 비롯한 여러 신의 위패를 봉안하기 위해 만든 건물이다.

자 열기와 먼지 때문에 힘들어 집으로 돌아왔다. 10시부터 새벽까
지 폭우가 쏟아졌다.

반면에 정교는 윤치호, 황현과 달리 황제국 수립에 앞장섰다. 그
는 이미 1897년 5월에 전 군수로서 황제 즉위를 적극 지지했다. 조
선의 역사를 돌아보면서 연호 사용의 사례를 거론한 뒤, 고종이 자
주독립의 기틀을 세웠고 명분을 바르게 했다는 이유로 황제의 위호
를 써도 된다고 주장했다. 특히 각국의 예를 따르면서 영토의 대소
는 황제국 여부에 별로 중요하지 않다고 역설했다. 나아가 국제법
에 근거하여 외국의 승인이 없어도 스스로 황제의 자리에 오를 수
있다고 주장했다. 또한 중국과 일본도 황제 칭호를 사용하니 우리
도 황제국이 될 수 있다고 덧붙였다.

10월 11일 이전에 국호가 정해졌다. 국호 명명에는 고종의 강력한 의지가 개입되었다. 고종이 국호를 '대한'으로 정한 이유를 《승정원 일기》 1897년 10월 11일(음력 9월 16일) 기록에서 확인할 수 있다.

우리나라는 곧 삼한(三韓)의 땅인데, 국초(國初)에 천명을 받고 통합하여 하나의 나라가 되었으니, 지금 국호를 '대한(大韓)'이라고 정하는 것은 불가한 것이 아니다. 또한 종종 각 나라의 문자를 보면 조선이라고 하지 않고 한(韓)이라고 했다. 이는 아마도 미리 징표를 보이고 오늘을 기다린 것이니, 천하에 공표하지 않더라도 천하가 모두 '대한'이라는 칭호를 알고 있는 것이다.

여기에 심순택이 그 의미를 덧붙였다.

삼대(三代) 이래로 국호는 예전 것을 답습한 경우가 아직 없었습니다. 그런데 조선은 바로 기자가 옛날에 봉해졌을 때의 칭호이니, 당당한 황제의 나라로서 그 칭호를 그대로 쓰는 것은 옳지 않습니다. 또한 '대한'이라는 칭호는 황제의 계통을 이은 나라들을 상고해 보건대 옛것을 답습한 것이 아닙니다. 성상의 분부가 매우 지당하니, 감히 보탤 말이 없습니다.

제후 나라의 명칭을 버리고 황제 나라의 국호로서 '대한'으로 정했다는 것이다. 이에 고종은 다음 날 환구단에서 행할 고유제의 제문과 반조문(頒詔文)에 모두 '대한'으로 쓰라고 명령했다.

다음 날인 10월 12일 드디어 대한제국을 선포하기에 이르렀다.

《승정원일기》1897년 10월 12일 기록에 따르면 행사는 다음과 같이 거행되었다. 10월 12일 예의사(禮儀使) 김영수(金永壽)가 즉위 사실을 환구단에 고하기 위하여 환구단 옆에 의자를 마련했다. 고종은 대위(大位)에 오른 후 태묘와 사직에 고사(告祀)를 하고, 정전(正殿)으로 환어하여 백관의 축하표전(祝賀表箋)을 받았다. 왕대비 홍씨를 명헌태후(明憲太后)로 높여 금보책(金寶册)을 올리고 황후, 황태자, 황태자비는 심순택을 정사, 김영수를 부사로 각각 임명하여 예식을 행했다.

그러나 윤치호는 그날 일기에서 냉소적인 반응을 보였다.

오늘 새벽 4시 폐하께서는 천신께 제물을 바쳤고, 6시에 정식으로 황제의 자리에 즉위했다. 12시에 새로운 황제를 감축드리러 궁으로 갔다. 하지만 황제 즉위식은 개최되지 않았다. 고인이 된 명성왕후(Queen)에게 황후(Empress)의 칭호를 부여하는 문제 등과 관련되어 거창한 의식을 치러야 했기 때문이다. 또 한 번 세차게 쏟아진 비는 이 소극을 더욱 우스꽝스럽고 안타깝게 만들었다.

나아가 다음 날 명성왕후를 '명성황후'로 책봉하고 왕태자를 황태자로 책봉하면서 대사령을 반포했다. 이 대사령은 일반적인 대사령과 달랐다. 정교가 《대한계년사》1897년 10월 13일(음력 9월 18일) 기록에 전문을 수록해 두었는데, 유의할 조목을 추출하면 다음과 같다.

하나, 금년 10월 12일 이후부터 서울에 있는 크고 작은 아문(衙

門)과 지방의 관찰사, 부윤, 군수, 진위대 장관들과 이서, 조역(皂役)으로서 단지 뇌물만을 탐내어 법을 어기고 백성들을 착취하는 자들은 법에 비추어 죄를 다스리되 대사령 이전의 것은 제외한다.

하나, 각 처의 주인 없는 묵은 땅은 해당 지방관이 살펴보고 내용을 자세히 밝혀서 보고하면 관찰사가 다시 살펴보고 판단한 다음에 허위 날조한 것이 없으면 즉시 문서를 주어 돈과 곡식을 면제하여 주며, 그 땅은 백성들을 불러다가 개간하도록 하라.

하나, 각 도의 백성들 가운데 외롭고 가난하며 병든 사람들로서 돌보아 줄 사람이 없는 사람들은 해당 지방관이 유의하여 돌보아 주어 살 곳을 잃는 일이 없도록 하라.

하나, 각 도의 도로와 교량 가운데 파괴된 것이 있으면 해당 지방관이 잘 조사하여 수리함으로써 나그네들이 다니는 데 편리하게 하라.

지방관과 군문(軍門)의 수탈 금지, 황무지 개간 장려, 도로와 교량 보수를 통한 교통의 확보 등 사회경제 분야에 걸쳐 소농민 경제의 안정과 산업 진흥에 진력하고자 했음을 보여준다. 이러한 의지는 대사령 말미에 "옛것을 혁파하고 새것을 도모해 교화를 행하고 풍속을 아름답게 하려고"라는 표현에서 잘 드러난다. 그런데 정교는 왜 윤치호, 황현과 달리 이런 대사령 전문을 《대한계년사》에 수록했을까? 고종의 개혁 의지를 믿었던 걸까? 이어서 10월 13일 일본 공사를 비롯하여 미국 판리 공사, 러시아 공사, 프랑스 판사 대신, 영국 총영사, 독일 영사들이 하례했다고 적었다.

일주일이 지난 10월 20일 고종은 민생의 중요성과 신구 절충의

원칙을 재천명하면서 관리들의 백성 수탈을 엄격하게 금지하는 한편 이전 갑오정권의 급진적인 조치에 따른 소요를 경계하면서 시대의 변화를 따라가지 못하는 위정척사 인사들의 수구적인 행태를 비판했다.《승정원일기》의 이날 기록에 따르면, 다음과 같다.

대체로 새것에 너무 치우쳐 옛것을 잊어버리고, 모든 것을 새롭게 하려다가 도리어 소요를 일으키는 것은 나라를 위하는 것이 아니며 또 혹은 시기에 따라 맞게 변통하여 대처할 줄 모르고 옛것을 옳다고 하면서 지금의 것을 그르다고 하여 행하기 어려운 일을 억지로 하게 하는 것 역시 나라를 위하는 것이 아니다. 절충하고 참작하여 정사가 잘 다스려지기를 기약할 뿐이다.

대사령에서 자신의 의지를 드러냈듯이, 고종은 여기서도 민생 안정이 급선무임을 강조하면서 신구 절충을 정치 개혁의 기준으로 제시하고 있다. 물론 고종은 신하와 백성, 군인, 시정배 모두가 이구동성으로 대궐에 와서 소장을 수십 장이나 올려 기어이 존호를 사용하도록 하여, 본인이 누차 사양한 끝에 황제에 올랐음을 앞머리에 깔았다.

한편, 황현은 고종이 황제로 등극한 건물(즉조당)의 이름을 처음에는 만물의 근원을 가리키는 태극(太極)을 따서 태극전(太極殿)으로 정했으나 그 후 중화전(中和殿)으로 개칭했다고 전하고 있다. '중화'는 동양의 고전《중용》에 나오는 용어로, 시세의 변화에 맞추어 적절하게 대응하겠다는 뜻을 담고 있다. 또한 달력은 명시력(明時曆, 명나라 달력), 국기는 태극기, 즉위 일은 계천기원절(繼天紀元節)이라

고 명명했음도 덧붙였다. 아울러 10월 20일 훗날 영친왕으로 성장
하는 비운의 황자 이은의 출생 소식을 적었다. 이은은 10월 20일 해
시(오후 9~11시)에 태어났으며 상궁 엄씨를 귀인으로 봉했다는 것
이다. 엄씨는 러시아 공사관에 체류할 때 임신했다. 당시 고종이 은
을 사랑하여 늘 무릎 위에 앉혀놓고 대소변을 닦으며 기뻐했다고
적었다.

이은의 출생 소식은 삽시간에 전국으로 퍼졌다. 지규식도 고종의
황제 즉위식에 대해서는 일기에 한 줄도 적지 않다가 황자(皇子) 이
은이 9월 30일(음력 9월 5일) 자시에 출생했음을 10월 27일(음력 10
월 2일) 일기에 적었다. 일자와 시각이 틀렸지만, 순종이 대를 잇지
못한다는 소문이 전라남도 구례 유생 황현이 알 정도로 자자한 상
황에서 일반 백성들은 고종의 황제 즉위식보다 황자의 출생에 관심
이 더 많았던 듯하다.

한편, 황현은 정교와 달리 1897년 10월 12일 정부의 대사령을 단
신으로 언급하고, 즉위 관련 비용에 대해 따끔하게 지적했다. 경축
일에 든 비용이 무려 5만 원이었으며, 어보(御寶) 제조에 소요된 금
은 1,000냥으로 그 가격은 4만 5,000원이었다. 1897년 대한제국 정
부의 1년 예산이 400여만 원이었음을 감안할 때 2.375퍼센트에 해
당하는 금액을 지출한 셈이다.

윤치호 또한 10월 16일 일기에서 고종의 민생 개혁 정책을 전면
불신하고 있다.

이달 14일에 폐하께서 국호를 조선에서 대한(大韓)으로 바꾼다
는 칙령을 반포하셨다. 전하는 백성들을 위해 많은 것을 하겠다고

약속하셨지만, 난 그 약속을 한마디도 믿지 않는다.

　냉소적인 지식인 윤치호는 겉과는 다르게 속으로는 고종에게 기댈 것이 없다고 판단했던 것이다. 따라서 광무정권과 개신 식자층 사이에 많은 대립과 갈등이 예고되었다.

　고종은 명성왕후 추존 사업도 진행했다. 《승정원일기》 1897년 11월 6일(음력 10월 12일) 기록에 따르면, 이날 고종은 명성왕후를 '명성황후'로는 책봉한다는 조서를 내렸다.

　"오늘날 위대한 왕업을 중흥하여 자주 국권을 찾은 데에는 실로 황후의 도움이 있었다. 하늘의 보살핌이 극진하고 열성조(列聖朝)의 음덕이 있어 짐이 황제의 칭호를 받고 황후도 함께 존귀해졌으니, 새로운 천명을 맞아 선대를 빛내고 후세에 은택을 끼치게 되었다. 황후의 거룩한 공이 아름답게 드러난 것을 돌아볼 때, 황후에게 큰 호칭을 올려 높이는 것은 실로 당연한 일이다. 이에 유사에게 상법(常法)을 상고한 다음 천지(天地), 종묘(宗廟), 태사(太社), 태직(太稷)에 공경히 고하게 하고, 본년(本年) 음력 10월 11일에 명성황후(明成皇后)라는 시호를 책봉했다."

　이 조서를 통해 대한제국 수립이 명성황후의 도움으로 이루어졌다고 명백하게 밝히고 있다.

제2부

대한제국 수립 이후부터
만민공동회 해산까지

제2부에서는 1897년 10월 대한제국 수립 이후부터 1898년 12월 만민공동회 해산까지 총 1년 2개월을 다룬다.

이 기간은 한국근대사에서 극적인 일들이 벌어져 많은 학자의 연구 대상이었고, 연구 성과도 이 책이 다루는 시기 전체에서 가장 밀도가 높다고 할 수 있다. 특히 만민공동회가 양반의 상소에 의존했던 이른바 공론정치에서 벗어나 '만민'의 참여 속에 이루어지고 있어 초미의 관심사다. 그러나 만민공동회 주도 그룹이 '만민'의 정치 참여를 어떻게 생각했는지는 여전히 의문이다. 혹시 이들이 만민의 의견을 경청했더라도 그들 모두의 정치 참여까지 받아들였을까. 그럼에도 학자들의 공통된 관심사는 왜 대한제국 정부와 독립협회, 만민공동회가 다투었는가다. 러시아와 일본의 위협이 만만치 않은 상황에서 왜 우리끼리 싸워 국망의 시점을 앞당겼냐는 의문이 제기될 수 있다. 정부와 독립협회 세력은 한 치의 타협도 없이 대결 국면으로만 치달았을까. 양자가 관민공동회를 통해 대타협을 이루었음에도 결국 결별했던 이유는 무엇이었을까. 어쩌면 대한민국 국민이라면 누구나 이 부분에 대해 한마디씩 할 듯하다. 한쪽에서는 황제권의 강화에만 관심을 가진 고종의 무능과 욕심을 탓하며 만민공동회 강제 해산을 매우 아쉬워하는가 하면, 다른 한쪽에서는 대한제국 정부가 나름대로 독립협회, 만민공동회와 연대하여 개혁을 추진했지만 민권의 이름 아래 권력을 탐했던 만민공동회 정치꾼들의 야욕으로 인해 파국을 맞이했다고 하면서 대한제국 정부의 여러 개혁 사업이 제대로 평가받지 못하는 것을 안타깝게 여긴다.

현재의 대한제국과 독립협회, 만민공동회에 대한 평가만큼이나 당대 사람들이 정부와 단체, 사건을 바라본 관점도 극과 극이다. 윤치호와 정교는 독립협회와 만민공동회 당사자여서 자신들을 탄압하는 정부의 무능과 이권 양여에 대해서 극렬한 표현도 서슴지 않는다. 그러나 두 사람의 생각이 동일했던 것은 아니다. 윤치호가 만민공동회 운동의 급진성에 우려를 표한 반면, 정교는 만민공동회 운동을 탄압하는 정부의 태도를 곳곳에서 비판하고 있다. 한편, 황현과 뮈텔은 또 다른 시각에서 대한제국과 독립협회, 만민공동회를 바라보고 있다. 황현이 독립협회와 만민공동회는 물론 천주교, 개신교 모두 못마땅하게 여긴 반면, 뮈텔은 독립협회를 개신교의 앞잡이로 매도하는가 하면 고종에게 영향력을 행사하려고 끊임없이 노력한다. 지규식은 자신의 일기에 이러한 정국의 움직임을 좀처럼 기록하지 않았다. 그에게 나라는 무엇이었을까?

1. 광무정권과 독립협회의 노선 갈등

페하와 페하의 나라를 파멸로 재촉하고 있는 수백 명의 인간들이 페하를 둘러싸고 있다. … 페하를 뵐 때마다 울고 싶은 심정이니, 나는 페하를 사랑하고 불쌍히 여기지만, 거짓말하고 속일 수 없어 가까이 갈 수 없구나. _ 윤치호

이채연의 진보적인 견해 덕분에 간선도로에 살고 있는 사람들은 집 앞에 불을 밝히라는 지시를 받았다. 좋은 일이다. 우리 집 창문에서 내려다보는 마을 야경이 전등불로 장식되어 아름답다. _ 윤치호

고종의 측근들을 적대시하는 윤치호

광무정권과 윤치호 사이에 놓인 불신의 벽은 대한제국 수립 이전부터 노정되어 있었다. 윤치호 등이 독립협회를 중심으로 정국의 주도권을 잡으려 했던 반면, 정부는 새로운 법제 제정으로 주도권을 장악하려고 했기 때문이다. 윤치호는 홍종우를 비롯한 정부의 근왕주의 세력들을 적대시했다. 러시아 황제 대관식에 들렀다가 잠시 프랑스에 체류하던 1897년 1월 9일, 국내 소식을 접하고 일기를 통해 노골적으로 반감을 드러냈다.

9시 30분에 이학균을 방문했다. 이학균으로부터 몇 가지 한국 소식을 들었는데 전혀 고무적이지 않았다. 러시아어 통역관 김홍륙은 지금 큰 힘을 가지고 있고 조정의 고위 관직들을 좌지우지하고 있다. 김도일이 그다음 권력자다. 김옥균을 죽인 살인자와 그의 동료들, 홍종우, 이일직 등은 지금 좋은 평판을 받고 있다. 그들은 얼마 전에 특정인(물론 한국인)을 암살할 자객을 일본에 보내려는 끔찍한 음모를 꾸몄다.

그나저나 홍종우는 파리에 머물 때 혁명으로 퇴위된 왕자처럼 행세했다! 홍종우는 파리에서는 가톨릭 선교단의 구호금으로 먹고 살았지만, 조선으로 돌아왔을 때는 자신이 기독교 신자라고 선언했다. 이것은 홍종우나 폐하가 신뢰하는 그와 비슷한 부류들이 하는 짓이다. 한국의 정세는 짐작 가능하다.

어느 날 밤 김도일이 '기생들'과 함께 노래를 부르며 종로 거리를 걸어가고 있었다. 순검 한 사람이 그를 불러 세워 국상 중에 그런 행위를 해서 되냐고 질책했다. 김도일은 그 순검을 구타한 뒤

홍종우(1850~1913)
조선 최초의 프랑스 유학생으로, 1894년 중국
상하이에서 갑신정변의 주역 김옥균을 암살
했다.

경무청으로 끌고 가서 일개 순검이 방금 공사와 함께 상트페테르
부르크에서 돌아온 양반의 행차를 감히 가로막을 수 있냐고 불평
했다. 경무사는 겁에 질려 그 무도한 러시아어 통역관에게 아무 조
치도 취하지 못했다!

이어서 윤치호는 서재필을 자주 만나 그의 불만을 자주 듣곤 했
다. 1897년 2월 2일 서재필은 정부가 저지르는 악행을 윤치호에게
전해 주었다. 김홍륙, 이용익, 홍종우, 조병식, 이명상(李明翔) 등 '악
마 같은 인간들'이 고종이 백성을 쥐어짜도록 어떻게 부추기고 있
는지, 베베르 부부가 어떻게 김홍륙의 악행을 믿으려 하지 않는지,
민영환이 유럽에서 돌아온 뒤부터 어떻게 행동하고 있는지 등등.
또한 서재필은 정부에서 어떤 직책을 제시하더라도 받아들이지 말라고 윤치호에게 충고했다. 윤치호 역시 서재필의 의견에 동의했다. 이어서 그는 언더우드의 집에서 "왕이 전권을 부여한 악당 무리가 '형제자매애'로 뭉쳤다는 이야기를 들었다.

또한 윤치호는 2월 6일 일기에 러시아 공사 베베르를 찾아가 현 정부에 대해 나눈 대화를 적었다.

오후 3시경 베베르 씨를 방문하여 현재 정부가 얼마나 절박한 상황인지 말했다. 폐하는 가장 역겨운 구폐들을 빠르게 되살리고 있는 자들에게 둘러싸여 있고, 김홍륙은 뿌리까지 사기꾼이라고 말하자 베베르 씨는 내 말을 자르고 이렇게 말했다. 모든 일이 순조롭게 진행되고 있고, 지금까지 자신의 통역관에게서 잘못된 점을 전혀 찾아보지 못했고, 수백 년 동안 이어 내려온 구폐는 하루아침에 근절될 수 없고, 법부만 제외하고 정부 기관은 모두 잘 운영되고 있고, 자신은 폐하의 행동을 털끝만큼도 방해하고 싶지 않고, 지금 권력을 쥐고 있는 사람을 비난하는 이들도 입장이 바뀌면 자신이 비난한 사람들과 똑같은 짓을 할 것이라고 말했다. 베베르 씨는 나를 믿고 말한다면서, 푸차타(Butchata) 대령이 민영환이 무능하다면서 계속 불평하고 있다고 했다.

이어서 윤치호는 한탄했다. "사태는 치명적인 것 같다. 폐하는 김홍륙과 형편없는 그 일당의 손아귀에 들어갔다. 끔찍한 악당들의 영향력에서 폐하를 구해낼 힘을 가진 유일한 인물인 베베르 역시 그들의 영향력 아래 있다. 그러는 동안 모든 것이 악화되고 있다. 정의도 없고, 경제도 없고, 희망도 없다."

대한제국의 도시개조사업

1897년 3월 16일 고종은 잦은 개편으로 관제의 효율성이 떨어지므로, 이를 개선할 요량으로 법제를 정리하라고 조령을 내렸다.《승정원일기》1897년 3월 16일(음력 2월 14일) 기록에 따르면 다음과 같다.

오늘 의정부의 여러 신하들을 소견(召見)하고 이미 직접 타이른 것이 있다. 모든 정사에서 실질적인 성과가 없는 것은 대개 관제가 많이 변경되어 규정이 아직도 불편한 점이 있기 때문이다. 임금과 신하, 윗사람과 아랫사람 들이 진실로 정신을 가다듬어 정사를 도모하면 나라의 위급한 형편과 백성들의 급박한 사정이 어찌 이와 같이 심할 수 있겠는가? 이것이 정사를 경장해야 할 하나의 기회이다.

오늘부터 별도로 하나의 부서를 설치하여 옛 규정과 새 규정을 절충해 모든 법규를 일통(一通)으로 만들어 각별하게 준수하는 수단으로 삼고, 의정(議政)할 인원을 별도로 선정해서 그 명단을 들여보내라.

옛 규정과 새 규정이 뒤섞여 시행하기가 불편하고 개혁의 효과가 더디니, 새 규정과 옛 규정을 절충한 제반의 법규를 하나로 정리할 수 있는 관청, 즉 교전소(校典所)를 설치하라는 지시였다.

당시 황현도 교전소의 설치에 관심을 가지고 그 사실을 담담하게 《매천야록》에 기록했다. 그의 기술에 따르면, 교전소의 설치 목적은 신구 전적(典籍)을 절충하여 분류한 서적 1책을 만드는 것이었다.

이에 1897년 3월 23일, 3월 16일 조칙에 근거하여 교전소가 설치되었다. 의정부를 비롯한 여러 관서의 고위 관리들이 위원으로 임명되었다. 여기에는 법률에 밝은 외국인 고문관과 함께 서재필도 포함되었다.

정부는 이처럼 신국가의 법제적 기반을 정비하는 한편, 한성 도시 개조사업에 착수했다. 정부의 이러한 시도는 뮈텔의 눈에도 들어왔다. 그는 1897년 5월 24일 일기에 다음과 같이 적었다.

돌아오는 길에 한성의 도로 확장 계획으로 대성당 부근에 길을 낼 가치가 있는지를 물어보기 위해 브라운 씨 댁에 들렀다. 그렇다면 출입문을 내야 하므로 사실을 알고 싶었다. 그는 금년에는 계획이 거기까지 미치지 않는다고 대답했다. 이미 시작된 일 외에 금년의 계획은 남별궁으로 가는 도로까지 국한될 것인데, 거기에 경찰서가 세워질 것이라고 한다. 또 남별궁 길에서 남대문로 대로까지, 끝으로 시구문으로 통하는 도로의 보수와 확장이 포함될지 모른다는 것이다.

뮈텔은 명동성당 출입문을 내는 것에 앞서 한성부의 도시 확장 계획을 듣기 위해 당시 재정 고문이었던 브라운(J. McLeavy Brown, 柏卓安)을 찾아갔던 것이다. 브라운의 답변을 통해, 명동성당 길 앞으로는 큰 도로가 나지 않겠으나 여타 지역에서는 새로운 도로가 개설될 것임을 짐작할 수 있다.

당시 고종은 정부의 재정을 안정적으로 운영하고자 브라운에게 권한을 부여하는 한편, 브라운의 재정 수입 증대책에 힙입어 한성을 개조하고자 했다. 그는 환궁을 구상하면서 경운궁을 중심으로

귀스타브 뮈텔(1854~1933)
가운데 앉아 있는 사람이 뮈텔 주교다.

방사상 도로를 만들고 싶어 했다. 그러한 계획은 이미 1896년 '한성 내 도로의 폭을 개정하는 건'의 내부령이 시행되면서 실행에 옮겨 졌다. 그리하여 1897년에는 남별궁으로 가는 도로를 기점으로 남대 문 대로까지 그리고 시구문으로 통하는 도로의 보수와 확장이 이어 졌다. 당시 《독립신문》은 도로가 편리해지면 운반비가 저렴해져 상 품 가격이 떨어지고 일반인들의 소비가 증가하여 상업이 흥왕하고 국가 재정이 유족해질 것이라고 주장하면서 정부의 도로 개수 사업 을 지지했다. 심지어 임시 가옥 철거에 대해서도 손해보다는 실익 이 많다고 1896년 11월 7일 논설에서 주장했다.

이번에 한성부 판윤이 범노[汜路, 길을 침범]하여 지은 집들을 헐 라 한 즉 그 백성들이 좋지 않다고 할 터이나 범노하여 집 지은 사람

도시개조사업을 전후하여 달라진 한성의 모습

은 성안에 몇백 명이 아니 되고 그 집을 다 헌 후에 길을 잘 닦아 놓으면 유조(有助)하기는 성안에 있는 몇만 명의 백성이 다 그 효험을 볼 터이요 또 전국 인민이 외국 사람에게 야만으로 아니 보일지라.

그러다 보니 정부의 사업에 대해서 늘 의심을 품었던 윤치호 역시 도시개조사업에 대해서는 적극 지지했을 것이다. 사업에 성과가 있었는지, 이즈음 조선을 방문한 영국의 지리학자이자 여성 탐험가 비숍(1831~1904)은 그의 견문록《조선과 그 이웃 나라들》에서 "골목의 난잡상, 겨울에 산적하는 온갖 오물, 발목까지 빠지는 진창, 불결함, 그리고 이를 되갚을 만한 미적 요소의 결핍" 등이 거의 제거되었다고 적고 있다. 이러한 도시개조사업은 단지 위생상의 문제를 해결하는 데 그치지 않고 도시 산업화의 근간을 마련하고 사회간접자본을 확충하는 사업이라는 점에서 정부와 독립협회가 매우 관심을 가졌던 사안이었다.

정부의 한성 도로 개수 사업에 대해《독립신문》을 비롯한 많은 사회 세력이 지지하고 나섰다. 정부와 서재필, 윤치호로 대표되는 독립협회 사이의 밀월 관계를 잘 보여준다고 하겠다.

정부와 독립협회의 갈등

정부와 독립협회의 밀월 관계는 오래가지 못했다. 식산흥업에는 보조를 맞추었지만, 정치권력 운영에서는 각을 세웠다. 당장 1897년 8월 5일 윤치호는 서재필을 만나 김홍륙을 비롯한 친러파의 독단에 대해 불만을 토로했고, 서재필 역시 미국 공사관이《독립신문》정간을 요청했음은 물론이고 왕실과 궁내부에서 독립문 건립을 방해하고 있다고 전했다.

그런데 윤치호와 독립협회 회원들 사이에서도 독립협회의 진로를 놓고 미묘한 견해 차이가 있었다. 윤치호는 독립협회를 강의실, 도서관, 박물관을 구비한 일종의 일반지식협회(General Knowledge Association)로 조직해야 한다고 제안했다. 윤치호의 일기에 따르면 서재필 역시 자신과 같은 제안을 독립협회에 했지만 누구도 호응하지 않았다. 훗날 독립협회가 정치단체로 나아갈 것인가 계몽단체로 남을 것인가의 갈림길에서 윤치호의 희망과 달리 독립협회는 정치단체로 나아갔다.

일단 이들은 8월 8일 오후 독립협회를 일종의 토론회로 조직할 규정을 작성하기로 했다. 그리고 3명으로 구성된 위원회에 윤치호가 포함되었다. 물론 독립협회는 현 정부와 각을 세우지는 않았다. 8월 13일 현 왕조의 개국 505주년 기념식이 예정대로 독립협회의 후원 아래 독립관에서 개최되었다. 미국 공사관 직원, 영국 총영사, 일본 공사, 수많은 일본인이 참석했다. 독일인은 불참했고, 러시아인은 두 사람만 참석했다. 행사는 다음과 같이 진행되었다.

① 배재학당 학생들의 송가(頌歌)

② 초대 회장 안경수의 연설

③ 이채연의 연설: '공공복리를 위한 시민의 의무'

④ 배재학당 학생들의 노래: '국화(國花)'

⑤ 아펜젤러 목사의 연설: '재류 외국인들의 의무'

⑥ 서재필의 연설: '조선의 발전'

⑦ 배재학당 학생들의 노래: '조선'

⑧ 윤치호의 연설: '우리가 기념하는 날'
⑨ 다과

　윤치호의 8월 13일 일기에는 연설 내용이 소개되어 있지 않지만, 《독립신문》은 이날 연설 가운데 가장 좋은 연설로 한성부 판윤 이채연의 연설을 들면서 1897년 8월 17일 지면을 통해 소개했다. 이에 따르면 이채연은 각자 직분을 충실히 수행할 것을 강조하면서 "사람마다 나라를 자기 몸보다 더 중하게 여기는 것이 인민의 도리요 직분으로 생각한다"고 연설했다. 독립협회 인사와 정부 관료들이 긴밀한 협조 아래 조선왕조 개창일을 축하했던 것이다. 그리고 윤치호는 이날 연설에서 "조선 인민들이 남의 나라 것도 배우려니와 자기 나라 사기[史記]를 배워 자기의 나라인 줄로 알게 학문이 되기를 바란다"고 했다. 그러나 양자 사이에는 언제든지 균열이 일어날 조짐이 도사리고 있었다. 윤치호는 고종을 만날 때마다 민생 안정과 개혁을 강조했거니와 늘 실망을 감추지 못하여 8월 17일 일기에도 다음과 같이 적었다.

　나는 폐하께 이렇게 고했다. "일본과 러시아 사이에 전쟁이 일어날지도 모른다고 많은 사람이 이야기하고 있습니다. 하지만 훌륭한 정부가 한국을 통치하고 있다면 외국의 분쟁 때문에 불안해하지 않을 것입니다. 따라서 백성들을 평화롭고 안정되게 만드는 일이 절실하게 필요합니다. 백성들에게 해를 끼치는 모든 조치, 예컨대 갖가지 잡다한 세금, 금광 채굴, 탕감된 공채(公債)의 환수 등은 폐지되어야 합니다."

폐하께서는 인자한 표정으로 경청하셨지만, 내 말이 아무 소용
도 없다는 사실을 나는 뼈저리게 느끼고 있다.

이런 가운데 교전소의 운영 방향을 둘러싸고 왕과 조병세 사이
에 논의가 오갔다.《승정원일기》8월 24일(음력 7월 27일) 기록에 따
르면, 고종이 구본신참의 원칙을 재확인하는 과정에서 다음과 같은
대화를 나누었다.

　고종: 국전(國典)을 진실로 전부 고칠 수는 없고 서양 풍속도 그
대로 따를 수는 없는 일이니 마땅히 참작해야 한다. 그런데 외부에
서 짐이 옛것은 좋아하고 새것은 싫어한다고 말하는 것 같다.
　조병세: 갑오년(1894) 이후로 '자주'를 운운하는데 신은 참으로
그 뜻을 이해하지 못하겠습니다. 요즈음 법을 행하는 정사의 상벌
은 여기저기서 견제를 받아서 제 마음대로 할 수 없습니다. 신이
나름대로 생각하기에는 자주권은 진실로 선제(先制)를 따르던 갑
오년 이전에 있었고 어쩔 수 없이 새 법을 구차히 시행한 갑오년
이후에는 없어졌다고 하겠습니다. 이 때문에 사람들의 마음이 안
정되지 못하고 기강이 해이해졌습니다. 오직 바라건대, 폐하께서
는 현명한 결단을 내려 전제(專制)와 위복[威福, 벌과 복을 주는 임금의
권력]을 마음대로 통할 수 있는 자주권을 세우기에 힘을 다하셔야
할 것입니다. 대체로 나라의 운명이 오래갈 수 있게 하는 것은 정
치를 제대로 하는 데 달려 있지 외부의 분분한 의견과 무슨 관계가
있겠습니까?

경운궁 즉조당
1897년 고종이 경운궁으로 옮겨온 뒤 정전으로 사용했고 한때 태극전, 중화전 등으로 이름을 바꾸기도 했다. 1902년 정전인 중화전이 건립된 뒤부터는 다시 즉조당으로 불렸다. 사진의 건물은 경운궁 대화재 이후 다시 지은 것이다.

두 사람은 국가를 황제국으로 승격시킴으로써 허울뿐인 자주에서 진정한 자유로 나아가고 싶다는 의도를 드러내고 있다. 즉 훗날 대한제국 수립을 통해 황제권을 정립하여 전제와 위복을 장악하고자 했다. 반면에 서재필과 윤치호는 독립협회를 친목 단체에서 벗어나 계몽단체든 정치단체든 새로운 단체로 전환함으로써 정치적 발언권을 높이고자 했다. 정부와 독립협회 사이에 균열의 조짐이 나타나기 시작했다.

우선 윤치호는 독립협회를 토론회 조직으로 발전시키기 위해 노력했다. 나아가 토론회가 활성화되면 이후 도서관, 강연실, 박물관으로 키우고자 했다. 8월 29일 일기는 그의 속내를 잘 보여준다.

나는 올가을에 서울 시내 모든 학교에 토론회가 도입될 수 있도록 노력할 것이다. 서재필 박사를 만나서 이야기를 들을수록 그에 대한 존경심이 더 커진다. 서재필 박사는 영리하고 강력한 연사다.

한편, 정부는 대한제국 수립 직후 내각을 꾸리자마자 정치적 목소리를 키우는 독립협회를 견제하기 위해 10월 2일 상무사(商務社)를 복설했다. 상무사는 정부를 지지하는 보부상들이 조직한 단체로, 갑오개혁 때 폐지되었다가 다시 정치 무대에 등장했다. 이 단체는 주로 근왕주의 세력과 연결되어 1894년 동학농민군을 진압할 때 앞장섰으며 김홍집 내각과도 갈등을 빚었다. 그런데 이제 드디어 정부의 지원 아래 본격적인 활동을 벌일 수 있게 되었다.

커지는 러시아의 영향력

윤치호는 1897년 9월 22일 러시아 공사 스페이에르를 만나 그로부터 많은 속내를 직접 들었다. 이날 일기에 그의 발언을 9개로 나누어 요약했는데 그중 3가지를 열거하면 다음과 같다.

① 서재필이 더 이상 폐하의 고문이 아니어서 다행입니다. 서재필이 고문이라니요! 서재필이 무엇을 자문할 수 있습니까? 서재필은 의사, 하찮은 미국의 의사일 뿐입니다. 우리 집의 가장 천한 하인일지라도 그 사람에게 치료받으러 보내지 않을 것입니다. 나는 그 사람이 싫어요. 애국자가 아니기 때문입니다.

② 내가 서울에 갔을 때 조병식이 전갈을 보냈습니다. 자신을 법부 대신에 앉혀주기만 하면 내가 원하는 것은 무엇이든 모두 하겠

다는 내용이었지요. 나는 조병식에게 친러파를 만들기 위해 이곳에 온 것이 아니라고 답했습니다. 인사 문제에 관해서 제가 앞으로할 일은 러시아에 반대하는 인물은 누구라도 중요한 자리에 임명되지 못하도록 반대하는 것입니다.

③ 폐하께서 황제가 되려고 하시다니! 불가능한 일입니다!

러시아가 서재필을 반러시아파로 여기고 극도로 경계하고 있으며, 고종의 황제 등극을 반대하고 있음을 확인했다. 스페이에르의예상대로 서재필은 얼마 안 되어 반러시아운동에 앞장선다.

일기에 따르면, 10월 12일 오후 5시 윤치호는 다시 러시아 공사스페이에르를 방문했다. 이 자리에서 그는 러시아 공사가 영국인브라운 고문을 해촉하는 것에 대해 이의를 제기하는 가운데 서재필에 대한 러시아의 견해를 타진하고자 했다.

윤치호: 스페이에르 씨는 왜 서재필 박사와 친분을 맺지 않습니까? 요전 날 서재필 박사가 말하기를, 지금 조선에는 강력한 인도자가 필요하기 때문에 자신은 스페이에르 씨를 지지할 만반의 준비를 갖추고 있다고 했습니다. 박사는 당신과 러시아의 대의명분에 우호적이고, 그 대의명분이 조선의 이해관계와 충돌하지 않는한 앞으로도 그럴 것입니다.

스페이에르: 하지만 서재필 박사는 그런 생각을 드러내지 않고있습니다. 또 폐하께서 서재필 박사를 무척 싫어하십니다. 폐하께서 워낙 싫어하시기 때문에, 지금까지 폐하께 서재필 박사와 박사의 악영향에 대해서 말씀드릴 생각조차 해본 적이 없습니다. 폐하

께서 서재필 박사에 대해서 말씀하실 때처럼 분노하시는 모습은 한 번도 보지 못했습니다. 폐하는 아무리 평화롭고 차분한 상태에서도 박사 이야기만 나오면 분노로 얼굴이 붉어지십니다. 아니, 나는 아직까지는 서재필 박사에 반대하는 행동이나 말을 한 적이 없습니다. 하지만 박사가 지금까지 그랬던 것처럼 계속 어리석게 행동하고 자신이 이 세상에서 가장 박식한 사람인 것처럼 거드름을 피운다면, 그렇게도 사랑하는 미국으로 돌아가게 될 것입니다. 폐하의 최측근으로부터 들은 말에 따르면, 서재필, 이윤용, 심상훈은 대원군과 은밀한 관계를 유지하고 있다고 합니다. 만약 그렇다면, 그자들이 그렇게 하도록 내버려 둘 것입니다. 서재필 박사는 나와 러시아인 몇 명을 죽일 수도 있습니다. 하지만 그 사람은 조선이 러시아의 손아귀, 그것도 강력한 손아귀에 있다는 사실을 깨닫게 될 것입니다.

윤치호: 폐하께서 나에 대해 좋지 않은 이야기를 하신 적이 있습니까?

스페이에르: 없습니다. 하지만 폐하께서는 선생이 지나치게 미국인화되었다고 의심하고 계십니다.

이 대화를 통해 윤치호는 서재필에 대한 고종의 평가가 좋지 않다는 사실을 알았다. 이어서 박영효에 대해서도 말하려고 했지만, 스페이에르가 서재필과 민상호에 대해 하는 이야기를 듣고, 박영효 문제에 관해서는 침묵을 지키는 편이 낫다고 판단하여 언급을 자제했다. 나아가 자신도 숙부 윤영렬이 권유한 대로 자신의 안위를 위해 러시아 세력과 가까이 지낼 생각을 했다.

이런 가운데 10월 25일 러시아인 알렉세예프가 재정 고문 겸 해관 총세무사에 임명되었다. 이어서 윤치호는 충격적인 소식을 들었고, 11월 6일 일기에 다음과 같이 적었다.

어제 들은 이야기에 따르면, 현재 외부 대신 조병식은 한국의 모든 재정 관련 부서들의 관리를 이제부터 러시아인에게 맡긴다는 취지의 계약 또는 조약을 스페이에르와 체결했다고 한다. 조던(J. N. Jordan) 씨는 조병식에게 계약 체결을 3일만 연기해 달라고 사정했다고 한다. 조병식은 폐하께 조단 씨의 청을 말씀드리겠다고 대답했지만, 궁으로 가는 대신 외부의 인장을 가지고 김홍륙의 집으로 갔고, 그곳에서 계약서를 작성했다.

스페이에르는 조병식을 외부 대신에 앉혀 자신의 뜻대로 좌지우지하게 된 것이다. 왜 조병식이 달리 행동해야만 한단 말인가? 약자 외에 비난 받아야 될 사람은 아무도 없다.

러시아와 친러 세력에 대한 그의 이러한 불만은 대한제국 수립을 기념하기 위해 독립협회가 개최한 연회에서 터져 나왔다. 러시아인 알렉세예프의 대한제국 재정 장악이 최악으로 비쳤기 때문이다. 영국 총영사 조던이 대한제국 정부가 러시아 재정 고문과 맺는 계약을 막아보려 했지만, 외부 대신 조병식은 알렉세예프와의 재정 고문 계약을 포기하지 않았던 것이다. 11월 11일 일기는 이 점을 잘 보여준다. 이는 러시아에 대한 불만이기도 하거니와 대한제국 정부와 한국인에 대한 불만이기도 했다.

뒤늦게 불만이 터져 나왔다. 조병식과 정낙용이 한국의 핵심을 러시아에 건네주어서 배신감을 느낀다는 불만이었다. 그런 인간들이 분노하는 대중의 가혹한 형벌에서 단 1분이라도 안전할 수 있는 나라는 없다. 하지만 한국에서는 그런 인간들이 분노가 아니라 질투심이 동반된 추앙을 받고 있다. 개탄스럽게도 이렇게 된 이유는 다음과 같을 것이다.

1. 한국인은 몇백 년 동안 중국에 의지했기 때문에 한국이 열강의 속국이 되어야 한다고 생각하고, 느끼고 있다. 오리가 물을 찾듯이 한국인은 자연스럽게 외국의 신하가 된다.

2. 한국인은 청일전쟁 이후 만끽하고 있는 명목상의 독립을 얻기 위해 아무것도 한 일이 없다. 비교적 소수의 사람만이 한국이 현재 중국에서 독립되었다는 사실을 알고 있고, 그것에 관심을 갖는 사람은 그보다 더 소수다.

3. 일본은 청일전쟁 기간과 그 이후 2년 동안 친일 내각을 통해 조선을 지배했다. 결국 러시아인이 요구하는 것은 모두 일본이 설정해 놓은 본보기와 우선순위다. 러시아가 군대를 통제하고 있는가? 일본은 군대를 통제했다. 러시아가 재정과 세관을 통제하고 있는가? 일본은 재정과 세관을 통제했다. 러시아가 자신의 목적에 부합되게 내각을 구성하고 해산하고 있는가? 일본은 그렇게 했다. 즉, 김홍집과 유길준이 일본을 위해 한 일을 지금 조병식과 정낙용이 러시아를 위해 하고 있는 것이다.

4. 지난 3년 동안 한국은 명목상으로는 독립국이다. 하지만 독립과 개혁의 명확한 이점을 백성들에게 제시하기 위해 어떤 일이 진행되고 있는지 말할 수 있을까? 1년 내내 뇌물수수, 불법적 과세, 변

덕스러운 정부의 변화, 억압, 환관, 특진관, 음모, 모의가 판친다. 백성들은 가난과 속박이 주는 비참한 상황에 놓여 있기 때문에 목숨과 재산을 보호해 주기만 한다면 러시아인, 일본인 또는 남아프리카의 미개 인종일지라도 기꺼이 주인으로 섬길 준비가 되어 있다.

5. 5세기에 걸친 수치스러운 유교 때문에 군인보다 문인이 더 존경을 받았다. 따라서 반미개(半未開)한 국가의 방부제 같은 영향력을 박멸하는 것은, 즉 군인정신이다.

그리하여 11월 14일 그동안 미처 터뜨리지 못한 불만을 일기에 노골적으로 드러냈다.

오후 5시에 궁으로 갔다. 10시에 폐하를 알현하고 특진관이 우리 부친을 어떻게 비방하고 있는지 보고드렸다. 폐하께서는 자상하게도 우리 집을 어떻게 유지하는지 물으셨다. 내가 난로로 난방을 하는지, 아내가 한국 음식을 먹을 수 있는지, 하인은 몇 명인지, 매달 얼마를 지불하고 있는지 등등.

어리석은 폐하! 폐하와 폐하의 나라를 파멸로 재촉하고 있는 수백 명의 인간들이 폐하를 둘러싸고 있다. 하지만 경험이 아무런 교훈도 주지 못하고, 애국심이 아무런 의미도 없으며, 정직이 아무런 매력도 없는 신하와 함께 무엇을 할 수 있단 말인가? 운명이 이런 자의 손에 맡겨진 이 나라에 화가 있나이다. 운명을 맡긴 이 땅이여, 폐하를 뵐 때마다 울고 싶은 심정이니, 나는 폐하를 사랑하고 불쌍히 여기지만, 거짓말하고 속일 수 없어 가까이 갈 수 없구나.

윤치호는 고종을 둘러싼 측근 세력 때문에 자신이 가까이 갈 수 없음을 한탄하면서 고종의 우둔과 무능을 탓하고 있다. 당당함이 배어 있지만, 그의 출세에 대한 욕망도 읽히는 대목이다.

갑신개화파의 뒷모습과 윤치호의 딜레마

이즈음 대한제국 정부는 일련의 행사를 거친 뒤 행사의 절정으로서 명성황후 장례식을 마치고자 했다. 11월 21일 새벽 4시경에 황후의 상여가 홍릉을 향해 출발했다. 외국 공사들도 새벽 6시에 황제와 함께 인화문에서 상여를 보내고, 오후 2시에 황제와 함께 홍릉으로 가서 밤을 새웠다. 당시 상여를 따라가는 수행원은 대략 4,800여 명이었다. 과거 어떤 왕의 국장보다도 수행 인원이 많았다. 역사상 최초의 황후 장례식이었기 때문이다. 외국 공사들은 47칸이 되는 접견소에서 맥주와 홍주(포도주) 등을 대접받으며 밤을 지샜다. 다음 날인 11월 22일 홍릉에서 신주를 가지고 경운궁으로 돌아와 경효전에 봉안했고 11월 24일 삼우제를 거행했다.

명성황후 장례식이 끝나고 12월에 접어들면서 고종과 독립협회 사이의 밀월은 서서히 끝나가고 있었다. 윤치호는 1897년 11월 30일 배재학당 토론회 1주년 기념행사에 참석했는데, 이날은 배재학당 학생 13명이 협성회(協成會)를 조직하여 매주 토론회를 거행한 지 1년이 되는 날이었다. 그는 이 자리에 참석한 서재필의 발언에 놀라 일기에 다음과 같이 적었다.

오후 2시에 배재학당의 토론회 1주년 기념행사에 참석했다. 13명의 남학생으로 시작한 이 모임은 현재 200명 가까운 회원을 보유하고 있다. 서재필 박사와 내가 연설했다. 서재필 박사의 연설은 여전히 훌륭했다. 하지만 자신의 권리를 지키기 위해서는 군주나 아버지를 죽일 수 있다고 말한 것은 지나쳤다.

이즈음 윤치호는 서재필이 미국 체류 시절에 의사 면허가 있음에도 피부색 때문에 경제적 곤궁에 시달렸다는 점을 알고 그에 대한 존경심을 잃지 않으려고 했다. 윤치호 자신도 미국 유학 시절에 동양인이라는 이유로 미국 여성에게 가까이 갈 수 없었던 일을 겪었기 때문이다. 그래서 서재필이 여기저기서 '비열한 짓'을 벌인 것을 알고도 눈감아 주었다. 예컨대 서재필이 조선으로 귀국하기 전에 박영효와 상담한 뒤에 여비를 얻은 사실을 전해 들었던 터였다. 또 서재필의 부인이 조선인들을 매우 경멸했다는 이야기도 듣고 있었으며, 빌린 돈을 갚지 않는 서재필의 행태도 익히 알고 있었다. 그래서 윤치호는 서재필이 매달 조선 정부로부터 정부 고문으로서 300달러(1,500냥)를 받고 있는 사실을 두고 '횡재(파라다이스)'라고 표현했다. 윤치호는 서재필의 이러한 단점을 알고도 존경할 수밖에 없는 사정을 1897년 10월 8일 일기에 남기고 있다.

굉장한 폭로다! 서재필 박사처럼 재능 있는 인물이 그런 비열한 짓을 저지르다니 참으로 안타까운 일이다. 하지만 박사의 능력이 그의 결함을 보완하고 있다.

도덕적으로는 서재필을 존경할 수 없지만 그의 능력만큼은 높이 샀던 것이다.

또한 윤치호는 서재필이 갑신정변 이후 망명한 동지들과의 관계를 폭로한 발언을 11월 30일 일기에 다음과 같이 옮겼다.

"1884년 갑신정변 이후 김옥균, 박영효, 서광범, 그리고 내가 일본으로 갔을 때 일본인들은 우리에게 전혀 도움을 주지 않았습니다. 모스(Morse) 씨가 우리에게 매달 100달러를 주었는데, 김옥균이 70달러를 가져가서 우리 셋에게는 30달러만 남았습니다. 얼마나 가난했는지, 우리가 사용하던 일본식 담요에 벌레가 버글거릴 정도였습니다. 마침내 김옥균이 돈을 빌리러 다닌다는 구실로 우리를 완전히 떠났습니다. 서광범과 나는 비밀리에 미국으로 떠날 계획을 세웠습니다. 박영효가 이 사실을 알고 자신도 데려가 달라고 사정했습니다. 그래서 우리는 함께 떠났습니다."

"샌프란시스코에 도착한 우리는 좋은 아파트를 빌려서 도시의 부유한 사람들과 교류하며 호화롭게 살았습니다. 어느 날 저녁, 저명한 인사들을 접대하고 나서 우리는 그들에게 우리의 사정을 이야기하며 물질적인 도움을 요청했습니다. 이 방법은 적어도 처음에는 잘 먹혔습니다. 그러나 물론 그런 속임수로 언제까지나 살 수는 없었습니다. 게다가 김옥균이라는 우월한 존재에서 자유로워진 박영효는 거만하게 굴기 시작했습니다. 나는 그런 것들을 참을 수 없었습니다. 그래서 그들을 떠나 아일랜드인이 운영하는 가구점으로 일자리를 찾으러 갔습니다. 그때부터 나는 그들과 더 이상 관계를 맺지 않았습니다."

"워싱턴에서 빈약하게 번 돈으로 서광범을 몇 번이나 도와주었습니다. 서광범은 내가 본 사람 중에 가장 게으른 사람으로, 돈이 생기면 마치 백만장자라도 된 듯이 함부로 썼습니다. 박영효는 최고로 잘났지만 지극히 냉정한 사람이었습니다. 그는 나에게 금전적인 신세를 졌음에도 불구하고 내가 미국에 있는 동안에는 편지를 한 번도 보내지 않았습니다. 고인이 된 왕후(Queen)께서 나에게 전해주라시며 박영효에게 2,000달러를 하사하셨습니다. 박영효는 이 돈을 서광범에게 건네면서 그가 나에게 잘 전달할 거라고 생각했습니다. 하지만 서광범은 나에게 400달러만 보냈고, 나머지는 삼켜버렸습니다."

서재필의 이러한 발언은 갑신개화파의 추악한 뒷모습을 하나하나 폭로하는 낯 뜨거운 내용이다. 그러나 서재필도 신용이 없다는 소문을 들었던 윤치호로서는 이러한 증언을 어떻게 받아들였을까. 그런데 김옥균을 제외한 급진 개화파 일행이 미국에 도착했을 때 무슨 돈으로 좋은 아파트를 빌렸는지가 의문이다. 특히 1948년 김도태가 쓴 《서재필 박사 자서전》에서, 이들이 글씨를 판 돈으로 노자를 마련하여 미국행 차이나호를 타고 샌프란시스코에 도착했다는 서재필의 회고 내용과 배치된다. 오히려 이들이 미국으로 들어가 생활할 때 미국 선교사 루미스(Herry Loomis)가 써준 소개장과 함께, 후쿠자와 유키치의 글에서 드러나고 있듯이 후쿠자와 등이 보내준 차비·생활비 덕분이라는 점이 설득력이 있다. 물론 일행과 떨어져 일본에 남아 있었던 김옥균은 여전히 후쿠자와로부터 금전적인 지원을 받았다. 따라서 서재필이 앞뒤가 맞지 않는 이야기로 자신을 과시하려 했고 불리한 내용은 일부러 감춘 게 아닌가 의구심이 든다.

윤치호의 서재필에 대한 신뢰는 점차 의심으로 변하고 있었다. 이듬해인 1898년 1월 15일 일기에 서재필의 인간성에 대한 주변의 평가를 옮겨 적었다.

서재필 박사가 1884년에 굴욕을 당하느니 차라리 자살을 택했던 전 부인의 무덤을 한 번도 찾지 않았다는 이유로 비난받고 있다. 박사가 서울에 돌아온 뒤 늙고 가난한 전 장인이 찾아갔을 때 박사는 그 노인에게 2달러를 주었고, 그 노인은 그 돈을 받지 않았다. 서재필 박사가 그다지 다정다감한 사람이 아니라는 사실은 잘 알고 있지만 그 일화는 믿을 수가 없다. 박사는 냉정하고 거만한 태도 때문에 문유용(文有用), 한세진(韓世鎭) 같은 많은 옛 친구의 사랑을 상실했다. 한세진은 서재필이 감히 자신에게 다가온다며 막일꾼(coolie)을 거리에서 발로 차는 것을 보고 충격을 받았다.

후일담에 따르면 갑신정변 이후 서재필의 부인 광산 김씨는 시댁 식구들과 함께 음독자살했다. 이때 두 살 난 아들 역시 굶어 죽었다. 다만 서재필의 처가와 외가에는 연좌제를 적용하지 않아 장인 김영석(金永奭)은 살아남았다. 따라서 서재필로서는 인간적으로 장인을 잘 보살펴야 했는데 그러하지 못한 것이다. 당시 서재필을 존경하던 윤치호로서는 이런 이야기를 사실로 받아들일 수 없었지만, 서재필을 둘러싼 좋지 않은 소문은 계속 들려왔던 것 같다.

마침내 갈라서는 정부와 독립협회

드디어 대한제국 정부와 독립협회의 결별이 다가왔다. 윤치호의 1897년 12월 13일 일기에 따르면, 조병식이 윤치호의 가장 가까운

동지 서재필을 해고하는 문제를 놓고 미국 공사관과 협상 중이었다. 정부로서는 껄끄러운 서재필을 내보내고 싶었던 것이다. 무엇보다 서재필이 러시아의 이권 침탈에 대한 반대 운동을 벌이며 사사건건 정부를 구석에 몰아넣고 있는 데다가 황제권을 강화하고자 하는 정부의 시도에 정면으로 대항했기 때문이다.

이런 차에 12월 14일 윤치호는 아버지 윤웅렬이 해고된다는 소문을 듣고 부리나케 궁궐을 방문하여 고종을 알현하면서 그 진위를 확인하고자 했다. 고종은 궁내부 대신으로부터 윤웅렬의 해임 관련 보고를 받지 못했다고 했다. 당시 전라남도 감사였던 윤웅렬의 해고 소식은 헛소문이었다. 이에 윤치호는 부친 해고 문제를 언급하지 못하고, 대신 박영효의 어려운 사정을 전하면서 사면 여부를 타진했다. 고종이 박영효를 사면해 준다면 박영효가 감읍할 것이라고 했다.

이어서 12월 16일 오전 11시 윤치호는 궁내부 미국인 고문 르젠드르(C. W. Legendre, 李善得), 탁지부 대신 심상훈과 함께 은행 설립을 논의했다. 윤치호는 은행을 궁내부와 탁지부의 통제하에 두는 것을 반대했다. 당시 궁내부를 관리하던 근왕주의자 이용익이 일본의 영향력에서 벗어나 러시아의 지원 속에 자신이 주도하는 은행을 설립하고자 했기 때문이다. 훗날 이 은행을 한러은행(韓俄銀行)이라 불렀다. 심상훈은 윤치호의 이런 제안에 동의했고, 고종의 통제하에 은행을 설립하기로 결정했다. 또 르젠드르는 일본인 관리자와 출납원 고용을 제안했다. 하지만 심상훈은 일본인을 언급하면 계획에 해로울 수 있으니 그 문제에 관해서는 침묵을 지켜야 한다고 말했다. 이어서 심상훈은 고종이 자신이 보유한 막대한 돈의 일부를 예치하고 싶어 한다고 전했다. 르젠드르와 윤치호가 가능한 한 빨리 은행 규정을 만들어 번역하고, 심상훈은 고종의 사인(私印, private seal)을 신문에 보도하도록 폐하를 설득하기로 합의하고 헤어졌다. 고종의 사인을 신문에 보도함으로써 윤치호가 은행 설립 주도권을 선점할 수 있다고 판단한 것이다. 윤치호는 당시 중앙은행 설립을 추진하고 있던 이용익에게 주도권을 빼앗기지 않으려 했다.

한편, 윤치호가 르젠드르를 만난 12월 16일, 이용익은 한러은행 설립에 박차를 가하기 위해 뮈텔을 방문했다. 러시아의 지원 말고는 기댈 사람이 뮈텔밖에 없다고 생각했기 때문이다. 당시 이용익은 유배에서 풀려난 뒤 제물포 전환국장과 대한제국의 광산감독관으로 임명된 터였다. 이용익은 뮈텔을 만나자마자 은행 설립에 힘써줄 것을 간곡하게 부탁하면서 뮈텔에게 어떤 부탁이든 들어주겠다고 약속했다. 뮈텔이 자기 과시를 위해 이러한 전언을 일기에 일부러 남겼을 수도 있지만, 당시 이용익과 윤치호가 중앙은행 설립을 둘러싸고 치열하게 경쟁하고 있음을 보여준다. 국고 업무를 담당하는 중앙은행 설립을 주도함으로써 정치적 기반을 구축함은 물론, 각각 러시아와 미국의 지원을 이끌어 낼 수 있다는 계산도 깔려있었다. 이러한 경쟁은 훗날 정부와 독립협회의 갈등을 더욱 부추기는 결과를 초래했다. 마침내 이듬해인 1898년 3월 1일 한러은행이 설립되었고, 3월 6일 독립협회는 독립관에서 한러은행의 내막을 폭로하기에 이르렀다.

이용익의 뮈텔 방문 이틀 뒤인 1897년 12월 18일, 러시아 정부는 대한제국 황제의 명칭을 승인했고 러시아 함대가 인천에 도착했다. 그렇다면 한러은행이 러시아 재무성의 승인 아래 실질적으로 발족

이용익(1854~1907)
보부상 출신으로 내장원경, 탁지부 대신을 역임하면
서 대한제국의 재정을 담당했다. 보성학교 설립자이
기도 하다.

한 날은 최덕규의 연구에 따르면 12월 18일인 셈이다. 물론 한러은
행 발족 준비는 12월 18일 이전에 이미 마친 상태였다. 그러나 이즈
음 영국 함대가 거문도에 정박하고 있다는 보고가 들어오자, 영국
인 브라운이 탁지부 고문과 해관 총세무사에서 해고되는 대신에 러
시아인 알렉세예프의 고문 임명이 취소되었다. 12월 18일 오전 9시
윤치호가 서재필을 방문하여 미국 출국 여부를 물어보았을 때, 서
재필은 보수를 받는다면 출국할 것이라고 대답했다. 윤치호는 만약
박사가 출국한다면 자신이 《독립신문》 한글판을 맡고 싶다고 했다.
이어서 그는 거의 하루 종일 르젠드르의 집에서 규약을 작성했다.
윤치호는 서재필의 미국 출국 의지를 타진하는 가운데 은행 설립에
매진한 셈이다.

조병식(1823~1907)
함경도 관찰사로 부임했을 때 방곡령을 실시
했으며 독립협회를 탄압하는 데 앞장선 인물
로 알려져 있다.

서재필의 출국을 둘러싸고 독립협회의 광무정권에 대한 도전이
만만치 않았다. 뮈텔의 12월 18일 일기에 따르면, 탁지부 고문을 맡
고 있는 브라운이 《독립신문》에서 조병식을 두고 천주교 신자라
고 보도한 이야기를 전해주자, 뮈텔은 《독립신문》 보도는 '나쁜 장
난'이라고 했다. 물론 뮈텔 역시 조병식이 천주교 신자였으면 좋았
을 텐데 하고 아쉬워했다. 《독립신문》의 이러한 허위 보도는 실제로
10월 5일 이미 나왔다. 당시 《독립신문》은 새 내각의 인물을 언급하
면서 조병식 법부 대신을 다음과 같이 평했다.

법부 대신 조병식 씨는 전일에 법부 대신 했을 때에 우리가 조씨
의 전일 행적을 우리 신문상에 기재한 것은 조씨를 미워서 사사 혐
의로 그런 것이 아니라 전일에 한 미흡한 사업을 후회하여 새 직무
를 잘하기를 바라고 그리한 것이라 근일에 들으니 조씨가 천주교
회에 들어가 신자가 되어 교당에 자주 참례한다니 아마 성교 속에

들어가서 높고 고평하고 자선한 학문을 많이 배웠을 터이라 응당 교중에서 배운 학문을 가지고 전일에 액색히[군색하게] 하던 일은 다 버리고 참 옳고 착한 대신 노릇을 할 듯하다고들 하더라

이러한 평가는 서재필의 출국을 막기 위해 그를 축출하는 데 앞장섰던 조병식을 천주교 신자라고 치켜세우면서 조병식의 행동 반경을 제약하려 했던 것으로 보인다. 정부와 독립협회가 러시아의 이권 침탈과 함께 서재필의 출국을 둘러싸고 본격적인 갈등을 시작했음을 보여준다.

그런 가운데 윤치호는 은행 설립을 둘러싸고 르젠드르와 논의를 지속했다. 그러나 그의 노력은 수포로 돌아갔다. 윤치호가 원했던 일본인 실무자의 고용을 심상훈이 고종의 일본에 대한 경계심을 의식하여 반대했기 때문이다. 이에 윤치호는 능숙한 일본인 실무자 없이 한국인만으로 운영되는 은행은 믿을 수 없으니 한 푼도 예치하지 않겠다고 강조했다. 나아가 자신이 맡았던 은행 규정 번역 작업도 연기하려 했다. 새해를 10여 일 앞둔 12월 20일 일기는 윤치호의 생각을 선명하게 보여준다.

이처럼 정부와 독립협회가 살얼음판을 건널 때 정부에 기쁜 소식이 전해졌다. 대한제국 황제가 12월 18일 러시아 국명(國名) 기념일[大俄國命名日, 러시아의 표트르 대제가 그리스어 어원의 '로시아'를 채용해 국호로 삼은 날]을 축하하며 보낸 전문에 대한 러시아 황제의 회신 내용이 12월 30일 《관보》에 실려 있는데, 거기에서 고종을 '황제'로 호칭한 것이다. 이는 러시아가 대한제국을 승인했음을 다시 한 번 확인한 것을 의미한다. 황현도 이 사실을 주시하여 《매천야록》에

러시아 황제가 고종에게 보낸 서신
고종이 보낸 러시아 국명 기념일 축하 전문에
대한 러시아 황제의 답신. 《관보》(1897. 12.
30)에 실려 있다.

다음과 같이 기술했다.

12월, 임금은 러시아의 국명을 명명한 날에 다음과 같은 전문(電文)을 보냈다.

"폐하의 경절(慶節)에 짐은 축하를 보내어 돈독한 마음을 표하며, 아울러 폐하의 정치가 영원히 융성하기를 비옵니다."

광무 원년 12월 18일 경운궁 어성함[御姓啣, 황제의 성명을 높여 이르는 말]

러시아 황제의 답신(俄皇答電)

"대한경 대황제폐하!(大韓京 大皇帝陛下!)"

짐이 깊이 감사하는 마음이 귀 폐하에게 전달되기를 바라며, 러시아와 한국 사이의 친의(親誼)가 더욱 돈독해지기를 기원합니다."

어 명(御 名).

당시 뮈텔은 12월 31일 일기에 그 사실을 담담하게 적고 있다. 다만 그는 고종이 성 니콜라오스 국경일, 즉 12월 19일에 즈음하여 보낸 축하 전문으로 러시아 국명 기념일과 같은 날이어서 그렇게 오인한 것으로 보인다.

열강 사이에서 이권을 챙기는 인사들

러시아가 대한제국을 승인했다는 소식이 들려오는 가운데 청국의 자오저우(胶州)와 뤼순(旅順)을 독일과 러시아가 각각 점령하자 영국이 거문도까지 점령한다는 불길한 소문이 뮈텔에게도 전해졌다. 1897년 11월 독일은 자국 선교사가 중국인에게 살해되자 이를 핑계로 자오저우만을 강점했으며, 러시아는 청국의 중재 요청을 거부하고 뤼순을 점령해 버렸다. 청국의 반식민지화가 본격화한 것이다. 이에 영국은 유럽의 경쟁국 독일과 남하 정책을 밀어붙이는 러시아의 군사 행동에 대응하고자 했다. 과거 1885년 영국의 거문도 사건이 재현되는 양상이었다. 뮈텔은 영국 분함대의 대부분이 제물포에 정박해 있다고 전하면서 "평화를 주소서!"라고 적었다.

물론 다사다난했던 1897년이 가고 1898년 새해가 밝아오면서 무엇인가 희망의 싹도 보였다. 안개가 끼었지만 양력 1월 1일을 선호하는 신식 지식인으로서 윤치호는 무척 설레었다. 이날 그는 신년 인사를 다니느라 바빴으며 무엇보다 영국 군함이 조선에 들어오는 것을 환영했다. 1월 1일 일기에 그는 다음과 같이 적었다.

하루 종일 신년 인사 방문을 하느라 바빴다. 황실과 백성들은 제물포에 군함 10척이 들어온 일에 상당히 흥분하고 있다. 만약 영국이 정치적 이유로 한국에 들어오려고 한다면, 다들 쌍수를 들고 반길 것이다. 우리는 러시아 공사관이 옹호하는 조병식, 정낙용, 이용익, 김홍륙 무리에 신물이 난 상태다. 만약 영국 함대가 소란 없이 물러난다면, 이 악당들은 대담해져서 더 광범위하게 악마 같은 짓을 저지를 것이다. 폐하께서 겁에 질려 러시아 공사관으로 피신할지도 모른다는 두려움이 엄습하고 있다.

윤치호가 영국 함대의 입항을 열렬하게 바라고 있음을 확인할 수 있다. 왜 영국 함대가 제물포에 입항했을까. 그것은 한러은행 설립에서 볼 수 있듯이, 러시아의 입김이 강해지는 것에 대한 반발로 보인다. 이후 영국은 일본 정부의 권유대로 영국과 일본의 공조를 강화하고 러시아를 견제하기 위해 1898년 3월 조단을 총영사에서 대리공사로 승격시켰다.

당시 뮈텔은 윤치호보다 이런 소식을 먼저 전해 듣고 신년 첫날인 1월 1일 총리에 해당되는 의정 대신 조병식을 만나러 갔다. 그가 자리에 없어 만나지 못했지만, 러시아와 영국의 충돌을 우려하여 방문하고자 했음은 쉽게 짐작할 수 있다. 물론 이때는 영국인 브라운이 세관 업무를 계속 맡게 되어 두 나라 사이에 타협이 이루어지던 상황이었다.

윤치호는 영국 군함의 제물포 정박과 관련하여 일어난 정국의 동요를 1월 15일 일기에서 상세히 전하고 있다

일주일 전쯤 어떤 바보들(아마도 3명의 이씨, 즉 이재순, 이용익, 이채연)이 폐하께서 미국 공사관으로 가셔서 보호를 받아야 한다고 제

호러스 뉴턴 알렌(1858~1932)
조선에서 외교관이자 선교사로 활동했으며, 갑신정변 때 민영익을 서양 의술로 살려 왕실의 호의를 받았다.

안했다. 하지만 알렌 박사는 그런 성급한 조치에 강력 반대했다. 자신의 이익을 위해서 폐하를 늘 공포에 질린 상태로 만들려고 하는 악당들이 폐하를 에워싸고 있다. 그렇게 되면 사적인 접견, 은밀한 은총과 높은 직위를 보장받기 때문이다.

이어서 알렌을 평가하는 서재필의 발언을 덧붙였다.

어느 날 서재필 박사가 3명의 이씨가 정도만 덜할 뿐 한국인 관리들과 똑같다고 말하면서 알렌 박사가 왜 그들을 그렇게 아끼는지 이해하지 못하겠다고 말한 적이 있다. 나는 알렌 박사가 치료나 선교 목적으로 이곳에 있는 것이 아니라고 말해주었다. 그는 여기에 미국의 이익 증진에 도움을 줄 누군가가 있어야 하는데, 3명의 이씨에게서 자신이 원하는 인재를 찾았다. 정직한 사람들이 아

니라 이러한 커뮤니티에 적합한 복권 당첨자들이었다. 만약 서재
필 박사가 알렌 박사의 자리에 있었더라도 달리할 수 없었을 것이
다. 서재필 박사는 권재형이 훌륭한 사람이라고 칭찬했다. 나는 이
렇게 말했다. "권재형은 친구를 배신하지 않을 것입니다." 서재필
박사가 한 말이 진심이 아니라 해도 상관없다. 나는 그릇된 대답을
하지 않았다.

윤치호는 서재필과 달리 알렌을 미국의 이익을 위해 조선인 관리
를 이용하는 사람으로 파악하고 있다. 다만 권재형에 대해서는 두
사람 모두 호감을 가지고 있었다. 그러나 권재형은 대한제국 수립
과 〈대한국국제〉를 제정하는 데 지대한 역할을 했다는 점에서 훗날
독립협회, 만민공동회와 대립하는 정치가였다. 그리고 1905년 을사
늑약 체결에 가담한 을사 5적이기도 했다. 그의 이름은 훗날 권중현
으로 개명되었다. 권재형이 그런 인물이 될 줄 누가 알았겠는가.
영국 함대의 제물포 출현은 많은 '엽관배'가 탁지부 대신에서 해
고된 박정양을 찾는 계기가 되었다. 엽관배들은 박정양이 관직에
복귀할 수 있을 거라고 판단했기 때문이다. 이 역시 윤치호의 관찰
결과다. 당시 영국의 출현으로 고종이 미국 공사관으로 파천한다는
소문이 돌았고, 이때는 엽관배들이 알렌 박사 앞에 줄을 지었다. 또
그와 친밀했던 정동구락부 대표 인물 박정양이 복귀할 수 있다는
소식을 전하면서 고종의 미국 공사관 파천 소문도 적고 있다.
그러면서도 윤치호는 한성부 판윤 이채연이 추진하는 한성 도시
개조사업을 높이 평가했다. 당시 이채연은 고종의 명을 받아 간선
도로에 전기 가로등을 설치했다. 윤치호는 그런 광경에 대한 감상

종로 보신각에 가설한 최초의 전기 가로등

을 다음과 같이 적고 있다.

이채연의 진보적인 견해 덕분에 간선도로에 살고 있는 사람들은 집 앞에 불을 밝히라는 지시를 받았다. 좋은 일이다. 우리 집 창문에서 내려다보는 마을 야경이 전등불로 장식되어 아름답다.

정부에 야박한 윤치호로서는 매우 후한 점수였다. 그 역시 광무정권의 문명화 노력에 동의를 표했던 것이다. 이즈음 정부는 1월 18일 미국인 콜브란(H. Collbran), 보스트윅(H. R. Bostwick)과 계약을 맺고 한성전기회사를 설립했다. 그리하여 서울의 전차 궤도 부설 및 전기발전소 건설이 본격화되었다. 1월 20일에는 외국인의 광산채굴권과 철도부설권 특허를 폐지한다는 명령을 내렸다. 불평등한 관계에서 벗어나고자 하는 시도였다.

한성전기회사

   그러나 윤치호가 보기에는 여전히 친러파가 문제였다. 그의 1월 22일 일기를 보자.

   화창한 날이다. … 오후에 폐하께 구정[설] 세배를 하러 궁으로 갔다. 장봉환이 알려주기를, 왕실파와 러시아파가 있는데, 며칠 전 러시아파가 왕실파를 소탕할 음모를 꾸몄지만 실패로 돌아갔다고 한다. 그의 말이 맞는지 그른지는 모르겠다. 하지만 옳은 일을 하고 싶은 사람이라면 누구든지 이 나라를 지옥으로 빠뜨리고 있는 악당 무리를 궁에서 제거해야만 할 것이다.

   이날은 우리나라 전통 설로, 차례상을 지내고 친척 방문으로 새해를 시작한다. 윤치호는 양력설을 지내는 까닭에 그러한 모습은 보이지 않는다. 다만 황실과 가까운지라 고종에게 인사를 하러 궁궐

이채연과 보스트윅(앞줄), 그리고 한성전기회사 기관사들

로 갔다. 여기서 친러파의 음모 소식을 듣고 친러파를 내쫓아야 한다고 역설하고 있다. 당시 왕실파 또는 근왕 세력으로 불리는 정치 집단은 이용익을 비롯하여 궁내부 관리들이 대다수를 차지하며 신분상으로는 떨어지나 실무 능력을 바탕으로 황권 강화에 노력했다. 그러나 이들 가운데 일본이나 러시아에 의존하여 권력을 유지하고자 하는 인사들도 전통적인 명문 가문 출신과 마찬가지로 상당수 존재했다. 이 일기에 따르면, 친러파가 왕실파를 축출하려다 미수에 그친 사건이 일어났다고 하는데 사건화되지는 않은 듯하다. 고종의 신임을 둘러싼 권력투쟁이 본격화한 것이다. 윤치호는 이들 가운데 이전과 달리 이채연을 경계했다.

1. 내가 여기저기에서 들은 바에 따르면, 이채연은 지금 정부를 어지럽히는 비열한 악당 중 하나다. 그는 웃는 얼굴과 성실한 것

같은 태도로 많은 사람을 기만했고, 그중에 나도 포함된다. 사실 이 채연은 질투심 많고, 비열하고, 탐욕스럽기로 유명하다. 이채연은 누구도 폐하와 미국 공사관 사이에 끼어들지 못하도록 세심한 주의를 기울이고 있다. 알렌 박사는 그를 신앙처럼 믿고 있다.

2. 관직을 추종하는 사람들은 애국심에 무관심하다. 나에 대한 칭찬(?)과 나와의 우정을 당당히 표명하고 다니는 김영준(金永準)은 전형적인 왕실파(Corean school)의 음모론자다. 김영준의 수호신은 프랑스 공사관이다.

얼마 전까지만 하더라도 한성 도시개조사업으로 윤치호에게 호감을 주었던 이채연이 여기서는 왕실파이자 악당으로 비치기 시작했다. 그가 알렌과 연계하여 일하고 있으며 자신을 기만했기 때문이다. 서자 출신으로 알려진 김영준은 1885년 선공감 가감역(假監役)을 시작으로 관직에 진출한 이래 1897년 이후 궁내부 참서관과 시종 등을 역임하며 왕실과 인연을 맺었다. 그리하여 윤치호는 고종을 둘러싼 이 신하들을 내치고 일본으로 망명한 젊은 인재를 데려와 갑오개혁을 다시 추진하는 것을 꿈꾸었다.

대한제국 개혁의 유일한 희망은 1894년처럼 또다시 일소(一掃)하여 지금 일본에 있는 청년들과 함께 정부를 운영하는 것이다. 현재 정부의 나이 든 관료들은 바보이거나 악당, 아니면 둘 다다.

윤치호는 2월 7일 서재필을 만나 이런 계획을 타진하고자 했다. 이날 윤치호와 서재필이 나눈 대화 내용이 그날 일기에 남아 있다.

저녁에 서재필 박사를 방문하여 우리가 독립협회를 설득하여 몇 가지 중요하지 않은 정략(政略)을 폐하께 건의하자고 제안했다. 박사는 흔쾌히 내 생각에 동의하며 1894년에 개혁을 수행하기 위해서 폐하께서 종묘에서 하셨던 신성한 약속을 대신들이 얼마나 노골적으로 위반하고 있는지 폐하께 일깨워 드려야 한다고 말했다. 박사는 백성들이 어떻게 그처럼 참을성 있게 억압을 견뎌내는지 물었다. 나는 외국의 적에게는 쓸모없지만 국내의 적에게는 효과적인 정규군에 대한 일반적인 공포심 때문이라고 설명했다.

이 자리에서 윤치호가 독립협회 지도부를 설득하여 고종에게 정략을 건의하자고 제안했고, 서재필은 신하들이 '홍범 14조' 서약을 위반하고 있음을 고종에게 상기시켜야 한다고 대답했음을 확인할 수 있다. '홍범 14조'는 김홍집 내각이 일본의 지원 아래 고종을 압박하여 내각제도 수립 등을 맹서한 규정으로 왕권 약화의 시발이 되었다. 이어서 서재필은 백성들이 황제에게 굴종하는 이유를 물었고 윤치호는 그 이유를 군인들에 대한 공포 때문이라고 설명했다.

윤치호는 다음 날인 2월 8일 경무사 이충구를 방문했다. 그와 대화를 나누며 고종이 사람의 장막에 가로막혀 있음을 확신했다.

2월 13일 오전 11시 윤치호는 일본인이 세운 학교로서 조선인 학생을 대상으로 일본어를 가르치는 경성학당의 학생들 앞에서 서재필과 함께 연설한 뒤 독립관에 들렀다. 회의에 들어가기에 앞서 "노예 상태에 굴복하는 것은 하늘과 인간에게 모욕"이라는 주제가 도출되었고, 여기에 고무되어 급진적인 연설이 나왔다. 심지어 고종이 러시아의 노예라는 사실을 암시하는 연설도 있었다. 고종이 시베리

독립협회의 사무실로 사용된 독립관 건물
지상 1층 한식 목조건물로 정면 6칸, 측면 4칸의 7량 팔작지붕 구조다. 뒤편에 독립문이 보인다.

아 철도를 놓고 있는 러시아의 노예여서 한국인이 그 나라의 노예
가 되면 그 철도에서 강제노역을 하게 될 것이라는 극언이었다. 윤
치호는 이런 강경 발언들이 향후 독립협회의 활동에 악영향을 끼칠
것을 우려하고, "우리는 독립협회의 자격으로 나라의 안전을 위협
하는 것은 외국 함대가 아니라 국내의 실정(失政)이라는 사실을 알
려드려야 합니다. 우리가 이런 취지로 상소문을 올리면 안 될 이유라
도 있습니까?"라고 제안했다. 이 제안은 50 대 4로 통과되었고, 이를
근간으로 상소문 준비를 위한 5인 위원회 구성에 들어갔다.

　이어서 2월 20일 오후 3시에 상소문 준비위원회가 자신들이 작
성한 상소문 사본을 독립협회에 제출했다. 그 상소문은 받아들여졌
다. 윤치호는 그 상소문을 한자와 한글로 쓰자고 제안했다. 고종에
게 올리는 상소문 내용을 각계각층이 알 수 있게 하기 위해서였다.
이완용은 반대했다. 그 제안은 57 대 67로 통과되지 못했다. 대중은

독립관을 빽빽하게 메워 적극적인 관심을 보여주었다. 독립협회로 서는 대중에게서 강력한 애국심을 이끌어 내고자 했다.

2월 21일 오후 3시 독립협회가 이른바 구국선언 상소를 고종에게 올림으로써 본격적인 정치운동이 전개되었다. 이 상소문은 조선시대 내내 강조되었던 공론정치를 내세웠다. 그런데 이러한 공론정치는 조선시대와 달리 양반층의 여론을 모으는 데 그치지 않고 일반민의 의견을 모아 정부에 전달하는 데까지 이르렀고, 그 역할을 독립협회가 자임했다.

상소문에 따르면, 재정과 병권의 자립을 통해 대외 주권을 확보하고 전장(典章)과 법도의 자수(自修)를 통해 황제의 권한을 자주(自主)할 것을 요구했다. 그리고 그 방법은 안으로는 장정을 실천하고 밖으로는 타국에 의뢰하지 않는 것이었다. 황권의 존숭과 대외 자주가 강조되었음을 확인할 수 있다. 이 상소문의 작성자는 이상재(李商在)와 이건호(李建鎬)였다. 이때까지만 하더라도 정부와 독립협회가 상호 충돌할 여지가 적었다.

다음 날인 2월 22일 윤치호는 서재필, 권재형, 이완용과 함께 서빙고 묘지에 들러 갑신정변의 풍운아 고(故) 서광범의 장례식에 참석했다. 1897년 7월 17일 미국에서 사망한 서광범의 유골이 고국에 들어와 뒤늦게 장례식이 열린 것이다. 곧이어 23일 흥선대원군이 사망했다는 소식이 윤치호의 귀에 들려왔다. 그가 파악한 바에 따르면 사망 시각은 2월 22일 저녁 8~9시였다. 1821년 1월생(양력)이니 80세 가까이 장수하면서 온갖 영욕을 누린 인물이었다. 윤치호는 대원군의 사망에 대해 '조선 정치의 방해 요인 하나가 사라졌다'고 적었다. 이날 이때 김홍륙이 경관의 호위를 받으며 경운궁에서 러시아 공사관으로 돌아가는 도중에 3명의 자객에게 습격을 당해 귀와 팔에 약간 상처를 입었다. 윤치호는 "전 세계적으로 유감스러운 일"이라고 아쉬워하면서 자객들을 머저리라고 표현했다. 뮈텔은 이때 중국 상하이에 머물면서 이 소식을 들었다.

한편, 알렌은 2월 24일 자신의 집에서 러시아 공사 스페이에르와 이야기를 나누었다. 알렌의 일기에 따르면 당시 스페이에르는 독립협회의 상소에 대해서 미국을 의심했다. 구체적으로 고문관 르젠드르, 교관 닌스테드(F. J. H. Nienstead) 대령, 서재필을 가리켰다. 알렌은 이러한 사실을 부정했다. 이에 스페이에르는 닌스테드를 부정직한 사람이라고 하면서 반러시아 상소 건에 대한 혐의가 드러나면 해고하겠다고 했다. 또 르젠드르는 반러시아 음모를 꾸미기 위해 대원군을 자주 방문했고, 그 날짜와 장소 등 확실한 증거를 가지고 있다고 으름장을 놓았다. 특히 그가 이완용, 이재순을 통해 대한제국 국민들에게 반러시아 운동을 선동하고 있는 것으로 안다고 했다. 이에 알렌은 르젠드르를 프랑스인으로 간주하며 오히려 그가 미국 기관에 대해 험담을 한다고 주장했다. 서재필에 대해서도 알렌은 잔여 임기 봉급 지불을 조건으로 고빙 계약을 포기하게 했는데, 서재필도 이에 동의했다고 했다. 서재필은 봉급 지불이 끝나면 한국을 떠나겠다고 확언했다. 서재필은 자연스럽게 이 땅을 떠날 예정이었다.

그러나 정부와 독립협회 간에 무르익어 가던 타협의 분위기는 정부가 25일 부산 절영도 조차를 러시아에 허가했다는 소식이 알려지면서 냉랭해졌다. 친러파였던 민종묵이 러시아의 지원으로 외부 대신 대리에 재취임한 뒤 절영도 저탄소(貯炭所, coal station) 부지를 허가한 것이다.

그러자 2월 27일 독립협회 통상회(通常會)가 러시아 절영도 조차를 반대하며 성토했다. 정교는 이날 모임에서 절영도 조차 문제를 군중에게 보고하고, 외부 대신에게 조차 반대의 뜻을 알리겠다고 연설했다.

이날 윤치호는 독립협회 부회장으로 선출되었다. 그리고 이 자리에서, 외부 대신 대리 민종묵이 절영도 토지 8만 제곱미터 부지를 저탄소로 만들려는 러시아에 건네주려고 하는지 알아보기로 결정했다. 당시 윤치호는 러시아의 절영도 조차를 성토하는 독립협회의 행위가 대한제국의 정세를 더 나은 방향으로 변화시키지는 못할 것이라 우려하면서도, 시민들이 대신들의 공적 행동을 알아보고자 했다는 점에 의미가 있음을 인정했다.

같은 날 서재필은 윤치호를 만난 자리에서 자신의 역할이 없음을 알고 신문사를 외국인에게 매각할 뜻을 비쳤다. 그리고 그는 윤치호가 정부의 현재 정책에 관해서 논하는 글을 지속적으로 기고하고 신문 경영도 맡기를 희망했다. 심지어 자신도 여기에 참여하여 돈을 벌고 싶다고 했다. 이에 윤치호는 언제라도 기회가 왔을 때 자유롭게 관직에 오를 수만 있다면 신문 경영도 기꺼이 하겠다고 대답했다. 윤치호는 언론 활동보다는 관직을 얻는 것에 관심을 가졌음을 짐작할 수 있다.

그럼에도 정부는 절영도 저탄소 조차를 허가한 데 이어, 3월 1일 한러은행을 정동에 설치하는 것을 허가했다. 자본금은 50만 루불이었다. 드디어 한러은행이 개업하기에 이르렀다.

2. 광무정권과 만민공동회의 충돌

오늘《관보》에는 독립협회를 해산하고 헌의 6조를 승인한 대신들을
해임한다는 소위 칙령이라는 것이 실렸다! 이런 사람이 바로 왕이
다! 아무리 감언이설로 사람을 속이는 비겁자라도 대한제국의 대황
제보다 더 야비한 짓을 저지르지는 않을 것이다!!! _ 윤치호

마튜닌 씨와 플랑시 씨가 방문했다. 그들은 종로를 지나왔는데,
거기에서는 감히 외국의 무력 보호를 요청했을 것이라는 두 명
의 전 대신과 한 명의 협판이 벌인 행동을 고발하기 위한 목적
에서 대대적인 집회가 독립협회의 선동으로 열리고 있었다고 한
다. _ 뮈텔

정부와 만민공동회의 힘겨루기

정부와 독립협회 사이에 긴장이 고조되는 가운데, 3월 3일 윤치호는 독립협회 회원들이 소집한 임시회의에 참석했다. 이날 일기는 다음과 같다.

오후 1시에 독립협회 회원들이 임시회의를 소집하여 민종묵이 독립협회에 보낸 답신을 읽었다. 그 편지의 내용은 이렇다. 민종묵은 녹도[절영도]에 러시아가 저탄소를 짓는 것을 허락하려고 한다. 의정부는 그 문제를 중추원에 제출하지 말고 민종묵에게 직접 처리하라고 말했다. 양도 조건은 몇 년 전에 일본인에게 양도한 조건과 같을 것이다.

회원 한 명이 다음과 같은 내용을 발의했다. 러시아와 다른 열강이 비슷한 주장을 하지 못하도록 일본에 양여한 저탄소를 되찾아야 한다고 독립협회가 정부에 건의하자는 것이다. 나는 일본에 양도된 권한과 관련된 모든 일을 명백하게 밝힐 위원회를 구성해야 하고, 독립협회는 그 위원회의 상세한 보고를 들은 뒤 정부에 서신을 보내야 한다고 제안하며 앞의 발의를 수정했다.

외부 대신 서리 민종묵이 러시아가 절영도에 저탄소를 짓는 것을 허락한다는 소식에, 독립협회 회원들과 윤치호는 임시회의를 통해 러시아의 저탄소 설치를 반대할뿐더러 1885년 일본에 이미 양도된 저탄소 사용 권한을 검토하자고 의견을 모았다.

그런데 이 일기에는 윤치호가 잘못 알고 적은 구절이 있다.《승정원일기》1898년 2월 27일(음력 2월 7일) 기사와 1898년 3월 9일 프

운현궁의 노안당
흥선대원군의 사저로 사랑방 구실을 했다.

랑스 공사 플랑시가 본국 외무성에 보고한 문서에 따르면, 당시 의
정부는 민종묵으로부터 절영도 조차에 관한 계획안을 받은 적이 없
다는 이유로 의정부 참정 남정철과 찬정 심상훈이 사직서를 제출했
다. 민종묵이 절영도 조차 사안을 단독으로 처리하기 위해 누군가
를 통해 만든 거짓말을 윤치호가 확인하지 않고 일기에 적었던 셈
이다. 물론 당시 설치되어 있었던 중추원은 아무런 기능도 하지 못
하고 있었기 때문에 유명무실한 기관에 불과했다.

한편, 윤치호는 이날 독립협회가 고종에게 흥선대원군의 장례식
이 치러지는 운현궁에 방문할 것을 건의하자는 안을 제출하자 이를
무산시켰다. 그런 건의안은 독립협회에 대한 왕실의 불만을 유발할
뿐 누구에게도 이롭지 않다는 판단에서다.

3월 6일 독립협회는 외부 대신에게 보내는 편지를 작성했다. 윤

치호의 그날 일기에 따르면 다음과 같다.

독립협회는 마지막 창턱까지 사람으로 가득 찼다. 외부 대신에게 보내는 편지를 작성했다. 녹도[절영도]의 저탄소가 대한제국 정부에 반환되는 것을 고려하여 일본과 협상할 것을 요청하는 편지였다. 탁지부와 의정부에도 편지를 쓰자는 제안이 나왔다. 탁지부에는 대한제국과 한러은행이 체결한 계약의 핵심을 문의하고, 의정부에는 민종묵을 외부에 재임용하라고 폐하에게 압력을 행사한 자를 찾아달라고 요청하자는 것이다. 두 제안 다 통과되었다.

독립협회 임시회의의 결정대로 절영도 저탄소의 반환과 일본에 양도된 저탄소의 조건에 대한 협상을 고려해 달라는 편지를 보내고, 나아가 한러은행 설립 및 민종묵 재임용을 두고 정부에 시정을 요구한 것이다.

이처럼 정부와 독립협회 사이에 심각한 분위기가 감지되자, 김홍륙이 독립협회 지도자를 암살한다는 소문이 들려왔다. 소문의 사실 여부는 확인되지 않았지만 윤치호는 겁을 먹었다. 3월 7일에는 독립협회 지도자였던 정교와 최정식(崔廷植)도 낙향을 고민할 정도였다. 윤치호는 두 사람의 낙향을 만류하여 유보시켰지만 분위기에 눌린 주변 인사들을 신뢰하지 못했다. 그러나 정교는《대한계년사》에서, 당시 이러한 분위기에 위축되지 않고 종이에 '사(死)' 자를 쓰고 여기에 독립협회 회원 김정현(정교의 집안사람) 등 99명, 방청인 이인영 등 61명이 서명했다고 적고 있다. 양자의 진술이 모순된다.

윤치호의 우려는 기우였다. 이틀도 안 되어 일본인 지인을 통해

배재학당
1885년 미국의 북감리회 선교부 선교사 아펜젤러가 세운 배재학당의 초기 건물.

러시아 공사 스페이에르가 독립협회의 지도자들을 체포할 것 같지
않다는 소식을 들었다. 대신에 러시아가 독립협회의 군사 교관 및
재정 고문 파견 반대에 강경하게 대처한다는 풍문이 들려왔다. 당
시 러시아는 고종이 러시아에 의존하려 하는지를 궁금해했다. 대한
제국 정부에 대한 일종의 압박이었다.

　이에 3월 10일 독립협회 일부 인사들이 주도한 민회가 종로에서
개최되었다. 훗날 이 모임을 '만민공동회'라 불렀다. 그 배후에는 이
완용과 서재필이 있었다. 무엇보다 이완용은 친러파 이전에 친미파
였던 것이다. 당시 윤치호는 대중들이 규율이 없어 과격해질까 봐
우려했다. 이에 서재필은 조선인들은 권위에 대항하여 나설 용기가
없다고 대답했다. 연사들 대부분은 배재학당과 경성학당의 학생이
었다. 정교의《대한계년사》에 따르면, 3월 10일 종로 만민공동회에
서 양 학교의 대표라고 할 이승만, 홍정후 등이 러시아에 재정권과

군사권을 넘겨줄 수 없다는 내용으로 연설을 했다. 《윤치호일기》 3월 18일자에 따르면, 그러자 러시아 정부는 대한제국 정부의 뜻에 따라 고문관의 귀환과 한러은행 철수 등을 약속했다. 러시아 정부가 이렇게 신속하게 약속한 것은 만민공동회의 힘 때문이라기보다는 당시 열강의 눈치를 보아야 했거니와 만주 쪽에 좀 더 비중을 두고 있었던 사정이 작용했다. 윤치호가 파악하기에는, 랴오둥에 집중하면서 일본 내각과 충돌하지 않으려는 러시아의 전략과 관련이 깊었다. 그의 이런 판단은 당시 러시아가 뤼순을 점령한 뒤 영국 및 일본과의 관계를 염두에 두고 숨 고르기에 들어갔다는 후일 학계의 인식과 비슷하다.

서재필 출국을 둘러싼 갈등

러시아가 일본을 비롯한 열강을 의식하여 뒤로 빠지는 사이, 정부는 독립협회의 움직임에 강경하게 대응했다. 만민공동회가 반정부 운동으로 번지지 않을까 우려했던 것이다. 우선 정부는 이완용을 전라북도 관찰사로 임명하는 동시에, 이완용을 통해 독립협회 모임을 막을 200~300명을 보낼 예정이라고 전달하면서 윤치호에게도 대중집회에 참석하지 말라고 통보했다. 이완용은 고종의 뜻을 받아들여 참석하지 않았다. 만민공동회 와해 공작이 시작된 것이다. 3월 14일 서울의 저명인사 8~9명이 체포되었다. 이들 중에는 지석영(池錫永), 이원긍(李源兢), 여규형(呂圭亨) 등이 포함되었다. 반면에 안경수는 경기도 관찰사에 임명되어 수원으로 내려가 서울의 난감한 상황에서 벗어났다. 이때 정부는 르젠드르를 통해 의회 개설보다는 자문위원회 구성을 윤치호와 서재필에게 제안했다. 강력한 정부가 없다면 프랑스 혁명처럼 엄청난 피를 흘리는 대중 혁명이 일어날 것이라고 경고했다.

한편, 서재필은 정부의 압력과 미국 공사 알렌의 권고에 따라 미국으로 돌아가면서 윤치호에게 《독립신문》 경영을 맡겼다. 당시 서재필이 내놓은 《독립신문》 판매 금액은 5,000만 원이었다. 정교의 주장에 따르면, 황실이 서재필을 싫어해 쫓아내는 것이었고 알렌이 서재필의 미국 귀국을 재촉하는 형세였다. 서재필은 출국하는 과정에서 중추원 고문관 월급을 요구했다. 심지어 월급을 지급하지 않으면 당장 군함을 불러오겠다고 위협까지 했다. 이에 고종은 "짐이 서재필을 매우 후하게 대했거늘, 어찌 이다지도 인정머리가 고약한가?"라고 탄식하며 그의 봉급을 충실하게 지급하라고 명령했다. 윤치호가 보기에 서재필은 "약삭빠르고 운이 좋은 사람"이었다. 미국에서 의사는 매달 그렇게 큰 액수의 돈을 벌지 못했다. 당시 윤치호는 일기에서 서재필은 그 돈이 자신이 그렇게 소리 높여 동정을 드러냈던 조선의 가난한 백성들의 주머니나 피에서 나온다는 사실을 기억해야만 한다고 기술했다. 그러는 동안 1898년 4월 25일 러시아와 일본 사이에 비밀 협정이 맺어졌다. 제1차 러일협상이라 할 1896년 5월의 '서울 의정서', 제2차 러일협상이라 할 1896년 6월의 '모스크바의정서'에 이어 제3차 러일협상이 맺어진 것이다. 한국 내정 불간섭, 훈련 교관 파견 시 사전 협상 등을 합의한 '니시-로젠 협정'이 이것이다. 대한제국 정부가 모르는 사이에 자기들끼리 타협을 본 것이다.

국내 정국은 소용돌이에 빠져들고 있었다. 4월 25일 《대한계년사》에 따르면, 독립협회는 정부에 편지를 보내 서재필 고문을 제대로 활용하지 않아 재정을 낭비했다고 비난하면서 서재필의 잔류를 강력하게 요청했다. 이에 대해 4월 28일 의정부 참정 박정양은 중추원 규정이 시행되지 못해 서재필을 활용하지 못했으나, 실제로는 일반인들 앞에서 연설을 하거나 신문 논설을 쓰기도 했으니 재정 낭비가 아니라고 반박하는 한편, 정부가 다시 초빙해 당초 약속한 기한을 채우고자 했으나 서재필이 떠나거나 머무는 것은 고문관 본인의 자유이므로 정부가 만류하기가 곤란하다고 답변했다. 또 인민의 개명은 인민 각자가 제힘으로 배우고 닦는 데에 달려 있으므로 고문관을 채용할 필요가 없다고 강조했다.

그러자 4월 30일 독립협회 회원들이 숭례문 안에서 만민공동회를 열고 서재필의 체류를 정부에 다시 요청했다. 아울러 정교도 서재필에게 미국행을 만류하는 내용의 편지를 보냈다. 그러나 서재필은 자신의 뜻을 굽히지 않았다.

5월 5일 서재필 해임 문제를 둘러싸고 독립협회에서 소동이 일어났다. 독립협회가 서재필을 고문에 유임하도록 정부에 서신을 보냈기 때문이다. 이즈음 4월 30일 독립협회 회원 3명이 숭례문 밖에서 군중을 소집하여 몇 명이 연설을 한 뒤, 정부 관서인 외부에 서재필의 유임을 요청할 방법을 마련하기 위해 자신들 3명으로 위원회를 구성했다. 그들은 이 집회를 '만민공동회'라고 칭하고 스스로를 '만민공동회 총대위원'이라고 칭했다.

5월 6일 서재필은 윤치호를 만나 국문판과 영문판 《독립신문》을 책임져 달라고 말했다. 닷새 뒤인 5월 11일 윤치호는 독립신문사 협약에 서명했다. 신문사 측은 서재필과 아펜젤러였다. 이 협약으로 윤치호가 1년 동안 편집장이자 독립신문사의 경영을 맡았다. 대신에 서재필은 매년 600달러(3,000냥)를 받기로 했다. 신문사는 아펜

종로에서 열린 만민공동회 집회 모습
많은 군중이 유생 복장과 교복을 입고 온 것으로 보아 일반인과 학생들이 참여한 것으로 짐작된다.

젤러에게는 매년 360달러를, 윤치호에게는 매년 720달러를 지불하기로 했다. 지난 2월 27일 서재필이 윤치호에게 밝힌 희망 사항이 모두 이루어진 셈이다. 이어서 서재필은 자신의 물건들을 경매에 부쳤다.

정교는《대한계년사》에서 서재필이 미국으로 떠난 이후 단 한 글자의 소식도 독립협회에 전해오지 않았다고 강조했다. "회원으로 그 무정함을 욕하지 않는 사람이 없었다"고 표현할 정도였다.《독립신문》은 윤치호가 운영하게 되었다. 당시 뮈텔은《독립신문》이 감리교도들에게 넘어갔다고 적고 있다. 감리교 신자인 윤치호가 독립신문을 운영했기 때문이다. 이때 윤치호는 일본 주둔군이 철수해야 한다고 강력히 주장하길 바란다는 고종의 뜻을 전해 듣고, 5월 30일 일기에 이렇게 적었다.

오늘 아침 이학균 부대 대대장이 방문하여 독립협회가 한국 주
둔 일본군의 철수를 강력하게 주장하기를 바란다는 폐하의 뜻을
전달했다. 이 대대장에게 그 문제에 대해서 생각해 보겠다고 답했
다. 가엾은 폐하! 폐하는 당신의 실정 때문에 한국에 주둔하게 된
일본군을 신경 쓰는 대신, 백성들의 돈을 갈취하는 일을 먼저 중지
시켜야만 한다. 이 나라에 영구적인 평화를 정착시킨다면 일본군
은 자기 발로 걸어 나갈 것이다.

윤치호의 눈에는 일본군의 주둔 이유는 들어오지 않고 오로지 고
종의 실정만 보였다.

이른바 탕평 정국으로

정부는 부담스러운 서재필이 출국하자 정국의 위기를 돌파하기 위
해 새로운 운영 방안을 제시했다. 우선 뮈텔의 바람과 달리 국내의
주요 광산을 궁내부 소유로 한다는 내용의 조칙을 발표했다. 러일
간의 각축과 만민공동회의 이권 회수 요구에 호응한 조치였다. 이
어서 고종은 6월 25일 시무에 적합한 능력이 있는 인재를 등용하겠
다는 조칙을 발표했다. 일종의 탕평책이었다. 고종은 황제로서 법률
이 제대로 정비되지 못하고 재용(財用)이 부족한 상태에서 벗어나
기 위해 만민공동회의 지나친 비판을 제어하면서 시무 능력이 있는
인사를 모두 등용하여 나라를 새롭게 하겠다는 의지를 보인 것이다.
　이에 독립협회는 6월 28일 특별회를 열고 상소 작성을 결정했다.
그리고 7월 3일 고종에게 자격 없는 인사를 관직에서 해임하고, 국
정을 운영할 때 여론을 참작할 것을 간청하는 상소문을 올렸다. 여

기에는 상·하의원의 설립을 요구하는 내용이 담겨 있었다. 특히 정교 등은 상·하의원의 설치를 주장하면서도 전제정치를 받아들일 태세였다. 일종의 거래였다. 독립협회 상층부의 의도가 담겨 있다고 하겠다. 이어서 600여 명의 회원이 연명을 했다. 이때 상소 작성에 참여한 이는 정교와 이건호였다.

한편, 안경수는 지방관으로의 전출을 거부하고 서울에 머물면서 쿠데타를 준비하고 있었다. 후일 밝혀진 바에 따르면 그 배후는 박영효로 추정되었다. 황현은 "당시 소문이 자자하기를 박영효가 안경수를 사주하여 양위를 밀모했고, 양위가 이루어진 연후에 구실을 삼아 다시 의화군(고종의 다섯째 아들 이강)을 받들어 시국을 전환시키려 했다"고 파악했다. 이처럼 정교와 안경수에서 볼 수 있듯이 독립협회 내부의 온건 계열과 강경 계열은 공히 고종을 압박하면서도 추구하는 길은 서로 달랐다. 후자는 황실을 배제하고자 한 반면, 전자는 정부와 타협하면서 의회를 설립하고자 했다.

당시 총리 대신(의정부 의정) 윤용선(尹容善)과 전환국장(典圜局長) 이용익이 고종에게 독립협회의 해체를 건의했을 것이라는 소문이 나돌자, 독립협회 인사들은 윤용선에게 항의하러 갔다. 이때 뮈텔은 정부가 독립협회에 양보하지 말기를 마음속으로 빌었다. 독립협회는 그에게 개신교 인사들의 모임으로 비쳤기 때문이다. 대신들의 독립협회 호응도 막기를 고대했다. 이즈음 1898년 7월 4일 뮈텔의 일기에 따르면, 황태자가 6월 30일자로 인가받은 황국협회에 1,000 달러(한국 돈 1,000원)를 하사했다. 이에 대해 뮈텔은 황태자가 황국협회로 하여금 독립협회에 대항하게 한 것이라고 풀이했다. 황국협회는 고종이 만민공동회의 향방을 우려하여 6월 이기동을 시켜 조직하게 한 보부상 단체다. 이 과정에서 훗날 만민공동회를 이끌 고영근이 황국협회의 부회장이 되었다. 그는 본래 민영익의 하인으로 명성왕후의 특별한 사랑을 받았다. 또《대한계년사》에 따르면 당오전을 주조하여 백성들에게 해독을 끼쳤다고 알려졌다. 실제로는 민씨 척족 정권이 당오전을 주조하여 이익을 챙기는 과정에서 고영근도 막대한 이득을 보았다는 것이다. 심지어 궁인 엄씨와 정을 통해 아들을 낳아 민가에서 길렀다는 소문이 있을 정도로 신비의 인물이었다. 1894년 농민군이 지목한 3대 탐관오리 중 한 명이기도 했다.

한편, 신기선(申箕善)은 홍종우와 유생 대표 기구라 할 도약소(都約所)의 김연식을 중추원 의관에 임명했다. 이러한 임명은 독립협회로 대표되는 문명개화 계열과 도약소로 대표되는 보수자주 계열 양자를 동시에 품어 힘의 균형을 꾀하려는 조치였다. 그러나 이러한 분위기를 깨뜨리는 일이 터졌다. 7월 9일 안경수 등의 황제 양위 음모가 발각되어 안경수가 일본으로 망명했다. 이로 인해 검거 선풍이 일어났고 전 경무사 김재풍, 이충구와 함께 대위 이용한이 체포되었다. 모의 과정에서 계획이 시위대 대대장 이남희의 밀고로 군부 대신 민영기에게 알려진 결과였다. 뮈텔은 1898년 7월 9일 일기에 이 사건을 둘러싼 풍문을 적었다. 이에 따르면 7월 8일 두 명의 전 경무사와 이들 세 명이 체포되었고, 안경수는 달아났으며, 전 선혜청 당상도 용의를 받고 있다는 소문이 자자했다. 아울러 정부의 이들 인사에 대한 검거 선풍은 독립협회를 엄하게 다스리기 위함이었다거나 황태자를 황제의 자리에 앉히고 황제를 태황제로 물러나게 하려는 정치적인 음모와 관련되었을 것이라는 시중의 소문들을 덧붙였다.

여기에는 친위대 간부, 시위대 간부는 물론 김재풍, 이충구 같은 전 경무사도 가담했다. 정교는 《대한계년사》에서 "군사로써 황제를 핍박하여 황태자로 대리하게 하고 국정을 개혁하려고 했다"고 서술하고 있다. 윤치호도 이러한 사태를 예의 주시하면서 유언비어를 경계했다.

다음 날 10일 고종은 측근 고영근을 통해 윤치호에게 독립협회의 향후 진로를 물어왔다. 이에 윤치호는 독립협회를 폐쇄하든가 측근에 두든가 해야 한다고 말했다. 그로서는 후자에 비중을 두면서 고종에게 양자택일을 요구한 것이다. 또한 독립협회가 올린 6월 28일 상소에 대한 답변이 이날 독립협회에 전달되었는데, 그 내용은 이랬다. "너희가 말한 것은 나라에 대한 심려와 백성에 대한 사랑에서 나온 것 같다. 하지만 너희가 넘볼 수 없는 일이니 조정의 일을 망령되이 논하지 말라."

독립협회 일부 회원은 그 답변을 듣고 몹시 불쾌했다. 누군가가 고종의 답변에 경의를 표하면서 고종을 위해 만세삼창을 하자는 제안을 내놓자 격렬한 논란이 뒤따랐다. 분위기를 주도하는 소수파가 만세삼창은 단순한 형식이 아니라 기쁘고 감사한 마음으로 해야 한다는 이유로 그 제안에 반대했다. 하지만 회원들은 근소한 차이로 만세삼창을 했다. 고종에 대한 복잡한 심경들이 협회 안을 감싸고 있었다.

이어서 독립협회는 고종에게 다시 상소를 올려 법령에 있는 훌륭한 법을 집행하고, 사악한 의관들을 해고하며, 국정에 여론을 반영해 달라는 자신들의 탄원을 거절한 이유를 묻기로 결정했다. 가능한 한 빨리 상소문을 올리기 위해 5인의 위원회가 구성되었다. 이때 윤치호의 아버지 윤웅렬이 경무사직에 임명되었다. 그리고 이날 아침 독립협회에 호의적이었던 민영준과 박정양이 체포되었다.

독립협회의 분화와 만민공동회의 도전

정국이 뜻하지 않은 방향으로 흘러가자 독립협회에서는 강경한 논조의 언사들이 터져 나왔다. 7월 10일 독립협회는 사사로움만을 추구하는 관리가 조정의 대신으로 있고, 이미 포고한 홍범 14조와 새로 정한 법령들이 시행되지 않아 나라가 위급해진 것은 고종의 책임이라는 좀 더 강경한 논조의 상소를 올렸다. 그러나 윤치호는 안경수를 지지하는 인사들이 독립협회의 상소와 관련이 있다고 보고, 1차보다 강한 논조로 상소를 올렸다가 독립협회가 해산되지 않을까 우려했다. 또한 자신도 체포된다는 소문을 들었다. 그래서 독립협회는 황국협회와 함께 종로에서 안경수를 따르는 청년애국회(靑年愛國會)를 규탄하는 집회를 열기도 했다. 윤치호를 비롯한 독립협회 상층부로서는 쿠데타를 모의했던 안경수와의 연계성을 끊고자 했던 것이다. 당시 독립협회가 광무정권의 인사 정책을 비롯한 각종 정책을 두고 내부적으로 온건파와 강경파로 갈린 채 대응하고 있음을 보여주는 대목이다. 심지어 윤치호 등 독립협회 상층부는 독립협회를 강경파와 이들이 주도하는 만민공동회에서 분리하고자 했다.

이에 독립협회는 의정부 참정 조병식 외 고관 3명의 사직을 요구하는 문서를 보냈다. 조병식이 독립협회 회원들을 안경수와 엮으려는 음모에 맞서는 조치였다. 심지어 일본 신문들은 조병식, 정낙용, 민종묵 등이 대한제국을 위해 프랑스의 보호를 얻으려 한다는 소문을 기사화하면서 독립협회에 힘을 실었다.

고종이 7월 20일 윤치호를 불러 독립협회의 일에 대해 이것저것 하문했다. 윤치호는 회원들의 충군애국하는 마음에 담긴 진정성을 강조하면서 조병식의 음모를 낱낱이 들어 통박했다.《승정원일기》 1898년 7월 20일 기록에 따르면, 이때 윤치호는 상소를 올려 "삼가 바라건대, 폐하께서 결단성 있게 단안을 내려 실지로 홍범을 준행 (遵行)하고 현량을 다시 선발하고 백성들의 의견을 널리 채용하는 세 가지를 특별히 윤허하여 이천만 백성을 도탄에서 구제하신다면 종묘사직에 매우 다행일 것이며, 천하에 매우 다행이겠습니다. …" 라고 했다. 그 결과 다음 날 7월 21일 조병식이 의정부 참정에서 면직되었다.

정교 역시 7월 20일 고종과 윤치호의 만남을 중시하고, 윤치호로부터 들은 전말을《대한계년사》에 기술했다.

이날 황제가 윤치호를 불러 협회의 일에 대해 물었다. 윤치호는, 회원들은 충군애국을 일의 가장 중요한 부분으로 여기며 독립의 권리를 공고히 하는 것을 주요한 취지로 하고 있다고 대답했다. 황제는 크게 칭찬하고 장려하면서 더욱 힘쓰라고 했다. 윤치호는 돌아와 회원들에게 이를 알렸다. 여러 회원은 이를 듣고 모두 감격하여 눈물을 흘리며 만세를 불렀다.

반면 뮈텔은 황제가 불과 며칠 전에 임명한 사람(조병식)을 해임한 것에 대해 서글픈 일이고 임금의 그와 같은 허약성은 대단히 무서운 것이라고 7월 22일 일기에 적었다. 그의 눈에는 황제가 개신교

단체나 다름없는 민간 단체의 의견에 굴복한 것이 불만이었다. 나아가 그는 독립협회가 인사권을 좌지우지하는 것에 대해 불쾌함을 표하고 "이 나라는 도대체 어디로 가고 있는 것일까?"하고 한탄하면서 독립협회는 서재필 한 사람을 위해 움직인다고 판단했다. 특히 뮈텔은 독립협회가 이용익의 독립협회 비판을 두고 맹공격하는 것에 대해 크게 반발했다.

한편, 독립협회 내에서도 정교와 남궁억이 갈등하고 있었다. 정교는 남궁억이 7월 26일 나수연에게 군부 대신 심상훈을 방문하도록 시켜서 관직을 구하려 했다고 의심했다. 정교가 이런 의혹을 제기하자 둘 사이에서 커다란 충돌이 일어났고, 남궁억은 정교를 원수처럼 여겼다. 이후 양자는 사사건건 대립했고 끝내는 정교가 남궁억을 정부의 앞잡이로 인식하기에 이르렀다. 양반 출신인 정교는 평소에 중인 출신들을 싫어했는데, 남궁억이 바로 중인 출신이었던 것이다. 정교는 독립협회 활동에 적극적이면서도 끝내 신분적 한계를 극복하지 못한 셈이다.

이어서 독립협회는 폐정개혁 사항을 선정하기 위한 20인 위원을 지명한 뒤, 악화(惡貨) 남발을 이유로 전환국장 이용익을 공격했다. 그리고 명성왕후 시해 사건 조사에 관여하기도 했던 미국인 법률 고문관 그레이트하우스(Clarence Ridgley Greathouse, 具禮)가 이용익의 추종자인 삼정(蔘政) 감리 이최영과 100만 원을 나누어 가지려 했다면서 그를 해임하라고 요구했다. 무엇보다 그레이트하우스가 이용익과 가깝다는 것도 이유가 되었다. 그런데 정교의《대한계년사》에 따르면, 윤치호가 그레이트하우스의 간절한 요청으로 7월 29일 독립협회 건물인 장악원(2022년 현재 하나금융그룹 명동사옥 자

그레이트하우스(1846~1899)

1890년 법률 고문으로 초빙되어 조선에 입국
했다. 1896년에는 외부 고문 겸 임시 법률 고
문으로 재직했다. 또 법관 양성소 교수로 재직
하며 근대적 재판 절차를 도입하는 등 우리나
라 사법 근대화에 기여했다. 특히 그는 명성왕
후 시해 사건 재판에 참여하여 이 사건이 일본
에 의해 계획적으로 모의, 실행되었음을 밝혀
내는 데 크게 기여했다.

리, 을지로 2가 181번지) 앞 모임에서 인민과 정부가 허심탄회하게 협
의해야 한다는 뜻으로 회원들에게 연설을 했다는 것이다. 이에 정
교의 눈에는 윤치호가 남궁억과 마찬가지로 암암리에 이용익을 비
호하는 것으로 비쳤다. 반면에 윤치호는 이용익을 일기에서 극렬하
게 비판하면서도 정부와의 협조를 위해 이용익을 변호한 것으로 보
인다.

　그럼에도 8월 3일 독립협회는 이용익을 고등재판소에 고발했다.
8월 5일 정부는 이에 맞서 군인과 경찰 경비대를 동원하여 장악원
앞에서 독립협회 회원들의 출입을 금지했다. 그리고 이날 경무청은
고시를 통해, 8월 3일 특별회에서 황제를 핍박했다는 이유로 도성
안에서 회의를 열고 연설하는 등의 일을 일절 금지했다. 이제 정부
와 만민공동회의 갈등은 정점으로 치닫고 있었다.

8월 5일 독립협회 회원들은 장악원에 들어가지 못하자 종로 소재 지전(紙廛, 종이전) 사무실에 모였다. 이날 오후에는 경무관 안환이 와서 경무사 민영기(閔泳綺)의 말을 전하면서 독립협회 회원 중 강경파라 할 최정식이 황제를 핍박하는 말을 했다며 독립관으로 돌아가라고 종용했다.

이에 독립협회는 같은 날 오후 새로 정한 사무소에서 회의를 개최했다. 윤치호가 어제 황제를 만난 이야기를 전했다. 정교의 진술에 따르면, 황제가 윤치호를 불러, 성안에서 회의를 여는 것과 《매일신보》 편집인 최정식의 일에 대해 물었다. 윤치호는 회원들의 충군애국하는 마음은 절대로 다름이 없으며 이용익을 배척하려는 뜻과 최정식의 일에 대해 상세히 대답했다. 황제가 매우 칭찬하고 장려했다. 회원들은 윤치호의 이런 진술을 듣고 마침내 최정식을 협회에서 축출했다. 최정식은 박영효를 추종하는 인물로 이승만과 함께 쿠데타를 시도하기도 했다. 윤치호의 영향권에 있었던 독립협회 회원들은 최정식의 이런 시도에 반발하면서 그를 축출한 것으로 보인다. 이 점에서 고종과 윤치호 사이에 모종의 타협이 이루어진 것이 아닌가 추정된다.

최정식은 정부를 능멸하고 황제를 핍박했다는 죄목으로 숭례문 근처 임시 한성감옥에 투옥되었다. 이승만도 안경수 양위 쿠데타 사건에 가담한 일이 탄로가 나 1899년 1월에 체포되어 같은 신세가 되었다. 당시 이들의 죄목은 고종황제 폐위 음모였다. 이들은 이듬해 탈옥을 감행했지만, 최정식은 탈주 과정에서 살인을 저질러 다시 잡힌 뒤 1899년 7월 교수형에 처해졌고 이승만은 종신형에 처해졌다. 윤치호는 최정식과 이승만의 투옥에 대해 어떻게 생각했을까? 7월 14일부터 10월 30일까지 일기가 남아 있지 않아 알 수 없다. 거의 매일 쓰던 일기를 일부러 쓰지 않은 걸까? 아니면 해당 시기의 일기를 분실한 걸까?

8월 6일 정부는 한성부 판윤 이채연의 이름으로 고시문을 붙이면서 황실의 독립협회에 대한 배려, 독립협회의 협조 등을 강조하며 독립협회 회원들을 어루만지고자 했다. 물론 특별회 중에 황제를 핍박하는 말을 한 최정식 등에 대한 비판도 숨기지 않았다.

이 고시에 대해 정교는 독립협회 회원들을 위로하고 어루만진 것이라고 판단했다. 또 여타 회원들도 황제가 독립협회의 충군애국을 인정했음을 언급하고 독립관을 빠져나갔다. 이어서 일요일 연설을 독립관에서 열기로 하고 지전 사무소를 임시 사무소로 결정했다.

한편, 독립협회는 강화석(姜華錫) 등을 시켜 이용익을 고등재판소에 고발했다. 함경도 남병사 재직 때 온갖 불법과 수탈을 자행했을 뿐더러 전환국장 재직 시에도 백동화와 적동화를 남발해 물가를 앙등시켰다는 것이 이유였다. 독립협회 상층부는 고종과 타협하는 가운데 독립협회 혁파를 주장한 이용익을 축출하고자 했던 것이다. 이에 이용익은 독립협회 평의원 임진수, 나수연과 모의한 뒤 진고개에 거주하는 일본인 아유카이 후사노신(鮎貝房之進)의 집에 숨었다. 훗날 아유카이는 한국 문화재를 약탈하는 유명한 골동품업자이자 서지학자로 활동했다.

이런 가운데 고종은 8월 17일 정교를 시종원 시종에 임명했다. 이어서 황국협회 회장 길영수(吉永洙)를 시켜 독립협회에 참석하지말라고 설득했으나 정교가 이를 거절했다. 정교는 《대한계년사》에서 이때부터 고종이 자기를 더욱 미워했다고 기술했다.

정부와 독립협회, 타협의 기로에서

정부와 독립협회 간 갈등은 서재필의 출국과 최정식의 체포로 소강상태에 들어갔다. 그러나 김홍륙 고문을 둘러싸고 다시 한번 난국을 거쳐야 했다.

1898년 8월 23일 고종의 지시에 따라 법부가 김홍륙을 흑산도로 유배를 보냈다. 거액을 횡령한 혐의였다. 친러파의 핵심 김홍륙의 퇴출은 독립협회의 요구가 관철되었음을 의미했다. 이어서 8월 28일 독립협회에서 전임 회장의 임기가 만료되어 회장을 다시 뽑았는데, 회장에는 윤치호, 부회장에는 이상재가 선출되었다.

이즈음 8월 24일 이토 히로부미가 우리나라와 청국 유람을 명분으로 한국에 입국했는데, 실제로는 경부선 부설권 획득을 위한 것이었다. 그럼에도 독립협회에서 총대위원 3명을 보내 대접했고 윤치호 등이 시를 써서 그의 공덕을 칭송했다. 총대위원은 독립협회에서 자신들의 의사를 전달하기 위해 뽑은 위원을 가리킨다. 1898년 2월 이래 그때그때 각종 형태의 모임을 통해 선출되곤 했다. 당시 정교는 이런 윤치호의 행태를 목격하고 이토 히로부미에게 아첨하고 아양을 떨었다고 비판했다. 이때 독립협회 회원 이인영이 정교에게 "독립문을 그려서 이토 히로부미에게 준 것은 곧 우리나라 독립의 권리를 일본에 준 것입니다. 우리나라는 반드시 일본에 망할 것입니다"라고 말했다.

정부와 독립협회가 타협하면서 분위기도 호전되었다. 1898년 9월 1일 독립협회가 개국기원절 경축회를 개최했다. 《대한계년사》에 따르면, 이날 독립문 위에 태극기를 높이 걸고 문 안팎에 나무 울타리를 죽 둘러 쳐놓았다. 이전의 영은문 돌기둥 옆에 서 있던 푸른 소나무를 문으로 만들어 문 처마에 '기원경절'이라는 커다란 금빛 한글 네 글자를 새긴 현판을 매달고, 그 아래 문에는 한 쌍의 국기를 교차해 세웠다. 이 자리에 회원과 관료 등 무려 3,000여 명이 참석했다. 무관 학도 200명이 노래를 부르고 구령에 맞추어 앞장서서 도착했고, 일어학교, 영어학교, 한어학교, 법어학교, 아어학교와 배재학당, 경성학당 및 관공립 소학교 학생들이 각각 교기를 들고 구령을 붙이며 도착하여 나무 울타리의 안쪽에 둘러섰다.

오전 11시가 되자 윤치호가 경축회 개최의 취지를 설명했다. 여기서 그는 충군애국과 문명 부강을 역설했다. 아울러 독립협회가 추구하는 민권 신장을 역설하며 생명과 신체, 재산, 명예, 자유의 권리를 보전하여 지키자고 강조했다. 보편적 인권의 역사가 대중 속에 자리 잡기 시작했음을 보여준다. 또 안으로는 정부를 도와 행정과 사법을 공평하게 하고, 밖으로는 각국의 멸시를 막아내어 평화의 약조를 지켜서 기원의 경축일이 억만 회에 이르도록 하는 것이 실로 기념하는 취지가 된다고 연설했다. 연설이 끝나자 황제를 찬양하는 노래가 연주되었다. 이 행사는 오후 1시에 끝났다.

《독립신문》 1898년 9월 2일 기사와 《뮈텔일기》 9월 1일 일기에 따르면, 개국기원절 경축회의 부대 행사로 조선왕조 개국 506주년 축하식이 오후 3시 독립관에서 열렸다. 이 행사는 외국인들과 조선 명사들을 위한 것이었다. 조선 관리로는 신기선, 유기환, 김가진, 이윤용 등이 참석했다. 4시경에 윤치호가 영어 연설을 시작했다. 뮈텔의 전언에 따르면, 윤치호는 독립협회는 위험한 단체가 아니라고 변호하면서 황제가 이 축제에 그의 악대를 보내주었고 대신들과 외국 사절들, 변리 공사들, 교회 지도자들이 참석한 것이 그 증거라고

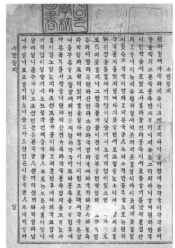

호머 헐버트(1863~1949)와 《사민필지》
조선 말 한반도에 입국하여 교육자와 선교사로 활동하면서 역사서와 교재를 저술했다. 그의 저서
《사민필지》는 우리나라 최초의 한글 세계 지리 교과서로 1891년 초판이 출간되었다. 고종의 특사
로 여러 차례 해외로 파견되기도 했다.

역설했다. 그러나 이 연설을 들었던 뮈텔은 여러 관리가 독립협회
를 위해서가 아니라 조선왕조 개국 축하식을 위해서 참석했다는 점
을 일기에 빼놓지 않고 적었다. 특히 그는 관립 중학교 교사 헐버트
가 애초 조선말이 아닌 영어로 연설하는 가운데 자주 독립과 자유
를 내세운 독립협회의 반정부 활동이 국가를 위태롭게 하고 있다고
발언했음을 특기했다. 헐버트의 이런 연설은 그가 독립협회의 여러
시위에 대해 부정적으로 보고 있음을 보여준다. 물론 뮈텔도 헐버
트의 생각에 동의하여 특별히 기록한 것이다. 다만 그는 헐버트가
대한제국에 대표를 파견하고 있는 나라들을 열거할 때 프랑스를 빠
뜨린 것이 불만이었다. 그로서는 헐버트가 고의로 누락했을 거라고
판단했다. 그래서 헐버트가 받은 박수가 꽤 빈약했다고 적으면서,

뮈텔 일행이 한성부 판윤 이채윤이 주는 샴페인 한 잔을 들고는 프랑스 공사 플랑시 씨와 함께 제일 먼저 행사장을 빠져나왔다고 덧붙였다. 독립협회에 대해 부정적인 뮈텔로서는 이날 행사 역시 유쾌하지 않았던 듯하다.

정부와 독립협회의 우호적인 분위기는 9월 10일(음력 7월 25일) 황제 탄신일에도 이어졌다. 행사를 예전처럼 궁궐에서 하지 않고 독립관에서 치를 정도였다. 고종은 1852년 음력 7월 25일 한양 정선방(貞善坊, 지금의 종로구 운니동 운현궁)에서 출생했다. 이날 개신교 신자들이 교회에 모여 황제의 탄신을 축하했다. 저녁에는 제등행렬이 이어지고 정부 부처의 건물들은 기와 조명으로 장식되었다.

이 와중에 독립협회 내에서 갈등이 표출되기도 했다. 9월 4일 독립협회 통상회(通常會)에서 정교가 외세의 이권 침탈을 규탄하자 남궁억, 윤치호가 정교의 발언을 제지했다. 당시 정교가 보기에 남궁억은 고종에게서 환심을 사려는 인물로 보였고, 윤치호는 개신교 신도로서 서양 열강의 호의를 잃을까 두려워하는 사람으로 비쳤다. 정교는 남궁억에 대해서《대한계년사》에서 다음과 같이 평했다.

이에 앞서 남궁억이 회원들에게 연설했다.

"명성황후에게 만약 태임[太妊, 주나라 문왕의 어머니]과 태사[太姒, 주나라 무왕의 어머니]의 덕이 있었다면, 을미년의 변고는 만나지 않았을 것이다."(당시 회원으로서 사람을 놀라게 하는 위험한 말이나 격렬한 주장을 잘하는 자는 세상 사람들의 칭찬을 받고, 각 신문에 널리 이름이 전해졌으니, 정교와 같은 사람이 꽤 많았다. 남궁억은 이를 부러워하여, 이와 같이 발언한 것이다)

궁중의 정탐하는 사람이(이때 궁중에서는 사람을 보내어 모임에 참석하거나 혹은 방청하게 하면서, 회원들의 일을 탐지하도록 했다. 곧바로 여러 고위 관리들도 알았다) 황제에게 알렸다. 황제는 이를 듣고는 마음속 깊이 새겨두었다. 누군가가 이를 알고 남궁억에게 말하니, 남궁억은 크게 두려워했다. 이때부터 남궁억은 모든 회원의 이치에 바른 언론에 대해서는 반드시 힘껏 대항했으니, 황제의 환심을 사기를 바란 것이다.

남궁억은 평소 과격한 발언을 통해 명성을 얻는 정교를 부러워하는 사람으로 묘사되고 있다. 어느 날 남궁억이 명성황후를 폄하하는 발언을 한 것도 정교에게 그런 의도의 산물로 비치고 있다. 그러나 남궁억의 이러한 처신도 고종이 자신을 감시하고 있다는 사실을 안 뒤부터는 완전히 바뀌었다는 것이다. 따라서 정교는 남궁억이 자신의 이권 규탄 발언을 제지한 것은 고종의 환심을 사기 위해서라고 단정하고 있다. 사실 여부와 별개로 남궁억에 대한 정교의 뿌리 깊은 적대감을 잘 보여준다.

정교의 윤치호에 대한 인식도 여기서 크게 벗어나지 않는다.

윤치호는 본래 예수교 신교 교인으로, 서양 사람에게서 호의를 잃을까 두려워했다. 또 오랫동안 일본에 머물렀기 때문에, 외국인과 관련된 모든 일은 반드시 좋아하지 않거나 힘껏 저지했다. 회원 중에서 명망이 높은 사람이 가끔 편지를 기초하는 총대위원은 되어도 질문을 일삼는 총대위원이 되지는 않았으니, 이는 공경하고 소중히 여기기 때문이다. 이에 이르러 윤치호는 정교가 일을 벌이는 것을 미워하여, 총대위원으로 뽑아서(협회의 관례에 따라 각 부에 따져 묻는 일을 맡는 총대위원은, 더러 회장이 제 뜻대로 지명했다) 보냈다.

윤치호가 열강의 이권 침탈을 규탄하는 정교의 발언을 제지한 것은 개신교 신자로서 친미파인 데다가 친일파이기 때문이다. 특히 정교의 견해에 따르면, 자신은 회원들 사이에 명망이 있음에도 불구하고 윤치호가 미워한 나머지 자신을 편지를 기초하는 총대위원이 아니라 정부 각 부에 따져 묻는 총대위원으로 뽑았다는 것이다. 정교는 윤치호, 남궁억 등 독립협회 상층부가 자신과 달리 정부라든가 외국 열강과 부딪치려 하지 않았다고 보았다.

연좌제와 노륙법의 부활

이즈음 정부는 고문 그레이트하우스와 장봉환에게 상하이에서 외국인 용병을 모집해 달라고 요청했다. 고종은 을미사변의 참극을 겪은지라 자국 군대를 믿지 못했으며 독립협회가 어떻게 나올지 불안하던 차였다. 9월 15일 외국인 용병 모집 소식이 독립협회 인사들의 귀에 들어간 데 이어 9월 17일에 외국인 용병이 국내에 들어오니 금세 정국의 뜨거운 사안으로 부각되었다. 고용 병사는 미국인과 영국인 각 9명, 독일인과 프랑스인 각 5명, 러시아인 2명, 여기에 그 밖의 병사들을 합치면 30명가량이었다. 적은 수이지만 외국의 군대를 적절히 활용하여 독립협회를 해산시키고자 했던 것이다. 이에 독립협회는 외국인 용병 모집은 수치이며 국고만 낭비한다는 이유로 이승만, 조한우, 최정덕(崔廷德) 등 여러 위원을 보냈고, 대신들에게 그 연유를 물어보게 했다. 당시 이승만은 안경수 쿠데타 음모에 가담한 사실이 아직 알려지지 않은 때라서 자유롭게 활동할 수 있었다. 다음 날에는 독립협회에서 통상회를 개최하여 외국인 용병을 내보내자고 의결했다. 그리고 외부 문 앞에서 대규모 민중대회를 개최하고 황실 호위 외인부대를 즉각 추방하라고 강력하게 요구했다. 당시 이런 요구안을 들고 간 총대위원 중에 정교도 포함되어 있었다. 그는 《대한계년사》에서 용병 모집 반대 요구 사항을 앞장서서 관철시켰음을 장황하게 서술했다.

독립협회의 반대 운동에 직면하자 정부 대신들도 외인부대의 철환을 주청했다. 사면초가에 빠진 고종은 할 수 없이 외인부대의 철환을 승인했고, 정부는 1898년 9월 24일 외국인 용병에게 1년의 고용비 2만 5,200원을 지불하여 그들을 철환시켰다.

이런 가운데 독다 사건의 배후자가 김홍륙으로 밝혀졌다. 그는 고종에게 버림을 받자 앙심을 품고 추종자 공홍식을 2,000달러로 매수하여 황제와 황태자의 커피에 독을 넣도록 했다. 결국 김홍륙이 독다 사건의 배후자로 지목되어 서울로 압송되었으며 러시아 공사관에서는 이를 정치적 음모라고 여겼다.

정부도 독다 사건을 계기로 강경책으로 돌아섰다. 더 이상 밀리면 안 된다는 절박감이 들었던 것이다. 9월 24일 중추원 의관 서상우가 노륙법(孥戮法) 부활을 요청하는 상소를 올렸다. 노륙법은 대역죄인에게 참형을 가하는 형법이었다. 연좌제 부활도 논의했다. 또 신뢰할 수 없는 황실 수비대도 해체될 것으로 예상되었다. 김홍륙 독다 사건이 몰고 온 형국이었다.

이 사건을 계기로 연좌제가 적용되고 고문이 자행되자, 독립협회는 노륙법 부활을 두고 문제를 제기했다. 한마디로 노륙법은 다른 나라에서는 찾아보기 어려운 법으로, 이 법 때문에 대한제국이 평등한 대우를 받을 수 없으니 부활시켜서는 안 된다는 주장이었다. 법부 대신 신기선은 이런 주장을 반박하며 역적 증가가 법률 과중보다 우려스럽다는 견해를 표명했다. 나아가 중죄인의 가족을 능지처참하는 형벌은 실시하지 않더라도 대역죄인은 베어 죽여야 한다고 주장했다.

이런 소식을 들은 독립협회는 통상회에서 법부의 죄인에 대한 고문과 중추원의 노륙법 및 연좌법 부활 시도는 국민의 생명과 재산의 자유권을 침해하는 것이라고 규정했다. 이에 따라 노륙법 반대운동을 전개하기로 결정하고, 10월 1일 중추원 앞에서 집회를 열었다. 군중들은 신기선의 사임과 고등재판소 고발을 의결함과 동시에 노륙법 및 연좌법 부활 시도를 규탄했다. 이어서 집회가 고등재판소, 경운궁 순으로 장소를 돌아가며 열렸다. 집회 참가 인원은 계속해서 늘어나 약 1만여 명에 이르렀다. 여기에 종로 시전상인들의 단체인 황국중앙총상회가 가세하면서 종로 시전상인들이 철시를 주도했다. 심지어 소학교 학생들까지 참여하여 정부를 압박했다. 결국 연좌법·노륙법 반대 집회는 정부 대신들을 몰아내고 새로운 내각 수립을 요구하는 집회로 이어졌다.

10월 2일 사법위원 정교 등 3명은 법부 대신 신기선과 법부 협판 이인우를 고등재판소에 고발했다. 독다 사건의 하수인 공홍식이 칼로 자해한 것을 막지 못한 것에 대한 추궁이었다. 심지어 만민공동회 회원들은 김홍륙 독다 사건의 증거를 인멸하기 위해 누군가가 공홍식을 암살하려 했다고 의심했다. 고발장은 정교가 작성했다. 다음 날 10월 3일 오후 2시 만민공동회는 고등재판소 앞에서 다시 집

함태영(1873~1964)
1895년 법관양성소에 입학하여 6개월 과정을 수석 졸업한 뒤 대한제국의 법관으로 활동했다. 1919년 3·1운동에 참여했으며 훗날 제3대 부통령을 지냈다.

회를 열었다. 당시 고등재판소 검사 함태영은, 피고발자 2명이 칙임관에 해당하기 때문에 법부 대신이 먼저 황제께 보고한 뒤에야 구금할 수 있는데 법부 대신이 바로 피고라는 점에서 보고하기가 어렵다고 답변했다. 이에 독립협회는 남궁억 등 3명을 보내어 정부에 편지를 전달했다.

독립협회의 이런 공세에 대해 다음 날 근왕주의 세력이 반격을 시작했다. 10월 4일 전 주사 김익로가 상소를 올려 독립협회의 충군애국이 의심스럽다고 했다.《승정원일기》1898년 10월 4일(음력 8월 19일) 기록에 따르면, 그의 상소는 대략 다음과 같다.

삼가 들으니, 폐하께 핍박하는 말을 한 일과 원로를 놈이라고 부른 일이 있다고 하는데, 이것으로 볼 때 임금을 무시하고 신하를 무시했음을 알 수 있습니다. 또한 폐하께서 가장 믿는 신하들을 모조리 제거하고자 했으니, 이것이 진실로 무슨 심보란 말입니까? 현재 애국청년회가 반역을 꾀하는 말로 음모와 비책이 탄로 남을 면치 못했는데, 옥사가 확정되지 않은 상태이고 또한 도망가서 숨어 버린 자가 몇 사람이나 있으니, 이것이 어찌 한통속이 되어 밀접하게 서로 연락하여 몰래 다른 뜻을 품고 제멋대로 사욕을 채우려고 해서 그러는 것이 아니겠습니까? …

그리고 독립회[독립협회를 가리킴]라는 것은 또한 폐하께서 그 창설을 도와서 임금에게 충성하고 나라를 사랑하도록 한 것인데, 그 충성하고 사랑하는 방도에 있어서는 조정을 비방했을 뿐입니다. 어째서 옥사의 허실에 대해서 타당성을 논하지 않고 단지 소란을 피우면서 여러 신하를 쫓아내는 것만을 능사로 여기는 것입니까? 이것이 어찌 급선무이겠습니까? 계속 이렇게 나가다간 반드시 임금도 없고 신하도 없게 되어 장차 백성을 위한 독립의 나라가 될 것이니, 안타까운 마음 이루 말할 수 없습니다. 그 행위를 돌아보건대 범을 길러 우환거리를 만든 것과 다름없습니다. 그러니 청년회의 심복들이 범의 앞잡이 노릇을 하는 창귀(倀鬼)가 아니라고 어찌 장담하겠습니까? 삼가 생각건대 성명(聖明)께서는 시국을 자세히 살피시고 인심을 깊이 연구하여, 이런저런 회(會)를 막론하고 그 예봉을 꺾어버려 도당을 이루지 못하게 함으로써 훗날의 폐단을 막으소서.

독립협회가 황제의 인사권을 침해하는 월권행위를 저지르고 있다는 내용의 이 상소에 대해 고종은 "상소를 보고 잘 알았다"라고 비답을 했다. 특히 김익로가 언급했듯이 반역을 꾀했다는 애국청년회는 정부도 예의 주시하고 있었다. 애국청년회는 원래 이름이 '대한애국청년회'인데 그 실체가 분명하지 않았다.

또한 10월 6일 노륙법과 연좌법 부활을 요구하는 도약소 유생들의 상소문에 윤치호가 반대하자, 도약소는 윤치호가 역적을 비호하고 있다고 비판했다. 도약소는 1898년 후반 근왕주의 보수 유생층이 주도하여 결성한 단체다. 이어서 정부는 지난 7월 21일에 면직한 조병식을 강원도 통진군으로 귀양 보냈다.

그럼에도 만민공동회는 이에 아랑곳하지 않고 10월 6일에도 고등재판소 앞에서 집회를 개최했다. 같은 날 독립협회와 황국중앙총상회는 집회를 갖고, 모든 일을 함께 상의해 처리한다는 계약서를 작성했다. 10월 7일에는 독립협회와 황국중앙총상회가 경운궁 인화문 앞으로 나아가 상소했는데, 이 자리에 1만여 명이 모였다. 김홍륙 독다 사건의 진상 규명과 김홍륙 증거 인멸을 위한 공홍식 암살 시도 문제를 거론하는 가운데, 홍범 14조의 준수와 신기선 등의 축출을 강력하게 요구했다. 홍범 14조의 경우, 1894년 12월 12일 공포당시 김홍집 내각이 왕권을 약화시키기 위해 제정했다는 점에서 고종에게는 매우 민감한 사안이었다. 특히 신기선을 쫓아내라는 요구는 고종의 인사권에 대한 정면 도전으로 비쳤다. 그래서 고종은 함부로 논의하지 말라고 비답을 했다. 그러나 만민공동회는 한 발 더 나아가 5대신(조병식, 민종묵, 유기환, 이기동, 김정근)을 무능하다고 공격하면서 해임할 것을 강력하게 요구했다. 이어서 10월 8일 만민공동회는 5대신 공격에서 더 나아가 7대신(신기선, 이인우, 심순택, 윤용선, 이재순, 심상훈, 민영기) 축출을 요구하며 더 세게 압박했다. 그런 가운데 말도 많고 탈도 많은 김홍륙과 공홍식, 김종화에 대한 사형이 집행되었다. 당시 뮈텔은 이 사건을 두고 아직도 의혹이 남아 있고, 또 다른 공모자가 없지 않나 계속 의심을 하고 있다고 일기에 적었다.

만민공동회의 7대신 축출 상소가 이후에도 이어지자, 황국협회는 독립협회에 편지를 보내 물러갈 것을 권유했다. 정교는 황국협회의 권유를 정부의 사주로 인식했다. 심지어 정교의 귀에 고종의 이종 사촌 심상훈이 자신의 사돈 홍순욱을 앞세워 군인을 동원해 회원들을 죽일 계획을 세우고 있다는 소식이 전해왔다. 이 소식에 만민공동회 시위 참가자들은 죽기로 싸울 것을 다짐했고, 정부가 물러나자 만민공동회는 기세를 올려 10월 11일 경운궁 인화문 앞에서 집회를 열었다. 여기에는 일어학교, 아어학교, 법어학교와 배재학당, 한성의숙 학생들이 모두 수업을 중단하고 참석했다. 황국중앙총상회도 철시에 들어갔다. 정부와 만민공동회가 막다른 길에서 충돌 직전에 이르렀다. 당시 뮈텔은 프랑스 공사관에 가는 도중 대궐 앞을 지나가면서 수많은 만민공동회 시위대가 자리를 잡고 황제에게 대신 7명의 사퇴를 요청하는 상소를 올리며 무기한 연좌시위를 하는 모습을 목격했다. 뮈텔은 만민공동회가 완력으로 관료 몇 명의 해임을 받아냈고, 황제의 힘이 미약하기 때문에 조만간 모두의 해임을 받아낼지도 모른다고 우려했다. 이때 고종이 신기선과 이인우를 면직했다. 김홍륙 시신 훼손 방치에 대한 책임을 물었다. 또 심순택과 이재순도 사직 소청을 올려 면직되었다. 의정 윤용선도 사직되고 이 자리에 박정양이 대리로 임명되었다. 박정양은 의정부 의정 서리와 의정부 참정을 겸직하는 셈이 되었다. 그리고 조병호를 탁지부 대신, 민영환을 군부 대신으로 임명했다.

당시 뮈텔은 광무정권의 이런 조치를 보고 고종의 나약함에서 비롯되었다고 비판하며 그 원흉으로 윤치호를 지목했다. 사실 윤치호는 온건파여서 여기에 직접 관여하지 않았지만, 외부에서는 독립협회 회장을 만민공동회의 우두머리로 착각했던 듯하다. 10월 12일에는 덕어학교 학생과 수하동 관립 소학교, 양사동 관립 소학교 학생들도 만민공동회에 참석하기에 이르렀다. 군중들은 황제 폐하를 외치며 자신들의 승리를 자축했다. 이때 정교가 임시회장으로 추대되었다. 만민공동회는 다시 이 기세를 몰아 10월 14일 잡세 혁파와 중추원 재조직 등을 요구했고, 박정양은 만민공동회의 요구를 받아들여 잡세 혁파와 중추원 재조직을 약속했다.

이에 황국협회를 비롯한 근왕주의 세력은 위기감을 느끼고 박정양을 압박했다. 황국협회 회원들은 박정양의 집 앞에서 집회를 개최했고 자신들이 요구한 하의원의 개설을 허락할 것을 강력하게 요구했다. 독립협회가 소위 무식층의 의회 진출을 반대하던 터라 하의원의 설치를 꺼린 데 반해, 보부상으로 구성된 황국협회는 오히려 적극적이었다. 박정양은 관제에 없다는 이유로 일언지하에 거절했다. 당시 황국협회는 박정양의 처사에 강력하게 반발하면서 사직운동에 들어갔다. 박정양은 사직 상소를 제출했고 고종은 수리하지 않다가 단지 중추원 의장 서리의 직책만 해임했다. 대신에 조병식을 10월 17일에 찬정으로 임명했다.

만민공동회는 다시 한번 정부를 압박했다. 10월 18일 총대위원 이승만 등 3명에게 외부에 편지를 보내도록 했다. 여기서 외국 상인의 개항장 밖 출입 금지를 주장하고 한성부에서도 외국인의 토지 소유를 금지하고 조약을 개정할 것을 요청했다. 정부 역시 이런 요구에 응하여 외국인의 경제 침투와 토지 구입을 막겠다는 의지를 표명했다. 다만 조약 개정이 만만치 않음을 언급했다.

정부는 10월 20일 독립협회와 만민공동회의 위세를 누르기 위해 강력한 조령을 고시했다. 그 내용은 다음과 같다.

듣건대 외국의 예에는 '협회(協會)'라는 것이 있고 '국회(國會)'라는 것이 있다고 한다. '협회'라는 것은 백성들이 사적으로 설치한 것으로 하는 일은 공동으로 토론하는 것에 불과한 모임을 말하며, '국회'라는 것은 나라에서 공적으로 세운 것으로 바로 국민들의 이해관계에 대해서 의논하고 결정하는 곳이다.

우리나라에도 백성들이 사적으로 설치한 협회라는 것이 있는데, 처음에 개명과 진보를 이룩하는 데 일조를 하지 않는 것은 아니다. 그러나 정령(政令)을 평론하고 출척(黜陟)하는 데 참여하는 것은 원래 협회의 규정이 아니다. 심지어는 자리를 떠나 모임을 열며 상소를 올리고 난 후에도 대궐을 지키며 대신을 협박하는 등 전혀 제한을 받음이 없는 듯이 하니, 비록 국회라고 하더라도 이런 권한이 없는 것인데, 더구나 협회의 경우야 더 말할 것이 있겠는가? 생각이 이에 미치니 한심하기 그지없다.

오늘부터 시작하여 내부(內部)로 하여금 경무사와 각 지방관이 단속하고 신칙하도록 해서 무릇 협회라고 이름하는 것에 대해서는 이런 회건 저런 회건 간에 따질 것 없이 만약 규례에 의거하지 않고 전과 같이 제멋대로 쫓아다니면서 치안을 방해하는 자는 엄격히 금지시키도록 하라. 만일 명령을 따르지 않는 자가 있으면 나라에 규정된 법이 있는 만큼 이치상 용서받기 어려울 것이다. 통상적인 규정에는 단지 원래 정해진 처소에서만 토론하고 그만두기로

되어 있으니, 그것은 저지하지 말고 되도록 백성들의 지식이 발전
하는 데 효력이 있도록 하라.

정부는 독립협회가 협회로서 본연의 기능에 충실할 것을 요구하
면서 만민공동회의 집회를 강력하게 규제하겠다고 천명한 것이다.
그럼에도 당시 독립협회의 위세는 대단하여 여기저기 지회가 설립
되고 있었다. 이미 7월 31일에 평양 주민들이 지회 설립을 요청했
고, 이어서 9월 20일에는 대구 주민이, 10월 10일에는 의주, 선천 주
민들이 요청했다. 또 10월 11일에는 각각 강계, 북청, 무안 목포항
주민이, 13일에는 인천 제물포항 주민이 요청했다. 따라서 독립협회
는 자신감이 넘쳤고, 정부는 그런 위세를 우려하여 독립협회 창립
의 취지를 상기시키며 정치단체로 변질되는 것을 막고자 했다. 정
교는 독립협회의 위세가 커져 각 부(府)와 군의 수령들이 백성들의
재산을 강제로 빼앗는 수탈을 감히 저지를 수 없어지자, 수령 모두
가 독립협회를 마치 원수처럼 바라보았다고 자평했다.
독립협회는 정부의 이런 조치에 반발하여 10월 23일 윤치호 등
의 이름으로 정부의 조치를 반대하는 상소를 올렸다. 정교는 그 상
소를《대한계년사》에 장문의 형태 그대로 실었다. 한마디로 민권 신
장을 위해 민회가 활동해야 하며 민회의 활성화는 군권을 훼손하기
보다는 정치와 법률을 온전히 하여 오히려 국권, 즉 군권을 지킬 수
있다는 것이다. 정부의 민회 제한 조치를 받아들이지 않고 정부 대
신들의 잘못을 규탄하겠다는 의지를 밝힌 셈이다.
당시 뮈텔은 대한제국 정부의 이런 조치를 두고 독립협회의 정변
같은 위협 행위에 황제가 부득이하게 취한 조치로 인식했다. 그리

고 만민공동회나 독립협회를 같은 단체로 간주하고 만민공동회의 집회를 고종에 대한 도전으로 인식했으며 그 희생자로 윤치호를 지목했다. 당시 윤치호가 만민공동회를 지지할 수도 없었거니와 그렇다고 만민공동회의 기세가 꺾이면 정부가 독립협회를 탄압할 것이라 예상되어 이러지도 저러지도 못하고 있다고 판단한 것이다. 또한 이때 뮈텔은 일기에서 일본이 현재 더 많은 군대를 주둔시키기 위해 물건들을 사들이고 있다는 소문을 전하고 있다. 일본이 만민공동회 시위를 진압함으로써 대한제국 정부에 영향력을 행사하고자 한 것으로 비쳤다. 정부 역시 독립협회에 중추원이 제대로 개정되어 설치되면 자진 해체할 것을 요구했다. 하지만 독립협회는 정부의 이런 제안을 거부했다.

10월 24일 만민공동회는 경무청 앞에서 집회를 계속했다. 그리고 물러가라는 고종의 비답을 받은 뒤, 이승만은 만민공동회의 언로에 대한 보장을 받은 뒤에 물러가는 것이 좋겠다고 주장했다. 나아가 정교, 이건호, 이상재 등이 중추원 개정안을 만들었고, 윤치호가 정부의 요구대로 오후 4시까지 이를 올렸다. 이에 따르면 중추원은 단지 정부 자문기구에 머물지 않고 법령과 칙령에 관한 건을 비롯하여 여러 사안을 의결할 수 있도록 했다. 그리고 독립협회 회원들을 참여시키도록 했다.

이날 보부상들도 만민공동회에 대항하기 위해 세력 결집에 나섰다. 일촉즉발의 위기였다. 그러나 독립협회는 이에 굴하지 않고 중추원 의관 50명은 협회에서 회원의 투표로 뽑는다고 정부에 통보했다. 정부 대신들은 그 원칙에 찬성하면서도 황국협회도 똑같이 대우할 것을 요구했다. 윤치호는 황국협회는 독립협회와 달리 업적이 없다면서 거부했다. 그러자 고종은 독립협회에 17명을 허락할 테니 황국협회와 화합할 것을 요구했다. 윤치호는 회장인 자신에게는 전권이 없으니 회원 일동에게 물어보겠다고 답했다.

한편, 고종은 독립협회의 요구대로 중추원을 개편하면서, 독립협회의 활동을 법률이 허용하는 범위 내에서 제한하라는 조칙을 내렸다. 이에 만민공동회 참가자들은 경무청 앞으로 몰려가 모두 잡아 가두라고 시위하며 중추원 개정안 무효화를 주장했다. 그리고 10월 25일 재차 상소를 올려 언론 및 집회의 자유를 제약하는 고종의 칙령을《서경》의 "백성은 국가의 근본이니 백성이 견고하면 나라가 안녕하다"는 구절을 인용해 비판하고, 언론과 집회의 자유를 명백하게 보장할 것을 요구했다. 이에 정부는 10월 26일 의정 윤용선을 해임하고 언론의 자유를 허락했다. 또한 신기선과 이인우를 체포하라고 지시했다. 독립협회의 압력이 통했던 것이다. 독립협회는 만세삼창을 하고 경무청 앞에서 물러났다. 10월 27일 뮈텔은 일기에서 윤치호와 그 동지들을 두고 "그들의 나라에 오직 유익하려 하기보다는 매혹적인 그런 권세욕에 더 쉽게 넘어가지 않을까 두렵다"고 적었다.

극적 타협점, '헌의 6조'

뮈텔의 우려에도 독립협회는 여세를 몰아 10월 28일 종로 모임을 개최하겠다고 알렸다. 여기에는 일반인들은 물론 관리들도 참석하도록 했다. 그러나 그날이 되자 박정양은 독립협회에 편지로 10월 29일에 참석하겠다고 통보하면서 종로보다는 서대문 밖 독립관 모임을 권유했다. 그것은 고종의 '이런 회 저런 회를 따지지 말고 자리를 떠나 집회를 금지한다'는 지시 때문이었다. 그러나 이에 아랑곳하지 않고 독립협회는 오후 1시가 되자 관리들의 불참과 무관하게 대회를 강행했다. 종로에 목책을 엮어 천막을 치고 국기를 게양해서 회합에 오는 사람들을 맞았는데, 이날 참석한 인원은 약 3,000~4,000명이었다. 10월 29일 《독립신문》은 이 모임을 '대공동회(a great mass meeting)'로 명명했다. 만민공동회도 아니고 관민공동회도 아니었다. 이전처럼 독립협회를 위한 토론회로서의 만민공동회도 아니고, 관리들이 참석하지 않았으니 관민공동회로 부를 수도 없었던 것은 아닐까. 그렇다면 당시 독립협회 주도 세력은 어떻게 했을까? 이들은 만민공동회 주도 세력과 달리 온건한 방침을 제시했다. 윤치호가 이날 상황을 일기로 남기지는 않았지만, 《독립신문》 1898년 10월 29일 기사를 통해 그의 연설 내용을 확인할 수 있다.

어저께(28일) 종로 네거리에서 대공동회를 열고 회장이 본 회 회원과 모인 손님들에 대하여 회[會]를 하는 대지[大旨]를 대강 설명하는데, 그 대지는 첫째 우리나라는 단군 이래로 전제정치 하는 나라이라 구미 각국 중에 인민 공화 정치니 민주 정치 한다는 나라의 정형과는 대단히 다르니 우리는 남의 나라의 정치 어떻게 하는 것은 말할 것 없고 다만 우리는 모두 대한 백성이니 대한 백성의 직분만 지켜 우리나라 전제정치를 하시는 대황제 폐하를 만세 무강하시도록 갈충[竭忠] 보호하여 드리며 중경 대소 관인이나 시임 대소 관인들이 다 같은 우리 동포 형제라 혹 정치상에 잘못하는 일이 있으면 우리가 혹 논핵은 했을지언정 사사로이 혐의를 두지는 않는 터이니 연설하는 자리에 무단히 뉘 흉들은 말하지 말며 우리가 우리나라 일이나 가지고 혹 말마디나 할 것 있으면 사리대로 말이나 하지 어느 외국 사람이든지 무단히 걸어서 무례히들 말하지 말며 학자님들도 혹 모였을 터이니 좋은 말로 서로 하지 행여나 귀에거슬리는 말로 비방하거나 무례한 말들은 일절 없애고 모두 합동하여 일심으로 강론하여 보국 안민할 방책만 힘쓰자 하더라

여기서 윤치호가 고종이 추구했던 전제정치를 거부하지 않음을 보여주고 있다. 또한 인민을 보호할 방책을 강구하자고 주장하고 있다. 관리들도 동포임을 인정하고 사사로운 감정이 없다는 것을 표명하여 관리들의 참석을 유도하고 있다. 이에 따르면 대공동회가 제시한 개혁 추진 방식과 개혁 방향은 '관민상화(官民相和)'와 '보국안민(輔國安民)'이다. 이러한 개혁 추진 방식과 개혁 방향은 동학농민군이 1894년 6월 11일(양력) 정부와 합의한 추진 방식 및 개혁의 방향과 유사하다. 따라서 이 자리에서도 정부와 대공동회가 상호 타협할 여지가 있었다. 윤치호는 대공동회 도중에 회중이 자신을 대공동회장으로 선출하는 조건으로 반드시 지켜야 할 4가지를 제시했다. 영문판《독립신문》1898년 11월 1일 기사에 따르면 다음과 같다.

① 독립협회 회원들은 우리 황제와 그의 왕조를 사랑합니다. 폐하나 황태자 또는 황실 가족 누구에게든 어떤 무례한 말도 허용되지 않습니다. 어느 누구도 민주주의(democracy)나 공화주의(republicanism)를 옹호하는 것을 용인해서는 안 됩니다.
② 한국의 안녕은 크게 우리 조약국 열강의 선의에 달려 있습니

다. 한국이 어떤 불행을 겪든 간에, 외국인들이 아닌 우리에게 책임이 있습니다. 따라서 회의 내내 외국인 또는 그 국가에 대한 어떠한 무례한 용어도 허용되지 않습니다. 우리의 대외 관계가 유지되는 조약의 조건을 위반하는 것은 어떤 것도 용납될 수 없습니다.

③ 우리는 양반과 평민으로서 과거의 일을 후회하면서 시간을 낭비하기 위해서가 아니라 우리의 미래를 향상시킬 수 있는 어떤 수단을 강구하기 위해서 여기에 있습니다. 우리는 만족시킬 개인적인 원한도 없고, 홍보할 이기적인 목적도 없습니다. 우리는 이곳에서 형제자매로 만나, 우리 황제의 자녀가 됩니다. 그러므로 어떤 인격도 말이든 행동이든 제멋대로 하게 해서는 안 됩니다. 우리가 때때로 비난할 의무가 있는 전직 대신들과 다른 사람들에게 어떠한 폭언도 용납되어서는 안 됩니다.

④ 관습이나 복식의 변화를 위한 어떤 조치를 개시하려는 의도가 아닌가 하는 의심도 있을 수 있습니다. 진정하세요, 신사 숙녀 여러분. 그런 어리석은 생각만큼 우리에게 먼 것은 없습니다. 그러므로 우리 중 몇몇은 그들의 나라나 삶보다 훨씬 더 사랑하고 존중하는 우리의 사회적 관례, 종교의식, 복식의 형태 또는 상투에 영향을 미칠 수 있는 어떤 계획도 제안하는 것이 전혀 허용되지 않습니다.

윤치호가 대공동회 사회자를 맡는 조건으로 제시한 요구를 통해서 만민공동회가 대공동회를 통해 민주주의나 공화주의로 나아가려던 급진적인 경향을 제어할뿐더러 황제의 의구심을 해소하고 민중들의 복식과 상투에 대한 우려를 무마하고자 했음을 확인할 수 있다.

윤치호의 연설이 끝날 즈음 고종이 독립관이 아닌 종로 네거리에서 열리는 대공동회를 우려한 나머지 선포할 일이 있다고 하며 독립협회 회장단을 불렀다. 이때 윤치호와 이상재는 자신들의 이런 뜻을 전하며 고종의 의구심을 해소했다. 정교가 《대한계년사》에서 언급한 고종과 독립협회 회장단의 대화 내용이다.

여러 대신이 황제 폐하의 말씀을 전하기를,
"곧바로 듣건대, 협회 회원들은 본관[독립관]으로 나아가려고 하지만 회장과 부회장이 나아가려고 하지 않는다고 한다. 과연 그런가, 그렇지 아니한가?"
하니, 대답하기를,
"당초 이런 말을 한 적은 없습니다."
했다.
"무슨 목적을 가지고 모여서 일하는가?"
하니, 대답하기를,
"집회를 여는 큰 취지는 황실을 보호하고, 다음으로는 나라 살림과 백성들의 근심거리를 다루려는 것입니다. 그러므로 이미 뭇사람들에게 설명했습니다."
했다. 궁내부 대신 민병석이 이러한 사실을 가지고 황제에게 아뢰었다. 황제가 이르기를,
"좋다."
했다. 윤치호는 집회 참석자 일동에게 바로 이 사실을 전하기 위해, 박정양에게 답례하고 물러 나왔다. 시각은 이미 오후 5시를 가리키고 있었다.

당시 윤치호는 대공동회 개최의 목적은 황실 보호에 있다고 강조하면서 고종의 우려를 불식하고자 했다.

반면에 뮈텔은 10월 28일 대공동회를 두고 매우 우려스러운 시선을 일기에 담았다.

마튜닌[N. G. Matiunin, 러시아 대리공사] 씨와 플랑시[프랑스 공사] 씨가 방문했다. 그들은 종로를 지나왔는데, 거기에서는 감히 외국의 무력 보호를 요청했을 것이라며 두 명의 전 대신과 한 명의 협판이 벌인 행동을 고발하기 위해 대대적인 집회가 독립협회의 선동으로 열리고 있었다고 한다. 나는 전에 그 대신 중 한 명은 심상훈이고 또 그가 요청한 나라가 러시아였다는 말을 들은 적이 있다. 마튜닌 씨는 내게, 결코 그렇지 않고, 그 자신은 오히려 그것이 영국이고 또 조던 씨란 말을 들었다고 한다.

그리고 윤치호 등 독립협회 상층부가 추진했던 관민공동회 계획이 실패로 돌아갔다고 단정했다. 《뮈텔일기》 10월 29일 기록에 따르면, 28일 대공동회, 즉 관민공동회가 시작되자마자 회장과 부회장이 대궐로 불려감에 따라 중단되었을뿐더러 회장과 부회장이 돌아왔을 때는 이미 오후 5시가 넘어 해산 분위기였고, 더욱이 이 모임에 초청된 다수의 정부 관리들이 응하지 않았기 때문이다. 뮈텔의 말대로 "협회와 그 주도자들은 더욱 분하게 되었다".

그러나 대공동회 주도자들의 견해는 달랐다. 정교는 《대한계년사》에서 고종이 28일 독립협회 회장단과의 만남에서 종로 집회에 관리가 참석하는 것을 거부했음에도 불구하고 군중들이 추운 날씨에도 여전히 남아 서리를 맞아가며 밤을 지새운다는 보고를 받고, 모임의 목적을 청취하기 위해 29일 새벽 참정 박정양과 찬정 이종건을 보냈다고 기술했다. 그러나 집회 군중이 해산을 거부하자 박정양 등은 돌아갔다.

이날 정오에 회중이 모이자, 독립협회 총대위원 이대규가 이전의 독립관에서 열린 독립협회를 위한 토론회와 달리 이 모임은 관리와 백성이 공동으로 협의하기 위한 모임이라는 점을 들어 오후 2시까지 관리들에게 왕림하기를 요청하는 편지를 정부에 보냈다. 이에 박정양은 이 취지를 이해하고 참석하겠다고 통보했다. 당시 고종은 해임된 관료들이 독립협회가 공화주의 정치를 실행한다고 보고한 것에 마음이 흔들리던 차에, 독립협회 회장단과의 모임에서 윤치호 등이 모임의 목적이 황실을 보호하고 국계민우(國計民憂, 나라의 살림과 백성의 근심거리)를 토의하는 것이라고 해명하여 오해가 해소되었던 터였다. 이 모임은 정파 간의 싸움을 종식하고 긴급한 재정 문제와 백성들의 빠듯한 삶을 논의하는 데 초점을 맞추었다.

10월 29일 당일 관리들이 박정양의 약속대로 오후 4시쯤 종로 네거리 모임에 참석했다. 여기에는 의정부 참정 박정양, 찬정 이종건, 참찬 권재형, 법부 대신 서정순, 탁지부 대신 서리 고영희, 중추원 의장 한규설, 한성부 판윤 이채연, 의정부 찬무 르젠드르와 전임 대신 김가진, 민영환, 심상훈, 민영기, 정낙용 등이 참석했다. 또한 《대한계년사》에 따르면, 참석한 단체는 황국협회·중앙총상회·협성회·광무협회(光武協會, 경성학당 학생들의 토론회)·진신회(搢紳會)·친목회(親睦會, 중인 현학표 등이 설립했으며 등짐장수들이 많음)·교육회(敎育會, 어윤적 등이 설립한 학회)·국민협회(國民協會, 신사들이 설립한 협회)·진명회(進明會, 미상)·일진회(一進會, 송병준의 일진회와 다름)·보신사(保信社, 1898년 10월에 창립된 소상공인·금융업자 단체) 등이다. 명실상부하게 관리와 백성, 문명개화 계열과 보수자주 계열이 함께 하는 자리였다. 10월 30일 박정양이 고종에게 보고할 때 29일 모임을 '관민공동회'로 명명했으며《독립신문》11월 1일 기사에서 '관민공동회'로 지칭했다. 정교도《대한계년사》에서 이 모임을 '관민공동회'라 불렀다. 대공동회가 관리들의 참석으로 관민공동회로 전환된 것이다. 이 자리에서 대신들이 연설한 뒤 그 유명한 백정 출신 박성춘이 연설했다. 정교는《대한계년사》에 그 내용을 자세하게 옮겼다.

"이놈은 대한의 가장 천한 사람이고 무지몰각합니다. 그러나 충군애국의 뜻은 대강 알고 있습니다. 지금 이국편민(利國便民)의 길인 즉 관민이 합심한 연후에야 가하다고 생각합니다. 저 차일(遮日, 천막)에 비유하건대 한 개의 장대로 받치면 힘이 부족하나 많은 장대를 합하면 그 힘이 심히 공고(鞏固)합니다. 엎드려 원하건대 관민이 합심하여 우리 대황제의 성덕에 보답하고 국조(國祚)가 만만세를 누리도록 해야 합니다."

조선시대에 가장 천대받았던 백정이 이처럼 양반과 평민이 참석한 자리에서 연설한 것은 역사적 사건임에 분명하다. 군중이 모두 이 연설에 박수갈채를 보낼 정도로 신분제의 벽이 무너지고 있었던 것이다. 더욱이 그는 총대위원으로 활동하기까지 했다.

이어서 윤치호의 관민공동회 회장 수락을 위한 기본 조건에 근거하여 이른바 헌의 6조가 참석자의 동의 여부와 대신들의 서명을 통

관민공동회에서 연설하는 박성춘(기록화)

해 확정되었다.《황성신문》1898년 11월 1일 기사에 따르면 다음과
같다.

　제1조 외국인에게 의지하지 말고 관민이 마음과 힘을 합쳐 전제
황권을 굳건히 한다.
　제2조 광산, 철도, 석탄, 산림 및 차관(借款), 차병(借兵)은 정부가
외국인과 조약을 맺는 일이니, 각 부의 대신과 중추원 의장이 함께
서명하고 날인한 것이 아니면 시행할 수 없다.
　제3조 전국의 재정은 어떤 세금이든지 모두 탁지부에서 관할하
고, 다른 부(府)와 부(部) 및 사적인 회사에서 간섭할 수 없으며, 예
산과 결산을 인민에게 공포한다.
　제4조 지금부터 중대한 범죄는 특별히 공판을 진행하되, 피고가

끝까지 설명하고 마침내 피고가 자복한 뒤에야 형을 시행한다.

제5조 칙임관은 대황제 폐하가 정부에 자문해서 과반수의 찬성에 따라 임명한다.

제6조 장정(章程)을 실천한다.

제1조에서 볼 수 있듯이 독립협회 상층부가 전제왕권의 공고화를 통해 대내 개혁을 추진하면서 국권을 강화하고자 했음을 알 수 있다. 특히 윤치호가 민주주의와 공화주의를 경계하고 있다는 점에서 고종은 제1조가 전제군주정과 연계되어 있으리라 판단했을 것이다. 이와 같이 독립협회 상층부는 황제권의 강화를 전제로 개혁입법의 가속화를 촉구했다. 윤치호와 남궁억 등 독립협회 상층부는 전제군주정을 수용했던 셈이다. 이 모임이 10월 30일 정부와의 타협을 위해 휴정된 시각은 10월 29일 오후 7시였다.

아울러 정부도 10월 30일 5개 조항으로 구성된 조칙, 즉 칙하(勅下) 5조를 공포했다. 《승정원일기》 1898년 10월 30일(음력 9월 16일)에 따르면 다음과 같다.

제1조 중추원 규정을 서둘러 정하여 실시할 일
제2조 회의 규정은 의정부와 중추원에서 시기에 알맞게 참작해서 헤아려 결정, 신문 조례는 내부와 농상공부로 하여금 여러 나라의 규례에 의거하여 헤아려 결정해 시행할 일
제3조 관리의 탐학 금지, 처벌할 일
제4조 어사, 시찰관 등 관원의 폐단을 금지할 일
제5조 상공학교 설립, 백성의 직업을 장려할 일

이어서 10월 31일 고종은 박정양의 보고를 받고 헌의 6조를 재가했다. 정교의 말을 빌리면 "단 한 글자도 더하거나 뺄 만한 곳이 없다"고 판단되었기 때문이다. 그리하여 7월 14일 이후 100여 일 만에 남긴 이날 일기에서 윤치호는 헌의 6조의 성공에 대한 소회를 다음과 같이 적었다.

오늘은 황제의 즉위식 1주년 기념일로 모든 공공 기관에서 기념식을 개최했다. 폐하께서는 이날을 축하하기 위해 독립협회에 200달러를 하사하셨다.

오늘 아침 정부 《관보》에서 관민공동회가 황제의 재가를 요청하면서 각료에 제출한 헌의 6조를 폐하께서 승인하셨고, 폐하께서 관민공동회에 참석하도록 정부에 명하셨다는 소식이 실렸다. 물론 우리가 원하는 만큼 만족스러운 결과는 아니었지만, 정부 대신들이 우리와 함께했기 때문에 우리는 마치 황제께서 직접 재가하신 것처럼 헌의 6조를 시행할 수 있다고 생각했다. 만약 황제께서 헌의 6조를 침해하기를 바라셨다면, 재가 유무와 관계없이 뜻대로 하셨을 것이다. 따라서 우리는 황제의 애매한 답변에 만족했고 독립협회에서는 헌의 6조를 승인하신 황제의 자비, 은혜, 사랑 등을 중요하게 생각했다. 독립협회는 전국에 배포할 수 있도록 헌의 6조를 1만 부 인쇄하라고 위원회에 지시했다.

정부와 대공동회는 상호 이해 속에 관민공동회를 출범시켰고 헌의 6조로 타협함으로써 정국의 물꼬를 틀 수 있었다.

그리고 이날은 황제 즉위일인 계천기원절이어서 독립협회가 경축회를 독립관에서 개최했다. 이어서 경운궁 인화문 앞으로 와서 고종을 위하여 만세를 부르고 황태자를 위하여 천세를 부르고 전국 2,000만 동포를 위하여 천세를 부르고 난 뒤 종로를 향하여 사무소로 갔다. 또 황태자가 은화 200원을 하사하여 연회 비용에 충당했다. 정부와 독립협회가 밀월 관계로 보였다.

타협이 다시 물거품의 위기로

헌의 6조는 정부와 만민공동회가 오랫동안 갈등해 온 사안을 해결하는 중요한 열쇠였다. 그러나 불길한 낌새가 보이기 시작했다. 10월 31일 관민공동회가 열리던 당일, 이승만은 고종의 헌의 6조 재가 소식에 반신반의하면서 다음과 같이 신중론을 폈다. 정교는 이런 사실을 놓치지 않고 적었다.

"모든 나랏일에는 매번 정부에서 조처토록 하라는 황제 폐하의 지시가 있었습니다. 그러나 그대로 실시되는 것은 보지 못했습니다. 이는 옳지 못한 일을 바로잡도록 말하지 않았기 때문입니다. 본회[관민공동회]는 가볍게 해산하지 말고, 여러 대신이 만약 지시대로 실시하지 않으면, 다투어 논박하여 그대로 실시되는지 살펴보는 게 좋겠습니다." 모임 참가자들이 그 말을 따랐다.

이승만의 주장은 고종의 결정을 믿지 않고 계속 예의 주시하면서 모임의 대오를 유지하겠다는 의지를 피력한 것이다. 이 모임에 참석한 회원 일동은 정교의 말대로 이승만의 주장을 따라 해산하지 않았다. 언제든지 모임을 확대하겠다는 뜻이었다.

이러한 조짐은 11월 1일 윤치호 주변에서 두드러졌다. 윤치호가 밤 11시 잠에 살짝 들었을 때 두 사람이 찾아와 윤치호 암살 음모를 전했다. 그날 밤 윤치호는 자신의 집에서 자지 못하고 아버지 윤웅렬의 집으로 피신했다. 그러나 이러한 암살 시도를 제삼자의 기록에서는 확인할 수 없다. 다만 개혁 대상이었던 궁내부 재정 때문에 11월 2일 헌의 6조에 관한 논의가 지체되고 있었던 것은 사실이다.

그럼에도 11월 2일 '중추원 관제'가 공포되어 독립협회가 자체 선출로 추천한 인사 25명이 중추원 의원이 될 수 있는 길이 열렸다. 중추원 관제 개정 내용이 칙령 제36호로 1898년 11월 2일에 반포되었고 11월 4일자 《관보》에 실렸다.

중추원 관제 개정 건

제3조 의장은 대황제 폐하께서 성간(聖簡)으로 칙수(勅授)하고, 부의장은 중추원에서 공천에 따라 폐하가 칙수하며, 의관은 그 절반은 정부에서 나라에 공로가 있었던 사람을 회의에서 상주하여 추천하고 그 절반은 인민협회 중에서 27세 이상 되는 사람 가운데 정치, 법률, 학식에 통달한 자를 투표해서 선거한다.

제16조 본 관제 제3조 가운데 인민 선거는 현재는 독립협회로 행한다.

이 법률에서 핵심 조항이라 할 제3조와 제16조에 따라 독립협회에서 중추원 의원 50명 가운데 절반을 선출할 수 있게 되었다. 여기서 말하는 인민협회는 정부가 독립협회 말고도 다른 사회단체가 참가할 수 있는 길을 열어주기 위해 설정한 것이지만, 황국협회가 참

가 대상에서 제외되었기 때문에 제16조대로 사실상 독립협회를 가
리켰다. 선거는 오는 토요일인 11월 5일 독립협회 회원들이 독립관
에 모여 실시할 예정이었다.

이어서 선거 전날인 11월 4일 저녁 고종은 윤치호를 불렀다.《윤
치호일기》의 당일 기록이다.

오후 6시에 궁궐 문지기가 사무실에 와서 폐하께서 즉시 나를
만나고 싶어하신다고 전했다. 어두워진 뒤라서 혼자서 궁궐로 가
는 것이 안전하지 않을 것 같았지만 폐하의 소환에 불응할 수는 없
었다. 그래서 궁궐로 들어가서 환관들의 숙소로 안내를 받았다. 거
기에는 황국협회 회장인 이기동이 있었다. '아첨꾼" 김명제도 함께
있었다. 저녁 9시에 폐하를 알현했다. 폐하께서는 독립협회에서 언
제 어떻게 중추원 의관을 선출할 것인지 하문하셨다. 나는 내일 투
표를 통해 민선 의관을 선출할 것이라 고했다. 폐하께서는 평소 관
례대로 다양한 형식으로 동일한 질문을 하셨다. 그러더니 내가 어
디서 잤는지 하문하셨다. 나는 지금까지 정동에서 잤고 그 뒤 집에
서 잘 것이라고 말씀드렸다. 폐하께서는 내가 종종 독립협회 사무
실에서 자는지 알고 싶어 하셨다. "그러하옵니다"라고 고하자 폐하
께서는 사무실이 독일인 소유인지, 한국인 소유인지 자상하게 물
어보셨다. 나는 사무실이 비록 독일 공사관 건물 사이에 있지만 한
국인이 사는 집이라고 말씀드렸다. 이런 간단한 질문을 하신 뒤 폐
하는 나를 내보냈다. 조병식이 중추원 사무실에 혼자 있었다. 집에
도착했을 때는 밤 10시가 다 되어 있었다. 지금 신변의 위험에 대한
소문이 떠돌고 있기 때문에 서재에서 같이 자줄 남자가 필요하다는

이야기를 듣고 아내는 이렇게 말했다. "여보, 제 방에서 주무세요. 남자는 필요 없어요. 만약 무슨 일이 생기면 내가 10명의 한국인 남자보다 더 나을 거예요." 나는 웃으면서 아내의 말에 따랐다.

고종이 다음 날에 있을 중추원 의원 선거 방식을 물었고 윤치호는 투표제 방식을 설명했다는 것을 확인할 수 있다. 궁궐 방문을 마치고 돌아오는 윤치호로서는 이 자리에 이기동과 조병식이 와 있었다는 점, 자신이 자는 장소에 대한 고종의 지나친 관심 등이 마음에 걸렸을 것이다. 윤치호는 신변의 위협을 느끼며 귀가한 뒤 자신의 방이 아닌 다른 방에서 잠을 잤다. 당시 고종이 윤치호를 부른 것은 모종의 조치를 취하기 전에 상황을 파악하려 한 것으로 보인다. 그리고 이날 밤과 다음 날 새벽 사이에 반전이 일어났다. 훗날 밝혀진 바에 따르면, 정부에서 중추원 관제를 공포한 11월 4일 밤, 조병식, 유기환, 이기동 등의 대신들이 "독립협회가 공화정치를 실시하고자 하며, 협회의 간부들을 각 부 대신과 협판에 임명하고자 한다"는 익명서를 거리에 붙이게 하는 한편 그 내용을 고종에게 밀고했다. 내용인즉 독립협회가 11월 5일 독립관에서 대회를 열고 박정양을 대통령으로, 윤치호를 부통령으로, 이상재를 내부 대신으로, 정교를 외부 대신으로 … 등등 임명하고 나라의 체제를 공화정으로 바꾸려 한다는 것이다. 뮈텔이 11월 8일 일기에서 밝힌 대로, 이 문서는 가짜이고 소송에 쓰이기 위해 작성되었던 것이다.

11월 5일 새벽 고종은 이러한 익명서의 내용을 사실로 여기고 김정근을 경무사에 임명한 뒤, 독립협회 주요 인사를 잡아들이라고 지시했다. 특히 고종은 만민공동회의 배후에 권력을 장악하려던 친일파 박영효와 안경수가 도사리고 있다고 의심하던 차였다. 물론 독립협회 회장 윤치호도 포함되었다. 새벽 5시에 경찰 박인환이 윤치호를 체포하기 위해 그의 집을 방문했다. 윤치호는 그 직전에 체포 정보를 듣고 몸을 피해 아펜젤러 집으로 찾아갔다. 이때 독립협회 인사 17인이 체포되었고 헌의 6조를 승인한 대신들이 해임되었다는 칙령 반포 소식을 들었다. 《관보》 1898년 11월 5일 호외에 실린 독립협회 해산에 관한 조령은 다음과 같다.

지난번에 독립협회에 관해 한계를 정하고 그 이상 활동하지 못하도록 신칙한 것은 따뜻하고 정중히 한 것일 뿐만 아니라 지혜를 발달시키고 개명한 데로 나아가도록 한 것이며 회의 순서를 정하고 규정을 따르도록 한 것이었다. 이것은 깨우쳐 인도하는 지극한 뜻에서 나온 것인데, 발길을 돌리지 않고 그 자리에서 패거리를 모아 더욱 위세를 부리고 명령을 거역함이 갈수록 방자해져서 심지어는 조정을 꾸짖고 대신을 쫓아내는 데까지 이르렀다.

대궐을 떠나지 않으면서 상소를 올렸을 때의 일을 생각하면 간절한 칙령을 여러 차례 내렸건만 울부짖는 소리가 온 도성 안을 떠들썩하게 했으니, 만약 신민으로서 조금이라도 양심이 있다면 어찌 이럴 수가 있겠는가? 마지막에는 바로 폐단을 수습한다고 빙자하여 네거리에 목책을 치고 백성들을 지휘하여 움직여서 높은 벼슬아치를 위협하고는 결재할 것을 청하도록 다그쳤다. 그리하여 난리의 싹과 재앙의 기미가 당장 나타나게 되었다. 생각이 이에 미치니 나도 모르게 한심하다. 이것을 심상히 처리해서는 안 될 것이니, 이른바 협회라고 이름한 것은 모두 혁파하라.

그리고 아래와 같은 조령을 내렸다.

일전에 관민회(官民會)에서 여섯 가지 조항을 논하여 진술한 것
은 아닌 게 아니라 뽑아 쓸 만한 것이 있으며, 또한 조목별로 나눈
규정 중에도 있다. 대신은 이미 직책상 알지 못할 리가 없으나 잘
못을 충고하는 의리로 볼 때 혼자서 보고하거나 여러 명이 연명으
로 상소를 올려도 안 될 것이 없는데, 민회(民會)로부터 재촉을 받
고 나서 손 가는 대로 옳다고 쓰고 갑자기 결재할 것을 청했으니,
짐에게 불안한 점이 있다. 이에 그대로 둘 수 없으니, 당시의 시임
대신을 모두 본관에서 파면시키도록 하라.

위 2개의 조령에 따르면, 고종은 헌의 6조에 대해서는 나름대로
타당성이 있다고 여기면서도 만민공동회가 해산 명령에도 불구하
고 해산을 거부하고 집단적 행동으로 대신들을 압박하는 것을 권
력 탈취 운동으로 인식하고 있다. 물론 이는 조병식 등이 만민공동
회 운동을 공화정 수립 운동으로 매도하고, 이기동이 프랑스 혁명
을 언급하면서 고종을 불안감에 빠뜨렸기 때문이다. 다만 수동적으
로 참가한 유생과 일반 백성들은 조사 대상에서 제외할 것을 덧붙
였다. 그리하여 독립협회 주요 인사 17인을 체포했다.
　나아가 조령대로 독립협회는 물론 황국협회도 혁파했다. 정부와
독립협회 사이에 불신의 벽이 매우 높았던 것이다. 당시 독립협회
회원 수는 정교의 말에 따르면 4,173명이었다. 또한 일본에 체류 중
이던 박영효는 만민공동회 운동이 한창 전개될 무렵 이에 고무되
어 망명자들과 돈을 모아 지원하고자 했다. 독립협회 회원 안영수

박영효(1861~1939)
김옥균과 더불어 갑신정변의 주역이다. 김홍집 내각 때 내무 대신을 역임했지만 쿠데타 혐의를 받고 일본으로 망명했다. 조선 정부는 그가 반역 음모의 배후에 있다고 판단했다.

(安寧洙)는 박영효로부터 돈을 받아 약간의 돈을 만민공동회 경비로 지출했다. 이때 유길준은 박영효를 미워하여 한 푼도 내지 않고 본국에 이 사실을 알렸다. 정교는 훗날 이 소식을 듣고 박영효의 개입과 17인 체포가 관련이 있지 않았을까 의심했다. 실제로 박영효는 1898년 10월 측근인 이규완, 황철을 국내에 파견하여 동지들을 규합하고, 새 정부를 구성하려고 했다. 심지어 박영효는 귀국까지 고려하고 있었다. 독립협회 인사 17인이 박영효와 직접 관련되지는 않았더라도 정부로서는 유길준을 통해 박영효가 이 사건에 개입하고자 했음을 눈치채고 만민공동회 운동도 불신했던 것은 아닐까.

반면에 윤치호는 고종에 대한 배신감으로 치를 떨었다. 11월 5일 일기에 다음과 같이 적었다.

독립협회 주요 인사 17명이 체포되었다는 소식을 들었다. 중추원 부의장 조병식이 법부와 궁내부 대신 대리에 임명되었다. 민종묵은 다시 축출되었다. 김홍륙에게 자신의 첩을 제공하여 궁내부 대신 자리에 올랐던 가증스러운 인간인 남정철은 어젯밤 고문관이 되었다.

제국신문 편집장인 이승만과 배재학당 보조 교사인 양홍묵이 찾아왔고, 우리는 가능한 한 빨리 대중에게 이 일을 알려야 한다는 데 의견을 모았다. 두 사람은 나가서 다른 이들의 지원을 받아 경무서 앞에서 군중들을 소집했다. 군중들은 자신도 체포되어 독립협회 회원들과 함께 처벌받겠다고 주장했다.

오늘 《관보》에는 독립협회를 해산하고 헌의 6조를 승인한 대신들을 해임한다는 소위 칙령이라는 것이 실렸다! 이런 사람이 바로 왕이다! 아무리 감언이설로 사람을 속이는 비겁자라도 대한제국의 대황제보다 더 야비한 짓을 저지르지는 않을 것이다!

정부는 지금 친일 매국노 유기환과 친러 매국노 조병식의 손아귀에 있다. 즉 러시아와 일본이 모두 매국노를 등에 업고, 의심할 여지 없이 탐나는 권리를 양도받기 위해 한창 자신들의 노예를 후원하고 있는 것이다. 망할 일본인들! 그들은 곧 한국의 마지막 희망인 독립협회를 무너뜨리는 데에서 러시아인을 지원할 이유를 찾을 것이고, 그렇게 되기를 진심으로 바란다. 밤에 리드 박사 댁으로 옮겼다.

윤치호는 고종이 '야비한 짓'을 저질렀다고 통분하면서 그 배후에는 친일파와 친러파 그리고 일본과 러시아가 있다고 보았다. 그리고 체포를 피해 남감리교 선교사 리드(Clarence Frederik Reid) 집으로 피신했다.

심지어 윤치호는 1898년 11월 12일 일기에서, 11월 5일에 자신이 체포되었다면 독립협회 주요 인사 17명이 그날 살해당했을 것이라는 충격적인 이야기를 들었다고 적고 있다. 이 계획은 경무사 김정근이 꾸몄으며 실행될 뻔했다는 것이다. 윤치호의 이런 전언을 어디까지 믿을 수 있는지 확인할 길이 없다. 다만 보수파들이 독립협회 주요 인사들을 어떻게 인식하고 있는지를 보여준다.

이때 정교는 독립협회 주요 인사들이 체포되는 과정을 보면서 남궁억이 암암리에 고종 측근 세력과 연락하며 독립협회 명망가 명단을 전달했다고 믿었다. 남궁억이 자신은 잡혀 올 사람이 아닌데 잘못 잡혀 왔다고 말한 것을 근거로 삼았다. 정교는 윤치호, 남궁억 등 독립협회 상층부의 노선에 늘 불만이 많았던 터였다.

그러면 뮈텔은 이러한 돌발적인 반전을 어떻게 인식했을까. 11월 5일 일기에 따르면. 고종의 독립협회 해산 조치와 주요 지도자 체포령을 '정변'으로 표현했다. 이어서 조병식이 의정부 참정으로 임명되었고 독립협회 지도자 가운데 체포를 모면한 지도자가 군중들의 시위에 힘입어 구금자들을 석방하거나 자신들을 모두 체포할 것을 요구하고 있었다. 특히 윤치호가 숨었거나 도망간 사실도 명기하고 있다.

뮈텔이 말한 시위 군중에는 이승만과 양홍묵이 자리하고 있었다. 그들은 윤치호와 긴밀한 협의 아래 군중과 함께 경무청으로 가서 거세게 항의했다. 군중의 수는 정교의 주장에 따르면 수천 명으로 추정된다. 이때 경무사 김정근은 "독립협회의 충성과 사랑이 너무 지나쳤다"고 비꼬았고, 하촌(영의 군교들이 사는 곳) 출신 유맹이 경무청 감방에서 한탄하면서 "하촌 출신이 나랏일에 관계가 있다고 함부로 제 잘난 척하며 떠들었을까. 그 죄로 말하면 죽음에 해당한다"고 말했다. 그러자 정교가 "독립협회가 망하면 우리나라가 망한다. 훗날 황금으로 우리들의 동상을 만들어 종로 큰 길가에 죽 세우게 될 것이다. 우리들의 죽음 또한 영광이다"라고 꾸짖으며 설파했다. 총대위원 유맹의 나약한 소리를 꾸짖은 것이다. 그리하여 회원 수십 명은 무명을 파는 백목전 도가(都家)에 모여 병사 출신 윤시병(尹始炳)을 만민공동회 회장으로 추대하고 경무청으로 달려갔다. 독립협회 주요 인사들이 체포되어 지도부 공백이 생기자, 그 틈을 타 윤시병이 만민공동회 투쟁에서 일약 주목을 받았다. 독립협회 지도부의 공백이 정치적 야심이 많았던 윤시병에게 미약한 정치적 기반을 강화할 수 있는 계기를 제공한 셈이다. 이후 윤시병은 1904년 8월 송병준과 함께 유신회를 조직했고 일진회로 발전시켰다. 또한 만민공동회 운동은 이승만과 양홍묵의 주도 아래 본격화되었다. 군중들은 자신들도 체포되어 독립협회 회원들과 함께 처벌받겠다고 주장했다.

이들의 앞날에는 무엇이 기다리고 있었을까? 정국은 혼돈으로 빠지고 있었고 갈등의 골은 깊어가고 있었다.

3. 정국의 파탄

상황이 달라졌다. 고소당한 17명의 독립협회 회원들은 무죄거나 아니면 거의 그와 비슷하게 석방되었다. 그들은 형식상 40대의 매를 맞았다. 감옥에서 나오자 그들은 집회에서 갈채를 받았다. ⋯ 그들을 의심했던 대신들은 축출되었고, 그 허위 문서의 작성자는 잡혀 처벌을 받았다. _ 뮈텔

홍종우와 길영수 등이 민회를 공격하여 해산시켰다. 이석렬이란 자가 상소하여 박영효를 사면시켜 고국으로 돌아오도록 할 것을 청했고, 이어서 윤시병이 정부에 둘 만한 사람 10여 인을 추천했는데 박영효가 그 안에 포함되었다. 이 두 사람은 모두 독립협회 회원이었다. _ 황현

독립협회의 분열과 소용돌이치는 정국

11월 이즈음 감방에 갇힌 독립협회 인사들이 서로 이야기를 나눌 때 경무관 안환이 다가와서 '독립관에서 대통령을 뽑는다'는 내용의 익명서를 보여주었다. 그러나 체포된 독립협회 회원들이 익명서에 동요되지 않는 가운데 경무청 바깥에서는 항의 군중들이 늘어나고 있었다.《대한계년사》에 따르면, 11세인 소학교 학생 장용남조차 종로거리 등하굣길에서 목격했던 관민공동회 광경을 들려주는 가운데 "옛말에 '오늘이 올바르고 지난날이 틀렸음을 깨달았다'라는 말이 있습니다만, '지난날이 옳았는데 오늘이 옳지 않다'는 말은 듣지 못했다"고 하며 헌의 6조를 뒤집는 정부의 급작스러운 조치를 비판할 정도였다. 이에 군중들은 항의를 지속했다. 철야 농성이 본격화한 것이다.

독립협회 인사 체포에 대한 일반인들의 반응은 어떠했을까. 관민공동회에는 학생들을 비롯하여 식자층이 대거 참석한 것으로 알려졌다. 윤치호의 증언에 따르면, 수천 명의 군중이 항의 모임에 참석했으며 여러 학교 학생들도 참여했다고 한다. 그러나 그는 피신 상황에서 쓴 1898년 11월 6일 일기에서 일반 대중의 '가공할 만한 무관심'을 신랄하게 지적했다.

독립협회 회원들은 여전히 동요하고 있다. 하지만 나를 가슴 아프게 만드는 것은 일반 대중의 가증스러운 무관심이다. 대중은 이 투쟁을 독립협회 회원들이 정부를 상대로 벌이는 사적 분쟁으로 간주한다. 몇백 년 동안 노예 상태에서 억압받아 온 이 아이들(children)은 헌의 6조가 국가와 국민 모두의 이익과 관련된 것이라는 사실을 알아차리지 못한다! 이런 사람들한테 희망을 갖다니, 우리가 더 큰 어리석음을 범한 것이다. 왕이나 국민이나 모두 똑같다! 그들에게 어울리는 것은 노예 상태뿐이다!

정부는 무력을 쓰겠다고 협박하고 있다. 사람들은 군인과 맞설 태세가 되어 있다. 아니 적어도 그렇게 말하고 있다. 일반적으로 격변 같은 거대한 불안감은 외국인에게는 파괴적이다. 리드 박사가 미국 공사 알렌 박사를 찾아가서 정부가 군중을 향해 발포하지 못하도록 영향력을 행사해 달라고 요청했다.

반(反)독립협회 음모 중에 가장 흥미로운 부분은 익명의 선언서를 독립협회가 썼다고 주장하는 것이다. 선언서 내용에 따르면, 박정양이 새로운 공화국의 대통령이 되고, 윤치호(나)가 부통령, 이상재가 내무부 장관이 된다. 폐하는 이런 말도 안 되는 이야기에 겁을 먹거나, 아니 오히려 겁먹은 척하고 있다! 독립협회 회원들이 폭력을 행사하면 외국인의 동정심을 잃고 정부에 무력 사용의 빌미를 줄 수 있으니 폭력을 행사하지 말도록 설득하는 데 최선을 다했다.

윤치호는 무관심한 대중과 겁먹은 고종을 맹비난하는 가운데 독립협회의 폭력적인 행동을 우려하고 있다. 민중에 대한 불신과 함께 외국의 지원이 절실하다는 판단 아래 폭력 사태를 피하고자 했던 것이다. 이는 만민공동회가 윤치호의 주장대로 서울 시민들 대다수의 지지를 받지 못했음을 반증하는 것은 아닐까.

그럼에도 독립협회의 나머지 인사들은 만민공동회를 적극 활용하고자 했다. 만민공동회에서 정부와 각 부에 편지를 보냈다.《대한계년사》에 따르면, 그 내용은 다음과 같다.

"삼가 여러분께 아룁니다. 오늘 발간된 《한성신보》를 보니 …
'3~4일 전부터 유기환 씨가 참정 조병식 씨, 법부 협판 이기동 씨
와 함께 은밀히 계획을 짜되 독립협회 배후에 세력이 없음을 알고
단연코 진압하려고 행동한 것이다'라고 했습니다. 이 기사가 틀림
없는 즉 의혹이 점점 커지고 있으니 이 사건에 대해 삼가 질문할
의무가 있습니다. 이에 삼가 살펴주시기 바랍니다. 오늘 오후 7시
까지 경무청 문 앞 만민공동회로 와주시기 바랍니다."

일본인이 간행하는 《한성신보》 기사에 따르면, 만민공동회가 파
악한 바와 같이 정부가 독립협회를 지지하는 외세가 없음을 알고
독립협회 인사들을 체포했다는 것이다. 이에 종로의 대소 상인들이
철시 투쟁에 들어갔다. 경무청에서 개점을 명령했지만 상인들은 거
부했다. 또 만민공동회는 온 동네에 총대위원 5명을 보내 민회의 본
래 의도를 인민들에게 알아듣도록 설명했다.

이때 김정근은 상부 지시로 만민공동회 참가자 체포를 논의했지
만, 수천, 수백 명을 잡아들여야 하기 때문에 체포가 불가능하다고
보고했고 이로 인해 면직을 당했다. 당시 외부는 각국 공사관에 변
란을 막기 위해 진압이 필요하니 놀라지 말라는 공문 발송을 준비
했다. 그러나 각국 공사관은 대한제국 정부의 이런 진압에 우려를
표명했고, 다음 날 7일 일부 대신이 경운궁에 들어가서 "이렇게 한
다면 재난이 곧바로 일어날 것이다. 절대로 경거망동해서는 안 된
다"고 황제에게 아뢰자 탄압이 중지되었다. 이어서 경무사로 임명
된 신태휴가 즉시 경무청으로 가서 이건호, 유맹, 남궁억을 경무사
집무실로 불러 위로하고 달래며 갇힌 사람들 모두 무사할 것이라고

발언했다. 그러나 이러한 발언 직후 그는 면직되었고 다시 김정근이 경무사 직책을 맡았다. 시시각각 정세가 요동치면서 고종 역시 갈피를 잡지 못하고 있었던 것이다.

당시 만민공동회를 바라보는 뮈텔의 심정은 어떠했을까. 그는 11월 6일 일기에 다음과 같이 적었다.

시위가 계속되고 있고, 또 시위자들과 그들을 해산시키려는 군인들 사이에 난투도 몇 번 있었다. 한 경찰 간부는 황급히 도망하다가 경찰 제복을 벗어버렸는데, 한 시위자가 군중들을 선동하기 위해 그 옷을 빼앗았다고 한다.

일본 신문은, 그레이트하우스의 동지인 장봉환(그레이트하우스의 장인이라는 말도 있음)이 외국인 수비대를 징모하기 위해, 이번에는 대궐 수비를 맡길 500명을 모집하기 위해 상하이로 갔다는 소문을 보도했다.

대한제국 군인과 만민공동회 시위자 간의 충돌이 폭력 사태로 번지고 있다고 전하면서, 시위대의 과격한 면모를 부각시키고 있다. 시위대를 바라보는 뮈텔의 시각이 다분히 반영되었다. 특히 일본 신문 보도에 따르면, 독립협회의 반대로 철회되었던 외국인 용병 모집을 정부가 다시 한다는 풍문도 나돌고 있었다.

한편, 정교는 윤치호가 아버지의 구명 운동 덕분에 덕원 감리(개항장 외국인 관리 업무를 담당하는 우두머리) 겸 부윤으로 내려간다는 소식에 분노하며 그를 맹비난했다. 그리고 남궁억을 두고는 보부상 및 민영기의 무리와 몰래 내통하여 보부상의 몽둥이 찜질을 면할 수 있었다고 적었다. 정교와 윤치호·남궁억의 사이에 장벽이 점점 높아졌다. 정교가 쓴 글의 내용은 시기 어린 허무맹랑한 거짓말은 아니었다. 《윤치호 일기》에 따르면, 11월 6일 이기동이 윤웅렬을 찾아와 윤치호를 상하이로 내보내길 희망한다는 고종의 말을 전했다. 그리고 독립협회에 대한 정부의 강력한 조치 때문에 윤치호가 불충한 마음을 품지 않기를 바란다는 말도 덧붙였다. 일종의 경고인 셈이다.

또한 정교는 《대한계년사》에서 만민공동회 측이 11월 8일 1차 상소에서 임금의 은혜에 보답하는 것이 충성이라고 한 점을 강조했다. 이는 정교가 직언을 숨기지 않고 아뢰는 것이 충성을 다하는 것이며, 그렇게 해야만 백성에게 혜택이 돌아간다고 주장하기 위해서다. 나아가 독립협회가 백성들의 어려움을 전달하는 언로의 역할을 통해 임금과 백성이 서로 감화될 수 있도록 노력해 왔으므로, 독립협회를 복설해 달라고 요청했다. 이에 대해 고종은 11월 11일 언로의 역할은 이제 중추원에 맡겼으니, 독립협회를 복설할 필요는 없다고 답했다. 더는 대의 기구 역할을 하지 말라는 뜻이다.

여기서 정부와 만민공동회의 관계를 파탄으로 몰고 간 11월 4일 밤 익명서에 주목할 필요가 있다. 이즈음 윤시병은 만민공동회 회장이 된 뒤 그의 형이자 전 승지 윤길병(尹吉炳)을 통해 11월 9일 아침에 고종에게 상소하도록 했다. 윤길병은 독립협회 회원 유근이 쓴 상소문에서 경무사 신태휴가 가져온 익명서는 간사한 무리들이 꾸미고 모함하려 만든 가짜 문서임을 주장하면서 그 출처를 조사해 달라고 요구했다. 당시 고종은 이런 상소에 의구심을 가지면서 궁내부 관리 이무영을 통해 독립협회가 일본 망명자를 도와주고 있지 않은지 하문했다. 고종은 "국사범 가운데 박영효가 돌아온다면 오로지 황제의 권력을 빼앗으려 할 것이며 이준용이 돌아온다면 당장 황제를 제멋대로 부리려고 할 것이다"라고 말하면서 박영효와 대원군의 손자 이준용의 귀국에 민감하게 반응했다. 그리하여《윤치호 일기》1898년 11월 10일 기록에 따르면, 고종은 익명서는 틀림없이 줏대없는 동료(some unprincipled fellows)들이 작성했고 근거가 없다고 답변했다. 그리고 상소를 올린 회원들은 무고하다고 하면서 독립협회의 주요 인사들을 체포한 것은 다른 사안 때문이라고 전했다. 즉 체포된 인사들은 익명서와 무관하게 다른 사건 즉 박영효 쿠데타 모의에 연루되어 조사받고 있다는 것이다. 나아가 군중들에게 속히 물러날 것을 요구했다. 고종으로서는 만민공동회의 상소 취지를 이해하면서도 군중이 여타 정치 세력에게 이용되어 자신을 압박하지 않을까 우려한 것이다. 그리고 이날 오후 8시 고종의 지시로 정교를 비롯하여 태형 40대가 선고된 독립협회 인사 전원이 석방되었다. 여러 구미 공사관의 압력도 작용했거니와 고종 스스로 익명서가 조작되었음을 확인한 듯했다. 고종과 가까운 뮈텔도 익명서 내용을 신뢰하지 않았던 데서 짐작할 수 있다.

한편, 만민공동회 참가자들을 신뢰하지 않았던 윤치호는 11월 9일 자신의 일기에서 숙명론에 사로잡힌 군중들이, 정교의 주장과 달리, 목이 잘릴까 걱정하여 모임에 적극적으로 참가하지 않았다고 비난했다. 당시 정교가 투옥되어 있었던 사정을 감안하면, 오히려 윤치호의 증언이 사실에 가깝다고 볼 수 있다.

다음 날인 11월 10일, 풀려난 독립협회 인사 중 한 명인 현제창(玄濟昶)이 윤치호를 찾아와 논의했다. 윤치호의 11월 11일 일기는 다음과 같다.

오후 8시가 되자 18명의 수감자가 석방되었다는 소식이 전해졌다. 나중에 수감된 지도자 중 한 명인 현제창이 나를 만나러 왔다. 우리는 폐하께서 직접 헌의 6조의 시행을 재가하실 때까지 집회를 계속하고, 조병식 무리를 궁에서 축출하며, 독립협회를 재건하기로 결정했다.

조병식이 엄상궁과 결탁하여 다른 여성과 재혼하지 못하도록 가톨릭으로 개종하시라고 폐하를 설득하고 있다는 소문이 돌고 있다. 그 소문이 사실인지는 알 수 없다. 하지만 가톨릭 신자들이 반독립협회 박해사건에 깊은 관심을 갖고 있다는 소식을 들어도 그다지 놀라지는 않을 것이다.

윤치호는 독립협회 인사로 구속되었다가 풀려난 현제창과의 협의를 통해 헌의 6조를 관철하기 위해 집회를 지속적으로 개최함으로써 보수파 대신을 축출하고 독립협회 재건에 힘을 기울였던 것이다. 현제창은 명성황후와 고종의 총애를 받았던 진령군의 도움으로 등과해 여러 고을의 군수를 지냈으나 11월 1일 윤치호의 암살 위험 음모를 사전에 알려줄 정도로 윤치호에게 신임을 받던 인물로 보인다. 그의 아들 현순(玄楯, 1880~1968)은 훗날 목사로 성장했으며 하와이 동포사회의 지도자이자 독립운동가로서 3·1운동 때 주도적으로 참여했고 대한민국 임시정부 의정원에서 활동했다.

또한 윤치호는 뮈텔이 주도하는 천주교 측이 반독립협회 박해사건에 관심을 갖고 있다는 소문에 별로 놀라워하지 않고 있다. 윤치호도 천주교 측이 일찍부터 황실과 연계되어 있으며 독립협회 탄압에 관심이 있음을 익히 알고 있었던 셈이다. 독립협회 운동을 둘러싸고 개신교와 천주교가 대결하고 있음을 보여주는 대목이다. 윤치호가 예상했던 대로, 뮈텔은 독립협회가 정국 주도권을 쥐는 것을 못마땅하게 여겼다. 뮈텔의 11월 11일 일기다.

상황이 달라졌다. 고소당한 17명의 독립협회 회원들은 무죄거나 아니면 거의 그와 비슷하게 석방되었다. 그들은 형식상 40대의 매를 맞았다. 감옥에서 나오자 그들은 집회에서 갈채를 받았다. 그 집회는 6개 항[헌의 6조]과 황제의 5개 제안[10월 29일 고종의 조칙]이 받아들여지지 않는 한 해산하지 않을 것이라고 결의했다. 그들을 의심했던 대신들은 축출되었고, 그 허위 문서의 작성자는 잡혀 처벌을 받았다. 결과적으로 정부의 이와 같은 양보에도 불구하고 상황은 여전했고, 아니 이러한 허약함을 보임으로써 더욱 악화되었다. 조병식과 민종묵은 해임되었다. 의정부 참정에는 이헌영이 임명되었으나 그는 수락하지 않을 것이고 따라서 당분간은 김규홍이 맡을 것이다. 김규홍은 지난 6월 14일에 자신의 이름이 교우들의 명단에 올라 있다고 항의하기 위해 온 적이 있었다.

뮈텔은 독립협회 주요 인사들의 석방 소식에 충격을 받았던 것으로 보인다. 독립협회를 개신교의 대변인이라 인식하고 있던 차라, 독립협회 인사 석방을 개신교의 승리이자 정부의 패배로 간주한 것이다. 그리고 대한제국 정부가 만민공동회에 양보하여 허약함을 보임으로써 만민공동회에 질질 끌려다닌다고 인식했다. 특히 천주교 신도 명단에 오른 것에 불만이 많았던 김규홍이 의정부 찬정을 맡을 것이라는 소식이 전해왔다. 김규홍은 여러 요직을 거친 인물로 장례원경(掌禮院卿) 재직 시 환구단 설치를 주장하기도 했다. 또 이 즈음 시종원경과 귀족원경을 맡을 정도로 고종의 신임이 높았으나 천주교와는 거리를 둔 것으로 보인다. 뮈텔은 조병식처럼 천주교와 가까운 인물이 고위직에 임명되기를 내심 바란 것으로 보인다.

물론 정교는 개신교, 천주교와 다른 처지에서 정국을 바라보고 있었다. 그는 11월 10일 저녁에 석방된 뒤 다음 날인 11일에 모인 군중들에게 투옥사건이 고종의 뜻이 아니라 간악하고 좀스러운 무리가 저지른 행위임을 강조하면서 충군애국을 역설했다. 고종에 대한 신뢰를 버리지 않은 듯했다. 그러면서도 고종의 해산 요구에 불응하면서 익명서 사건을 조사해 줄 것을 요구했다. 이에 고종은 오후 1시 한성부 판윤 정익용을 보내 헌의 6조 시행을 다시 약속하면서, 중추원 관제 개정 제1조의 5항을 들어 언로를 열어줄 터이니 만민공동회를 해산하라고 종용했다. 특히 고종은 "글을 쓴 먹물이 마르지도 않았는데 백성들이 문득 복설을 요청하는 것은 사리에 어그러진다"라며 독립협회 복설을 거부했다. 다만 이날 오후 고종은 약속대로 조병식, 유기환, 민종묵을 해임했다. 그럼에도 만민공동회는 역적 처벌 재판, 헌의 6조 시행과 독립협회 복설을 강력하게 요구하면서 해산을 거부했다.

이 시각 윤치호는 양홍묵과 이승만에게, 독립협회를 탄압하고 인사들을 구속한 기간에 정부와 외국이 맺은 비밀 계약은 유효하지 않다는 견해를 주한 외국 공사관에 알리라고 했다. 만민공동회가 계속해서 요구하자, 11월 12일 고종은 이를 항명으로 규정하고 해산을 종용하면서, 중추원 관제를 다시 개정하여 제16조 "본 관제 제3조 가운데 인민 선거는 현재는 독립협회로써 행한다"는 단서 조항을 삭제했다. 독립협회에 한정된 중추원 의관 선출을 여타 협회로 확대하겠다는 의도였다.

그러면 외국 열강은 당시 대한제국의 정국을 어떻게 인식했는지가 궁금하다. 윤치호의 일기에 따르면, 일본 공사관은 조선어 통역관 고쿠부 쇼타로(國分象太郎)를 보내 만민공동회의 주요 인사인 안영수, 윤길병 등과 면담하여 타협하자고 열심히 설득했다. 더욱이 일본 공사관은 거류 일본인들에게 독립협회 주요 인사들에게 피신처를 제공하지 말라고 지시했다. 이런 정황을 통해 윤치호는 이런 일련의 사태는 모두 반독립협회 음모 뒤에 일본이 있다는 사실을 명백히 드러내고 있다고 판단했다. 다만 주한 일본 공사관 기록에 따르면, 일찍부터 윤길병 무리가 '친일당'으로 인식되었다. 윤길병이 기회주의자가 아니었을까 하는 의구심이 들게 하는 대목이다.

11월 12일 당일 만민공동회는 윤길병이 올린 2차 상소를 통해, 협회가 없으면 '민심'이 나누어지고, '국권'이 취약해질 수 있다고 주장했다. 이때 국권은 만국이 경쟁하는 상황에서 업신여김을 받지 않을 수 있는 권력을 의미한다고 했다. 특히 만민공동회 탄압에 앞장선 5대신(조병식, 민종묵, 유기환, 이기동, 김정근)을 해임해야 한다고 주장했다. 만민공동회는 민중 계몽 단체에서 정치 압력 단체로 변신하고 있었던 것이다. 이에 고종은 거듭 해산을 종용하며 처분을 기다리라고 비답했다. 이어서 정부는 독립협회 인사를 다시 체포하고자 했다. 그러나 17명은 이미 몸을 피해 체포되지 않았다. 생존해 있던 민씨 문중의 민영환과 민영준이 고종에게 독립협회 회원들을 선처해 달라고 탄원했다. 그런 가운데 일본 쪽에 사람을 보내 양쪽이 다 받아들일 수 있는 조건으로 도움을 요청해야 한다고 제안하는 사람들도 나타났다.

이에 윤치호는 일본의 억압적인 지배 아래 들어갈 수 있다고 경고하면서 그 제안에 반대했다. 특히 그는 일본 공사관이 불확실한 상황에 처한 독립협회를 돕기보다는, 한반도에서 절대 권력을 휘두르는 황제와 거래하는 쪽을 선호할 것이라고 판단했다. 한편, 그는 독립협회 내 강경파가 반독립협회 대신들의 저택을 방화하려고 시도하는 것도 반대했다. 이러한 행위도 국민이 등을 돌리고 외국인이 공감하지 않을 것이라고 판단했기 때문이다. 나아가 정부에게 폭력으로 진압할 구실을 제공할뿐더러 독립협회 회원의 생명과 재산에 위협을 초래할 것이라는 이유를 내세웠다. 그리하여 만민공동회 내부에서도 칙임관을 지낸 사람 가운데 명망 있고 실력 있는 관리를 널리 초청하는 것이 옳다는 의견이 나와 총대위원을 여러 고위 관리들의 집으로 보냈다. 그러나 정교조차 "이때 융통성이 없고 고집부리며 부지런히 만민공동회로 오는 사람들이 무척 많았다"고 표현할 정도로 만민공동회 일각에는 강경파들이 포진되어 있었다.

만민공동회의 정부 압박은 효과를 보기 시작했고, 조병식은 프랑스 공사관을 찾아 몸을 의탁하고자 했다. 정부도 강경책을 쓰지 못하고 조령을 내세워 궁내부로 이속해 온 역토, 둔토와 어염선세(漁鹽船稅) 등을 탁지부로 돌렸다. 광산 역시 농상공부로 돌렸다. 고종으로서는 자신의 물적 기반을 내놓는 형국이 되었다. 황실의 물적 기반을 약화시키려는 만민공동회 요구가 관철된 것이다. 다만 이러한 조치는 만민공동회 집회를 해산하고 독립협회 복설을 막을 명분을 쌓기 위한 것이기도 했다. 그럼에도 이는 고종이 황실의 양보를 통해 정국의 불안을 해소하기 위해 노력하는 모습으로 비칠 수 있었다. 또한 고종은 황국협회 인사들의 복설 요구도 거부했다. 독립협회든 황국협회든 정치단체로 바뀌는 것을 막고자 한 것이다.

그리하여 전직 고위 관리들이 만민공동회의 압박에 밀려 중재에 나섰다. 이들은 현직 관리들에게 편지를 보내 만민공동회의 취지를 전하면서 14일 오후 4시 종로 네거리 만민공동회 집회에 참석할 것을 권유했다. 발기인은 전직 관리 김영수, 민영규, 이유승, 임상준, 이교헌, 김가진, 김종한, 민형식, 민영기, 김교헌 등이었다. 이날 만민공동회는 이른바 3차 상소를 올리면서 5흉(5대신) 처벌, 헌의 6조 실행, 관리 임용의 개선, 독립협회 복설, 외교 문서의 공포 등을 요구했다. 이에 고종은 만민공동회가 무고를 당했음을 인정하되 외교 문서 공개는 곤란하다고 답변했다.

정부와 만민공동회가 평행선을 달리자 14일 이날 황국협회 회원들이 만민공동회를 습격한다는 제보가 들어왔다. 제보자는 한때 황국협회 부회장을 맡았던 고영근이었다. 《대한계년사》에 따르면, 고영근이 만민공동회에 참여한 데는 독립협회 측 임병길(林炳吉)의 꾀임이 컸던 것으로 보인다. 그리고 14일 만민공동회 참가자들은 황국협회의 습격에 민첩하게 대처하기 위해 황국협회의 습격 음모를 제보했을뿐더러 황국협회의 사정을 잘 알고 있는 고영근을 만민공동회 회장으로 추대했다. 또한 이상재와 정교는 검객에게 공격을 받거나 재구속될까 두려워 만민공동회 자리를 떠나지 못했다. 이런 가운데 고종은 14일 밤 회장 고영근을 불러 만민공동회 해산을 종용했다. 그러나 만민공동회 참가자들은 5대신 처벌과 헌의 6조 시행이 이루어지지 않으면 물러서지 않겠다고 맞섰다. 정부 내에서도 내응 세력이 있었다.《대한계년사》에 따르면, 11월 15일 밤 정부 관리들이 고영근을 불러서 '불량배'가 습격할지 모른다고 알려주며 군사 몇 개 소대와 순검 몇백 명을 파견하여 경계하도록 했다.

이때 정교는 석방된 남궁억이 민영기 및 보부상과 내통하고 있다고 판단했다. 당시 정교는 남궁억 등 독립협회 상층부의 행동에 의구심을 갖고 있었기 때문이다. 특히 남궁억이 만민공동회에 대한 습격을 우려하여 만민공동회 근처에 얼씬도 하지 않았다고 판단했다. 아울러 남궁억이 사장으로 있는《황성신문》이 1898년 11월 16일 보도를 통해, 정교의 불참 관리들에 대한 막말을 '제 잘난 체를 하며 망언하다'라고 제목을 뽑았다. 양자의 골이 매우 깊었다. 그러나 정교가 불참 관리들을 대상으로 욕설을 퍼부은 것은 민영익의 개인 심복이었던 고영근이 황국협회 부회장이었다가 이 자리에 참석한 것이 못마땅했기 때문이다. 정교로서는 고영근도 고위 관직을 지냈던 데다가 만민공동회 측으로 넘어온 것이 찜찜했던 게 아닐까 싶다. 훗날 고영근은 명성왕후 시해 사건에 관여했다가 일본으로 망명한 우범선을 살해했는데, 이때 그와 공모한 윤효정은《한말비사》에서 고영근을 회고하면서 의미심장한 증언을 남겼다.

고영근은 원래 폐하께서 총애하시는 사신(私臣)으로 … 본회[만민공동회]에 대해 동정하는 취지로 일장 연설을 하니 능히 대중을 감복시키고 … 만민공동회 회장으로 만장일치로 추선(推選)되었다. 폐하께서는 고영근에 대해 크게 실망해 개탄하시길 "고영근까지 이와 같이 나를 버릴 줄 어찌 알았으리오"라고 하셨다. 고영근은 근시(近侍)에 청해 비밀로 아뢰길 "소신의 이러한 짓은 실로 폐

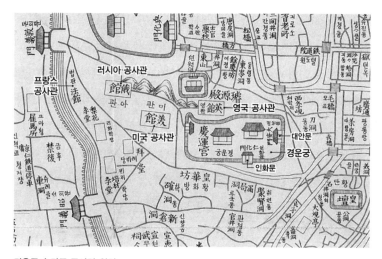

경운궁과 각국 공사관 위치

하의 성은에 보답하고자 함이옵고 감히 임금을 저버림이 아니올시
다"라고 여쭈었다.

이러한 증언을 믿을 수 있을지는 모르겠지만, 아무튼 고영근은 제
삼자에게 신뢰할 수 없는 인물로 비쳤던 것이다.

이어서 11월 15일 만민공동회는 압박의 강도를 높이기 위해 오후
2시경 자리를 종로 네거리에서 경운궁 인화문 앞으로 옮겨 제4차
상소를 올렸다. 윤치호의 주장에 따르면, 당시 만민공동회가 기세
좋게 나아갈 수 있었던 것에는 외국 공사관의 절반 정도가 지지 또
는 중립을 지키고 있다는 브라운의 정보가 크게 작용한 것으로 보
인다. 당시 윤치호는 리드 집에 머무르면서 이 사태를 예의 주시하
고 있었다.

이때 김가진이 상소의 주동자가 되었고 한치유가 상소문을 지었

다. 여기서는 고종의 지난번 답변에 만족하면서도 '5흉'이 처벌되지 않고 교체되거나 지방 관리로 임명된 것을 문제 삼았다. 재정의 탁지부 이속도 불완전하다고 하면서 관리 임명을 여럿의 동의를 얻어서 했는지를 따졌다. 요컨대 만민공동회는 고종이 결단을 내려 5흉을 죽이고(誅群奸) 헌의 6조를 시행하며(施六條) 어질고 유능한 사람을 임명하고(任賢能) 민회를 승인할 것(允民會)을 강력하게 요구했다. 이에 고종은 잦은 상소에 지쳐 더는 할 말이 없다고 답변하면서 정부의 처결을 기다릴 것을 요구했다.

또한 만민공동회는 제4차 상소에 앞서 총대위원 참찬을 역임했던 강찬 등 3명에게 편지를 써서 정부에 전달하도록 했다. 그 내용은 여론이 급박하니 당일 오후 1시 안으로 결정해 달라는 것이었다. 정부는 답신을 통해 조병식 등 5대신에 대한 죄의 유무를 조사하고 독립협회의 복설을 허락한다고 밝힌 뒤, 다음 날인 11월 16일《관보》를 통해 헌의 6조는 시행 중이고 외교 문서는 의심할 만한 것이 없으며 5대신에 대한 처벌은 재판을 통해 결정하겠다고 공지했다.

이처럼 정부가 만민공동회의 압력에 못 이겨 양보하자, 황국협회는 11월 15일 농상공부에 황국협회에 부속된 상무의회의 '회(會)'자를 '사(社)'자로 고쳐 달라고 청원했다. 황국협회는 정부의 조치로 독립협회가 혁파될 때 같이 혁파되었기 때문에, 이런 편법을 사용하여 상무사를 부활시킴으로써 황국협회가 실질적으로 활동할 수 있는 길을 확보하고자 한 것이다. 정교는 황국협회의 이러한 청원을 이기동의 계략으로 인식했다.

정국이 이처럼 돌아가자, 윤치호는 자신들의 승리를 예측하면서 11월 16일 일기에서 "전하는 항복의 신호를 보이고 있다"고 적었다.

그러나 고종이 만민공동회 참가자들을 극도로 빈번하게 기만했기 때문에 여전히 의심하고 있다는 점도 덧붙였다. 그래서 황제의 권력을 빼앗아야 한다고 하면서도 당시 상황에서는 이런 일을 생각조차 할 수 없다며 절망감을 피력하기도 했다. 독립협회 온건파로서 입지가 매우 좁았던 것이다.

이런 상황에서 만민공동회는 11월 16일 제5차 상소를 올렸다. 조정 신하들을 빨리 뽑되 반드시 먼저 자문을 구하고, 만민공동회를 즉시 승인하여 여론을 다독거리고, 규정을 정확히 지켜 실질적인 성과를 보임으로써 인민들이 믿고 따르도록 해달라고 요구했다. 만민공동회가 고종의 인사권에 개입하겠다는 의사를 적시한 것이다. 그리고 5대신에 대한 관리들의 비호를 막아달라고 요구했다. 5대신 재판 회부에서 확실한 처벌을 요구하는 단계로 나아간 셈이다. 고종은 언로를 막지 않겠다고 하면서도 과도한 인사권 개입은 거부했다. 한편, 이즈음 조병식 등 이른바 수구파들은 윤치호 등의 이름으로 각국 공사관에 가짜 편지를 보내 만민공동회가 어떤 거사를 할 터이니 간섭하지 말아달라고 요청했다. 만민공동회 탄압에 대한 지원 내지 묵인을 끌어내기 위해 일종의 흑색선전 수법을 쓰고 있던 게 아닌가 한다.

뮈텔은 만민공동회의 이런 움직임을 어떻게 바라보고 있었을까? 11월 17일 일기는 그의 심경을 단적으로 보여준다.

《관보》는 그 상소[만민공동회 상소]의 요구 사항에 관해 정부의 확고하지 못한 결정을 게재했는데, 황제는 그것을 시인했다. 상소자들은 그것에 만족하고 있는 것도 아니고, 소문에 의하면 그들은 다섯 번째 상소를 올릴 것이라고 한다[다섯 번째 상소는 11월 16일에 이미 올라갔다]. 그러므로 그것은 분명히 목적도 계획도 없는 선동이다. 그것은 지난 일요일에 강요한[강화석]이 내게 한 말이기도 하다. 그는 내게, 독립협회의 일들을 지켜보았고, 또 황제의 명에 따라 거기에 개입하기도 했다고 하며 아무런 계획도 없이 매일같이 동요만 일으키고 있는 것이 확실하다고 했다.

뮈텔은 윤치호와 달리 만민공동회의 상소를 고종의 측근이자 천주교 신자 강화석과 마찬가지로 '선동'으로 규정짓고 해산의 필요성을 역설하고 있다. 천주교 신도 강화석은 오랫동안 외교 업무에 종사하면서 인천 감리 겸 인천 부윤, 외부 참서관을 역임하여 국제 정세에도 밝았고 독립협회에 보조금을 냈으며 사법위원을 지낼 정도로 독립협회에도 관여했다. 따라서 그의 만민공동회에 대한 인식을 편견의 산물로 치부할 수 없다. 이즈음 보부상들은 만민공동회를 공격하기 위한 준비에 들어갔다. 명분은 황실 보호였다. 이후에도 보부상들이 서울로 끊임없이 상경했다.

그럼에도 정부는 11월 17일 만민공동회에 타협책을 제시했다. 만민공동회에서 30명을 선발하여 황제께 즉시 아뢰면 중추원 의관 25명을 임명하겠다고 통고한 것이다. 그러나 만민공동회는 정부가 여러 번 약속을 위반한 사실을 들어 거부했다. 당시 만민공동회는 스스로를 "관과 민이 함께 모두 백성과 나라에 관한 큰일을 의논하는" 모임으로 규정했다.

그러자 상경한 보부상들은 행동에 들어갔다. 당시 뮈텔도 이들 보부상이 군중집회를 강제로 해산시키기 위해 소집된 집단임을 인지

했다. 이어서 고종이 전화기로 농상공부 대신 김명규에게 상무사규칙(商務社規則)을 인가할 것을 지시했다. 보부상 단체를 다시 합법화하겠다는 의지를 보인 셈이다. 이에 보부상들은 과천 군수 길영수를 13도 등짐장수의 도반수로, 홍종우, 김영적, 원세성, 박유진 등 4명을 두목으로 뽑고 흥인지문 밖에 처소를 정했다. 일촉즉발 상황이었다. 이틀 뒤인 11월 19일 저녁 6시 보부상들이 고등재판소로 불쑥 들어와서는 재판소 마당 앞 좌우에 200명씩 배치하고는 무릎을 꿇고 앉았다. 이들은 독립협회 주요 인사 17명을 잡아 그들 앞에서 재판할 것을 요구했다. 그리고 만민공동회 참여자들에게 해산을 요구했다. 그러나 만민공동회는 개의치 않았다.

만민공동회와 황국협회의 충돌

11월 20일 길영수가 이끄는 보부상들이 목봉을 들고 종로 네거리로 나아갔다. 경운궁 인화문 앞에 모인 만민공동회 참가자들은 이에 굴하지 않고 제6차 상소를 올렸다. 이때 상소의 우두머리는 정교가 의심쩍어하는 고영근이었다. 정교의 증언에 따르면 만민공동회 참가자가 이전에 비해 갑절이나 늘어났다고 한다. 여기서 고영근 등은 고종에게 대신들이 찬성한 뒤에 인사를 시행할 것을 요구했다. 고종으로서는 자신의 인사권을 침해하는 요구로 비쳤다. 이어서 보부상들이 만민공동회를 공격해 올 것이라는 소식이 정교의 귀에도 들어갔으나, 만민공동회 참가자 대다수가 목숨을 걸고 보부상에 맞서겠다고 다짐했다. 이때 보부상들은 종로에 진을 치고 있으면서, 내부 직원이라 할 공원(公員)을 파견하여 만민공동회에 편지를 보냈다. 만민공동회 참가자가 수령을 거부했음에도 불구하고 이들은 편지를 전달하고 돌아갔다. 만민공동회 참가자들이 보부상의 충고를 듣지 않고 여전히 궁궐로 나아간다면 자신들이 응당 용서하지 않을 것이라는 내용이었다. 그런 가운데 오후 7시 고종이 의정서리 김규홍, 참정 김성근, 탁지부 대신 민영기, 경무사 민병한, 시위대 대대장 김명제 등을 보내 자신의 지시를 공포했다. 만민공동회가 요구한 바 재정은 탁지부로 옮길 것, 법률의 폐단을 없앨 것, 협회를 복설할 것 등은 정부에서 판단해서 결정할 것이라고 했다. 그러나 만민공동회는 이를 믿지 않았다. 이에 정부 관리는 보부상의 공격은 정부가 막아줄 것이라고 한 뒤 궁궐로 돌아갔다.

이날 밤 만민공동회는 18명의 사찰위원장을 임명하여 밤새도록 보부상의 습격에 대비했다. 그러나 정교가 늘 의심했던 남궁억과 그 부류들이 사라졌다. 정교는 남궁억이 보부상이 일을 벌일 것이라는 낌새를 알아채고 참석하지 않았다고 판단했다. 남궁억을 비롯하여 상촌(上村), 즉 삼청동, 전동, 필운동, 사동 등지에 거주하는 중인들에 대한 불신감이 증폭했다.

11월 21일 먼동이 틀 무렵 보부상 2,000여 명이 종로에 모이자, 1894년 3월(음력) 김옥균을 암살한 장본인으로 근왕주의의 대표적 인물인 홍종우가 등단하여 보부상들을 대상으로 일장 연설을 했다. 여기서 그는 민영준이 백성의 기름과 피를 빨아먹었고 전국 곳곳에 많은 땅을 소유하고 있으며 남몰래 만민공동회를 도왔으니, 자신들이 응당 그놈의 더운 피를 마시겠다고 발언했다. 이어서 고영근은 상놈으로 독립협회와 한통속이 되어 그 회장이 되었으니 그 또한 역적의 패거리라고 규탄했다. 이어서 보부상 2,000여 명은 두 패로 나뉘어 한패는 정동 병문(屛門, 골목길) 방면으로 진출하고 다른 한

패는 두목 길영수와 부두목 홍종우가 이끌고 새문고개를 통해 진격하여 정오쯤 정동으로 나아갔다. 군인들은 저지하는 흉내만 냈다.

만민공동회 참가자와 길영수가 이끄는 보부상들이 맞붙었다. 정교의 표현에 따르면, 만민공동회 참가자들은 단지 임금에게 충성하고 나라를 사랑하기로 마음먹었고 또 정부의 말을 믿어서 방어 계획이 없었으며 무기 하나 소지하지 않았다고 했다. 이승만의 경우, 분함을 이기지 못하고 머리로 길영수의 가슴 한복판을 들이박고 배재학당으로 도망갔다가 정교와 이건호 등을 만나자 기절했다. 결국 만민공동회 참가자들은 힘에 밀려 해산되었다. 충돌 지점에서 부상자가 속출했고 사망자도 발생했다는 소문이 뮈텔에게도 전해졌다. 당일 아침 일본 신문은 조병식을 총리 대신으로 하는 새 내각이 구성되리라는 소식을 상당히 신빙성이 있는 것으로 보도했다. 그러나 만민공동회에 참가한 정교의 증언은 달랐다. 그에 따르면, 만민공동회 참가자들이 서울 시민들의 지원으로 보부상의 공격을 격퇴했다.

이어서 이들 보부상을 새문 바깥으로 쫓아냈다. 나아가 만민공동회 참가자와 일부 서울 시민들은 마포 주민의 요청을 받고 다섯 그룹으로 무리를 지어 마포 삼개에 이르렀다. 뮈텔의 1898년 11월 22일 일기에 따르면, 이들은 두 개의 깃발, 즉 붉은 십자가를 그린 깃발과 '천주교인'이라고 쓴 깃발을 만들었다고 한다. 뮈텔은 이를 천주교에 죄를 씌우려는 독립협회의 공작으로 판단했다. 보부상들도 이에 지지 않고 싸움을 벌였고, 4명의 사망자가 발생했다. 이 과정에서 만민공동회 측 김덕구가 사망했다. 끝내 보부상에 대한 보복이 실패하자 만민공동회 참가자들은 종로에 다시 모였고, 인원이 경운궁 인화문 앞 모임의 두 배가 되었다. 이런 가운데 정교는 남궁억을 비롯한 나수연, 임진수 등이 정부와 내통하지 않았을까 의심했다. 또한 보부상의 습격은 정부가 사주했다고 단정했다. 도성 밖땔감 상인들이 도성 안으로 들어와 땔나무를 팔고 돌아가는 길에 이기동의 집을 부수어 버렸으며, 만민공동회 참가자들은 조병식, 민종묵, 홍종우, 길영수, 유기환, 윤용선, 민영기의 집을 부수고 보부상의 도가(都家)를 파괴했다. 어떤 부인이 신문을 보고 만민공동회 지원에 나서 소주와 과일 안주를 보내왔다. 독립협회 17명의 인사가 체포되자, 부인회 회원과 그밖에 뜻있는 여성들이 밤낮으로 고등재판소 부근의 민가에 기거하면서 체포된 사람들의 소식을 알아냈다. 만민공동회에 보조금을 보냈으며, 국밥과 여러 종류의 과자로 체포된 집안 식구를 잘 대하면서 때때로 와서 안부를 묻기도 했다.

당시 황현은 이 사태를 다음과 같이 기록했다.

홍종우와 길영수 등이 민회를 공격하여 해산시켰다. 이석렬이란 자가 상소하여 박영효를 사면시켜 고국으로 돌아오도록 할 것을 청했고, 이어서 윤시병이 정부에 둘 만한 사람 10여 인을 추천했는데 박영효가 그 안에 포함되었다. 이 두 사람은 모두 독립협회 회원이었다.

황현의 서술에 따르면, 만민공동회의 박영효 사면 요구와 중추원 의원 추천이 황국협회가 만민공동회를 습격한 원인이었다.

이처럼 서울 시내 분위기가 험악해지자 영국 공사관은 11월 22일 해군수비대를 배치했다. 또한 이날 새벽 윤치호의 부친 윤웅렬이 내부 서리대신 협판으로서 만민공동회를 찾아와 해산을 종용했다. 그러자 참가자들은 해산을 거부했고 윤웅렬은 돌아갔다. 이날 뮈텔은 이토 히로부미가 1898년 8월 경부선 부설권을 확보하기 위해 대한제국을 방문했다가 고종에게 힘을 실어줄 요량으로 독립협회 탄압에 일조했다는 소식도 들었다. 당시 윤치호도 일본을 의심하고 있었는데, 뮈텔 역시 그런 정보를 듣고 일본의 이중적인 태도에 적잖이 놀랐다. 뮈텔은 일본이 독립협회 쪽에 있었다고 판단한 듯하다.

높아지는 불신의 장벽

만민공동회의 저항이 거세자 고종은 윤치호 체포를 포기하고 오히려 그를 중추원 부의장에 임명했다. 이어서 길영수, 홍종우, 박유진을 소동을 일으킨 죄로 유배 보내라고 하달했다. 또한 독립협회 복설을 허가했으며 상무사를 혁파하고 인허장을 회수했다. 그럼에도 《대한계년사》에 따르면, 11월 23일 만민공동회 참가자들은 통분을 참지 못하고 조병식, 심상훈, 김명규, 민병한, 김영적 등의 집을 앞다투어 때려 부쉈다. 조병식의 경우, 두 번이나 집이 파괴된 셈이다. 정교는 당시 이들의 가옥을 부순 무리들의 분노를 이해하면서도 이것이 경박한 행동임을 부정하지는 않았다.

그런 가운데 정부는 하루 전날인 11월 22일 법률 제2호 '외국에 의지하여 나라의 체면을 훼손시킨 자에 대한 처단례'를 재가했다. 이러한 법률은 박영효, 안경수 등이 쿠데타를 재차 기도한다거나 독립협회와 만민공동회가 외국 공관을 등에 업고 반정부 운동을 벌이는 것을 예방하기 위해 제정된 것이다.

이어서 11월 23일 동이 트자마자 만민공동회 참가자들이 다시 종로에서 대규모 집회를 열었다. 모인 군중이 수만 명이었다. 여기에 맞서 마포 삼개에 진을 치고 모여 있던 보부상들은 각 지방에 통문을 돌리고 경강(한강) 곳곳에 방을 내걸어 힘센 장정을 모집했다. 당시 정부는 보부상들을 해산시키고자 했지만, 이들은 만민공동회가 해산하지 않는다는 이유를 내세워 거부했고 오히려 동작진 남쪽 기슭에 진을 쳤다. 정교는 이들을 탁지부 대신 민영기의 돈을 받고 동원된 보부상으로 파악했다.

그러나 윤치호는 고종을 만난 뒤 독립협회 복설, 상무사 혁파, 조병식 등의 귀양을 약속받았다고 전하면서 만민공동회의 해산을 촉구했다. 일부는 독립관으로 갔고 별도의 100명은 정해진 각 동네를 두루 돌면서 시찰했다. 그리고 나서 밤 12시경 2일간의 조건으로 일시 해산하고 귀가했다.

11월 24일 드디어 보부상의 반격이 시작되었다. 이들은 왜 자기네만 혁파되었는지 의문을 제기한 뒤 자신들을 '의병'이라 지칭하고 물러가지 않았으며 상무사 복설을 요구했다. 정교에 따르면, 이날도 보부상을 '의병'으로 치켜세운 홍종우의 연설이 주효했다.

그런데 24일 이날 종로 삼거리에서 어떤 어린이가 노래를 불렀다. 당시 유행하던 노래였다.《매일신문》1898년 11월 28일 기사에 실린 동요는 다음과 같다.

믿지마오 믿지마오 부상들을 믿지마오 두렵도다 두렵도다 독립협회 두렵도다 쓸데없네 쓸데없네 그믐같이 어두운 강포(強暴) 일시라도 쓸데없네 본받을세 본받을세 일월같이 붉은 충애(忠愛) 만고에 본받을세

이 동요는 만민공동회를 지지하고 황국협회[보부상]를 비판하는
것인가, 아니면 황국협회는 믿지 말고 만민공동회는 두려워하라는
말인가. '붉은 충애'를 강조한 것을 보면, 여러 단체의 선동에 휘둘
리지 말고 오로지 충애의 정신만 따르라는 뜻은 아닌지. 당시 시민
들이 동요라는 형식을 통해 양측 단체를 신뢰하지 않고 국가로 상
징되는 고종에 대한 충성을 강조한 것으로 보인다. 나아가《황성신
문》은 1898년 11월 26일 논설을 통해 "동포형제들을 위함에 어찌
협회와 부상의 구별이 있겠는가"라고 비판하면서 양자의 결사 항전
이 나라의 멸망을 초래할 것이니 평일의 사사로운 의견을 버리고
전국공정(全國公正)의 대세를 깊이 탐구하여 군권(君權)을 존중해야
천하만국과 더불어 균형을 잡을 수 있다고 주장했다. 이러한 논설
은 당시 동요에서 나타난 시민들의 생각을 반영한 것은 아닐까.
　《독립신문》도 1898년 12월 5일 기사의 〈몰라요씨의 의견〉에서 양
쪽의 화합을 주장하고 있다.

　혹은 말하되 부상패를 혁파하고 독립협회를 복설했은 즉 쾌하다
하나 내 소견에는 그렇지 아니하니 부상패도 역시 대한 인민이요
독립협회도 대한 인민이라. 형제가 서로 싸워서 집안이 위태하게
되면 누가 이기고 누가 진 것이 쾌할 것도 없고 더욱 한심할 뿐이
라. 부상패 여러 형제들도 만민의 옳은 목적을 살피고 간세배의 흉
한 의견을 따르지 말아서 독립협회와 같이 전국에 이로울 일을 주
장하여 황실을 안녕히 하고 인민을 편하게 하기를 바라노라. 어느
외국 신문을 본즉 독립협회를 칭찬하여 가로되 문명한 목적을 주
장하여 충애하는 사업을 힘쓰니 아름다우나 정부가 부패하여 민원

을 좋지 못하고 도로 백성끼리 난이 있게 하니 대한은 동양에 염병 뿐이라 했으니 오흉과 그밖의 간세배들이 총명을 옹폐하고 인민을 압제 아니했으면 어찌 이러한 부끄러운 시비를 들으리요. 충애하는 인민들은 더욱 일심 합력하여 위로는 황상께 의탁하고 아래로는 동포의 충심을 힘입어서 법률 장정이 실시하기를 힘써서 간세배들이 더럽힌 국체를 광채 있게 하여 우리 같은 촌맹도 성세 일민으로 마음 편히 지내게 하기를 축수하노라.

투고자의 정체는 확인할 수 없지만 스스로를 무식하다고 말한 것으로 보아 상층 지식인으로 보이지는 않는다. 그는 독립협회가 헌의 6조 등의 시행을 자신의 승리로 여기는 것을 경계하는 한편 민족 내부의 다툼이 외세의 침략을 불러일으킬 것을 우려하면서 황실의 안녕과 민생의 안정을 목표로 단결할 것을 요구하고 있다.

이때 뮈텔은 11월 24일 일기에서 미국인들이 초창기에는 독립협회를 지원하다가 이제 와서 무질서를 개탄하고 있다고 전하면서, 신문이 일제히 이러한 '무질서'를 믿기지 않을 정도로 고조시키고 정부를 헐뜯고 있다고 판단했다. 이어서 25일 일기에서는 많은 고위 관리가 도망쳤고 책임을 지려는 사람은 한 명도 없다고 기록했다. 뮈텔로서는 윤치호를 비롯한 독립협회와 만민공동회 인사들이 내각을 장악함으로써 독립협회의 후원자라 할 미국인 선교사의 영향력이 빠르게 커지지 않을까 전전긍긍한 것으로 보인다. 여기서 말하는 후원자는 당연히 개신교 선교사들을 지칭한다. 그는 11월 26일 일기에서 뼈 있는 말을 했다. "미국인들은 양심의 가책을 느끼지 않는 것일까? 현재 적어도 그쪽에는 위험이 없다"고. 그래서 뮈텔은 자신과 가까웠던 조병식이 천주교 교구청에 피신을 요청하자 천주교와 연루될 것을 우려하여 이를 거부했다. 정국의 변동에 충격을 받고 조병식과 거리를 두려고 했던 것이다.

이때 종로에서 남대문까지 거리에 사람이 많았다. 뮈텔에게는 이들이 먹고사느라 바빠서 정국이 빨리 안정되기를 바라는 사람으로 비쳤다. 그중 일부는 외국 공관에 은신하고자 했지만 외국 공관은 이를 수용하지 않는 분위기였다. 외국 공관으로서도 이런저런 정치적 사건에 말려들고 싶지 않았기 때문이다.

다음 날인 11월 26일 오후 1시, 드디어 고종이 경운궁 남쪽 돈례문(敦禮門) 군막에 나왔다. 이 자리에는 각국 공사와 외교관 부부들도 초대되었다. 이들은 이승만 등이 주도하는 만민공동회의 요구에 따라 '황제의 약속'을 보증하는 국제적 증인들로 입회한 것이다. 또 만민공동회의 주요 회원 200명과 보부상 측 200명을 오게 했다. 고종은 먼저 만민공동회 대표들에게 '독립협회 복설' 등의 요구를 수락하겠다며 해산을 권유했다. 보부상 측에도 요구를 들어주겠다며 해산하라고 말했다. 그 칙유는 다음과 같다.

오늘부터 시작하여 임금과 신하, 상하 모두가 한결같이 믿음을 가지고 일해 나가며 의리로써 서로 지키고, 온 나라에서 어질고 유능한 사람을 구하며 무식한 자의 의견에서도 좋은 생각을 가려서 받아들이고, 근거 없는 말을 너희들은 퍼뜨리지 말며 미덥지 않은 계책을 짐은 쓰지 않을 것이다.

새벽 이전까지의 일에 대해서는 죄가 있건 죄가 없건 간에 경중을 계산하지 않고 일체 용서해 주며 미심스럽게 여기던 것을 환히 풀어주어 모두 다 같이 새롭게 나갈 것이다.

아! 임금은 백성이 아니면 누구에게 의지하며 백성은 임금이 아니면 누구를 받들겠는가? 이제부터 권한의 범위를 넘어서거나 분수를 침범하는 문제는 일체 철저히 없애도록 하라. 이와 같이 개유(開諭)한 후에 혹 혼미한 생각을 고집하며 뉘우치지 못하여 독립의 기초를 견고하지 못하게 만들며 전제정치에 손상을 주는 것은 결코 너희들이 충애하는 본래의 뜻이 아니다. 나라의 법은 삼엄하여 결코 용서하지 않을 것이니 각각 공경스럽게 지켜 날로 개명(開明)으로 나아가도록 하라.

짐은 식언하지 않으니 너희들은 삼가야 할 것이다. 민회의 사람들과 상인들은 모두 짐의 적자다. 지극한 뜻을 잘 받들어 자애롭고 사이좋게 손을 잡고 함께 돌아가 각기 생업에 안착하라.

고종은 만민공동회 참가자와 보부상들 모두 황제의 적자로 간주하여 이전까지의 행위를 합법, 불법 여부를 떠나 용서할 것이며, 독립의 기초와 전제정치의 공고화를 해치지 말아야 한다고 강조하고 있다. 독립의 기초 공고화는 만민공동회의 뜻이고 전제정치의 공고화는 보부상의 뜻이니 둘을 보합하겠다는 것이다.

이어서 조령을 다시 내려 부상자를 치료하고 붕괴된 집을 복구하도록 했다. 아울러 홍종우, 길영수, 박유진에 대한 유배 명령을 특별히 환수했다.

이어서 양측에게 그 자리에서 두 개의 성명서를 큰 소리로 읽게 했다. 먼저 만민공동회는 성명서에서 자신들의 요구 사항과 내각의 구성, 11개 조항, 예의 5명의 관리에 대한 재판과 유배, 독립협회의 복설 등을 승인할 것을 요구했다. 그러고는 최근 며칠 동안의 무질서를 형식상 비난하면서, 과거 일을 불식시키고 쇄신된 새로운 세상에서 평화에 대한 희망에 전념하겠다고 했다.

오후 4시 30분에 고종은 보부상 측을 불러 그들의 요구 사항을 들었다. 11월 26일 뮈텔의 일기에 따르면, 보부상은 만민공동회 모임과 상관없이 자진해서 왔음에도 만민공동회와 충돌한 잘못을 시인하면서 각자 해산하여 집으로 돌아간다는 조건으로 용서를 청했다. 그러나 정교의 주장에 따르면, 보부상들이 상리국(商理局, 1883년에 설립된 혜상공국의 후신으로 보부상을 관할함)과 각 지방 임방(任房, 보부상들에게 잠자리를 제공했던 숙소)의 재설치, 만민공동회와 독립협회의 폐지, 조병식 등의 석방을 주장했으나 고종이 거부했다고 적었다. 정교는 독립협회와 만민공동회의 승리임을 보여주기 위해 이처럼 서술한 것으로 보인다. 그 결과 양측 대표들은 만세를 부르고 궁을 나와 각각 집회를 해산했다. 다만 외국 대표들은 무엇 때문에 거기에 있는지, 자신들의 참석이 무엇을 의미하는지 몰랐다. 그들은 4시 30분경, 그 모임이 끝나기 전에 철수했다. 모임이 끝나자 독립협회 회원들은 민중들이 많이 모여 있는 종로로 다시 나가서 만세를 부르고 나서 해산했다. 당시 이를 본 뮈텔은 '요란스럽게 축하하고는 기뻐하며 해산'하는 '희극'과도 같았다고 표현했다. 그러나 "그렇지만 이 표면적인 평온이 마지막 장이 끝났음을 알린 것은 결코 아니었다"고 하면서 이후 사태를 우려했다.

또 하나의 분기점, 김덕구 장례

독립협회는 승리에 도취한 듯한 분위기를 몰아, 다음 날인 11월 27

일에 열린 독립협회 제1차 회의에서 보부상을 추적하여 마포로 갔다가 애오개 너머 공덕리에서 사망한 김덕구의 장례를 논의했다. 그 결과, 의연금을 모아 명동에 거주하는 김덕구의 처에게 집 한 채를 사주고 매달 땔감과 물을 제공하며 김덕구의 장례식 행사를 신문 지면에 싣기로 결정했다. 묘지는 갈월리(현재 서울시 용산구 갈월동) 근처 산지에 마련하고 3척의 작은 비에는 '의사김덕구지묘(義士金德九之墓)'를 새겼다.《매일신문》1898년 11월 25일 잡보에 따르면, 김덕구는 신발 수리공으로 당시 그의 주검에 신을 깁는 송곳이 세 개 있었고 주머니 속에 전당표 19장이 들어 있을 정도로 매우 가난한 서울 시민이었다. 그에게는 처와 두 딸이 있었다. 일설에 따르면 그는 영어학교 학생이었다고 한다. 그의 신분이 드러난 것은 김덕구가 시내로 나간 뒤 며칠이 지나도 돌아오지 않자 명동에 거주하던 부인이 이상하게 여겨 만민공동회를 찾아왔기 때문이다. 그 외에도 부상자 14명을 위문하기로 했다.

한편, 중추원 부의장 겸 군부 대신 임시 서리 민영환, 외부 대신 박제순, 탁지부 대신 이도재 등이 지난 26일 고종이 요구한 만민공동회 회의에 참가하지 않았다는 이유로 해임되었다. 유기환, 이기동도 10년 동안 귀양을 가게 되었다. 이처럼 독립협회와 만민공동회가 정국을 주도할 즈음인 11월 28일 내부 협판 윤웅렬이 만민공동회와 보부상의 대표를 불러 해산을 요구했다.

그러나 만민공동회와 황국협회의 관계는 험악해지고 있었다. 보부상의 우두머리 이기동이 보부상을 동원하기 위해 돈 3,000냥을 살포했다. 그런 와중에 11월 29일 중추원 의관을 새로이 임명했다. 50명 가운데 만민공동회 선정 인사는 고영근, 윤시병, 남궁억을 비롯한 17명이고 나머지는 홍종우 등 황국협회 인사와 관료 등이었다. 의관 월급은 30원이었다. 《대한계년사》에 따르면, 만민공동회 측에서는 정부가 1898년 11월 2일 중추원 관제 개정에서 약속했던 독립협회 인사들의 중추원 의관 절반 배정을 철회하고 3분의 1로 축소시킨 조치에 대해 별다른 반응을 보이지 않았다. 그 이유에 관해 정교는 설명하고 있지 않다. 낙관적으로 전망한 것인지, 정부와 투쟁하는 것이 부담스러웠는지 불분명하다.

12월 1일 독립협회가 김덕구의 장례를 치렀다. 오전 9시 만민공동회 참가자 수천 명이 김덕구의 초빈처인 서서(西署) 쌍용정으로 가서 입관한 다음, 장례식 장소인 숭례문 밖 연지(蓮池)로 향하여 운구를 시작했다. 만민공동회에 참여하기 위해 자퇴한 관립 영어학교 학생 한동영을 비롯한 여러 학생이 제문을 지어 제사를 지냈다. 제문에서 그는 일반 평민임에도 '절충장군 행용양위 부호군 김공(折衝將軍 行龍驤衛 副護軍 金公)'이라는 명칭이 부여되었다. 그리고 그 명정(銘旌, 다홍 바탕의 흰 글씨로 죽은 사람의 품계, 관직, 성씨를 기록한 것)에 '대한제국 의사 김공덕구지구(大韓帝國義士金公德九之柩)'라고 썼다. 대한제국 최초의 의사(義士)인 셈이다. 또 흥화학교 교사이기도 한 정교도 제문을 지었고 이화학당 찬양회도 찬가를 불렀다. 독립협회와 만민공동회는 김덕구의 장례를 통해 위세를 과시하고 황국협회를 무력화하고자 했다. 뮈텔은 이 장례식을 두고 12월 1일 일기에서 독립협회가 김덕구를, "스캔들 같고 우스꽝스러운 일이지만, 개선장군처럼 대했다"고 비꼬았다. 또한 그는 "영어 학교와 또 다른 학교 학생들, 신여성들, 협회와 거리의 도당들, 여러 명의 미국인 목사, 이화학당 학생들, 이 모든 이들이 한데 섞여 열광에 휩싸였다"고

하면서 "전체가 미쳐 있었다"고 폄하했다. 심지어 "미신적이고 우상 숭배적인 의식도 많았다"는 말도 빼놓지 않았다. 찬양회 부인들이 술을 따라 바친 것을 꼬집은 것이다. 나아가 "목사들이 양심상 또 상식적으로 어떻게 같이 참석할 수 있었는지 묻고 싶다"고 맹비난했다.

이날 정부는 민영환을 의정부 참정으로 삼고 박정양을 농상공부 대신으로 좌천시킨 의정부를 출범시켰다. 박정양 중심의 의정부에 정국 위기의 책임을 물은 것이다. 윤웅렬은 내부 협판에서 법부 협판으로 옮겼다. 그리고 독립협회 회원 17명에 대한 암살 소문이 돌아 윤치호는 몸을 숨겼다.

12월 6일 만민공동회는 고종의 이러한 인사에 반발하여 종2품 고영근의 이름으로 상소문을 올렸다. 헌의 6조를 시행하지 않은 것과 함께 심상훈과 민영기를 탁지부 대신과 군부 대신으로 각각 임명한 것을 문제 삼았다. 특히 보부상을 인가했고 만민공동회 탄압에 앞장섰던 전 농상공부 대신 김명규를 학부 대신으로 임명한 것을 비판했다. 또한 5대신 체포가 제대로 안 되었고 유기환, 이기동도 유배 가지 않은 것을 문제로 삼았으며 황국협회 해산을 주장했다. 그러나 고종은 이러한 요구안을 항명이라는 이유로 단호하게 거부하면서 만민공동회의 부활을 막았다. 만민공동회가 혁파된 뒤 윤치호가 회고하면서 적은 1898년 12월 27일 일기에 따르면, 당시 윤치호도 12월 6일 만민공동회의 상소를 막고자 했다. 대중집회의 재개와 상소는 오히려 더 큰 파국을 초래할 것이라고 판단했기 때문이다. 즉 대중이 분개하거나 공감할 대의명분이 충분하지 않았고, 자금 없이 대중집회를 시작해서는 안 된다고 판단했던 것이다. 특히 만민공동회의 급진화를 반대한 이유는 동원에 필요한 자금 문제였다.

12월 27일 일기에서 자금 문제를 언급했다.

거의 20일 동안 집회에서 7,000~1만 명[1,000명의 오류]의 투석꾼 식비로 매일 200~300원씩 지출했다. 돈이 나오지 않자 집회 지도층은 서울의 부자들에게 기부를 구걸하는 어리석지만 필요한 일을 할 수밖에 없었다. 따라서 이 집회는 서울 시내 유력 인사들에게 역겨운 대상이 되고 말았다.

반면에 윤치호와 생각을 달리하는 급진파는 일단 대중집회를 출범시키면 대중의 공감과 자금을 모두 얻을 수 있다고 주장했다. 이들 급진파는 투석꾼과 함께 보부상을 공격하기로 결정했다. 하지만 윤치호는 최대한의 역량을 발휘하여 이 일만은 중단시켰다. 실행에 옮겨지지 않았지만, 독립협회 핵심 인사였던 윤치호의 이런 언급은 신빙성이 있다. 그러나 당시 만민공동회는 온건파 윤치호의 손을 떠나 급진파의 목표를 향해 나아가고 있었다. 윤치호로서는 과격한 공격 행위를 막을 수 있었지만 평범한 집회 개최를 막을 수는 없었다. 그래서 그는 나약하게도 급진파의 제안을 지지했고, 그 대중집회에 이끌려 갔다.

근왕 세력의 반격

만민공동회의 급진적 행동은 근왕 세력에 반격의 빌미를 제공했다. 고종은 박영효의 등장과 만민공동회 급진파의 항명에 불안을 느끼고 다른 방안을 모색했다. 특히 독립협회 회원들이 공화정치를 바란다는 소문이 고종을 더욱 불안하게 했다. 이에 고종은 몰래 길영수, 홍종우 등을 불러 모았고 탁지부는 이들에게 은을 제공했다. 은은 일종의 군중 동원 자금이었을 것이다. 이상재는 다시 숨었고 남궁억은 정교의 의심 속에 상춘인과 더불어 일제히 참여하지 않았다. 이에 만민공동회 참가자들은 보부상들이 다시 습격할까 두려워 반촌(泮村, 성균관 주변 마을), 왕십리, 안암동 백성 1,200명을 고용하여 각각 나무 몽둥이를 들고 지키게 했다.

12월 8일 뮈텔은 황국협회의 핵심 인사 박유진, 길영수, 홍종우 등이 서명하여 프랑스 천주교당 앞으로 보낸 성명서를 받았다. 이 성명서에 따르면, '나쁜, 이상한 놈'이라 할 정체불명의 인사들이 황국협회 인사의 명의로 배재학당, 이화학당, 김덕구 장례식 참석자, 독립협회 회원과 그 지인들을 처벌하겠다고 위협하는 편지를 이들 당사자에게 보냈다고 하는데, 이는 헛소문이며 비열한 책략이라는 것이다. 황국협회 핵심 인사들이 자신들의 억울함을 뮈텔에게 하소연하자, 뮈텔 역시 이들의 주장을 받아들여 그런 편지의 내용을 헛소문으로 간주했다. 반면에 정교는 12월 6일 보부상들이 정동교회에 편지를 보내 교인들을 가리켜 '독립협회와 같은 꼭두각시다'라고 했음을 기록하고 있다. 심지어 보부상들이 "교회당을 허물어뜨리고 신도들을 마구 죽일 것"이라고 했다고 적고 있다. 이에 개신교 선교사들은 자신들에 대한 위협에 항의하기 위해 모임을 갖기로 했다. 또 미국 공사 알렌은 길영수 등의 일을 대한제국 정부 외부에 조회하여 자세히 조사해 달라고 요청했다. 뮈텔은 이 소식을 듣고 12월 9일 일기에서 "그런 위협들이 허위인 것이 밝혀졌는데 그런 항의가 무슨 소용이 있을까?"라고 의구심을 표명했다. 소문의 진실은 없고 각자에게 유리한 방향으로 해석했던 것이다.

이날 고영근은 고종의 부름을 받고 궁궐에 들어갔다. 고종은 연설을 종로에서 하지 말고 독립관에서 하라고 주문했다. 아니면 장소를 별도로 정해놓고 아는 몇 사람만 모여 상소를 하든지, 정부에 편지를 보낼 것을 요구했다. 그러면서 고종은 종로 집회를 항명으로 간주하겠다고 선언했다. 이에 고영근은 독립협회 모임이 아닌 만민공동회 모임은 일정한 집회 장소가 없다고 반박하면서 사람들이 많이 다니는 종로 큰 거리에서 모임을 갖게 되었다고 답변했다. 그러자 고종은 장소를 별도로 정해놓고 아는 몇몇 사람만 회의하고 너무 번거롭게 떠들지 말라고 지시했다. 고종으로서는 많은 사람이 집회에 참석하는 것이 부담스러운 듯했다.

이런 가운데 근왕 세력의 반격이 시작되었다. 12월 9일 전 궁내부 참서관 안태원(安泰遠)이 상소를 올렸다. 《승정원일기》 12월 9일(음력 10월 26일) 기록에 나오는 상소 내용을 4가지 항목으로 나누어 요약하면 다음과 같다.

① 민회(만민공동회)는 충군애국의 마음에서 임금에게 간언하는 것이라고 주장하지만, 이는 기존 공론정치의 관행에서 크게 벗어난다. 군주의 최종 결정권을 침해하고 있으며 신료 임명권을 간섭하는 것이다.

② 민회가 의도하는 것은 서구의 제도를 채용하여 군권을 약화시키는 것이다. 다른 나라의 민주와 공화의 제도를 채용하여 우리나라 군주의 전제의 법을 완전히 고치려 하고 있다. 갑오년, 을미년과 비슷하다.

③ 이른바 백성이란 나라 전체를 들어서 말하는 것이다. 가령 한

군(郡)의 인구가 1만 명이라고 하면 뭇사람들이 이의 없이 모두 복종하는 사람 한두 명을 뽑고, 한 도(道)의 인구가 100만 명이라고 하면 뭇사람들이 복종하는 사람 100~200명을 뽑아서 모두 경사(京師, 서울)에 모여 조정의 정사를 의논하게 한다면, 또한 나무꾼에게 묻고 풍속을 담은 노래에서 찾아 정치에 일조하게 하는 것보다 못하지는 않을 것이다. 그런데 오늘날의 소위 민회라는 것은 그렇지 않다. 직명을 맡은 자들은 저잣거리 장사치의 자식들에 지나지 않는데, 더러는 외국의 종교에 물들고 더러는 권세가의 집을 드나드는 자들로 서로 모여 집단을 결성한 것이다.

④ 민회에서 즐겨 말하는 것은 곧 '공정(公正)'이라는 두 글자이다. 그렇다면 마땅히 한 시대의 명망 있는 사람을 신중하게 선발하되 법도로써 해야 하는데, 지금 저들이 의지하고 따르며 무리를 짓는 자들은 대부분 여러 차례 벼슬하여 이미 시험해 본 결과 나라에 아무런 도움이 되지 못하고 백성들에게 피해만 끼친 자들이다. 오늘 일곱 신하를 쫓아내고 이튿날 다섯 신하를 성토하고 또 그 이튿날 대신들을 핍박했는데, 이 사람들이 모두 군자는 아니지만 그렇다고 모두 소인은 아니다. 그럼에도 불구하고 기필코 쫓아내고 토죄하면서 핍박하기를 멈추지 않는 것은 다만 자기들이 평소 의지하고 좇으면서 무리를 짓는 사람이 아니기 때문이다.

안태원은 만민공동회를 군주의 인사권 행사를 막고 있을뿐더러 외국 종교에 의존하거나 외세를 끌어들여 권력을 잡고자 하는 무리의 모임으로 폄하하고 있다. 특히 독립협회에서 중추원 의원을 추천하는 것을 반대하고 아래로부터의 추대를 받아 발탁할 것을 주장하고 있다. 즉 신식 식자층이나 자산가층을 위주로 한 추천이 아니라 전국의 일반민 전체를 선거권자로 삼아 추대하는 방식을 선호하고 있다. 그는 헌의 6조의 시행을 다음과 같이 주장하고 있다. 이 구절은 《고종실록》 같은 날 기사에는 생략되어 있다.

폐하께서는 시원스레 결단하시고 잘 살피시어 진작하고 분발하심으로써 온 세상의 이목을 새롭게 하시고 세계 만방으로 하여금 폐하의 마음이 매우 공정하다는 것을 환히 알게 하소서. 그리고 저들이 진술한 여섯 가지 조항은 모두 현재의 폐단을 정확하게 꿰뚫고 있으니, 모두 의정부로 하여금 하나하나 속히 시행하도록 하소서. 이 밖에 안으로는 각 부와 밖으로는 각 도에 시행해야 할 일이 있거나 제거해야 할 폐단이 있으면 모두 거행하며 바로잡아 제거하도록 하소서.

안태원은 만민공동회를 비판하면서도 헌의 6조의 시행을 주장했다. 그러나 12월 10일 만민공동회는 자신들의 여세를 몰아 고종의 '죄가 가벼운 죄수는 석방하라'는 지시를 인용하여 최정식의 석방을 요청했다. 최정식은 죄의 경중에 대한 심리가 이루어지지 않아 석방되지 않은 터였다. 또한 만민공동회 참가자들은 밤에는 따로 총대위원 100명을 뽑아 종로에서 밤새도록 불을 밝혔으며, 백목전 도가를 만민공동회 사무소로 삼고 사무원 등을 두어 밤을 새웠다.

유학자 이남규는 이러한 사태를 바라보면서 상소를 올려, 만민공동회의 월권을 비판하면서 보부상의 해괴한 행위도 규탄했다. 특히 독립협회가 일본에 망명 중인 박영효를 중추원 의원으로 적극 추천

최익현(1833~1906)
위정척사론자의 대표적인 인물로 1906년
의병을 일으켰다가 쓰시마에서 순국했다.

하는 것에 의구심을 드러냈다. 또한 대표적인 위정척사론자 최익현
도 상소 대열에 참여했다. 그는 12월 10일 상소를 통해 무엇보다 박
영효, 서광범, 서재필은 1884년 갑신정변 때 도망간 역적들로서 다
시 나라에 돌아왔건만 사형으로 처벌하지 못했으며, 김윤식은 1895
년 명성왕후 시해 사건에 관계된 역적인데 3년이 지난 후에야 유배
를 보냈다고 비판했다. 안경수 역시 일본으로 망명해 버렸지만 반
드시 처벌해야 할 대상으로 꼽고 있다. 특히 '민당'(만민공동회)을 혁
파하여 변란의 발판을 막아야 한다고 주장했다. 그는 여기에 덧붙
여 그동안 정부가 백성들의 언로를 막은 적은 없었다고 하면서 차
라리 정사에 대해 비방은 할지언정 대신을 협박해서 내쫓는 일은
없었으며, 차라리 소장을 올려 호소는 했을지언정 임금을 위협하
는 일은 없었다고 주장했다. 최익현의 눈에 이른바 '민당'이라는 것
은 시정(市井)의 무식한 무리들을 불러 모은 존재로 비쳤다. 나아가

그는 서구의 의회제도와 직접 선거제를 도입하지 않을까 우려했다. 안태원이 황제의 전제정치 속에서 민의 선거권을 인정한 반면, 최익현은 민에게 상소권을 부여하는 것에 그쳤다.

한편, 뮈텔이 12월 8일 일기에서 언급했듯이, 소위 배재학당에 발송된 위협 편지의 장본인이 미국 공사 알렌의 조사 요청으로 12월 10일 체포되었다. 편지 발송인은 길영수, 박유진, 홍종우였다. 그러나 이들은 그 일을 부인했고, 궁궐에서 보호받는 것으로 알려졌다. 같은 날 민영환, 한규설, 박정양의 사퇴설이 뮈텔의 귀에 들어갔다. 근왕 세력의 반격이 본격화하는 조짐을 보였다.

다음 날 11일, 만민공동회를 금지하는 조칙에도 만민공동회 집회가 수차례 열리자, 경무사 이근호가 집회를 막지 못한 책임을 지고 7일 감봉 처분을 받았다. 그리고 이날 보부상들이 동대문 근처 훈련원에 모였으며 잇달아 독립협회를 규탄하는 상소들을 올렸다. 근왕 세력과 만민공동회의 대결이 파국으로 치닫고 있었다. 1898년 12월 11일 유학(幼學) 이문화 등이 올린 상소에 따르면, 독립협회가 구미의 공화정치를 대한제국의 전제정치의 옛 법에 옮기려고 하며, 대신을 제멋대로 쫓아내는 것을 식은 죽 먹기로 여기고 있다고 판단했다. 또한 경운궁 인화문에서 상소한 일을 두고 중추원의 권한을 박탈하고 임금을 협박한 것으로 간주했다. 헌의 6조 역시 독립협회가 고종에게 강요한 산물이라고 여겼다. 특히 남녀유별과 장유유서를 내세워, 만민공동회가 늙은이, 젊은이, 부녀자들을 모임에 한데 뒤섞어 국정을 논의하는 데 참여하여 강상윤리를 멸절시키고 사람의 도리를 짐승과 같이 했다고 극언했다. 그리하여 독립협회 인사 17명에 대해 수범(首犯)과 종범(從犯)으로 구분하여 유배의 형률을 속히 시행해 줄 것을 주장했다. 아울러 열강의 이권 침탈을 막을 것을 주문했다. 특히 이들은 윤치호를 '흉역의 우두머리'로 지목하고 효수할 것을 극언했다. 그러나 고종은 비답을 통해 상소문의 취지를 이해한다면서도 "그대들의 말은 이단을 공격하는 태도에 거의 가깝지 않은가?" 하고 반박하면서 관용의 정신을 역설했다.

이어서 12월 12일 3품 이복헌 등이 독립협회를 규탄하는 상소를 올렸다. 그는 독립협회가 임금 주변의 흉악한 무리를 말끔히 없앤다는 핑계를 대거나 백성들의 폐단을 제거한다고 빙자하여 패거리들을 날로 번성하게 하고 임금의 형세를 날로 고립시켰다고 주장했다. 나아가 독립협회는 나라의 권세를 썩은 나무를 꺾는 것보다 쉽게 가로채어 제 하고 싶은 대로 다 하는데, 누구도 감히 시비하지 못하게 되었다고 개탄했다. 심지어 독립협회를 적신(賊臣) 안경수와 서재필을 위해 죽을 힘을 다하는 도당이라고 지칭했다. 예컨대 안경수가 흉역을 저질러 화란의 기틀이 헤아릴 수 없었는데도, 만민공동회는 애초에 흉적을 토죄하는 문제를 진달하여 청하지 않은 채 도리어 청년애국회의 통문에 기탁하여 장황하게 날조했다고 주장했다. 한마디로 선동정치의 절정이라는 것이다.

만민공동회의 도전과 내분

만민공동회는 근왕 세력의 거센 반격에도 아랑곳하지 않고 자신들의 목표를 실현하기 위해 밀어붙였다. 우선 12월 12일 헌의 6조와 고종의 칙하 5조를 인쇄해 도성민에게 배부했다. 뮈텔은 만민공동회의 이런 행동을 보면서 만민공동회는 완전한 만족이 주어질 때까지 대신들뿐만 아니라 하급 관리들까지 공격할 거라고 우려했다.

더욱이 그 전날인 12월 11일 뮈텔은 이기동 등의 발신자 이름으로 자신을 비난하는 내용의 편지를 받았다. 뮈텔은 이 편지를 황국협회와 천주교 사이를 이간질하려는 사기꾼들의 모략 편지로 간주했다. 그는 진짜 발신인이 만민공동회 측이 아닌가 의심한 듯하다.

한편, 12월 12일 윤치호는 일본의 국가주의 단체 동아동문회(東亞同文會)의 회원으로서 해외 식민을 적극적으로 주장했던 쓰네야 세이후쿠(恒屋盛服, 1855~1909)를 만났다. 그는 당시 박영효의 옛집에 기거하면서 일본에 망명한 박영효를 후원하고 있을뿐더러, 중추원이나 독립협회 안에 존재하는 친박영효 인물들에게 자금을 대주기도 했다. 만민공동회의 중심 역할을 담당했던 경성학당은 동아동문회가 설립한 학교였다. 이때 그는 윤치호에게 만민공동회 집회를 이용하여 박영효의 공개적인 입국을 제안할 것을 요구했다. 마침 박영효도 국내 진입을 시도하던 참이었다. 윤치호는 이러한 제안을 일언지하에 거절했다. 박영효를 지지하는 그룹, 즉 윤치호가 지칭하는 'People Party'가 정부에 맞서 싸우는 바람에 힘이 빠져 있는데, 만민공동회 집회에서 박영효의 입국에 대해 한마디라도 언급하면 황실과 대중의 공격에 노출될 것이라고 우려했기 때문이다.

다음 날인 12월 13일 만민공동회는 고종이 약속한 개혁이 실행되지 않고 있다고 비판하면서 조속한 실행을 강력하게 요구하는 상소문을 올렸다. 특히 탁지부, 군부, 학부 적임자를 새로 임명할 것과 여전히 처벌받지 않고 있는 나머지 관료들(민영기, 심상훈, 김명규)도 처벌할 것을 역설했다. 나아가 황국협회 혁파를 강력하게 주장했다. 반면에 전(前) 사과(司果) 김석제 등은 이날 상소를 올려 독립협회 승인을 취소할 것을 주장했다. 이들의 눈에는 만민공동회와 독립협회가 임금의 권한을 빼앗기 위해 백성들로 무리를 조직하고 벼슬을 억지로 차지하려고 도모하는 것으로 비쳤다. 궁극적으로는 만민공동회와 독립협회가 이러한 인사 압박을 통해 고종을 고립시켜 중추원 의관 자리를 억지로 차지하고 그 여세를 몰아 대신들의 자리를 차지하려 할 것이라고 우려했다. 이에 대해 고종은 이전과 달리 "말이 이치에 맞는 듯하니 조처하는 데 반드시 방도가 있을 것이다"라고 답변했다. 이는 고종의 독립협회에 대한 태도가 기존과 달라졌음을 암시한다.

이날 이러한 분위기 속에서 군인들과 만민공동회 참가자들이 충돌하는 상황으로 흘러가고 있었다. 《독립신문》 12월 15일 기사와 《대한계년사》에 따르면, 시위대 제1연대 제2대대장 김명제는 병사들에게 참가자들이 정동 근처에 이르면 총의 개머리판으로 때리고 그래도 물러가지 않으면 총을 쏘라고 지시했다. 병사들이 이를 거부하고 대신들도 독립협회에 동조함으로써 참극으로 번지지는 않았지만 일촉즉발의 위기였다.

그럼에도 12월 14일 중추원 의관이 구성되었다. 《대한계년사》에 따르면 고종이 의정부에 다음과 같이 명했다.

중추원이 이미 새로 조직되었으니 이런 유사시를 당하여 백성과 나랏일에 의결이 없을 수 없다. 그러나 현재 부의장이 없으니 중추원에서 회의하여 정부에 공천해서 봉칙하도록 하라.

이 기사는 《승정원일기》는 물론 《고종실록》에도 수록되어 있지 않다. 그러나 《독립신문》에 보도된 여러 기사와 연계하여 볼 때 신뢰할 만한 기사로 판단된다. 고종으로서는 중추원의 부의장 선출을 통해 난국을 돌파하고자 했던 것으로 보인다.

이어서 12월 15일 중추원 의장 이종건이 고종의 조칙을 받아 중추원 의관들에게 통첩했다. 이종건은 원래 무관 출신으로 평안 병사, 포도대장, 별영사(別營使), 형조 판서를 거쳐 의정부 찬정에 재직하던 중인 11월 27일 중추원 의장으로 임명된 상태였다.《대한계년사》에 따르면 오후 4시에 여러 사정으로 일부가 불참한 채 29명이 이날 회의에 참석했고, 오후 6시 윤치호가 16표를 얻어 부의장이 되었다. 여기까지는 고종의 구상대로 이루어지고 있었다.

그러나 고종은 내심 흔들리고 있었다. 12월 14일 입국한 특명 전권 공사 가토 마스오(加藤增雄)가 15일과 18일 두 차례 고종을 알현하는 자리에서 일본 군대가 메이지 초기 자유민권운동을 진압한 전례를 들면서 정부의 만민공동회 진압을 권유했기 때문이다. 훗날 정교는 이런 대화 내용을 입수했고《대한계년사》에서 고종이 가토의 권유에 크게 기뻐했다고 적었다.

12월 16일 중추원 의관들이 '재주와 기량이 감당할 만한 사람 11명을 무기명 투표하여 함께 추천한 뒤, 높은 점수를 얻는 사람 11명, 이른바 '인재'를 뽑아 문서로 작성하여 정부에 제출하자는 안건을 채택했다. 이 안건에 따라 인재 11명이 추천되었는데 무리한 처사임을 알면서도, 여기에 일본에 망명 중인 박영효와 외국 국적의 서재필을 포함시켰다. 여기에서 말하는 '인재'는 대신으로 임명될 인사를 지칭했다.《대한계년사》에 따르면 '인재' 11명의 득표수는 민영준(18점), 민영환(15점), 이중하(15점), 박정양(14점), 한규설(13점), 윤치호(12점), 김종한(11점), 박영효(10점), 서재필(10점), 최익현(10

점), 윤용구(8점) 순이었다. 또한 만민공동회는 보부상 단체 혁파를 강력하게 주장했다. 훗날 윤치호는 12월 27일 일기에서 이런 건의안을 다음과 같이 비판했다.

16일 최정덕, 이승만 등 급진파 한두 사람이 명백히 이건호 등의 조언을 받아 박영효의 소환을 정부에 건의할 것을 중추원에 제안했다! 이런 일을 저지르고 그들은 살길을 찾기 위해 그 어리석은 행동을 지지해 달라고 만민공동회를 설득했다.

그의 이러한 진술은 제삼자인 헐버트가 저술한 《한국의 역사(The History of Korea)》(1905)[《한국사, 드라마가 되다》(마도경·문희경 옮김), 리베르, 2009]에서도 확인된다. 윤치호가 만민공동회 집회가 독립협회의 통제 수준을 벗어나 있었다고 말했다는 것이다. 이어서 그는 윤치호의 말을 다음과 같이 옮기고 있다.

간곡한 만류에도 12월 6일 다시 만민공동회가 열렸는데 이 집회에서 나온 말들이 경솔했고 도가 지나쳤다. 12월 16일, 중추원은 박영효를 일본에서 불러들일 것을 권고했다. 이 의원들 가운데 좀 더 보수적인 사람이 더 많았고, 그들은 박영효라는 이름만으로도 강한 거부감을 보였다. 만민공동회가 박영효를 위해 시작된 게 아닌가 하는 의혹까지 불거졌고, 그러면서 즉시 사람들은 등을 돌렸다.

그러나 12월 18일 중추원 회의는 의장 이종건이 오지 않아 제2차 회의를 열지 못했다. 이날 고종은 외국 공사들을 불러 만민공동회 강제 해산에 대해 조언을 구했다. 여러 서구 열강 공사들은 자신들의 의사를 표현하지 않은 데 반해, 일본 전권 공사는 강제 진압을 주장했다. 정교의 회고에 따르면, 이는 고종이 만민공동회의 강제 해산을 결정하는 계기가 되었다.

이날 만민공동회에서는 군수 출신 보부상 4명을 잡아 진술서를 받아냈다. 《독립신문》 영문판 1898년 12월 20일 기사에 따르면, 이들이 윤치호, 고영근, 이상재 등을 암살할 계획을 수립했을뿐더러 만민공동회 공격 준비를 마쳤다는 진술을 받아냈다. 이런 가운데 군인들이 만민공동회 장소로 돌진하여 참가자 1명을 개머리판으로 때렸으나 만민공동회의 반발에 물러났다. 만민공동회는 다시 상소를 올려 상하이에 나가 있는 민영익과 더불어 일본에 망명 중인 박영효를 등용하라고 압박했다. 그 배후에는 윤치호가 언급한 대로 쓰네야 세이후쿠의 요구를 받아 앞장선 최정덕과 이승만이 있었다. 전 내부 주사 이석렬을 비롯한 만민공동회 일부 인사들은 박영효와 서재필이 사면되었으므로 의관이 될 수 있다고 주장했다. 다만 정교는 박영효의 귀국에 대해서는 부정적이었다. 정부에 탄압의 빌미를 제공할 거라고 판단했기 때문이다. 당시 그는 《대한계년사》에서 중추원의 박영효 추천 상황을 다음과 같이 기술하고 있다.

이근용이 영남 사람 이석렬(박영효가 내부 대신이 되었을 때 주사에 임명된 사람이다)을 사주하여 상소하게 했다. 그런데 황제가 이석렬의 체포를 지시하자 이근용은 그를 몰래 달아나게 하고는 안영수를 찾아가 여비를 얻어서 그의 고향으로 도망쳐 돌아가도록 했다.

박영효와 매우 가까웠다가 유배를 갔던 전 한성부 판윤 이근용이 이석렬을 사주했다고 기록하고 있다. 정교는 박영효 세력이 만민공동회 운동을 이용하여 자신의 정계 복귀를 획책한 것으로 보았다.

이에 정교는 일찍이 1898년 여름에 박영효를 추천해야 한다고 주장했던 독립협회 현공렴의 의견을 다음과 같이 저지했다.

안 된다. 안 된다! 지금 정부에서는 비록 박영효가 무죄임을 알고 있더라도, 폐하께서는 군권을 빼앗길까 두려워하고 있으니 절대로 소환할 리가 없다. 또 네가 회원인 즉, 독립협회에 크게 불리할 뿐만 아니라 네가 먼저 화를 입을 것이다.

물론 박영효 측에서는 안영수 등 독립협회 회원을 통해 복권을 실현시키고자 했다. 그러나 정교는 이런 시도를 번번이 반대했다.

박영효의 복권을 반대하는 목소리가 높아졌다. 12월 18일 만민공동회로부터 상무사의 배후 인물로 지목받은 의정부 찬정 민영기는 상소에서 만민공동회가 정부의 주요 업무를 마비시켰을뿐더러 박영효를 중추원 의관으로 추천하여 반란을 획책하고 있다고 주장했다. 이에 고종은 "경의 간절함을 모두 알았다. 충성스러운 분한 마음이 솟았기 때문에 경이 이런 말을 하는 것도 당연히 그럴 것이다"라고 답변하면서 이전과 달리 근왕 세력의 주장에 동조하기 시작했다. 만민공동회로서는 불길한 조짐이었다. 고종으로서는 만민공동회의 목표가 결국 박영효 쿠데타 사건(황태자 양위 사건)이라든가 김홍륙 독다 사건과 같이 자신을 황위에서 몰아내거나 무력화하는 게 아닌가 하는 의구심을 가질 수밖에 없었던 셈이다. 물론 고종은 겉으로는 만민공동회의 요구를 받아들여 민영기를 평남 관찰사로, 경무사 김영준을 강원도 관찰사로 임명했다. 이어서 윤치호의 아버지 윤웅렬을 경무사 직책에 임명했다. 그러나 정교와 만민공동회 참가자들은 이러한 모든 조치가 형식적인 것에 불과하다며 믿지 않았다.

고종의 최후통첩과 만민공동회 강제 해산

고종은 12월 19일 드디어 만민공동회 참가자들에게 최후통첩을 보냈다. 한성부 소윤 이계필과 경무사 윤웅렬이 종로에 도착하여 만민공동회에 황제의 말을 전달했다. 고종은 만민공동회가 또다시 인심을 선동하고 거짓말을 퍼뜨려 나랏일을 어지럽혔다고 질타하면서 스스로 해산할 것을 강력하게 요구했다. 나아가 만민공동회가 해산하지 않는다면 스스로 중대한 범죄에 빠지는 것이라고 경고했다. 그러나 12월 20일 만민공동회는 여전히 남아 있는 관리들의 완전한 사퇴를 재차 요구하면서 해산하지 않겠다고 강력하게 천명했다. 이어서 만민공동회는 붙잡힌 보부상을 통해 보부상들이 공덕리에 모여 있다는 진술을 듣고 그 배후에 정부 관료들이 있다는 것을 인지했다.

같은 날 《대한계년사》에 따르면 이승만은 만민공동회에 제안하기를, 보부상의 주모자가 민영기라고 밝히면서 그를 체포하는 사람에게는 상금 1,000원을 주겠다고 선언했다. 아울러 매번 인민을 속이는 정부와 달리 자신들은 식언하지 않겠다고 약속했다. 그러나 이 시기의 주요 사건을 일지별로 작성한 아무개의 《일신(日新)》 1898년 12월 21일(음력 11월 9일) 기록에 따르면, 박영효 쿠데타 사건에 관한 재판을 두고 박영효의 무죄를 밝히기 위해 법부에 고발한 총대위원 3명 중 한성재판소 주사 임병응(林炳應)이 오히려 이 재판을 반대하자, 만민공동회는 그를 면직시키고 구속된 독립협회 인사 17명 중 한 명인 유학주(兪學柱)를 다시 추천했다. 박영효와의 연대를 둘러싸고 만민공동회 내부가 분열되고 있었던 것이다.

다음 날인 12월 21일 고종은 박영효를 추천한 이석렬 등을 체포하라고 지시했다. 박영효의 추종자들을 만민공동회에서 분리하겠다는 의지를 보인 것이다. 또한 고종은 하소연을 하겠다는 핑계로 제멋대로 관청에 들어와 업무를 방해하는 행위를 엄격히 금지하라고 지시했다. 당시 만민공동회 참가자들이 각 부 관리들의 출근을 막고 업무를 방해하는 바람에 처리해야 할 문서가 적체되었기 때문이다. 그리하여 다음 날인 12월 22일 정부는 각 부의 문 앞을 지키기 위해 군대를 나누어 파견해서 관리들의 업무를 방해하지 못하도록 했다. 또 다수의 병사가 고등재판소 문 앞을 엄중히 지키도록 했다. 만민공동회 해산 작업에 들어간 셈이다. 정부가 이렇게 강경하게 나올 수 있었던 것은 무엇보다 윤치호가 우려한 대로 박영효를 중추원 의관으로 추천함으로써 대중들이 독립협회와 만민공동회에 등을 돌렸기 때문이다. 그리하여 이날 오후 1시 종로에서 열린 만민공동회는 규모가 작아졌다.

이런 분위기에서 12월 23일 오후 1시 만민공동회가 다시 고등재판소 앞에서 열렸다. 병사 2명이 만민공동회를 지지하는 연설을 했다. 이에 전 육군 정위 임병길이 민회에서 군인 복장으로 연설하는 것은 법률에 없다고 주장했고 군인들이 만민공동회 참가자들을 포위했다. 이어서 보부상 무리가 뒤따라오며 "민회를 짓밟아라"고 했고 "회원 중 연설을 한 자를 붙잡아라"고 고함을 질렀다. 이에 비무장 상태의 만민공동회 회원들은 대항할 수 없어 모두 해산했다.

또 근왕 세력은 박영효 추천 건을 빌미로 만민공동회의 해산을 강력하게 요청했다. 12월 24일 군인들이 종로를 막아서 만민공동회는 열리지 못했다. 그리고 박영효를 추천했다는 이유로 최정덕과 윤시병의 파면을 요구하는 상소가 빗발쳤으며, 결국 이들은 중추원 의관 자리에서 물러났다. 당시 중추원 회의에서 이들이 일부 의관의 반대에도 불구하고 박영효와 서재필을 밀어붙여 대신으로 추천하게 했던 것이다. 후일 밝혀진 바에 따르면, 중추원 장정에는 원래 인재 추천 권한이 없고 의정부를 조직한 전례가 없으니, 인재 추천을 운운하는 것 자체가 원칙적으로 옳지 않은 것이었다.

정국의 분위기가 이처럼 만민공동회에 불리하게 돌아가자, 12월 24일 고영근 등은 상소를 올려 상무사가 자신들을 모해하려 했다고 밝히면서 민영기를 비롯한 여러 대신을 축출할 것을 요구했다. 그러나 고종은 "이미 조칙으로 유시했다. 알았으니 물러가라"는 비답만 내렸다. 이어서 유생들이 상소를 올려 박영효와 서재필을 비호한 독립협회를, 전한(前漢)을 멸망시킨 왕망과 당나라를 위태롭게 만든 안녹산 같은 난역(亂逆)으로 규정했다.

드디어 12월 25일 고종은 11개의 죄목을 들어 만민공동회를 해산시켰다. 《승정원일기》 1898년 12월 25일(음력 11월 13일) 기록이 해산 이유를 밝히고 있다. 주요 내용만 간추리면 다음과 같다.

직무를 이탈하여 모임을 개최하는 것과 관련하여 이미 금령이 있었는데도 도처에서 모여든 채 전혀 그만둘 줄 모르는 것이 첫 번째 죄이고, 독립협회를 이미 승인했는데 '만민공동(萬民共同)'이라는 명목을 제멋대로 내건 것이 두 번째 죄이며, 신칙하기도 하고 비지(批旨)를 내리기도 하여 물러가도록 타일렀는데 줄곧 명령에 항거하면서 갈수록 더욱 심해지는 것이 세 번째 죄이고, 쥐를 잡으려다 그릇을 깰까 염려하는 것은 옛사람들이 경계하던 일인데 대신을 능욕하는 것을 다반사로 여기는 것이 네 번째 죄이며, 임금의 잘못을 드러내는 것은 사람으로서 감히 할 수 없는 일인데 외국 공관에 투서하여 스스로 죄를 은폐하려고 도모한 것이 다섯 번째 죄이고, 백성과 관리는 체모(體貌)가 원래 다른데 관리를 위협하여 강제로 모임에 나오도록 한 것이 여섯 번째 죄이며, 부(府)와 부(部)의 행정을 어떤 경우에라도 비워서는 안 되는데 관아에 난입하여 사무를 보지 말라고 외친 것이 일곱 번째 죄이고, 재판 사건은 힘을 겨루는 일이 아닌데 소송할 것이 있다고 핑계를 대고 무리를 지어 사단을 일으킨 것이 여덟 번째 죄이며, 군병을 파견하여 문을 막으라는 지시가 원래 있었는데 분풀이로 돌을 던져 중상을 입힌 것이 아홉 번째 죄이고, 여러 차례 명소(命召)했으므로 즉시 와서 대령했어야 하는데 요사스러운 말로 선동한 채 줄곧 명을 거역한 것이 열 번째 죄이며, 도망간 역적은 용서할 수 없으며 사람마다 누구나 죽일 수 있는데 많은 사람이 모인 자리에서 말을 꺼내어 임용하기를 기도한 것이 열한 번째 죄이다. 그 밖의 자질구레한 범죄는 일일이 셀 수 없을 정도로 많다.

한마디로 충군애국에 반(反)했다는 것이다. 즉 만민공동회가 폐단을 없애겠다는 뜻으로 모임을 열었지만 외국 공관에 편지하여 대한제국을 비판했고, 부잣집을 불러들여 돈을 억지로 뜯어냈으며, 각

부의 관리들을 위협하고 어지러이 욕설을 더했고, 불러도 오지 않고 내쳐도 가지 않았다는 것이다. 특히 도망간 역적(박영효, 서재필, 안경수)은 용서할 수 없는데 이들의 등용을 바라고 도모한 것이 죄임을 밝히고 있다. 다만 독립협회는 이미 허가했기 때문에 해산 대상에서 빠져 있었다. 보부상 모임도 금지했다.

윤치호는 이러한 상황을 어떻게 인식했을까. 만민공동회가 강제로 해산된 뒤 12월 27일 일기에서 만민공동회의 실패 원인을 다음과 같이 적고 있다.

박영효를 지지하는 그룹(People's Party)이 박영효의 소환을 제안한 중추원의 행동을 지지하자마자 대중의 정서는 독립협회와 만민공동회에 등을 돌렸다. 황실은 이 기회를 놓치지 않고, 모험을 무릅쓰고 무력을 사용하여 집회를 해산시켰다. 이달 22일과 23일에 만취한 병사들이 집회의 주요 연사들을 공격하고 모욕하고 구타했다. 대중들은 황제에 대한 최대의 반역자인 박영효를 무리하게 데려오려 한다는 이유로 대중 지도자들에게 반역자라고 욕설을 퍼부었다. 대중의 우호적인 여론 때문에 존재했던 만민공동회는 대중의 공감을 상실하여 결국 실패했다.

윤치호가 언급한 대로, 대중들은 고종에 대한 최대의 반역자인 박영효를 무리하게 데려오려 한다는 이유로 만민공동회 지도자들을 반역자라고 비난했던 것이다. 반전이었다.

뮈텔의 1898년 12월 27일 일기에 따르면, 고종은 천주교 신자들이 독립협회 회원들과 시위자들을 타도하기 위해 모임을 가질 것이라는 소식을 듣고 프랑스 공사관의 통역관을 불렀다. 고종으로서는 지지 세력을 확보하고자 한 것으로 보인다. 물론 천주교 신자들 일각에서는 오히려 만민공동회에 참여하겠다는 소문도 들려왔다. 이에 고종은 뮈텔에게 진의를 물어왔고 뮈텔은 천주교 신자들이 천주교 신부들의 동의 없이는 결코 "중대한 일을 하지 않을 것"이라고 답변했다. 그는 12월 27일 일기에서 자신의 심정을 다음과 같이 표현했다.

우리는 이 한탄스러운 소동을 밖에서 지켜보며, 소란을 일으키는 소수의 사람들로 인해 궁지에 빠져 있는 정부를 한탄할 뿐이다.

소수 세력이라 할 만민공동회의 '소란'과 이를 저지하지 못하는 대한제국 정부의 무능을 모두 비판한 것이다.

이런 가운데 뮈텔은 1898년 12월 28일 일기에 이 상황의 귀결 과정을 적었다.

서재필과 박영효를 등용하라는 중추원의 제안으로 시위자들에 대한 평판이 나빠지고 군중은 만민공동회 대열에서 이탈하게 되어 결국은 정부를 격분시키고 정직한 백성을 각성시켰다. 이때부터 군인들이 시위자들을 해산시키는 것이 수월해졌다.

프랑스 공사관의 만민공동회 운동에 대한 시각도 이와 유사했다. 만민공동회 운동이 종료된 뒤 1899년 1월 10일 플랑시 공사가 본국 외무성에 보낸 상황 보고에 따르면 다음과 같다.

[군인들의 시위대에 대한 거친 진압 외에] 상당수 참가자들을 만민공동회에서 이탈시킨 하나의 이유가 있습니다. 그들 대부분은 개혁을 바라기는 했지만, 왕비 시해 사건이나 이전의 음모들에 연루되어 일본으로 망명한 반역자들과 공동전선을 펴는 데까지 나아가지는 않았습니다. 그런데 최근 처음으로 소집된 중추원은 황제 폐하가 자신의 대신들로 선택할 후보자들을 선출했는데, 그중에는 가장 죄가 많은 인물로 간주된 박영효가 포함되어 있었습니다. 이러한 선출은 만민공동회에 회부되었고, 만민공동회는 그것이 황제에게 분명 적대감을 야기할 사안임에도 불구하고 비준을 서둘러 처리했습니다. 그리하여 군주에게 충성심을 보이고자 하는 모든 이들이 시위자들에게서 떨어져 나갔습니다. 동시에 많은 이들이 황제에게 청원서를 올려 이 운동에 참여한 자들을 반역자로 고발했습니다. 만민공동회 측도 박영효의 사면을 요청하며 과감하게 밀고 나가려 했지만 소용없었습니다. 그런 뜻으로 작성된 청원서에 서명한 자들을 체포하라는 지시가 내려졌고, 병사들은 22일과 23일에 열린 집회에 개별적으로 개입하여, 연사에게 욕을 하고 참석자들을 폭행하며 해산을 강요했습니다. 그것은 곧 패배와 같았고, 폭동은 급작스레 잠잠해졌습니다.

이런 평은 윤치호도 마찬가지였다. 만민공동회 운동이 좌절된 것은 박영효와 안경수 추종자들이 무리하게 박영효와 안경수, 서재필을 복권시키려다가 역풍을 맞았기 때문이다. 이에 12월 28일 정교 등은 이런 혐의에 대해 자신들은 박영효 등의 임용을 논의한 적이 없으며, 결점이 많은 대신에 대한 재판만 요구했다고 변명했다.

그것은 만민공동회의 주류가 박영효 추종자들을 만민공동회에서 분리시키려는 의도를 담고 있다. 그러나 정부는 정교 등이 올린 12월 28일자 상소를 접수하지 않았다. 오히려 만민공동회에 대한 탄핵만 늘어날 뿐이었다. 그러자 정교는 만민공동회 해산에 앞장섰던 전 궁내부 참사관 안태원을 비롯한 유생들을 두고 "황제의 뜻에 아첨하고, 간사한 패거리에 아부하여 관직을 얻기나 바라고 도모하며, 옳고 그름에 대해서는 전혀 생각하지 않았다"고 평했다.

반면에 윤치호는 만민공동회 강제 해산을 목도하면서 12월 27일 일기에 다음과 같이 평했다.

지난 며칠 사이 급진파는 또다시 만민공동회를 시작하기 위해 계속 애쓰고 있다. 나는 이번에는 다음과 같은 이유로 그런 소요에 반대한다.

① 우리에게는 자금이 없다. 마지막 집회 이후 우리는 3,200달러[1만 6,000냥] 이상 빚을 지게 되었다. 한번 집회가 시작되면 기금을 모을 수 있을 것이라는 비현실적인 희망을 품기도 했다. 하지만 이 '한번'이 너무 빈번했다.

② 우리는 박영효를 소환하자는 무분별한 제안을 해서 국민의 공감을 잃었다. 게다가 우리를 대신해서 그들의 분노를 불러일으킬 수 있는 것은 아무것도 없다.

③ 지금 국고가 고갈되었다. 세금이 걷히지 않는다. 병사들에게 지급할 돈이 전혀 없다. 만약 지금 우리가 대중 소요를 일으킨다면 궁에서는 세금 체납, 국고 고갈 등의 문제가 우리 때문에 일어났다고 비난할 것이다. 그렇게 되면 병사들은 우리에게 보복할 것이다.

④ 우리가 지금 대중 시위의 형태로 어떤 일을 하든 우리가 그렇게 함으로써 이득을 얻는 측은 일본인과 러시아인뿐이다.

⑤ 만약 우리가 궁궐로 쳐들어가서 지금 폐하의 판단을 그르치게 만드는 악당들을 일소하지 않는 한, 거리에서의 단순한 집회만으로는 아무런 소용이 없을 것이다. 따라서 당분간 정부에는 개혁하거나 변혁할 기회를 주고, 우리에게도 정신을 차리고 뜨거운 뇌를 식힐 수 있는 기회를 제공하면서 한동안 엎드려 있어야 한다.

일본 전권 공사 가토의 주선으로 만민공동회 회장인 고영근과 윤치호는 일본 공사관에서 민영기와 면담을 했다. 정부와 만민공동회의 타협이었다. 윤치호는 이 광경을 다음과 같이 적고 있다.

나는 민영기에게 이렇게 말했다. "저는 언제라도 화해할 준비가 되어 있습니다. 우리는 서로를 반역자라고 부릅니다. 바로 그 점에서는 비긴 셈이죠. 우리는 과거의 잘못이나 상처를 다시 거론하기 위해 이 자리에 온 것이 아닙니다. 우리는 대중을 진정시키는 최선의 방책에 대해 논의하기 위해서 온 것입니다. 간단히 말하면 지금 서울에 있는 보부상을 축출하고, 법부와 경무서 관직에 대중들이 신뢰하는 인물을 임명하도록 폐하를 설득하실 수 있습니까? 만약 그렇게 되면 대중들은 두려움과 의혹에서 벗어날 것이고, 곧 정부와 대중들이 서로를 더 잘 이해하게 될 것입니다." 민영기는 내 말에 동의했고, 이를 위해 최선을 다하겠다고 약속했다.

회의가 끝나자 가토 씨가 우리를 저녁식사에 초대했다. 회의 도중 적대적인 태도를 보이던 고영근은 민영기와 함께 식사하지 않겠다고 거절하면서 이렇게 말했다. "대중들을 학살하려는 저자와 어떻게 같이 밥을 먹을 수 있단 말이오?" 민영기 뒤에서 한 말이지만 상당히 잘 들렸다. 민영기는 얼굴이 창백해졌지만 아무 말도 하지 않았다. 일본인 통역관 고쿠부 씨가 설득하여 결국 고영근은 식탁에 앉았지만 식사 시간 내내 분위기가 무거웠다. 우리는 12시에 자리에서 일어났다. 고영근의 행동이 마음에 들지 않는다. 그는 개인의 작은 상처에는 분개하지만 대사(大事)에는 관심이 없는, 전형적인 한국인처럼 행동했다. 만민회(萬民會)의 회장직이 고영근을 망쳐버린 것 같다.

여기서 일본 전권 공사 가토가 본국 정부의 지시대로 이중 전략을 쓰고 있음을 확인할 수 있다. 겉으로는 대한제국 정부와 만민공동회를 화해시키기 위해 양자의 회합을 주선하는 모습을 연출하여 대한제국 정부와 윤치호로부터 호감을 사고 있다. 그러나 그는 이미 대한제국 정부의 만민공동회 탄압을 적극 권유한 장본인이라는 점에서 일본의 속내가 궁금해진다. 오늘날 역사가들의 해석보다는 당시 선교사이자 교사로 이 땅에 왔던 헐버트의 생각을 빌리면, 일본은 러시아와의 일전을 준비하고 있었지만 당장은 러시아와의 정면충돌을 피하기 위해 반러시아 운동의 선봉인 만민공동회의 혁파를 원했다는 것이다.

이어서 12월 31일 고종은 10년 유배의 처분을 받은 이기동을 비롯한 여러 인사를 특별히 풀어주라고 지시했다. 또 종1품 신기선, 종2품 이인우에 대해 모두 특별히 징계를 사면하라고 명했다. 만민공동회의 희망과 달리 이들이 조정으로 돌아오고 있었다. 반면에 독립협회 지도자들은 일본인과 미국인의 집으로 피신했고, 윤치호는 아버지의 노력으로 덕원 감리직을 맡아 원산으로 떠났다. 정교 역시 미국인 의사 셔먼의 집으로 피신했다. 그리고 만민공동회 운동에 앞장섰던 이승만은 박영효 쿠데타 음모와 관련되어 1월 9일 체포되었다. 정부는 다른 피신자와 달리 박영효와 연결된 인사들에 촉각을 세우고 있었던 것이다.

언론의 논조도 바뀌어 《제국신문》조차 1898년 12월 28일 논설과 1월 24일 논설에서 만민공동회 해산의 직접 원인이 되었던 박영효 등용 요구를 비난하면서 그 추천자들을 '정부의 죄인이자 인민의 죄인'이라 규정하는 한편, 만민공동회 내부에서도 상당수가 박영효와 서재필의 추천을 반대했기 때문에 만민공동회는 존속해야 한다고 주장했다. 나아가 양자의 극한 대결이 외세의 침략을 초래하지 않을까 우려했다. 사립 흥화학교 교사였던 임병구는 《매일신문》 1898년 12월 23일 기고를 통해 일본이나 영국, 미국의 경우에도 의회에 대신 선출의 권한이 없다는 점을 지적하면서, 오히려 직권 밖의 행동을 하면 자유권을 박탈당할 수 있다고 강조했다.

정부와 만민공동회의 극한 대립 양상은 만민공동회의 토론 방식에서도 기인했다. 미국 선교사 게일(James S. Gale)은 자신의 저서 《선구자: 한국 이야기(The Vanguard: a tale of korea)》(New YorkFleming H. Levell Co., 1904, p. 224)에서 만민공동회의 토론 과정을 보고 만민공동회를 'Yes and No Meeting'이라고 불렀다. 이런 찬반 토론 방식은 참가자들의 대중 연설을 훈련시키는 데 효과적인 방법임을 강조한 것이다. 그러나 이런 토론 방식은 정부의 제안이나 자신들의 의안을 양자택일로 결정함으로써 타협이나 절충의 여지를 애초부터 차단하는 단점이 있다. 만민공동회 운동의 좌절은 정부의 탄압에서 비롯된 측면도 있지만, 자체 내 의사 결정 방식의 결함에서 초래된 측면도 있지 않을까.

사건도 많고 탈도 많았던 1898년 한 해가 저물고 1899년 새해가 밝았다. 어떤 일이 기다리고 있었을까.

제3부

만민공동회 해산 이후부터
러일전쟁 전야까지

제3부에서는 1898년 12월 만민공동회 해산 이후부터 1904년 2월 러일 전쟁 발발 시점까지 총 4년 2개월을 다룬다.

이 기간은 앞 시기에 비해 길다. 그러나 러일전쟁을 목전에 둔 시점이어서 나라의 운명을 결정짓는 시간이기도 하다. 과연 이 기간이 러일전쟁이라는 파국을 피하고 한국인 대다수가 꿈꾸었던 자주적 주권국가를 만들 수 있는 시간이었는지, 아니면 아무리 발버둥 쳐도 일본이라는 거대한 도적 앞에서 나라의 운명이 결딴날 수밖에 없는 숙명의 시간이었는지 되돌아보아야 한다. 1902년 영일동맹이 체결되자 일본은 영국을 뒷배로 삼고 한반도를 삼키기 위해 온 힘을 기울이기 시작했으며, 러시아도 1901년 시베리아 횡단철도가 중국 만주까지 이어지자 만주는 물론 한반도에 영향력을 행사하려 했다. 대한제국이 대륙 세력과 해양 세력을 대신하여 나선 이 두 나라의 침략으로 풍전등화가 된 셈이다.

한편, 대한제국 정부는 만민공동회를 혁파한 뒤 겉으로 보기에는 평온한 시간을 보냈다고 해도 과언이 아니었다. 특히 정부는 주권의 소재와 집행 형식을 성문화함으로써 대한제국 수립 이후 남은 과제를 매듭짓고자 하여, 블룬칠리(Johann Casper Bluntschli)의 《공법회통(公法會通)》에 의거하여 1899년 8월에 〈대한국국제〉를 제정 반포했다. 그리고 9월 대한제국과 대청제국이 대등한 주권국가로서 한청통상조약을 체결했다. 이러한 소식을 윤치호처럼 대한제국 정부에 냉소적인 인사를 제외하고는 환영했다. 정부를 원망했던 정교조차 이 조약에 역사적 의미를 부여하고 기쁨을 감추지 못했다. 그리고 정부는 1898년부터 시작한 광무 양전·지계사업을 〈대한국국제〉 제정을 계기로 본격적으로 추진했다. 양전·지계사업은 일종의 토지조사사업으로 러일전쟁 직전까지 전국 고을의 3분의 2가 완료될 정도로 정부가 힘을 다했다. 또한 정부는 서울을 근대 산업도시로 탈바꿈하기 위해 전차 부설과 경인선 부설 등으로 산업도시의 기반을 조성하고자 했다. 공장들도 이때 많이 건설되었다. 그러나 학계 일각에서는 그러한 사업의 의도와 성과에 대해서 부정적이다. 특히 황실이 자신의 권위를 높이기 위해 벌였던 각종 의례 행사와 궁궐 조성을 신랄하게 비판한다. 그럼에도 당대 일부 식자층은 오늘날 학계의 이러한 시각과는 별개로 나름대로 의미를 부여했다.

그러나 이 시기 정국의 속사정을 들여다보면 내우 역시 외환 못지않게 심각했다. 만민공동회 해산에 불만을 품은 고영근 같은 무리들이 온갖 테러로 정부 관료들을 공포에 떨게 했고, 일부는 일본의 꼭두각시가 되었다. 더욱이 러시아와 일본이 1899년 중국 의화단 사건을 빌미로 침략의 얼굴을 정면으로 들이대고 있었다.

이 기간에는 전염병과 가뭄에 따른 기근이 무엇보다 심각했다. 5인이 농민이거나 도시 빈민은 아니어서 이러한 고통을 일일이 남기지는 않았지만, 그들의 기록 행간에 보이는 민중의 삶을 조금이나마 끄집어내고자 했다. 결국 예고했던 대로 1904년 2월 러일전쟁이 터지는데, 전쟁 직전 민중의 삶이 어땠는지 한 번쯤 살펴볼 필요가 있다.

1. 불안한 출발

나를 힘들고 절망적으로 만드는 것은 독립협회나 만민공동회 회
원 열에 아홉이 철저히 부패했다는 사실이다. 그들 중에서 다른
이들이 기부한 돈을 횡령하고 싶은 유혹을 뿌리칠 수 있는 사람
은 없다. _ 윤치호

강경 사건은 여전히 해결되지 않고 있다. 재판관들은 특히 천장옥
에 대한 형의 언도를 거부할 것이라고 한다. 이는 진짜 우롱하는
것이다. 플랑시 공사는 이 일로 우리 못지않게 고심하고 있는 모
양이다. 베르모렐 신부는 매우 낙심해 있다. _ 뮈텔

제국의 불안한 재기

1899년 1월 1일 새해가 밝았다. 이날 아침 윤치호는 복잡한 심경으로 교회 예배에 참석했다. 그리고 오후 2시 정항모의 방문을 받았다. 정항모는 어제 저녁 한규설, 권재형, 민영환, 민병석이 민영기로부터 만민공동회와 화해하겠다는 약속을 받아냈다는 소식을 윤치호에게 전했다. 또한 윤치호는 유기환, 이기동이 사면받았다는 소식을 듣고 이날 일기에 다음과 같이 적었다.

　　오흉(五凶) 중 유기환과 이기동은 어젯밤에 유배형을 사면받았
　다. … 단지 황제가 그렇게 말했다는 이유로 박영효를 반역자라고
　생각하는 대중은 지금 왕좌에 있는 꼭두각시보다 더 나은 왕에게
　통치받을 자격이 없다. 그 왕에 그 대중이다.

윤치호는 고종을 원망했을뿐더러 박영효를 반역자로 생각하는 국민을 혐오했다. 그의 생각에는 "그 왕에 그 국민"이었다.

이날 고종은 조정 관리의 복장 규정을 변통할 것을 명했다. 당시 실정에 맞게 되도록 간편하게 하기 위한 것이었다. 이에 장례원으로 하여금 제례, 하례, 연례(燕禮, 군신 간의 잔치 의식)를 제외하고 고금을 참작하여 규정을 정하는 한편, 여러 나라에서 통행되고 있는 규례를 모방하여 마련하도록 했다. 갑오개혁 이후 급격한 정국 변동으로 미처 손대지 못했던 복장 규정을 다시금 개정하려고 했던 것이다. 나아가 만민공동회 해산 이후의 어수선한 분위기를 떨쳐버리기 위해서 개혁을 지속적으로 추진해야 했다.

1월 1일 이날 전(前) 도사(都事) 전병훈이 '동도서기(東道西器)'와

내수외교(內修外交)에 입각하여 여섯 가지 급한 임무를 처리해야 한다'는 내용으로 상소를 올렸다. 《승정원일기》 1899년 1월 1일(음력 1898년 11월 20일) 기록에 입각하여 서두만 간추리면 다음과 같다.

신이 삼가 생각건대, 현재 시급하고 절실한 사무로는 하나의 강령과 여섯 가지 조목이 있다고 여기는데, 군병(軍兵)을 선발하여 양성하는 것, 기계(器械)를 개발하고 제조하는 것, 재용(財用)을 확충하는 것, 인재(人材)를 양성하는 것, 언로(言路)를 활짝 열어놓는 것, 외국과의 관계를 잘 도모하는 것, 그리고 사람 등용하기를 매우 공정하게 하는 것 등입니다. 그런데 그 일을 총괄하여 성과를 이룩하도록 하는 것은 오로지 사람을 등용하는 한 가지 문제에 달려 있으니, 그래서 사람을 등용하는 일이 여섯 가지 조목의 강령이 되는 것입니다.

이러한 개혁 방향은 기존의 주장과 크게 다를 게 없다. 그러나 강목에 대한 설명에 들어가면 근대 개혁의 방향을 구체적으로 제시하고 있다. 우선 중국 중심의 지배 질서가 무너져 각국 간의 경쟁이 심한 이 시기에 재용을 확충하는 방안으로 기계의 개발과 제조를 비롯하여 양전사업 등을 적극적으로 추진하자는 주장이다. 이 점에서 대한제국 정부의 구본신참과 맞닿아 있다. 정부는 1898년 9월 양전·지계사업에 착수했으며 전병훈에게 황해도 양무 감리를 맡기기도 했다. 대한제국의 토지조사사업이라 할 양전·지계사업의 주요 임무를 맡은 셈이다. 또한 인재 양성의 차원에서 하의원의 개설을 주장했다. 그의 주장에 따르면 외국의 하의원 규례를 원용하여 각 고을에 칙명을 내려 뛰어난 인재를 선발하게 하고 매년 1월에 모두 서울에 모아놓고서 백성과 나라의 이로운 점과 해로운 점을 논의하고 진달하여 서로 협력해서 일을 해나가게 하자는 것이다. 독립협회와 만민공동회가 추진했던 상의원 개설 방식과 달리 고을 단위에서 하의원을 추대하여 국정을 상향식으로 논의하자는 안태원의 주장과 유사하다. 그다음으로 마틴(William A. P. Martin)이 한문으로 번역한 울지(T. D. Woolsey)의 《공법편람(公法便覽)》에 의거하되, 스위스, 벨기에 등의 예에 따라 전시국외중립(戰時局外中立) 외교를 통한 독립을 도모할 것 등을 청했다. 당시 러시아와 일본이 한반도를 둘러싸고 각축을 벌이는 가운데 대한제국 정부가 중립을 지킴으로써 이러한 위기를 극복하기 위해 제안한 것이다.

전병훈의 상소는 기존 유학자의 주장과 달리 동도서기와 내수외교라는 방침 속에서 유교를 근간으로 삼되 서양 문물을 수용하겠다는 전제 위에서, 안으로는 문물 개혁을 정비하면서 밖으로는 외국과 동등하게 교류하겠다는 의지를 보여준다. 이에 대해 고종은 "옛날 일을 인용하여 오늘날을 논한 것이 적절하지 않음이 없으니 읽어보겠다"며 대단히 긍정적인 답변을 내렸다. 이후 고종이 추진한 양전·지계사업, 국외 중립국 선언 등은 이와 밀접하다고 하겠다. 물론 독립협회 혁파, 독립협회 주요 인사 및 박영효 추종자에 대한 처벌을 요구하는 상소도 잇달았다. 일부 식자층은 구법과 신법의 혼재를 우려하면서, 시의(時宜)에 힘쓰는 한편 각 부의 장정들도 모두 개정하여 대한(大韓)의 정전(政典)을 제정할 것을 요구했다. 이에 고종은 법률 교정의 필요성을 인정했다. 정부의 이러한 방침은 이후 법률 교정과 함께 〈대한국국제〉 제정으로 나아가는 계기가 되었다.

이처럼 고종에게 1899년 새해 벽두는 만민공동회를 둘러싼 혼란한 정국에서 벗어나 방향을 새롭게 정립하면서 구본신참을 구체화하는 시점이었다.

한편, 윤치호는 새해부터 달갑지 않은 일과 부딪혀야 했다. 1월 5일 오전 9시 만민공동회 집회 때 잠시 경무사직을 맡았던 김영준이 찾아와서 윤치호가 덕원 감리로 나갈 수 있도록 민영기와 함께 노력하고 있다면서 자신의 수고를 생색냈다. 물론 윤치호는 자신은 서울을 떠날 생각이 없다고 말했다. 그러나 윤치호는 김영준을 크게 비난했던 독립협회 인사들의 표리부동한 모습을 전해 듣고 깜짝 놀랐다. 1898년 1월 5일 일기다.

> 그[김영준]는 어제 윤길병, 최정덕, 이승만, 안영수, 고희준(高義俊), 홍재기(洪在基), 정석규(鄭奭奎), 유학주가 보낸, 협조를 요청하는 서신을 보여주었다. 이 편지를 보고 충격을 받았다. 이 사람들은 김영준을 비난하는 데 가장 큰 목소리를 냈던 사람들이었기 때문이다. 이 사람들은 진보라는 대의명분을 갖고 열성적으로 일하는 사람들이기 때문에 친하게 지내라고 말해주었다.

윤치호는 독립협회 인사들이 쓴 서신을 보고 이들의 이중적 행태에 내심 놀라면서도 겉으로는 그들을 감쌌던 것이다.

이어서 윤치호는 곧바로 만민공동회 '급진파(Radicals)'의 대중집회 시도를 막기 위해 고영근을 찾아갔다. 그에게 대중집회를 개최해서는 안 되는 이유를 설명했다. 당시 윤치호는 여러 경로를 통해 일본 전권 공사 가토가 반대하고 있음을 알고 있던 터였다. 특히 윤치호를 압박한 것은 만민공동회 집회 비용이었다. 17일간 벌어진 집회에서 무려 6,000달러(오늘날 8,000만 원가량)를 지출했는데, 이 가운데 3,200달러를 지불해 달라고 요구하는 식품 노점상들의 외침이 윤치호를 괴롭혔다. 윤치호는 자신이 왜 집회 경비의 상당 부분을 책임져야 하는지 납득할 수 없었다. 1월 5일 일기에 "돈 문제에 관한 한 절대 조선인을 믿을 수 없다"고 적었다.

1월 7일 윤치호는 독립협회 일을 반대하는 부모와 언쟁했으나 부모의 뜻을 거스를 수 없었다. 그리고 오후 늦게 자신이 원산 감리 겸 덕원 부윤에 임명되고 주임관 1등에 서임되었다는 소식을 들었다. 그로서는 독립신문사 일이 가장 걱정이었다. 그러나 부모의 간곡한 요구에 따라 함경도로 떠나야 하는 처지였다. 이때 정교는 윤치호의 원산 감리 임명에 대해 부친 윤웅렬이 궁중에 뇌물을 들여 자식을 지방관으로 도피시킨 것으로 보았다. 윤치호가 즉시 부임했다고 《대한계년사》에 적고 있으나 윤치호가 바로 부임하지 않았다는 점에서 정교의 기술은 오류다. 그럼에도 정교는 윤치호가 만민공동회를 배신하고 도피했다고 판단한 것이 분명하다. 당시 세간에서 그에게 침을 뱉고 욕을 한 사실도 전했다.

이틀 뒤인 1월 9일 오후 3시쯤 이승만이 일본인 거류지에서 체포되어 경무서로 이송되었다. 윤치호의 그날 일기에 따르면, 윤치호는 이승만의 피체 소식을 듣고 만민공동회 집회가 사실상 끝났다고 보았다. 독립협회와 만민공동회 일부 인사들이 박영효의 복귀를 요구했다고 하여 대중들이 완전히 등을 돌린 상황에서 이승만이 박영효의 추종자 윤세영의 자백으로 잡혔다고 판단했기 때문이다. 추운 날씨도 만민공동회 집회를 막는 요인이었다. 게다가 후원금 기부도 줄었다. 특히 이승만의 경우, 박영효의 추종자 이규완, 황철과 함께 고종을 퇴위시키려는 음모를 꾸몄다고 알려졌다. 당시 만민공동회 집회에 참석한 회원 다수의 전적인 동의 없이는 수감자들이 독립협회에서 할 수 있는 일이 아무것도 없었다. 윤치호로서는 이승만의 개인적인 행동과 생각을 책임질 수 없다고 판단했다. 끝으로 윤치호의 판단에 따르면, 만민공동회 초기에는 이러한 모임 방식이 새로운 시도였기 때문에 정부는 놀라움을 금치 못한 반면, 사람들은 반전(反轉)을 만나지 않았기 때문에 두려움이 없었다. 그러나 1898년 겨울은 상황이 달라졌다. 정부는 완전히 무장한 채 대중집회를 철저히 진압할 태세를 갖추었던 반면에, 겁에 질린 국민은 집회가 불가능하다고 판단했다.

윤치호는 원산 감리 겸 덕원 부윤직을 받아들이는 문제를 두고 고민하던 차에 1월 16일 일본인 친구의 집에서 고영근을 만났다. 이때 고영근이 원산 감리직을 수용할지 묻자 윤치호는 고민을 털어놓았다. 윤치호의 1899년 1월 16일 일기다.

나는 언제나 고영근에게 솔직했고, 그를 신뢰했기 때문에 이렇게 대답했다. "개인적으로는 그[감리] 직을 받아들이고 싶지 않지만 부모님의 간청을 무시할 수 없습니다. 지난 몇 년 동안 나 때문에 부모님께서 고생을 많이 하셨고, 지금도 부모님과 나 자신을 위험에 처하게 만들었기 때문에 얼굴 두껍게 부모님을 거역하기 힘듭니다. 부모님께서는 내가 폐하를 진정시키기 위해 그 직을 받아들이기를 원하십니다. 제가 어떻게 부모님의 뜻을 거부할 수 있을지 모르겠습니다."

고영근 씨는 기분이 상한 것 같았고, 다음과 같은 말을 했다. 우리 아버님께서 법부 대신으로 승진하신 것은 만민공동회 덕분이다. 고영근 자신은 우리 아버님과 민영기 사이의 우정에 대해서 잘 알고 있다. 정당한 방법을 통해서든 부당한 방법을 통해서든 우리 아버님께서 확보하신 관직에서 성공하기를 빈다. 내가 그렇게 행동할 줄은 몰랐다는 등등. 호감 가는 친구로 생각하고 있던 사람이 우리 아버님과 나에 대해 이렇게 비열하고 부당하게 공격을 하다니, 그저 놀라울 뿐이다. 만약 내가 고영근과 논쟁을 벌였다면, 그 현장은 결국 지저분한 감정 폭발로 끝났을 것이다. 그래서 이렇게 말했다. "그런 식으로 말한다면, 더 이상 할 말이 없습니다. 당신을 굉장히 존경하기 때문에 당신과 논쟁을 벌일 여유가 없습니다. 그 문제에 관해서는 침묵합시다. 하지만 우리는 이달 26일(음력 15일)이 상환기일인 빚을 일부라도 갚을 방법에 대해서 의논해야만 합니다."

양자의 대화 내용을 들여다보면 고영근은 윤치호의 부친 윤웅렬이 만민공동회를 진압하는 과정에서 법부 대신으로 출세했다고 비아냥거렸고, 윤치호는 고영근의 비난에 내심 절교를 결심했음을 확인할 수 있다. 고영근은 윤치호가 자신을 도와주지 않고 원산으로 출발하려 하자 섭섭한 나머지 윤웅렬의 출세를 비아냥거렸고, 윤치호는 그런 고영근에게 깜짝 놀랐던 것이다. 그것은 윤치호의 고영근에 대한 신뢰 상실이라기보다는 고영근이라는 인간에 대한 착각에서 비롯된 것은 아니었을까.

윤치호는 만민공동회 시위에 따른 빚 문제를 언급했다. 윤치호가

200달러(1,000냥)를 갚고 나머지 3,000달러는 독립협회 회원들이 갚는 것으로 결정이 났다. 평소에도 만민공동회 노선을 둘러싸고 자주 충돌했던 윤치호와 고영근은 이 만남을 끝으로 결별하고 말았다. 윤치호에게 고영근은 그의 말대로 "조선인의 진정한 정신, 즉 의심, 저속함, 시기심, 버릇없음"을 보여주는 인간이었다.

이어서 윤치호는 여러 사람을 만나 감리직 수락 여부를 상의했다. 그 가운데 1월 21일에 만난 신임 러시아 공사 파블로프(Alexande Pavlov)는 고종을 진정시키려면 무슨 일이 있더라도 감리직을 받아들여야 한다고 충고했다. 그러나 윤치호는 다음 날 22일 오후 8시 30분 심상훈을 만난 자리에서 자신을 감리직에서 해임하도록 고종에게 간청해 달라고 부탁했다. 자신으로서는 만민공동회 시위로 고종을 불쾌하게 한 뒤여서 감리직을 받아들이는 것이 불편하고, 독립협회 동료들이 투옥되었거나 투옥될까 두려워하고 있는데 관직 때문에 서울을 떠나는 것은 도리가 아니라고 설명했다. 실상 그는 외국행도 고려하고 있었지만, 심상훈의 말에 따르면 고종은 윤치호보다는 고영근에게 불만이 많았다. 민영기는 화해가 불가능할 정도로 고영근을 반대하고 있었다. 또 엄상궁이 옛 연인 고영근을 위해 고종에게 선처를 호소할 수 없다고 했다. 1월 23일 독립협회와 연결되었던 학부의 박정양, 내부의 이근명, 탁지부의 민영환 등이 해임되었다. 곧이어 윤치호는 고종이 자신을 원산 감리로 보내고 싶어 임명했다는 사실을 부친으로부터 전해 들었다. 그가 그토록 미워했던 신기선과 민영기가 각각 학부 대신과 탁지부 대신이 되었다.

대한제국의 대청 관계에도 새로운 변화의 조짐이 나타났다. 청일전쟁 이후 끊겼던 한청 관계가 복원되고 있었다. 1월 25일 청국 사

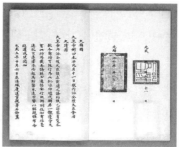

대한국대청국통상조약(1899) 날인 면

신 쉬서우펑(徐壽朋)이 입경했고, 2월 1일 함녕전에 들어가 고종을
알현하고 국서를 올렸다. 청일전쟁 당시 조선 정부는 일본의 강요
로 청국과 외교관계를 단절하되 청국 상인을 보호하는 규칙을 제정
했고, 영국 영사가 청국의 요청을 받아 청국 상인들을 보호하는 데
그쳤다. 청국으로서는 자국 상인을 보호 관리하는 데 고충이 매우
심했다. 이에 청국은 예전의 조공국이었던 대한제국과 정식으로 통
상조약을 맺으려 했고, 대한제국 정부 역시 대청흠차출사대신(大淸
欽差出使大臣)의 파견을 요구했다. 대한제국으로서는 이 기회에 청
국과 대등한 주권국가로 올라서고자 했던 것이다. 양국은 여러 차
례의 교섭 끝에 1899년 9월 11일 대한국대청국통상조약(大韓國大淸
國通商條約)을 체결했다. 당시 몸을 숨기고 있었던 정교는 이 국서의
등본을 보고 기쁨을 감추지 못했다. 청국과 대등한 주권국가임을
보여주는 문서였기 때문이다. 대한제국 선포에 앞장섰던 인물로서
그의 심정을 이해할 만하다.

윤치호의 평온치 않은 원산 살이

이 시각에도 윤치호는 여전히 원산 감리직 수락 여부를 두고 갈팡질팡했다. 본인은 거절하고 싶은데 부모의 권유를 저버릴 수 없었고, 더욱이 거절하는 것이 고종에 대한 불복종으로 비쳤기 때문이다. 심지어 만민공동회 시위자 동원에 쓰인 부채가 고스란히 자신에게 돌아왔으니 이 점도 난감했다. 1월 5일 고영근과 만나 부채 상환을 위해 기부금 모집 운동을 벌이기로 결정했다. 그러나 그러한 노력도 별 소용이 없었으니 1월 25일 현재 겨우 200달러의 기부 약속만 받았을 뿐이었고, 실제 모금액은 50달러를 조금 넘었다. 윤치호는 짜증이 난 나머지 이날 일기에서 다음과 같이 적었다.

내일이면 수많은 채권자가 늑대 떼처럼 거리에서 울부짖을 것이다. 도시 외곽에 있는 우리 작은 집도 위험에 처할까 두렵다. 만약 이것이 애국심이라면 나는 한국인의 애국심에 진저리가 난다. 이것은 가장 수지타산에 맞지 않고 비생산적인 일이다. 사람들로부터 감사의 말 한마디 듣지 못했고 더 나아질 희망도 없다.

민권 신장을 위해 열심히 달려왔지만 오히려 피해를 당하는 자신을 애처롭게 대하면서 만민공동회 참가자들의 애국심을 의심했던 것이다.

정교도 상황이 열악한 건 마찬가지였다. 만민공동회를 지지해 주었던 박정양이 습격당하는 일도 터졌다. 이 일로 민심이 흉흉해지자 만민공동회 참가자들은 신변 보호를 위해 권총과 몽둥이, 칼을 들고 다녀야 했다. 이런 가운데 1월 30일 오후 3시경 박영효 쿠데타 사건으로 수감된 최정식, 서상대, 이승만이 감옥에서 탈출했다. 최정식과 서상대는 배재학당 본관 뒤편 삼문출판사 건물 안으로 들어가서 탈출에 성공했지만, 겁에 질린 이승만은 마침 서대문 거리를 지나가던 군인들에게 잡혔다. 윤치호는 이승만에게 실망하면서 생각이 상당히 짧은 사람이라 평했다. 만민공동회 운동의 후유증이 이처럼 컸다.

윤치호도 자신의 명망에 맞추어 자신의 길을 가야 했다. 2월 1일 이번에는 민영기를 통해 고종에게 자신을 감리직에서 해임해 달라고 간청했다. 그러나 부친 윤웅렬은 최상의 계획이 원산으로 가는 것이라고 설득했다. 윤치호는 독립협회 운동의 실패를 받아들이고 싶지 않아 원산 감리 부임을 고사했지만 그렇다고 마냥 거절할 수는 없었다. 2월 1일 일기는 그의 심경을 잘 보여준다.

나를 낙담시키고 마음 아프게 하는 것은 지난 한 해 동안 드러난 경솔함도, 폭력도, 과거 대중 시위의 실패도 아니다. 이런 운동은 한국에서 일어난 완전히 새로운 실험이었고, 민(閔)이나 이(李) 같은 바보나 사기꾼을 제외하고 정부의 부패를 저지하려고 애쓰는 이들을 비웃거나 학대하는 사람은 없다. 하지만 나를 힘들고 절망적으로 만드는 것은 독립협회나 만민공동회 회원 열에 아홉이 철저히 부패했다는 사실이다. 그들 중에서 다른 이들이 기부한 돈을 횡령하고 싶은 유혹을 뿌리칠 수 있는 사람은 없다. 정직하고 진실하다고 내가 무한한 신뢰를 보냈던 문태원(文台源), 김광태(金光泰), 방한덕(方漢德), 임진수(林珍洙) 등은 그저 도둑일 뿐이었다. 일본에서 몇 년 동안 지내다 온 청년들은 더 심하다. 속속들이 썩은 그들은 의심하지 않는 바보들을 속여 돈을 갈취하는 것은 범죄라고 여기지도 않는다. 역겹고 놀랍게도 관료의 부패를 가장 큰 소리로 맹렬하게 비난하는 사람들이 최악 중의 최악인 관료만큼이나 부도덕하고 믿을 수 없는 자들이라는 사실이 드러나고 있다! 우리가 이런 악당들을 위하여 지난 시간 심신의 안녕을 희생했단 말인가? 이런 자들과 함께, 그리고 이런 자들을 위하여 대중집회를 시작하는 것은 미친 짓이다. 이 민족의 피는 새로운 교육, 새로운 정부와 새로운 종교에 의해서 바뀌어야만 한다.

윤치호는 민씨 일족이나 이씨 황실을 제외하고는 상당수가 독립협회 운동을 비웃거나 학대하지 않았다고 믿으면서도, 독립협회 인사와 만민공동회 주도자의 대다수가 부패의 늪에 빠졌다는 사실에 낙담했다. 특히 일본을 다녀온 청년들에 대한 절망은 이루 말할 수 없었다. 그의 말대로 이들은 "그저 도둑일 뿐"이었다. 그러나 윤치호가 '도둑'이라 거론했던 독립협회·만민공동회 인물들이 윤치호와 다시 만나 활동하기도 했다. 임진수의 경우, 1906년 3월 대한자강회를 발기할 때 윤치호와 다시 만났다. 윤치호는 그토록 낙담을 안겨다 주었던 임진수를 왜 다시 만났을까?

윤치호는 원산 감리직 수락 여부를 두고 영국인 브라운과 미국인 알렌에게 조언을 구했다. 둘 다 원산행을 권했다. 심지어 《윤치호일기》 2월 3일 기록에 따르면 정부의 독립협회 해산 시도에 조언을 아끼지 않았던 일본 전권 공사 가토에게도 편지를 보내 자문을 구했다. 가토는 윤치호 자신이 고종과 '음모를 꾸미는' 대신들에게 불충한 의도를 품고 있지 않다는 사실을 보여주기 위해 서울을 떠나

윤치호 가족(1902년 촬영)
중국인 아내(마애방)와 자녀들(왼쪽부터 아들 광선, 영선, 딸 봉희)

원산으로 가야 한다고 답변했다. 마침내 윤치호는 원산으로 떠나기로 결정했다. 떠나기 전에 고영근과 윤치호는 만민공동회 참가자들이 현 상황의 위험과 수감생활에서 자유로워질 때까지 자신들을 괴롭히지 않는다는 조건으로 채권자들에게 각각 200달러씩 지급하여 그들의 요구를 일부 충족시켰다.

이틀 뒤인 2월 6일 음력 생일을 맞은 윤치호는 그날 일기에 가족들과 즐겁게 지내면서도, 사랑스러운 아이들을 떠나 위험과 곤경, 근심 걱정으로 가득 찬 원산으로 갈 생각을 하니 고통스럽다고 토로했다.

2월 8일 정교도 자신의 요구대로 관직에서 면직되었다. 감옥에 가지 않은 상태에서 무거운 짐을 벗어버린 것이다. 이상재 역시 징계 처분을 면제받았다. 박영효·안경수 쿠데타에 관여한 일부 무리를 제외하고는 나머지 독립협회 인사와 만민공동회 주도자들은 사면되었다고 하겠다. 그러나 윤치호는 2월 10일(음력 1월 1일) 서재필에게 보내는 편지에서 자신이 독립신문사 일을 포기해야만 했던 사정을 설명했다. 그의 꿈이 무너지는 것을 고백하는 순간이었다. 그리고 그는 이날 일기에서 "그 왕에, 그 관료에, 그 백성이다. 다 잘만났다"라는 냉소 어린 문구를 남기면서 정부와 관료, 국민에 대한 절망을 절절히 토로했다.

윤치호는 3월 서울 출발을 앞두고 많은 상념에 젖은 가운데, 몇 가지 이상한 우연의 일치를 발견했다. 위로받고 싶은 심정이라고 할까. 2월 12일 일기에 적힌 '우연의 일치' 가운데 두 가지는 자신의 처지를 빗댄 이야기였다.

눈에 띄게 똑똑한 사람이 있으면 사람들은 그를 윤똑똑이라 부르곤 했다. 독립협회 회의 때 내 별명은 윤똑똑이였다. 테이블 위의 의사봉 소리 때문이었다.

지금 독립신문 사무실의 서재 의자는 박영효의 의자였다. 서재필 박사는 서울에 있을 때 그 의자를 사용했다. 그 뒤 7~8개월 동안 내가 그 의자를 사용했다. 세 사람 다 서울에서 쫓겨났다.

'윤똑똑이'의 '윤'은 자신의 성을 가리키기도 하거니와 굴릴 윤(輪)을 지칭하기도 했다. 그가 독립협회 사무실에서 쓰던 의자는 자신의 운명을 예견한 듯 박영효가 썼고 그 뒤 서재필이 사용했다고 적고 있다.

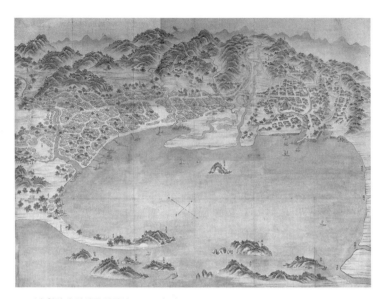

1880년 원산진 일대를 회화식으로 그린 지도

구항(왼쪽)에는 범선과 목잔교(木棧橋) 7개가 있고, 신항(오른쪽)에는 해관·지소·창고 등이 있고 석축부두에 기선 수 척이 정박하고 있다. 윤치호는 신항에 입항하고 2시간 뒤 감리서로 향했다.

그는 원산으로 빨리 이동해야 했기 때문에 기차를 타고 남쪽 부산으로 내려간 뒤 다시 증기선을 타고 동해를 거쳐 원산으로 올라가는 교통편을 선택했다. 그는 증기선에서 한반도의 민둥산과 동해(윤치호는 동해를 'Sea of Japan'으로 표기)의 고래를 바라보며 "아름다운 풍광과 풍부한 자원을 가진 한국이라는 나라가 돼지 목의 진주 목걸이에 불과하다"고 생각했다. 3월 5일 오후 10시경 윤치호가 승선한 증기선이 원산에 도착했고, 그는 2시간 뒤 감리서로 향했다.

윤치호는 다음 날 오전 10시경에 숙소에서 일어나 주변 건물을 둘러보았다. 그러나 이때 악취가 풍기고 불결한 방과 복도, 정원을 눈으로 확인하면서 전임 감리가 공금을 엉뚱한 곳에 낭비했음을 눈치쳤다. 이때 그는 자신이 10년 만이라도 이 나라를 무소불위로 통치할 수 있다면, 이 나라를 번영의 기반 위에 올려놓을 것이라는 기막힌 포부를 일기에 적어놓았다. 고종의 통치를 비꼬는 대목이다.

3월 7일 윤치호가 그렇게까지 혐오했던 길영수가 농상공부 국장에 임명되었다. 윤치호는 이날 오전 11시경 덕원에 있는 웅장한 양식의 감리서로 갔다. 집무실 공관 역시 상당히 황폐한 건물이었다. 전임 감리들이 움켜쥘 수 있는 돈을 마지막 한 푼까지 횡령하는 데만 신경을 쓰고, 건물을 수리하는 데는 최소한의 관심도 갖지 않았던 것으로 보였다. 집무실만 나가면 바로 똥밭과 오줌 웅덩이였다. 다만 높은 곳에 자리 잡은 감리서 터는 윤치호가 보기에도 아주 좋았고, 풍광도 멋졌다.

그는 원산 신임 감리로서 현황 파악에 들어갔다. 이 지역 행정 중심지에는 대략 100여 가구가 살고 있으며 덕원군은 5개의 면으로 구성되어 있다는 보고를 받았다. 공식 통계에 따르면, 덕원군에는 2,075가구가 있는 것으로 파악되었다. 하지만 실제 가구 수는 공식 통계의 세 배 정도로 추정되었다. 덕원군에서 가장 큰 마을은 원산이고, 적어도 2,000가구가 거주하고 있었다. 하지만 공식 통계로는 497가구였다. 또 매년 세입은 2만 6,523.86냥(5,304달러)이다. 이 중에서 1만 3,610냥(2,722.00달러)이 서기와 그 부하들에게 지급되었다. 윤치호는 인건비 때문에 건물을 제대로 유지할 수 없다고 판단했다. 그는 링컨의 유명한 말을 빌려와 "도둑에 의한, 도둑을 위한, 도둑의 정부 체제에서는 하늘 아래 어떤 나라라도 멸망할 것이다"라고 신랄하게 비판했다.

다음 날 3월 8일 오후 윤치호는 중앙정부의 내부에서 보낸 공문을 받았다. 그 내용은 안변에 가서 지방관 강찬희의 부패에 대한 고발을 조사하라는 지시였다. 이에 그는 이곳을 마음대로 떠날 수 없다는 내용의 전보를 보낸 데 이어 내부의 안변 출장 재촉 명령에도 전갈을 보내 지금 감리서를 떠날 수 없으니 안변으로 가는 것을 면제해 달라고 청했다. 이때 그는 선교사 게일의 부인을 만난 뒤 일본인 거류지를 다녀오면서 '쓰레기' 같은 조선인 마을을 들여다보았다. 그는 조선을 구미, 일본과 비교하며 특유의 냉소를 날리고 있었다. 이후 내부에서 안변에 가지 않아도 된다는 전갈을 보내자 그는 원산에 계속 머물렀다. 그러나 불면증과 향수병으로 고생하면서 전임 감리의 지나친 세금 수탈에 분노했다. 또한 윤치호가 감리서 경비로 담배와 술을 구입하지 못하게 하자 감리서 직원들은 불만을 토로했다.

천주교의 적극적 선교와 교안

3월 28일 원산에서는 윤치호가 뮈텔 신부와 간접적으로 충돌하는 일이 벌어졌다. 겉으로는 천주교의 공격적인 선교와 국가 공권력의 충돌로 비쳤지만, 실상은 천주교와 향촌 사회의 갈등이었다. 천주교 신자들이 천주교 신부의 위세를 믿고 온갖 폐단을 저지르는 가운데 평소 천주교 선교에 불만이 많았던 향촌의 유력 집안이 주민들과 함께 천주교 측을 공격했다. 지역의 천주교 신자들이 신부들의 위세를 믿고 온갖 불법 행위를 저질렀기 때문이다.

안변의 경우도 마찬가지였다. 불라두(T. Bouladoux) 신부가 안변 본당 제3대 주임이었던 르장드르(Le Gendre) 신부에 이어 1893년 5월에 부임했다. 이후 그는 천주교의 위세를 믿고 입교하여 향촌 주

원산 전경

민들을 구타하거나 약탈하는 등 온갖 불법을 저지르는 천주교 신자들을 줄곧 옹호해 왔다. 그는 신자들을 보호한다는 명목 아래 향촌 주민들과의 무력 충돌도 서슴지 않았다. 심지어 관아에서 살인 사건에 연루된 천주교 신자를 다시 체포하자 불라두 신부가 이를 방해했다. 이에 원산 감리 윤치호는 불라두 신부가 안변 지역 향촌 주민을 대상으로 벌인 불법 행위를 신랄하게 비판하는 서신을 뮈텔에게 보냈고, 플랑시 공사에게도 편지를 썼다. 여기에는 불라두 신부가 강원도 회양의 주민을 잡아 오라고 지시한 내용이 들어 있었다. 불라두 신부가 회양 주민 2명을 잡아 오라고 지시한 체포 영장 원문도 첨부되었다. 뮈텔로서도 신부들의 불법 행위를 알게 된 셈이다. 그의 표현대로 '슬픈 일'이었다. 소속 신부들의 지나친 선교 욕심과 지방관의 엄격한 법 적용으로 이런 일이 빚어지자 그런 현실이 한탄스러웠던 것은 아닐까.

　정부와 천주교 측은 안변 교안을 계기로 1899년 3월 '교민조약(敎民條約)' 초안을 작성하고 논의했다. 이에 따르면 빈발하는 교안을 종식하기 위해 정교분리의 원칙에 따라 정부는 천주교 신자들을 보호하되 천주교 신부들도 행정에 관여할 수 없다고 규정했다. 양측의 대표자는 내부 지방국장 정준시와 천주교 조선교구 교구장 뮈텔이었다. 그러나 뮈텔은 이러한 조약의 실효성을 의심했다. 3월 10일 일기다.

그[교민조약] 문서는 좋은 취지에서 작성된 것이긴 하지만, 내가 서명하기는 어려울 것 같다. 그중 여러 조항은 불필요하고, 또 존재 가치가 있는 조항들도 십중팔구 지방 당국에 의해 잘못 해석될 것이고, 따라서 피해야 할 장애들이 다시 일어날 것이기 때문이다.

교민조약 초안에 대해 불만이 많았던 것 같다. 선교 확대를 위해 정치적 행위를 자주 벌였던 그로서는 지방 당국의 관여를 기피하고 싶지 않았을까. 뮈텔의 예상대로 지방관들은 향촌민의 권익을 보호하는 차원에서 조약을 해석했던 것이다. 그런데 서명이 없고 체결 당사자가 국가가 아니라는 점에서 '교민조약'이 실제로 지방관에게 전해졌는지 의문이다.

이때 윤치호가 안변 교안에 대해 취한 조치는 돌발적인 것이 아니었다. 윤치호가 부임하기 이전에 불라두 신부의 불법 행위들이 향촌 사회에서 논란이 되었고 법부도 이미 파악하고 있었기 때문이다. 그는 향촌민의 지지를 받아 불라두 신부를 체포하고자 했다. 이에 3월 30일 뮈텔은 도피 중인 불라두 신부가 3월 27일에 자신에게 보낸 편지를 보고, 덕원 감리 윤치호가 불라두 신부를 중상(中傷)하라고 직접 지시한 것은 아니지만, 향촌 사회의 불라두 신부에 대한 중상을 옹호한 것은 맞다고 파악했다. 물론 이 편지는 플랑시 공사에게 전달되었다. 그러나 불라두는 이 서신(《함경도 선교사 서한집 2: 안변 본장 편(1887~1921)》)에서 자신의 불법 행위를 언급하지 않은 채 천주교 신자들이 향촌민들에게 일방적으로 습격당했다고 강조했을 뿐이다. 그럼에도 신변의 위협을 느낀 불라두 신부는 뮈텔에게 사직서를 제출하고 4월 자진 귀국했다.

그렇다고 해서 뮈텔이 안변 교안 문제를 방치한 것은 아니다. 그는 5월 29일 아침 지방국장 정준시를 만나 안변의 천주교 신자들이 신변의 위협을 느끼고 있으며, 심지어 천주교 신도 방미카엘이란 인물이 동네 가게에서 김영규라는 이에게 살해당했다고 전했다. 당시 안변에서는 주민들의 천주교 신자에 대한 감정이 격해 있었기 때문이다. 이에 정준시는 이 분쟁 지역이 평온을 되찾도록 최선을 다하겠다고 약속했다.

천주교 신도들이 향촌 사회에서 분란을 일으킨 건 덕원 관할의 안변에서만이 아니었다. 뮈텔의 공격적인 선교 때문에 다른 지방에서도 향촌 주민과 천주교 신도 사이에 분란이 속출했다. 4월 6일 충청남도 강경포에서 주민들이 프랑스 신부를 공격하는 사건이 발생했다. 뮈텔의 이날 일기에 따르면, 베르모렐(Joseph Vermorel, 1860~1937) 신부 댁이 최성진을 따르는 주민들의 공격을 당했고, 복사(服事, Altar server, 제단에서 사제의 미사 집전을 보조하는 평신도)와 하인들이 주민들의 구타로 빈사 상태에 이르렀다고 한다. 훗날 정부 조사 과정에서 밝혀진 바에 따르면, 이 사건은 1898년 4월 천주교 신도인 김치문(빈첸시오)과 소금 상인 조흥도의 소금값 시비에서 비롯되었는데, 구타로 이어지면서 걷잡을 없이 커졌다. 김치문은 조홍도가 자신을 구타하고 천주교를 모욕했다고 증언한 반면, 조홍도는 김치문이 먼저 구타했으며 강경포 나바위 성당을 설립하고 초대 주임 신부가 된 베르모렐이 양자를 대질시켜 불법적으로 심문하는 과정에서 천주교 신도들이 자신을 구타했다고 주장했다. 따라서 평소 천주교의 향촌 침투를 우려하던 차에 이 소식을 들은 강경포 주민들이 성당에 항의하기 위해 집단행동을 벌여 천주교 신도와 충돌했다. 이른바 교안이다. 뮈텔은 이 사건을 예의 주시하면서 일기에 남겼다. 그리고 나서 이틀 뒤인 4월 8일에 앞서 말한 안변 교안이 터졌다.

한편, 1899년 4월 박영효·안경수 쿠데타 사건에 대한 재판이 진행되었다. 1898년 1월~1899년 1월에 이준용과 박영효가 귀국하면 고종을 태상황으로 모시고 이준용을 대통령으로 세우기로 모의했다는 것이다. 이 모의에 가담한 장윤상, 신현표, 이지현이 처벌을 받았다.

정부의 이러한 감시와 통제에도 불구하고 고영근은 어수선한 때를 노려 서울 진고개에서 음모를 꾸미고 있었다. 3월 그는 정교를 만나 정부 대신 암살을 제안하면서 일본에 망명 중인 박영효와 연계하여 작업을 추진하자고 주장했다. 그러나 정교는 박영효 등 여러 망명자가 일본 정부의 밥을 먹고 있기 때문에 만나본들 아무런 이익이 되지 않는다는 이유로 이를 거절했다. 그러나 고영근은 멈출 줄 몰랐다. 임병길, 최정덕 등과 진고개에 사는 일본 상인 도미타 스즈키치(富田鈴吉)의 집에 숨어 지내면서 세상일이 날로 잘못되어 간다는 명분을 내세워 5월 29일 정부 주요 인사에 대한 암살을 모의했다. 반대파 대신 등을 위협하여 그들의 전횡을 막거나 만약 그들이 두려워한 나머지 끝내 은퇴를 하면 자신들에게 기회가 올 것이라고 기대한 것이다. 고영근이 자금을 내놓고 전직 관리 강인필, 전직 군인 김창제에게 폭탄 제조를 맡겼다. 그리고 그의 지시에 따라, 무과 급제자 권용집이 순검 복장으로 변장하고 폭탄을 가슴에 품고서 6월 8일 오후 10시쯤 중추원 의장 조병식의 집으로 갔다. 그러나 조병식이 권용집의 접근을 경계하여 암살 시도는 실패로 돌아갔다.

그러나 이러한 암살 시도는 계속되었다. 《뮈텔일기》 1899년 6월 10일 기록과 《황성신문》 1899년 6월 10일 기사에 따르면, 6월 8일 신기선, 박정양, 박기양 등 고관들의 저택에서 폭탄이 터졌다. 프랑스 공사의 본국 보고에 따르면, 고종이 폭음에 놀라 경운궁을 떠나 중명전으로 대피했다. 미국 공사관과 외국인 저택들에 둘러싸여 궁궐보다 안전하다고 판단했기 때문이다. 다음 날인 6월 9일 저녁 10시 20분에 뮈텔은 폭탄 소리와 같은 요란한 폭발음에 잠을 깼다. 뮈텔이 나중에 확인해 보니 조병식 저택에서 폭발음이 일어난 것이다. 6월 10일 저녁 8시 45분에는 뮈텔 관저 근처인 이종건의 저택에서 폭발물이 터졌다.

6월 13일에는 저녁 7시 10분 안동(오늘날 종로구 안국동) 박영효의 옛집으로 당시에는 일본인이 소유하고 있었던 건물에서 폭발물이 터졌다. 이때 한국인 2명이 암살 준비차 폭탄을 실험하는 과정에서 사망했고 15명이 체포되었다. 뮈텔의 목격담에 따르면 폭발물이 터지면서 연기가 났다. 연기는 4~5미터까지 치솟은 다음 바람을 타고 200~300미터까지 퍼졌다. 6월 14일 임병길이 사람을 시켜 불을 질렀는데, 창고 17칸이 불탔다. 고영근의 암살 시도는 집요했다. 신기선이 이를 빌미로 참수형, 연좌제를 부활시키려 했으나 외국 공사들의 반대로 실패했다.

6월 20일 정부는 공고를 통해 폭탄 사건 관련자들에게 현상금을 내걸었는데, 즉시 효과를 보았다. 대신 암살 시도에 관여한 임병길 등이 일본 국권파 《니로쿠 신문(二六新聞)》의 통신원 아리후 주로(蟻生十郎)의 고발로 쫓기던 중 21일 창덕궁 부근에서 체포되었다. 정부가 큰 현상금을 내걸었고 무엇보다 일본 공사관이 진고개 거주 일본인들에게 한국인 폭탄 관련자들을 자기 집에서 내쫓으라고 지시했기 때문이다. 당시 일본은 대한제국 정부의 환심을 사기 위해 잠시 협조적인 태도를 보이던 터였다.

한 달 뒤인 1899년 7월 27일 법부는 최정식과 이승만을 각각 사형과 종신형에 처했다. 독립협회 열성분자들이 사라질 위기에 놓였다. 두 사람이 만민공동회 운동 과정에서 고종에게 행한 과격한 언사가 아니라 탈옥 후 최정식은 사람을 죽였고 이승만은 이에 동조했다는 사실을 문제 삼았다. 판결문에 따르면, 피고 최정식은 《대명률(大明律)》 〈포망편(捕亡編)〉 '도주한 범죄인을 체포하려는 파견인을 도주 범죄인이 구타하여 부상 이상을 입혔을 경우에 적용하는 형률'에 비추어 교수형에 처한 것이고, 피고 이승만은 같은 조문의 위종자율(爲從者律)에 비추어 태형 100대와 종신형에 처한 것이다.

정국이 이처럼 어수선한 가운데 뮈텔의 고민도 깊어갔다. 6월 7일 강경포 교안에 대한 재판이 열렸다. 안변 교안의 추이를 우려하던 뮈텔에게 이 재판은 매우 민감한 사안이었다. 천주교 측 신부의 피해도 중요했거니와 향후 선교 전망을 가늠할 수 있는 재판이기도 했다. 이때 프랑스 공사 플랑시는 군함 시위로 재판에 영향력을 미치고자 했다. 프랑스 정부 역시 관여하고자 했음이 분명했다. 그러나 상하이에 정박 중이던 프랑스 함대가 한반도 근해에 들어오지는 못했다. 뮈텔은 그 원인을 알고는 모욕감을 느꼈다. 이날 일기에 따르면, 가장 믿었던 러시아가 일본과의 협상을 위해 상하이항에 머물던 프랑스 함대에 출발하지 말 것을 요구했던 것이다. 당시 러시아는 일본과 두 차례에 걸쳐 비밀 협정(베베르-고무라 각서, 모스크바 의정서)을 체결하여 러일 세력 균형을 도모하고 있었는데, 프랑스의 한반도 개입이 일본의 반발을 초래할 것이라고 우려했기 때문이다. 프랑스 역시 러시아와의 동맹 관계를 염두에 두고 러시아의 그런 요청을 마지못해 수용한 것으로 보인다.

뮈텔은 6월 14일에 연이어 열린 6월 15일 재판도 방청한 뒤, 재판관이 증인을 무시한 채 천주교 신도들을 공격하거나 방조한 피고들을 최선을 다해 도와줌으로써 천주교 측에 겁을 주려 했다고 인식했다. 이틀 뒤인 6월 17일, 홍종우가 총무국장에서 평리원 판사로 전직했다. 그해 5월 30일 기존 고등재판소가 평리원으로 바뀐 뒤의 일이다. 뮈텔은 프랑스 유학을 다녀온 홍종우를 평소에 천주교에 가까운 사람으로 여겼기 때문에 기대가 컸을 것이다.

7월과 8월에도 뮈텔은 강경포 교안 재판의 추이를 예의 주시하고 있었다. 그는 한성부 판윤으로부터 강경포 교안의 피고 가운데 조흥도를 찾지 못했고 다른 피고들은 모두 징역 15년을 선고받을 것이라는 소식을 들었다. 이런 소식은 천주교 측을 실망시켰다. 천주교 측에서는 신부와 신도에 대한 공격을 주도한 최성진·윤성여·김낙문에 대해 종신형, 천장옥·최일언·조흥이는 10년 형, 조흥도는 3개월 형을 요구했다. 당시 천주교 측은 프랑스 공사관의 지원 아래 대한제국 사법부를 압박하고 있었다. 도망간 조흥도가 이즈음 체포되었고 8월 10일 최종 판결이 내려졌다. 조흥이·윤성여·최성진 등은 징역 15년, 조흥도는 태 40에 처해졌고, 김낙문은 방면되었다. 그밖에 천장옥과 최일언도 방면되었다.

8월 13일 뮈텔은 이런 판결 소식에 몹시 실망했다. 베르모렐 신부가 강경포 교안으로 고통을 받았음에도 자신의 생각과 다른 판결이 내려지자, 이 판결문을 '불공평하고 터무니없는 판결문'이라고 단정했다. 그리고 "가엾은 프랑스. 이 같은 취급을 받아야 하는가. 약속은 하나도 지켜지지 않았고 뻔뻔스럽게 거짓말을 하고 있다"고 대한제국 재판부를 맹렬하게 비난했다. 특히 석방된 김낙문에 대해 "틀림없이 재판관들에게 돈을 바쳤을 것"이라고 생각했다. 뮈텔의 불만이 터지는 것은 시간문제였다.

재판에 집요하게 관여하는 뮈텔

뮈텔은 강경포 교안에 대한 8월 10일 판결에 항소했다. 그는 8월 19일 플랑시 공사로부터 강경포 교안에 대한 평리원의 심리가 8월 25일에 개정된다는 통고를 받았다. 일종의 항소심이었다. 이어서 8월 22일, 1차 심리 때 강경포 교안의 각 피고에 대한 천주교 측 증인들의 반론을 적은 베르모렐 신부의 보고서를 플랑시 공사에게 전했다. 드디어 8월 25일 오후 5시에 심리가 열렸지만 뮈텔의 뜻과 다르게 진행되었다. 그는 이날 재판에 대한 소회를 일기에 남겼다.

재판관들은 사실을 밝혀 공정한 재판을 하려 하지 않고 오히려 피고들을 비호하려는 듯했다. 그것은 정의를 착취하는 행동이다!

이어서 다음 날 2차 공판이 열렸다. 여기서 대한제국 정부가 남긴 외부 편,《법안(法案)》에 따르면, 윤성여, 최성진이 징역 15년, 천장옥이 징역 10년을 선고받았고 김낙문은 1차 소송 때와 마찬가지로 무죄를 선고받았다. 당시 천주교 측은 상인인 김낙문이 천주교 신도 구타 사건에 적극 가담했다고 파악한 반면, 재판부는 그렇지 않다고 판단했기 때문이다. 또한 8월 10일 재판에서 징역 15년을 선고받았던 조흥서는 방면되었고 천주교 측에서 징역 10년을 요구했던 조흥이는 방면되었다. 반면에 천장옥은 7월 초에 방면되었다가 천주교 신도 공격에 적극적으로 가담한 사실이 밝혀지면서 징역 10년을 선고받았다. 정부는 프랑스 공사관과 천주교 측의 압력에도 사건 가담자에 대한 처벌을 완화했던 것이다.

뮈텔은 2차 공판에서 피고 중 3명만이 유죄선고를 받은 것에 대해 불만을 품었다. 특히 9월 10일 프랑스 공사 플랑시로부터 대한제국 외부 대신 박제순의 서신 내용을 전해 듣고 펄쩍 뛰었다. 외부 대신이 프랑스 공사에게 보낸 서신에 따르면, 재판부가 유죄로 판결한 3명에게는 형을 선고했지만 강경포 교안에 관여한 베르모렐 신부와 그의 사람들에 대해서는 소위 그들의 잘못을 어떻게 처벌해야 하냐고 물었다는 것이다. 강경포 교안의 원인이 향촌민들과 천주교 신도들 사이의 갈등에서 시작되었고 베르모렐 신부가 해당 주민을 불법적으로 심문하면서 시작되었기 때문이다. 그럼에도 뮈텔은 대한제국 정부와 프랑스 공사관의 사후 타협 사실을 상기시키면서 그날 일기에 다음과 같이 적었다.

(프랑스) 공사는 (외부) 대신에게 신부의 경우는 이미 오래전에 외

부 대신과 그와의 사이에 타협이 된 일이고, 또 공사는 피의자 3명에 대한 매우 중대한 고소를 포기함으로써 그 귀찮은 사건을 빨리 매듭지어 정부를 해방시켜 주려 했으므로, 정부에서 그의 이 같은 호의에 이런 식으로 대답한 것에 놀라지 않을 수 없다고 대답했다. 만약 정부에서 이 소송과 관련된 사실들을 조사하고 재판하려 한다면, 고등법원[평리원]에서가 아니고 현지 사법관이 해야 한다. 어쨌든 그렇게 하려면 첫째로 해야 할 일은 이 사건에 관련되어 재판관이 되어서는 안 되는 은진의 행정관을 갈아치우는 일이다.

뮈텔은 대한제국 정부의 이러한 후속 조치를 궁색한 처지에서 '해방'시켜 주려는 프랑스 측에 대한 배신으로 간주하고 있다. 나아가 그는 천주교 측에 불리한 은진(지금의 논산) 지역의 관리를 교체해야 한다고 생각하고 있다. 뮈텔은 신부와 신도 들을 보호하기 위해 정치적 로비를 서슴지 않았던 것이다. "모든 행정이 일찍이 볼 수 없었던 혼란 상태"로 "약육강식이 어느 때보다도 심하다"고 강조했다. 그로서는 이런 상황에서 힘으로 밀어붙이겠다는 생각을 다진 것으로 보인다. 반면에 대한제국 정부와 프랑스 공사관 측 사이에서 오간 공문에 따르면, 박제순 외부 대신은 베르모렐 신부가 법적인 절차를 무시하고 사형(私刑, 린치)을 일삼은 데서 사건이 발생한 것으로 인식했다.

강경포 교안 판결에 대한 뮈텔의 초조하고 불편한 심경은 10월 2일 일기에 고스란히 남아 있다.

강경 사건은 여전히 해결되지 않고 있다. 재판관들은 특히 천장옥에 대한 형의 언도를 거부할 것이라고 한다. 이는 진짜 우롱하는 것이다. 플랑시 공사는 이 일로 우리 못지않게 고심하고 있는 모양이다. 베르모렐 신부는 매우 낙심해 있다.

이어서 10월 3일 뮈텔은 플랑시 공사로부터 윤성여와 최성진은 징역 15년, 천장옥은 징역 10년이 최종 선고되었다는 소식을 전해 받았다. 그러나 천주교 측이 원했던 향촌민에 대한 형량은 선고되지 않았다. 그럼에도 불구하고, 교안 문제가 확산하면서 결과적으로는 천주교 측의 입지는 오히려 강화되었다. 교세(敎勢) 통계표에 따르면, 강경포의 천주교 신자 증가세가 교안 당시 잠시 주춤하다가 1900년과 1901년 사이에 1,528명에서 1,755명으로 증가했다. 당시 강경포 일부 주민들이 천주교의 위세를 확인하고 입교했던 것이다. 그리고 10월 30일, 뮈텔은 1866년에 순교한 베르뇌 신부의 유해를 찾았다는 소식에 기쁨을 감추지 못했다.

식산흥업과 도시개조사업의 빛과 그늘

안변 교안이 일어나기 며칠 전인 4월 3일 월요일 뮈텔은 홍릉(왕비릉)으로 소풍을 갔다. 그리고 돌아오는 길에 전차 조립 공장을 들렀다. 5월 17일 전차 개통을 앞두고 마무리 작업이 이루어지고 있었다. 뮈텔의 이날 일기에 따르면, 일반인들은 전차 노선이 홍릉 근처까지만 운행되는 것을 두고 전차 운행의 효과가 없다며 의구심을 품고 있었다. 오히려 교통이 매우 혼잡할 것이고 동대문 부근 몇 곳에서는 더욱 그러할 것이라고 언급하면서 사고 다발을 예측하고 있었다. 그럼에도 정부는 한성 도시개조사업의 일환으로 전차 운행을 단행했다. 정국이 여전히 불안정한 분위기에서 새로운 희망을 주는 신호이기도 했다.

나아가 정부는 식산흥업정책과 도시개조사업을 추진하기 위해 교육개혁의 필요성을 절감했다. 우선 학부 대신 신기선은 1899년 2월 1일 유교와 서양 신식 학문을 조화롭게 배울 수 있도록 경본예참(經本藝參)의 방향을 보여주는 훈령을 내렸다. 경본이 유교에 입각하여 사람다운 사람을 키우고 나라 구실을 할 수 있는 나라를 유지하자는 것이라면, 예참은 서양 지식과 견문을 참고하여 기물의 사용을 편리하게 하여 재물을 풍부하게 하자는 것이다. 즉 유교 경전 위주의 윤리 교육과 함께 산술, 지리, 역사 등 시무 교과의 신식 교육을 병행함으로써 신구 교육의 조화를 꾀하는 한편으로 신식 식자층을 양성하기 위한 교육을 확충하려고 했다. 그리하여 성균관 유생들에게 재래의 경학 교육을 계속 부여하면서도 새로운 시무 교육도 함께 받을 것을 요구했다. 부국강병을 실현하기 위해 현실의 당면 과제를 해결할 수 있는 인재를 양성하면서도 유학자들의 지지를 받고자 했던 것이다.

이어서 3월 28일 정부는 관립 의학교(醫學校)를 설립했다. 서양 의학을 본격적으로 가르치고 배우기 위한 고등교육기관을 설치한 것이다. 교장은 종두법을 들여온 지석영(池錫永)이었다. 7월 5일에는 〈의학교 규칙〉을 반포했는데, 수업 연한·연령·과목 등 여러 규정을 포함하고 있었다.

만민공동회에 적극 참여했던 정교도 5월 4일(5월 17일의 착오) 서울 전차가 완공되어 홍릉과 용산(서대문의 착오) 사이를 처음으로 철길로 다니게 되었다고 기록했다. 대한제국의 이런 사업은 의미 있

EXPOSITION DE 1900
Pavillon de la Corée

1900년 파리 박람회 대한제국관

다고 판단했기 때문이다. 아울러 5월 8일(6월 24일의 착오) 기록에서 상공학교의 개교 사실을 적었다. 다만 가뭄이 너무 심해 뮈텔마저 남산에 물이 완전히 말랐다면서 비가 오기를 학수고대했다. 뮈텔은 몇 번이고 "주여, 우리를 불쌍히 여기소서!"라고 기도했다. 5월 12일 정부가 삼각산, 목멱산, 한강에 기우제를 지낼 정도였다. 한편, 정부는 1900년 파리 박람회 출품 일로 바빠졌다. 부국강병을 위해 출범한 대한제국 정부로서는 박람회를 통해 조선의 상품을 세계에 알려 많은 물건을 수출하고자 했던 것이다. 5월 20일, 파리 박람회 준비차 조선 측 보조 위원 트레물레(Alhponse Trémoulet, 프랑스인 초대 교장)가 뮈텔을 방문했다.

그러던 차에 5월 26일 아침 뮈텔은 7~8세 어린이가 전차에 치였다는 소식을 들었다. 그런데 전차 사고는 이번이 처음이 아니었다. 그의 기억으로는 나흘 사이에 발생한 두 번째 또는 세 번째 사고였다. 그렇지 않아도 백성들은 큰 가뭄의 원인을 찾지 못하고 있던 터라 전차에 그 원인을 돌리려 했다. 이날 아침 피해자가 정신을 잃자 아버지가 사고 소식을 알렸고 서울 시민들은 흥분하기에 이르렀다. 눈 깜짝할 사이에 종로에서 전차 한 대가 부서지고 불탔으며, 한 대는 전복되어 약간 불에 탔다. 이에 놀란 일본인 고용인들이 달아나는 일도 있었다.

당시 미국 공사관의 서기관 샌즈(W. F. Sands)가 콜브란과 함께 달려와 군중을 해산시키려 했다. 자신의 주택을 미국인 화가에게 팔아넘기고 일본인 호텔에서 거주하고 있었는데, 샌즈는 칼을 휘둘러 시위 주동자 몇 명을 체포할 수 있을 것으로 생각했지만 결국 포기하고 달아났다. 일본 영사가 파견한 경찰 분견대가 곧장 전차 조립 공장으로 갔다. 그 이후 습격 사건이나 가택 침입 사건은 발생하지 않았다. 정부는 다음 날 사상자를 찾아 구휼금을 넉넉히 지급하도록 했다. 당시 가뭄이 무척 심한 와중에 전기가 공기 중 수분을 흡수하고 있다고 믿던 터에 전차 교통사고가 일어나자 폭동이 일어났던 것이다. 정부는 농상공부 대신 민영기를 견책하고 사장을 처벌했다.

2. 주권국가로 가는 험난한 길

유교의 배타적인 영향력 덕분에 중국은 거대한 한국(big Korea)이 되었고, 한국은 작은 중국이 되었다. 동일한 종교, 동일한 정치제도, 동일한 도덕 기준, 동일한 부정부패, 동일한 완고함, 동일한 진보에 대한 혐오감, 결국 동일한 결말이다! _ 윤치호

외국의 영향과 압력 덕분에 한국은 기꺼이 변화해야 한다. 한국인이 통치하든 외국인이 통치하든, 철도, 전신, 증기선, 우편은 앞으로 한 세기 동안 한국을 변혁시켜 서기 2000년 은총의 해의 한 국인은 오늘날의 한국인에 비해 새로운 피조물이될 것이다. _ 윤치호

대한제국 헌법의 탄생

정부는 1899년 6월 22일 대한제국 군대를 지휘하는 원수부(元帥府)를 궁내부 산하에 설치했다. 원수부는 최고 군통수 기구로 황제에 직속되었다. 고종으로선 황제의 권력을 강화하려는 의도도 있지만 계속되는 테러 속에서 신변 보호가 시급했다. 이어서 다음 날 법규를 정비하고 제정하기 위한 기구로 교정소(校正所)를 설립했고, 7월 2일 이 기구를 법규교정소로 개명했다. 조령은 다음과 같다.

임금이 크게 표준을 세우는 것은 대개 백성들이 본받도록 하기 위해서다. 짐이 근년 이래 오직 한마음으로 정사를 잘해보려고 시의에 맞는 정책을 찾기에 부지런히 애쓰지 않은 적이 없건만, 전장(典章)과 법도를 적중하게 세우지 못하여 하나로 통일하지 못한 것은 혹 정령과 조치에 미진한 것이 있어서인가? 아니면 유사가 제각기 자기의 직임을 다하지 않아서인가? 위태로운 형편을 생각할 때 속히 크게 경장을 시행해야 할 것이니, 의정부로 하여금 임시로 교정소를 설치하고 법률에 밝고 사리에 해박한 자를 따로 뽑아 그들로 하여금 의논하여 일정한 규정을 세우도록 하며 꼭 백성들에게 신의를 보임으로써 본받도록 하는 데에 힘쓰도록 하라.

법규교정소는 전장법도(典章法度)의 정비를 목표로 긴급한 헌법 제정에 들어갔다. 즉 원수부를 설치하여 무력적 기반을 갖추는 가운데 헌법 제정을 통해 법제적 기반을 닦겠다는 뜻을 담고 있었다. 그리고 프랑스 피브릴(Fives-Lille) 회사의 대표 그리유(M. Grille)로부터 1896년 7월에 양여된 부설권을 회수했다. 서울-의주 간 서북

철도를 정부의 힘으로 부설하겠다는 의지를 보인 셈이다. 그리하여 대한철도회사(사장 박기종) 설립을 허가했다.

한편, 법규교정소는 임시로 경운궁 포덕문 안의 서양식 건물로 자리를 옮겨 7월 10일부터 본격적인 활동에 들어갔다. 우선 정부는 7월 17일 성균관 관제를 학부가 아닌 법규교정소에서 의논하여 정하라고 명했다. 법규교정소가 법령 제정과 개정에 중추적인 역할을 담당하기 시작했음을 보여준다. 7월 18일에는 법규교정소에 주임관·판임관 시험과 임명 규칙을 개정하도록 명했다. 각 부의 임용 규칙이 서로 달라 혼선을 주었기 때문이다.

8월 1일 법규교정소에 주요 임무가 떨어졌다. 그 핵심은 법률을 정하고 규정을 통일시켜 적절하게 개선하는 것이었다. 특히 고종은 국가 간 우호와 만국공법을 염두에 두어, 의정부 찬무 르젠드르, 철도감독 브라운, 종2품 그레이트하우스를 의정관(議政官)으로 추가 차출하고, 법규를 논의하는 과정에서 새것과 옛것을 참작하여 타당하고 훌륭하게 될 수 있도록 하라고 지시했다.

또한 고종은 8월 3일 자신의 권력을 역사적으로 정당화하고 권력 기반을 다지기 위해 장헌세자(사도세자)를 왕으로 추숭하고 정조대왕의 존호를 올리는 예식을 거행했다. 이 자리에서 사도세자와 정조의 업적을 현창했다. 그리고 2주 후인 8월 17일 고대하던 전문 9조의 〈대한국국제(大韓國國制)〉가 법규교정소에서 제정, 반포되었다. 사도세자 추숭과 정조 존호 예식은 국제 반포를 위한 정지 작업이라고 하겠다. 〈대한국국제〉에 관한 조칙은 다음과 같다.

나라를 다스리는 사람은 반드시 국제[國制, 일종의 헌법]를 반포하

〈대한국국제〉
1899년 8월 17일에 반포되었고 《관보》에는 8월 22일에 실렸다.

여 보임으로써 정치와 군권(君權)이 어떠한가를 명백히 해야 한다. 그런 후에야 신하와 백성 들로 하여금 법을 준수하여 어기는 일이 없도록 할 수 있다. 우리나라에 아직도 일정한 제도를 반포한 바가 없는 것은 결함이 되지 않을 수 없다. 법규교정소로 하여금 나라의 제도를 잘 생각하여 세우고 등문(登聞)하여 재가를 받도록 하라.

제1조는 대한제국이 다른 나라에 종속하지 않고 자국의 정책을 결정하는 주권국가임을 법률로 규정한 것이다. 주권론에서 말하는 대외주권으로서의 독립성을 말하는 것이기도 하다. 제2조와 제3조는 주권의 소재와 집행 형식을 언급한 것으로 국체와 정체를 규정한 것이다. 그것은 주권이 군주로부터 비롯되고 군주는 입법권·행

정권·사법권 전체를 총괄하는 전제군주정으로 함축할 수 있다.

전제군주정은 근대국가의 다양한 국체·정체의 하나임은 두말할 필요가 없다. 특히 아시아에서는 1889년 공포된 〈대일본제국헌법〉에 이은 헌법 제정이다. 비록 국민의 권리와 의무, 입법부·행정부·사법부 등의 권한이 규정되어 있지 않았지만, 시간의 촉박과 외압의 위기 속에서 주권국가로서의 법적 기반을 확보했음은 부인할 수 없다. 제4조부터 제9조까지는 이러한 국체와 정체에 근간하여 군권의 범위와 대상을 규정했다. 이는 자주조직권으로서 외부로부터 독립하여 자주적으로 국가기관을 조직하고 국가권력을 수권(授權)하는 권한을 명시한 것이라 하겠다. 가령 군통수권, 입법권, 사면권, 관리임명권과 외교권이 포함되어 있다. 이와 같이 국제 제정은 국가권력의 최고성과 독립성을 성문화한 것이라 하겠다. 그런 점에서 이는 단지 군권 강화라는 차원에 그치지 않고 근대주권국가로 진입하려는 광무정권의 이념과 국가 건설 방향을 법제 면에서 규정한 것이다.

정교는 〈대한국국제〉를 제정한 사실을 기록하되, 여타 사건과 달리 제1조에서 제3조까지만 간략하게 적었다. 그 심경을 헤아릴 길이 없다. 다만 그가 1905년에 편찬하게 될 자신의 저서 《대동역사》에서 "우리나라가 바야흐로 단군, 기자, 마한 당시부터 이미 자주독립국의 의지를 분명히 밝혔다"고 서술한 점에 비추어 볼 때, 만민공동회의 좌절에도 불구하고 〈대한국국제〉를 반대하지 않았으리라 짐작된다. 윤치호의 경우는 일기 기록이 남아 있지 않아 속내를 엿볼 수 없다. 다만 예전에 대한제국 수립을 비판했고 훗날 대한국대청국통상조약을 '이상한 조약'으로 평가하는 것으로 보아 마뜩해 하지 않았을 것 같다. 황현은 영조의 장남 효장세자(진종)를 언급하며 장헌세자(사도세자) 추숭은 영조에게 죄인이 되는 것이라 비판했을 뿐 〈대한국국제〉에 대해서는 한마디도 언급하지 않았다. 또한 대한 국대청국통상조약도 일절 다루지 않았다. 그로서는 전통적인 중화 지배 질서에서 벗어나기가 어려웠기 때문은 아닐까.

정부는 8월 17일 〈대한국국제〉를 공포한 데 이어 9월 11일 청국 과 대한국대청국통상조약을 체결했다. 대한제국이 조공·책봉질서 에서 벗어나 주권국가로서 첫발을 내딛는 순간이었다. 〈대한국국 제〉가 만국에 대한제국이 주권국가임을 선포한 헌법이라면, 이 조 약은 청국을 조약의 대등한 상대국으로 간주하고 체결한 국제 조 약인 셈이다. 그러나 청국으로서는 결코 체결하고 싶지 않은 조약 이었다. 종래 조선을 자신의 조공국이라고 여겨왔던 터라 대한제 국 정부의 지속적인 조약 체결 요구를 도저히 받아들일 수 없었기 때문이다. 청국 측 전권 대신 쉬서우펑이 1899년 2월에 입국한 이 래 무려 6개월간 회담을 8차례나 거쳤다는 것이 이를 잘 말해준다. 하지만 자국민인 재한 화교들을 보호 관리해야 하는 상황에서 조 약 체결을 더는 미룰 수가 없었다. 특히 청국 상인과 일본 상인 사 이의 분쟁이 늘어가는 상황에서 조약 체결이 연기되면서 청국의 자 국민 보호는 점점 어려워지고 있었다. 그리하여 당시 청국 조야에 서는 조약 체결에 반대하는 여론이 거셌음에도 불구하고, 재한 화 교의 처지와 상행위 악화를 우려한 현실론자들이 청국 조정을 움직 여 조약 체결에 이르렀다. 그 결과 양국 간에 외교관이 교환되고, 관 세자주권과 쌍무적 영사재판권이 인정되었다. 또한 홍삼 금수(禁輸) 에 합의하여 청국인이 대한제국 정부의 특별 승인을 받지 않고 몰래 사들이거나 수출할 경우 모두 조사 체포하고 몰수할 수 있게 되었다. 대한제국 정부로서는 삼세(蔘稅) 증수의 길이 열린 것이다. 그리하여 대한제국과 청국은 대등한 주권국가로서 상호 인정하게 되었다. 조공·책봉질서의 종식이자 근대적 외교 관계의 시작이라고 하겠다. 조약 체결로 주한 청국 공사가 한성에 주재한 데 이어 1902년 1월 30일 박제순이 주청 한국 공사에 임명되었다. 다만 1882년 조청상민수륙무역장정의 독소조항인 한성개잔(漢城開棧) 대신에 한성철잔(漢城撤棧) 조항을 새로이 삽입하려 했으나 청국 측의 거부로 성사되지 못했다. 여타 국가의 상인들처럼 청국 상인들도 한성에서 철수하지 않고 장사를 계속하겠다는 것이다. 그 밖에 대한제국 정부가 종전 국경선이 분명하지 않은 곳에 관원을 파견하여 경계를 확정하고자 했지만, 압록강과 토문강을 경계로 국경선이 이미 분명하다는 청국 정부의 반대로 수포로 돌아갔다. 반면에 이미 국경을 넘어 농사를 짓는 자는 생명과 재산을 보호해 주되 이후 월강은 피차 모두 금지하는 것으로 합의했다.

대한국대청국통상조약에 대한 세간의 평은 대체로 긍정적이었다. 《황성신문》은 12월 19일~25일 6회에 걸쳐 이 조약의 전문(全文)을 연재했다. 나아가 외부가 조약문과 한·청 사이에 주고받은 문서를 묶어 펴낸 《한청의약공독(韓淸議約公牘)》이 판매되기까지 했다. 광고 문구에 '관민 간 쾌열(快閱)하지 않을 수 없다'고 할 정도로 이 조약 체결을 의미 있는 일로 받아들였다. 이 책에는 대청국 황제가 대한제국 황제에게 보낸 국서 부본의 일부 내용이 수록되어 있는데, 다음과 같다.

《한청의약공독》(1900)

　　대청국 대황제는 대한국 대황제에게 안부를 묻습니다. … 두 나
라가 함께 아시아에 있으며, 바다와 육지가 연이어 있고, 수백 년
동안 편안함과 근심됨을 같이하는 관계여서 피아 구분이 없습니
다. … 멀리는 오랜 우호 관계를 품고 가까이는 현재 어려움을 살
핀다면 수레와 수레바퀴, 입술과 치아의 뜻을 더욱 마땅히 함께 절
실히 느끼고 조사하여 구하게 됩니다.

　　종전에 청국이 조선에 취했던 자세와는 너무나 다르다. 이제 대한
제국은 청국과 대등한 주권국가로 발돋움하게 되었다. 이에 정교도
이 조약문의 전문(前文)을 모두 실었다. 본문 15개 조관은 생략했지
만, 12월 14일 이 조약에 근거하여 쉬서우펑이 출사 대신에 임명되

어 한성에 주재했다고 밝히고 있다. 조약의 역사적 의미를 높이 평가한 것으로 보인다.

정교의 눈에 비친 대한제국의 외교적 성취는 이것이 다가 아니었다.《대한계년사》1900년 1월 기록에 따르면, 1898년 5월 20일 만국우편연합 전권위원 이범진 등이 만국우편연합과 연결하여 워싱턴에서 조약을 체결했고 7월 29일 대한제국의 만국우편연합 가입이 비준되었으며 1900년 1월에 고시되었다. 대한제국 정부가 만국우편연합에 가입함으로써 개항장에 설치되어 있는 여러 외국의 우편국을 폐쇄하고 통신주권을 회복할 수 있었다. 실제로 1900년 3월 16일 정부는 일본 정부에 한국에 진출한 일본 우편국의 폐쇄를 요구했다.

이어서 1901년 4월 기록에서 3월 이범진이 러시아·프랑스·오스트리아 세 나라 주재 특명 전권 공사 중에서 러시아 주재 공사 자리만 맡고 나머지 주재 공사는 여타 외교관들이 맡게 되었다고 기술하고 있다. 훗날 러일전쟁 기간 중 외교권의 상실에 절망하여 자결한 이한응이 이때 영국과 이탈리아 주재 3등 참서관에 임명되었다. 정교는 정부의 이러한 외교 활동에 고무되어 주재 외교관 관련 기록을 자세히 서술한 듯하다. 이제 대한제국 정부는 유럽 각국을 상대로 외교를 다각적으로 펼칠 수 있는 기반을 조성한 것이다.

반면에 윤치호는 세간의 평가와 달리 한 해를 마감하는 1899년 12월 31일 일기에서 다음과 같이 적고 있다.

동등한 주권의 이름으로 한국과 중국 사이에 체결된 통상조약의 결론은 세계 역사상 이상한 사건들 중 하나라는 것이다.

윤치호는 이 조약을 왜 '이상한 사건들 중의 하나'라고 표현했을까. 망해가는 두 나라가 대등한 조약을 체결해 봐야 무의미하다는 뜻인지, 아니면 형식상 대등해도 실제로는 대한제국 정부에 불리하다는 것인지, 그 속내를 확인할 수 없다. 그럼에도 그가 이 조약을 부정적인 시선으로 바라본 것은 분명하다.

정부는 1899년 12월 15일 울릉도의 일체 정형(情形)을 조사했다. 울릉도 개척 이후 호구 증가와 토지 개간 실태를 정확하게 파악하기 위해서였다. 영토 주권 수호를 위한 기초 조사 작업이었다. 특히 주민들을 안착시키는 데 역점을 두었다. 이어서 12월 19일 태조, 장조(사도세자), 정조, 순조, 익종(효명세자)을 추존하여 황제로 격상시키고 사면령을 내렸다. 정부는 나름대로 대외주권의 대등성 확보, 영토 보전의 강화, 황실의 존숭을 통해 주권국가로 나아가기 위한 법률적·상징적 조치를 대내외적으로 단행했던 것이다. 훗날 대한제국을 부정적으로 평가하는 역사가들의 눈에 황실 존숭 노력만 보이고 울릉도 지형 조사 같은 일은 들어오지 않았음은 물론이다.

정부의 자주적 산업화 방침은 이전과 마찬가지로 지속되었다. 11월 29일 영국 판리 공사에게 평안남도 은산 광산에 대한 영국 상인의 개채(開採)를 불허한다고 통보했다. 그리고 12월 8일 정부는 나흘 전에 폐간된 《독립신문》의 청산 자금으로 4,000원을 지급하여 《독립신문》의 판권과 인쇄 시설을 인수했다. 이 지급액은 윤치호가 12월 31일 일기에서 밝힌 4,000달러와 동일하다. 《독립신문》이 창간된 지 4년이 지난 시점이었다. 아울러 만민공동회 전 회장 고영근의 폭탄 테러 사건에 연루된 인사들에 대한 처벌을 확정했다. 《독립신문》, 독립협회 등 정부에 부담스러운 존재들을 치워나가는 듯했다.

한편, 근왕 세력 가운데 일부는 보수 대신 민영기의 지원을 받는가 하면 만민공동회 잔당들의 테러 사건과 변란 시도를 빙자하여 고종을 경복궁으로 모시려는 운동을 획책했다. 사전에 발각된 우두머리 김필제는 1899년 12월 교수형을 선고받았지만, 고종의 감형 조치로 섬으로 귀양을 갔다. 당시 만민공동회 잔당들의 대신 가옥 습격과 폭탄 테러 등이 근왕 세력에 구실을 만들어 주었던 것이다. 따라서 정부의 이러한 조치는 윤치호에게는 결코 바람직스럽게 보이지 않았다. 1899년 12월 31일 윤치호는 한 해를 돌아보며 일기에 다음과 같이 썼다.

내일은 새해와 새로운 세기를 맞이할 것이다. 한국에는 어떤 일이 일어날 것인가? 한 해 동안 서울에서 일어난 정치적 사건에 대해 몇 자 적으면 정리가 될 것이다.

1. 독립협회는 완전히 와해되었다. 초여름에 서울에서 다이너마이트 폭발 사고가 발생했다. 임병길 등이 이 비참한 음모의 주동자로 체포되었다. 고영근은 일본으로 달아나야 했다. 부산 감리 이명상은 부산에서 고영근을 체포하지 못해 해임되었다. 민영기가 주동한 음모가 발각되었다! 그 음모의 목적은 박영효 등을 다시 불러들이는 것이라고 한다! 작년에 대중운동을 반대하던 최고 권세가 민영기는 종신 유배형에 처해졌다!

2. 경무사 김영준은 부정하게 획득한 권력을 유지하기 위해서 온갖 종류의 날조된 이야기로 서울과 서울 외곽의 사람을 모두 위험에 빠뜨린다. 악명 높은 쥐어짜기, 섬뜩한 음모. 황국협회는 합법적으로 정부의 부처가 되어 징세 등의 권한을 갖게 되었다! 이용익

과 민경식 둘 다 황제의 특별한 총애를 받고 있다. 올바른 정서를 대표하는 윤용선과 부패와 폭정의 옹호자인 조병식 사이의 싸움은 윤용선의 승리로 끝났다.

3. 동등한 조건하에 조선과 중국 사이에서 체결된 통상조약의 결론은 세계 역사상 가장 이상한 조약이라는 것이다.

4. 이른 봄에 서울 전차가 완전히 성공리에 운행되었다. 서울 주민들은 당시의 가뭄을 전차 탓으로 돌렸다. 치명적인 사고가 위기를 초래했고, 성난 군중이 전차를 부숴버렸다. 일본인 전차 운행자들은 그 위험한 임무를 그만두었고, 미국인 승무원들이 들어왔다. 모든 것이 잘 해결되었다. 올해 말 전차 선로는 종로에서 용산[서대문의 오류]까지 확장되었다.

5. 마침내 서울-제물포 간 철도가 완공되어 10월부터 운행되었다.

6. 한국의 신문은 철저히 억압받았다. 엠벌리(H. Emberley) 씨가 독립신문사의 운영을 맡았다. 영문판은 매주 발간되었는데, 문법뿐 아니라 구두법, 철자도 엉망이었다. 영문판과 한글판 모두 12월에 발간이 중단되었다. 정부가 신문사 시설 전부를 4,000달러에 매입했다고 한다. 독립신문사의 믿을 만한 회계원 이준일이 보낸 편지에 따르면, 엠벌리 씨는 저속하고 잔혹해서 신문사 사람들이 전부 혐오했다고 한다! 안타깝게도 선교사 몇 명은 자신의 성격을 제어하지 못해 옳은 일을 위한 영향력을 상실하고 있다.

1899년 한 해는 1년 전과 다르게 큰 폭풍우 없이 저물어 가고 있었다.

불안한 정국과 보복의 악순환

1900년 1월 1일은 새로운 세기가 시작되는 첫날이다. 그러나 윤치호 일기에는 이날 기록이 없어서 새로운 세기를 맞는 그의 심정을 알 수가 없다. 다만 1899년 12월 31일 일기에서 볼 수 있듯이, 새해 첫날 일기를 썼다면 우울한 전망을 내놓았을 것이다. 이즈음 뮈텔의 경우, 공소(公所)를 다니면서 영세를 주거나 고해를 받는 가운데 아산의 공세리(貢稅里)에 내려가 있었기 때문에 눈길을 끌 만한 만남은 없고 아산 천주교 신도들과 새해 인사를 나눈 정도였다. 물론 전통적인 한국인 지규식은 음력 정월 초하루가 진짜 설날이었기 때문에 이날 특별한 행사가 없었다. 다만 그는 음력 12월 1일이 양력 1월 1일임을 알고 기록했을 뿐이다. 정부에 물자를 조달하고 있기 때문에, 1896년 태양력 시행을 잘 알고 있었을 것이다. 이날 그는 고을 세금 징수와 관련해서 경기도 양근의 주사를 만나는 평범한 일상을 보냈다.

정국은 만민공동회 해산에도 요동치고 있었다. 1900년 2월 정부는 강성형, 윤세용, 박희택 등을 유배 보냈다. 강성형 등은 이미 국내에 들어와 있던 이규완과 황철을 통해 박영효와 연결되었고, 고종을 경복궁으로 이어한 후 정부를 전복하려다가 발각되었다. 《대한계년사》에 따르면, 이들은 쿠데타가 성공하면 박영효의 귀국에 앞서 윤치호와 민영환, 민영준, 한규설, 이민직을 각각 외부 협판, 내부 대신 겸 총리 대신 서리, 탁지부 대신, 법부 대신, 군부 협판으로 임명하고, 쿠데타의 주도자 이규완과 황철, 강성형을 경무사와 군부 협판, 대대장으로 임명하기로 모의했다. 이것은 모두 극형에 해당하는 죄였다.

이어서 3개월이 지난 5월, 중앙에서 피비린내는 일들이 벌어졌다. 안경수와 권형진이 처형된 것이다. 《매천야록》과 《대한계년사》에 따르면, 당시 유학 이문화 등이 처형을 요구했는데, 5월 28일 이유 인이 황제의 비밀 지시를 받고 자살로 위장하여 죽였다. 안경수와 권형진에게 선고를 내린 지 하루 만에 일어난 일이었다. 그러나 황 현 및 정교의 서술과 달리 이유인은 스스로 분노를 참지 못하고 자 신이 한 일이라고 밝혔다. 윤치호가 1900년 12월 14일 일기에서 이 사건을 '올해의 공적인 사건'으로 꼽을 정도였다. 《매천야록》과 《대 한계년사》에 의거하여 사건을 재구성하면 다음과 같다.

안경수는 1898년 황제를 퇴위시키고 황태자를 왕좌에 앉히려는 음모를 꾸몄다가 발각되어 일본으로 달아났던 인물이다. 그는 춘생 문 사건에 가담했다가 징역 3년을 선고받은 인물로 고종과 매우 가 까웠으며, 고종의 후원으로 독립협회 초대 회장을 역임하기도 했 다. 그러나 1898년 7월 경무사를 지낸 김재풍, 이충구 등과 함께 황 제 양위 음모를 꾸미다가 발각되자 일본으로 망명했다(대한애국청년 회 투서 사건). 당시 고종은 측근이라 여겼던 안경수가 가담한 것에 대해 충격을 받았다. 그 뒤 안경수는 망명 정객 박영효 일파와 합세 하여 독립협회와의 제휴를 통한 정계 복귀를 기도했으나 실패했다. 주한 일본 공사 하야시 곤스케(林權助)의 주선으로 1900년 1월에 귀 국하여 공정한 재판을 받는다는 조건으로 자수했다.

그런데 안경수가 왜 자수했는지는 분명치 않다. 이에 대해 황현은 다음과 같이 추정한다.

경자년(1900) 광무 4년(청국 광서 26년, 일본 메이지 33년) 1월, 망명

죄인 안경수가 일본에서 서울로 돌아왔다. 그는 자수한 후 수감되어 신문을 자청했다. 그는 일본에서 오랫동안 있게 되니 갑갑한 나머지 분이 나서, 일본의 후원을 받아 귀국하면 사람들이 자기를 어떻게 할 수 없을 것이라고 생각하여 귀국을 결심했다. 함께 망명한 사람들은 만류했으나 그는 그들의 말을 듣지 않고 마침내 버젓이 자수를 했다.

상민(商民) 나유석 등은 상소하여 그에 관한 사실을 밝혀서 그를 사관(私館)에 거처하도록 청했으며, 때를 만나서 의기를 펴려는 사람들도 줄을 이어 찾아와서는 위로하여 술자리가 흥청거리기도 했다. 대개 안경수는 갑오년 겁맹[劫盟, 1894년(음력) 홍범 14조]과 을미년의 행시[行弑, 1895년 을미사변], 무술년의 내선[內禪, 황제 양위 미수 사건] 등 여러 가지 사태에 앞장서서 돕지 않은 적이 없었다. 그럼에도 많은 신하가 임금의 실덕을 원망한 나머지 그에게 죄를 돌린 자가 없었다. 안경수도 자신을 경범으로 자처했다. 그는 수감되자 민영준, 민영환, 한규설 등을 끌어들여 함께 내선의 모의에 참여했다고 하니, 여러 사람의 죄를 밝히자는 상소는 불문에 부쳐졌다.

이에 따르면 일본 공사 하야시의 주선 아래 정부와 안경수 사이에 모종의 거래가 있었으며, 다른 정적들을 밀고하고 자신은 특별 사면을 받았던 것으로 보인다. 즉 안경수가 자수하면 국법에 의한 공정한 재판으로 처분될 것이며, 고문 형초는 추호도 없다는 약속이 이루어진 것 같다. 또한 안경수 스스로 자신의 쿠데타 행위를 가벼운 죄로 여겼기에 귀국을 감행할 수 있었던 것으로 보인다.

하지만 그의 예상과 달리 그를 역률로 다스려야 한다는 유생들의 시위가 이어졌다. 분위기가 고조되는 가운데 5월 평리원 재판장 서리에 임명된 이유인은 앞에서 밝힌 대로 안경수를 상주하지 않고 처형했다. 이유인이 우려한 바와 같이, 법대로 처리하고 절차에 따라 처형하고자 하면 기일이 지연되기 때문이었다. 당시 안경수, 권형진에 대한 불법적인 사형은 미국과 일본의 관심을 끌어 미국 의사와 일본 의사가 두 사람의 시신을 검시할 정도였다.

여기서 논란이 되는 것은 황현의 서술대로 고종이 이유인을 사주하여 안경수와 권형진을 살해하도록 했는가다. 그러나 《승정원일기》 1900년 5월 28일(음력 5월 1일) 기록에 따르면 고종은 이유인이 '선고한 뒤에 상주하여 재가(裁可)를 거친다'는 조항을 무시하고 불법 행위를 저지른 것에 격노하면서 그를 면직하고 10년 유배에 처하라고 명했다. 그러나 종2품 김중환이 상소를 통해 이유인이 을미사변에 대한 울분으로 안경수와 권형진을 살해했으니 은혜를 베풀 것을 건의했다. 또 보부상들은 홍종우의 김옥균 암살과 비교하며 이유인의 귀양을 반대했다. 그러나 고종은 빗발치는 상소에도 불구하고 이유인의 유배형을 풀어주지 않다가 7월 31일 풀어주라는 조령을 내렸다. 그럼에도 여전히 의문이 남는다. 왜 황현과 정교는 고종이 이유인을 사주해서 안경수와 권형진을 죽였다고 생각했을까?

한편, 윤치호는 이들의 죽음을 어떻게 인식했을까? 그의 일기 어디에도 안경수의 죽음에 대한 인식이 보이지 않는 반면, 권형진은 안경수와 달리 응당한 벌을 받았다고 적고 있다. 명성왕후 시해 자체는 변명할 여지가 없다고 판단했기 때문이다. 그러나 평소 고종에게 동정적이었던 뮈텔은 견해가 달랐다. 그는 두 사람이 처형당한 5월 28일 밤에 쓴 일기에서 다음과 같이 소회를 밝히고 있다.

오늘 아침에 용산으로 가다가 남대문에 붙은 벽보를 보았다. 많은 사람이 그것을 둘러싸고 있었다. 그것은 신임 경무사 이유인과 프랑스 공사관의 통역관이며 평리원 판사인 이인영 베드로가 서명한 문서로서, 왕비의 죽음에 복수를 하고, 국민들의 분노를 진정시키고자 황제에게 알리지 않고 안경수와 권형진을 교수형에 처하기 위해 그들을 체포했다고 알리는 것이었다. 슬프다! 사람들은 그 속임수가 무엇을 의미하는지 알고 있다. 공포감이 아직도 이런 야만적인 짓을 감행하게 하고 있다. 두 피고인은 경무국에서 잔인한 고문을 받은 다음 반죽음이 되어 서소문 안에 있는 감옥으로 이송되었고, 거기서 오늘 새벽 2~3시에 교살되었다.

최근에 사람들은 그들의 생명이 위태로워졌음을 알아챘다. 두 피고인의 사형을 요구하는 여러 상소가 황제에게 올라갔다. 물론 그것은 황제의 지시에 의한 것이었다. 상소자 중에는 군부 대신 윤웅렬과 조병식이 개인 명의로 상소를 했고, 정부의 나머지 사람들은 모두 연명으로 했다. 황제는 감히 내심을 드러낼 수가 없어서 재판을 하기 전에 그들을 괴롭혀서는 안 된다는 대답을 했다. 사건이 예심되기를 기다려야 했다. 일본 공사가 중재를 하려 했다. 그러나 그에게 항고할 여유를 주지 않기 위해 일을 서두르게 되었다.

뮈텔은 고종이 이유인을 사주하여 안경수와 권형진을 살해했다고 추정하면서, 일본 공사관 측이 중재하려 하자 고종이 두 사람에게 항고할 여유를 주지 않기 위해 그렇게 한 것으로 단정하고 있다. 물론 그 역시 고종이 박영효의 연이은 쿠데타 시도에 공포에 떨고 있음을 알고 있었다. 그러나 고종 정부의 이러한 행위가 뮈텔의 눈에는 야만적으로 비쳤기 때문에 이들에 대한 고문 행위를 극렬하게 비난했다. 또한 유생들의 상소 뒤에는 고종의 밀지가 있었다고 확신했다. 그리고 일본의 간섭을 받기 전에 일찍 사형을 집행했다는 점도 지적했다. 이유인과 그 밖의 인물에 대한 고종의 유배형 조칙은 뮈텔의 눈에 '희극'으로 비쳤다.

일본 역시 이 사건의 추이를 예의 주시하고 있었던 터였다.《주한 일본공사관기록》에 따르면, 일본 공사관은 안경수가 법부 대신 권재형과 경무사 김영준으로부터 자수를 전제로 신변 보장을 받고 서울에 들어오는 과정에 관여했기 때문이다. 따라서 일본 공사관은 안경수 등에 대한 가혹한 고문과 그의 죽음에 의혹을 두고 대한제국 외부 대신 박제순에게 격렬하게 항의하면서 고문이 고종의 뜻인지 대한제국 정부가 시인하는지를 따졌다. 나아가 고종을 직접 알현하고 안경수 등의 빈사(瀕死) 여부를 확인하고자 했다. 이에 대해 외부 대신 박제순은 고문치사설(拷問致死說)을 반박하면서 재판과 처형이 대한제국 정부의 고유 권한임을 강조했다. 이후에도 고문 여부를 두고 양국 정부가 반박과 재반박을 이어갔고, 급기야는 제삼의 검시를 의뢰했다는 소문이 돌았다. 당시 궁내부 고문관 샌즈는 유럽인 의사 2명과 함께 검시한 결과 고문을 받은 흔적이 없고 다만 교살된 자국만 있음을 확인한 터였다.

안경수의 죽음을 둘러싼 논란이 이처럼 심화하자, 6월 5일 중추원 의장 신기선 등 여러 의관은 연명으로 올린 상소문을 통해 이준용, 유길준, 조희연, 장박, 우범선, 이두황을 잡아 넘기기를 요청했다. 고종에게 가장 위협이 되었던 명성왕후 시해 사건 가담자와 쿠데타 주동자 들이 포함되었다. 이어 정부는 경찰력을 강화하기 위해 경무청을 경부로 승격시켰다. 여기에 대신, 협판 등의 벼슬을 두었으며, 조병식에게 경부 대신의 사무를 임시로 서리하게 했다. 법부 대신과 그 부의 모든 고위 관리는 자신들의 권한 대부분이 최근에 구성된 경부로 넘어간 사실에 동요했다고 뮈텔은 전하고 있다. 나아가 유생들은 이 기회를 활용하여 계속 몰아붙였다. 그들은 을미사변과 관련하여 이재면, 김윤식의 처형을 요청했다. 고종은 정국 안정을 위해 이 요청을 거절했고 이준용 체포 요청도 거절했다.

그러나 8월 8일 정부는 일본 신문의 기사를 전하는 《황성신문》을 통해, 7월 30일 러시아 공사가 일본에 한반도 분할안을 제시했고 일본이 거절했다는 보도를 접하고 당혹해했다. 정부로서는 러일 간의 전쟁이 임박했음을 보여주는 신호로 비쳤다. 이에 정부는 법률 제·개정과 물리력으로 내부 균열을 봉합함으로써 이런 위기를 돌파하고자 했다. 9월 19일 고영근이 폭약을 사용해 민회를 다시 일으키고자 했다는 보고서를 접수한 정부는 9월 29일 형률을 개정하여 황실에 관계되는 범인과 나랏일에 관계되는 범인은 참형을 가하고 가산을 몰수하는 형벌에 처하게 하도록 했다.

그 뒤 고영근은 어떻게 되었을까. 그는 일본으로 망명하여 오사카에서 윤효정의 식객으로 지냈다. 그는 윤효정으로부터 명성왕후 시해 사건에 가담한 우범선 또한 일본에 머무르고 있다는 소식을 듣고 암살 계획을 세웠다. 그로서는 고종에게 조금이나마 용서를 구하고 고국으로 돌아가기 위해서는 희생양이 필요했는데, 우범선은 고종이 가장 증오하는 인물이라는 점에서 안성맞춤이었다. 그리하여 1903년 11월 24일 우범선을 집들이 겸 만찬에 초대하여 그를 살해했다. 우범선은 훗날 세계적인 육종학자로 성장한 우장춘

전 남소영 터에 세운 장충단비
1895년 명성왕후 시해 사건 당시 순국한 이들을 기리기 위해 세운 비다.

(1898~1959)의 부친이다. 그는 시해 사건에 관여했다가 아관파천 뒤 일본으로 망명했으나 만민공동회 회장 출신 고영근에게 살해를 당한 것이다. 정교와 황현은 이 사실을 기록하면서 반고종 노선을 걸었던 동지 같은 우범선마저 자신의 이익을 위해 서슴없이 제거하는 고영근의 기회주의적이고 얄팍한 처세를 꼬집었다.

한편, 정부는 1900년 5월에 1894년 이래 전사한 장교와 병사 들의 제사를 거행했다. 이어서 장충단(獎忠壇)이 완성되자 11월 12일 전사 장병들의 혼을 달랬는데, 그 대상은 1894년 일본군의 경복궁 점령에 맞서 고종을 지키려다 전사한 홍계훈, 1895년 고종을 춘생문을 통해 탈출시키려다가 처형된 임최수, 이도철 등이었다. 정교에게 정부의 이러한 의례는 고종이 군인들의 충성심을 이끌어 내는 조치로 비쳤다.

아울러 박영효 쿠데타 계획을 추적한 끝에 1900년 12월 이승린,

이조현 등을 재판에 부쳐 귀양을 보냈다. 다만 박영효 등은 체포하지 못했기 때문에, 《대명률》〈적도편 모반조〉의 형률에 비추어 잡아오는 것을 기다렸다가 박영효를 교수형에 처해야 한다는 법부의 보고가 잇달았다. 《황성신문》 1901년 1월 12일 기사에 근거한 《대한계년사》에 따르면, 박영효는 일본 고베에서 만난 이승린에게 자금을 요청했고 이승린은 다시 한규설에게 부탁했지만 한규설이 거절하는 바람에 박영효가 비행선(飛行船)을 통해 폭약을 투척하는 계획이 탄로가 났다. 즉 그의 계획에 따르면 자신이 귀국한 뒤 전국에서 300여 명을 모집하여 거사를 선도하고 외국 군대로 하여금 배후를 도와주도록 했으며, 비행선에 폭약을 싣고 떨어뜨리면 많은 정적을 어육으로 만들 수 있다고 판단한 것이다. 그러나 독일의 F. 체펠린이 경식 비행선을 선보인 것이 1900년 7월 2일이고, 비행선이 상용화한 시점이 1910년대인 것에 비추어 보면, 이 계획은 뛰어난 아이디어일 수도 있고 황당한 계획일 수도 있다.

이듬해에도 박영효 관련 소식이 정교의 《대한계년사》를 채웠다. 1901년 10월 9일 법부에서 하원홍(河元泓)이 고베에서 박영효를 만나 쿠데타를 모의했다는 이유로 그를 그 밖의 인물과 함께 모반조로 교수형에 처했다. 이어서 11월에 덕어학교 학생 신흥우가 박영효와 연계되어 있다고 고발을 당해 재판에 회부되어, 1902년 불온한 말을 고발하지 않은 죄로 3년 징역형을 선고받았다. 나이가 스무살이 채 되지 않은 시점이었다. 이때 함께 체포된 일어학교 학생 윤시용은 1년 6개월 징역형을 선고받았다. 여러 차례에 걸친 박영효의 쿠데타 사주와 추종자들의 모의는 모두 불발로 끝났지만 그 파장이 매우 컸다.

이에 평소 광무정권의 처사에 불만이 많았던 윤치호는 1901년 5월 6일 일기에서 당시의 공포 분위기를 다음과 같이 전하고 있다.

서울에서 두려움에 떨지 않고 고개를 높이 들고 돌아다니는 유일한 사람은 외국인과 그들의 한국인 하인뿐이다. 나머지는 모두 우울하고 절망적이며 무력해 보였다. 지위 고하를 막론하고 한국인은 모두 형사들의 그늘 아래서 이름 모를 고문의 공포 속에서 살고 있는 것 같다. 길거리에서 만난 친구들은 아버지 같은 황제에 대한 반역 음모를 꾸몄다는 이유로 체포될까 두려워서 감히 인사말도 나누지 못하게 되었다.

중국 의화단운동의 불똥

1900년 6월 17일 뮈텔 신부는 청국 톈진으로 떠나는 지인으로부터 7개월 전에 일어난 중국 의화단운동이 심각하게 전개되고 있다는 소식을 접했다. 중국 산둥과 허베이 지방에서 반외세 농민투쟁이라 할 의화단운동이 일어나자 영국, 미국, 프랑스, 독일, 이탈리아, 오스트리아는 물론 러시아, 일본이 이를 진압하기 위해 중국으로 군대를 보냈으나 전황이 불투명하다는 것이다. 대한제국 정부는 운동의 전개 과정을 알려주는 전보를 수차례 수신하면서 한중 국경선을 강화하여 외부의 침입을 예방하고자 했다. 또한 6월 25일 고종은 서울 주재 외국 공사들을 불러 타개 방안에 대한 조언을 구했다.

한편, 뮈텔은 의화단운동이 천주교의 중국 선교에 미칠 영향에 대해 예의 주시했다. 나아가 청군과 러시아군이 전투할 때 위안스카이(袁世凱)가 의화단과 연대할 가능성 여부를 타진했다. 뮈텔과 가

의화단운동 당시 의화단과 열강 군대의 전투 장면

까운 법어학교 교사 마르텔(Emile Martel, 1874~1949)이 의화단운동의 전황을 파악하기 위해 대한제국 정부로부터 돈을 받고 현지로 떠날 정도였다. 1900년 6월 26일 그는 마르텔로부터 위안스카이가 의화단과 동맹하지 않았다는 보고를 받았다. 그리고 다음 날 톈진이 러시아군에 의해 점령당했다고 일기에 적었다. 그로서는 안도의 한숨을 쉬었을 것이다. 그러나 7월 10일 천주교도들이 의화단원에게 살해당했다는 소식이 들려왔다. 뮈텔은 7월 12일 뤼순의 캉브리에르(Canbrière) 신부에게 편지를 보냈다.

　　이곳 한국은 평온하므로 우리는 선교사와 수녀 들을 받아들일 수 있을 것이다. 단지 한 가지 곤란한 점은 그들과 동행하고자 하는 중국인이 많은 편이라는 것이다. 그것 때문에 대한제국 정부가 불안해할지도 모른다. 하지만 유럽인은 문제가 없을 것이다.

당시 뮈텔이 대한제국 정국이 청국에 비해 상대적으로 평온하다는 점을 염두에 두고 중국인을 제외한 유럽인 천주교 신자들을 한반도로 탈출시키고자 했음을 확인할 수 있다. 그렇다면 중국인을 제외한 이유가 무엇일까? 혹시 뮈텔의 백인우월주의가 작용한 것일까. 아니면 의화단 단원이 중국인 신자 집단에 몰래 잠입해 함께 한반도에 들어올 것을 우려한 대한제국 정부를 배려한 것일까.

윤치호 역시 의화단운동의 추이를 예의 주시하고 있었다. 그는 1900년 12월 14일 일기에서 의화단운동의 전개 과정과 파장에 대해 다음과 같이 적고 있다.

> 올해는 중국에 재앙의 해다. 서태후와 투안[청국의 황족이자 도광제의 서자인 已革端郡王으로 추정됨] 왕자는 중국의 동학(東學) 격인 의화단을 장려하고 그들과 협력하여 선교사를 학살하고 공사관을 공격하여 중국에서 외국인을 몰아내는 데 앞장섰다. 일찍이 5월에 전투가 시작되었다. 외국 열강은 연합군을 파견했고, 치열한 전투 끝에 베이징을 점령했다. 서태후와 그녀의 사악한 고문들은 급히 베이징을 떠나야 했다. … 유교의 배타적인 영향력 덕분에 중국은 거대한 한국(big Korea)이 되었고, 한국은 작은 중국이 되었다. 동일한 종교, 동일한 정치제도, 동일한 도덕 기준, 동일한 부정부패, 동일한 완고함, 동일한 진보에 대한 혐오감, 결국 동일한 결말이다!

그는 의화단을 조선의 '동학'에 견주면서 의화단운동이 청국을 위기로 몰아넣고 있다고 보았다. 그러면서 자신이 늘 입에 달고 다니는 유교망국론을 펼쳤다. 이 점에서 1900년이 "중국에 재앙의 해"였던 것이다.

그러나 윤치호는 간혹 제국주의와 백인우월주의를 비판하기도
했다. 1902년 11월 22일 일기에서 의화단운동 당시 서양 열강의 침
략을 다음과 같이 회고하고 있다.

중국에서 선교사 한두 명이 살해당해도 기독교 국가들이 영토를
점령하고 범죄 규모에 비례하지 않는 배상금을 강요한다. 올해 9월
에는 미국인 폭도들이 오리건주의 중국인 마을을 공격해 중국인
3명을 살해하는 사건이 발생했다. 미 연방정부는 살인자들을 재판
에 회부하기 위해 아무것도 하지 않았고, 할 수도 없었다. 오리건
주지사가 어떤 조치도 취하지 않았다는 것은 말할 나위도 없다.

서구 문명을 숭상한 윤치호는 자신의 사회도 빨리 그렇게 변화해
야 한다고 주장했지만, 백인의 인종차별에 대해서는 치를 떨었다.
그는 미국 유학 시절 백인들의 황인종 차별로 마음의 상처가 컸다.

대한제국 정부 역시 의화단운동 소식에 깜짝 놀랐을 뿐 아니라
의화단 일부가 평안도와 함경도로 진입하여 약탈할 것이라는 소문
에 위기감이 절정에 달했다. 미국 공사관과 일본 공사관도 의화단
의 동향을 시시각각 전달받으면서 평양과 운산 광산의 자국민 보호
를 예방 조치로 강구할 정도였다. 이에 정부는 1900년 6월 30일 황
제의 군대에 대한 통솔권을 강화하기 위해 육군헌병사령부를 원수
부 소속으로 설치했다. 이어서 7월 20일에는 활빈당의 활동을 단속
하고 지방 민란을 사전에 방지하기 위해 강화, 인천, 수원, 황주, 청
주, 전주, 대구, 진남, 울산, 평양 등지의 기존 지방대와 진위대를 진

위대로 일원화하고, 중국 및 러시아 방면 국경 방어를 강화하기 위해, 의주, 강계, 북청, 덕원, 종성 등지에 4개 대대 4,000여 명의 군사로 진위대를 설치하고 북청과 종성의 지방대는 폐지했다. 1900년 6월 18일 주한 일본 공사관이 본국에 보고한 바에 따르면, 진위대 설치와 군대 증원은 의화단의 침입을 막기 위한 것으로 파악했다. 또 의화단을 이전의 청국 비적과 다름없는 폭도로 인식하고 있었던 정부는 청국의 정세를 엿본 뒤, 7월에 의화단 진압에 참여한 미국, 영국, 일본 등 각국을 위문하는 전보를 발송했다. 이어서 8월 초순 쌀 1,000가마와 밀가루 1,500부대, 담배 2,000갑을 증기선 창령호를 이용해 연합군에 보내 호의를 표하기로 했다는 신문 보도가 뮈텔에게도 전해졌다.

본격적인 도시개조사업

정부는 1899년 〈대한국국제〉 제정을 계기로 주권국가로서의 법제적 근거를 마련하자 1900년부터 본격적인 산업화에 나섰다. 그 출발점은 2월 26일 서북철도 서울-송도 부설 착수 결정이었다. 이어서 4월 6일 철도 업무를 총괄할 철도원을 설치하고, 총재, 감독 등을 두어 황실 소속 철도를 관할하도록 했다. 또한 4월 10일 고종의 출자로 설립된 한성전기회사로부터 도급을 받아 미국의 콜브란·보스트윅 상사(Collbran&Bostwick Company)가 종로에 전등을 처음 설치했다. 간간이 추진되었던 이른바 한성 도시개조사업이 본격화했다.

콜브란(H. Collbran)은 영국 태생의 미국 콜로라도 사업가로 미국 콜로라도 중부철도회사의 사장을 역임한 인물이다. 그는 1896년 모스(J. Morse)의 경인선 부설 사업의 도급공사를 맡으면서 대한제국

콜브란·보스트윅 상사 로고

에서 사업을 시작했다. 이후 샌프란시스코 출신의 사업가 보스트윅 (H. R. Bostwick)과 함께 한성전기회사의 도급사업을 맡기 위해 콜브란·보스트윅 상사를 설립했다. 또한 이들은 고종으로부터 상수도 부설 경영에 대한 특허를 받았다. 그 결실은 1900년 7월 5일 한강철교 완공으로 나타났고, 7월 8일 서울 남대문에서 인천을 잇는 경인선이 개통되었다.

이즈음 프랑스 기업가들도 자본 투자를 적극 모색하고 있었다. 대한제국 정부도 러시아와 일본의 침략을 우려하여 프랑스 자본과 기술을 도입하고자 했다. 뮈텔이 대한제국 정부와 프랑스 기업가를 연결해 주는 역할을 했다. 일본은 이를 두고 프랑스의 영향력이 커졌다고 평가했다. 4월 24일 뮈텔을 방문한 철도 기사 드 라페이리에르는 경의선 가운데 우선 서울과 송도 사이의 철도를 부설하고 그것을 연구하기 위해 궁내부와 계약을 맺었다는 사실을 알렸다.

일본은 대한제국 정부와 프랑스 기사가 4월 21일에 맺은 고빙 계약에 촉각을 세우고 이를 방해할 목적으로 관련 내용을 입수했을뿐더러, 양자 간의 계약을 파기시킨 뒤 러일전쟁 발발 직후인 1904년 5월 드 라페리에르로부터 계약서 사본을 입수하기에 이르렀다.

1900년 5월 10일 진고개 일본인들이 청일전쟁 승리를 기념하는 갑오역기념비(甲午役紀念碑)를 왜성대에 세운 날, 프랑스인 법률가 크레마지(Laurent Cremazy, 1837~1909)가 대한제국 정부 법률 고문직을 맡기 위해 한반도에 도착한 뒤 뮈텔을 방문했다.

5월 11일에는 셀르리에(Cellerier)가 뮈텔을 방문했다. 그 역시 프랑스인으로 금광채굴권을 따내기 위해 카잘리(Auguste Cazalis)라는 기술자를 대동했다. 뮈텔의 정보에 따르면, 카잘리는 손탁(Marie Antoinette Sontag)을 매개로 후일 고종과 연결된다. 1901년 4월 카잘리는 프랑스 파리에 있는 윈난 회사의 대표로서, 대한제국 정부에 차관 제공을 약속한다고 계약한 당사자였다. 당시 정부는 일본의 경제 침략을 우려하여 일본보다 프랑스에서 제공하는 차관을 선호했다. 또한 정부는 9월 4일 프랑스 정부의 지원을 받아 광무학교(鑛務學校)를 설치하여 광업과 실용 학문을 가르칠 수 있는 여건을 마련했다. 이 역시 프랑스 기업의 평양 석탄광 투자와 관련되었다.

그러나 일부 식자층은 대한제국 정부가 산업화 시책을 추진하는 과정에서 나타나는 부정적인 측면에 주목할 뿐이었다. 윤치호는 1901년 5월 14일 일기에서 종로 가로등 설치에 대해서 다음과 같이 조롱했다.

영국 공사 구빈스(Gubbins) 씨가 어떤 대화에서 이렇게 말했다. "한국이 원하는 것은 등대입니다. 등대는 상업과 번영을 촉진할 것입니다." 구빈스 씨는 차라리 파산한 탕아가 원하는 것은 집 앞의 훌륭한 가로등 기둥이라고 말하는 편이 더 나았으리라.

나아가 윤치호는 고종의 통치에 대해서 "어리석음과 실수의 연속"이며 "조선 사람의 것은 빼앗고 타국 사람에게는 빼앗기는 것"이라고 비판했고, 위정자들의 정책은 "국민을 억압하기 위해 다른 사람들에게 의존하는 것"이라고 질타했다.

그는 새해 첫날 이틀 전인 1900년 12월 30일에 쓴 일기에서 대한제국이 외국의 영향과 압력 때문에 좋든 싫든 변화할 수밖에 없다고 전망하고 있다.

> 외국의 영향과 압력 덕분에 한국은 기꺼이 변화해야 한다. 한국인이 통치하든 외국인이 통치하든, 철도, 전신, 증기선, 우편은 앞으로 한 세기 동안 한국을 변혁시켜 서기 2000년 은총의 해의 한국인은 오늘날의 한국인에 비해 새로운 피조물이 될 것이다. 서기 2100년이 되면 사방에 오물 웅덩이가 있는 이 열악한 오두막들이 말쑥한 벽돌집으로 바뀔 것이다. … 오랫동안 인내하며 고통을 겪은 수백만 명의 한반도 주민들은 … 공공 도로를 정비하고, 학교를 효율적으로 운영하며, 국가 방위를 효과적으로 유지하기 위해서 국민의 동의를 얻어 세금이 부과될 것이다. 나는 때때로 300년 뒤의 한국에 다시 돌아와서 한국이 어떤 모습으로 변화했는지 보았으면 좋겠다고 생각한다.

윤치호는 대한제국의 무능력을 질타하면서도 외국에 의해 문명화하리라 예상했다. 종속적 문명화인 셈이다.

반면에 황현은 《황성신문》 1900년 2월 26일 기사에 근거하여 한국인으로서 신학술을 연구하여 발명가가 된 사람을 일일이 열거했다. 자동 방직기를 제조한 사람으로 이여고(李汝古), 이태진(李泰鎭), 이인기(李仁基), 이태호(李泰浩) 등을 들었다. 그리고 유긍환(兪肯煥)이 자동 도정기(搗精機)를, 한욱(韓昱)이 전보기(電報機)를, 고영일(高永鎰)이 양지기(量地機)를, 민대식(閔大植)이 유성기와 사진판을 제조했다고 언급했다. 또 서상면(徐相冕)이 유럽으로 유학하여 1년에 7~8차례나 누에를 키우는 방법을 배웠으며, 양주의 구선동 백성이 중국 쑤저우, 항저우와 구미의 뽕나무 수십만 그루를 심었다는 사실도 언급했다. 다만 이를 관장하는 인물이 없어 얼마 안 되어 폐지되었음을 안타까워했다. 황현의 위정척사적 성향으로 볼 때 서양 문물 발명에 관심을 두지 않았으리라 예상했는데 그렇지 않았다. 그 역시 서구 이념과 제도는 받아들일 수 없어도 과학기술은 민생에 영향을 미친다고 생각하여 이러한 발명가들에게 주목한 것이 아닌가 한다. 또한 정부의 상공업 정책이 한계를 지니고 있었지만, 근대적 기술과 기계를 도입함으로써 국내에서도 새로운 기계들을 발명하게 되었음을 인정한 것이라고 하겠다.

3. 재난과 전쟁의 암운

인천항의 쌀 시세를 들으니 군산항과 서로 같다 했다. 그동
안 사들인 쌀은 본전에서 밑지지 않을 수 없으니 매우 탄식
할 노릇이다. _지규식

프랑스 공사 플랑시가 들어오자 교인들이 거짓으로 함정에 빠뜨리
고 날조하여 채구석을 체포해 가도록 하여 배상금을 추징하고 3년
동안 수감해 놓았다가 비로소 석방시켰다. 또한 플랑시가 우리 정
부를 협박하여 제주 교인들에게 장지(葬地)를 선정하여 제공하도록
요구하니 교인들은 비옥한 땅을 다투어 점거했다. 그네들의 묵은 원
한을 갚은 것이다. _황현

지방관의 수탈과 일본 상인의 농간

이즈음 여기저기에서 일어난 민란이 윤치호, 정교, 황현의 시야에 포착되었다. 황현은 《매천야록》에서 내장원의 수탈로 경흥과 원산에서 민란이 일어났다고 적었다.

경흥부에 민란이 발생하여 감리 남명직을 수감했다. 남명직은 가는 곳마다 탐학하고 잔혹하여 남주뢰(南周牢)라는 별호로 불렸다. 원산항에서도 민란이 발생하여 경무서를 때려 부수니 경무관 유한원을 서울로 보내 조사받도록 했다.

또한 활빈당이 각지에서 일어나 관아와 지주를 공격하여 약탈하고 있다고 강조했다. 재해와 변이 사건이 유달리 빈번하게 기록되었다. 호랑이가 밤마다 서울 삼청동을 침입했다는 기록도 그러한 분위기의 소산이었다. 또 흑사병이 도는 가운데 1900년 3월(음력) 속리산에서 동학당이 용왕에게 제사를 지낸 뒤 서울로 진격하려 했다고 적기도 했다. 또한 러시아의 마산포 조차와 인천 월미도 저탄소 설치를 비롯하여 천주교의 전도 상황을 전했다. 특히 고종의 '외국 흠모'를 신랄하게 비판했다. 황현은 서양식 훈장 수여에 대해 다음과 같이 비판했다.

임금은 외국을 흠모하여 표훈원(表勳院)을 설치하고 훈장의 격식도 정했는데, 세상에서 매국자(賣國者)라고 불리는 자들이 모두 훈장을 하사받았다. 1년 뒤에는 병졸과 시역[厮役, 하인] 들도 훈장을 달지 않은 사람이 없어서 훈장을 단 자들도 서로 바라보며 웃을 지경이었다. 간혹 훈장을 외국에 보냈지만 거절을 당하기도 했고, 일본인은 훈장을 받으면 며칠 동안 차고는 녹여서 팔기도 했다. 이 렇듯 사람들에게 멸시를 받았지만 여전히 깨닫지 못하고 있었다. 훈장 하사에 관한 것은 이후에는 기록하지 않는다.

한편, 식자층은 공통적으로 지방관들의 수탈에도 비판의 칼날을 들이댔다. 정교는 독립협회 해산 후 견제 세력이 없어져 수령들의 탐학이 심해졌고 국고로 이자 놀이를 하고 있다고 신랄하게 비판했다. 윤치호 역시 덕원 감리로 내려간 뒤 명성왕후의 총애를 받았던 가무병정(歌舞兵丁) 유한익의 형이자 광대 출신 유한원이 이제는 경무관이 되어 원산 주민들을 수탈하는 모습을 생생하게 목격해야 했다. 그리고 얼마 안 되어 원산 주민들이 유한원의 불법 수탈에 맞서 일으킨 민란을 겪었다. 그는 1900년 그해를 정리하며 쓴 12월 14일 일기에서 1900년 3월 22일 밤 10시경에 일어난 일을 다음과 같이 적고 있다.

그날 밤 10시경, 폭도들이 경찰서를 습격해서 창문, 문, 가구를 부수고 가연성 물질로 모닥불을 피웠다. 경무사는 뒷창문으로 뛰어내려 진창길과 논밭을 지나 일본군 주둔지로 도망쳤다. 그 뒤 폭도들은 유한원의 하수인 노릇을 했던 경찰들의 집을 부숴버렸다. 내가 나가야만 했고 오랫동안 대화를 나눈 뒤 군중을 해산시켰다.

또한 윤치호는 덕원 감리로서 바삐 뛰어다니면서 도로를 수리하고, 일꾼 고용과 높고 낮은 관료, 일꾼, 군인 숙소 등을 챙겨야 했지만 중앙에서 내려온 관리들과 군인들은 영흥의 태조 어진을 모셔 오는 행차 과정에서 각종 수탈을 자행하고 있었다고 술회했다. 그의 말대로 "조선은 진정 죽은 자들의 나라다!"라고 절규할 정도였다. 그리고 그는 이러한 행차에 부정적인 인사로 낙인찍혀 감리에서 물러날 위기에 몰렸다. 그러나 원산 민란을 조사하러 내려온 특진관 이남규는 오히려 윤치호의 행정 업무가 탁월하다면서 고종에게 보고하여 포상을 받도록 하겠다고 약속하고 윤치호에게 감리 자리를 계속 맡아줄 것을 부탁했다. 대한제국 황제에게 절망하던 차에 실낱같은 희망이 생긴 것이다. 그가 그렇게 저주하던 대한제국 황제를 청렴한 관리가 지키고 있었던 것이다. 아울러 이남규는 증인들을 열심히 조사하여 유한원을 처벌하기에 이르렀다.

윤치호가 이처럼 파직되지 않고 돌아오자 원산과 덕원의 주민들은 연회를 준비했다. 원산의 연회는 남산에서 열렸고, 덕원의 연회는 감리서에서 400미터가량 떨어진 곳에 있는 석왕사의 말사 재성암에서 열렸다. 얼굴이 불그레하고 머리가 허옇게 센, 칠십 넘은 노인이 춤을 추는 모습은 그에게 깊은 연민을 불러일으켰다. 음식이 항상 맛있지는 않았지만, 백성들의 따뜻한 마음이 느껴졌다.

그러나 이남규의 조치에도 불구하고 중앙에서 압력을 넣어 윤치호를 봉고파직했고 아버지 윤웅렬의 회갑연 휴가 신청마저 거부했다. 윤치호는 자신이 서울로 올라오면 독립협회 회장을 맡을까 정부가 우려했다고 인식했다. 그러나 이러한 예상과 달리 5월 10일 휴가를 받아 상경길에 올랐다. 이런 점에 비추어 보면, 윤치호가 자신을 과대평가하고 고종에 대한 실망감을 투사한 것으로 보인다. 윤치호에게 서울 생활은 고종에게 아첨하는 고위 관료들의 매관매직,

고종을 속이는 무당과 점쟁이 들의 온갖 장난을 매일 보아야 하는 역겨운 생활이었다.

6월 25일 윤치호는 서울에 더는 머물지 못하고 진남포 감리로 발령을 받았다. 그는 여기서 중국인을 재발견한 반면에 조선인에 대한 모멸감을 끝없이 드러냈다. 다음은 윤치호가 6개월이 거의 다 된 시점에 적은 1900년 12월 18일 일기다.

거류지에는 약 340명의 일본인이 거주하고 있으며, 거류지 안팎에는 260~300명의 중국인이 거주하고 있다. 중국인 대부분은 중국에서 가장 빈곤한 지역인 산둥성 출신이다. 농부로서 갖고 있는 엄청난 근면함과 기술, 그리고 목수, 석수, 벽돌 제조자, 일반 쿨리로서 갖고 있는 인내심과 꾸준함, 값싼 임금, 모든 일에서의 절약 정신과 인내심이 서서히 그러나 확실하게, 게으르고 통찰력 없고 검소하지 않은 한국인을 고용 시장에서 축출하고 있다. 한국인이 다른 모든 국적을 합친 외국인보다 뛰어난 것은 협잡이다. 임금이 대신을 속이고, 대신이 부하를 속이고, 부하가 백성을 속이고, 백성이 서로를 속이니, 결국 나도 한국인이라면 어느 누구도 신뢰하지 않겠다고 결심하는 지경에 이르렀다. 아무리 그 사람의 말이 올바르다고 해도 말이다. 어쨌든 유능하거나 재주 있는 한국인은 손가락질당하거나 죽임을 당한다.

그는 만인계(萬人契)의 악폐에서 비롯된 도박, 약탈, 살인, 파산, 자살 등을 시정하려고 노력했다. 만인계는 계주가 추첨일과 등급에 따라 당첨금에 차이를 둔 당첨자 수 등을 정해두고 계표라는 이름의 복권을 일정 기간 판 뒤 정해진 추첨일에 그것을 산 사람들이 모인 자리에서 추첨을 하고 추첨금을 지불했다. 일종의 사행성 도박이었다. 그러나 백성들의 만인계 열기는 그로서도 어쩔 수 없다고 판단했다. 당시 황현도 만인계의 폐단을 지적하면서 정부가 금지했다고 언급했다. 그만큼 평안도 지역의 만인계는 전국적으로 알려졌던 것이다.

이즈음 9월 25일 지규식은 자신의 새로운 영업 장소를 찾아 기차를 타고 인천 축현역(杻峴驛)에 도착했다. 그는 군산포에 내려가 쌀을 구입한 뒤 서울에 팔아 이문을 남기려 했던 것이다. 9월 26일 인천항에서 출발한 화륜선을 타고 9월 28일 군산에 도착해 미곡 구입에 나섰다. 그러나 10월 12일(음력 윤 8월 20일) 일기에 따르면, 그는 인천항 미곡 시세가 떨어지고 있다는 소식을 듣고 미곡 구입을 주저했다. 인천항과 군산항의 미곡 시세 차익을 노린 것인데, 두 곳의 쌀값이 같다고 한탄했다. 10월 13일(윤 8월 21일) 일기에서 다음과 같이 적고 있다.

인천항의 쌀 시세를 들으니 군산항과 서로 같다 했다. 그동안 사들인 쌀은 본전에서 밑지지 않을 수 없으니 매우 탄식할 노릇이다.

더욱이 일본인이 쌀을 대량 구입하여 군산미 가격이 오른 상태였다. 미곡 구매를 당분간 중지해야 했다. 엽전 가격마저 떨어져 더욱 낭패였다. 그 와중에도 고종 칭경식(稱慶式)이 열린 11월 8일(음력 9월 17일) 일기에 이 행사를 기록하면서 조정과 민간이 함께 기뻐했다고 적었다. 식자층이 마냥 비판할 때 상인인 지규식은 고종이 대한제국 황제로 즉위한 네 번째 해임을 기억하며 그 의미를 긍정적으로 부여했다. 20세기 첫해인 1900년도 해가 이렇게 뉘엿뉘엿 넘어가고 있었다.

제주 민란이 일어나다

윤치호는 1901년 1월 1일 당시 평안남도 삼화 부윤으로 재직 중이었다. 그는 이날 오후 집에서 보낸 전보를 받았다. 아버지 윤웅렬이 전라남도 관찰사로 임명되었다는 소식이었다. 그러나 윤치호는 아버지의 관찰사 임명이 마뜩하지 않았다. 윤웅렬이 성품상 몰염치한 부패에 탐닉하지는 않지만, 부하들이 저지르는 부정을 적극적으로 막지 못하는 데다가 윤웅렬이 서울을 비운 사이에 정적들이 자신을 공격할까 우려했기 때문이다. 이는 윤치호 자신이 대한제국 관리들의 부패에 분노하는 한편, 반독립협회 세력의 공격에 불안감을 감추지 못했음을 보여준다. 예컨대 많은 지역에서 규정상 세금이 1결당 50냥인데, 승관전(繩串錢) 5냥 외에도 20냥이 수령의 '구폐전(救獘錢)' 명목으로 추가로 부과되고 있었다. 1결당 실제 부과되는 세금이 무려 75냥인 셈이다. 윤치호가 보기에 도로 개선, 학교 설립, 천연자원 개발 같은 적절한 용도에만 사용된다면 그다지 무거운 세금이 아니었다. 하지만 그의 표현을 빌리자면, "지금 경망한 언동과 못된 장난에 공금이 낭비되고 있기 때문에 백성들이 납부하는 세금은 모두 사라져 버렸다"는 것이다. 그는 1901년 1월 22일 일기에서 수령들이 "네 죄를 네가 알렷다"라는 상투적인 협박으로 부자들의 재산을 갈취했다고 장황하게 기술했다.

한편, 1900년 전기화 사업이 본격화된 이래 산업화의 기반들이 서서히 마련되어 갔다. 1901년 3월 23일 대한제국 정부는 벨기에 정부와 수호조약을 체결했다. 《대한계년사》에 따르면, 정교는 눈치 채지 못했지만 이러한 조약 체결은 대한제국 산업화 시책과 관련이 깊었다. 정부는 프랑스·벨기에의 자본이 투입된 윈난 신디케이트를 통해 차관을 들여오고자 했던 것이다. 그리고 이 차관으로 금은화 주조를 준비하여 일본 제일은행의 영향력을 약화시킴으로써 일본의 간섭을 물리치고 산업화의 기반을 닦고자 했다. 두 달 뒤인 5월 21일 광업국장 이용익과 서울 주재 프랑스 공사가 차관 제공과 평양 탄광 채굴권 양여를 담은 계약서를 교환했다. 일본은 양국의 계약 체결에 반발하면서 영국과 함께 이를 저지하고자 했다.

이어서 뮈텔의 1901년 8월 17일 일기에 따르면, 이날 저녁 9시 30분 서울의 전기 점화식이 서대문 근처의 한성전기회사에서 거행되었다. 날씨가 매우 무더웠음에도 초대를 받은 뮈텔을 비롯하여 수많은 군중이 모여 있었다. 종전에는 발전기 한 대를 가동시킬 수 있는 200마력의 기계 한 대로 전차를 운행시켰다면, 이제는 200마력 정도의 기계 두 대를 더 추가해서 세 대의 발전기를 가동시킴으로써 서울의 가로등을 켤 수 있게 되었다. 물론 가로등은 모두 합쳐 10대에 지나지 않았다. 정해진 시간이 되자 알렌이 연설했지만 기계의 소음 때문에 잘 들리지 않았다. 곧이어 민영환이 점화식을 했다. 몇 분이 지나 충전이 되자 기계실에 설치된 전등에 불이 켜졌다. 사람들은 박수를 치고 만세삼창을 했다. 그러고는 아주 더운 곳을 빠져나가 샴페인을 들었다.

전기 점화식을 거행한 지 사흘째인 8월 20일 오전 11시 영등포에서 경부선 서울 방면 철도 기공식이 열렸다. 이에 대해 뮈텔은 "그것은 참된 차압을 뜻하는 것일까, 아니면 단순히 조선에 대한 일본의 실권(失權)을 예방하려는 것일까?"라고 의심했다. 그는 일본이 경부선 부설권을 가지고 기공식을 벌이는 것에 대해 우려와 불만을 품었던 것은 아닐까. 박성진의 연구에 따르면 당시 경의선 부설과 광산 개발에 기술고문관으로 들어온 프랑스인 부르다레(Émile Bourdaret)도, 일본이 경부선 부설권에 이어 경의선 부설권마저 확보하면 한국의 운명은 일본의 수중에 들어갈 것이라고 내다보았다.

일본은 경부선을 부설하기 위해 모두 5차례에 걸쳐 철도 부설 예정지 노선을 답사하면서 경제적·군사적 측면을 고려하여 오늘날의 경부선과 같은 노선을 확정했다. 그리고 이 과정에서 일본 측은 경부선이 세계의 대간선철도(大幹線鐵道)가 되어야 한다고 주장하면서 정거장 부지로 평균 20만 평, 선로 용지로 폭 24미터의 광대한 용지를 요구했다. 이에 대해 대한제국 정부는 도쿄의 신바시(新橋)·우에노(上野) 정거장의 부지는 3만 평 이내이고, 그 안에 사택, 여관 등은 하나도 없다고 주장하면서 단선철도의 부설에 필요한 폭 18미터의 부지만 제공하겠다고 통고했다. 그러나 러일전쟁을 전후하여 대한제국 정부의 여러 주문은 휴지조각처럼 되어갔다. 부설 공사에 국내 토건회사가 배제되거나 한국인 노동자의 참여 비율도 낮아졌다.

정교는 경부선 기공식에 대해 언급하지 않아 그의 인식을 엿볼 수 없다. 오히려 그는 당시 정부의 세금 착복자 처벌에 후한 점수를 매겼다. 1901년 8월 탁지부가 3만 냥 이상 떼먹은 110개 고을을 적발하여 전현직 군수 200여 명 모두를 황제에게 보고해 면직시키고 붙잡아다가 납부하도록 독촉하려 했다고 적고 있다. 그 결과 이틀 동안 27만 원이나 받을 수 있었다면서 세금을 가장 많이 거둔 해와 같았다고 덧붙였다. 그러면서도 탁지부가 고종에게 면직시켜야 한다고 아뢴 사람은 10여 명이었으며, 붙잡아다 징계한 사람은 30여 명에 불과했다고 꼬집었다. 정부가 발본색원하지 못하고 세금 추징에 그친 것에 대해 비판했지만, 윤치호와 달리 정부의 조세 개선 노력을 긍정적으로 평가하고 있다. 평소 정부의 만민공동회 혁파에 불만이 컸던 정교의 평가인지라 주목할 만한 반응이라고 하겠다.

한편, 뮈텔도 1901년 새해 벽두부터 길주, 성천 지역의 불길한 소식을 듣고 1월 1일에 이 소식을 적었다. 길주 하층민의 민란으로 성천이 파괴되었다는 것이다. 이어서 안중근의 부친 안태훈이 거주하고 있는 해주의 빌렘 신부에게 편지를 보냈다. 이 지역도 천주교 선교를 두고 안태훈을 비롯한 천주교 신자와 해주 주민들 사이에 갈등이 늘 심했기 때문이다.

드디어 한동안 잠잠했던 교안이 1901년 5월에 들어와 또다시 터져 나오기 시작했다. 이 시기의 교안은 소동에 그치지 않고 폭동으로 번졌다. 뮈텔은 5월 13일 제주에서 일어난 제주 교안(이재수의 난) 소식을 접했다. 5월 22일에는 프랑스 신부가 제주민들에게 포위되었다는 소식도 들려왔다. 이날, 5월 5일 임용된 서천 출신의 제주 신임 목사 이재호가 뮈텔을 만나러 왔다. 관리가 개인적으로 뮈텔을 만났다는 사실은 이 사건의 추이가 천주교 측에 유리하게 전개될 조짐을 보여준다고 하겠다. 그러나 탁지부에서 제주도 세금 징수자 처벌을 두고 논의가 있다고 하자 뮈텔은 신경이 곤두섰다. 당시 세금 징수자 중에 중앙에서 파견된 봉세관(封稅官, 세금 징수를 총괄하는 고위 관리)을 도와 이익을 챙긴 천주교 신자들이 있었기 때문이다. 그래도 뮈텔은 믿는 구석이 있었다. 프랑스인 기사 뷔빌리에 (Vuvilier)가 보르도의 르카(Lecat) 대주교의 추천을 받아 왕실의 광산을 개발하고 광산학교도 세우러 온다는 소식을 들었기 때문이다. 뮈텔은 대한제국 정부의 산업화 시책에 프랑스 기술자들이 호응하여 참여함으로써 자신의 발언권이 강해지리라 예상한 것이다. 그는 5월 23일 플랑시 공사를 만나러 갔으며 다음 날에는 파스칼호 함장 니콜 해군 중령의 내방을 받았다. 당시 뮈텔은 프랑스 함장들에게 선교사 2명의 소식이 없다고 전보를 칠 정도로 매우 초조했다.

6월 3일 뮈텔은 플랑시 공사로부터 선교사들이 무사하며 포함의 출현으로 학살이 중단되었다는 간략한 소식을 들었다. 그의 말대로 '무서운 비탄'에서 헤어났을 것이다. 당시 프랑스 포함이 결정적인 역할을 했음을 짐작할 수 있다. 그리하여 다음 날 뮈텔은 쉬르프리즈호 함장 마르네에게 감사 인사를 하러 갔고 6월 7일에는 함장, 장교들과 함께 고종을 알현했다.

이 자리에는 오전에 평안북도 창성 금광 개발 계약서를 체결한 프랑스 공사관의 참사관 살타렐(P. M. Saltarel)이 참석하고 있었다. 그는 1901년 5월 3일 주프랑스 한국 공사 김만수의 비서로 임명된 자였다. 이 금광은 당시 개발된 광산 중에서 운산(미국), 수안(영국), 직산(일본), 평양 광업소(일본) 다음으로 가격이 높은 광산이었다. 뮈텔과 살타렐이 선교와 기업의 이익을 매개로 같은 자리에 있었던 것이다.

이어서 뮈텔과 가까운 샌즈의 요청으로 수원 병사 200명과 경관들을 제주에 파견했으며 이어서 200명을 추가 파견했다. 그리고 뮈텔의 막후 노력으로 군대가 출동하여 제주 민란을 진압했다. 당시

W. F. 샌즈(1874~1946)
샌즈(왼쪽)가 긴 담뱃대를 잡고 담배를 피우고 있다. 그는 7년간 미국 외교관으로, 대한제국 고문관으로 조선에 머무르면서 자신의 경험과 활동을 기록하여 《조선 비망록》으로 남겼다.

민란 주도자들은 봉세관의 수탈과 일부 천주교 신도들의 작폐를 시정해 달라고 요구했지만, 오히려 뮈텔은 7월 14일 명동성당에서 성대한 대례 미사를 열고 잔치를 벌였다.

　뮈텔은 여기에 그치지 않았다. 피살된 천주교 신자에 대한 배상 재판을 요구하는 한편, 제주 민란 주모자를 강력하게 처벌할 것을 요구하면서 대정 군수 채구석(蔡龜錫, 1850~1920)이 석방된 것에 대해 불만을 품고 관계 요로에 압력을 넣기 시작했다. 우선 뮈텔은 신부들이 확보한 주동자 명단과 기타 문서를 프랑스 공사에게 넘겨주었다. 이에 고종은 자국 백성이 당할 피해를 최소화하기를 원하면서 샌즈에게 중재를 요청했다. 이런 가운데 채구석이 처벌 대상에서 벗어날 기미가 보이자, 뮈텔은 채구석을 처벌하도록 강한 압력을 가했다. 반면에 《뮈텔일기》 8월 10일자에 따르면, 1894년 이래 오랫동안 공사관 직원으로 근무했던 르페브르(M. Lefèvre)가 드디어 본국 정부로부터 3년간의 휴가를 받아서 경의선 부설을 총괄하는 서북철도국의 감독을 맡아 일하게 되었다. 대한제국 정부와 프랑스 정부가 1901년 5월에 맺은 계약을 실행하고자 했던 것이다. 뮈텔은 르페브르가 고종을 알현할 수 있도록 주선했고, 르페브르는 뮈텔을 위해 온갖 궂은일을 해준 대가로 서북철도국장에 임명되었다.

그러나 뮈텔은 초조했다. 압력을 넣고 있지만 플랑시 공사로부터 재판 소식이 전해오지 않았기 때문이다. 그가 걱정한 것은 피고인, 즉 민란 가담자들이 천주교 신자들의 알려지지 않았던 횡포를 언급할 가능성이 있기 때문이었다. 뮈텔로서는 이러한 가능성에 대처해야 했다. 이런 와중에 사건을 맡은 재판부가 천주교 측보다는 제주 대정의 관리들에게 유리하게 판결할 거라는 소문도 돌았다. 뮈텔은 제주 민란의 주모자 오대현, 강우백, 이재수가 처형되었음에도 대정 군수 채구석에 대한 판결을 우려하고 있었다. 채구석이 제주 출신으로서 민란 지도자의 거의(擧義)에 공감했던 인물임에도 유혈 충돌과 신부 보호 등에 진력했던 인물이라는 점에서 가담 혐의를 적용할 수 없었기 때문이다. 그러나 당시 뮈텔과 가까웠던 샌즈와 크레마지는 채구석에게 유죄를 판결할 것을 주장했다. 반면에 고종은 채구석에게 아무런 혐의가 없다고 밝혀지자 유죄 판결 반대 청원으로 기울었다. 이에 뮈텔은 고종의 허약함을 꼬집으며 압박을 가하는 한편, 고종에게 천주교 신도들이 독립협회의 재건에 관여하지 않을 것을 약속했다. 결국 채구석은 혐의가 없었음에도 뮈텔의 집요한 노력으로 군수직에서 파면되고 3년 동안 금고 생활을 견뎌야 했다. 이에 대해 황현은 《매천야록》에서 1901년 제주 교안 이후 천주교의 횡포를 다음과 같이 신랄하게 비난했을뿐더러 여타 교안에서 보이는 천주교 측의 횡포를 꼬집었다.

　　대정 군수 채구석을 서울 감옥에 구금했다. 제주는 신축년(1901)의 소요 이후로 천주교 교인이 날로 늘어나 백성들이 안심하고 생활할 수가 없었다. 프랑스 공사 플랑시가 들어오자 교인들이 거짓으로 함정에 빠뜨리고 날조하여 채구석을 체포해 가도록 하여 배상금을 추징하고 3년 동안 수감해 놓았다가 비로소 석방시켰다. 또한 플랑시가 우리 정부를 협박하여 제주 교인들에게 장지(葬地)를 선정하여 제공하도록 요구하니 교인들은 비옥한 땅을 다투어 점거했다. 그네들의 묵은 원한을 갚은 것이다.

　　황현은 천주교 신자들이 플랑시의 위세를 믿고 무함 날조하여 대정 군수 채구석을 체포했고, 제주도민들이 배상금을 추징당했다고 밝혔다. 황현은 뮈텔을 잘 모르는 상황에서 플랑시가 뒤에서 조종한 것으로 오인하고 있었던 셈이다.

　　한편, 12월 25일 뮈텔은 고(故) 카잘리가 협상하다가 미처 완료하지 못한 차관을 집행하기 위해 입국한 드 벨레시즈(G. de Bellescize) 남작의 방문을 받았다. 대한제국 정부와 프랑스 정부 사이에 차관 논의가 무르익고 있었던 것이다. 오후에는 휴가를 맞아 시베리아 횡단철도 편으로 만주와 조선에 여행을 온 파리 학생들을 만났다. 당시 만주 횡단철도가 이미 완성되어 있었다. 아직 전 구간에 걸친 정기 열차는 없지만, 전 노선에 열차가 운행되고 있었고 여행객도

받고 있었다. 또 몇 달이나 걸리던 우편물도 이제 3주면 받을 수 있었다. 뮈텔의 표현대로 유럽과 극동 사이에 혁명이 이루어진 셈이다. 그러나 시베리아 횡단철도와 연결되는 만주 횡단철도의 완공이 러일전쟁을 촉발시킬 것이라고 상상이나 했을까.

반면에 윤치호는 황실과 결탁한 프랑스와 러시아를 신랄하게 비판했다. 윤치호는 1901년 4월 24일 일기에서 다음과 같이 적고 있다.

작년 말, 브라운 총세관장이 정월 대보름까지 궁궐에 인접한 자신의 저택과 부지를 비우겠다고 폐하께 약속했지만, 정해진 시간이 되자 날씨가 너무 추워서 한두 달만 연기해 달라고 부탁했다. 하지만 헛수고였다. 어느 날 많은 궁궐 관리와 환관이 그에게 아무런 통보도 하지 않고 건물을 차지하기 위해 세관으로 왔다. 이 일로 그는 격분했고, 궁궐의 기생충들[Palace parasites, 관리와 환관을 가리킴]은 지팡이를 장식용으로만 들고 다니지는 않는 아일랜드인[브라운을 지칭]으로부터 따뜻한 환영을 받은 뒤 각자의 소굴로 서둘러 돌아가야만 했다. 모욕감을 느낀 아첨꾼들은 폐하를 설득해서 다루기 힘든 총세관장을 즉시 해고하게 만들었다. 그래서 외부 대신은 영국 공사관에 브라운 씨가 즉시 해고되었다는 사실을 알리라는 지시를 받았다. 영국 공사는 격렬히 항의했고, 일본 공사의 지원을 받아 한국 정부를 강압한 끝에 긴급 공문의 철회를 이끌어 낼 수 있었다.

하지만 대한제국 정부 또는 황실은 '체면'을 지키기 위해서 오히려 반(反)브라운 소란은 모두 통역관의 잘못 때문이라고 믿게 하고 김규희를 희생양으로 삼았다. 그래서 김규희는 10년 유배형에 처해진 것이다!

하지만 저택 문제는 반브라운 소란의 원인이 아니었다. 그 문제의 뿌리는 황제가 세관의 수입을 완전히 그리고 자유롭게 통제하기를 원한다는 것이다. 한국과 러시아를 막론하고 이해당사자들(후자는 프랑스를 통해)은 황실의 요구를 만족시키기보다 한국의 이익을 더 중시하는 완고한 세관장[브라운을 가리킴]을 향해 황제의 분노가 정점에 이를 수 있도록 수년 동안 그를 부추겼다. 전직 가마꾼인 총신 이용익, 환관 강석호, 엄상궁, 민영환이 서울에서 발생한 반브라운 움직임과 친프랑스 움직임의 심장이고 두뇌라고 한다.

몇 주 전에 매년 5.5퍼센트 이율로 프랑스로부터 500만 달러를 차관하는 계약이 성사되었다. 담보는 세관이고, 부채는 25년 안에 상환되어야 한다. 나라가 거의 팔린 것이다!

지금 서울에는 1만 명이 넘는 군인이 있다. 폐하를 제외하고는 모두가 병사들을 두려워하고 있다. 평양 군대에 대한 폐하의 현명하지 못한 편애는 평양 군대와 서울 군대 사이에 적대감을 키우고 있다.

윤치호는 영국인 총세관장 브라운을 밀어내고 프랑스로부터 차관을 제공받은 사실을 두고 "나라가 거의 팔린 것이다!"라고 극언하고 있다. 그의 평소 대외관이 또 한 번 드러났다. 일기에 노골적으로 밝히지는 않았지만, 일본과 영국 쪽으로 기운 가운데 고종의 친프랑스 정책에 불만을 터뜨린 것이다.

그러나 이러한 불만도 러일 간의 대립이 절정에 이르자 잠시 접어두어야 했다.《황성신문》이 1901년 8월 28일 논설 〈변만한교환론

(卜滿韓交換論)〉에서 일본 신문에 실린 만한교환론을 인용 보도했다. 러시아가 자신들은 만주를 병합하고 일본이 한반도를 병합하는 이른바 만한교환론을 주장했으며, 일본도 이러한 제안에 호응했다는 것이다.《일신》의 필자도《황성신문》기사를 자신의 8월 29일(음력 7월 16일) 일기에 그대로 옮겨 놓았다. 그러나 이즈음 만한교환론을 먼저 제안한 국가는 일본이며 그 시점이 1900년 7월 26일이었다. 이때 러시아는 이전과 달리 한반도를 39도선에서 분할하자고 제의했고 이번에는 일본이 39도선 제안을 거절했다. 1904년 러일전쟁을 앞두고 오보들이 난무하던 시절이었다. 이어서《황성신문》9월 25일 기사에는 만한교환론을 부정하며 현혹되지 말라는 사설이 실렸다. 이런 기사를 읽는 한국인으로서는 불안감이 적지 않았을 것이다. 특히 황실과 정부 관료들의 우려는 매우 컸다.《주한공사관기록》(1901년 9월 6일자)에 따르면 고종이 하야시 일본 공사를 직접 만나 만한교환론의 진위 여부를 물었을 정도였다. 그러나 하야시 공사는 이 보도의 원천은 러시아 신문《노웨 우레미야》의 사견이라고 둘러대고 일본 본국의 방침이 아니라고 잡아뗐다. 이에 대한제국 정부는 러시아 공사 이범진에게《노웨 우레미야》의 논설에 대한 실황(實況) 및 이범진 공사의 의견을 타진하는 한편, 일본 정부의 대한(對韓) 방침을 정탐하기 위해 일본 현지에 3명을 파견했다. 이때 이범진은 전보를 통해 "현재 러시아 정부는 일본과 계약하여 러시아는 만주를 점령하고 일본은 한국을 관할할 것을 조인할 것이다. 그렇게 되면 한국의 복사(服事, 복종케 하여 섬기게 하는 것)는 일본이 우선하되 안경수를 복권시키고 그렇지 않으면 무력으로 대적할 것이니 좌우간 이것을 양지(諒知)할 것"이라는 취지로 보고했다.

또한 의화단운동 이후 서양 열강과 일본의 중국 침략이 일반 민인들에게도 엄청난 충격을 주었다. 주로 자신의 일상생활을 기록하는 지규식도 10월 10일(음 8월 28일) 일기에는 일본이 협상카드로 러시아에 만한교환론을 제기했다는 출처 불명의 소식을 옮겨 적었다.

서울 소식을 얻어들으니 "청국 만주 한 지경[一境]을 지난번에 일본군이 점령했다. 그런데 아라사 사람이 한국에 대한 영향력을 오로지하려고 하자, 일인이 순망치한의 탄식이 있을까 우려하여 만주를 아라사 사람에게 내주고 한국만 병합하자고 주장하나 일본에 있는 한국 망명가들은 모두 밖으로 나와서 한국 정부를 보호 통치해야 한다"고 주장했다.

러시아가 만주를 점령하고 일본이 한반도를 점령한다는 이른바 만한교환론이 정치에 별로 관심이 없었던 지규식의 귀에도 들어간 것이다. 특히 일본 정부의 움직임은 물론이고 재일 한국인 망명객의 언동에도 귀를 곤두세우고 있다. 이들 망명객의 동향은 이범진의 우려에서 이미 드러난 바였다. 이제 생업에 바쁜 일반 민인들도 러일전쟁의 조짐과 한반도의 운명을 직감하기 시작했다. 더욱이 러시아가 한반도 39도선 이북을 중립지대로 하자는 의견을 제시하며 일본의 만한교환론을 일축함으로써 전쟁의 시간은 더욱 빨라졌다. 이때 지규식은 신문을 통해 일본에 망명한 한국인들의 일부가 일본이 대한제국 정부를 보호해야 한다고 주장한다는 소식을 듣고 있었다. 그러나 생업보다 전쟁보다 더 무서운 재난이 몰려오기 시작했다.

재난과 민란이 정국을 흔들다

당시 사람들에게 1901년은 유달리 재난이 많은 해로 기억되지 않았을까 한다. 물론 1902년은 더했지만 말이다. 황현의 《매천야록》에 따르면 음력 정월(양력 2월 24일) 서울에서 지진이 일어났다. 황현이 당시 《황성신문》 2월 25일 기사를 본 듯하다. 용산(龍山)의 전환국(典圜局)에서도 화재가 발생하여 백동화 100만 원(元)이 소실되었다. 5개월 뒤, 7월 24일자 《관보》는 곡물의 반출을 금하고 수입품의 관세를 면제하는 법령을 실었다. 이어서 7월 26일 정부는 외국 영사들에게 한 달 동안 곡물 수출을 금지한다는 방곡령의 공포 사실을 알렸다. 그리고 7월 28일 롱동(Louis Rondon)과 알레베크(Charles Alévêque)에게 "쌀 100,000[미판독]을 구매하러 베트남 통킹으로 간다"는 내용으로 위임장을 내주었다. 그러나 롱동이 병환으로 쓰러지자 이용익은 뤼순으로 가서 안남미 30만 석을 구입하여 판매했다. 그러나 《매천야록》에 따르면 그 쌀의 질이 불량하여 보급할 수 없었다고 한다. 정교 역시 비슷한 불만을 가져 《대한계년사》에서 "값은 비록 쌌지만 맛이 나쁘고 쉬이 배가 고팠다"고 적고 있다. 반면에 《황성신문》 1902년 11월 11일 기사에 따르면 많은 백성이 흉년 구제의 공을 이용익에게서 찾기도 했다. 국제 자유 무역이 개시된 이래 외국 쌀로 진휼을 하기 시작한 것이다. 또한 1901년 10월 16일 진휼 전담 기구 혜민원(惠民院)을 설치했다. 흉년이 거듭되자 국가가 진휼을 적극적으로 펼치기 위해 17세기 중반에 정식 기구로 설치했다가 갑오개혁으로 폐지되었던 진휼청을 복구한 셈이다.

한편, 10월 20일 지계아문(地契衙門)을 설치하여 지방의 전토를 답사하고 신구 땅문서를 바꾸어 주는 일을 맡겼다. 당시 정교는 이 사실을《대한계년사》에서 언급하면서 결국에는 성사되지 않았다고 덧붙였다. 특히 지계아문은 1899년 설치된 양지아문에 이어 토지에 대한 정확한 파악 및 소유권의 확정뿐만 아니라 소유권의 변동 상황도 국가가 관리함으로써 근대국가의 물적 기반을 확보하고자 설치한 기관이었다는 점에서 정교의 아쉬움은 크지 않았을까. 황현역시《매천야록》에서 지계사업이 완성되지 못했음을 아쉬워했다.

이처럼 전반적인 상황이 좋지 않았음에도 정부는 9월 7일(음력 7월 25일) 황제의 50회 생일을 맞아 성대한 잔치를 벌이려 했다. 정교는 이 부분을 놓치지 않았다. 정교가 입수한 바에 따르면 탁지부에서 경축연 경비로 지출한 액수가 외진연(外進宴) 12만 원, 내진연(內進宴) 8만 원에 이르렀다. 그러나 이해가 흉년이어서 11월 8일로 연기해야 했다.

얼마 뒤 대한제국은 1902년을 맞이했다. 국제 정세가 정부를 위기로 더욱 몰아넣고 있는 가운데 뮈텔은 오로지 교안 문제에 몰두했다. 그는 1902년 1월 10일 일기에서 제주 교안 이후 제주도 내 천주교 신도의 상태를 걱정하고 있었다. 그의 말대로 신입 신도들의 비참한 처지가 마음에 걸렸기 때문이다. 한 달이 채 안 지난 2월 6일, 플랑시는 제주 교안과 관련해 대한제국 정부의 외부에 손해 배상을 청구하겠다는 소식을 뮈텔에게 보내왔다. 뮈텔의 일기에 따르면, 당시 박제순은 선교사들이 입은 손실에 대해서는 아직 아무런 조사도 실시하지 않은 데다가 선교사들이 제시한 액수를 받아들일 수 없다는 형식적인 회답을 했다는 것이다.

2월 16일 영일동맹 체결 소식은 뮈텔을 더욱 불안하게 했다. 프랑스 공사 플랑시가 발언했듯이 뮈텔도 이 조약이 전쟁의 위험을 높이고 대한제국과 황제를 위협할 것임을 간파했기 때문이다. 뮈텔에게 전해진 소식에 따르면 영일동맹 협약은 한 달 전인 1902년 1월 30일 영국 런던 랜스다운 후작 저택((Lansdowne House)에서 일본의 특명 전공 공사 하야시 다다스(林董)와 영국의 외무 대신 랜스다운 사이에 체결되었다. 모두 6조로 구성되었는데 핵심은 대한제국과 청국에서 자국의 이익에 위험이 닥칠 경우 공동으로 대응한다는 것이었다. 그럼에도 플랑시는 뮈텔을 안심시키기 위해 대한제국 정부의 위신이 더 이상 떨어질 나락이 없을 정도로 떨어졌기 때문에 조약이 고종에게 가하는 위협도 그리 중요하지 않다고 덧붙였다. 플랑시의 이런 위로는 뮈텔에게 별 도움이 되지 않았다. 러시아인들이 이 조약이 직접 겨냥하고 있는 관심사, 즉 러시아의 남하 정책에 대한 억제에 어떻게 반응할 것인가가 관건이었던 것이다. 그들에게는 러시아가 영일동맹을 받아들이고 일본과 협정을 체결함으로써 대일관계를 개선하는 방법과 영일동맹과 상관없이 군사력을 증강해서 한반도를 차지하는 방법, 이 두 가지 선택지가 놓여 있었다. 이에 뮈텔은 2월 20일 조약 전문(全文)을 입수했는데, 그가 예상한 것 이상으로 영국의 일본에 대한 지지를 드러내고 있었다. 정교 역시 영일동맹의 의미를 알고 있었기 때문에, 훗날 《대한계년사》에 조약 전문을 실었다. 평가를 덧붙이진 않았지만 그 협약이 한반도의 운명에 영향을 미쳤을 것이라 인식하여 상세하게 수록한 것이 아닌가 한다.

이런 가운데 뮈텔은 대구의 천주교 신자 서상돈(徐相燉, 1851~1913)의 민원을 해결하기 위해 동분서주했다. 1902년 4월 서상돈이 경상북도 성주 지역 강가의 쌀을 독점한 혐의로 고소를 당해 대구 경찰서에 수감된 터였다. 이 소식을 들은 플랑시는 이 사건에 직접 나설 수 없다고 생각하고, 이인영(프랑스 영사관의 통역관)을 개입시키려 했다. 또 대구 쪽 신부들이 움직여 서상돈 석방운동을 벌였다. 결국 4월 4일 서상돈이 석방되었다는 소식이 전해왔다.

한편, 윤치호는 이즈음 원산에 머무르고 있었다. 3월 31일 일기에 따르면, 함경도 관찰사 김종한의 끊임없는 착취 때문에 3월 25일 함흥에서 폭동이 일어났다. 윤치호의 표현대로, 김종한은 발각되지 않고 국가나 백성들로부터 돈을 쥐어짜 내는 능력을 자랑스럽게 여겼던 것이다. 한국인들은 사기와 사취에 비상한 능력이 있는 김종한을 '영웅'이라고 비아냥거렸다. 윤치호가 예상한 대로 김종한은 관찰사 자리에서 쫓겨났지만, 잘못을 인정하지 않았다. 4월 11일 일기에 따르면, 김종한은 자신을 만나러 온 윤치호에게 자신이 3만 냥(6,000달러)이나 되는 과다한 상납금을 고종에게 바치는 바람에 이런 민란이 일어났다고 고백했다. 그뿐 아니라 그는 백동화를 강제로 유통시켜 차액을 챙겼고, 면제품과 누룩 등을 팔아 이문을 남겼으며, 흉년임에도 미곡을 수출하여 이익을 챙기고자 했다. 물론 윤치호는 이날 일기에서도 고종에 대한 불만을 토로했다.

이어서 그는 4월 6일 일기에서, 닷새 전인 4월 1일 밤 원산의 한국인 마을에서 화재가 발생하여 가옥 4채가 불타고 많은 사람이 다쳤다고 적었다. 윤치호가 보기에 한국인은 이웃집이 불타거나 도둑이 들었을 때 자신이 지닌 천성이나 자신이 받은 교육의 가장 추악한 면을 드러낸다고 보았다. 어느 경우에든 도움을 주지 않아 한국인은 무관심으로 방관하거나 슬금슬금 물러나서 숨어버린다는 것이다. 윤치호는 이를 이타주의를 경멸하는 유교 때문이라고 생각했다. 더 나아가 그는 대한제국의 관료들이 자신들의 더러운 자아를 풍요롭게 만들기 위해서 자국의 가장 귀중한 이익을 팔아넘기는 것을 무심하게 지켜본다고 일기에 적었다.

한 교사에게서 희망의 싹을 보다

윤치호는 원산에서 근무하면서 수많은 인물의 문제점을 비판했다. 하지만 긍정적으로 본 인물이 딱 한 명 있었다. 덕원항공립소학교 교원 이강호였다. 윤치호의 표현에 따르면 "한국인으로서는 드물게 정열적이고, 부지런하고, 진보적이며, 진취적인 인물의 표본"으로서 "이강호가 공립소학교에 처음 왔을 때 그 학교는 죽어가고 있었지만, 그가 떠날 때는 활기찬 학교가 되어 있었다"고 평했다.《황성신문》1901년 4월 15일 기사에 따르면 그는 교육 재원을 확보했으며 학교를 지속적으로 지원할 수 있는 후원계(後援契)를 만들었다. 윤치호는 감리가 되어 원산에 내려왔을 때 이강호의 열정에 감동하여 적극 지원했다. 그 결과 소학교는 덕원부가 소유하고 있는 어기(漁磯, 어장의 일종) 한 곳을 인수하여 거기서 나오는 수익금으로 학교의 석탄비를 지불할 수 있었다. 이강호가 부임해 올 당시, 학생들은 3학년 심상과를 졸업해도 고등과로 진급할 수 없었다. 국가 재정이 부족하여 고등과를 설치하지 않았기 때문이다. 이에 이강호는 학생들의 숙원을 받아들여 자신의 월급과 학교의 재원을 합하여 고등과를 설치해 줄 것을 요청했다. 그러나 학부에서는 교사 이강호와 학생들이 버릇없이 사리사욕이나 탐한다고 악의적으로 받아들이고 매우 권위적으로 대응하며 이강호를 면직시켰다. 반면에 윤치호는 이강호를 "이 세상을 떠나기 전에 무언가를 이룰 수 있는 인물"로 인식했으며 "이강호가 어떤 일을 선택하든, 그가 겪을 고난은 그를 좌절시키기보다는 움직이는 원동력이 될 것 같다"고 낙관했다. 이강호가 학부의 지시에 저항하여 체포를 당하기에 이르자, 윤치호는 그가 제자와 함께 블라디보스토크로 떠났다며 체포할 수 없다고 회신했다. 윤치호는 1902년 4월 24일 일기에서 다음과 같이 그의 장단점을 언급하면서 그에 대한 기대를 버릴 수 없음을 고백하고 있다.

나는 일에 대한 그의 지칠 줄 모르는 헌신에 감탄하고, 학교를 위해 그가 세운 계획 중 다수를 실행하도록 지원했다. 하지만 자만심과 고집, 악명에 대한 격분 같은 그의 단점에 눈감을 수는 없었다. 그는 때때로 단지 헛된 명성을 위해서 쓸모없는 일을 적극적으로 하곤 했다. … 그렇게 짐을 벗게 된 이강호는 자신의 제자 2명과 함께 한국을 떠나 러시아어를 공부하기 위해서 블라디보스토크로 향했다. 이강호는 훌륭하지만 덜 익은 과일이다. 외국 여행, 고난과 역경이 그를 성숙시키기를 바란다. 이강호의 행동은 다소 별났지만, 그는 한두 가지 면에서 인정받는 드문 한국인이라 믿는다.

그럼에도 한성재판소는 이강호를 《대명률》〈잡범편〉 '불응위(不應爲)' 조에 근거하여 상부의 명령에 응하지 않았다는 이유로 태형 40대를 구형했다.

윤치호와 이강호의 인연은 다시 이어졌다. 1902년 5월 7일 이강호가 러시아에서 온갖 차별을 견디다 못해 한국으로 돌아온 뒤 일본행 여부를 윤치호에게 물었다. 이에 윤치호는 일본 살이의 어려움을 우려하여 일본행을 만류하면서도 일본인이 러시아인보다 낫다고 충고했다. 이유인 즉, 일본인과 한국인 사이에는 인종과 종교, 문자의 동일성에 토대한 정서적 공동체의식과 이해관계의 공동체의식이 있기 때문이라는 것이다. 또 윤치호는 일본, 중국, 조선은 극동지방을 황인종의 영원한 고향으로 지키기 위해서, 그리고 그 고향을 자연이 원래 의도했던 대로 아름답고 행복한 곳으로 만들기 위해서, 하나의 공동의 목적, 하나의 공동의 정책, 하나의 공동의 이상을 가져야만 한다고 역설했다.

이강호는 윤치호의 충고와 기대를 저버리지 않았다. 그는 정부의 탄압에도 불구하고 옥구부 감리로 가 있는 전 덕원 감리 박승봉의 지원을 받아 군산으로 이주했고, 여기서 사립학교 진명의숙을 설립했다. 이강호는《황성신문》1903년 1월 9일자 학생 모집 광고를 통해 진명의숙 설립을 널리 알렸다. 이어서 주학(晝學)과 야학으로 나누어 주학은 공립소학교와 같은 교육과정으로 하고, 야학은 이과, 영어, 법률 등 당시의 시무학을 가르치는 중등과정으로 교육했다. 진명의숙의 숙장은 감리 박승봉이었으며, 학교의 운영 경비는 군산항 객주들의 구문으로 충당했다. 이처럼 중등과정을 가르치는 학교가 설립되자 군산은 물론 인근의 공주 등지에서도 학생이 모여드는 등 교육활동이 활발하게 이루어졌다.

그러나 감리 박승봉이 1903년 5월 이임하자 군산항 객주들은 운영비를 지원하지 않았다. 심지어 후임 감리 이겸래는 상인들의 반발과 이미 공립소학교가 설립되어 있다는 점을 핑계로 학교를 폐지해 달라고 요청했다. 이에 이강호는 1904년 5월 중추원에 교육자치안을 제출했다. 그는 지역민들의 교육자치에 의거하여 소학교 교육을 안정적이고 지속적으로 실시하고자 했기 때문이다. 지역 주민들이 지역 아동의 교육을 책임지고 근대 공교육을 실현하고자 하는 의지의 소산이었다.

이강호의 교육자치안은 러일전쟁과 일본의 승리로 당장 실현될 수 없었지만 이후 국권 수호 운동의 과정에서 보완되면서 한국 교육개혁의 기본 방향으로 자리를 잡아갔다. 이후 많은 학회가 계몽 운동을 전개하는 과정에서 실질적인 교육자치나 의무교육을 주요 내용으로 하는 국민 교육 방안들을 제기했다. 윤치호가 덕원에서 눈여겨본 교사 이강호는 한국 교육의 이정표를 제시하는 새로운 교 사상을 제시한 셈이다.

계속되는 뮈텔의 정치적 행보

뮈텔은 1902년 5월 8일 11시 한성(서울)-개성(송도) 간 철도 기공식에 참석했다. 경의선의 첫 구간으로서 프랑스 기사가 실측을 마친 뒤 기공식이 열렸다.

내장원경 이용익은 국내 자본을 출자하여 부설하고 싶었지만 자금이 매우 부족했기 때문에 프랑스 자본을 끌어들이고자 했다. 이에 당시 경의선 철도부설권을 호시탐탐 노리고 있었던 일본은 대한제국 정부의 자금 부족이라는 빈틈을 노렸다. 또한 프랑스인 르페브르에게 접근하여 상당한 보상금을 주고 두 나라의 관계를 끊고자 했다.

뮈텔은 일본의 이런 저의와 상관없이 프랑스 기업가들과 만나는데 열정을 보였다. 1902년 5월 10일에는 하노이 박람회 위원 카르티에(Lecat Cartier)가 한국인들에게 출품을 권유하기 위해 입국하여 뮈텔을 내방했다. 하노이 박람회 전시관은 인도차이나 총독 폴 두머(Paul Doumer)의 주도 아래 2월 26일 감베타 대로(지금의 쩐흥다오 거리)에서 개관했으며 대한제국도 플랑시의 주선으로 출품할 수 있었다. 여기에는 프랑스가 자문을 준 한국의 우정제도, 한국 내 프랑스어 학교의 현황, 파리외방전교회 신부들이 만든 한불사전, 한국군사학교의 프랑스어반 공책들을 전시했다. 이 밖에도 조선 풍경 사진과 가구, 갑옷, 모자, 투구, 가마, 우산 놋그릇, 궤짝 등 전통 공예품 등을 선보였다. 그 결과 플랑시는 그해 10월 하노이 박람회 봉사를 인정받아 도뇌르 훈장 2등급에서 1등급으로 승급되었다. 뮈텔은 플랑시의 훈장 승급 소식을 듣고 기쁨에 넘쳐 10월 22일 일기에 "이로써 그가 더 자유롭게 행동할 수 있기를!" 하고 적었다.

그 와중에 뮈텔에게 엄청난 충격을 주는 사건이 프랑스 국내에서 터졌다. 정권이 바뀌어 천주교 지원이 끊어지게 된 것이다. 6월 18일 뮈텔은 이 소식을 듣고 당황했다. 폴 데샤넬(Paul Deschanel) 대신에 레옹 부르주아(Léon Bourgeois)가 하원 의장이 되었다는 소식을 들었다. 부르주아는 정교분리를 주장하는 콩브(Combes)당의 지도자로 뮈텔이 보기에 급진적인 내각이 등장한 것이다. 훗날 1905년 프랑스 정부는 로마 교황과 정교분리를 약속하는 협정을 맺었다. 프랑스 국내 사정으로 국외 천주교에 대한 지원이 끊어질 위기에 빠지자, 뮈텔은 한국에 오는 프랑스 군대에 기대지 않을 수 없었다. 그래서 8월 1일 3척의 프랑스 군함, 즉 당트르카스토호, 뷔조호, 데시데호 등이 한반도 여러 항구와 섬을 돌아 6일이나 7일에 이곳에 올 것이라는 소식을 플랑시로부터 전해 듣자, 이 기회를 이용하고자 했다. 플랑시도 함장 제독이 뮈텔의 방문을 흡족하게 여길 것이라고 거들었다.

이에 뮈텔은 8월 9일 뷔조호를 타고 직접 제주도를 찾았다. 뷔조호 함장은 8월 10일 제주 동헌으로 가서 자신의 방문 목적을 설명했다. 즉 '작년 학살' 당시 희생자들의 묘지를 위해 사라봉 밑의 부지를 양도하기로 합의가 되었고, 그 협약은 제주 목사와 알루에트호 및 쉬르프리즈호 함장 사이에 이루어진 것이라고 그는 설명했다. 이어서 서울의 프랑스 공사와 극동 함대의 사령관 제독으로부터 그 약속이 이행되지 않았다는 소리가 들려왔으므로, "그 이유를 묻고 가능한 한 빨리 그 약속을 이행할 것을 독촉하기 위해 온 것"이라고 강조했다. 나아가 속죄의 표시로 기념비를 세워야 한다고 주장했다. 또 함장은 "이 약속이 이행되었는지를 확인하기 위해 군함이 다시 올 것"이라 덧붙였다. 이때 뮈텔에게는 "우리는 모두 천주교 신자이고 천주교에 귀의한 대한제국 사람들도 우리에게는 형제이므로, 우리가 배상을 요구하는 것은 학살당한 형제들을 위해서요, 작년에 여기에서 저지른 학살사건으로 우리 모두가 대단한 충격을 받았다"는 말을 그들에게 전해달라고 했다. 이날 일기에 따르면, 뮈텔이 즉시 이 말을 번역해 주었고 사람들은 감동했다고 한다. 뮈텔은 밖으로 나오자마자 함장에게 그가 해준 말에 대해 감사를 표했다. 그의 표현대로 "뷔조호의 사격 소리는 틀림없이 섬에까지 메아리쳐서 힘에 대한 적절한 인상을 남겼을 것"이다. 이어서 그는 본국 정부의 무력 지원에 힘입어 대한제국 정부의 피고인에 대한 일방적 감죄를 항의하는 문서를 제출했다.

이러던 차에 뮈텔은 자신과 프랑스 공사관의 항의가 관철되었다는 소식에 매우 기뻐했다. 거기에는 뮈텔이 보기에 '해롭지 않은 사실'이 하나 있었던 모양이다. 프랑스 정부가 고종 즉위 40주년에 즈음하여 축하 인사로 고종에게 레지옹 도뇌르 훈장을 보낼 의도를 가지고 있었다는 것이다. 문의를 받은 플랑시는 1년 전부터 해결했어야 할 일들에 대한 대한제국 정부의 태도로 보아 시기를 잘못 선택한 것 같다고 회답했고, 따라서 그 계획은 실행되지 못했다고 했다. 아마도 대한제국 정부의 제주 교안 처리를 예의 주시하겠다는 뜻으로 보인다.

파리 주재 대한제국 공사 민영찬은 이 소식을 듣고 즉시 대한제국 정부에 전보로 알렸고, 이에 정부는 곧 전략을 바꾸었다. 제주 교안에 대한 기존의 소극적 자세에서 적극적 자세로 전환한 것이다. 석방된 채구석을 1902년 9월 체포하여 재판을 통해 엄한 처벌을 내렸으며, 다른 사면자들도 모두 체포했다. 또 고종이 제주 교안에 청구된 배상금과 다른 미지불금을 지체 없이 지급하라고 명령했다. 총 지급액이 약 2만 8,000달러에 이르렀다. 외부 협판은 필요한 자금을 마련할 수 있도록 플랑시에게 약간의 유예기간을 달라고 요청했다.

그리하여 뮈텔은 이후에도 교안이 터지거나 교인들이 조금이라도 불이익을 받으면 프랑스 군함의 효과를 단단히 보고자 했다. 물론 그가 10월 6일 일기에서 언급한 대로 상황에 따라 군함 시위의 효과가 없으리라고 판단하면 하지 않았다. 그럼에도 이후 군함 시위와 상관없이 천주교 측은 고종의 후원을 받아 더욱 성장했다. 천주교 포교 지역과 선교사들에게 유익하거나 필요하다고 생각되는 일을 관철시킬 수 있도록 영향력을 행사한 것이다. 그리고 플랑시는 중간에서 그 역할을 담당한 민영찬이 성 그레고리오 대훈장을 받도록 대한제국 정부에 요청했다는 사실을 뮈텔에게 알렸다.

윤치호는 뮈텔 등을 비롯한 천주교 측의 이러한 행위를 비판했다. 그는 1902년 11월 22일 일기에서 제주 민란의 원인을 다음과 같이 진단했다.

2년 전, 이용익 일당의 갈취와 천주교 개종자들의 무자비한 불법 행위로 인해 제주도에서 정당한 폭동이 일어났다. 억압받던 사람들은 천주교 교인 몇 명을 죽였다는 만족감을 얻은 것 말고는 아무런 구제를 받지 못했다. 고결한, 아니 좀 더 적절하게 말해서 졸렬한 샌즈 씨는 막강한 고문 자격으로 그 사건 조사를 위해 파견되었고, 천주교 사제들(프랑스인)에게 협조한 끝에 폭동을 일으킨 사람들이 잘못했다고 판단했다. 그리고 폭동을 진압하기 위해 군인 200여 명이 파병되었다. 천주교 선교단은 프랑스 공사관을 통해 폭도 우두머리를 처벌하고 천주교 선교단이 입은 재산상 손해에 대한 배상금을 달라고 요구했고, 실제로 그것들을 얻어냈다.

나아가 윤치호는 천주교 신자 가운데 권력을 바라는 인간이 많다고 지적하면서, 12월 8일 일기에서 어느 특정 천주교 신자를 다음과 같이 비판했다.

40년 전 양경수는 당시 세도를 부렸던 관료의 첩이었던 누이, 즉 그 유명한 '나합'의 영향력 덕분에 권세를 누리고 부자가 되었다. 대원군은 집권한 뒤 자신의 본성을 그대로 드러낸 섭정 통치를 통해 양경수의 토지를 빼앗았고, 그중 일부를 자신이 총애하는 자들에게 하사했다. 대원군이 몰락한 뒤 양씨는 자신이 교회에 입문할 수 있도록 도와달라고 나를 계속 졸랐다. 물론 나는 개신교 선교사들은 그런 문제에서 그를 도와주지도 않을 것이고 도와줄 수도 없다고 말해주었다. 바로 1895년에 있었던 일이다.

2년 후[1897년] 아버지께서 양씨가 하씨로부터 땅을 되찾았다고 전해주셨다. 현재 그 노인은 가구가 잘 갖추어진 집에서 살면서 비단과 젊은 첩이 제공하는 부드러운 쾌락에 빠져 있으며, 이 모든 행운이 천주교 선교단에 참여한 덕분에 양씨에게 왔다고 말씀해주셨다. 교황의 선교단이 수만 명의 개종자를 발표할 만도 하다.

양씨는 내게 보낸 편지에서, 지금 자신과 가족을 보호해 줄 수 있는 집 한 채도 없이 현재 내 부친 집에 의존해 살고 있다고 썼다. 궁핍함이 주는 길고 무익한 생활에서 소박한 경제생활 습관을 배울 수 없는 자는 개종자든 아니든 상관없이 백만장자로 죽을 가능성이 전혀 없다.

양경수는 대원군 집권 이후 몰락했다가 자신의 불법적인 재산을 되찾기 위해 개신교 선교사에게 접근했지만, 이런 시도가 여의치 않자 천주교 선교단에 참여하여 결국 자신의 목표를 이루었다. 하지만 어떤 사정으로 몰락했는지 모르겠지만, 1902년 당시 그는 윤치호의 아버지 윤웅렬의 집에 더부살이를 하고 있다. 윤치호는 이런 개종자들을 혐오했으며, 나아가 이런 인물의 재산 축적을 지원하는 천주교에 대한 반감을 노골적으로 드러내고 있다.

황현 역시 두 종교의 갈등을 예사롭게 보지 않았다. 《매천야록》에서 1902년 전라남도 해남 사건을 다음과 같이 기술하고 있다.

해남 주민들이 개신교에 입적했다.

개신교와 천주교는 서로 알력이 생겨 소요를 일으켰다. 이에 안핵사 이응익에게 명하여 프랑스인 술랑제[Seissier Soulange, 프랑스 공사관 서기관]를 대동하고 가서 그들을 심판하게 했다.

정부 안핵사가 프랑스 공사관 서기관을 대동하고 현지에 내려갔다는 점에서, 당시 정부의 친프랑스 또는 친천주교 정책을 엿볼 수 있다. 러시아와 일본의 한반도 침략 야욕, 영국의 일본 지지, 미국과 독일의 방관 속에서 대한제국으로서는 난국을 타개하기 위해 동아시아의 현상 유지를 원하는 프랑스를 지렛대 삼아 세력균형을 도모할 수밖에 없었을 것이다.

그러면 프랑스는 대한제국 정부의 생각대로 '현상 유지' 정책을 견지하고 있었을까. 프랑스 외무 장관 델카세는 러시아가 동아시아 전쟁에 발이 묶임으로써 독일의 활동 반경이 넓어지는 것과 시베리아 횡단철도에 투자된 프랑스 자본의 유동성을 우려했다. 그래서 그는 1903년 가을 프랑스 정부의 외교 정책을 피력하면서 주러 대사를 통해 러시아 정부에 다음과 같이 경고했다.

교활한 빌헬름, 그는 자유롭게 유럽을 수중에 넣기 위해 만주에서 전쟁이 일어나기를 진정으로 원하고 있다. 따라서 어떠한 대가를 치르더라도 나는 이 전쟁을 막아야 한다.

프랑스는 선교와 경제적 이익 말고는 만주와 한반도에 대한 직접적인 정치적 이해관계가 없음에도 불구하고, 동아시아 전쟁이 초래할 결과를 우려했던 것이다. 이 점에서 대한제국 정부가 프랑스의 동아시아 외교정책을 충분히 활용하고자 하지 않았을까.

콜레라가 창궐하다

1902년 콜레라가 한반도를 강타했다. 뮈텔은 8월 15일 일기에서 콜레라가 신도들을 위협하고 있으며 평안남도 영유, 진남포 지역이 심하다고 적었다. 이때 신도 10명이 사망했다. 전국에서 하루에도 수백 명씩 사망했다는 이야기가 나돌 정도였다. 이승만이 갇혀 있는 한성감옥에서도 심할 때는 하루에 17명이 죽어나갔다. 9월에 서울에서만 매일 50~250명이 사망했다. 당시 이탈리아 영사마저 콜레라로 사망했다. 콜레라가 창궐하자 뮈텔은 불안에 떨었다. 9월 13일 아침 8시에 부산으로부터 로(Rault) 신부가 간밤에 콜레라로 사망했다는 전보를 받았다.

정부는 각종 항구 검역 활동을 강화하고 주요 지역에 검역소를 설치했다. 관립 의학교에서는 급하게 《호열자병 예방주의서(虎列剌病豫防注意書)》를 발행했다. 그러나 재정 부족으로 정부의 조치는 역부족이었다. 9월 23일 정부는 10월에 거행할 예정이었던 고종 즉위 40주년 칭경예식을 내년으로 연기한다는 칙령을 발표했다.

콜레라는 무서운 기세로 퍼져나갔다. 뮈텔의 10월 9일 일기에 따르면, 광희문(일명 시구문)을 통해 나간 시신의 수가 9월 30일~10월 7일에 560명이 넘었다. 원산도 콜레라로 수천 명이 사망했다.

윤치호는 개인적으로 힘든 한 해를 보내고 있었다. 자식들이 백일해로 고생하고 있었고 콜레라도 근심거리였다. 그는 이번 콜레라를 의화단운동이 남긴 유산으로 보았다. 콜레라가 의주를 통해 조선으

전염병 예방서
1902년 관립 의학교에서 발행한 《호열자병 예방주의서》다.

콜레라의 공포
콜레라가 가져온 죽음을 묘사한 《르 프티 주르날》 표지 그림.

로 침투했다는 것이다. 그러나 그 근거는 밝히지 않았다. 훗날 학계의 주장에 따르면, 6차 콜레라 범유행(1899~1923)이 인도에서 시작되었으며, 세계적으로 80만 명 이상이 사망한 것으로 추정된다. 윤치호의 청국과 의화단에 대한 반감이 이런 비과학적인 추정을 낳은 듯하다. 또 그는 한국인들이 전염병에 걸려 사망하는 것은 위생 관념이 없어서 위생 규칙을 지키지 않고 팔자로 돌리기 때문이라고 생각했다. 1902년 9월 7일 일기에는 다음과 같이 적었다.

태양이 어떻게 생겼는지 거의 잊어버릴 지경이다. 지난 7일 동안 비, 비, 오직 비뿐이다. 이 끔찍한 날씨에 완전히 지쳐버렸다. 곡식들이 물속에서 썩어가고 있다. 원산의 말할 수 없는 오물, 이름

모를 악쳐, 지독한 날씨에 콜레라까지 겹쳐 노동 현장을 강타한 것 같다. 다행히도(?) 원산 주민들은 아무렇지도 않은 듯하다. 이런 무지여, 그대가 더할 나위 없는 축복이오!

1902년에는 콜레라만 창궐한 게 아니었다. 1899년부터 유행하던 천연두도 만연하여 많은 사람이 죽었다. 또 이해에 우역(牛疫)도 돌았다. 서울에서는 쌀과 땔감을 운반할 황소가 없었다. 1902년은 이래저래 '역병의 해'였다. 평안북도 정주 출신인 춘원 이광수가 열한 살 때 부모를 콜레라로 여의었는데, 바로 이즈음이었다.

아편 역시 1902년 대한제국을 재난에 빠뜨린 주원인이었다. 마약이 국경을 통해 들어오면서 희생자를 낳고 있었기 때문이다. 특히 중국인이 대규모로 살고 있는 개항장에서는 많은 한국인이 마약에 중독되고 있었다. 윤치호가 자신이 재임하고 있는 원산에서 마약을 단속하기 위해 공식적인 노력을 했지만, 이 치명적인 중독은 들불처럼 확산되었다. 11월 10일 일기에 따르면, 북부 국경 지역에서는 최상급 토지 수백 평이 양귀비 농장으로 바뀌었다. 삼수, 갑산 등에서는 혼기가 찬 여성의 가치를 하루에 짤 수 있는 양귀비 즙의 양으로 평가했다. 지방 관료들은 아편 생산자가 세금을 짜낼 수 있는 원천이라는 사실을 알고 그 개탄스러운 상황을 일부러 획책하고 있었다. 대부분 산둥반도 출신의 빈민인 중국인 정원사들은 그해 여름 원산 근처에서 감히 아편을 재배했다. 윤치호는 중국인 촌장의 협조 덕분에 수확물을 즉시 제거할 수 있었다. 그는 아편을 근절시키지 못하는 중앙정부의 무능을 비난했다.

또한 윤치호는 원산에서 직무를 수행하던 중, 함경남도 덕원은

1884년보다 1902년이 더 최악의 해라고 사람들이 말하는 것을 들었다. 1884년에는 곡물은 흉작이었지만 감자에 의지해 살 수 있었기 때문이다. 하지만 최근 3년간 구릉지 농민들은 감자를 전혀 수확하지 못했고, 하물며 허기도 채우지 못했다. 윤치호의 표현을 빌리면 "매년 쌀을 50섬 수확하는 농민이 올가을에는 5섬 수확했고, 어떤 농민은 보통 한 해에 쌀 60말을 순익으로 거두는데, 올해는 1.5말만 거두었다"는 것이다. 덕원 지역 전체의 경우, 1902년 쌀 수확량이 다른 해 평균 수확량의 10분의 1에 불과했던 셈이었다. 그럼에도 윤치호는 1902년은 1884년에 비해 수송 시설이 10배가 넘어 곡물이 쉽게 유입될 수 있다고 낙관했다.

이러한 재난에도 불구하고 정부는 농업세를 늘려 혼란을 가중시켰다. 윤치호는 1902년 11월 29일 일기에 다음과 같이 적고 있다.

그 와중에 정부는 토지세를 1결마다 6할씩 인상하여 혼란을 가중시켰다. 함경도에서는 농부가 예전처럼 1결당 26.67냥을 내는 대신에 42.67냥을 내야 할 것이다.

매결당 쌀 20~100섬을 산출할 수 있는 농지를 감안한다면, 쌀 한 섬 값을 조금 넘는 42냥을 감당하는 데는 별 무리가 없을 것이다. 사실, 세금 그 자체는 터무니없이 가볍다. 그러나 백성들은 그 대가로 무엇을 얻는가? 학교도 없고, 도로도 없고, 다리도 없고, 보호를 받지도 못하고, 생명과 재산의 안전도 보장받지 못한다. 백성들이 내는 한 푼 한 푼이 모두 버려지는 것은 아니다. 그러나 그 한 푼은 저 부패한 정부가 듣기 좋은 소리로 '군대'라고 불리는 무장폭력배를 유지할 수 있게 함으로써, 압제 세력이 더 강력하고 신속하게 백성을 옭아매는 악마의 사슬에다 연결고리 하나를 더 추가하는 것이다. 사람들은 "신의 맷돌은 더디지만, 반드시 가루를 간다"고 말한다. 그러나 사람들이 말한 그 신의 맷돌 속에 가루로 분쇄되고 있는 건 역겨운 황실과 높은 관직에 앉아 악행을 범하는 무리가 아니다. … 이 무리보다 더 순진하고 결백한 수백만 명의 사람들이 신의 맷돌에서 가루로 갈리고 있다.

그는 비록 세금이 가볍다고 하더라도 백성들에게 돌아갈 혜택이 적다는 것을 우려하고 있다. 이러한 세금이 무장 폭력배나 다름없는 군대를 유지시킴으로써, 압제 세력이 백성들을 옭아매는 데 쓰인다는 점이다. 당시 윤치호는 정부의 군비 예산 증대를 신랄하게 비난한 셈이다.

윤치호가 한국인과 정부만 비판한 건 아니었다. 서양인의 불법 행위도 비판했다. 예컨대 원산에 거주하는 영국인 빌브로우(C. Bilbrough)의 집안이 불법적으로 땅을 매입하거나 동네의 공로(公路)를 가로막는 행위를 비난했다. 심지어 빌브로우의 부인이 자신의 편리를 위해 토지 경계표지를 바꾸는 행위를 두고 비판했다. 특히 세금을 내지 않는 특권 행위를 맹비난했다. 그의 말대로 "그들은 그런 호기를 부리지만 가장 야비한 자들"이었다.

하지만 그는 1902년 9월 14일 일기에서 외국인의 문명화 전략을 찬양하기도 했다.

현재 홍콩의 모습을 중국인 손에 있었을 때 홍콩의 모습과 비교해 보라. 독일인은 비참하고 비위생적인 중국인 마을이었던 자오저우만을 3년 후에는 완전히 훌륭한 도시로 바꾸어 놓았다. … 일본인이 한국인 수중에 있던 진흙투성이에 수렁 같은 더러운 땅에서 얼마나 깔끔한 거류지를 만들어 냈는지 한번 보라. 서울의 남산 북쪽 산비탈과 정동은 불과 몇 년 전까지만 해도 서울에서 가장 더러운 장소로 꼽혔던 곳이다. 이제 이곳이 일본인과 유럽인 손에서 어떻게 변했는지를 주시해 보라.

윤치호는 외국인 개개인의 침탈 행위를 비판할지언정 서양인과 일본인의 문명화 전략이 가져다줄 영향에 대해서는 긍정적으로 바라보고 있다. 이러한 문명화 전략이 그가 그렇게 비난했던 외국인들의 불법 및 침탈 행위와는 별개의 것일까.

지규식도 이즈음 서울을 왕래하는 인편을 통해 괴질 소문을 접하고 불안에 떨었다. 그는 9월 29일(음력 8월 28일) 일기에 괴질의 정체가 콜레라인 줄 모르고 호열자가 아닌 괴질이라고 적었다. 다음날 일기에는 괴질의 확산에 놀란 주민들이 굿을 하고 제사를 지낸 사실을 전하고 있다. 주민들이 지규식에게도 축문을 부탁했다. 이후에는 콜레라가 수그러들어 이에 대한 언급이 없다.

이용익을 둘러싼 논란

이즈음 뮈텔이 우려했던 일들이 터졌다. 우선 뮈텔의 상대로서 대한제국 정부와 프랑스 정부, 천주교 측을 연결해 주던 이용익이 정적들에게 밀려 축출되지 않을까 하는 걱정스러운 상황이 발생했다. 1902년 11월 모든 대신과 고문관 등이 뮈텔과 가까운 이용익을 완전히 밀어내고 그를 불경죄로 고발하여 대역죄로 다스리라는 상소를 올렸기 때문이다. 대신들이 영친왕의 생모인 엄비를 황귀비로 올리자고 제안한 가운데, 이용익이 엄씨를 양귀비에 빗대어 말하는 실수를 저지르자 기다렸다는 듯이 성토하기 시작했다. 뮈텔은 대신들이 내세운 이유가 하찮고 가소로웠다. 이용익이 엄비의 아름다움을 칭송하는 뜻에서 '양귀비'라 불렀는데, 대신들이 말꼬투리를 잡아 이용익을 축출하고자 했다는 것이다. 또 다른 이유는 그가 엄비에게 말할 때 '소인'이라 하지 않고 '신'이라 했다는 것이다. 그러나 "허약하기로 유명하다"는 고종이 이번에는 거세게 저항하여 이용익을 비호하고 심지어 그를 대궐 안에 숨게 했다는 소식을 듣고 뮈텔은 안심했다. 그날 저녁 고종은 러시아 공사관 근방에 있는 경운궁 내 진전(眞殿)의 행사에 간다는 구실로 그곳에 갔고, 이용익은 고종을 따라갔다. 대문을 열어준 러시아어 통역관 출신 서리공사 스타인(E. Stein)이 러시아 공사관에 연락했고 이용익은 그리로 피신했다. 이에 대신들 대부분은 사직서를 제출하며 이용익을 사퇴시키고자 했다. 뮈텔은 대신들의 이러한 행위를 두고 비열하고 가소로운 질투로 여겼다. 이후 12월 고종은 이용익을 보호할 요량으로 그를 전왕외국간변무미사무(前往外國幹辦貿米事務)에 임명하여, 상하이, 뤼순 등지에 가서 안남미를 구입하도록 했다. 1901년에 이어 1902년에도 흉년이 거듭되어 쌀값이 폭등하고 기근이 심했기 때문이다.

반면에 헐버트는 이용익이 엄비 앞에서 그를 양귀비로 칭한 것은 아부의 뜻으로 한 것이지만, "본래 무식한 자여서 이 말이 욕이나 다름없다는 사실을 미처 깨닫지 못했다"고 비아냥거렸다. 그러나 황현의 경우,《매천야록》에서 그의 청렴함을 두고 "이용익은 청렴하고 무슨 일에든 능력이 있었다. 그는 식사를 할 때도 고기를 먹지 않았고, 헌 도포와 모자를 쓰고 다녔으며, 노래와 여색을 좋아하지 않으므로 고종은 그의 청백함과 검소함을 믿었다"고 서술하고 있다. 그리고 1903년 이용익이 내장원 쌀 3만 석을 시장 상인들에게 방출하도록 요청한 사실도 기술했다. 이때 이용익은 백성들이 고루 살 수 있도록 쌀 한 되 값을 9냥으로 책정했다는 점도 덧붙였다. 물론 이용익이 이전 시기에 고종을 위해 백성을 착취한 사실도 언급했지만 말이다. 관리들의 탐학을 그렇게 질타하던 황현도 이용익의 진휼 정책에 대해서는 나름대로 의미를 부여한 것이다.

이용익의 축출을 둘러싼 사건은 중대한 까닭에, 정교도 의정 윤용선 등이 이때 이용익을 죽이려고 했으나 실패했다고 적었다. 당시 윤용선은 이용익이 엄비에 대한 불경죄를 저질렀다고 상소하여 처벌하고자 했으나 고종이 비답으로 제기하지 말라고 하여 불발에 그쳤고, 이용익은 고종의 비호 아래 안남미 수입을 위해 뤼순으로 떠났던 것이다.

윤치호도 총리 대신부터 시작하여 서울의 정부 각료 모두가 이용익을 타도하기 위해 필사적으로 노력하는 것 같다는 소식을 들었다. 그러나 이용익의 반대자들이 성공할 것이라고는 생각하지 않았다. 고종의 잣대로 볼 때 첩의 명예보다는 황금의 무게가 더 나간다는 단순한 사실 때문이다. 아마도 고종은 명목상으로는 자신의 우상이자 '금송아지'라는 별명을 가진 이용익을 추방할 수도 있지만, 폭풍우가 지나갈 때까지만 곁방에 숨겨두고 지켜줄 것이라고 예상했다. 그리하여 윤치호는 멀리서도 이용익 사건을 예의 주시하면서 12월 15일 일기에 다음과 같이 적었다.

이용익에게 대항하는 십자군은 내가 예상했던 대로 대규모 세력인 것으로 드러났다. 나라의 모든 관료가 그를 처벌하라고 상소를 올리고 있는 동안에도, 최악의 강탈자인 이용익은 황제 대기실에서 즐거운 시간을 보내고 있었다. 그러다가 지치면 기분 전환을 위해 러시아 공사관으로 갔으리라. 수많은 관직에서 명목상 파면되었을지라도 이용익은 여전히 그만의 끔찍한 나라의 진정한 왕이다. … 어쨌든 이용익을 비난하는 이유는 무엇인가? 이용익은 '4,000년 역사상 유례가 없는 역적'이란 특별한 자격을 얻게 되기까지 어떤 일을 했는가? 이유는 다음과 같다. … 이용익의 적들은 이용익이 '황제와 그의 여인'을, '당 현종과 그의 첩'에 의도적으로 비유한 것이라며 이용익의 경솔하고 무식한 발언을 의도적인 비유로 해석하기 위해 애쓰고 있다. 이러한 짓은 이 부끄러운 왕조의 역사상 먼 옛날부터 한국의 각료들이 비열하게 저질러 왔던, '붓끝역적'을 만들기 위한 추악한 술책이다. 이용익은 의심할 여지 없이 지저분하고 비열한 자이지만, 그를 처벌하려고 하는 자들이 행하고 있는 속임수는 더욱더 지저분하다.

그리고 12월 18일 일기에서는 다음과 같이 적었다.

이용익은 러시아인의 보호를 받으며 서울을 떠나 알려지지 않은 곳(?)으로 갔다. 폐하께서는 엄청난 인내심을 가지고 자신의 조력자인 이용익을 지켜주고 있는 것 같다.

그리고 1902년 마지막 날인 12월 31일에 이용익 사건의 결말을 적었다.

악명 높은 이용익 사건은 그가 공직에 복귀하는 것으로 마무리
되었다. … 정부《관보》는 며칠 전만 해도 역적에 반대한다는 상소
로 가득 찼었지만, 지금은 사과하는 자들의 사과문으로 가득 찼다.
이런 결과를 야기하도록 폐하가 선택한 수단은 군주답지 않은 자
가 선택할 만한 것이었다. 폐하는 수많은 비열한 기생충을 매수하
여 반이용익파 각료들의 과거 범죄를 폭로하도록 하고 그 각료들
에게 반대하는 상소를 올리도록 했고, 또 그들이 역모를 꾸미고 있
다는 혐의를 날조하게 했다. 폐하와 그의 수하들의 도덕성은 한없
이 나락으로 떨어졌다.

정교 역시 이용익 사건에 관심을 두었다. 12월 12일 윤용선 등이
또 역적을 공격하는 차자를 올렸으나 황제는 따르지 않았다고 서술
했다. 그리고 사흘 뒤인 12월 15일 고종은 심순택과 조병세에게 다
시는 벼슬에 임용하지 않는다는 처벌을 내렸다가, 다음 날 두 사람
에 대한 처벌을 보류하고 윤용선에게 내린 징계 처분을 벗겨주되
이용익을 풀어주었다고 기록했다.

나날이 쪼그라드는 천주교 교세

기근, 전염병 등 온갖 재난이 한반도를 거듭 덮치고 관리들의 수탈
이 심해지자 사람들은 어떻게 살아남아야 할지 우왕좌왕했다. 일
부 주민들은《정감록》을 믿거나 서양 종교에 의지해 관리의 수탈에
서 벗어나고 마음의 위안을 얻고자 했다. 특히 서양 종교를 마음의

위안을 넘어 수령의 악행을 막아주는 방패막이로 여겨 천주교와 개신교에 입교했다. 이후 선교사의 치외법권에 가세하여 가짜 교회를 조직하고 세금을 내지 않거나 주민들에게 돈을 착취하는 정치꾼들이 등장했다. 일부 교회가 정치 단체나 이익 집단화되었다. 또 일부는 하와이 이민자처럼 이 땅을 떠나기도 했다.

서양 종교 신자들이 늘어나자 이들과 향촌 주민의 갈등이 점점 깊어졌고, 급기야 외래 종교에 입교한 신자들 간에도 갈등이 폭발하기에 이르렀다. 선교 전쟁과 세력 다툼이었다. 이 가운데 1900년 이래 지속적으로 진행된 황해도의 해서 교안은 구제역으로 죽은 소가 발단이 되어 발생한 천주교 신자와 개신교 신자 간의 갈등이었다. 당시 천주교는 빌렘 신부가 공격적인 선교를 펼쳐 1896년 부임 당시 600명에 지나지 않았던 신자 수가 1902년에는 7,000명가량으로 늘어났다. 물론 이 시기에 입교한 신자들 중에는 순수한 신앙보다는 선교사들의 보호와 지원을 바라고 들어온 경우도 적지 않았다. 특히 천주교 신부들과 일부 지방관의 유착 관계가 심해지면서 관아의 수탈로부터 벗어나고자 하는 일반민은 물론 개신교 신자들이 자발적으로 천주교로 개종한 것이다. 그 점에서 해서 교안은 천주교 신자와 지방관의 갈등, 천주교 신자와 향반 토호층의 갈등, 천주교 신자와 일반 주민의 갈등과 함께 천주교와 개신교의 충돌 등 여러 가지 특징을 두루 담고 있었다. 특히 두 서양 종교 간의 싸움에는 교당 건립을 둘러싼 갈등이 크게 작용했다.

먼저 자리를 잡은 개신교가 위기감을 느끼고 있던 상황에서, 재령에서 천주교 신자들이 신부를 등에 업고 개신교 신자들과 교당 설립을 둘러싸고 충돌하거나 일반 주민에게 폭력을 행사하기에 이르렀다. 예컨대 1902년 5월 천주교 신자가 동리에 강당을 건립한다는 명목 아래 부역을 시키고 애긍전(愛矜錢)을 청했다. 이때 그는 개신교 신자들을 묶고 형을 가했다. 심지어 개신교 신자들의 고소로 황해도 관찰부에서 순검을 보내 천주교 신자들을 체포하고자 했지만 오히려 순검들이 구타를 당했다. 장연에서도 사정은 마찬가지였다. 이 지역 천주교 신자들이 장연 관아의 공금을 관리하던 개신교 전도사 김윤오를 공금 유출 부정으로 관찰부에 고소했다. 그러나 김윤오가 풀려나자 천주교 신자들은 빌렘 신부의 서찰을 갖고 장연 관청에 난입하여 김윤오가 염출한 돈의 반환를 요구했고 장연 군수는 천주교 신자들을 체포했다. 이때 빌렘 신부는 천주교 신자들이 관청에 난입하도록 방조했다. 또 이 와중에 김윤오가 빌렘에 의해 감금당했으며, 황해 감사와 빌렘이 상호 고소했다.

언더우드 목사의 부인 릴리어스 호턴 언더우드는 자신의 견문록에 황해도 천주교 신자들의 횡포를 다음과 같이 적고 있다.

얼마나 오랫동안 그래 왔는지는 모르지만 이 서글픈 상황(천주교 신자들의 횡포)은 지금까지 계속되어 왔다. 약탈과 협박을 당한 사람들 중에는 장로교인들도 있었다. 개신교 쪽에서도 억압에 저항하고 자주성을 기르고 자유와 정의를 지키기 위한 어떤 조짐이 나타나게 되었다. 한 기독교인은 아주 의지가 굳은 친구로서 정의를 찾기 위해서라면 용기를 잃거나 꺾이지 않을 사람이었다. 처음에 그는 선교사를 찾아갔다. 그 선교사는 그에게 조선 법정에 그 문제를 가지고 가라고 말했다. 그러나 지방의 법정은 그 큰 악 앞에 완전히 힘을 잃었으므로 그는 서울로 올라왔다. 서울의 관리들은 프랑스 사람들이 무서워서 그랬겠지만, 그 일에 끼어들려고 하지 않았다.

그렇다면 해서 교안은 어떻게 마무리되었을까? 1903년 1월 17일 뮈텔이 쓴 일기를 통해 살펴보자. 그날 뮈텔은 해서 교안 때문에 개신교 목사들의 항의 방문을 받았다. 오후 5시에 언더우드, 게일 목사, 에비슨 박사가 눈을 무릅쓰고 뮈텔을 찾아온 것이다. 내용인 즉 개신교 신자들이 빌렘 신부에게 감금한 전도사를 석방해 달라는 서신을 보냈다는 것이다.

뮈텔은 1월 19일 해서 교안에 대처하기 위해 플랑시 공사를 만났다. 황해 감사와 빌렘 신부 사이의 상호 고소 문제가 컸다. 플랑시는 뮈텔이 해주에 직접 가는 것을 반대했다. 개신교 목사들이 자신들에 대해 격분하고 있다는 사실을 들었다는 말도 뮈텔에게 전했다.

2월 10일 뮈텔은 황해도 관찰부가 프랑스 공사관에 보낸 전보를 통해 2월 8일경 빌렘 신부와 황해도 관찰부 사이에서 화해가 이루어졌다는 소식을 들었다. 그러나 이는 잠시뿐이었다. 2월 28일 《뮈텔일기》에 따르면 빌렘 신부는 황해도 관찰사는 물론 사건을 조사하러 파견된 사핵사 이응익과도 충돌했다. 빌렘 신부는 불법을 저지른 장연군 천주교 신자들을 무조건 감싸고 변호했기 때문이다. 그는 관찰사 및 사핵사와 다툰 뒤, 자기 뜻대로 투옥자들의 석방이 이루어지지 않자 청계동으로 가버렸다. 이때 사핵사는 빌렘 신부의 소환을 요구했고 뮈텔이 중재에 나섰다. 당시 불법을 저질러 감옥에 수감된 천주교 신자가 무려 30여 명에 이르렀다. 이에 플랑시 공사는 뮈텔의 부탁을 받고 부하 직원에게 법어학교 학생 이능화(1869~1943)를 대동하고 해주로 출장을 가라고 명령했다.

안중근 집안 사람들
앞줄 왼쪽부터 경근, 조모 고씨(안나), 부친 태훈(베드로), 태근(요한), 뒷줄 왼쪽부터 태건(가밀로),
태순(요셉), 태민(바울).

한편, 빌렘 신부는 이 사건과 깊이 관련된 안중근의 부친 안태훈
과 안태건(안태훈의 동생)을 체포하러 온 순검들에게 그들을 넘겨주
길 거부했다. 이 소식을 들은 뮈텔은 빌렘이 이런 정신 상태에서 무
슨 일을 더 저지르지 않을까 두려워했다. 빌렘은 가택불가침권을
생각해 냈지만 그것은 법적으로 성립하지 않고 사핵사도 그것을 너
무도 잘 알고 있다는 것이다.

3월 1일 안태훈의 아들 안중근이 뮈텔에게 전보를 보내 청계동
사태의 심각성을 알려왔다. 큰 위기를 맞은 뮈텔은 '주여, 우리를 불
쌍히 여기소서!' 하고 기도했다. 그리고 프랑스 관리가 도착한 뒤
청계동 사태가 충돌을 모면했다는 소식이 들려왔다. 그러나 이 소

식은 잘못된 것이었다. 오히려 해주에 파견된 서홍 군수가 자기 본래 근무지로 돌아오면서 사건의 해결책이 막막해지자 천주교 신자들은 도망갔으며 안씨 형제를 체포하기 위해 파견된 군인과 순검 및 아전 들을 소환할 수 없다는 것이다. 안태훈과 안태건은 출두를 약속했으나 달아나 버린 상태였고, 알렌도 미국 선교사들에게 해주를 떠나도록 지시했다.

사핵사 이응익은 프랑스 공사관 관리와 빌렘 신부가 자신을 속이고 있다고 판단하여 그들을 소환했고, 천주교 신자들의 저항을 줄이기 위해 중앙에 군인 파견을 요청했으리라 짐작되었다. 그러나 뮈텔이 중앙에 손을 대고 있는 상황에서 극단적인 조치가 나오지 않으리라 낙관했다.

그러나 그의 예상은 빗나갔다. 도처에서 천주교 신자들에 대한 폭력과 구금 사태가 일어나자, 천주교 신자들 중 일부는 도망하거나 배교했다. 심지어 재령 성당의 일부 시설이 도둑의 습격으로 훼손되거나 도난당했다. 이에 뮈텔은 고종을 알현하고자 했고 프랑스 공사 플랑시는 대한제국 정부 외부에 사핵사를 8일 이내에 소환해 달라고 요청했다. 사핵사의 천주교 신자에 대한 체포 시간을 줄여야겠다는 심산이었다. 고종은 플랑시의 요청을 받은 뒤, 사핵사의 체류 기간 8일은 너무 짧다고 생각하나, 2주 이상으로는 연장하지 않겠다고 약속했다. 뮈텔이 언급한 대로 고종은 "반만" 수락한 셈이다. 해서 교안은 정점을 향해 치달았다. 천주교 측에서는 개신교를 두고 "이제는 그들을 위선자이자 종파적 증오심에 가득한 자들로 완전히 경멸하게 되었다"고 했다.

그리하여 프랑스 공사관 측은 빌렘을 황해도에서 떠나도록 했다.

당시 빌렘은 뮈텔이 자신을 변호하지 않는 것에 불만을 표했다. 뮈텔도 해주 개신교 목사들의 항의에 못 이겨 그를 해주에서 데리고 나와야 했다. 물론 뮈텔은 개신교와의 관계에 신중해야 한다는 점, 빌렘이 경솔했던 점을 제외하면 이 사건을 한국인들 간의 다툼으로 치부했다. 심지어 뮈텔은 대표적인 감리교 선교사이자 교육자인 헐버트를 두고 제일 어리석었다고 평했다.

4월 11일 뮈텔은 고종에게 직접 전달할 교황의 친필 서한 건에 관한 내용을 외부 대신에게 알려주었다. 일종의 거래였다. 고종으로서는 국제사회에서의 위상을 높이기 위해서는 교황과의 관계 개선이 필수였다. 한 달이 지난 뒤, 해서 교안 처리 과정에서 강경했던 황해 감사가 교체되고 전임 충청 감사 조종필이 임명된다는 소식을 듣고, 뮈텔은 "이것은 아마 성모께서 미해결 사건에 관하여 우리를 도울 수 있는 최대의 은혜일 것이다"라고 적었다. 그 밖에 아산, 청주 등지에서 교안이 터져 나올 때마다 뮈텔은 관계 요로에 압력을 넣어 사건을 무마하는 데 힘썼다. 그리고 《외부일기》에 따르면, 1903년 8월 로마 교황의 국서가 대한제국 정부에 도착했다.

당시 해서 교안을 주목했던 황현은 플랑시가 법부를 협박하여 천주교 신자들을 석방하도록 한 사실을 언급했다. 그는 《매천야록》에서 "간민(奸民, 천주교 신자)들이 준동해도 징치를 못해 양민들은 모두 고개를 떨구고 기운을 잃었다"고 한탄했다.

이런 가운데 뮈텔의 최대 후원자인 이용익이 6월 15일 오후 2시경 일본 병원인 한성병원에서 저격을 받았다. 이용익의 입원실에 설치되어 있던 폭탄이 폭발한 것이다. 그러나 큰 피해는 없었고, 이용익은 위기를 모면했다. 이용익은 즉시 자신의 집으로 몸을 피했고, 고종은 그를 보호하기 위해 군사 20명을 보냈다. 뮈텔로서는 천만다행이었다.

그러나 6월 29일 플랑시 공사는 뮈텔에게 현재로서는 대한제국 정부 내각에서 호의적인 사람이 없기 때문에 기대할 것이 아무것도 없다고 대답했다. 더욱이 뮈텔을 압박하고 있는 것은 대한제국만이 아니었다. 뮈텔은 플랑시 공사에게 한국인들의 반대가 현재 프랑스 내에서 일어나고 있는 일들과 무관하지 않다는 것을 이미 오래전부터 느끼고 있다고 말했다. 뮈텔은 이런 상황을 두고 6월 29일 일기에 "상황은 매우 나쁘고 매우 위험스럽다. 상황을 있는 그대로 받아들이고 대비하는 것이 중요하다"고 적었다. 뮈텔의 일기 등을 통해 본 당시 프랑스 본국의 상황은 이러했다.

1898년 드레퓌스 사건의 여파와 당시 공화파의 약진으로 정교분리에 관한 논의가 본격적으로 시작되었다. 드레퓌스 재판에는 재심을 요구한 드레퓌스파가 진보, 좌파, 공화파, 사회주의자들로 구성된 반면, 재심을 반대했던 반드레퓌스파는 군부, 왕당파와 함께 천주교 측으로 구성되어 있었다. 따라서 드레퓌스 사건의 실체가 밝혀지고 상황이 드레퓌스파에 유리하게 전개되면서 왕당파는 물론 군부와 천주교의 입지가 약화되었고 급기야 공화파가 정권을 잡기에 이르렀다.

1902년 공화파 에밀 콩브(Émile Combes)가 집권한 뒤 1만 개 이상의 천주교 학교를 폐쇄했으며, 훗날 1904년 7월 7일의 법률을 통해 수도회의 교육 금지, 수도회 재산의 압류 조치가 이루어졌다. 이 과정에서 뮈텔은 프랑스 정부의 지원이 줄어들 것을 우려했는데, 그러한 조짐은 이미 나타나고 있었다. 뮈텔은 6월 29일 일기에서 다음과 같이 적고 있다.

벌써 해군성이 모피 제조업자들에게 습격을 받았다. 물론 이후
에 포교 지역의 사업에 대한 해군의 뒷받침은 거의 기대할 수 없게
되었다. 델카세[Théophile Delcassé, 번역문의 Delcossé를 바로잡음] 씨가 외
무성에 남아 있는 한, 물론 전통은 보존될지 모르지만, 일이 이런
추세로 진척되어 가면 외무성을 뒤덮을 장본인이 바로 그 자리에
앉아 있는 것을 보게 될지도 모를 일이다.

뮈텔은 전통적으로 천주교를 지원해 온 해군성이 모피 제조업자
들에게 습격을 받을 정도로 공화파가 신장했음을 짐작하고 있었던
것이다. 당연히 선교 지역의 사업에 대한 해군성의 뒷받침은 거의
기대할 수 없게 되었다. 물론 뮈텔은 프랑스 외무부 장관 델카세의
지원을 기대하고 있었다. 그러나 외무성 역시 언젠가 공화파가 장
악할 것이라는 우울한 전망을 내놓고 있다. 본국 정부의 지원이 없
이는 선교가 어려울 것이라고 예상하고 있었던 것이다.

그럼에도 뮈텔은 불리한 상황에 위축되지 않고 대한제국 정부와
지속적으로 접촉했다. 1903년 8월 1일 고종 즉위 40주년을 축하하
는 칭경예식이 또 한 번 연기되어 교황의 친필 서신을 고종에게 전
달하지 못했지만, 플랑시 공사를 통해 결국 전달하게 했다. 대한제
국 정부와 로마 교황을 연결시킴으로써 자신의 입지를 강화하려 했
던 것이다. 그리고 뮈텔은 1903년 8월 6일 프랑스 군함 쉬르프리즈
호가 아산만에 정박하여, 함장이 신부와 함께 아산 군수를 만나 교
안 해결에 압력을 넣은 일련의 일을 만족스러워했다. 그러나 이후

의 상황이 어떻게 전개될지는 짐작할 수 없었다. 향촌 주민들이 천주교 신자들의 불법 행위와 이를 노골적으로 옹호하는 천주교 신부들에게 적극적으로 반발하는 가운데, 자국의 지원을 받은 영·미 개신교의 도전이 더욱 거세지고 있었기 때문이다. 만일 프랑스와 동맹을 맺고 있는 러시아가 일본의 공세 앞에 한반도에서 영향력을 잃고 고종의 정치적 기반이 약해진다면, 뮈텔 자신이 프랑스 자국 내 상황을 통해 예견했듯이 천주교의 위세 역시 약해질 수밖에 없었다.

이즈음 뮈텔은 윤치호와 만났다. 1903년 5월 26일의 만남은 최초의 만남과 달리 매우 불편한 만남이었다. 뮈텔은 이날 일기에서 오후 2시 30분경 윤치호의 방문으로 피정 준비에 차질을 빚었다고 적었다. 물론 뮈텔은 속내와 달리 수녀원의 고아원을 구경시켜 주었다. 그리고 얼마 뒤인 6월 1일 뮈텔은 부인의 출산 때문에 잠시 상경한 윤치호를 만나고자 했지만, 윤치호가 이미 원산으로 출발한지라 그의 동생(사촌 동생 윤치오로 추정됨)과 대화했다. 뮈텔이 윤치호의 동생에게 천주교 신자와 향촌 주민 간의 갈등 소식을 들었냐고 물었지만, 그의 대답은 무미건조했다. 그는 이러한 대화를 일기에 적으면서 "슬프다! 언제나 나쁜 소리뿐이고 한심스러운 사건뿐이니 말이다" 하면서 교안에 대해 짜증 섞인 표현을 일기에 남겼다.

용암포 사건과 러일전쟁 전야

러시아의 삼림 이권 침탈을 유달리 주목했던 인물은 정교였다. 그는 《대한계년사》에서 이를 상세히 기술했다. 1903년 5월 러시아인들이 평안북도 용천군 용암포에 몰래 들어와 살기 시작했다. 러시아인 40명과 이들에게 고용된 청국인 100여 명이 용암포 주민의 가

옥 17호 합 63칸, 밭 3일여 경[耕, 소가 3일 이상 밭갈이할 정도의
넓이], 논 12마지기를 몰래 구입했다. 대한제국 정부는 외국 인민
은 개항장 외에는 거주할 수 없다는 규정을 들어 퇴거를 요구했지
만 러시아인들은 목재상이라고 핑계를 대며 물러가지 않았다. 정교
는 1903년 5월 29일 러시아 공사 파블로프가 말한 퇴거 거부 이유
를 인용했다.

　　토지를 사고 가옥을 구입한 한 가지 일은, 삼림회사 직원과 이
　　회사에 고용된 사람들이 사용하려고 갖춘 것입니다. 지난 1896년
　　의 삼림합동조약에 근거해 실행한 것이니, 통상조약의 예에 의거
　　해 논하는 것은 옳지 않습니다.

러시아가 삼림 이권 확보를 근거로 용암포 거주 러시아인들의 퇴
거를 거부한 셈이다. 정교는 러시아가 퇴거를 거부한 데 이어 러시
아 군대가 들어왔다고 서술했다. 러시아인들이 이곳을 해군 기지로
만들어 차지하려 했다고 판단했다. 그리고 일본과 러시아의 전쟁
조짐이 여기서부터 나타나기 시작했다고 인식했다. 물론 러일전쟁
이후에 이렇게 기록했으리라 짐작되지만, 정교가 러시아의 용암포
점령에 대해 우려의 눈길을 보냈던 것은 분명하다.
　　이어서 정교는 7월 러시아인들이 안둥현으로부터 압록강을 넘어
의주 경계에 이르기까지 전봇대를 세웠다고 적었다. 그리고 대한제
국 외부에서 지방관을 시켜 그것을 뽑아버리게 하니, 러시아 공사
가 사실 여부를 확인하는 공문을 보내 그 일에 대해 따지고 꾸짖은
사실을 덧붙였다. 특히 7월에 일본인이 러시아인과 '한국과 만주 문

제에 대한 협의'를 가졌다고 서술했다. 정교는 당시 상황을 다음과
같이 기술했다.

일본인이 러시아인과 '한국과 만주 문제에 대한 협의(韓滿協議)'
를 시작하다.

당시 러시아인들이 만주에서 철군하기로 한 기한(청국에서 의화단
난이 일어난 후 러시아 대군이 만주에 주둔하고 있었다)이 이미 지났는데도
철군을 즉각 실행하지 않았다. 또 우리나라의 용암포를 점거하는
등 그 행동을 예측하기 어려웠다.

일본 정부는 러시아 정부와 '한국과 만주 문제에 대한 협의'를
했는데, 한국과 만주를 교환한다는 설이 있었다. 12월까지 끌다가,
러시아 정부 측에서 "만주는 기존대로 러시아의 소유로 하고, 한국
의 대동강 이북 지역은 일본의 세력 범위 안에 둔다"는 주장이 나
왔다. 일본은 드디어 러시아와 전쟁을 개시했다.

러시아가 의화단운동 진압 이후에도 철군하지 않고 만주에 주둔
하면서 압록강 하구에 위치한 대한제국 영토 용암포를 차지했음을
강조하고 있다.

정교의《대한계년사》에 따르면, 1903년 8월 마침내 대한제국 외
부가 러시아인의 삼림회사에 용암포를 조차하는 것을 허락했다. 그
리고 일본 공사 하야시가 조회를 보내 평안북도 의주를 통상 개시
장으로 지정하라고 요청하자, 러시아 공사가 옳지 않은 일이라고
조회했다. 이어서 1903년 9월 일본 공사 하야시와 영국 공사 조던
이 용암포 하류에 있는 귀암포를 개항하라고 권고했다. 이어서 10

월 일본 공사와 영국 공사가 또 조회를 보내 용암포의 개항을 요청했고, 러시아인들이 용암포의 조차지 밖 두류포에 포대를 쌓았다. 이에 대해 대한제국 외부는 삼림 감리 조성협을 용암포에 파견하여 구역 조차에 조인하고, 길이 11리, 너비 2~3리로 한다고 약속했다. 그러나 러시아인들이 또 조차지 바깥 땅에 푯말을 세우고 기지를 넓게 차지했다. 외부는 지방관을 시켜 푯말을 빼버리고 포대를 허물게 했으나 러시아인들은 다시 푯말을 세웠다. 정교는 《대한계년사》에서 러시아의 이러한 도발 행위를 구체적으로 기술하고 있다. 반면에 일본이 마산포에 군대 상륙 용지를 확보한 사실은 언급하지 않았다. 사실 일본도 러시아 못지않게 군사상 목적으로 토지 매입에 혈안이 되어 있었다. 또한 러시아의 용암포 토지 매입은 일본의 만주 진출에 대한 방어선 구축의 의미가 있었던 것도 사실이다. 그러나 정교는 오로지 러시아의 침탈에만 주목하고 있었다. 그에 따르면, 1904년 1월 일본, 영국, 미국 세 나라가 공식적인 조회를 보내 용암포를 속히 개항하라고 요청했으나 러시아 공사가 거부하고 조회했다.

물론 정교 역시 러시아의 용암포 점령을 두고 두 세력이 부딪치고 있다는 것을 눈치채고 있었다. 정교의 기술에 따르면, 대한제국 황실이 러시아의 원조를 중시하고 용암포를 허가하자, 일본은 이런 사실을 정탐한 뒤 수차례에 걸쳐 대한제국 외부를 협박해 용암포를 통상 항구로 만들려고 했다는 것이다. 나아가 정교는 "마침내 일본과 러시아 사이에 전쟁이 일어났다"며 전쟁이라는 파국에 이르는 일련의 과정을 전해주고 있다.

뮈텔도 러일전쟁의 조짐을 알고 있었다. 그는 1903년 7월 5일 오후 인사차 자신을 방문한 하야시 일본 공사에게 최근 신문들이 확신하고 있는 전쟁설에 대해 단도직입적으로 물었다. 물론 하야시는 뮈텔의 예상과 달리 러시아와 문제 해결 방법을 찾을 것이며 전쟁은 없을 것이라고 대답했지만 뮈텔은 이러한 답변을 믿었을까.

이후 전쟁에 이르는 과정은 예정된 수순대로 진행되었다. 물론 1903년 8월부터 러일 교섭이 시작되었고 최종적으로는 러시아가 양보하여 일본이 바라던 만한교환론에 접근하고 있었다. 그러나 일본은 개전을 기정사실로 못 박고 개전의 구실을 찾기 시작했다. 삼국 간섭 이후 '와신상담'을 구호로 내건 이상, 그들에게 한반도에 대한 군사적 점령은 포기할 수 없는 열망의 산물이었다.

드디어 1904년 새해가 밝았다. 뮈텔은 러일전쟁의 발발을 예상하면서 1월 1일 일기에서 다음과 같이 조심스럽게 전망했다.

러일 간의 전쟁이 있으리라는 소문이 점점 심각해지고 있다. … 4만 개의 탄약통이 어제 제물포에 하역된 것 같고, 오늘은 그 두 배가 하역될 것이다. 이 모든 것이 한국 정부를 극히 불안하게 만들고 있으며, 겁이 많은 황제가 어떤 공사관으로 피신하지는 않을까 두려워하고 있다. 그렇게 되면 그것은 한국을 위해서 통탄스럽고도 매우 위험한 일일 것이다.

뮈텔은 각국 공사의 동향을 예의 주시했다. 1월 5일 일기에 따르면, 각국 공사관은 자국의 거류민을 보호하기 위해 군대를 상륙시킬 생각을 하고 있었다. 알렌 공사가 먼저 실행에 옮겨서 1월 5일 36명의 미군 사병과 4명의 장교가 미국 공사관에 도착했다. 이어서

1월 7일에는 대한제국 군대가 대궐 주위에 정렬해 있었는데, 뮈텔에게 일본의 기습에 대한 대비이기도 하거니와 애도의 의식으로 비쳤다. 그는 대한제국이 러일전쟁으로 멸망의 길로 가고 있음을 직감했던 것이다. 그밖에 일본군과 러시아군의 움직임도 전했다.

뮈텔은 또한 훗날 일진회가 될 동학도들이 충주, 제천, 원주, 영월, 홍천, 낭천 등지에서 봉기했는데, 그 우두머리들은 서울로부터 직접 임명되었다는 소문도 전하고 있다. 그의 표현대로 "주민들은 그 우두머리들이 일본인들로부터 돈을 받고 있다고 말하고 있다. 어디서 그런 소문이 났을까?" 뮈텔도 이들 동학도가 일본의 사주 아래 움직이고 있음을 간파하고 있었던 것이다. 훗날 이런 소문 가운데 상당수는 진실로 판명되었다. 당시 이들 동학도 뒤에는 일본군 통역관 송병준을 조종하는 일본 군부와 흑룡회 우치다 료헤이가 있었다. 또한 뮈텔은 전쟁의 조짐과 관련된 사건도 일기에 적으면서 프랑스 순양함 소식이 오지 않아 불안해했다.

한편, 대한제국 정부는 러일전쟁을 코앞에 두고 전시에 대비해 재정 지출을 줄이기 시작했다. 그 결과 담당 사무가 많고 지출 규모가 큰 관사들이 통폐합되었다. 1904년 1월 13일 진휼 사업을 주관하던 혜민원과 토지조사사업의 중추 기관 지계아문이 여타 기구와 마찬가지로 폐지되었다. 전쟁 분위기에 눌려 고종이 추구했던 황실 주도의 소민보호정책과 식산흥업정책이 장벽에 부딪힌 것이다.

비록 러일전쟁을 앞두고 지계사업이 미완성으로 끝났지만 그 성과에 주목하는 이도 있었다. 황현은 《매천야록》에서 양전을 끝낸 곳은 212개 군이고 찾아낸 구결(舊結)은 100만 4,066결이었다고 밝혔다. 당시 고을이 300여 개였음을 감안하면 3분의 2에 달하는 토지 소유자를 조사한 셈이다.

황현은 러시아 공사 파블로프가 고종이 맡겨놓은 수백만 원을 들고 본국으로 귀환했다는 사실도 덧붙였다. 《매천야록》에서 다음과 같이 기술하고 있다.

일본인은 우리나라 주재 러시아 공사 파블로프를 본국으로 돌아가도록 하고, 일본의 주러 공사 구리노 에이타로(栗野愼太郎)는 러시아의 수도에서 독일의 수도로 옮기도록 했다.

임금은 러시아 공관을 행궁처럼 생각하여 그곳에 지폐 10여 포대를 보관해 두고 급박한 경우에 대비하려고 했다. 이때에 이르러 파블로프가 그것을 가지고 가버렸으니, 대개 수백만 원 정도였다고 한다.

파블로프의 고종 비자금 횡령설은 그 소문의 진실 여부를 떠나 고종은 위급할 때 러시아 공사관으로 망명하려 했다는 인상을 준다.

또한 정부는 전시 중립화 정책을 실행하기 위해 1904년 1월 21일 러·일의 승낙 없이 국외 중립을 선언했다. 그것은 중국 즈푸(芝罘)에 있는 프랑스 영사의 주선으로 세계 주요 국가에 송부되었다. 중립 선언문은 프랑스어로 작성되었다. 주한 일본 공사관에서 입수한 문서에 따르면 다음과 같다.

러시아와 일본 사이에 발생해 온 분규의 관점에서, 그리고 평화적 해결을 도출하려는 과정에서 협상이 봉착하는 듯한 관점에서 한국 정부는 황제 폐하의 명에 의해 두 열강 간에 실제로 도출될

회담의 결과가 무엇이든 가장 엄정한 중립을 지킬 것을 확고한 해결책으로 채택했음을 선언한다.

또한 이날 고종은 인사를 단행해 친일파 대신들을 해임했다. 군부 대신 민영철을 해임한 뒤 28일 주청 공사로 임명했다. 그리고 이용익을 군부 대신 겸 내장원 경으로 임명했다. 하지만 5인이 남긴 기록이나 일기 어디에도 정부의 국외 중립 선언과 내각 개편 소식은 없었다. 황실과 늘 연결되어 있었던 뮈텔도 깜깜 모르고 있었다. 대한제국 정부는 일본군의 압박과 감시로 고립무원의 상태에 빠져 있었기 때문에, 은밀하게 국외에 알려야 했던 것이다.

한편, 일본은 파블로프 공사가 1월 13일 고종을 알현한 것을 알고, 대한제국 정부의 국내 활동을 봉쇄하기 위해 1월 15일 서울 교외에서 소규모 군사훈련을 실시했다. 그리고 이 자리에 대한제국 정부 대신들을 초빙하여 겁박했다. 러시아 측에서 파악한 정보에 따르면 훈련에는 보병 800명, 기병 50기, 속사포 6문, 기관총 6정이 등장했다. 나아가 대한제국 정부의 중립 선언을 무력화하기 위해 고종의 측근들을 체포하는 데 혈안이 되었다. 언더우드의 부인 릴리어스 호톤 언더우드는 자신의 견문록에서 당시 분위기를 전하고 있다.

한국은 중립을 선언했는데도 일본인들은 다른 시간에 한국인들을 체포했다고 발표했다. 그들은 러시아에 군사 원조와 무기의 도움을 청하는 한국 황제와 정부의 편지를 가지고 있었다고 한다. 이런 일은 전혀 없을 법하나, 그 동쪽 나라 사람들이 워낙 음흉하고 간교하기 때문에 필요하다면 한국 정부의 중립 선언이 거짓임을 증명하는 증거를 만들어 낼 위험도 얼마든지 있다.

이러한 증언은 고종의 측근이자 중립파로서 프랑스어에 능통한 현상건이 체포된 사실을 가리키는 듯하다. 그는 고종의 밀명을 받아 러시아, 프랑스, 청국을 돌아다니며 확보한 국제 정세 흐름을 고종에게 보고했으며 대한제국의 중립 선언을 발표하는 데 중요한 역할을 담당했기 때문에 일본이 오랫동안 주목했던 요주의 인물이었다. 그리하여 1904년 2월 일본은 현상건을 군 기밀 누설 혐의로 체포하고 그가 소지한 서류를 조사하고자 했다. 체포 대상에는 황국협회 회장을 역임했던 길영수와 참장 이학균도 포함되어 있었다. 이때 현상건과 이학균은 프랑스 공사관으로 피신했다가 중국 상하이로 망명했고 길영수는 선산 군수로 좌천되었다. 2월 9일 오전 11시 30분에 뮈텔은 일본군 4개 중대가 나팔수를 앞세우고 명동성당 앞을 통과하여 주교관 근처에 있는 병사로 주둔하러 가는 모습을 목격했다. 심지어 일본이 지난밤 일본군 한 중대를 경운궁으로 보내 고종을 붙잡아 포로로 만들었다는 소문이 한국인들 사이에 막 나돌고 있다는 사실도 전해 들었다. 물론 허위 사실이었다.

정교 역시 러일전쟁 발발 조짐을 전하면서, 2월 8일 일본군이 남양 해안에 상륙했다고 적었다. 일본과 러시아 말고는 누구도 원하지 않은 전쟁이 일어난 것이다.

제4부

러일전쟁 발발에서
을사늑약 체결까지

제4부에서는 1904년 2월 8일 일본의 기습 공격으로 시작된 러일전쟁 발발부터 1905년 12월 을사늑약 반대 투쟁이 활발하게 전개된 시점까지 총 1년 10개월을 다룬다.

이 기간은 일본이 러일전쟁에서 승리하면서 그 기세로 대한제국의 국권을 농락하고 제국의 영역으로 편입해 가는 시기였다. 포츠머스조약과 을사늑약은 이 시기를 단적으로 보여주는 사건이었다.

당시 이 전쟁을 바라보는 한국인 식자층의 심정은 복잡다단했다. 누군가는 일본의 도움으로 문명화를 맞는 순간이라 인식하고 협력을 아끼지 않았다. 독립협회의 일부와 동학 잔당들로 구성된 일진회는 이런 부류의 하나였다. 그러나 다수의 식자층과 일반인들은 러일전쟁과 일본의 근대화 사업 추진을 의심 어린 눈길로 바라보았다. 일부는 철도 부설과 부역 징발에서 나타나는 일본의 침략적 행위를 눈으로 똑똑히 확인하면서 반일 투쟁을 전개했는가 하면, 다른 일부는 날카로운 필봉으로 을사늑약 체결에 반발했고 죽음으로써 자신의 책무를 완수하고자 했다.

5인 역시 이러한 사태를 바라보는 심정은 여느 식자층과 마찬가지였다. 윤치호는 일본의 침탈에는 반대하지만 문명화에 대해서는 내심 반겼다. 그가 을사늑약 체결을 앞두고 반대의 목소리를 높이기보다는 조용하게 순응한 것은 국권과 문명 사이에서 문명으로 기울어진 결과였다. 뮈텔은 프랑스의 동맹국인 러시아의 승리를 바랐지만 러시아의 패색이 짙어지자 천주교의 교세를 보전하기 위해 새로운 돌파구를 마련하고자 했다. 그는 대한제국과 헤어질 결심을 서서히 다지고 있었다. 정교역시 두 사람과 크게 다를 게 없었다.

그러나 그들의 냉소 어린 눈길에도 이용익을 비롯한 근왕파들과 한국언론인들은 일본의 감시와 탄압에도 불구하고 을사늑약 무효 투쟁에 앞장섰다. 고종 역시 이 대열에 가담했다. 그들은 을사늑약의 흑막을 폭로하면서 조약의 불법성과 강제성을 만천하에 알리고자 했다. 반면에 서양 국가로서 조선 정부와 최초로 수교한 미국은 일본의 대한제국 침략을 용인했을뿐더러 루스벨트 미국 대통령의 딸 앨리스를 보내 대한제국의 고종과 관료, 국민들을 영원한 친구인 양 현혹시켰다. 당시 미국은 비밀리에 일본과 가쓰라-태프트 밀약을 체결하여 양자가 각각 대한제국과 필리핀 점령을 승인한 상태였다. 미국은 을사늑약 직후 공사관을 제일 먼저 철수시켰다.

황현은 대한제국과 고종을 비판하면서도 일본의 침략을 결코 용납하지 않았다. 이제 그의 화살은 일본과 일진회를 향해 있었다. 또한 망국의 순간을 시시각각 기록했다. 그런 점은 정치 일선에서 물러난 정교도 마찬가지였다. 몸으로 부대끼지 못할망정 훗날을 위해 기록으로 남겨두고 싶었다.

지규식도 여느 일반인과 마찬가지로 일본의 침략을 불안한 눈길로 바라보았다. 일진회의 활동을 우려하면서 자신의 마을이 이런 소용돌이에 휘말리지 않기를 간구했다. 그는 하루하루 경제를 걱정하면서 살아가는 상인이었다. 그러나 1919년 3월 상인들 중 일부는 만세 시위에 참여했다. 그들은 어떤 심정으로 가담했을까?

1. 러일전쟁이 인천 앞바다에서 발발하다

모두가 일본이 승리하고 러시아가 패하기를 빌어 어디를 가서 일을
하든 그 운반하는 수고를 마다하지 않았다. 그러나 이는 왜인들이
선전포고한 날부터 우리를 해치려는 마음을 품었음을 알지 못한 것
이다. _황현

내 마음을 아프게 만드는 것은 전쟁을 치르고 있는 당사자 어느
한편의 패배 가능성이 아니라, 어느 편이 전쟁에서 승리하든 한국
이 부흥할 가능성은 없으리라는 철저한 절망감이다. _윤치호

누가 전쟁을 일으켰는가

러일전쟁의 개전은 한국인들에게 충격적인 사건이었다. 조짐은 보였지만 전쟁이 이렇게 갑작스럽게 일어날 줄은 생각하지 못했다. 이에 대한 정보도 매우 부족했다. 정교가《황성신문》1904년 2월 11일 기사에 근거하여《대한계년사》에서 정리했다.

정교의 기술에 따르면, 2월 8일 오후 일본 육군이 남양 해안 등지에 상륙하자 2월 9일 오전 11시 러시아 함장의 제안으로 제물포 해전이 시작되었고 팔미도 밖 바다 위에서 일본 해군이 응수했다고 되어 있다. 그러나 이러한 내용은 일본군의 거짓 정보를 믿고 보도한《황성신문》에 의거하여 기술했다는 점에서 오류다. 훗날 공개된 일본 해군의 기밀 자료와 몇몇 연구자들의 귀중한 성과에 따르면, 일본 해군은 2월 9일이 아닌 2월 8일 오후 4시와 5시 사이에 제물포 앞바다에서 러시아 함대 와리야크(Variag)호와 코리에츠(Korietz)호를 기습한 데 이어 다음 날 2월 9일 새벽 0시 30분(중국 시각 2월 8일 오후 11시 30분) 뤼순 앞바다에서 공격했다. 그리고 다음 날인 2월 10일 선전포고를 했다. 당시 와리야크호와 코리에츠호 안에서는 전투태세에 돌입하기는커녕 오랜 항해의 피로를 풀기 위해 1월 10일부터 2월 8일까지 공식 접대 행사와 리셉션, 오찬과 만찬을 벌이고 있었다. 제물포 앞바다의 한구석에 고립되어 있었기 때문에 그들을 둘러싼 정세의 변화에 어두웠다. 따라서 일본 해군의 이러한 도발은 러시아 함대로서는 뜻밖의 일이었다.

일본군의 이러한 전투 시나리오는 1903년 12월 말 일본 육군과 해군이 여러 번 논의한 끝에 완성된 것으로, 일본 해군이 러시아 함대를 기습 공격한 뒤 육군이 상륙한다는 합의에 따른 것이다.

왜 정교는 사실 확인도 제대로 하지 않고 이런 오류를 저질렀을까? 또한 박은식의 《한국통사》도 2월 8일 제물포 전투를 언급하지 않았는데, 그 까닭은 무엇일까? 일본 정부와 군부는 2월 8일 제물포 전투를 은폐한 걸까?

일본 정부는 2월 8일 오후에 일본 함대가 기습한 사실을 알면서도, 이날 밤 8시 신문기자들을 불러놓고 동양 평화를 위해 노력했지만 러시아의 무력 증강으로 교섭 과정이 매우 어렵다고 토로했다. 일본은 선전포고도 없이 2월 8일 인천항 중립지대에서 포격한 것이 국제법상 문제의 소지가 있다고 판단하고 이처럼 사실을 은폐한 것이다. 이날 인터뷰는 정교도 훗날 파악했는지 《대한계년사》에 장황하게 기술했다. 정교도 당시 인터뷰 현장에서 취재하던 신문기자들과 마찬가지로 일본 정부에 기만당한 것이다. 2월 8일 일본 군부는 기습 사실을 기록한 전쟁 일지를 조작했고, 2월 10일 천황의 이름으로 러시아에 선전포고했다. 이어서 미국 《타임스(Times)》 2월 11일 보도 등을 통해 러시아가 선제공격했다고 세계 각지에 다음과 같이 거짓으로 알렸다.

일본 공사관은 도쿄로부터 다음과 같은 공전(公電)을 수취했다. "2월 8일 수송선단을 호송하여 제물포에 접근 중인 일본 함대는 항구에서 나오는 러시아 포함 코리에츠호와 마주쳤다. 코리에츠호는 일본 함대에 공격적 태도를 취하고 일본 수뢰정을 포격했다. 일본 수뢰정은 두 발의 수뢰를 발사했지만 맞지 않았다. 그래서 코리에츠호는 항내 자신의 정박지로 돌아갔다.

다음 날(2월 9일) 아침 일찍 일본 함대를 거느린 우류 소토키치(瓜

生外者) 사령관은 러시아 선임 함장에게 같은 날 정오까지 제물포를 떠나라고 정식으로 경고했다. 사령관은 만약 이 요구가 받아들여지지 않으면 항내에서 공격하겠다고 덧붙였다.

여기서는 정교의 기술과 달리 2월 8일 러·일 간에 해전이 일어났다고 보도하고 있다. 인천항에 정박 중이던 열강의 함대가 2월 8일 해전을 인지하고 있었던 터라, 일본은 2월 8일 해전을 은폐할 수는 없었을 것이다. 그럼에도 일본은 전쟁의 책임을 러시아에 전가했다. 훗날 박은식은 《한국통사》가 오류가 있지만 여러 사실을 종합하여 2월 9일 일본 해군이 선전포고도 없이 러시아 함대를 기습했다고 적었다. 그러나 이러한 사실은 박은식이 보도 통제가 풀린 전쟁 직후의 어느 시점에 인지했다가 1910년대 전반에야 밝힐 수 있었다.

따라서 일본의 기습 공격과 도발 주체에 대한 기만 선전은, 한국의 식자층이 러일전쟁의 성격이 무엇이고, 진정 동양 평화를 깨는 장본인이 누구인지를 파악하는 데 적지 않은 혼선을 주었다. 그러나 당시 일본의 보도 통제가 심한 가운데 식자층이 입수할 수 있는 것은 일본 정부가 발표한 자료였기 때문에 정확한 정보를 확보하기는 만만치 않았을 것이다. 그저 일본이 제공하거나 공지하는 자료에 입각하여 기술했을 뿐이다. 심지어 대한제국 정부마저 일본 정부의 기만전술에 무기력했다. 《주한일본공사관기록》에 따르면 대한제국 정부 외부가 주한 일본 공사관으로부터 받은 1904년 2월 9일 조회 내용은 다음과 같다.

서울 주재 일본 공사 하야시 곤스케의 조회 내에서 말하기를, 제국 정부에서 이미 일·러 간의 시국에서 평화적인 교섭은 절망 상태이므로, 이제 단연 러시아의 외교를 단절하게 될 것이므로, 장차 러시아의 귀국 침략에 의한 피해와 국가의 지위를 극복함으로써 결단코 동양 전반이 위험한 사태를 배제해야 될 것입니다. 이제 금일 육군 2,000명이 귀국에 상륙하여 주둔하게 된다는 것을 본사가 곧 전기(前記) 사정을 개진하여 미리 직접 귀국의 대황제 폐하에게 상주하기로 결정하여 금일 내에 이지치 고스케(伊地知幸介) 육군 소장을 대동하고 곧 알현의 영광을 얻을 수 있도록 귀 대신께서 이를 상주하여 주실 것을 요청합니다.

일본은 2월 8일 러시아 함대를 기습 공격했으면서도 대한제국 정부에는 2월 9일 이런 조회를 보내 자신들의 러시아 함대 기습 공격 사실을 은폐하고 일본 해군이 아직 전투를 개시하지 않은 것처럼 기만하고 있는 셈이다. 특히 러시아의 침략이 임박했음을 예고하면서 자신들의 전쟁이 동양 평화를 위한 것이라는 식으로 호도하고 있다. 물론 정교는 대한제국 군함 양무호가 일본 해군에 침탈당한 사실과 일본군이 대한제국의 전보사를 공격하여 강제로 접수한 사실을 덧붙였다. 정교도 이러한 통신 시설이 전쟁에서 매우 중요하다는 점을 인식하고 일본의 이러한 만행을 기록한 것으로 보인다. 그럼에도 정교를 비롯한 많은 식자층이 러시아의 도발로 전쟁이 일어났다고 인식하는 한 일본에 적대적인 자세를 취하기는 어려웠을 것이다. 오히려 정교는 일본의 선전 활동에 놀아났다.

정교는 보도 통제가 풀린 뒤 발행된《황성신문》1904년 2월 11일 기사에 따라, 일본 해군의 기습 공격 사실도 모른 채 2월 9일 오전

러일전쟁 개전에 관한 기록
《외부일기》 1904년 2월 9일 기록이다. 상단에 오전 12시 인천 팔미도 바깥에서 러시아와 일본 해군이 개전하여 러시아 함대 3척이 침몰되었다고 부기하고 있다.

과 오후 상황을 다음과 같이 기술하고 있다.

2월 9일 일본 공사 하야시 곤스케는 외부 대신 서리 이지용(李址鎔)에게 조회했다. 그 내용은 다음과 같다.

"오늘날 일본과 러시아 두 나라의 평화 교섭은 단연코 절망적인 상황입니다. 그러나 러시아가 침범해 차지한 귀국의 영토는 수일 내에 회복될 것입니다. 이러한 사정을 보고드리고자 황제 폐하를 알현하기를 요청합니다."

했다. 오후 3시 30분 하야시 곤스케가 일본 공사관에 소속된 소장 이지치 고스케와 함께 황제를 알현하고 아뢰었다. 그 내용은 다음과 같다.

"일본과 러시아는 우호 관계를 절연하고 바야흐로 전쟁을 벌이려고 합니다. 그러므로 일본병 2,000명이 상륙했고 일본 상인들을 보호하고자 도성 안으로 들어왔으니, 황제 폐하께서는 놀라서 동요하지 마십시오. 또 우리나라 영사가 서울의 인민들에게 고시하여 각자 안도하고 놀라 동요하지 말라고 했습니다. 폐하께서도 역시 조칙을 내려 백성들이 안도하도록 해주십시오." 하고, 이어서 10여 가지 조목을 아뢰었다.

2월 9일 일본 공사 하야시 곤스케가 고종을 알현한 장소는 경운궁 함녕전이었다. 곤스케는 일본이 2월 8일 먼저 전쟁을 도발한 사실을 숨겼을뿐더러 이후 전개될 전쟁의 책임을 러시아에 전가하고 있다. 고종은 곤스케의 이런 보고를 믿었을까.

그러나 전날인 2월 8일 오전에 대한제국 정부와 일본 공사 사이에 있었던 일에 대해서는 《대한계년사》에 언급이 없다. 정교가 파악하지 못했기 때문이다. 주한 일본 공사관의 본국 보고에 따르면, 일본은 이지용과 이용익에게 일본군의 인천 상륙을 통고하는 한편, 아관파천 때처럼 고종이 외국 공사관으로 망명할 것을 우려하여 고종에게 파천해서는 안 된다고 경고했다. 그리고 2월 8일 하야시 곤스케가 알현을 요청했지만 고종이 거부하자, 그날 저녁 심상훈에게 문서로 황실과 국토, 독립 유지를 약속하면서도 고종이 파천할 경우 종사와 황실을 보존하기 어려워질 것이라고 협박했다. 그러고 나서 2월 9일 오전 이지치 고스케 소장과 함께 고종을 알현하고 전쟁의 발발을 통보한 셈이다. 이때 고종은 파천하지 않겠다고 약속하면서도 일본의 일한 동맹의 수정 체결 요구에 대해서는 원론적인 답변을 하면서 이에 대한 분노를 삭이고 있었다. 당시 이지치는 하야시와 달리 고종의 반일적인 심중을 꿰고 있었다. 그러나《승정원일기》이날 기록은 1903년 12월 20일에 사망한 헌종의 계비 명헌태후(대한제국 수립 이전에는 효정왕후로 불림) 홍씨의 장례에 관한 기사만 실려 있다. 또한 후일 일제에 의해 편찬된《고종실록》에는 9일 하야시 곤스케가 알현한 사실만 있고 협박 내용은 누락되어 있다.

반면에 러·일 간의 개전을 예의 주시하던 뮈텔은 2월 9일 오전 내방한 어떤 조선인으로부터 전황 보고를 받았다. 일본 함대가 제물포에 도착했고 러시아 전함 2척을 나포했거나 격침했다는 것이다. 아마 보고자는 인천 지역에 거주하는 천주교 신자가 아닐까 한다. 이러한 보고는 2월 9일 아침 이전에 러·일 간에 개전이 벌어졌음을 보여주는 내용으로, 일본군이 대내외적으로 발표한 내용과 상이하다. 즉 러일전쟁은 러시아가 아닌 일본의 선제공격으로 개시되었음을 암시하는 것이다.

뮈텔은 최초 보고와 이후 보고 사이에서 혼선을 느꼈다. 2월 8일 일본 해군의 공격과 2월 9일 공격을 구분하지 못할 정도로 정확한 정보를 알지 못했다. 일본의 기만전술과 보도 통제로 인해 제대로 파악할 수 없었기 때문이다.《황성신문》도 사정은 마찬가지여서 1월 27일부터 2월 10일까지 발간되지 않다가 2월 11일에서야 발간되었다. 주한 일본 공사관이 이전부터 수시로 대한제국 정부에 보도 통제를 요청해 왔던 터라, 전쟁을 앞두고《황성신문》이 발간되지 못했을 것으로 추정된다. 실제로 1904년 2월 24일 한일의정서(韓日議定書) 보도를 핑계로 상당수 지면이 삭제되기도 했다. 그런데 이날《황성신문》은 뤼순항 부근에서 일본 배가 피해를 입었고 일본군이 한반도 각지에 상륙했다고 보도했다. 보도 통제로 인해 철 지난 기사를 뒤늦게야 보도한 셈이다. 물론 제물포 앞바다 러시아 함대의 침몰 소식도 보도했다. 그러나 일자가 명확하지 않다. 식자층은 물론 일반인들에게 전쟁의 개시 상황은 여전히 오리무중이었다.

그럼에도 뮈텔은 2월 9일 이전인 2월 7일 일기에서 일본군의 이동과 사령부 설치 장소를 전해 들었고, 원산과 성진, 평양과 서울, 서울과 충주, 부산과 대구, 대구와 전주 사이에 조선 전신선이 두절되었다고 기록했다. 덧붙여 같은 날짜 일기에 "전쟁을 일으킨 것은 필시 일본인들일 것"이라고 적었다. 한반도 내 일본군의 동향을 파악하고 있었던 뮈텔은 2월 9일 이전에 이미 일본군의 선제공격을 기정사실화했다. 러일전쟁 직전 인천에 입국하여 1904년《러일전쟁, 제물포의 영웅들(Les Heros de Chemulpo)》을 저술한 프랑스《르마탱(Le Matin)》의 특파원 기자 가스통 르루(Gaston Leroux)는, 러시아로 돌아오는 코리에츠 수병들을 인터뷰하여 러일전쟁 개전 시각을 1904년 2월 8일 오후 3시경으로 정확하게 기술하고 있다. 그는 제물포 해전의 전말을 취재하여 세상에 알렸다. 당시 일본은 의도적으로 발발 시각을 감췄을 가능성이 높고, 러시아는 제물포에 머물고 있던 러시아 함대와 통신이 두절되어 초기 개전 상황을 인지하지 못했던 것으로 추정된다.

정교는 2월 20일에서야《황성신문》에 보도된 2월 10일 일본 천황과 러시아 차르의 선전포고 조칙을 인용했다. 일본의 선전포고 조칙에 따르면, 자신들이 국제법의 범위 안에서 전쟁을 수행할 것이라고 강조하고 있다. 이러한 언급은 직전까지 자신들이 벌인 기습 선제공격이라는 국제법 위반 행위를 은폐하고 호도하고자 한 의도에서 비롯되었다. 또한 전쟁 발발의 책임을 러시아에 전가하고, 이 전쟁의 목적은 대한제국 정부 영토의 보존과 자국 일본의 안전, 그리고 동양 평화를 수호하기 위한 자구책임을 내세우고 있다. 이러한 성격 규정은 국제사회로부터 전쟁의 정당성을 확보하고 대한제국 정부의 반발을 무마하여 자신들의 의지를 관철하려 한 것으로 보인다. 이는 일본 정부가 대한제국 정부와 각종 조약을 체결할 때마다 내세우는 명분이었다. 그런데 정교는 일본 천황의 이러한 선전 조칙 구절을 액면 그대로 믿고 《대한계년사》에 옮긴 걸까? 혹시 일본이 내세우는 동양평화론에 현혹되었던 건 아닐까? 나아가 러시아를 러일전쟁의 유발자로 오인하지는 않았을까?

정교가 인용한 러시아 차르의 선전포고문에 따르면, 러시아 차르는 일본이 만주와 한반도 문제를 둘러싸고 타협하고자 했던 러시아 정부의 노력을 기다리지 않은 채 선전포고도 없이 기습적으로 공격했다는 점을 상기시키고 있다. 이어서 전쟁을 도발한 일본에 책임을 물으며 자신들의 선전포고가 정당하다고 주장하고 있다. 그런데 차르는 조칙에서 일본 해군이 뤼순 앞바다에서 러시아 함대를 기습 공격한 사실은 언급했지만, 인천 앞바다에서 러시아 함대가 일본 함대의 기습 공격으로 격침된 사실은 적시하지 않았다. 아마도 인천만에 머물렀던 러시아 함대와 즉각 교신하지 못했기 때문이다.

양국의 선전포고를 접한 정교의 심경은 어땠을까? 후일 정교가 반일 운동에 적극 관여하기보다는 1907년 학부 대신 이완용의 주선으로 학부 참서관에 임명되었다는 점에서, 일본의 선전포고가 러시아의 선전포고에 비해 정교를 비롯하여 문명개화를 중시한 한국인 식자층 일부에게는 공감을 더 얻었으리라 본다.

반면에 황현은 다른 관찰자와 달리 일본군이 대한제국의 전보국 (電報局)과 우체사(郵遞司)를 점령한 것에 주목했다. 관련 기록은 다음과 같다.

일본인들이 전보국과 우체사를 점탈했다. 일본인들은 우리나라 사람들이 러시아와 내통하여 군사 기밀을 누설할까 의심하여 두 기관을 자신들이 관리하면서 전쟁이 끝나길 기다려 반환하겠다고 했다. 그러나 그 후 그들이 마침내 점거했다. 이때부터 우리 조정에서는 해마다 수백만 원의 세금을 잃게 되었다.

이어서 일본은 전쟁의 정당성을 확보하고 물적·인적 자원을 동원하기 위해 곧바로 대한제국 정부를 압박하기 시작했다.

이즈음 서울에는 눈이 많이 내리고 있었는데 정국이 전쟁 분위기에 휩쓸리면서 북새통이었다. 뮈텔의 일기에 따르면, 각국 공사관이 자국 국민들을 안전하게 피난시킬 수 있도록 각국의 배들이 속속 인천에 입항했다. 독일과 프랑스도 마찬가지여서 파스칼호가 입항하여 자국 거류민은 물론 러시아 민간인을 국외로 수송했다. 뮈텔 역시 수녀원의 전원 철수 문제로 고민에 빠졌다. 프랑스 공사관에서는 자국민에게 중립을 지킬 것을 당부했다.

러일전쟁의 진짜 피해자

러일전쟁 개전 소식은 경기도 양근 분원마을에 살고 있는 지규식의 귀에도 들어갔다. 그 역시 2월 17일 일기에 일본군 2만 명이 서울에 들어왔고 각 영문(營門) 일곱 곳을 주둔지로 수용했다고 적고 있다.

뮈텔 역시 2월 18일 일기에서 대한제국 정부가 궁궐을 점령당하지 않기 위해 한국군 주둔 건물을 일본군에 제공했다고 적고 있다. 황현의 언급은 좀 더 구체적이다. 그는 인천에서 서울로 들어온 일본군 병력이 5만여 명이며 말은 1만여 필이라고 적었다. 또한 일본군의 군기가 매우 엄해 약탈하지 않았으며 간혹 약탈자가 나타났더라도 한국인 간민들이 초래한 것으로 파악하고 있었다.

이때 그들(왜병)은 창덕궁, 문희묘, 환구단, 저경궁, 광제원, 관리서 등 18개 처를 빌려 군영으로 이용하고, 서문[西門, 서대문을 가리킴] 밖 민가 수백 구역을 매입한 뒤 쪼개서 마구간으로 사용했다. 5강(한강, 용산강, 마포강, 현호, 서강) 연안에는 막사를 지어 잠자리와 처소로 삼았으며 밥 짓는 연기가 수백 리까지 피어올랐다.
남쪽 길로는 동래에서 대구까지 이르고, 남해로부터 남원까지, 군산에서 전주까지 이르렀으며, 서쪽 길로는 평양에서 삼화까지 이르고, 북쪽 길로는 원산에서 성진까지 연결되어 서로의 거리가 110리나 되었다.
왜병은 점차 랴오둥을 향해서 진군했고, 그들이 가는 곳마다 군기가 매우 엄숙하여 감히 마음대로 약탈하지 않고 방문(榜文)을 내걸어 백성들을 효유하여 소요하지 않도록 했다. 그들 중 행패를 부리며 날뛰는 자들은 모두 우리 간민들이 인도한 것이었다.

오히려 황현은 일본군의 군수품 운반 과정에서 한국인 관리들이 저지른 탐학을 다음과 같이 비판했다.

(왜병은) 또 그 군량 운반을 우리 관리들이 관장하도록 했는데 관리들은 서로 속여, 일본인이 10전을 주면 고용인이 차지한 것은 5전뿐이었다. 또 볏짚, 죽간[竹竿, 대나무 장대], 목판, 닭, 달걀 등을 마을에서 거두어들이다가 부호가 있으면 쌀을 내게 하고 일본인이 값을 쳐서 지급했는데, 관리들은 그것을 훔쳐 마치 평일의 봉급이나 되는 듯 천연덕스럽게 챙겼다. 또는 일본인과 결탁하여 백성들을 협박하는 자들도 있었다.

이때 황현은 심각한 소문을 들려주고 있다. 일본인들이 곧 우리나라를 일본이 오키나와를, 프랑스가 베트남을 차지한 것처럼 할 거라는 것이다. 그리고 뼈 있는 세간의 비판을 전했다. "이때 사람들은 성문은 닫혔어도 언로는 열렸다고 했다"라고. 이 말은 당시 고종의 황권이 매우 흔들려 통치가 불안정했음을 의미하는 것이다. 심지어 궁궐에서 "은화 28만 원, 삼편주(三鞭酒) 20병, 왜주(倭酒) 30병, 황우(黃牛) 50마리, 권련 100상(箱), 천구(天狗) 연초 300상, 지권연(紙卷烟) 3만 갑을 일본 병사들에게 하사했다"고 꼬집었다.

이어서 황현은 전투 상황을 전하면서 평안남도 관군이 박천에서 러시아군과 대치하여 35명을 살해했다고 언급했다. 특히 러시아 병사들의 야만스러운 음행을 비난하면서, 그들이 한국인 여성들을 괴롭히고 재산을 약탈했다고 지적했다. 또한 러시아 병사들이 정탐자를 찾기 위해 단발을 한 자를 집중 수색하여 살해했다고 덧붙였다. 그 때문에 승려들이 다수 살해되었다는 내용도 적었다.

윤치호 역시 러일전쟁 중에 러시아와 일본이 저지른 각종 만행을 고발하고 있다. 1904년 5월 27일 일기에서 다음과 같이 적고 있다.

북부 지방과 서부 지방의 러시아인들은 가는 곳마다 잔학 행위를 저지른다. 러시아인들에게 저주받은 흔적은 불타버린 마을, 살해된 여성과 아이 들, 파괴된 들판으로 표시되어 있다. 불과 피는 러시아인이 좋아하는 전쟁 수단이다. 일본인에게 패한 야만인은 절망적인 한국인들에게 무기력한 분노를 터뜨리고 있다.

일본인은 부산 철도 운행을 통해 남부 지방에서 마치 오래전에 미국에서 백인이 인디언을 다루었듯이, 그리고 아직도 아프리카에서 백인이 흑인을 다루고 있듯이 한국인을 다루고 있다. 일본인은 명목상으로는 구매한다고 하지만 실제로는 한국인의 논밭, 임야, 가옥을 강탈한다. 만약 조금이라도 저항하면 마치 개처럼 한국인을 차고 때리고 죽이기까지 한다. 한국인에게는 보호해 달라고 호소할 곳이 전혀 없다. 일본인은 한국의 안위를 위해 싸우고 있다고 공언하지만, 한국인을 노예로 만들겠다는 의도와 정책을 숨길 생각도 하지 않는다.

이러한 내용은 당시 보도 검열로 인해 신문에 좀처럼 보도되지 않았지만, 윤치호는 각종 전언을 종합하여 기록한 것으로 보인다.
그럼에도 한국 조야는 일본의 만행과 학대에 대해 잘 모르고 있었다. 황현은 이를 우려하여 당시 관리들과 일반 백성들의 편향된 인식을 《매천야록》에서 다음과 같이 비판하고 있다.

이때 조야에서는 모두 "왜인은 그래도 사람 같지만 러시아인은 짐승 같다. 만약 러시아인이 일본을 이기고 석권하여 남하하면 사람 씨가 장차 전멸할 것"이라고 생각했다. 모두가 일본이 승리하고 러시아가 패하기를 빌어 어디를 가서 일을 하든 그 운반하는 수고를 마다하지 않았다. 그러나 이는 왜인들이 선전포고한 날부터 우리를 해치려는 마음을 품었음을 알지 못한 것이다.

황현이 훗날 전쟁의 결과와 일본의 행태를 보고 판단한 것인지 확인할 수 없지만, 러시아에 대한 두려움으로 가득 찬 한국 일반인과 달리 어느 시점에선가 일본의 야심을 간파했던 것으로 보인다.

한편, 윤치호는 전쟁의 비참상을 5월 4일 일기에서 다음과 같이 언급했다.

> 가난한 백성들에게 힘겨운 시기다. 한국은 부패한 전제군주와 충고하는 일본인 사이에 끼여 전쟁과 기근 없이도 이미 충분히 최악의 상태에 놓여 있다! 한국인은 전제군주들에 대한 맹목적이고 비굴한 복종으로 인해 혹독한 처벌을 받고 있다.
>
> 이 잘못된 정부, 이 끔찍하게 파괴적인 전쟁, 이 기근은 한 가지 결과만을 초래할 것이다. 즉 한국 전역의, 특히 남부 지방의 가난한 한국인은 소중한 논밭과 산과 집을 일본인에게 헐값에 팔아넘길 것이다.
>
> 전 세계 열강의 무리에 뛰어든 일본이 '국가 사이의 전쟁'에서 싸우고 있는 동안, 독립국가로서 한국의 목숨은 실낱같이 유지되고 있다. 또 한국의 북부 지방과 서부 지방은 전쟁과 기근으로 완전히 황폐해졌고, 한국의 남부 지방은 억압받는 사람들에 의해 사실상 버려졌다.

전쟁은 결국 부패한 전제군주의 무능에서 비롯되었고 백성들은 이런 지경에서 고통받고 있다는 것이다. 그러나 그는 일본의 전쟁 도발 의미를 제대로 파악하지 못한 채 전쟁을 열강의 대열에 합류한 행위로 간주하고 있다. '국가 사이의 전쟁'은 대륙 세력과 해양 세력의 대립 속에서 일본이 대리전을 치르고 있다고 암시하는 듯하다.

반면에 상인 지규식은 러일전쟁이 경제에 미칠 영향을 우려했다. 2월 21일(음력 1월 6일) 일기에서 "일본과 러시아가 교전한 이후 인심이 소요(騷擾)하여 돈을 돌려쓸 수 있는 길이 딱 끊겼으니 매우 한탄스럽다"고 적고 있다.

뮈텔은 일기를 통해 자신의 속내를 내비쳤다. 2월 22일 일기에서 겉으로는 중립적인 태도를 보였지만 일본군의 피해를 길게 쓰면서, 러시아를 지원하는 조국 프랑스와 선교를 위해 러시아가 승리하기를 은근히 바랐다. 이어서 2월 29일 일기에서는 일본군의 뤼순항 봉쇄가 실패했다고 전하면서 러시아가 일본 군함 5척을 격침했다는 소식을 적고 있다.

그러나 황현은 뮈텔과 달랐다. 《매천야록》에서 평안남도 한국 군대와 러시아 군대의 전투를 다음과 같이 적고 있다.

이때 평남을 순찰하던 평남대(平南隊) 초군(哨軍)이 박천평야에서 러시아군과 마주쳐 그들을 회피할 길이 없으므로 사력을 다하여 싸웠다. 이때 피난하던 남녀들이 고함을 지르며 그들을 후원하자 러시아병들은 패주하고 말았다. 관군은 하나도 사상자가 발생하지 않았다.

그다음 날 왜병들은 그곳 전투 지역을 와서 보고 으쓱거리며 "한국인도 적을 살해한다"고 하면서 그 승전병에게 후한 호궤(犒饋)를 하고 갔다.

당시 대한제국 군인도 2월 23일 대한제국 정부와 일본 정부가 맺은 한일의정서의 제4조 "대한제국 정부는 대일본제국 정부의 행동이 용이하도록 충분히 편의를 제공할 것"이라는 조항 때문에 일본군 진영에 가담한 터였다.

한편, 구체적인 전황이 속속 전해오자 뮈텔은 애가 닳았다. 5월 29일 일기에서는 일본군의 대패 소식이 헛소문임을 알고 실망하면서 다수의 일본군이 전사했다는 소식을 적기도 했다.

이처럼 이들 식자층은 러일전쟁이 일본의 승리로 돌아가고 있음을 감지하고 있었다. 우선 뮈텔이 5월 3일 일기에서 여러 정보를 통해 일본군의 승리를 확인하면서 모든 일본인 가정에서 자국 군대의 승리를 축하하기 위해 국기를 내걸었고, 온종일 메이지 천황의 아들 요시히토(嘉仁, 훗날 다이쇼 천황)를 위한 축제, 군대 행진, 집회, 불꽃놀이 등을 벌였다고 적고 있다.

윤치호의 심정도 복잡다단했다. 5월 4일 일기를 통해, 전쟁이 한창인데도 왕실은 점술에 빠져 있고 정부 대신들은 왕실파와 친일파로 갈려 자리 싸움과 이권 다툼에 혈안이 되어 있다고 지적했다.

이런 와중에도 왕실은 밤마다 점쟁이들에게 점괘를 물어보느라 정신이 없고, 국가의 대신들은 서로 '물어뜯느라' 바쁘다. 이를테면 궁내부 대신 민병석(閔丙奭)은 이하영이 민씨 일가를 외부의 직위에서 해고했다는 이유로 황제에게 가서 이하영을 '물어뜯고' 있다.

친일파인 박의병은 이하영이 홍순욱을 성진 감리로 임명하지 않았다는 이유로 이하영을 '물어뜯고' 있다. 이렇게 물어뜯으면 상대방도 다시 물어뜯고, 한 사람 또는 한 무리의 사람들이 서로를 물어뜯게 된다. 이렇게 유치한 불화와 음모, 뒤통수 치기, 물고 늘어지기가 왕실과 정부를 끊임없이 전쟁과 전쟁 소문에 휩싸이게 하는 동안, 일본인들은 점점 그리고 서서히, 한국의 생명줄을 강하게 압박해 오고 있다. … 황제는 자신의 신하들을 서로 반목하게 만드는 오랜 수법을 사용하고 있다. 지금 한국에는 왕실파와 친일파, 두 파벌이 있는 것 같다. 선두에 선 민씨 일가는 친일파고, 이하영은 왕실파다. 궁내부 대신 민병석은 친일파이지만, 민병석의 야심은 개혁이 아니라 친일로 돈을 버는 것이다. 그는 온갖 더러운 속임수를 다 구사하고 있다.

이어서 주렌청(九連城)을 함락시켜 러시아를 상대로 처음으로 결정적 승리를 거둔 일본군을 축하하는 일본인 거류민의 동향을 적었는데, 축하 자리가 창덕궁 후원이라는 사실에 당혹해하면서 자신의 비참한 심경을 5월 6일 일기에 담고 있다.

일본인들은 동궐인 창덕궁에서 개최한 가든파티에 한국 정부의 고위 관리들과 하급 관리들을 초대했다. 창덕궁의 후원에 있는 주합루(?)에 가서 일본인들의 환성으로 가득 찬 아름다운 곳을 보았을 때, 눈시울을 붉히지 않을 수 없었다. 황제가 그렇게 아름다운 궁궐을 버리고 뇌보헌[賴寶軒, 뇌옥헌(漱玉軒)의 오기로 보임] 같은 소굴에 산 것도 슬프지만, 황제의 실정이 이 나라를 수치스럽게 만들

일본군의 승리를 축하하기 위해 모인 일본군 장교들과 대한제국 정부 관리들
일본군이 주롄청을 점령한 것을 축하하기 위해 1904년 5월 6일 창덕궁 후원 주합루에서 연 '황군
전승 축하회' 당시의 기념 촬영 장면이다.

고 붕괴시킨 것은 더 슬픈 일이다. 하지만 무엇보다 슬픈 일은 황
제에게서도, 비굴하고 부패한 신하에게서도, 아니면 세 번이나 죽
은 대중에게서도 한국의 미래에 대한 아무런 희망도 발견하지 못
한다는 점이다.

윤치호는 일본의 야심과 불법 행위에 대한 책임은 대한제국 정부
에 있다고 비판하면서 자신은 그 책임을 모면하고자 했다. 특히 일
반 대중에 대한 실망감을 담아 이들을 'the thrice dead mass'로 부르
면서 책임을 온전히 일반 대중에게 돌렸다.

이후 일부 한국인의 바람대로 일본군은 승승장구했다. 일본군의

라오양 점령 소식이 금세 알려졌다. 일본군의 승리는 고종 측근 세력의 몰락을 의미했다. 윤치호는 9월 4일 일기에서 일본군의 라오양 점령 소식을 전하면서 고종의 이종사촌이자 측근 세력인 심상훈이 철도국으로 전근당했다고 적었다.

뮈텔 역시 이제는 러시아의 패배를 인정해야 했다. 8월 18일 일기에서 러시아의 패배를 예감하고 있다. 그의 일기대로 러시아는 뤼순 앞바다와 쓰시마 전투에서 일본 해군에 대패했던 것이다. 이어서 뮈텔은 일본군의 라오양 함락 소식을 듣고 충격에 빠졌다. 9월 6일 일기에서 후퇴하는 러시아군에 의해 라오양역과 부근 상점들, 건축물들이 잿더미로 변했다고 적으면서 일본인들이 자국 군대의 라오양 함락을 축하하고 있다고 전했다.

황현은 뮈텔과 달리 러시아의 패배를 원했지만 일본의 승리도 마음이 편치 않았다. 일본군의 승리가 한국인에게 재앙으로 다가올 거라고 우려했기 때문이다. 윤치호도 전쟁이 누구의 승리로 끝나든 한국은 부흥할 수 없을 거라고 10월 20일 일기에서 밝히고 있다.

일본인의 비열함과 그들의 음모, 그리고 이권을 추구하는 정책은 아닌 척 위장하지만, 그럼에도 확고부동하게 반일 태도를 취하도록 수많은 한국인을 몰아세우고 있다. 한국인 대부분의 마음속에는 일본의 패배를 바라는 은밀한 소망과 기원이 큰소리로 발산하지는 않지만 자리하고 있다. 마치 이런 한국인의 소망에 답하기라도 하듯, 러시아인들이 이제 막 전열을 가다듬고 100만 명의 최정예 병력을 전장에 투입했으며, 일본이 마침내 패배할 것이라는 보도와 소문이 외국에서 나돌고 있다.

내 마음을 아프게 만드는 것은 전쟁을 치르고 있는 당사자 어느 한편의 패배 가능성이 아니라, 어느 편이 전쟁에서 승리하든 한국이 부흥할 가능성은 없으리라는 철저한 절망감이다. 어떤 경우든 선택은 일고의 가치도 없다. 여타 조건이 동일하다면, 일본인이 러시아인보다 한국인에게 평화와 번영을 안겨다 줄 이유가 좀 더 많다.

윤치호는 황현과 달리 일본이 문명개화를 추진하면 결국 한국인에게 평화와 번영을 가져다줄 거라는 기대를 버리지 못하고 있다.

2. 러일전쟁의 후폭풍과 일본군의 침탈

이용익은 임금의 특별한 대우를 몹시 받고서 권력을 마음대로 행사하며 나라를 병들게 했다. 갑자기 외국으로 가버리니, 통쾌하게 여기지 않는 이가 없었다. _ 정교

그가 귀국함에 미쳐 성문을 빠져나가자마자, 다시 내비〔內批. 임금의 특명〕가 내려지므로, 서울 사람들은 노래를 지어 부르기를 "8일 동안 청명(淸明)했다"고 했다. 그것은 이토 히로부미가 공관에 머무른 기간이 8일이었기 때문이다. _ 황현

이용익 압송 사건과 한일의정서 체결

러일전쟁 발발 직후 일어난 사건 중에 식자층의 시야에 가장 먼저 들어온 것은 이용익 압송 사건이다. 이용익이 러일전쟁 개전 직후인 2월 22일에 일본으로 압송된 까닭은 무엇일까? 무엇보다 당시 정적들이 이용익의 처형을 주장할 정도로 그에 대한 반감이 컸다. 윤치호의 아버지 윤웅렬도 앞장섰다. 그러나 윤치호의 증언에 따르면, 윤웅렬은 이용익이 건재할 때는 아무 말도 하지 못하다가 이용익이 압송되자 자리를 탐내 목소리를 높인 것이다. 윤치호가 "지금 우리 아버님은 표본, 대신들 중에서도 비교적 공정하고 정직한 표본일 뿐이다. 다른 개혁을 기대해도 아무 소용없다!"고 개탄할 정도였다.

하지만 일본이 이용익을 납치·압송한 이유는 다른 데 있었다. 윤치호는 언급하고 있지 않지만 일본 정부가 대한제국 정부에 한일의정서 협정을 강요할 때 이용익이 앞장서서 막았기 때문이다. 일본으로서는 자신들의 의도를 관철하기 위해서는 이용익의 반발을 사전에 제압하고 그를 고종으로부터 분리시킬 필요가 있었던 것이다. 당시 일본은 이용익을 1년간 일본에 붙잡아 둘 생각이었다.

윤치호는 이용익 압송 사건을 어떻게 바라보았을까. 그는 아버지의 기회주의적 행태를 비판하면서도 이용익을 매우 혐오했다. 이용익이 일본으로 압송된 뒤 5월 5일 일기에서 이용익을 두고 다음과 같이 저주에 가까운 악평을 가했다.

악취가 나는 한국인들을 살찌우고 있는 독수리들은 한국인뿐만 아니라 외국인들이기도 하다. 대마왕(arch-devil) 이용익은 프랑스

투기꾼들과 온갖 종류의 계약을 체결했다. 그들 중 한 명은 도자기를 만드는 도자기 제조 강사다. 일전에 황제가 그 프랑스인에게 특정한 모양의 접시 30점을 만들라고 명령했다. 그 프랑스인은 그것들을 만드는 데 3만 7,000원을 요구했다.

프랑스 공사관의 통역관 이인영은 이러한 대대적인 강탈 음모에 깊이 관여하고 있다. 이인영, 현상건, 이학균, 민영철, 이근택, 이용익, 길영수 같은 악당과 그 외 다수의 악당들이 부당하게 얻은 부를 누렸고 지금도 누리고 있는 반면, 더 무고한 이들은 이 악당들의 제물이 되고 있는 판국에 신은 어디 있단 말인가?

윤치호가 지목한 악당들은 고종의 측근 세력으로서 프랑스 신부 뮈텔과도 매우 가까웠다. 특히 이용익은 황실 재정을 관리하면서 프랑스로부터 자본과 기술을 도입하는 데 앞장섰다. 그러나 이 과정에서 각종 이권을 프랑스 자본가들에게 제공했다는 의심을 받고 있었다. 윤치호는 이 측근 세력을 부정부패의 온상으로 여기고 투기꾼, 사기꾼으로 간주했던 것이다.

정교도 이용익 압송 사건을 바라보는 시각이 윤치호와 동일했다. 《대한계년사》에서 다음과 같이 적었다.

이용익은 임금의 특별한 대우를 몹시 받고서 권력을 마음대로 행사하며 나라를 병들게 했다. 갑자기 외국으로 가버리니, 대중의 마음에 통쾌하게 여기지 않음이 없었다. 일본인들이 또 이용익의 집으로 와서 그 문객들을 모두 내쫓았으며, 우리나라 병사들이 그 집을 에워싸고 서서 그 재산을 경계하며 지켰다.

또 하나 식자층의 눈길은 끈 것은 단연코 한일의정서 협정이다. 일본 공사 하야시가 2월 13일부터 대한제국 정부를 강압한 끝에 2월 23일 체결되었다. 그러나 이 의정서는 즉각 공포되지 않았다. 한일의정서 관련 기사가 2월 24일자 신문에 실리지 않은 것에서 짐작할 수 있다. 당시 일본 정부가 의정서에 대한 반대 여론 형성을 미연에 방지하고자 대한제국 정부에 보도 금지를 요청했기 때문이다. 뮈텔의 말을 빌리자면, 하야시가 "이런 종류의 협정을《관보》에 발표하는 것은 관례가 아니다"라고 밝혔다. 아마도 뮈텔이 구체적으로 전하고 있지 않아 확실하지 않지만 하야시가 한국인 관리에게 이런 요구를 한 것으로 보인다.

그러나 일본의 철통 보안은 이용익 때문에 성사되지 못했다. 이용익이 한일의정서 협정을 반대하면서 외부에 알리려고 하여 2월 22일부터 의정서가 체결될 것이라는 기사가 신문지상에 보도되기 시작하자, 일본 정부는 서둘러 2월 27일 자국의《관보》를 통해 한일의정서의 체결을 공식적으로 발표했다.

실제로《황성신문》은 1904년 2월 22일 기사를 통해 상세한 내용을 밝히고 있지 않지만, '한일동맹계약서(韓日同盟契約書)' 체결을 두고 대한제국 정부와 일본 정부가 협상한다고 보도했으며 이어서 2월 23일 기사에서는 일본 정부가 대한제국 정부의 주권을 제약하는 조약을 체결했다는 풍문도 보도했다.

한편, 뮈텔은 3월 4일 일기에 일본과의 조약 체결을 주장했거나 조언했다는 것으로 혐의를 받고 있는 정부 고관들의 집에 최근 폭탄이 투척되고 있다고 적었다. 이때 일본 공사 하야시 자신이 지명한 4명, 특히 길영수의 체포를 요구하는 편지를 대한제국 정부에 보냈다고 덧붙였다. 뮈텔의 기록은 일본 정부가 프랑스와 가까운 고종의 측근 세력을 제거하고자 했음을 뮈텔이 인지하고 있었다는 것을 보여준다.

이어서 일본은 조야의 반발을 우려하여 공포를 꺼린 한일의정서를, 이제는 대한제국 정부의 중립화 선언을 무효화하기 위해 대한제국 정부의 《관보》에 게재하도록 강요했다. 한일의정서의 내용은 3월 8일 대한제국 정부의 《관보》를 통해 전해졌고, 정교와 황현, 뮈텔은 그 내용을 메모했다.

제1조 한일 양 제국은 영구히 불변하는 친교를 유지하기 위하여 동양의 평화를 확립하고, 지금부터 한국 정부는 일본 정부를 확신하여 정치상 개혁에 관한 충고가 있을 때는 모두 따를 것.

제2조 일본 정부는 확실한 친선과 우의로써 대한제국 황실을 안전하고 편안하게 할 것.

제3조 일본 정부는 한국의 독립 및 그 영토의 보전에 있어서 확실히 보장할 것.

제4조 한국이 만일 제3국의 침해를 당하거나 혹 내란을 당하면 일본 정부는 임시로 필요한 조치를 취하고, 한국 정부는 일본 정부의 행동에 대하여 완전하고 편의하게 행사할 권리를 허용하며, 일본 정부는 이 조항의 목적을 달성하기 위하여 모든 군사 전략상 필요한 지점을 모두 임시로 사용할 수 있음.

한일의정서 제2조와 제3조에서 황실의 안전과 한국의 독립 및 그 영토의 보전을 보증한다고 규정하고 있으나, 실은 실효성이 전혀

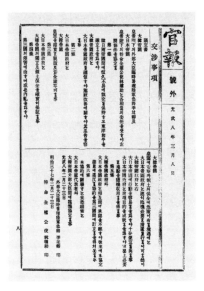

한일의정서 조약문 기사
1904년 2월 23일에 조인된 한일의정서가
보름이 지난 3월 8일 《관보》에 실렸다.

없는 공문(空文)에 지나지 않다. 제1조와 제4조에서 볼 수 있듯이 일본의 내정 간섭과 군사적 요구를 관철시킬 수 있기 때문이다.

뮈텔은 일본 정부의 조치를 여러 외교 채널을 통해 파악한 가운데, 2월 26일 일기에서 한일의정서 협정을 두고 "한국에 대한 진정한 보호 정치를 의미하는 것이었다"라고 규정했다. 이어서 3월 9일 일기에서는 3월 8일 《관보》에서 한일의정서 내용을 확인하고 하야시 공사의 의도가 관철되었다고 적었다. 그러나 정작 뮈텔은 한일의정서 협정을 결코 비판하지 않았다. 반면에 윤치호는 밖으로는 차마 꺼내지 못하고 일기를 통해 한일의정서 협정을 비판했다.

한일의정서에 따르면, 일본은 한국 정부 내정의 개선을 위해 충고한다고 규정하고 있다. 즉 일본은 한국인들의 이익을 위해서 좋은 정부를 한국에 도입해야 한다는 생색나지 않는 과제를 떠안았다. 지금 일본은 이 분야에서 무엇을 했나? 일본의 충고는 대부분 자국의 이익, 오직 그것만을 위한 것이었다. 예컨대 전국의 전략적 요충지에 대한 강제 점령, 황해도, 평안도, 충청도 해안에 대한 어업권 확대 요구, 현재 국가나 사적인 집단이 소유하고 있지 않는 모든 토지를 개간할 권리, 이 땅에 남아 있는 삼림의 목재를 벌채할 권리, 어디서든 물고기를 낚고 사냥할 권리 등 사실상 일본인들이 한입에 집어삼킬 수 있는 권리를 일본 신디케이트(syndicate)에 이양하라는 극악무도한(infernal) 요구다. … 또 일본인은 남대문 외곽에 있는 2,000평이나 되는 소중한 구역을 이미 충분히 넓은 부지에 추가할 것을 요구했다. 일본인들의 요구를 수용하지 않는다면 그들은 강제적으로 점거할 것이다. 이것 또한 '충고'다.

윤치호는 일본이 한일의정서 협정을 내세워 물자와 인력 동원, 토지 강탈 등을 자의적으로 강행할 수 있다고 간파한 것이다. 나아가 하야시 공사에 대해서도 그 역시 대한제국 정부를 개혁하기는커녕 오히려 이를 통해 한국을 장악하고자 했다고 비판했다. 5월 28일 일기에서는 하야시에 대해 다음과 같이 평가했다.

두쿠키[Tukuki, 미상]는 자신도 일본 공사관의 태도를 유감스럽게 생각한다고 했다. 그리고 하야시는 다른 나라의 손에 넘어갈지 모르는 주요 이익의 원천을 일본이 모두 확보할 때까지 훌륭한 정부를 도입할 시도를 하지 않을 것이라고 넌지시 말했다! 내가 생각했던 것처럼! 하야시는 정말 양의 탈을 쓴 늑대다. 그렇다면 그가 개혁을 약속한 모든 것은 거짓말인 셈이다. 일본인들이 이기적인 방침을 계속 고수한다면, 그들은 한국인들을 반일 감정으로 몰아갈 것이고 일본은 조만간 그것을 후회할 것이다.

이 대목을 보면, 윤치호는 일본의 침략에 항거하기는커녕 제삼자의 처지에서 훈수를 두고 있는 것 같다.

심지어 4월 26일 일기에서는, 일본이 대한제국을 제대로 개혁하지 못하는 현실도 비판했다.

나는 황제가 일본 지도를 가마솥에서 삶고 있다는 소식을 전해 들었다. 일본과 일본의 대의명분을 저주하는 특이한 방법이긴 하다. 러시아 어뢰정이 원산항에서 일본의 소형 연안 선박인 고요마루(五洋丸)를 격침시켰다는 어제 보고 때문에 자신의 믿음을 더 확고히 할 것이다. 제물포에서 전쟁이 일어나 살벌한 포격이 벌어지는 동안 훌륭한 군주는 점쟁이를 만나느라 분주했다. 무당들의 요구에 따라 가마솥은 궁궐 뜰 네 귀퉁이에 거꾸로 묻혔다. 또 일부는 궁궐 문 밖에 묻혔다. 일본인은 황제가 일본과 양립할 수 없는 적이고, 한국 최악의 적이라는 사실을 잘 알고 있다. 또한 그의 자유를 구속하는 것이 부패한 정권의 폐해로부터 한국을 구원할 유일한 희망이며 그런 구출을 통해 일본은 한국인들의 마음을 얻을 것임을 잘 알고 있다. 하지만 일본 공사관에서 근무하는 일본인들은 황금에 눈이 멀어 그것을 보면 일본에 정말로 좋은 것이 무엇인지 모른다. 공사관의 일본어 통역관 고쿠부 쇼타로는 현영운과 첩을 공유하고 있다. 그녀는 고쿠부를 지배하고 있고, 그는 대신을 지배하고 있으며, 대신은 조선의 황제를 지배하고 있다. 따라서 오늘날 한국의 정치 세계에서 권력의 원천은 현영운의 첩이 잠자는 협력 침대다!

윤치호는 고종의 치졸한 반일 주술 행위를 비판하면서 일본 정부가 고종을 꽁꽁 묶어주기를 바랐지만, 일본 통역관을 비롯한 수많은 일본인이 한국인 고관들에게서 온갖 향응을 제공받으며 악당들을 제거하지 않자 불만이 많았던 것이다. 그가 진정 원했던 개혁은 무엇이었을까. 그가 들었던 이런 추문들은 고종과 이용익을 끔찍이도 싫어했던 황현도 전하고 있지 않은데, 진실이었을까. 그리고 윤치호에게 대한제국과 국민은 어떻게 다가왔을까.

이토 히로부미의 등장과 경운궁 화재

한일의정서가 조인된 지 20일도 되지 않은 3월 17일 일본 정부의 실력자 이토 히로부미가 특파대사로 서울에 등장했다. 명분은 그날 명헌태후 장례가 끝난 뒤 대한제국 황실을 위문하기 위한 것이라고 했지만, 실제로는 한일의정서 체결에 따른 고종의 저항을 무마하려는 것이었다.

그의 입경 소식은 금세 알려졌다. 뮈텔은 이날 일기에 이토가 손탁호텔에 묵게 되었다고 적었다. 이때 이학균과 현상건이 알렌 공사의 배로 제물포를 들렀다가 미국 전함 신시내티(Cincinnati)호를 탑승하고 즈푸로 갔다고 덧붙였다. 이토 히로부미가 서울에 나타나자마자 고종의 측근 세력이었던 이학균과 현상건이 서울을 빠져나와 중국으로 피신한 것이다.

다음 날인 3월 18일 이토 히로부미는 고종을 알현했다. 또 3월 20일 혼자서 고종을 만나 국제 정세를 설명했다. 이에 고종은 그에게 금척대훈장을 내려주고 대관정에서 연회를 베풀어 대접했다.

황현도 《매천야록》에서 일본인 관리의 이토에 대한 평가를 보여주는 외교 공한을 다음과 같이 소개하고 있다.

왜 대사 이토 히로부미가 내한했다.

이에 앞서 일본인이 보낸 공한(公翰)에는, "우리 일본은 한국의 정치가 더욱 어지러워지고 있음을 민망히 여겨, 지금 궐내에서 회의를 개최하여 그 방략을 논하고 있었다. 천황은 임금과 대신들을 바꾸려 하고 있고, 아무개 친왕(親王)은 우리가 타이완처럼 한국을 관할해야 할 것이라고 했다. 그러나 우리 이토 히로부미는 응당히 한국 정부에 경고하고 스스로 고치지 못함을 기다렸다가 서서히 도모할까 합니다"라고 했다.

황현은 세간의 이토 히로부미에 대한 우려와 달리 이때까지만 하더라도 이토를 일본 내 온건파로 바라보면서 긍정적으로 인식하고 있었다.

대개 저들은 우리와 엮인 관계가 어우러짐에 따라 하루도 우리나라를 잊지 아니한 처사였으며, 이토 히로부미는 서서히 그 계책을 취하려고 했다. 그것은 만전을 기하기 위해서다. 이토 히로부미는 명성이 서양에까지 알려져 중국의 리훙장(李鴻章)과 함께 동아시아의 인걸로 칭했다.

이때에 이르러 나이가 늙어 자못 자중하는 자세를 취했고, 우리를 끌어당겨 희생으로 삼으려 미침에는 우리나라를 중시하지 않다가 더욱 중시하여 자신이 직접 와서 경략하기를 청했던 것이다. 임금은 민영환에게 명하여 그를 맞이하게 했는데 의장(儀仗)을 매우 성대하게 했다.

이때 여론에 따르면 이토 히로부미는 반드시 비상한 일을 저지를 것이라고 했지만, 그가 폐하를 알현할 때 매우 정중한 예의를 지키며 의지를 굳게 하기를 권했다. 또 정부에 고하기를, 구습을 버리고 새 조류를 따르라고 했다.

두루 보면 아무 악의가 없는 것 같으나, 임금은 그의 위세에 눌려 열흘 남짓 사이에 내부에 칙명을 내려 사람을 택하여 궁중의 극장을 철거하도록 했다.

그리고 그가 귀국함에 미쳐 성문을 빠져나가자마자, 다시 내비[內批, 임금의 특명]가 내려지므로, 서울 사람들은 노래를 지어 부르기를 "8일 동안 청명(淸明)했다"고 했다. 그것은 이토 히로부미가 공관에 머무른 기간이 8일이었기 때문이다.

황현으로서는 궁궐 안에 극장을 세우고 평소에 가무를 즐기는 고종이 미웠던 터에 이토 히로부미의 방문으로 극장이 철거된 것에 고무되었던 것이다. 특히 이토 히로부미가 당시 일본 국내 강경파들의 주장을 누르고 대한제국 정부에 대해 온건한 노선을 펼친 것에 주목했다. 황현은 이토가 비상한 일을 저지를 것이라는 여론의 동정을 전하면서도 이토가 고종의 가무 놀이를 막아준 것에 호감을 표하고 있다. 일반인들이 우려했던 비상의 일은 무엇이었을까? 그것은 괜한 걱정이었을까?

이토의 서울 방문 소식은 광주에 살고 있던 지규식에게도 전해졌다. 그는 바쁜 와중에도 3월 19일(음력 2월 3일) 일기에 이토의 서울 입성 소식을 적었다. 이토의 등장은 상인의 눈에도 촉각을 곤두세울 만한 사건으로 보였기 때문이다.

이런 와중에 3월 31일 저녁 나절, 윤치호가 신임 외부 협판으로서 뮈텔을 찾아왔다. 뮈텔이 자세히 기록하지 않았을뿐더러 윤치호 자신도 일기를 남기지 않아 방문 의도를 알 수 없다. 아마 인사차 찾아오지 않았을까 싶다. 뒤로는 프랑스 세력의 배후자 뮈텔을 비판하면서도 마지못해 방문한 것이 아닌가 한다. 그럼에도 뮈텔은 그날의 윤치호에 대해 "그는 자신의 조국이 파멸을 향하여 치닫는 것을 보며, 언제나 이를 악물고 견디고 있는 그런 똑똑한 사람이다"라고 짧은 평을 남겼다. 뮈텔에게 윤치호는 조국의 파멸을 직시하면서도 정면으로 나서지 않고 관조하는 사람으로 비쳤던 것이다.

이어서 세간에서 우려했던 일이 터졌다. 예전에 이노우에 가오루(井上馨)가 서울을 다녀간 뒤 얼마 안 되어 명성왕후 시해 사건이 터졌듯이, 1904년 3월 이토 히로부미의 서울 방문이 어떤 일을 야기하지 않을까 걱정하던 참이었다. 그런데 정말 그런 일이 일어나고야 말았다. 이토 히로부미가 3월 26일 귀국한 지 얼마 안 된 4월 14일 경운궁이 불길에 싸인 것이다. 화재 원인은 실화로 알려져 있다. 지규식은 14일 술시(戌時, 오후 7~9시)에 불이 났다고 적고 있다. 그 결과 8~9년 동안 토목공사를 벌였던 건물들이 모두 잿더미로 변했다. 역대에 걸쳐 모아온 보옥(寶玉)과 공사간(公私間) 문서가 모두 불에 타고 정부, 궁내부, 원수부 건물만 겨우 화재를 면했다.

경운궁 화재 모습
1904년 4월 14일에 발생한 화재로 대부분의 건물이 소실되었다.

이때 고종은 윤용선을 중건제조(重建提調)로 임명했고 조만간 중건을 결심하고 내탕전 2만 원을 지출했다. 그러나 영국 공사와 일본 공사가 고종을 알현하는 자리에서 이해 봄에 흉작이 든 데다가 경비도 궁색하다는 이유를 들어 반대하자 고종은 공사 중지를 선언했다. 다만 신하나 외국 사신을 접견하는 데 반드시 필요한 즉조당 건물만 먼저 짓고 나머지 전각은 가을에 짓기로 했다.

뮈텔은 다음 날 아침에 경운궁 화재 소식을 듣고 바로 화재 원인을 수소문해서 그 원인을 전해 들었다. 전언에 따르면, 화재는 영국 공사관 쪽의 구석에 있는 소위 새로 개조한 방(함녕전의 온돌방)을 말리기 위해 불을 너무 많이 때다가 일어났다. 이때가 밤 10시 30분이었다. 불길은 마침 바람을 타고 궁궐 내의 한옥들을 모두 태워버렸다. 아마 고종은 은행 수표가 들어 있을 작은 주머니와 옥새만을 갖고 피신했을 것이다. 고종은 불이 나자 곧바로 벽돌로 지은 수옥헌으로 피신했는데, 그 건물과 새로 지은 망루가 있는 소궁(小宮)은 무사했다. 넓은 알현실은 10분 만에 무너졌다.

다음 날 아침 각국 공사들이 경운궁으로 달려갔고 오후 3시 다시 위문하기 위해 알현했다. 4월 15일 뮈텔의 일기에 따르면, 일본 공사가 황제에게 처소를 옮기도록 권했으나 고종은 그 제의를 단호하게 거절한 듯하다. 고종은 일본 공사의 제안을 양위를 강요하는 것으로 받아들였던 것 같다. 뮈텔은 고종이 궁궐 재건에 박차를 가한 이유가 거기에 있다고 보았다.

여기서 유의할 점은 고종이 프랑스 대리공사를 먼저 만났다는 것이다. 둘 사이에 어떤 밀담이 오가지 않았을까 짐작해 볼 수 있다. 훗날 발굴된 러시아 극비 문서에 따르면, 화재 사건이 발생한 지 석 달쯤 지난 7월에 고종이 프랑스 대리공사 퐁트네(Fontenay)를 통해 무장한 일본인들이 대한제국 수비병들을 죽이고 본인의 거처로 몰려들었다고 증언했다고 한다. 물론 관련 문서에 등장하는 고종의 증언이 매우 위급한 상황에서 내린 주관적인 판단인지라 방화의 목적을 분명하게 밝힐 수 없다. 그러나 퐁트네가 고종의 국외 중립 선언문을 작성해 준 장본인으로서 고종의 신임이 두터웠던 인물이었다는 점을 감안한다면 고종의 이런 증언은 신빙성이 있다. 따라서 경운궁 화재 다음 날 일본 공사의 처소 이전 권유는 고종에게는 구미 공사관으로 둘러싸인 처소를 버리고 위험한 처소로 옮기는 것으로 인식되었을 것이다. 그로서는 다른 궁궐로의 이전은 전혀 생각할 수 없었다. 뮈텔은 이런 정황을 퐁트네로부터 듣고 일기에 적었

베델(1872~1909)
영국 언론인으로 1904~1909년 대한제국에
서 활동했다. 러일전쟁 당시 통신원으로 일했고,
1904년 《대한매일신보》를 창간하여 일본에 비
판적인 언론 활동을 폈다.

을 것이다.

한편, 일각에서는 경운궁 방화설이 제기되었다. 이를 제기한 사람
은 외국인 기자 베델(Ernest Thomas Bethell)이었다. 그는 일본 고베에
서 무역업으로 안정적인 생활을 영위하다가 러일전쟁이 일어나자
1904년 3월 10일 《데일리 크로니클》의 통신원으로 한반도에 파견
되었다. 일본군의 온갖 통제에도 불구하고, 일본어에 능숙한 덕분에
여느 기자보다도 일찍 한반도에 발을 디딜 수 있었다. 그리고 서울
에 들어온 지 36일 만에 특종을 발굴하여 4월 16일자 〈한국 황궁의
화재〉라는 기사를 본국에 전송했다. 여기서 경운궁 화재는 실화가
아닌 방화로 보도되었다. 그러나 그는 이 기사 보도로 인해 동료 기
자 코웬(Thomas C. Cowen)과 함께 해고되었다. 일본 정부의 압력이
있지 않았나 짐작된다. 훗날 베델은 이 사건을 두고 《데일리 크로
니클》에서 일할 때 받은 지시는 '우리 신문은 일본에 우호적이기 때

문에 통신원이 쓰는 기사 역시 이에 맞춰야 한다'는 것이었다"면서 "여기에는 동양에 간 특파원들이 전쟁터에서 얻는 정보보다는 영국 런던 주재 일본 대사관에서 듣는 사실이 더 많다는 이유도 있었다" 고 말했다.

화재 다음 날 고종을 알현한 윤치호의 일기를 보더라도, 당시 사건에 여러모로 수상한 점이 적지 않다. 윤치호의 4월 15일 일기에 따르면 다음과 같다.

어젯밤(4월 14일) 10시에서 11시 사이에 새 궁궐의 함녕전에서 화재가 일어났다. 쉴 새 없이 부는 강한 동풍, 궁궐 안에 상자처럼 늘어서 있는 건물, 적절한 화재 진압 수단의 부재, 이런 요소들이 결합해 화염은 궁궐 벽 안의 모든 것을 태워버렸다. 무의미하고 쓸모 없는 건물에 허비된 10년의 착취, 그 흉측한 색은 피로 채색되어 3시간 만에 모두 잿더미로 변했다. 누군가는 이를 두고 부패와 폭정의 종말이라고 말할지도 모르겠다.

궁궐이 화염에 휩싸인 동안 황제는 궁궐의 재건축을 논의하기 위해 측량가, 지관, 건축가를 불러들였다. "경험은 훌륭한 학교지만, 바보는 경험에서 결코 배우지 못한다."

윤치호는 평소와 마찬가지로 경운궁 화재 사건을 안타까워하면서도 비아냥하는 듯한 논평을 내리고 있다. 심지어 '부패와 폭정의 종말'이라고까지 표현하면서 고종을 '바보'라고 폄훼하고 있다. 그런데 이 구절 바로 뒤에 나오는 기록은 앞부분과 사뭇 다르다.

오늘 새벽 4시쯤 민영환 장군의 소개로 영광스럽게도 황제를 알현했다. 황제는 민영환 장군에게 이렇게 말했다. "왜 이제야 왔는가?" 황제는 내가 어디에서 살고 있는지 물으셨다. 황제는 마치 아무 일도 일어나지 않은 것처럼 기분 좋게 웃으며 말씀하셨다. 그의 다정한 말에 나도 모르게 눈물을 흘릴 정도로 감동했다. 그런 것이 평민의 마음에 행사하는 전제군주의 힘인가?

고종이 민영환과 함께 윤치호를 찾았는데 민영환에게는 "왜 이제야 왔는가?"라고 질문했고 자신에게는 어디에서 살고 있는지 하문했다는 것이다. 그는 경운궁 화재 소식을 전해 듣고는 고종을 '바보'라고 깎아내렸지만, 막상 새벽 4시에 고종을 직접 알현하여 그의 따뜻한 말 한마디를 듣자 기분이 금세 풀렸다고 전하고 있다. 그의 복잡한 심경을 잘 보여준다. 만일 고종이 신변의 위협을 느꼈던 상황에서 자신의 측근 세력인 민영환을 만나 안도감을 찾았다면, 윤치호에게는 자신의 속내를 들키지 않기 위해 의도적으로 다정한 말을 건넨 것인가? 그리고 고종은 왜 껄끄러운 윤치호를 불렀을까? 여전히 의문이 남는다. 분명한 것은 몇 시간 뒤 아침에 각국 공사와 대화를 나누면서 고종이 처소 이전에 대해 대단히 불안해했다는 점이다.

《주한일본공사관기록》에 따르면, 일본은 4월 초 주러 공사 이범진이 서울 러시아 공사관 통역관을 통해 고종과 암호 서신을 주고받고 있었다는 사실을 파악하고 서신을 확보한 상태였다. 경운궁 화재가 방화든 실화든 결과적으로 고종과 러시아의 연결고리를 끊는 계기가 되었다. 즉 러시아 비밀문서에 따르면, 고종이 러일전쟁 발발 직후인 2월 10일 러시아 정보국 수장이자 주한 공사 파블로프로부터 받은 암호 코드를 경운궁 화재로 분실했기 때문이다. 이후 한국의 전신은 일본의 엄격한 통제 아래 놓였다.

고종은 이처럼 상황이 불리해질수록 자신의 안전을 확보하기 위해 경운궁 중건에 힘을 기울였다. 국내외 정세가 복잡했기 때문에 고종은 다른 궁궐로 옮기지 않은 채 신속하게 경운궁을 중건했다. 화재 이튿날 경운궁중건도감(慶運宮重建都監)을 설치하여 중건 의지를 보였다. 그리하여 1904년(광무 8) 5월 14일부터 1906년(광무 10) 5월 17일 사이에 즉조당, 석어당, 준명당, 함유재, 흠문각, 중화전, 함녕전, 영복당, 함희당, 양이재, 경효전, 중화문, 조원문, 대한문 등이 차례로 중건되었다. 중층이던 중화전은 단층으로 재건했고, 대안문(大安門)은 수리 후 대한문(大漢門)으로 이름을 바꾸었다.

1904년 4월 경운궁 화재는 러일전쟁의 와중에 일어났으며 공교롭게도 이토 히로부미가 귀국한 직후에 벌어진 일이라 석연치 않은 점이 많다. 그럼에도 목격자가 고종을 비롯한 특정 인물이고 제삼의 증언자가 나오지 않아 화재 원인은 여전히 안갯속에 있었다. 다만 서울 주재 프랑스 대리공사 퐁트네가 4월 17일 본국 외무성에 보고한 문서에 따르면, 반일 진영의 한국인 인사들은 "불이 빠르게 여러 곳으로 번진 것이나 많은 일본 군인이 어느새 현장에 나타나 출입구들을 차지한 것"을 일본의 방화를 뒷받침하는 논거로 들었다고 덧붙이고 있다. 프랑스 대리공사 역시 경운궁 화재가 시작되자마자 일본 공사 하야시가 프랑스 공사관을 화재로부터 보호한다는 핑계로 포병대를 파견하여 프랑스 공사관 입구에 진을 쳤으며 퐁트네는 인사차 하야시 공사에게 감사 인사를 전했다고 언급했다.

그러나 그는 프랑스 공사관이 거리상 경운궁과 멀리 떨어져 있다는 사실을 상기하며 하야시의 포병대 파견에 의구심을 표했다.

결국 이 화재 사건의 진상은 규명되지 않았고, 사후 수습에도 어려움을 겪었다. 이 화재로 인해 대한제국 정부는 매우 큰 타격을 입었다. 황실과 정부의 권위가 땅 위에 떨어지고 중건 비용이 정부 재정에 엄청난 압박으로 다가옴에 따라 대한제국으로서는 러일전쟁이라는 최대의 난국 속에서 설상가상으로 또 하나의 시련을 겪어야 했던 것이다.

일본의 황무지 개간권 탈취 시도와 반대 운동

러일전쟁을 도발한 일본은 한일의정서를 맺은 뒤 이를 발판으로 1904년 5월 21일 대한방침(對韓方針)과 대한시설강령(對韓施設綱領)을 만들어 침략을 본격화했다. 여기에는 연해 어업권, 내하(內下)·연해 항행권, 철도부설 관리권, 통신기관 관리권 등의 이권이 포함되었다. 이 와중에 일본은 황무지 개간권도 획득하고자 했다.

하야시 공사는 황무지 개간권을 확보하기 위한 계획을 1904년 4월 본국에 상신했고, 민간인을 끌어들여 대한제국 정부와 일본인 민간 업자 나가모리 도키치로(長森藤吉郎)를 중재했다. 물론 외국인 소유가 불법이었기 때문에 대한제국 정부가 그에게 위탁하는 방식이었다. 그는 도쿄부 사족(士族) 출신으로 대장성(大藏省) 관방장(官房長)을 역임했고, 일본 공사관을 등에 업고 개간권 확보에 앞장섰다.

당시 황현은 나가모리의 황무지 탈취 시도를 다음과 같이 기술하고 있다.

일본인에게 진황지(陳荒地)를 빌려주는 것을 허락하고 마침내 어차원[御借院, 御供院의 오기]을 건립했다. 처음에 일본인들은 우리 땅에 식민사업을 벌이고자 하여 우리의 황무지에 더욱 군침을 흘리고 있었다. 대체로 우리 땅의 원야(原野), 산림, 강과 바다, 제언 등이 곳곳마다 황무지로 남아 있어 그 이용 가치가 매우 아까운 곳이 실로 많았다.

이해 봄에 하야시 공사가 휴가를 얻어 귀국하고, 서리공사 하기와라 모리이치(萩原守一)가 상민(商民) 나가모리 도키치로와 함께 몰래 모의하여 임금에게 강력히 요청하면서 만일 그것을 개간하도록 빌려주어 세금을 납부할 수 있게 한다면 양국에 모두 이롭다고 했다. 이하영, 현영운 등도 종용했다. 임금은 이하영에게 외부에서 조인하여 계약서를 작성하게 하되 기한을 50년으로 삼도록 했다. 이에 우리 도성의 여론이 슬렁거리고 어지러워졌는데 일본이 장차 우리나라를 자기 나라의 군현으로 삼는다고 했기 때문이다. 임금도 후회하여 마침내 어공원(御供院)을 창설하여 그 진황지의 세금을 어공원에 속하게 하여 사사로운 내탕금으로 삼았다. 대개 그것은 일본인들의 차여(借與) 요청을 막고자 할 따름이었으나 이미 어쩔 수가 없다.

당시 외부 협판이었던 윤치호는 이 과정을 누구보다 잘 알고 있었기 때문에 6월 8일 일기에 일본의 침탈 과정을 자세하게 적고 있다.

일본인이자 한국의 예의 바른 구세주 하야시는 한반도 전체를 일본에 넘겨줄 큰 양도권을 얻기 위해 애쓰고 있다. 궁내부 대신과 나가모리(長森) 사이에서 계약이 체결될 예정이다. 계약 음모 또는 책략은 다음과 같다.

1. 개발되지 않은 천연자원, 즉 모든 원야(原野)와 산림(山林)·천택(川澤)이 새로 설립되는 어공원의 통제 아래 놓인다.

2. 이 훌륭한 관청은 일본인 나가모리에게 산림·천택·원야에 숨겨져 있는 자원을 경작 또는 개량하거나 개발할 권한과 배타적 권리를 모두 양도할 것이다. 다른 누구도 그 권리를 누릴 수 없다.

3. 이런 자원을 개발하는 데 필요한 자본은 나가모리가 제공할 것이고, 한국의 궁내부는 비용의 일부라도 감당하라는 요구를 받지 않을 것이다.

4. 그 계약은 50년 동안 유효하다. 계약 기간이 끝날 무렵, 한국 정부가 원한다면 연 5퍼센트의 이자로 투자한 자본금을 나가모리에게 지급해 그 양도권을 철회할 수 있다.

이 계약은 교활한 일본이 한국에서 저지른 가장 뻔뻔스럽고 흉악한 짓이다. 그것은 이름을 뺀 합병이다. 한국에서는 뇌물로 모든 것을 할 수 있기 때문에 일본인이 뇌물과 협박으로 자신들이 원하는 것을 얻을 것이라는 사실에는 의심의 여지가 없다. 민병석은 나가모리와 함께 일하는 한국인이다. 그는 끔찍한 악당이다.

그리하여 윤치호는 외부 대신 이하영에게 이러한 개간권 위탁을 반대한다는 의사를 표명했다. 그의 일기에 반대 이유를 다음과 같이 들고 있다.

1. 50년 안에 한국인은 지식 면에서 진보하고 인구 면에서 크게

증가할 것이다. 일본인의 손에 있는 이러한 천연자원은 한국인들에게 확장의 여지를 주지 않을 것이다.

2. 일본인들이 이 사업에 얼마만큼 투자했는지 정확한 수치를 아무도 알 수 없을 것이기 때문에, 한국은 50년이 지나서 실제로 투입된 자본이 얼마인지 모른 채 이자와 원금을 갚아야만 할 것이다. 사실 그것은 불가능할 것이다.

3. 이 계약은 도덕적으로 잘못되었다. 약소국이 강대국에 삼켜지는 것은 부끄러운 일이 아니다. 그러나 두 눈 뜨고 나라 전체를 더러운 뇌물을 받고 넘겨주는 것은 이런 썩어빠진 땅에서조차 너무 지나치다.

여기서 윤치호는 대한제국의 미래를 염두에 두고 개간권 위탁을 반대하고 있다. 나아가 그는 황현과 마찬가지로 고종이 뇌물을 받았다고 단정하고 개간권을 위탁한 행위를 비판했다.

뮈텔도 이 소식을 듣고 6월 27일 일기에서 "왕이 이 양도권을 요청하는 일본인으로부터 100만 엔의 뇌물을 이미 받았노라"고 적으면서 "이보다 더 수치스러운 일이 있을까? 통탄할 일이다"라고 덧붙였다. 고종을 매우 싫어하는 황현과 윤치호가 고종의 뇌물 수수를 언급했고 뮈텔마저 비슷한 기록을 남기며 고종과 거리를 두는 모습을 보이고 있다. 특히 개간권 위탁 문제를 중간에서 처리하며 계약을 성사케 했다고 알려진 궁내부 대신 민병석이 비판의 대상이었다.

그러나 하야시 공사 자신이 본국 외무성 대신에게 누누이 보고했듯이, 민병석은 나가모리의 주장과 달리 오히려 이 사업이 궁내부 대신의 담당이 아니라는 이유로 사실상 반대했다. 《주한일본공사관 기록》에 수록된 4월 8일 하야시 공사가 본국 외무 대신 고무라 주타로(小村壽太郎)에게 상신한 문서에 따르면, 나가모리는 황무지 개간권에 대한 자신의 이권을 기정사실로 만들기 위해 민병석이 적극 동조했다는 가짜뉴스를 여기저기에 흘린 것으로 보인다. 물론 황실 재정을 통해 식산흥업을 도모하는 고종 자신도 황무지 개간에 따른 황실 수세의 확대를 언급한 나가모리의 감언이설에 혹했을 가능성이 높다. 그럼에도 정작 계약 체결에 이르지 않았다는 점에 주목해야 한다. 일본 정부가 개인 민간업자에게 맡기는 것에 부담을 느꼈고 대한제국 정부도 이 문제의 심각성을 깨달았기 때문이다. 그럼에도 고종을 혐오하는 누군가가 고종의 뇌물 수수설을 거짓으로 퍼뜨리며 고종을 난처하게 만들었던 것이다.

이때 영국은 일본의 침탈 행위를 두둔하고 나섰다. 윤치호는 7월 11일 일기에서 영국 측의 견해를 전하고 있다.

오전 11시에 영국 공사 조던 경을 방문했다. 간단히 말해서 그는 일본에 나라를 개방하는 것을 꺼리는 것은 불합리하고 심술궂은 태도라고 말했다.

"한국은 일본이 두 차례 치른 큰 전쟁의 원인이었습니다. 당신은 일본인들이 다시 여러분의 나라가 10년마다 전쟁의 원인이 되도록 내버려 두면 좋겠습니까? 20세기의 세계는 한국인이나 다른 민족이 심술부리는 것을 참아내지 못할 것입니다. 만약 당신네가 지금까지 그랬던 것처럼 당신네 나라의 풍부한 자원을 개발할 수 없다면, 다른 누군가가 당신네를 위해 그것을 개발해야 하고 일본이 그렇게 하겠다고 주장하는 것은 옳습니다. 일본은 당신네가 자신의 풍부한 자원을 오용하도록 생사를 건 전쟁을 할 수 없습니다. 지난 10년 동안 당신네 나라는 한층 더 높은 수준의 번창한 나라로 끌어올릴 수 있는 모든 기회를 가졌습니다. 그러나 당신네 나라는 아무 일도 하지 않았습니다. 당신네에게는 애국심이 없습니다. 적어도 나는 지난 10년 동안 여기서 지내면서 한국 관료에게서 애국심을 찾아보지 못했습니다. 한국을 폐쇄적인 상태로 두고자 애쓰면서 도대체 무엇을 할 작정입니까?"

영국 공사의 발언에 대해 윤치호는 정면으로 반박하지 못했다. 그러면서도 일본의 이러한 침탈 행위가 한국인을 반일로 몰고 갈 것이라고 우려했다. 그가 조던에게 발언한 내용이 그의 일기에 고스란히 나온다.

　나는 조던에게 일본이 한국을 통제하려고 하거나 한국에서 자국의 이익을 확장하려는 것을 비난하지는 않는다. 또한 나는 일본인이 설령 이 나라를 합병하더라도 일본인을 비난하지 않을 것이다. 내가 나가모리 양도권을 반대하는 것은 그것이 황실의 이익이나 현세대의 이익을 손상시켜서가 아니라, 그 독점이 한국의 다음 세대의 경제적 성장과 국가적 번영을 향한 희망을 모두 잘라버리기 때문이다. 이런 식의 정책은 한국인 전체를 반일로 몰아가고, 1차적으로는 한국에, 2차적으로는 일본에 피해를 준다. 한국인은 일본 치하에 있을 때[갑오개혁기]보다 러시아 치하에 있을 때[아관파천 시기]가 훨씬 더 가난했음에도 불구하고, 일본인에게 반대하면서 러시아인 편을 들 것이다. 일본은 제대로 된 정부를 도입하고 한국인들의 가혹한 부담을 덜어주어야만 한국인들의 호의를 얻을 것이다. 그리고 일본은 한국인의 호의를 얻으면 싸울 필요도 없이 자국이 원하는 양도권을 성취할 것이다. 내가 싫어하는 것은 독점이다. 만약 일본이 한국을 가져야만 한다면, 일본을 자유경쟁체제에 들어가게 하라.

윤치호는 일본의 침략 자체를 비판하는 것이 아니라 일본이 독점이 아닌 자유경쟁 방식으로 한반도에 진출할 것을 요구하고 있는 셈이다.

왜 그는 일본의 침략을 용인했을까? 그것은 대한제국 정부와 한국 주민이 무기력하고 희망 없는 존재여서 개혁의 주체가 될 수 없다고 판단했기 때문이다. 같은 날 일기의 나머지 구절은 그의 이런 인식을 적나라하게 보여준다.

한국의 모든 생활 분야는 선천적으로 무능함으로 가득 차 있다. 예를 들면 우편 집배원을 보라. 이 공공 메신저들은 마치 자신들이 걸어 들어갈 영원의 세계가 있는 것처럼 길을 따라 걷거나 기어간다. 그들 중 일부는 장애가 있는 노인이다. 한국의 우편 집배원 옆으로 일본인 우편이나 전보 배달원들이 빠르게 달려간다. 아니, 그들은 달려가는 것이 아니라 자전거를 타고 간다. 위아래로 이런 비교를 해보면, 일본이 이 나라를 가져야 하는 이유를 완벽하게 설명할 수 있다.

한국인들 사이에서의 수치심과 경쟁에 대한 아둔함과 뻔뻔스러운 무관심은 사람들을 미치게 만든다. 한국인의 관점에서 보면, 정말로 가슴이 찢어진다. 수백 채의 한국 주택들이 일본식 역과 점포 등에 자리를 내주기 위해 철거되는 모습을 보면 정말로 가슴이 찢어진다. 하지만 오물, 오직 오물만 뒹굴던 곳에서 일본인들이 훌륭한 도로, 냄새나지 않는 배수로, 버젓한 가옥을 들여오는 모습을 보게 된다. 한국인이 아닌 누가 이런 변화를 유감스럽게 생각하겠는가? 만약 한국인이 일어나서 배우지 않는다면, 일본인은 한국의 모든 것을 가질 것이다. 그리고 신이 그렇게 명하시는 것이 옳다.

그의 평가는 오히려 일부 외국인의 평가보다 더 절망적이다.

7월 13일 일본의 황무지 개간권 장악 시도 소식에 한국인들은 황무지 개간권 허용을 저지하는 운동에 나섰다. 황현에 따르면 전 의관 정기조, 전 참봉 최동식, 유생 김기우와 정동시 등은 일본인이 강제로 진황지를 빌려간다고 항의하면서 그 일을 저지하기 위하여 13도에 통문을 보내 일제히 서울로 모이게 했다. 그리고 황무지 개간권 반대를 결집하는 보안회(保安會)가 7월 13일 창립되었다. 그 이름은 '보국안민'에서 따왔다. 황현은 그 일련의 과정을 다음과 같이 적고 있다.

서울 주민들이 보안회를 설치하고 윤시병(尹始炳)을 회장으로 추대했다. 정기조 등이 통문을 올린 뒤 재신(宰臣) 이건하, 박기양 등이 앞다투어 상소하고, 전 의관 윤병(尹秉), 전 주사 이기 등이 소청(疏廳)을 차리고 회의소를 지으니, 서울과 지방에서 모여든 사람들이 수만 명이었다.

이때 그들은 신기선을 회장으로 추대했으나 그가 응하지 않아 이유인을 대신 추대했다. 그러나 그도 사양하여 결국은 윤시병이 맡았으나, 그것은 윤병(尹秉) 등의 뜻이 아니었다.

윤시병은 윤길병과 함께 갑오년(1894)에 동학에 가담했고 기해 년(1899)에 독립협회에 입회했다가 그로 인해 불우한 처지에 빠졌 다. 그러다가 이때에 이르러 기꺼이 나선 것이다. 일본인들은 보안 회의 위원 송수만, 송인섭 등을 수감했다.

황현의 기술에는 다소 오류가 보인다. 실제로 보안회 회장은 신 기선이 맡았으며 부회장은 송인섭이 맡았다. 이러한 오류는 황현이 훗날 일진회의 거두로 성장한 윤시병 형제의 재기를 추적하는 가운 데 이 형제가 황무지 개간권 반대 운동을 계기로 정치권에 다시 진 입했다고 인식한 데서 비롯되었다. 그러나 이즈음 이 형제는 러일 전쟁 때 통역관으로 활동하는 송병준을 접촉하여 8월 20일에 창립 될 일진회의 결성에 힘을 기울이고 있었다. 이 점에서 황현의 이러 한 기술은 명백한 오류다. 그럼에도 여기서 여전히 의문이 남는다. 황현은 보안회 회장 추대를 둘러싸고 윤병을 비롯한 여러 인물의 의도를 언급하고 있다. 윤병은 이기와 마찬가지로 개신 유학자이 자 전 비서승으로서 황무지 개간권 반대 운동에 참가했으며 1905년 5월 계몽운동 단체인 헌정연구회에도 참여했다. 이 점에서 황현은 독립협회 잔존 세력이라고 할 윤시병이 아니라 윤병 같은 유학자들 이 개간권 반대 운동에 주도적인 역할을 담당했음을 부각시키고자 했던 것은 아닐까.

보안회는 연일 항의 집회를 벌였다. 뮈텔도 이 사건을 주목하여 7

월 22일 일기에서 보안회의 전동(典洞) 집회에 참가한 군중이 수만 명이라고 적었으며, 보안회가 일본 측의 탄압에 항거하는 항의문을 여러 공사관에 발송했다고 덧붙였다.

정부 역시 국민들의 반대 상소와 시위에 힘입어 황무지 개간권 위탁 제안을 거부했다. 일본 역시 한국인들의 거대한 반대 운동에 놀라 후일을 기약하면서 그 요구를 취소했다. 뮈텔은 7월 25일 일기에 일본이 황무지 개간권 양도권을 포기한 것 같다고 적었다.

이 문제에 대해서는 유림과 문명개화 지식인, 일반민 등이 모두 거족적으로 참여했다. 심지어 천주교 신자들도 개간권 반대 운동의 일환으로 종현성당 기도회를 개최했다고 《대한매일신보(Korea Daily News)》 10호 영문판에 보도될 정도였다. 이때 신도들의 정치 참여를 꺼리던 뮈텔이 신문사로 항의서를 보냈다.

그러나 일본 공사 하야시는 이 사안을 결코 포기하지 않았다. 거짓 해명으로 한국인들의 분노를 무마하는 한편 강경 진압에 나섰다. 황현은 그 상황을 다음과 같이 적고 있다.

왜 공사 하야시 곤스케가 돌아와 서울에 도착했다. 이때 대소 민인 가운데 진황지 개간 허가 문제를 놓고 여론이 비등하자 사전에 약속하지 않고도 모인 사람들이 매일 수만 명가량이었다. 그리고 외부에서 왜 공관에 해명을 독촉하는 조회도 수십 통이나 되었다.

일본인들도 이를 귀찮고 괴롭게 여겨 돌려주겠다고 거짓으로 평계 대면서 외부와 다시 잘 처리하겠다고 했다. 대개 그것은 이미 그들이 짠 각본에 들어 있지만, 겉으로는 느슨하게 보여 군중의 분노를 가라앉히려는 것이다. … 일본인들은 보안회를 미워했는데 보안회가 설치된 이후부터 서울 주민들이 날마다 종가(鍾街)에 모여 아무리 효유해도 해산하지 않았다. 일본인들은 보안회를 미워한 나머지 병력을 파견하여 보안회에 난입하여 시위대를 향해 칼을 휘두르고 회원 이범창 등 4~5명을 수감했다.

이에 더욱 분노한 군중들은 정부에 서신을 올려 현영운을 참수할 것을 청했고, 이하영이 진황지를 허가해 준 데 대해 성토하지 않은 것을 따졌다. 이하영은 계속 상소를 하여 스스로 결백하다면서 자신을 해임해 달라고 간청했으나 임금은 허락하지 않았다. … 그러나 이때 다행히 민회(民會)가 간혹 힘을 얻을 때는 임금이 민회에 의지하여 망설이며 황무지 개간권 차여를 미루는 모습을 보이므로 민인들도 믿는 바 있어 이런 모임을 성사시킬 수 있었던 것이다. 또 일본인은 자신들의 병력에 의지하면 무슨 일이든 못할 것이 없다고 생각하면서도 우리 민인들의 뜻이 높은 것을 혐오하여 서서히 목적을 달성하려고 했다. 그러므로 그들은 오직 보안회를 해산시키고 그 주동자에게 경고하는 데 그쳤을 뿐 그 힘을 다하지는 않았다.

황현은 이전까지만 해도 민회에 민감하여 백성들의 자발적인 모임을 경계했다. 1893년 동학도의 보은 집회를 두고 '난당'이라고 비판한 적도 있었다. 하지만 외세의 침략에 저항하는 민회를 두고는 이처럼 옹호하고 지지하기에 이르렀다. 황현의 사회의식이 변했기도 하거니와 이 문제를 사회문제라기보다는 민족문제로 보았기 때문이다.

일본이 황무지 개간권 수탈은 잠시 중단했지만 군용지의 경우는 그러하지 않았다. 당시 일본은 일본군을 앞세워 군용지 확보에 혈안이 되어 있었다. 황현은 일본군의 이런 침략 행위를 신랄하게 비판했다.

일본인들이 숭례문에서 한강에 이르기까지 스스로 구역을 점령해 '군용지'라고 하고 푯말을 세워 경계를 정해놓고 우리나라 사람들의 출입을 금지하여 범하지 못하게 했다. 이때부터 그들은 땅을 점유하고 싶으면 번번이 군용지라고 말하며 약탈했다.

정교는 일본이 러일전쟁의 와중에 군사력을 동원하여 황무지 개간을 반대하는 자와 러시아인을 감시하는 밀정에 간섭하는 이들을 체포하거나 총으로 살해했다고 적었다.

일본 사령관 하세가와 요시미치(長谷川好道)가 와서 서울에 머물렀다.
이에 앞서 일본 사령관 하라구치 겐사이(原口兼濟)가, 일본과 러시아가 전쟁을 시작한 이후부터 서울에 와서 머물렀다. 무릇 인민들 가운데, 일본인이 황무지를 개척하는 일에 대해 반항하는 사람과 러시아인 정탐에 간섭하는 사람을 마음대로 잡아 수감했으며, 더러는 총으로 쏘아 살해하기도 했다.

하야시는 일진회의 극성을 막아준다는 명분으로 황무지 개간권 탈취를 시도했다. 윤치호는 1904년 9월 27일 일기에서 다음과 같이 밝히고 있다.

그저께 황제는 정치 토론을 위한 모든 대중 집회를 금지하는 칙령을 내렸다. 일진회는 어제 모이지 않았거나 모일 수 없었다. 일진회에 반대하는 하야시가 일진회를 진압하겠다고 황제에게 약속했다고 한다. 그리고 이런 친절한 행위에 대한 대가로 하야시는 황무지 개간 계획을 다시 제안했다고 한다.

오늘 아침 어윤적에게서 이달 22일이나 23일경 하야시가 나가모리의 황무지 개간 독점 계획을 외부 대신 이하영과 궁내부 대신 이용태에게 제안했다는 소식을 들었다.

나를 대하는 이하영의 태도에 심한 상처를 받았다. 그는 내게 아무 이야기도 하지 않는다. 결국 그는 이윤용 같은 부류의 인물이다. 음흉하고 시기심이 많으며 음모를 꾸미는 데 능수능란하다.

그리고 9월 28일 윤치호는 자신의 일기에서 "오늘 이하영이 자신은 황무지 개간 계획과 관련된 모든 것을 적극적으로 거부하고 하야시에게 관련 서류를 돌려주었다고 내게 말했다"면서 황무지 개간 계획이 중단되었다고 적었다. 그러나 나가모리는 황무지 개간권 약탈에 실패했지만 그냥 주저앉을 사람이 아니었다. 그는 매립 사업의 수익에 관심을 가졌던 한국인 이대영을 제치고 기쿠치 겐조(菊池謙讓)를 거쳐 오다니 도메요시(小谷留吉)에게 넘어온 인천 해안 매립권을 양도받았다. 주지하다시피 기쿠치 겐조는 명성왕후 시해 사건에 가담한 신문기자 출신으로 일본 영사관을 뒤에 업고 매립권을 확보한 뒤 약간의 수수료를 챙기고 오다니 도메요시에게 넘겼고, 오다니는 이를 다시 나가모리에게 넘긴 것이다. 나가모리는 1905년 4월 자신의 친척을 대표로 내세워 인천항 탁포 일대에 매립공사를 시작했다. 그리고 이 땅의 분양으로 엄청난 이익을 남겼다.

일본의 철도 역부 징발

러일전쟁은 한국인들에게 또 하나의 커다란 아픔을 가져다주었다. 한일의정서에 따라 물자뿐 아니라 인력도 제공해야 했던 것이다. 특히 일본은 병력과 군수물자 수송을 위해 철도 부설에 필요한 한국인 인력 동원에 혈안이 되었다. 그 조짐은 3월부터 이미 나타났다. 뮈텔은 3월 9일 일기에서 일본이 서울-송도 철도 계획을 세우고 곧 부설 공사에 착수할 것이라고 전하고, 각지에서 벌어진 경부선 철도 부설 공사 현황을 소개하고 있다.

지규식도 이러한 철도 부설 등 각종 부역에 한국인이 동원된다는 소문을 들었고, 이런 소문이 철도 부설 공사장 부근에 거주하는 주민들의 불안감을 가중시켰다고 8월 21일 일기에 남겼다. 그런데 이러한 역부 징발은 다른 동네의 일만이 아니었다. 지규식이 거주하는 양근군 분원 마을도 역부를 차출해야 하는 상황에 놓인 것이다. 이는 농사철 징발이라 각 가정에게도 심각한 문제였거니와 마을에서 차출을 둘러싼 논란을 야기했다. 8월 23일 일기에 따르면, 분원 마을 사람들은 일본군의 요구에 응하지 않다가 불이익을 당하면 어쩌나 전전긍긍했다.

역부 모집 일로 동회에서 의논을 모았으나, 자원자가 1명도 없어서 실상에 의거하여 동(洞)에서 관에 보고했다. 그러나 일인(日人)이 반드시 온당하게 처리할 이치가 없고 각처에서 들리는 소문으로는 강제로 모집하는 폐단에 이르기까지 하다고 하니, 이 동네도 어찌 이런 걱정을 면할 수 있겠는가? 후환이 없지 않을 것이다. 그러므로 저녁을 먹고 난 뒤 온 동네 대회를 열어 몹시 불편한 속사정을 설명하고, 역부 1명당 값을 주고 사서 보내겠다는 뜻으로 "매 가호당 돈 5냥씩을 마련하여 동정(洞庭)에 납부하여 후환을 막는 것이 어떻겠는가?" 하니 모두들 좋다고 말했다. 또 만일 일본 사람이 갑자기 들어와서 누군가를 잡아가면 온 동네가 모두 모여 잡아가지 못하게 하자고 약속했다.

이 마을에서는 후환이 두려워 징발 요구에 응하는 모습을 보이고 있다. 그러나 마을 사람을 보낼 수 없으니 돈을 모아 다른 마을 사람들에게 지급하여 그들이 대신 징발되도록 하고자 했다. 이 마을은 그래도 상대적으로 유족했는지 이런 묘안을 냈지만 가난한 마을에서는 이런 방법을 쓸 수 없었다.

하지만 이러한 묘책도 통하지 않았는지 8월 31일 다시 한번 관아로부터 징발 요청이 들어왔다.

일본군에서 전령이 왔다. "일본이 역부를 소집하니 모집하여 주지 않을 수 없다"고 관찰부 훈령과 광고가 함께 나왔다. 동임과 상의했으나 도무지 응모하는 자가 없어서 시행할 수 없다고 방보(防報)했다.

그런데 역부 징발에 대한 여러 지역 주민들의 반발과 저항이 거세지자 일본군은 강제 징발에서 노임 형식으로 바꾸어 역부를 징발했다. 지규식의 마을도 마침 일본군의 방침 변경으로 위기를 모면했다. 지규식은 9월 3일 일기에서 역부 징발 중지 소식을 적었다. 일본군의 방침 변경에는 한국인들의 반발뿐 아니라 무엇보다 러일전쟁 와중에 한국인들이 러시아군으로 기울어지지 않을까 하는 우려가 크게 작용했다. 어쨌든 이런 조치로 두려움에 떨던 마을의 걱정은 조금은 더는 듯했다.

그러나 동원 방침이 바뀌었어도 역부 노임이 형편없이 적어 농민들은 자원을 꺼렸다. 무엇보다 농사가 중요한 때에 저임금으로 일한다는 것이 결코 마뜩하지 않았기 때문이다. 식대를 지출하고 나면 남는 게 없다고 할 정도였다. 결국 역부 동원은 다시 예전 방식으로 돌아갔고 징발에 대한 두려움은 여전히 가시지 않았다.

뮈텔도 홍릉으로 산책 가던 중 길가에서 주민들의 이런 불안감을 감지했다. 그는 8월 26일 일기에서 뮈텔을 만난 농부들이 그를 일본인들을 위해 하역부들을 모집하러 온 사람으로 오해하고 무서워했다고 적고 있다. 노동력 징발이 다가 아니었다. 일반 민가들도 헐려 나갔다. 황현도 이런 일을 전해 들었다.

[1904년] 6월(양력 7월, 실제로는 3월), 일본인들이 경의선을 기공했다. 그 철도는 평양성을 관통하며 민가 수백 채를 헐었으며, 풍경궁(豊慶宮)과의 거리는 200보였다.

황현은 당시 일본이 경의선을 부설하는 과정에서 민가 수백 채를 철거했을 뿐 아니라 제2의 궁궐로 건설한 풍경궁을 코앞에 두고 지나가게 했음을 강조하고 있다. 풍경궁은 대한제국 정부가 평양을 제2의 수도로 키우기 위해 건설한 궁궐이다. 일본은 사실상 풍경궁 주변을 훼손함으로써 대한제국의 국가적 위상을 폄하하고자 한 것이다.

역부 징발에 대한 불만이 드디어 폭발하여 민란으로 번져나갔다. 일본이 역부 징발 방식에서 역부 모집 방식으로 바꾸었지만, 역부에 대한 처우가 매우 열악한 데다가 관리들의 중간 착복과 일본 청부회사의 민족 차별 등이 심해졌기 때문이다. 폭발의 강도가 가장 심한 곳은 시흥(지금의 서울 금천구 시흥동)이었다. 1904년 9월 14일 시흥 주민들이 군수를 살해하고 일본인을 공격했다. 황현도 신문 기사를 통해 이 소식을 접했다.

시흥 주민들이 군수 박우양(朴嵎陽)을 살해했다. 이때 박우양은 일본인들이 역부를 모집하는 과정에서 그 삯을 중간에서 착복했는데, 이 사실을 안 주민들이 일제히 일어나 고함을 지르며 소란을 피웠다. 이에 박우양이 일본인을 불러 그들을 해산시키려 했는데, 이때 총에 맞아 사망한 사람이 있었다. 군중들은 마침내 큰 소란을 일으켜 박우양과 그의 외아들을 살해했다. 이때 일본인도 2명이나 사망했다.

1862년 임술민란이 전국 곳곳에서 일어난 이래 민란이 간헐적으로 지속되었지만 향리가 살해당했을지언정 수령이 이렇게 살해당한 것은 드문 일이었다.

뮈텔도 역부 동원의 심각성을 눈치챘다. 그는 9월 20일 사건 현장과 근접한 곳에서 시흥 민란 이후 대한제국 정부의 대응과 일본군의 이동을 직접 목격한 뒤, 그 날짜 일기에 사건의 전개 과정과 일본군의 사건 현장 수색 광경을 상세하게 적었다. 이어서 뮈텔은 역부 징발의 폐단을 일찍부터 인지한 가운데 민란으로 관장과 일본군이 피살된 것을 두고 '인과응보'라고 표현했다. 역부 징발이 가져온 필연적 결과라는 의미에서 인과응보라고 한 것인지, 러일전쟁에서 승리한 일본군이 이런 일을 당한 것을 인과응보라고 한 것인지, 그의 서술 의도가 분명치는 않다. 그러나 그가 일본의 러일전쟁 승리에 마음이 쓰렸다는 점에서 보면 후자가 아닐까 한다.

시흥 민란을 비롯해 여러 곳에서 일어난 민란들은 윤치호에게 심각하게 다가왔다. 그는 10월 5일 사건의 진상을 파악한 뒤 자신의 우려를 다음과 같이 적었다.

몇 주 전 시흥에서 백성들을 짜내던 군수 박우양이 군중에게 살해되었다. 일본인 역부 2명도 똑같은 운명을 맞이했다. 그 원인은 강제적인 역부 모집이었다. 며칠 전 곡산에서 군중이 일본인 7명을 살해했다. 공주에서는 한국인 병사들이 수많은 일본인을 공격했는데, 그 가운데는 옥구(沃溝) 일본 영사도 포함되어 있었다.

이 모든 반일 감정의 징후는 전국에 걸쳐 있다. 일본인들은 이 폭동들이 전국에 군사 주둔지를 설치할 구실을 주기 때문에 전혀 걱정하지 않는 것 같다. 이러한 방침은 훌륭하게 작동하겠지만 웬일인지 일본인이 이렇게 무자비한 방식으로 수백만 명의 한국인들을 격분케 한 것에 머지않아 후회할 것이라는 생각이 든다.

그는 민란을 핑계로 주둔지를 늘리려는 일본군의 계획에 문제가 있다고 지적하면서, 반일 감정의 징후를 걱정한 것이다.

반면에 지규식은 신문을 통해 비슷한 소식을 접하면서 시국에 대한 걱정으로 잠을 이루지 못했다. 10월 6일 일기에 따르면, 그는 착잡한 심정을 시조를 지으며 달래고 있다.

나는 감기로 인해 괴로워서 울부짖었으며 문을 닫고 손님을 사절했다. 시국의 어렵고 위태로움을 간절히 생각건대 한심함을 금치 못하겠다. 국가의 치란(治亂) 방법을 가지고 마침내 장단구(長短句)를 지어서 현재 재직하고 있는 여러 고위 관료를 권면하는 뜻으로 노래하고 읊었다. 밤이 깊은 뒤에 비가 내렸고 새벽녘에 그쳤다.

민란이 발생하자 일본은 각 도에서 역부를 모집하는 방식을 폐지하고 청부회사가 직접 고용하는 방식으로 전환했다. 그렇다고 군량미 수송을 포기한 것은 아니었다. 황현은 일본인의 군량 운반 역부 모집 과정에서 드러나는 문제점과 함께 어떤 관리가 내놓은 대안을 상세하게 적었다.

일본인들은 서울에서 의주까지 병참을 설치하여 군량 및 군기(軍器)를 운반하여 청국 안동 지방까지 배달하고자 했다. 이에 일본인들은 대한제국 내부가 서울과 양서[兩西, 평안도와 황해도] 및 삼남 지방에 훈시하여 고용할 인부들을 모집하게 하고, 그들에게 우리 돈으로 일당 7냥씩 주었다. 다만 자원을 받은 것이며 강제로 모집한 것이 아니다.

그러나 관리들이 거짓으로 속여 백성들이 큰 소란을 일으키므로, 전 시종 이유형이 정부에 헌의했다. "국가에 이미 지방대가 설

러일전쟁 당시 일본군의 병참에 동원된 한국인

치되어 있지만 이들은 앉아서 국고만 낭비하고 있으면서 진을 치고 싸우는 용도로는 거두어들이지 못하고 있습니다. 지금 일본인들의 요청으로 농사짓는 백성들을 모집하기보다는 차라리 놀면서 먹고 있는 지방대를 옮겨서 응하는 편이 더 낫지 않겠습니까?" 이때 여론에서는 농민들을 운반 역부로 징발하는 방식과 지방대 군사들을 운반에 동원하는 방식 모두 편리하다고 했지만 어느 방식도 채용되지 않았다.

황현은 이 과정에서 이득을 보는 한국인 관리들의 부정행위와 일본인에 대한 아부를 자세히 소개하면서 일본의 엄호를 꼬집었다.

평양민들이, 팽한주(彭翰周)가 130만 냥을 탐장(貪贓)했다고 호소하여 그가 곧 면직될 형편에 놓였다. 그러나 일본 공사 하야시 곤스케는 일본 군대가 평안도 지방으로 들어갈 때 팽한주의 공로가 있었다면서 그를 파직하지 말라고 했다. 또 윤헌은 교섭을 잘했으므로 정부에서 비록 영남 관찰사에게 탐장 사실을 조사하도록 했으나 그의 죄상을 따질 수 없었다.

여러 하급 관리가 외국인에게 아부한 것이 이와 같다.

러일전쟁 당시의 일본군이나 철도 부설에 동원되는 부역만 문제가 된 것이 아니었다. 한국인들 사이에서 한국인들이 대포받이로 쓰일 것이라는 소문이 번지고 있었다. 윤치호는 8월 15일 일기에서 다음과 같이 적고 있다.

북쪽 지방 사람인 박희방이 코사크족이 작은 꼬리를 지니고 있는 모습을 목격했다고 정말로 진지하게 말했다! 한국인은 일본군 당국이 지금 한국인 막노동꾼을 모아서 전쟁터의 선두에 배치하여 '대포받이'로 이용하려 한다고 이야기하고 있다. 천안읍에 살다가 가엾게도 지금은 저세상으로 가고 없는 녀석인 김근식이 한때 가장 조심스럽고 진지하게 물어본 적이 있다. 외국인이 조선 아이들을 잡아먹는다는 것이 사실이냐고 말이다.

물론 윤치호는 미국 유학을 통해 백인종을 자주 접한 인물이라서 러시아 군대에 소속한 코사크족이 꼬리를 가진 짐승, 즉 식인종이라는 사실을 믿지 않았을 것이다. 더욱이 일본인을 예의 바른 문명인으로 인식하고 있는 윤치호가 한국인을 '대포받이'로 쓴다는 풍문을 기록하면서도 이를 사실로 믿었을까.

반면에 윤치호는 일본의 역부 징발 자체를 비난하지 않았다. 윤치호의 이런 모습은 8월 20일 일기에서 더 명료하게 드러난다.

봉황갱(鳳凰坑)의 작업을 위해 일본군 당국은 총 ?명[수치 불명]
의 역부를 늘리거나 모집하고자 애쓰고 있다. 이러한 수치는 전국
각지에 걸쳐 할당되었다. 사실 이 요구에는 잘못된 부분이 없는 것
같다. 그러나 요구대로 이루어지면서 황무지 개간 문제에 더해 한
국인의 의혹과 공포가 상당히 고조되고 있다. 한국인들은 일본인
들이 한국인의 상투를 자르고 그들에게 소총을 하나씩 주어 그들
을 전장으로 몰아넣을 작정이라고 말한다. 그것은 터무니없는 소
리다. 하지만 한국인은 일본인에게 반대하는 모든 것을 믿을 준비
가 되었다.

일본군이 만주 평황 광산 채굴을 위해 한국인 역부를 모집하고자
안간힘을 쓰는 모습을 전하고 있다. 또한 전쟁 총알받이로 끌려간
다는 한국인들의 주장을 일고의 가치도 없는 '터무니없는 소리'로
치부하고 있다. 다만 일본의 무리한 황무지 개간권 확보 시도로 인
해 한국인들의 일본에 대한 불신과 반감이 커지고 있다고 우려하고
있다. 제삼자의 처지에서 일본의 조치를 걱정하는 듯한 태도를 보
이고 있는 셈이다.

3. 고문정치와 전쟁의 귀결

서울 소식을 들으니 "일본인이 일진회가 야료를 부리도록 하고, 일본이 탁지부·군부·경무청의 제반 권리를 거의 모두 총독(總督)하여 대한(大韓)의 신료들은 자유롭게 행사할 수 없다"고 하니 몹시 통탄스럽다. _ 지규식

윤시병이 임시 회장으로서 개회를 선언하고 많은 사람에게 말하기를 "이 모임의 명칭인 '유신' 두 글자에 대해 임금께서는 미흡하다는 생각을 가지고 있습니다. 그러므로 '일진(一進)'으로 고쳤습니다"라고 했다. ⋯ 이때부터 경솔하고 추잡하며 요행을 바라는 무리들과 독립협회의 남은 패거리 가운데 홍긍섭, 염중모같이 관직을 탐하는 무리가 이 집회에 다수 참가했다. _ 정교

고문정치가 시작되다

일본은 러일전쟁에서 예상 밖의 선전으로 일찍 승기를 잡자 궁극적인 목표인 한반도 강점을 위한 수순을 밟기 시작했다. 그 첫걸음은 고문정치였다. 일본의 즉각적인 병합이라든가 보호국화 시도가 한국인들의 반발과 열강의 간섭을 초래할 수 있다고 판단하여 고문정치를 통해 점진적으로 대한제국을 장악하겠다는 것이다.

이러한 조짐은 이미 보였다. 하야시 공사가 본국의 지침대로 이러한 야욕을 드러냈다. 상대는 외부 협판 윤치호였다. 그는 하야시 공사와 나눈 대화 내용을 8월 13일 일기에 남겨놓았다.

> 약속한 대로 오후 4시에 하야시 씨를 방문했다. 그의 발언을 요약하면 다음과 같다.
>
> "선생을 만나서 우리가 한국에서 취할 방침의 개요를 설명해 주고 싶었습니다. 우리는 선생에게 많은 기대를 하고 있으며 선생과 우리 친구들에게 협조를 부탁드립니다. 우리는 앞으로 이렇게 할 작정입니다. ① 외부에 미국인 고문을 두어 외부를 단순한 송신소 이상의 부서로 만들 것입니다. 그럴 경우 외부에 선생이 있을 필요가 있습니다. ② 탁지부에 감독관(일본인)을 배치하고 ③ 한국군의 숫자를 줄이고 ④ 한국인의 오해가 풀릴 때까지 황무지 개간 계획은 중단할 필요가 있습니다. 우리는 백동화 동전 주조를 중단해야만 황제를 위한 돈의 공급을 차단할 수 있을 것입니다. 우리는 고토 씨를 내장원에 들여보내 내장원을 황실의 사적인 금고로만 운영하게 할 것입니다."
>
> 나는 그저 하야시 씨의 말에 귀를 기울이고 신뢰해 주어서 고맙

하야시 곤스케(1860~1939)
일본의 외교관으로, 1904년 한일의정서와 제1차 한일
협약, 1905년 을사늑약 체결을 주도했다.

다고 인사한 뒤 브라운 씨가 막 소개될 무렵 밖으로 나왔다.

하야시는 1904년 5월 30일 원로회의와 31일 내각회의를 통해 최
종 확정된 대한방침(對韓方針)과 대한시설강령(對韓施設綱領)에 입각
하여, 일본 정부의 방침을 외부 협판 윤치호에게 노골적이고 정확
하게 타진한 것이다. 여기에는 8월 22일에 맺게 될 이른바 '한일 외
국인 고문 용빙에 관한 협정서'의 골격이 모두 포함되어 있다. 대한
제국 정부의 외교와 재정을 감독하는 외교 고문, 재정 고문을 둠으
로써 장차 대한제국 보호국화를 위한 기반을 닦겠다는 것이다. 또
한 대한제국 군대를 축소해 국방력을 약화시키겠다는 것이다. 끝으
로 황무지 개간권 요구는 잠시 중단한다고 하여 선심을 쓰는 척하
며 화폐 정리 사업과 함께 황실 재정의 원천이라 할 내장원의 축소
를 강력하게 추진하겠다는 것이다. 대한제국 정부의 재정을 틀어쥐
고 황실 재정을 통제하겠다는 의도를 노골적으로 드러낸 셈이다.

윤치호는 이런 통보에 반박하지 않고 오히려 자신을 신뢰해 주어

고맙다고 인사했다. 의례적인 인사일 수 있지만 실상 일본의 통보가 자신의 의중과 부합한 측면이 많았기 때문이다. 본인이 다른 사람들에게 늘 피력한 내용들이어서 굳이 반박할 이유가 없었을 것이다.

그리하여 윤치호는 아프다는 핑계로 불편한 자리를 모면하는 외부 대신 이하영을 대신하여 황제와 하야시 공사의 중간 전달자가 되어야 했다. 물론 하야시는 윤치호에게 통보하기 전에 고종을 알현하고 ① 탁지부에 일본 정부가 추천하는 일본인 1명으로 외부에 고빙할 것, ② 외국인 1명을 외교 고문으로 외부에 고빙할 것, ③ 대한제국 정부는 외국과의 조약 체결이나 기타 중요한 외교 안건을 처리하기 전에 일본 정부의 대표자와 협의할 것 등 세 조항을 담은 각서 초안을 전달했다. 다만 윤치호의 8월 20일 일기에 따르면, 고종은 지난번 하야시를 접견한 뒤 몸이 불편하다는 이유로 이후 하야시의 알현 요구를 거절해 왔다. 고종으로서는 ③항은 같은 독소 조항임에도 ①항과 ②항에 비해 그 강도가 훨씬 심하다고 판단했기 때문이다. 나라의 주권이 온통 일본으로 넘어가는 것과 별반 다를 게 없는 것이다. 그 결과 ①항과 ②항은 며칠 전 '감독'이라는 용어를 고문으로 바꾸고 외부 대신과 탁지부 대신의 서명을 받았다. '감독'이라는 명칭이 한국의 정부 대신보다 상위에 존재한다는 오해를 불러일으켰기 때문에 대한제국 정부가 수정을 요구했고 하야시가 수용한 것이다. 그러나 ③항은 고종의 거부로 여전히 관철되지 못했다. 심지어 이하영마저 하야시에게 ③항을 철회하거나 변경해 달라고 요청하려 했다. 사실상 8월 21일에는 ③항에 대한 논란으로 인해 한일의정서 논의가 중단되었던 셈이다. 이에 하야시는 윤치호에게 고종이 세 가지 조항에 모두 동의했다고 기만하면서 자신은 그저 고종의 약속 이행을 요구할 뿐이라고 주장했다. 그리고 다음 날 본국 정부에도 ③항 구절 일부를 수정하여 동의를 받았다고 거짓 보고했다.

그리고 이런 상황에서 외부 대신 이하영은 병을 핑계로 빠지고 윤치호가 외부 대신 서리로 임명되었다. 다음은 8월 21일 일기다.

아침 일찍 이하영이 병가를 허락받았기 때문에 내가 외부 대신 서리로 임명되었다는 소식을 알고는 불쾌할 정도로 놀랐다.

의제를 무기한 연기할 수 없기 때문에 오후 5시에 하야시를 방문하여 한국 독립의 존엄성을 훼손하고 폐하께 불쾌감을 주는 제안은 취하하거나 다음과 같이 변경해야 한다고 말했다. "외부(外部)에 알리지 않고 한국 정부와 외국 정부 또는 외국 신료는 어떤 계약도 체결할 수 없다."

내 발언에 대한 하야시 답변의 요지는 대략 이렇다. "지난 5~6년 동안 한국에서 경험한 바에 따르면, 한국에서 국제적인 분쟁을 초래한 큰 문제들은 모두 한국 정부가 외국인들과 맺은 현명하지 못하고 경솔하게 맺은 계약이나 조약에서 비롯되었습니다. … 대한제국 정부나 황실의 이런 무분별한 행위는 일본에 대한 끊임없는 위협입니다. 우리 일본인들에게는 대한제국 황실이 외국 열강에 승인해 줄지도 모르는 위험한 양도권 때문에 또다시 전쟁을 치를 여유가 없습니다. 우리는 그것으로 충분했습니다.

독립이라니요! 한국이 어디서 자신의 독립을 얻었습니까? 한국이 독립을 위해 싸우기라도 했습니까? 한국이 독립을 위해 지불했습니까? 아닙니다. 일본이 독립을 한국에 주었습니다. 만약 한국의 독립이 일본의 안보와 관계없이 자신이 바라는 대로 할 수 있는 방종을 의미한다고 생각한다면, 한국은 착각하고 있는 것입니다. 당신네 나라는 지난 10년 동안 독립할 가치가 있는 어떤 일도 하지 않았습니다. 당신네 나라는 단지 독립을 악용했을 뿐입니다. 한국의 독립을 보장한 일본은 한국을 보호할 책임이 있습니다. 그러나 한국이 다른 나라와 조약을 체결할 때 일본이 아무런 발언권도 갖지 못한다면, 일본이 어떻게 한국의 독립을 보호할 수 있겠습니까? 우리는 당신의 황실을 믿을 수 없으며 다시 당신의 황실에 기만당하고 싶지도 않습니다."

하야시의 주장이 너무나 합리적이고 결정적이었기 때문에 나는 그저 황실이 각료들에게 자문을 구해서 각료들이 그 협정안 통과에 동의할 때까지는 외부가 협정서에 서명할 수 없다는 답변만 했다. … 하야시는 즉시 내일 황제를 알현하겠다고 요청했다.

윤치호는 이처럼 고종이 ③항에 반대한 이유를 전달했지만 하야시의 장광설 앞에 말문이 막혀버렸다. 당시 대한제국 정부는 주변 열강의 침략에 맞서 다각적인 비공개 외교를 벌인 건데, 이를 트집 잡은 하야시의 주장에 한 나라의 외교를 실질적으로 대표하는 외부 대신 서리조차도 아무런 반박을 하지 못했다. 그것은 하야시의 주장이 합리적이고 타당해서가 아니라 자신도 하야시와 견해가 같았기 때문이다. 심지어 일본의 그런 요구에 대해 공개적으로 지지하지는 못했지만, 마음 속에서는 그러한 한일 간의 협정이 대한제국에도 안전하다고 믿었다. 윤치호 자신이 정부의 대러시아 정책과 프랑스의 협력 사업 등에 불만이 많았고 황실에 대한 불신이 가득

한 터였다. 따라서 하야시의 이런 주장에 한마디 반론도 제기하지 못한 채 동조하는 모습을 보이고 있다. 오히려 하야시가 고종을 직접 알현할 수 있는 길을 열어준 셈이다.

윤치호의 이러한 처신은 고종으로서는 무척이나 당혹스러웠을 것이다. 그래서 고종은 8월 22일 하야시를 접견하려 하지 않았다. 다만 여러 대신에게 일본 공사의 주장을 들어보라고 지시했다. 윤치호는 외부 대신 서리로서 이 자리에 동석했고 8월 22일(일요일) 그 자리의 광경을 당일 일기에 남겨놓았다.

오후 4시에 하야시가 궁궐로 왔다. 황제가 병환 중이라 알현이 허락되지 않았으나 황제는 이지용, 민병석, 심상훈에게 일본 공사가 어떤 말을 하는지 들어보라고 임무를 맡겼다. 나도 외부 대신 서리 자격으로 배석해야 했다. 민종묵도 그 자리에 참석했다. 하야시는 심상훈에게 어젯밤 나에게 했던 것과 똑같은 이야기를 했다. 하야시는 협정서에 서명하겠다는 황제의 약속을 이행하라고 주장했다. 하야시의 말이 끝났을 때 나는 심상훈이 하는 말을 듣고 깜짝 놀랐다. "만약 귀하가 '일본 정부의 일본 대표'라는 문구를 바꾼다면 협정서에 서명하는 데 이의가 없겠소."

물론 하야시는 즉시 그 문구를 바꾸는 데 동의했다. 그래서 그 협정이 실질적으로 타결되었다. 심상훈은 하야시에게 이 사안을 내일 내각에 정식으로 통보하고 협의할 것이며 내일 오후 4시까지 협정서 서명을 위해 나를 보내겠다고 약속했다.

이어서 8월 22일 러일전쟁에서 일본이 승기를 잡은 상태에서 이른바 '고문 용빙에 관한 협정서'가 체결되었다. 하야시가 다음 날 본국 외무성에 보고한 문서에 8월 22일 체결 과정이 상세하게 담겨 있다. 《주한일본공사관기록》(1904. 8. 23)에서 관련 내용을 옮기면 다음과 같다.

협약 제3항과 관련하여 황제 본인이 음으로 반대하고 있는 사정은 이곳 제654호 전품(電稟) 중에 말씀드린 대로임. 또 외부 대신 이하영은 병으로 들어앉아 있어 협판 윤치호를 외부 대신 서리로 임명했으므로 도저히 이 사안을 결정할 권한이 없으므로, 본사(本使)는 어제(8월 22일) 서기관과 사이토 리키사부로(齋藤力三郎) 중좌를 대동하여 궁중으로 갔음. 폐하는 전례가 없다고 했으므로, 심(沈) 참정[심상훈]과 궁내부 대신[민병석]을 자리에 나오도록 청하여 제3항을 협약할 필요를 진술하고 동의를 구하여 폐하의 재가를 청한 결과, 한국 정부는 오늘 외부 대신 서리[윤치호]를 파견하여 3조에 동의를 표했음. 다만 제3항의 말단 '대표자' 세 글자를 삭제하자고 제의했음. 본사는 이에 동의하여 다시 어제 날짜로 3조 모두 기명하고 조인했음. 제3항의 전문은 다음과 같음.

한국 정부는 외국과의 조약 체결이나 기타 중요한 외교 요건, 즉 외국인에 대한 특권의 양여나 계약 등의 처리에 관해 미리 일본 정부와 협의한다.

일본 정부는 자신들의 최초 요구 사항을 관철한 셈이다. 더욱이 각서 초안에 불과했던 문서가 체결로 마무리되는 사이에 하야시가 스스로 규정하고 있듯이 구속력이 강한 '협약' 문서로 둔갑된 것이다. 각서와 협약은 국가 간의 협정 형식으로는 엄청난 차이가 존재한다. 전자가 당사국 정부 간에 책임을 지는 선에서 그치는 것인 데 반해 협약은 제삼국과의 관계에서도 효력이 발생하는 정식 국제 협정에 속한다. 일본 정부는 이러한 '한일 외국인 고문 용빙에 관한 협정서'의 제3조 외교권 제한 조항은 공공연한 방법으로 발표하는 것이 제삼국에 효력을 강하게 발휘할 것이라는 하야시의 조언에 따라 9월 5일자로 〈협약에 관한 일본 정부의 성명〉을 각국에 통첩했다. 다만 각서 초안의 '일본 정부의 일본 대표'라는 용어는 대한제국 정부의 요구로 '일본 정부'로 변경되었다. 대한제국 정부에는 '일본 정부의 일본 대표'라는 용어가 총독이나 통감을 연상시키는 표현으로 비친 게 아닌가 한다. 훗날 학계에서는 이 협정서를 두고 '제1차 한일협약'이라 불렀다. 협정서 내용은 다음과 같다.

1. 대한 정부는 대일본 정부가 추천하는 일본인 1명을 재정 고문으로 삼아 대한 정부에 용빙하고, 재무에 관한 사항은 일체 그의 의견을 물어 시행할 것.

1. 대한 정부는 대일본 정부가 추천하는 외국인 1명을 외교 고문으로 삼아 외부에 용빙하고, 외교에 관한 요무(要務)는 일체 그 의견을 물어 시행할 것.

1. 대한 정부는 외국과의 조약 체결이나 기타 중요한 외교 안건, 즉 외국인에 대한 특권 양여와 계약 등의 처리에 관해 미리 대일본 정부와 협의할 것.

광무 8년 8월 22일 외부 대신 서리 윤치호
메이지 37년 8월 22일 특명 전권 공사 하야시 곤스케이 협정서는 대한제국의 재정, 외교를 장악하여 대한제국의 보호국화를 한층 진전시키려는 일본의 의도가 철저하게 관철되고 있다.

당시 황현은 이 협정서 내용을 파악했을뿐더러 〈대한시설강령〉역시 입수했다. 〈대한시설강령〉의 골격은 ① 방비를 완전히 할 것, ② 외정을 감독할 것, ③ 재정을 감독할 것, ④ 교통기관을 장악할 것, ⑤ 통신기관을 장악할 것, ⑥ 척식(拓殖)을 도모할 것 등 6개 항목이었다. 또한 '한일 외국인 고문 용빙에 관한 협정서'가 초래할 고문정치의 문제점을 다음과 같이 지적했다.

진황지(陳荒地) 개간 협약안이 철회되었다고 하지만, 이 협약안이 나온 이후 그 이권에 대해 치를 대가는 열 배 내지 백 배에 그치는 것이 아니라 거의 나라라고 할 수 없을 정도가 될 것이다.

메가타 다네타로(目賀田種太郎)라는 자는 저들 정부에서 대장성 주세국장(主稅局長)을 10여 년 동안 지냈기 때문에 일본에서는 재정가로 일컬어졌다. 그리고 스티븐스라는 자는 워싱턴 주재 일본 공사관에서 수십 년 동안 있었던 사람이므로, 국적은 미국인이지만 실상은 일본인이었다.

윤치호는 이러한 협정을 체결한 뒤 메가타 고문을 만났다. 10월 4일 일기에서 그 광경을 적고 있다.

일본의 체신성(遞信省) 대신 오우라(大浦)와 재정 고문 메가타 다네타로를 위해 창덕궁 주합루에서 열린 오찬에 참석했다. 오우라 씨는 몸이 불편해 오래 남아 있지 않았다. 일본 공사관 직원과 일

메가타 다네타로(1853~1926)
1904년 재정 고문을 맡아 일본의 대한제국 재정
장악에 큰 역할을 했다.

본 군인이 많이 참석했다. 한국인과 일본인은 마치 물과 기름처럼
서로 겉돌았다. 만약 일본인이 진실하고 관대하며 선량하다면 나
또는 우리는 어떻게든 그들과 마음과 영혼을 함께하고자 노력했을
것이다. 하지만 그들의 정책에 담겨 있는 야비함과 잔재주와 철저
한 이기심 때문에 나와 여타 한국인들은 언제나 일본인과 거리를
두고 있다.

명성황후가 창덕궁에 머물 때 가장 애호하던 여름 거처 연경당을
다시 방문했다. 태을문(太乙門)은 예전처럼 그곳에 있었다. … 10년
동안의 실정이 다시 일본인을 이 아름다운 정원으로 불러들였다.
이번에는 우리 한국의 손님이 아니라 우리 한국의 정복자이자 주
인으로 말이다! 앞으로 10년 후 이 정원은 어떤 장면을 목격하게
될 것인가?

그리고 10월 17일 고문관을 고빙하는 계약이 체결되었다. 고문정치가 본격적으로 시작된 것이다. 정교는 그 소식을 듣고 "재정에 관한 일은 모조리 메가타 다네타로의 손아귀에 들어갔다"고 적었다. 이 와중에 전국의 전화, 우체 사업을 일본 정부에 의존하고 서북철도 부설사업도 모두 일본 철도감부(鐵道監部)에 의존했다. 그리고 대한제국 재정의 폐단을 시정하는 데 힘을 기울였다. 그중 지방 관아에서 30리[息]마다 백성들에게 일정 금액으로 물렸던 조세 운반비를 중지한 조치는 환영할 만했다. 황현은 이런 조치를 다음과 같이 적고 있다.

재정 고문 메가타 다네타로가 정부에 권하기를 각 군 공금의 운송비 제도[各郡公金息駄]를 폐지하라고 했으나, 탁지부 대신 민영기는 저항하지 못하고 명년 봄에 폐지하겠다고 했다.

이어서 이른바 '화폐 정리 방침'을 수립하고 대한제국의 화폐와 재정 장악을 위한 기초 작업에 들어갔다. 대한제국에 국고은행이 부재하다는 이유로 금고를 설치하고, 국고금 취급을 일본 제일은행에 위탁하며 정부 세입을 모두 제일은행에 예입하기로 했다. 그리고 대한제국 화폐를 회수하고 제일은행 화폐를 유통시키고자 했다. 그 결과 11월 28일 재정 고문은 동화 주조를 정지하고 전환국을 폐지했다. 이렇게 어수선한 가운데 1904년도 저물고 있었다. 이즈음 일본의 러일전쟁 승리가 분명해지는 가운데 외교 고문 스티븐스가 입국했다. 이제 일본은 메가타와 스티븐스를 통해 대한제국의 재정과 외교를 장악하기 위해 박차를 가했다.

그리하여 해가 바뀐 1905년 1월 19일 〈화폐 조례 실시에 관한 건〉을 발표하여 형체, 양목(量目)이 동일한 화폐를 자유로이 통용할 수 있게 했다. 또 구화폐 통용 기한을 정하여 교환하는 조치를 취했다. 구래의 대한제국 화폐를 사장시키는 것이었다. 1월 27일에는 대한제국 정부가 제일은행과 화폐정리계약과 정리자금차입계약, 국고금 취급에 관한 계약을 체결함으로써 화폐 주권이 사실상 일본에 넘어갔다. 그리고 1월 30일 일본 제일은행과 300만 원 차관조약에 조인했다.

이런 사태를 직접 목격한 뮈텔은 2월 1일 일기에서 금본위제 시행과 화폐정리사업이 한국 경제에 가져올 영향을 언급했다. 그의 말대로 "일본이 조선 경제를 장악함을 의미"했다.

윤치호도 훗날이지만 화폐정리사업의 부작용을 1905년 11월 10일 일기에 적었다.

이런 돈 가뭄은 모든 계층과 개인들에게 이루 말할 수 없는 고통을 안겨주고 있다. 이번 자금 핍박의 원인은 쉽게 알 수 있다.

1. 통화량의 급격한 감소. 가령 한국이 거래하기 위해 화폐가치가 떨어지는 2,000만 달러어치 니켈 달러[백동화]를 갖고 있다고 가정하자. 투기꾼들은 그 주화를 액면가의 5분의 1에 사들인 뒤 한국 정부에 더 비싼 값으로 팔았다. 따라서 실질적으로 한국은 현재 그 돈의 원래 총량의 약 5분의 1이나 4분의 1만 가지고 있는 셈이다.

2. 새로 발행되는 주화나 유통되던 돈이 일본인과 중국인 수중에 들어가 은행에 묶여 있는 상태다.

3. 다른 지역에서 세금으로 징수된 돈은 제일은행이나 탁지부로

곧장 전달된다. 세금으로 그 지역의 생산품을 사들이던 과거의 방식[외획]이 더는 통용되지 않기 때문에 농민들은 자신이 납부한 돈을 다시 접하게 될 기회가 없어졌다.

파산이 엄청나게 빈번하다. 사업이 막다른 골목에 있다. 농산물 가격은 밑바닥을 치고 있다. 이로 인해 이익을 얻을 사람은 일본인을 제외하고는 없다.

대한제국 재정권이 일본에 넘어가는 순간이었다. 여기에 더해서 전신, 우편, 철도사업 등 국가 인프라 사업이 일본에 위탁되었다.

뮈텔의 2월 1일 일기에 따르면, 심지어 정부는 지난 1895년과 1896년에 한국인들의 의분의 결과로 피해를 입은 일본인들에게 보상금을 지불해야 했다. 1905년 2월 1일 《관보》에 한일 우의(友誼)의 증진을 위해 1895년과 1896년 반일 의병으로 인해 피해를 입은 일본인의 유족들에게 보상금으로 내탕금 18만 3,750원(元)를 내린다는 조칙이 실렸던 것이다. 당시 황현은 이런 소식을 듣고 "이러한 조치는 일본의 뜻에서 나온 것"이라고 평했다.

또한 구미 고문들이 대거 해촉되었다. 뮈텔은 프랑스인 법률 고문 크레마지가 찾아와 하소연하는 장면을 1905년 6월 1일 일기에 적으면서, 그의 고용 기간이 갱신되지 않고 5월 29일자로 만료되었다고 전했다. 이제 일본의 대한제국 지배를 방해할 나라는 밀려났다. 뮈텔도 이러한 사태를 예의 주시하면서 천주교의 살길을 모색하기 시작했다.

일진회의 탄생과 성장

일본은 러일전쟁을 치르는 가운데 자신들의 침략에 방해가 된다고 판단되는 단체를 억압하는 데 힘을 기울였다. 그중 보부상 단체가 주된 탄압 대상이었다. 보부상 단체를 고종의 정치적 기반을 지탱하는 사회단체로 여겼기 때문이다.

이러한 인식은 윤치호의 경우도 마찬가지였다. 평소에 눈엣가시 같던 보부상 단체가 일본에 의해 해산되었다는 소식을 듣자 8월 6일 일기에서 그 소회를 적고 있다.

일본군 본부가 길영수, 이재화(李在和)를 해고했다. 1898년 황제는 독립협회를 해산시키기 위해 길영수, 이재화, 원세상(元世常) 등이 우두머리로 있는 보부상을 고용했다. 올해 대중 집회를 소집하려 한 이들은 일본군에 의해 해산되었다. 이것은 일종의 응징인가?

보부상 단체의 해산을 독립협회 해산에 대한 응징으로 인식하면서 고소해하는 모습이 역력하다.

그리고 얼마 뒤인 1904년 8월 20일 일본을 적극 지지하는 일진회가 설립되었다. 일진회는 1904년 대표적인 친일파 송병준이 일본의 비밀 명령을 받고 설립한 친일 단체로, 동학 간부 이용구와 독립협회 인사 윤시병 등이 적극 참여했다. 의병들이 일진회 회원들의 매국 활동을 공격했지만, 일진회는 오히려 문명화를 내세우며 을사늑약 체결을 적극 지지했으며 일본의 대한제국 강점에 적극 동조하여 이른바 한일합방 운동을 주도했다.

정교는 일진회의 설립 과정과 주도 세력을 다음과 같이 기록하고

송병준(1857~1925)　　　　　이용구(1868~1912)

있다.

　윤시병 등이 일진회를 설립하다.
　처음에 판서 민영익의 겸인(傔人) 송병준이 일본으로 몰래 가서
여러 해를 머물렀다. 이 무렵 귀국하여 진고개 소재 일본인 집에서
머물렀다. 송병준은 몰래 윤시병을 불러서 민회 하나를 설립하도
록 사주했다.
　윤시병은 독립협회가 해산된 뒤부터 마음속이 늘 정부에 대한
불만으로 가득 차 있었다. 그리하여 유학주 등과 의견을 모아 모임
을 만들었다. 명칭을 '유신회(維新會)'라 정하고, 그 취지서를 정부
에 통첩했다.
　8월 20일 대광교(大廣橋) 아래의 지전 도가에서 모임을 가졌다.
경무사 신태휴가 황제의 명령을 받들어, 총순, 순검을 나누어 보내 해산하라고 효유했다. 일본 헌병이 그 일을 저지하면서 말하기를 "만약 여기에 모인 사람들의 언론이 옳지 않다면 귀 순검들이 이들을 잡아가는 것을 기다리지 않고 마땅히 일본 사령부에서 잡아갈 것입니다. 단지 앞으로 어떻게 돌아가는지를 살펴보아도 늦지 않습니다" 하니, 순검들은 감히 손을 대지 못했다. 이에 윤시병이 임시 회장으로서 개회를 선언하고 많은 사람에게 말하기를 "이 모임의 명칭인 '유신' 두 글자에 대해 임금께서는 미흡하다는 생각을 가지고 있습니다. 그러므로 '일진(一進)'으로 고쳤습니다"라고 했다. … 이때부터 경솔하고 추잡하며 요행을 바라는 무리들과 독립협회의 남은 패거리 가운데 홍긍섭, 염중모같이 관직을 탐하는 무리가 이 단체에 다수 참가했다. 윤시병은 회장이 되어, 정치를 개혁하라고 정부를 협박하거나 나랏일의 위급함에 대해서 집회 참석자들에게 연설했는데, 그 좋지 못한 몰골들이 매우 시끄럽고 떠들썩했다.

정교는 독립협회 활동을 벌인 장본인이면서도 일진회의 발족에 대해서는 결코 호의적이지 않았다. 독립협회 일부 인사가 일진회를 주도하고 있음을 인지하고 있지만, 이들이 관직을 탐하며 나랏일에 대해 극성스럽게 간섭하고 있다고 판단한 것이다. 특히 황현은 일진회에 가입한 무리들의 심경을 다음과 같이 언급했다.

일진회를 창설할 때 윤시병 등이 사람들을 속이며 유인하길, 나라의 정국이 장차 바뀐다고 하면서 관리를 모두 일진회에서 선출하여, 높은 사람은 정부에 있고 아랫사람은 관찰사와 군수로 있을 것이므로 비록 향장(鄕長)과 이장(里長) 자리라도 일진회 회원이 아니면 감히 넘볼 수 없었다고 했다.

이에 어리석은 사람들은 부러워하여 움직이니 다투어 논밭과 집을 팔아 일진회에 돈을 댔으며 멀리 떨어진 외딴 시골 사람들도 미친 듯이 달려나가, 매달 서울의 일진회로 모인 돈이 100만 냥을 헤아렸다. 그러나 그 후 얼마 안 되어 그들의 가산이 파산하고 재물이 다 떨어져도 반응이 없고 벼슬자리가 돌아오지 않자 자신의 행동을 뉘우치며 다시 머리를 기르는 사람들이 많았으며, 혹은 신문에 기사를 실어 욕하고 꾸짖기도 했다.

이어서 황현은 일진회의 주축이라 할 동학도의 활동에 주목했다. 1904년 9월 평안도에서 활동하던 동학도가 군중을 선동하자 이를 우려했다. 이들 역시 일본군이 묵인했기 때문에 정부 관리들이 집회를 금지하지 못했다.

평안도에 동학도가 크게 일어나 포[包, 동학의 조직]를 설치하고 군중을 선동했다. 많은 곳은 수만 명이었으며 적은 곳은 4,000~5,000 명이었으므로 부(府), 군(郡)에서는 그들을 금지하지 못했다.

지규식도 황현과 마찬가지로 동학도의 활동을 우려하면서 시국을 한탄했다. 그는 9월 26일(양력) 일기에서 다음과 같이 적고 있다.

이원춘이 서울에서 내려왔다.《제국신문》과《한성신문》10여 장을 가지고 왔다. 읽어보니 나라 형편이 어쩔 도리가 없음은 이루

낱낱이 들 수 없고, 동학이 또 일어나서 각 도와 각 읍에서 시끄러운 이야기가 크게 성해 민심이 흉흉하다. 매우 한탄스럽다.

동학도가 일진회의 활동을 지원하기 위해 봉기한 사실에 충격을 받았던 것이다.

한편, 일본은 황무지 개간권을 확보하기 위해 일진회 해산에 동의했다. 일본에게 일진회는 어디까지나 이용 대상에 지나지 않았기 때문이다. 윤치호는 9월 23일 일기에서 일본군의 일진회 이용 실태를 다음과 같이 전하고 있다.

최근 일진회는 몇 가지 단호한 조치를 취했다. 회원들의 상투를 자른다든지, 현영운, 이용태 같은 인사에 대한 반대 운동을 시작한 것이다.

일진회는 단지 묵인 아래 유지되는 것이 아니라 일본군 당국의 은총을 받고 그들의 보호 아래 유지되고 있다. 일본 경찰 2명이 한국 경찰과 군인의 방해를 막기 위해 일진회의 경비를 서고 있다. 이것은 다소 의심스러운 일이다. 대중 집회를 개최할 기미만 보여도 모두 차단하는 일본 당국이 한국인의 이익을 위한다는 순전히 이타적인 배려로 정치 단체를 적극적으로 보호할 가능성은 높지 않다. 일본인의 이러한 수상쩍은 태도 때문에, 존경할 만한 한국의 인사 대부분이 일진회를 멀리하려고 한다.

다시 내가 가장 두려워하는 것은 일진회가 반정부적 행보를 취하도록 일본이 부추겨 일진회에 대한 황제의 공포심과 증오심을 불러일으키는 것이다. 그렇게 되면 일본은 황제와 협상해 나가모리 책략 같은 몇 가지 양도권을 갖는 조건으로 일진회를 억압하게 만들지도 모른다.

반면에 윤치호는 일진회가 일본의 지원을 받고 있음을 인지하면서도 일기 어디에서도 결코 자신의 생각을 드러내지 않았다. 오히려 9월 30일 일기에서 다음과 같이 적고 있다.

모든 실질적인 목적을 위해서 일진회는 문고리처럼 죽었다. 일본이 일진회에 대한 지원과 보호를 철회했고, 이제 황제와 현영운의 너그러운 자비심에 일진회의 운명이 달려 있다는 것은 공공연한 비밀이다. 이런 비열한 행동을 통해 일본은 나가모리의 양도권을 허가받으려고 한다. 만약 저주가 한 인간을 죽일 수 있다면, 형편없는 황제는 이미 죽어서 가장 낮은 구덩이로 떨어졌을 것이다. 아주 오래전에 말이다.

그는 일본이 일진회에 대한 지원과 보호를 철회하는 조건으로 황무지 개간권을 확보하려고 했다고 지적하는 한편, 이를 승인하고자 하는 고종에게 악담을 퍼붓고 있다. 그는 10월 13일 일기에서도 여전히 일진회의 전망을 어둡게 보고 있다.

오늘 아침 10시 하세가와 요시미치 장군이 서울에 입성했다. 그는 한국에서 일본군을 지휘할 것이다. 일진회 사람들은 희망에 찬 것 같다. 몇몇 일진회 사람들은 일진회가 한국의 생명을 질식시키고 있는 더러운 것들을 깨끗이 치우는 방식으로 서울에서 해야 할

굿은일이 있다고 말한다. 일본인이 일진회가 어떤 일, 즉 한국에 좋은 일을 하도록 도와줄지 의문이다.

그러나 일진회는 윤치호의 예상과 달리 극성을 달리고 있었다. 오히려 시골에 있던 지규식이 정확하게 보고 있었다. 지규식은 10월 27일(양력) 일기에서 일진회의 횡포를 다음과 같이 언급했다.

서울 소식을 들으니 "일본인이 일진회가 야료를 부리도록 하고, 일본이 탁지부·군부·경무청의 제반 권리를 거의 모두 총독(總督)하여 대한(大韓)의 신료들은 자유롭게 행사할 수 없다"고 하니 몹시 통탄스럽다.

황현도 일진회가 일본의 도움으로 승승장구하고 있다고 우려했다.

일진회 회원들은 모두 삭발을 하고 각 도에 지회를 설치했다. 회장 윤시병이 그의 무리 윤갑병, 윤길병, 염중모, 홍석후, 김명준 등과 몰래 의논하여, 왜와 결탁하여 후원을 받지 않으면 마침내 형세가 고립될 것을 두려워하여 끝내 일본인에게 의탁하고, 또 삭발을 자원하여 점차 단발할 뜻을 보였다. 일본인들은 이것을 빙자하여 이들을 이용하기 위해 이러한 요청을 받아들이고 그들을 비호하고 자금을 지원했다. 그리고 일진회를 대한 정치를 개량할 본부로 삼아야 한다고 내세우면서 이치상 응당 협찬해야 할 것이며 저지해서는 안 된다고 했다. 그리하여 병사들을 파견하여 그들의 회의 장소에 참석하도록 했다.

이어서 황현은 당시 일본군의 일진회 지원 실태를 다음과 같이
언급했다.

참정 신기선과 내부 대신 이용태 등을 면직하고, 군사와 경찰에
대한 조례를 반포했다. 그리고 11월 24일, 개혁을 요구하는 일진회
를 정부가 경찰과 관리를 동원하여 탄압하자, 일본인들도 군대를
배치하여 비상사태에 대비했다.

일본은 일진회 지원에 그치지 않고 더 나아가 대한제국의 경찰권
마저 손에 넣고자 했다. 황현이 일본의 이러한 침략을 다음과 같이
고발하고 있다.

이때 어떤 일진회 회원이 돌을 던져 일본인 한 사람을 다치게 하
자, 일본인들은 한국 경찰의 잘못으로 간주하여 대대장 이하 장교
6명, 사졸 7명을 포박하라는 전령을 내렸다. 다음 날 하야시 곤스
케, 하세가와 요시미치 등은 담판을 하여 신기선 등의 관직을 체직
했다. 며칠 뒤 일본인들은 또 우리 정부를 협박하여 우리나라 경찰
이 치안 유지 능력이 부족할 뿐 아니라 도리어 방해가 되므로 지금
부터 전국의 경위권(警衛權)을 일본 군대 행정관의 손에 들어가도
록 했다.
이때 하야시 등은 국내 및 각국 공사에게 지금부터는 한국인과
외국인을 막론하고 일본 군사와 경찰의 명령을 따라야 한다고 포
고했다. 드디어 19개 조항을 반포하고 이를 범한 자는 모두 일본
사령관의 손을 거쳐 직접 형사상의 처분을 받도록 한다고 했다.

뮈텔도 이 소식을 듣고 12월 29일 일기에 일본 헌병과 군대가 한국 군인들의 일진회 집회 해산 과정에 개입하여 한국 군인들에게 부상을 입혔다고 적었다. 물론 일진회 회원 중에도 부상자가 속출했다. 이런 상황에서 일본군은 노골적으로 일진회를 지원하는 가운데 한국의 경찰권마저 장악하고자 했다. 그렇게 해서 전쟁으로 시작한 한 해는 또다시 폭력 사태로 저물고 있었다.

황현은 저간의 사정을 다음과 같이 전하고 있다.

전주 부민들은 일진회의 방자함과 횡포에 분개했다. 부사 김한수 등이 창의소(倡義所)를 설치하고 의병을 모집하여 일진회를 공격하다가 패배하여 사상자가 다수 발생했고, 의병들은 은진의 강경포로 물러나 주둔하고 있었다.

그 후 전주부에서는 경계를 엄히 하고 여러 고을로 통문을 보내 의병을 일으킬 것을 독려하니 전라북도 지방이 크게 흔들렸다.

일본군의 지원을 받는 일진회에 밀려 물러난 의병들은 대한제국 일부 관리들의 지원을 받아 다시 일어나고자 했다. 이제 의병과 일진회의 싸움이 본격적으로 시작되었다.

최익현의 상소 투쟁

위정척사파의 정신적 지도자 최익현이 일본의 침략이 본격화되자 적극 활동에 나섰다. 1905년 이전만 하더라도 최익현의 상소는 주로 사대 조공 질서의 폐기를 비롯한 예법 문제를 비판하는 데 중점을 둔 반면, 이후에는 황실 재정의 근간인 내장원의 농민 수탈을 비롯하여 일본의 각종 침략을 규탄하는 것으로 옮아갔다. 정교는 최익현의 1904년 12월 24일(음력) 상소 내용을 전하고 있다.

신은 원컨대 폐하의 마음에서부터 먼저 타국에 의부하려는 뿌리를 끊어버리시고, 폐하의 뜻을 확립하여 흔들리거나 굽히지 아니하여 차라리 자주를 하다가 망할지언정 남을 의지하여 살지는 않아야 할 것입니다. 무릇 여러 신하 가운데 친러파니 친일파니 하는 자들은 모두 저잣거리에서 죽여 시신을 널고 일국을 호령하여야 합니다. 그런 뒤에 내수(內修)하는 방도를 부지런히 힘쓰시고 속히 자강하는 모책을 도모하소서.

정교는 당시 최익현이 위정척사론에서 점차 내수자강론자로 변모해 가는 모습을 발견하고 이를 옮긴 것일까. 유학자로서 좀처럼 취하기 어려운, 부국강병을 추구하는 모습이 보인다. 특히 1905년 3월 최익현의 상소문은 정교의 눈에 확 띄었을 것이다.

저 이웃의 적국이 그래도 나라를 집어삼키려는 술책을 써서 기필코 제멋대로 악행을 부리고자 한 즉, 우리는 진실로 이미 세계 여러 나라와 굳은 약속을 맺어서 국제법을 통용하고 있으니, 어찌 각국에 공문을 보내 회합하여 담판하면 세계의 공론을 구하지 못하겠습니까? 만약 우리 스스로 하는 일 없이 여전히 무능한 태도만 취한다면, 저 이웃의 적국은 참으로 우리를 제 주머니 속의 물건처럼 여길 것이며 각국에서도 당연하게 여겨 공분이 일어나지 않을 것입니다.

최익현은 주변 국가가 대한제국을 침략한다면 국제법을 활용하여 대응할 것을 제안하고 있다. 중국 중심의 화이관에서 벗어나 서양의 법이라 할 국제법을 적극 활용하면서 주권을 수호하겠다는 의지를 보여준다. 위정척사파의 정신적 지도자가 세계 대세의 변화와 국가적 위기에 당면하여 근대적인 국제법을 활용해야 한다고 주장하는 내수외교론자(內修外交論者)로 바뀌었음을 확인할 수 있다.

또한 정교는 최익현의 상소를 인용하면서 최익현의 일진회에 대한 인식도 전하고 있다.

저 백성들이 스스로 외국 사람들의 앞잡이 노릇을 하는 것을 달갑게 여기는 것은 본디 미련하고 완고해서입니다. 그러나 진실로 그 근원을 따져보면 관리들이 탐오하고 학대하여 민심을 잃어 백성들이 본성을 잃고 이 지경에 이르렀습니다.

정교는 위정척사파 최익현과 정치 노선 및 지향을 달리했지만, 일진회의 등장을 관리들의 탐학에서 찾고 있는 자신의 견해를 최익현의 상소에 기대어 피력한 듯하다. 러일전쟁 와중에 일진회의 친일 행각이 점차 두드러지면서, 한국인 다수는 러일전쟁 초기와 달리 대한제국 정부에 대한 원망을 잠시 접어두고 일진회를 공격하기 시작했다. 그 시점은 일진회의 작폐가 본격적으로 공론화되고 일진회 배척 창의소가 설치된 1905년 3월이었다.

이즈음 최익현이 일본 헌병에 체포되었다. 정교는 그 이유를 전하고 있다.

3월 10일 일본인이 외부(外部)에 조회했다. 그 대략에 이르기를,

"최익현이 상소 안에서 일한의정서(日韓議定書)를 배척하고 '이웃한 적국'이라고 불렀습니다. 이는 바로 두 나라의 우호 관계에 손해를 끼치는 행위입니다. 전(前) 비서원 승 허위도 그 일에 참여했습니다. 귀 정부에서 엄중하게 처단해 주십시오"했다. …

3월 11일 일본 헌병이 최익현, 김학진(金鶴鎭), 허위를 붙잡아 갔다. 헌병 대장이 최익현에게 트집을 잡아 따져 물었다. 최익현이 몹시 욕하고 꾸짖으며 말하기를,

"나는 팔십 먹은 늙은이로서, 우리 임금님을 위하여 곧은 말로 감히 간하는 것은 바로 천성에서 나온 것이다. 무엇 때문에 나를 협박하고 능욕하는가?"

했다.

그 뒤 최익현은 석방된 뒤 서울 서강(西江)에 있다가 3월 25일 일본 헌병대에 의해 충청남도 정산(지금의 청양군) 시골집으로 압송되었다.

반면에 황현은 최익현의 이 상소문을 전혀 언급하지 않았다. 황현에게 국제법은 여전히 오랑캐의 문물에 불과했던 걸까? 다만 황현은 최익현이 이런 상소로 인해 일본군에게 체포되어 정산 가택에 연금되자 지인으로부터 들은 이야기를 통해 그 광경을 상세히 전하고 있다.

최익현이 서울 집에 있을 때, 하루는 늦잠을 자고 있는데 창문 밖에서 사람들 소리가 시끄럽더니 일본인 10여 명이 문을 잡아당

겨 열고 말하기를, "우리 사령부에서 공을 부르니 공은 우리와 함께 가야겠습니다"라고 했다. 최익현이 "너희 사령부의 대장은 누구냐?"라고 묻자, 그들은 "하세가와 대장입니다"라고 했다. 이때 최익현은 화를 버럭 내며 "나는 우리 대한의 대관(大官)이므로 너희 대장이 하고 싶은 말이 있으면 와서 할 일이지 왜 부르느냐?"고 하자, 일본인들은 웃으면서 "사령부에서 부르는데 무슨 말이 그리 많습니까?"라고 하면서 일제히 올라와 결박을 지을 형세였다. 최익현은 탄식하면서 "국가가 무력해진 것이 이런 지경에 이르렀는가? 내가 일찍 죽지 못한 것이 한스럽다. 그러나 공연히 흉측한 욕을 당하느니 차라리 스스로 가서 그자를 통쾌히 꾸짖어 주어야겠다" 하고 이어 말하기를, "너희들은 나를 결박 지을 필요가 없다. 내가 가겠다"고 했다.

이에 일본인들이 인력거를 부르자 최익현은, "나는 내가 타는 교자가 있는데 왜 너희들의 인력거를 타겠느냐?"라고 하고 세수를 한 후 건(巾)을 쓰고 술 두어 잔을 마시고는 교자를 타고 출발했다. 이때 그의 아들 최영조(崔永祚)가 따랐다. 명동 사령부에 도착하니 다른 사람들은 문밖에 있게 하고 최익현 부자만 들여보냈다.

구례의 상인 강 아무개가 일찍이 최익현을 만난 적이 있었는데, 마침 서울에 들어와 그의 집을 방문했다가 구속될 때의 상황을 목격하고 돌아오는 길에 나에게 말해준 것이다.

이러한 내용은 정교의 《대한계년사》에 나오지 않는 이야기로 황현이 지인을 통해 들은 이야기를 정리한 것이다. 황현은 자신이 존경하는 최익현의 당당하고 반듯한 자세를 말하고 싶었던 것으로 보인다.

이어서 황현은 최익현의 이후 활동을 다음과 같이 전하고 있다.

　최익현이 포천에서 샛길로 걸어 서울에 들어온 후 또 상소를 했다. 이때 일본인들은 그 사실을 알고 그가 머물고 있는 집을 찾으므로 새문[新門] 바깥에서 서강(西江) 사이에 있는 객관은 모두 소란했다. 그리고 그를 발견한 즉시 기차에 실어 강제로 정산 고향으로 돌려보냈다. 그가 포천에서 정산으로 옮긴 지 이미 몇 해가 되었기 때문이다.

　최익현이 비록 두 번이나 일본인들에게 잡혀서 쫓겨났으나 일본인들은 그를 매우 존경하면서도 어려워했다. 그가 묵었던 객관에는 그를 논평한 글이 있었다. '충성스럽고 우직하다(忠戇愚直)', '충성과 강직함으로 감히 하기 어려운 말을 했다(忠直敢言)', '강직하여 죽음을 두려워하지 않았다(勁不畏死)' 등이었다. 이런 말들이 신문에 연이어 게재되었다. 또 그의 가세(家世), 사우(師友)·연원(淵源), 평소 언행, 출처(出處), 대절(大節) 등을 발췌하여 한 권의 책을 만들어 이것을《최익현약사(崔益鉉略史)》라고 하여 서로 돌려가며 읽었다.

이때 정교는 전 시독 강원형, 유학 여중룡, 전 참봉 우용택 등이 일본군 사령부에 서신을 보내 최익현을 비롯한 몇몇 인사를 잡아간 사실을 따지고 꾸짖었다고 적었다. 또한 이들이 일본인이 국제법을 위배하고 정부를 압박한 일에 대해서 각국 공사에게 서신을 보냈다고 덧붙였다.

일본의 승리와 포츠머스 조약

러일전쟁이 전개되는 와중에 일본군 승리 소식이 속속들이 국내에 전해졌다. 그중에서도 압권은 일본군의 뤼순 점령이었다. 이러한 소식은 재한 일본인들을 흥분의 도가니로 몰아넣었다. 황현과 정교는 이 사실을 담담하게 적었지만, 러시아와 동맹 관계였던 프랑스의 신부 뮈텔은 전쟁 상황을 자세히 기록하면서도 달갑지 않은 표정이었다.

황현은 일본군의 뤼순항 점령 소식을 전하면서,《황성신문》1905년 4월 1일 기사에 근거하여 고종의 국서 내용을 다음과 같이 전하고 있다.

의양군 이재각이 대사로 임명되어 일본으로 들어갔으니 일본인의 뤼순 승첩을 축하하기 위해서였다.

지난해에는 겨울 날씨가 따뜻했다. 이것은 수십 년 만에 처음 있는 일이므로 왜병들은 랴오둥에서 싸울 때 추위에 따른 고통을 느끼지 않았다. 그러나 평톈 전투에서 러시아인들이 훈허(渾河)를 방어시설로 믿고 전혀 대비하지 않았다가 홀연히 하룻밤 사이에 강이 꽁꽁 얼어붙었는데, 왜병들이 재빠르게 건너가 뜻하지 않게 나타나 석권하며 진격하자 러시아는 크게 패하고 말았다. 이때 사람들은 하늘이 러시아를 망하게 했다고 했다. 이재각은 떠날 때 국서를 가져갔는데 내용은 다음과 같다.

"짐이 생각할 때 이번에 귀국이 병력을 출동하여 무력을 떨친 것은 오직 우리 동양을 유지하기 위한 것이므로 이야말로 옛날에도 드문 쾌거라고 하겠습니다. 그 출병은 명분이 있었기 때문에 의기

일본군에 격파된 뤼순항의 러시아 함대

(義旗)가 가는 곳마다 파죽지세를 이루었으니, 라오양을 점령하고 뤼순을 함락할 수 있었습니다. 펑톈 승리에 이르러서는 군의 명성이 더욱 떨쳐져서 장차 폐하의 위신이 멀리까지 베풀어지고 그 공리(功利)가 널리 미칠 것이니, 짐은 마땅히 동맹국의 군주로서 어찌 간략히 축하 인사만 하겠습니까? 이에 황족인 의양군 이재각을 특파함에 대사로 임명하여 친서를 가지고 가서 손을 한데 모아 축하를 드리고, 또 토산품 몇 점으로 짐의 우의를 표하는 바이오니 기꺼이 받아주시기를 바랍니다."

러일전쟁에서 일본이 승기를 잡자, 대한제국 정부가 러시아의 승리를 고대했던 고종의 속내와 달리 일본의 전승을 축하하는 이벤트를 벌였다고 전하고 있다.

이때 뮈텔은 1월 3일 일기에서, 일본인들이 뤼순항의 함락을 축하하는 제등 행렬과 불꽃놀이를 했다는 소식을 담담하게 적었다.

그러나 이후 일기에서는 전황을 자세히 적고 있다. 3월 10일과 3월 13일 일기에서, 일본군의 평톈 점령 소식을 전하는 가운데 양쪽 군대의 전과와 피해 현황을 상세하게 적었다. 특히 일본군의 발표 내용을 일기에 그대로 기록했는데, 러시아군 포로와 전사자, 부상자가 각각 4만 명, 2만 1,500명, 9만 명이며, 대포 60문, 군기 2개, 막대한 양의 군수품 등을 노획했다. 한편 일본군 사상자는 총 4만 1,222명에 이르렀다.

5월에는 러일전쟁의 절정이라 할 쓰시마 해전에 관한 소식이 뮈텔에게도 전해졌다. 뮈텔은 5월 28일과 5월 30일 일기에 러시아 함대가 전멸되었다고 적었다. 그리고 6월 3일 일기에는 서울에 거류하고 있는 일본인들이 일본군의 전승을 자축했다는 소식을 전하고 있다.

일본군의 승리에 따른 한국 거류 일본인들의 흥분 상태는 뮈텔의 신변에도 영향을 미쳤다. 뮈텔의 6월 11일 일기에 따르면, 한 일본군이 뮈텔의 거듭된 경고에도 아랑곳없이 매춘부와 함께 명동성당 구내로 들어와 멋대로 정원 벤치에 앉았다. 이 광경을 목격한 비에모 신부는 그의 군모를 잽싸게 벗겼고 일본군은 모자를 도로 뺏으려다가 붙잡히고 말았다. 일본군은 이후에도 자주 행패를 부렸다. 프랑스와 동맹 관계를 맺었던 러시아의 패배로 뮈텔의 권위가 실추되었기 때문이다.

황현도 러일전쟁의 전황이 초미의 관심사였다. 양군의 전투 양상을 전하면서 일본군의 승리 요인을 적고 있다.

러시아는 뤼순을 잃은 이후 황해로 진출할 길이 끊기자, 제2함대를 출동하여 발틱해로 진출한 후 인도양을 돌아서 대남양[大南洋,

남태평양]을 지나 10만 리 길을 가느라 무려 8~9개월이 걸렸다. 그들이 갑자기 쓰시마 어구에 이르자 일본인들은 미리 정탐하여 준비하고 있다가 그들을 요격했다.

이때 주객의 형세가 달라 편안히 있던 군사들이 피로한 군대와 격전을 벌이므로 러시아는 결국 대패하고 말았다. 그 병함은 왜병의 화기에 맞아 침몰하고, 체포된 선박은 23척이었으며, 장교 이하의 사망자는 수만 명이나 되었다.

이때 거제, 동래로부터 동쪽으로는 울릉도 앞바다에 이르기까지 우레가 치는 소리가 연일 끊이지 않았고, 일본은 우리나라에 조서를 보내 상선을 바다로 내보내지 말라고 했다.

이 전투에서 왜 해군대장 도고 헤이하치로(東鄕平八郞)의 전공이 가장 현저하여 일본인들은 오키시마(沖島) 지방에 기념 등대를 세워 이를 도고(東鄕) 등대라고 불렀다.

한편, 정교는 쓰시마 해전과 관련해서《황성신문》1905년 5월 31일 기사에 근거하여 다음과 같이 적었는데, 일본군의 전과를 상세히 전하고 있다.

러시아인들이 발틱 군함을 출동시켜 일본 쓰시마해협 동쪽 물길에 이르렀다. 5월 27일(음력 4월 24일) 일본 군함이 역습을 가해 러시아 함대를 대파했다. 러시아 전투함 2척, 해방(海防) 및 순양함 6척, 구축함 3척을 격침했다. 전투함 2척, 해방 및 순양함 2척, 구축함 1척, 특무선 1척을 빼앗았다. 러시아 해군 3,000여 명이 항복했다. 러시아 제1함 및 장교 이하 300명 그리고 제2함은 치쿠시[筑筑,

'筑紫'의 오자, 후쿠오카 해안] 연해 및 쓰시마에서 좌초되었다.

러시아 해군은 쓰시마 해전에서 이처럼 참패했다.

일본은 러일전쟁에서 승기를 잡았지만 장기화될 경우 자국에 절대 불리하다고 판단하고, 5월 30일 한국 포기 정책을 고수하고 있는 시어도어 루스벨트 미국 대통령에게 강화회담 중재를 정식 제의하여 전쟁 장기화 국면에서 벗어나고자 했다. 루스벨트는 일본으로부터 만주에서의 문호개방 원칙을 준수하겠다는 약속을 확인한 후 강화회담 중재를 수락했다. 그것은 만주를 침략하지 않을 것이며 미국의 이익을 침해하지 않겠다는 결단을 일본에 요구한 것이다. 그리하여 8월 10일부터 9월 5일까지 루스벨트의 주선으로 미국 포츠머스에서 러일 강화회담이 개최되었다.

여기서 일본은 한국에서의 우월권 및 한국 외교권 장악 인정, 전쟁 배상금 6억 달러 지급, 사할린 할양 등을 요구했다. 일본의 한국 점유는 이미 루스벨트의 한국 포기 정책으로 양해되었으나, 최대 걸림돌은 전쟁 배상금이었다. 이에 루스벨트는 사할린 남반부만 영유하고 배상금을 포기하라고 일본을 설득했고, 그 결과 메이지 천황의 배상금 포기 훈령으로 회담이 급진전되어 결국 타결에 이르렀다(1905. 9. 5). 포츠머스 조약 제2조에 "일본은 한국에서의 정사상(政事上)·군사상 및 경제상의 탁절(卓絶)한 이익을 가지며, 보호 및 감리의 조치를 취한다"고 명시하여 한국의 보호국 수립을 공식 승인한 것이다. 루스벨트는 동양에 평화를 가져왔다며 이듬해 노벨평화상을 수상했는데, 이는 한국을 희생시키고 얻은 값비싼 대가였다.

이즈음 러일전쟁이 어떻게 결론 날지 초조하게 기다리던 뮈텔은

포츠머스 조약 체결 당시의 러시아와 일본의 대표들

1905년 8월 31일에 이미 포츠머스 조약의 향방을 예상하면서, 러시아가 일본에 전쟁 배상금을 지불하지 않을 것이라고 이날 일기에 적었다. 덧붙여서 포츠머스 조약의 내용을 담은 제물포의 어느 벽보가 심하게 찢겨 있었다는 사실도 전했다. 전쟁 배상금이 없다는 소식에 제물포 거류 일본인들이 충격과 실망으로 벽보를 심하게 훼손한 것이다. 일본 본국의 반응은 그 이상이었다. 예상치 못한 포츠머스 회담 결과에 분노가 폭발했고, 히비야 사건이 일어났다. 이 사건은 1905년 9월 5일 일본 도쿄 히비야 공원에서 러일전쟁에 대한 보상 문제를 두고 불만을 토로하는 집회 중에 일어난 폭동이다. 뮈텔은 9월 11일 일기에서, 일본이 이러한 강화 조건에 동의한 것은 일본 역시 전쟁으로 기진맥진했기 때문일 거라고 짐작하면서 일본 국민들의 격분으로 도쿄가 혼란에 빠졌고 여러 성당이 불탔다는 소문을 적었다.

황현은 포츠머스 조약의 체결 과정과 결과를 여러 신문의 기사에 근거하여 상세하게 적었다.

러시아와 일본의 강화조약이 체결되었다. 미국 신문에 의하면, 양국이 전쟁을 시작한 이래 러시아의 사망자는 40만 명, 비용은 18억 달러이며, 일본의 사망자는 17만 명, 비용은 15억 달러라고 한다. 이때 일본은 나라가 작아 더욱 곤란해져서 미국인에게 몰래 뇌물을 바치고 화의를 주장했고, 러시아도 전쟁에 염증을 느껴 억지로 승낙을 하고 마침내 미국의 서울 뉴육부[紐育府, 뉴욕시, 포츠머스의 오기]에 강화회담 자리를 마련하고 서로 위원을 파견했다. 러시아는 세르게이 율리비치 비테(Sergei Yulyevich Witte), 일본은 고무라 타로(小村壽太郞)를 파견했다. 이 회담은 러시아가 굴복하여 이루어진 것이 아니니 배상 문제는 거론하지 않되, 다만 동삼성(東三省)의 철도를 양보하여 랴오둥에서 병력을 철수하고 사할린섬 반쪽 부분을 일본에 이속하기로 했다. 이에 왜 백성들은 미국 정부 건물로 모여 시끄럽게 책망하므로 병력을 파견하여 겨우 진정시켰다. … 러시아 파견원 세르게이 율리비치 비테는 "일본은 갑오년(1894)부터 한국의 독립을 거론했으나 지금은 한국을 배신하여 병탄하려는 징조를 보이고 있으니 공법(公法)이 어디에 있는가? 우리 러시아는 모든 열방(列邦)과 이 문제를 논하겠다"고 주장했다. 그러나 고무라 주타로는 아무 대답도 하지 못했고 강화조약을 체결할 때도 다 말하지 못하고 초조하게 대충 마무리 짓고 말았다고 한다.

정교는 포츠머스 조약, 그중에서도 특히 제2조의 내용을 빼놓지 않고 기록했다.

　강화조약의 제2조에 이르기를,
　"러시아는 일본이 한국에서 정사상·군사상 및 경제상 우월한 이익이 있음을 인정한다. 일본 정부가 혹 한국에 채택할 필요가 있다고 인정하여 취하는 지도·보호 및 감리 조처에 대해, 러시아는 이를 방해하거나 간섭하지 않을 일"
이라고 했다.
　10월 14일(음력 9월 16일) 비준했다.

　황현이든 정교든 포츠머스 조약이 미국과 영국이 일본의 한국 침략을 이미 승인했고 패전국 러시아도 이를 인정한 것임을 파악하는 것은 시간문제였다. 한반도의 운명이 여기서 결정되었다.

미국 대통령 딸의 한국 방문

시어도어 루스벨트는 일본의 포츠머스 회담 중재 요청을 수락한 가운데 그의 딸 앨리스 루스벨트(Alice Lee Roosevelt, 1884~1980)를 '아시아 순방 외교사절단'(이하 '순방단')이라는 이름으로 아시아 각지를 순방하게 했다. 순방단은 7월 25일 일본을 거쳐 7월 30일 마닐라로 향했는데, 이때 고종이 순방단을 대한제국으로 초청했다.
　순방단은 앨리스를 비롯하여 약혼자 롱워스(Nicholas Longworth) 하원의원, 뉴랜드(Francis G. Newlans) 상원의원, 길레트(Frederick H. Guillete) 하원의원, 코빈(Corbin) 장군, 트레인(Train) 제독 등 정계와

아시아 순방 외교사절단
앞줄 가운데가 앨리스, 그 바로 뒤가 태프트.

군 관계 유력 인사들이 포함된 85명의 대규모 사절단이었다. 1905년 7월 8일 샌프란시스코에서 닻을 올린 만추리아(Manchuria)호는 무게 2만 7,000톤에 길이가 축구장 두 개에 달하는 거대한 증기선이었다. 당시 윤치호는 하와이 교민 문제로 하와이로 가는 여정에 도쿄를 잠시 들렀는데, 이때 앨리스 일행의 방일 소식을 전해 들었다. 7월 25일 윤치호는 다음과 같이 일기에 적었다.

앨리스 루스벨트 양과 육군장관 태프트가 도쿄에 도착했다. 도쿄 전체가 그 미국인 방문객을 환영하는 분위기에 젖어 있다. 반면 우리는 중요하지 않아서 성가신 존재로 취급되었다. 역겨운 일이다.

앨리스의 방문에는 들썩이는 반면에 자신들의 방문은 성가신 일로 여기는 일본 분위기를 전하고 있다.

순방단이 일본을 방문한 사이에 육군장관 태프트(W. H. Taft)는 도쿄에서 가쓰라 총리를 만나 '가쓰라-태프트 밀약'(1905. 7. 29)을 체결했다. 이 비밀 협정에서 일본은 필리핀 불침 약속을 확인했고, 미국은 한국에서의 일본의 '자유 행동권(free hands)'을 인정했다. 미·일 양국이 조선은 일본이 지배하고, 필리핀은 미국이 지배한다는 내용으로 나눠 먹기에 합의한 셈이다. 이 밀약을 토대로 그해 9월 5일 포츠머스 조약이 체결되었던 것이다.

비밀 협정을 체결한 후 가쓰라 다로(桂太郎) 총리는 "미국이 정식 동맹 관계를 원하고 있지 않지만, 우리의 공동 이익을 위하여 동맹 관계 수립이라는 명칭을 붙이지 않고 실질적으로 일본과 동맹 관계를 양해하고 있다"고 확신하고 있다. 일본 언론은 제2차 영일동맹(1905. 8. 12)에서 일본이 영국으로부터 한국 지배 양해를 획득한 만큼, 미국과 정식 조약을 맺은 것은 아니지만 '일·영·미 동맹' 체제가 형성되었다고 대서특필했다.

앨리스 일행은 일본을 떠나 중국을 거쳐 1905년 9월 19일 한국을 방문했다. 중국에서는 미제 상품 불매운동 때문에 광둥에 들어가지도 못한 반면, '가쓰라-태프트 밀약' 체결을 알지 못했던 대한제국 정부와 한국인으로부터는 국빈 대우를 받았다. 중국의 경우와 달리 한반도는 당시 나라의 운명이 일본에 넘어가고 있었다. 앨리스 방문 두 달 전인 7월 12일, 이승만과 윤병구(尹炳求)가 뉴욕의 오이스터 베이(Oyster Bay)에 체류 중인 루스벨트를 방문한 적이 있었다. 일본의 한국민에 대한 학대 행위가 날이 갈수록 심각하다는 고국 소식을 접하고, 하와이 재미교포 8,000명의 대표로 일본의 학대 행위를 규탄하는 '독립청원서'를 제출하기 위해서였다. 그러나 루스벨트는 주미 대한제국 공사관이라는 공식 채널을 통해 제출하라는 완곡한 말로 이를 묵살했다.

그럼에도 대한제국 정부는 앨리스를 구명줄로 생각하고 극진히 환대했다. 특히《대한매일신보》9월 22일 기사에 따르면, 정부가 앨리스 일행의 체재비를 탁지부에 청구했지만 메가타 고문이 엘리스 일행의 방문은 비공식적인 사행(私行)이라고 규정하며 지급을 거절하자 황실에서 거금 1만 원을 지출했다. 일본은 이 방문을 위축시키려 한 반면, 고종은 앨리스 일행의 방문을 통해 정국을 타개하고자 했던 것이다.

정부는 우선 서울로 들어오는 새문 밖 도로를 정비했다.《황성신문》1905년 9월 18일 기사는 정부의 앨리스 일행 방문 준비 소식을 전하고 있다.

　미양입성(美孃入城)
　미국 대통령의 영양(令孃)이 19일 입성하기로, 내부에서는 새문 밖을 따라 통과하는 도로를 닦고 영접 의절을 준비하는데, 정부에서 각부 부원청에 전화하되 영양이 들어올 때에 대한 국기 1건과 미국 국기 1건을 각 해당 문 앞에 교차해 걸어 경의를 표하라 했더라.

또한 앨리스 일행이 방문할 남한산성 길과 접대 처소를 정비했다. 아울러 홍릉 예배를 일정에 넣었는데, 아마 고종이 명성황후가 일본에 의해 살해되었다는 사실을 미국에 일깨워 주기 위해 그렇게

순방단에게 선물한 고종의 어사진

한 것으로 추측된다. 애초의 예정일은 20일 오후 3시 30분이었으나 연거푸 연기되다가 결국 28일로 일정이 정해졌다.

9월 19일 정오에 미국 군함 오하이오호를 타고 제물포항에 도착한 앨리스 일행은 경인선 황제 전용 철도편으로 서울로 향했다. 이때 예식관 고희경과 궁내부 참서관 남정규가 제물포항까지 내려가 영접했다. 오후 4시 서울역에 도착했을 때는 대한제국 관리와 황실 근위대, 군악대, 각국 공사 들이 환영을 나왔으며, 구경꾼들도 구름같이 몰렸다. 앨리스는 황실에서 준비한 황색 4인교 가마를 타고 미국 공사관으로 이동하여 숙박했다. 서울의 집집마다 대한제국기와 미합중국기가 걸렸다.

다음 날인 20일 정오에 앨리스는 덕수궁 중명전에서 고종 황제를 알현하고 오찬에 참석했다. 이때 황실에서 앨리스 일행을 위해 준비한 오찬 식단과 그들이 고종과 황태자(순종)에게서 받았던 사진들이 남아 있다. 고종은 미국을 일본의 위협으로부터 조선의 독립을 지켜줄 구세주로 여기고 앨리스 일행을 극진히 환대했다. 순방단 일행에게 고종황제 초상 사진을 전달했으며, 심지어 엄비가 민간에서 3만 원이라는 거금의 빚을 구해 앨리스의 선물을 마련했다는 풍문도 돌았다. 오후 2시에 대한제국 각 대관을 회견하고 3시 30분에는 전차를 타고 경성 내외를 유람했다.

한국인들의 앨리스에 대한 기대는 매우 컸다. 《대한매일신보》 9월 22일 기사의 일부다.

해당 국[미국]은 한국인의 앞길에 크게 효력이 있을 것이 의심할 바가 없음이라. 금일 한국은 그 인민에 대하여 확고한 정권과 지능 있는 관료와 일을 꾸려가는 당파가 응당 있어 실로 어둡지 않은 줄을 표시하기에 이러한 호기를 맞음을 기뻐하는도다.

원래 한국은 이웃 일본과 같지 않아 겉만 보기 좋게 꾸며내는 일을 하지 않거늘, 이런 날에 이르러서는 한성의 모든 가호가 한미 국기를 교차로 높이 걸고 경의를 표하니 가히 놀라운 일이로다.

앨리스 일행에 대한 고종과 한국민들의 대우는 극진했다. 러일전쟁에서 승전한 일본이 조선 보호국화 정책을 노골적으로 전개하는 상황에서 앨리스 일행의 한국 방문을 독립 회복의 마지막 기회로 간주하고, 이를 계기로 미국 정부에 1882년 조미수호통상조약 제1관에 명시된 거중조정을 요청하고자 했다. 즉 정부는 조미수호통상조약에서 규정한 거중조정의 조문에 따라 미국이 대한제국과 일본의 분쟁을 중재해 줄 것을 기대했던 것이다.

오후에는 미국 공사가 주최하는 원유회[園遊會, 가든파티]가 열려 한국에 거주하는 미국인들이 앨리스 일행을 만났다. 뮈텔도 동석했다. 그는 9월 21일 일기에 "조선 정부는 그녀를 공주처럼 대우했는데 그것이 좀 우스꽝스러웠다"라고 적었다. 물론 뮈텔은 공주가 아닌 앨리스를 공주처럼 대하는 대한제국 정부와 한국인의 절박한 심정을 이해했다. 그의 말대로 그것은 대한제국 정부가 "일본에 대항하기 위해 미국 정부의 지지를 좀 얻어내려는 기대에서"였다.

이어서 22일 정오 창덕궁에서 의양군 이재각이 오찬연을 마련했고 오후에는 만찬을 열었다. 그런데 앨리스는 바쁜 일정으로 피곤하다며 창덕궁 오찬에는 참석하지 않았다. 다만 3시에 상동교회에서 교회 부녀자들 앞에서 연설을 했다. 그리고 4시에는 전차를 타고 경성 내외를 유람했다. 오후 8시에는 의정부, 외부, 군부의 만찬회에 참석했다. 23일 정오에는 일본 공사관에서 개최한 오찬에 참석했다.

앨리스 일행은 남한산성과 북한산성을 방문할 예정이었지만 여의치 못했다. 오랜 일정에 따른 피로 때문이었다. 다만 24일 오후 6시 말을 타고 서소문 바깥으로 나갔다가 새문 안으로 들어왔다. 그리고 26일 혜화문 밖으로 나가 민영환의 정자에 갔다가 7시에 들어왔다.

9월 27일 시어도어 루스벨트 미국 대통령의 노벨평화상 수상 소식이 전해진 다음 날 오전 앨리스 일행은 고종을 알현한 뒤 오후 4시 홍릉을 예배했다. 당시 황실 궁중 요리를 맡았던 엠마 크뢰벨은《나는 어떻게 조선 황실에 오게 되었나?》(민속원, 2015)에서 앨리스 일행의 모습을 다음과 같이 묘사했다.

갑자기 뿌옇게 먼지가 일더니, 위세 당당하게 말을 탄 무리가 나타났다. 바로 미국 대통령의 딸 '앨리스 공주'와 그녀의 약혼자, 그리고 수행원들이었다. 그런데 이 순간을 기다려 왔던 하객들은 놀라는 기색이 역력했다. 붉은색의 긴 승마복에 짝 달라붙은 바지를 무릎까지 올라오는 반짝거리는 가죽 장화에 집어넣고, 오른손에는 말채찍을 들고 있고 심지어 입에는 시가를 물고 있는 미국 대통령 딸의 모습을 고위층 하객들은 전혀 상상하지 못했기 때문이다. 그들은 그녀의 전혀 다른 모습을 기대하고 있었다.

황후의 능 앞에서 행렬이 멈추자, 하객들이 모두 머리를 숙여 예를 표했다. 이윽고 나는 의전관으로서 황실의 고관들과 함께 나서서 이 '기병대의 모습을 한 딸'에게 환영 인사를 했다. 그녀는 우리의 환영 인사에 겨우 고개만 까닥이며, 감사 인사를 표했다. 예절에 맞는 태도는 아니었다. 그녀의 관심은 오히려 무덤가에 세워져 있는 각종 수호석상들이었다. 갑자기 그녀가 한 석상의 등에 올라탔다. 그러고 나서 자신의 약혼자에게 눈짓하자, 그는 재빨리 카메라를 꺼내 들고는 렌즈의 초점을 맞추었다.

황실 가족의 묘소에서 보여준 그녀의 '얼굴 찌그리게 한' 행동에 우리는 모두 경악했다. 미국인의 특징을 잘 드러내 주는 한 단면이었다.

우리를 당혹스럽게 만드는 그녀의 행동을 지켜보는 하객들 사이로 얼음처럼 차가운 냉기가 감돌았다. 특히 조선 고관대작들이 당혹스러워했다. 성스러운 장소에서 부적절한 행동을 한 미국 대통령의 딸에 대한 조선인들의 거부감과 모멸감을 우리는 결코 상상할 수 없을 것이다.

홍릉에서 수호석상에 올라탄 앨리스

 그녀는 이미 미국 국내에서도 무례함과 괴팍한 태도로 인해 "레이디로 부를 만한 여인이 아니다"라는 비판을 듣고 있었다. 그녀는 유교 국가에서 황실 무덤을 얼마나 존중하는지 전혀 이해하지 못한 채 무례하고 괴이한 행동을 연출했다. 그러나 이런 소식은 어느 신문에서도 보도되지 않았다. 앨리스의 외교적 무례는 미국에서 나중에 논란이 되었지만, 당시 대한제국에서는 관대하게 넘어갔다. 당시 고종은 일본을 견제하기 위해 미국을 끌어들이는 것이 중요했기 때문이다. 그러나 고종의 이러한 꿈은 다음 날인 9월 28일에 보도된 《황성신문》 기사로 산산조각이 났다.

 일한의정서체결설(日韓議定書締結說)
 《오사카 마이니치 신문》에 근거한, 즉 일아강화조약(日俄媾和條

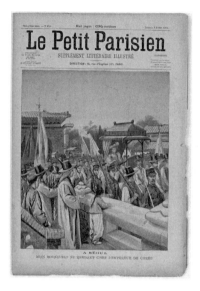

앨리스의 대한제국 방문
프랑스 〈르 프티 파리지앵〉 1905년 10월 8
일자 표지 사진이다.

約)을 비준·교환하여 한국에 대한 아(我, 일본)의 우월권이 확립된
후에는 다시 일한의정서가 체결될 것이오. 그러한 즉 현금 한국 주
둔군 사령관의 지위와 권한 등에서도 다소 변혁이 되리라더라.

9월 29일 오전 8시 앨리스 일행은 이러한 소식을 들었는지 못 들
었는지 본체만체하며 부산으로 떠났다. 그리고 10월 2일 오후 3시
에 부산을 출발하여 10시에 일본 모지(門司)에 도착한 뒤 요코하마
로 이동했고 그 후 미국으로 떠났다.

대한제국 정부는 앨리스 일행의 방문을 독립 회복의 마지막 기회
로 보고 온갖 굴욕을 다 견뎠다. 그러나 1905년 9월 당시 수행단 대
표인 태프트가 일본과 밀약을 체결한 사실을 미리 알았다면 대한제
국 정부는 어떤 자세를 취했을까? 당시 고종과 대한제국 정부는 이

밀약을 몰랐다. 복잡한 국제 관계 때문에 공개되지 않다가 20년 가까이 지난 1924년에야 알려졌다.

앨리스는 1933년 출간한 자서전 《혼잡한 시간들(Croweded Hours)》에서 "한국은 원치 않았으나 속수무책으로 일본의 손아귀 아래로 이끌려 들어가고 있었다. 모든 사람이 슬퍼 보였고 낙담한 것 같았다. 그들의 몸에서 힘이란 힘은 모두 빠져나간 것 같았다. 거의 모든 장소에 일본 장교들과 병사들, 그리고 상인으로 보이는 일본인들이 있었고 절망에 빠진 한국인들과는 대조를 이루었다"고 대한제국 방문 당시의 소회를 밝혔다.

앨리스는 이 책에서 고종과 황태자도 언급했다.

황제와 곧이어 마지막 황제가 될 그의 아들은 우리 공사관 근처에 있는 궁궐[경운궁]에서 내밀한 삶을 영위해 가고 있었다. 며칠 후 궁궐 내 유럽식으로 꾸민 장소(중명전)에서 점심을 먹었다. … 궁궐을 떠날 때 황제와 그의 아들은 각각 자신의 사진을 주었다. 그 두 사람은 애처롭고 세상만사에 둔감한 인물이었으며, 황실로서 그들의 존재도 이제 얼마 남지 않은 상태였다.

앨리스는 당시 가쓰라-태프트 밀약을 눈치챘던 까닭에 곧 '망할 나라의 군주'임을 알고 한편으로는 측은하게, 다른 한편으로는 깔보는 심정으로 고종과 황태자를 바라봤던 것이다. 앨리스와 태프트 일행이 대한제국을 떠난 지 두 달 후인 1905년 11월 18일 새벽 1시 대한제국의 외교권을 일본에 넘기는 을사늑약이 체결되었다.

4. 을사늑약을 둘러싼 저항과 탄압

18일 새벽 3시쯤 머리를 빡빡 깎고 양복을 입은 수십 명의 사람들이 이완용의 집으로 가서 그 집 두 칸을 불태워 버렸다. 이날 도성 안팎의 인민들은 을사 5조약이 조인되었다는 이야기를 듣고 모두가 분통을 터뜨렸다. _정교

일본이 한국 문제로 또다시 대규모 전쟁을 벌일 가능성이 있는 요인들을 모두 제거해 버리겠다고 결심했으므로 보호조약은 확실히 안전을 보장할 것이다. 하지만 자발적으로 일본인에게 노예로 팔리는 한국인과 한국인 집단에 고통이 있을 것이다. _윤치호

보호국화 저지 운동

한국인들은 윤치호의 예상과 달리 무력하지 않았다. 1905년 2월부터 이른바 '자원민대(自願民貸)' 운동을 시작했다. 황현은 기록하지 못했지만 《황성신문》 1905년 2월 15일 기사에 따르면 다음과 같다.

> 일대의거(一大義擧)
>
> 연강거민(沿江居民) 고순재(高順哉), 한덕경(韓悳敬) 씨 등 20여 인이 근일 국고의 재정이 고갈되어 외국에서 차관을 들여온다는 소식을 듣고 충애지심(忠愛之心)이 분발하여 정부에 장문의 편지를 보내고 800만 원을 국고에 수납하겠다며 외국과 차관 계약을 실시하지 말라고 했다고 한다. 우리 역사 4,000년 이래로 전국 인민 가운데 국가간출(國家艱絀)을 위하여 이러한 거관(巨欵)을 자원민대함은 최초의 일이니 고씨와 한씨의 의혈충분을 누가 앙모하지 않으리오. 우리 전 국민의 마음이 모두 이와 같다면 나라의 앞날이 어떻겠는가? 사동에 거주하는 정규원(鄭奎源) 씨 등이 연강부민(沿江富民)이 자원민대함을 들어서 알고 5서(署) 내 각 대관과 유지인(有志人)에게 통문하고 재력에 따라 각각 출연하여 재정 정리에 보조하기로 결의했다고 칭선(稱善)하는 사람이 많다더라.

부유한 상인들이 정부의 차관 도입을 우려하여 자발적으로 자금을 국고에 수납하고자 했던 것이다.

1905년 9월에는 유생들이 적극 나섰다. 이제는 경제주권 수호 운동에서 국권 수호 운동으로 번져갔다. 《대한매일신보》 1905년 9월 26일 기사와 주한 일본 공사관 보고 자료에 따르면, 이들은 유회소

(儒會所) 13도 유생 대표라는 이름으로 메가타가 추진하는 화폐정리 사업을 비롯한 재정 개편과 일본인의 경제 침투를 우려하여 통문을 돌렸다. 여기에는 각종 조약 관련 자료와 불법적인 조치 내용이 첨가되었다. 유생들도 국제법에 입각하여 각종 이권 침탈을 예의 주시하고 있었다.

이 통문 중에는 일본의 한국에 대한 갖가지 만행을 규탄하면서 산림·광산·어업권을 모두 일본이 불법 강탈했으니 방관만 하지 말고 만국공법으로 제재해 줄 것을 국제사회에 호소하는 조항이 포함되어 있었다. 나아가 국제공법에 어긋난다고 논박하고, 일본에 기릉(欺陵)과 억압을 당하고 있는 한국에 대하여 후원해 줄 것을 탄원했다.

훗날 황현은 이러한 운동의 배경과 전개 과정, 일본의 탄압 등을 다음과 같이 적고 있다.

일본에 각 항구를 저당 잡히고 1,000만 원의 차관을 들여왔다. 이때 정병원, 윤돈구, 이학재 등은 국가 재정이 비록 궁할지라도 외국에서 차관을 들여와서는 안 된다고 주장하며, 서울과 지방에 통문을 돌려 민간에게 의연금을 내도록 간청했다. 그 이름을 '자원 민대'라고 했다.

일본인들은 그들을 체포하여 트집을 잡아 심문한 뒤 10일 동안 가두고 그 통문을 회수했다. 이때 전하는 말에 의하면, 일본도 재용이 고갈되자 미국 빚(米債)을 들여와 우리에게 빌려주되 싼 이자로 빌려와서는 비싼 이자로 빌려준다고 한다. 대개 일본인들이 차관을 통해 우리 땅을 약탈하고자 했는데 아무런 핑곗거리가 없으므로 우리 정부를 위협하여 강제로 차관을 내주고 또 속히 상환하는 것도 허용하지 않았다. 공예, 농업, 교육에 필요한 자금이라고 공공연히 말했으나 그 자금은 서울 및 인천항의 일본인 거류민 수 도 설치 비용으로 사용되었을 뿐이요, 또 민영기 등이 중간에서 착복한 것도 수십만 원이 되었다.

이때 일본 헌병사령부는 정규원, 윤돈구, 이학재를 체포하여 10일 간 구금하고 해당 통문을 압수했다.

곧이어 1905년 5월 한국의 조야에서는 일본이 대한제국을 보호 국화한다는 소식이 퍼졌기 때문에 일본의 대한 정책이 초미의 관심 사였다. 이에 고종과 그 측근 세력은 자국의 국권을 지키기 위해 러 시아, 미국, 프랑스 등 구미 열강을 상대로 만국공법의 균세외교론 에 입각한 대외 청원 외교 활동에 사활을 걸었다. 황실이 먼저 나섰 고 이용익이 앞장서 프랑스 정부에 타진했다. 이용익은 1905년 9월 황실로부터 활동 자금 30만 원을 확보한 뒤 프랑스 공사관에서 발급 한 여권을 가지고 상하이로 가려다가 폭풍으로 산둥성 옌타이에 도 착했다. 이때 옌타이 주재 일본 영사가 이 사실을 알아내고는 서울의 하야시 공사에 전보로 알렸다. 하야시는 즉각 이용익 집을 수색하여 확보한 내장원 은화 93만 원을 메가타에게 넘겨주었다. 아울러 일본 헌병 사령부의 경비가 삼엄해졌다. 이용익은 일본의 추적과 대한제 국 정부의 면직 조치에도 불구하고 상하이를 거쳐 프랑스 증기선을 타고 프랑스 파리에 도착했다. 훗날 정교는 여러 신문 기사를 통해 알려진 이용익 출국 전말을 《대한계년사》에 상세하게 적었다.

한편, 고종과 대한제국 황실, 이용익은 이토 히로부미를 온건파로 인식하고 일본 정부 및 시설 시찰을 명분으로 주요 대신을 일본에 파견하여 이토를 초빙하고자 했다. 이때 표훈원 총재 민병석이 탁지부 대신 민영기와 함께 7월 직접 도쿄로 갔다. 정교는 이런 사정을 다음과 같이 전하고 있다.

7월 법부 대신[7월 8일 탁지부 대신으로 전임 발령을 받기 전에는 법부 대신에 재직] 민영기, 표훈원 총재 민병석, 시종무관장(侍從武官長) 조동윤 등 20여 명이 자신들의 세력을 굳건히 하고자 했다. 일본의 제도를 시찰하는 문제로 두루 힘쓸 때, 민병석이 몰래 황제에게 아뢨다.

"지금 한국에 있는 일본 관리들은 지나치게 세력을 믿고 함부로 굴고 있습니다. 일본의 원로 가운데 유명한 이토 히로부미를 초빙하여 서울에 와서 머물게 한다면 일본 관리들이 사사로이 구는 행동을 막을 수 있을 것입니다."

황제는 이 말을 기꺼이 받아들이고 비밀리에 일본 돈 10만 원을 민병석에게 내려주어, 그 일을 추진하는 비용으로 충당하게 했다. 그리고 민병석·민영기·조동윤과 중추원 찬의(贊議) 민상호(閔商鎬) 및 외부 협판 윤치호가 일본의 도쿄에 가도록 하되 일본의 제도를 시찰한다는 구실을 대게 했다.

민병석은 뜻대로 되었다고 생각하고, 7월 15일(음력 6월 13일이다)에 길을 떠났다. 이것이 이토 히로부미가 오게 된 근본 이유다.

그러나 이런 초빙 운동은 이토의 거절로 성과를 내지 못했고 민병석은 그에 대한 책임으로 귀양을 갔다가 곧 풀려났다. 당시《대한매일신보》는 1905년 8월 11일 보도에서 민병석의 이러한 초빙 계획을 '망상'이라고 혹평했다.

이어서 1905년 8월 유생이자 전직 관리인 나인영(羅寅永)과 오기호(吳基鎬)가 일본 정부와 직접 상대하기 위해 도쿄를 방문했다. 그들은 현지에서 일본 정부에 편지를 보내 일본이 여러 조약과 각종 발표를 통해 여러 차례에 걸쳐 밝힌 대한제국 정부의 독립 및 영토 보전을 유지한다는 약속을 이행할 것을 강력하게 촉구했다. 예컨대 1903년 8월 구리노 신이치로(栗野愼一郎) 공사가 러시아 정부에 제출한 문서를 비롯하여 1904년 2월 고무라 주타로(小村壽太郎) 외무 대신이 여러 나라 공사와 내외국 신문 기자에게 밝힌 일본과 러시아 교섭의 전말 등에 담겨 있는 대한제국의 주권 및 영토 보전 약속, 〈한일의정서〉 제3조의 '대일본제국 정부는 대한제국의 독립 및 영토의 보전' 등을 근거로 제시했다. 그러면서 일본이 이런 약속을 준수하지 않고 한국을 보호국으로 만들려 한다고 비판했다. 나아가 한국과 청국, 일본이 같이 나아가야 할 방향 및 요구 사항을 제시했다. 정교의 《대한계년사》에 따르면 다음과 같다.

하나, 일본·한국·청국 세 나라는 연합 동맹하여 동양의 대세를 영원히 보전할 일.

둘, 한국의 독립과 주권을 보전하여 한일의정서 제3조의 취지를 실천할 일.

셋, 주한 공사 이하의 관리는 모두 공평 청렴하고 과감하게 일을 처리하며 한국 관리와 가까이 사귀지 않은 사람으로 뽑아 보내어 '한일의정서'의 제1조를 실천할 일.

넷, 한국 정부에 권고하여 나라를 그릇되게 하는 간사한 소인배들은 모두 즉각 내쫓고 시세를 잘 알며 어질고 뛰어난 인재를 등용해 정치를 쇄신하게 하며 국민들로부터 원망과 의심을 사지 않도록 할 일.

다섯, 무릇 한국인 가운데 일본에 들어간 사람은, 관리와 평민을 막론하고 이른바 일을 꾸미려 운동하고 소개하는 잡다한 무리들을 곧바로 축출함으로써, 두 나라 사이에 사사롭게 통하는 길을 막고 두 나라의 외교 관계를 소중하게 할 일.

여섯, 무릇 일본인 가운데 한국에 임시로 살며 공적인 법률을 침월하고 사사로운 계획을 꾀하는 사람들을 모조리 엄중히 금지해서, 한국 백성들이 각자 자신들의 생업에 편히 종사토록 할 일."

이 요구 사항에는 대한제국의 주권과 영토 보전을 비롯하여 대한제국 정부의 개혁, 망명 한국 정치가의 쿠데타 시도 예방, 일본인의 불법 침탈 방지 등이 포함되어 있다. 특히 일본이 내세우는 일본 주도의 동양 평화론을 우회적으로 비판하면서 한·중·일의 동등한 권리에 입각한 동양 평화를 강조하고 있다.

이에 일본 정부는 다른 나라에서 간섭할까 두려워, 전보를 쳐서 하야시 곤스케를 불러들였다. 하야시 곤스케는 자기를 갑자기 소환한다는 소식을 듣고는 두려움에 떨며 어찌할 바를 몰랐다. 그러나 때마침 송병준을 통해 은밀히 조사하여 민병석 일행의 계획을 알아내고는 역으로 활용했다. 그것은 이토 히로부미가 1905년 11월 민병석의 초빙에 응하는 모양으로 서울로 들어가 을사늑약을 체결하는 것이다. 이토가 을사늑약 강요의 장본인으로 등장하게 된 셈이다. 《대한계년사》는 그 내막을 다음과 같이 언급하고 있다.

하야시 곤스케는 자기 나라로 돌아가자, 일본 천황에게 아뢰어 청하기를,

"신(臣)이 한국에 머문 7년 동안 한국의 정세와 형편을 자세히 살펴보니, 위아래 사람들의 인심이 끝내 우리에게 복종하지 않았습니다. 그리고 지금 이용익은 프랑스 수도로 가서 머물며, 비우호적인 활동을 벌이고 있는 것이 분명합니다. 먼저 한국의 외교 권한을 빼앗아 통감부 아래에 두고 자유롭게 행동하지 못하도록 해야합니다. 바로 오늘날 우리의 정치적 책략으로 이보다 나은 것은 없습니다" 하니, 일본 천황이 묻기를,

"앞으로 어떤 계획을 생각해 낼 수 있는가?"

하자 하야시 곤스케가 말하기를,

"신의 어리석은 견해로는, 지금 만약 여타 유력한 고위 관리를 파견한다면 한국의 의심을 초래할 뿐만 아니라 여러 나라도 이상하게 여겨 주의를 기울일 것입니다. 지금 한국의 시찰대사(視察大使) 민병석은 자기 세력을 굳건히 하기 위하여 이토 히로부미를 초빙하는 운동을 벌이고 있는 중입니다.

삼가 바라건대, 폐하께서는 이토 히로부미를 파견하소서. 신도 다시 한국의 서울로 가서 하세가와 요시미치와 약속한 대로 비밀리에 조치토록 하겠습니다"

했다. 일본 천황은 크게 기뻐하여, 드디어 이러한 명령을 이토 히로부미에게 내렸다.

그럼에도 정교는 그 뒤에 일어난 사건들을 전하면서 11월 이토의 주도로 체결된 을사늑약의 책임이 고종과 민병석에게 있다는 식으

로 기술하고 있다.

그러나 당시는 국제 정세가 급변하고 밀실 담합이 횡행하던 제국주의 시대였다는 점에서 고종과 민병석에게 책임을 묻는 것은 커다란 흐름을 놓치는 것이다. 일본은 러일전쟁에서 승기를 잡자 1905년 4월 8일 각의에서 〈대한제국 보호권 확립 실행에 관한 각의 결정건〉을 발표하고 보호조약 실행에 착수했던 터였다. 그리고 영국과 제2차 영일동맹을 체결한 데 이어 미국과 가쓰라-태프트 밀약을 이미 교환한 상태였다. 그리고 체결 시점은 11월 초순으로 잡고, 조약 체결의 전권 대표는 하야시 공사로 하되, 동시에 천황의 칙사로 이토 히로부미를 직접 파견하기로 결정했다.

그럼에도 민병석 일행, 그리고 나인영과 오기호가 일본 각의의 움직임과 이토의 속내, 국제 정세의 흐름을 몰랐다는 점에서 대한제국의 주권과 영토 보전을 약속받고자 했던 이들의 노력은 결코 높이 평가할 수 없다. 이들은 공법과 약장이 지닌 제국주의적 침략성과 현실적 무용성을 간과한 사상적 한계를 드러내고 있다.

이기, 나인영, 오기호 등은 일본 천황의 명령으로 이토 히로부미가 도한한다는 소식을 듣고, 일본 천황과 이토 히로부미에게 서신을 보냈다. 이전에 보냈던 내용과 대동소이했다. 나아가 하야시 일본 공사의 정치 간섭, 이권 강탈, 차관 강요, 어채 강점, 우체권·경찰권 탈취, 군용지·민유지 강점, 가옥, 광산, 철도, 삼림 탈점, 고문관 설치 등 제반 침략상을 통렬히 논박했다. 그러나 일본이 이미 가쓰라-태프트 밀약과 포츠머스 조약을 통해 미국으로부터 한국의 식민지화를 공인받은 마당에 나인영 등의 도덕 외교는 실효를 거두기가 어려웠다.

이에 고종은 다방면으로 수호 운동을 펼쳤는데 미국 역시 교섭 대상이었다. 민영환의 주선으로 이승만을 석방하고 그와 윤병구를 보내 미국 대통령 시어도어 루스벨트에게 청원하고자 했다. 이승만은 박영효 일파의 고종 황제 폐위 음모에 가담했다는 혐의로 1899년 1월 9일 체포되어 한성감옥에서 5년 9개월간 감옥 생활을 하고 1904년 8월 9일 석방되었다. 잠시 상동교회 청년회 교장을 지낸 후 민영환의 주선으로 미국으로 갔다.

1904년 11월 29일 하와이에 도착한 이승만은 독립 외교 활동을 구상하던 윤병구 목사를 만나, 함께 워싱턴에 가서 루스벨트를 만나 한국의 독립을 청원하기로 합의했다. 하지만 이승만만 먼저 미국으로 향했고, 샌프란시스코에 잠시 머문 뒤 연말에 워싱턴으로 갔다. 이승만은 1905년 7월까지 계속 워싱턴에 머물면서 미국 대통령을 만나기를 고대했다. 6월 9일 루스벨트는 러일 간에 곧 종전을 위한 포츠머스 회담이 곧 열릴 것이라고 선언했다. 7월 14일 태프트 국방장관이 하와이를 거쳐 도쿄로 갔다. 그 사이에 윤병구는 하와이에서 태프트를 만나 대통령을 만날 수 있는 소개장(추천서)을 받았다. 이틀 전인 7월 12일 하와이 한인들은 태프트가 온다는 소식을 듣고 이승만과 윤병구를 포츠머스 회담에 파송할 한인회 대표로 임명하고 청원서를 작성했다.

7월 31일 윤병구 목사가 하와이 한인 대표로 워싱턴 D. C.에 도착했다. 이승만은 그와 함께 서재필과 의논하고 변호사를 통해 루스벨트 대통령에게 제출할 청원서를 검토했다. 이승만과 윤병구는 8월 4일 뉴욕 오이스터 베이에 있는 대통령 별장에서 루스벨트 대통령을 만나 하와이 거주 한인 8,000명의 대표 자격으로 한국의 독립을 호소하고 청원서를 전달하려고 했다. 그러나 루스벨트는 공사관을 거쳐 공식 문서를 올리라는 말로 돌려보냈다. 이에 두 사람은 워싱턴으로 돌아와 김윤정 서리공사를 만났다. 그러나 김윤정은 본국의 지시가 없다는 이유로 독립청원서 제출을 거부했다. 이에 격분한 이승만은 김윤정을 매국노로 저주하고, 미국 체류 기간 겪었던 일을 적은 편지를 본국 민영환 대신에게 보내 억울함을 호소했다. 이승만의 1905년 여름 미국 외교 활동은 이렇게 실패로 끝났다.

훗날 미국 유학생 박장법(朴長法)이 이러한 사실을 《대한매일신보》에 기고하여 황현도 알게 되었다.

미국 거니성(巨尼城, 미상)의 유학생 박장법이 신문사에 편지를 부쳐왔다. 그 대강은 다음과 같다.

"전년에 일아(日俄)가 담판할 때 미국에 우거(寓居)하고 있는 우리 국민들은 7,000여 명이나 되었습니다. 그러므로 윤병구, 이승만을 대표로 선발하여 그들을 대통령에게 보내 미국의 도움을 청하여, 우리 한국으로 하여금 일본의 기반(羈絆)을 벗어나게 하고 세계의 평등국이 되도록 해달라고 했습니다. 그러자 대통령은 흔쾌히 허락하며 말하기를, "나는 당연히 힘을 다하겠으나 국제 공법에 있어서 반드시 귀 공사의 교섭이 있어야 응할 수 있을 것입니다"라고 했다. 윤병구 등은 다시 서리공사 김윤정에게 달려가 그 사실을 고했습니다. 그러나 김윤정은 그 공로가 자기에게서 나오지 않았다고 여기고 본국에서 그런 명령이 없다는 핑계로 고집을 부리며 그들의 말을 듣지 않았고 결국 이 기회를 잃고 말았습니다."

이 기록의 원천은 《대한매일신보》 1906년 4월 17일 기사다. 투고자가 미국 유학생 박장법이라고 밝히고 있다. 특히 주목할 만한 대목은 윤병구와 이승만이 루스벨트를 만났다는 것이다. 그러나 루스벨트의 거부도 중요하거니와 서리공사 김윤정이 일본의 눈치를 보며 미국에 공식적으로 요청하지 않았음을 짐작할 수 있다. 특히 박장법은 김윤정이 이승만이 공을 세울까 우려하여 외교 교섭 노력을 지원하지 않았다고 판단했다.

을사늑약이 새벽 1시 30분에 체결되다

일본은 을사늑약 체결로 가는 길에 한국인의 동조가 필요했다. 그것은 일찍부터 일본과 연결되었던 일진회의 적극적인 지지를 끌어내는 것이었다. 정교는 그 사정을 다음과 같이 언급하고 있다.

이달 5일 송병준이 회장 윤시병 등을 시켜 온 나라에 선언서를 배포했다. 그 큰 줄거리에서 이르길 "우리나라의 외교권을 일본 정부에 위임함으로써 일본의 힘에 의지해 국권을 보호하자" 했다. 이에 인심이 매우 불안해서 떨었다. 각 학교 학도들은 한목소리로 질책했으며, 신사 가운데 편지를 보내 그 죄를 성토하는 자가 많았다.

《주한일본공사관기록》에 남아 있는 일진회 선언서의 말미를 보면, 대한제국이 일본의 보호국이 되는 것이 오히려 동양 평화를 유지하고 대한제국의 독립을 보장한다고 강변하고 있다.

오호라 우리 2,000만 동포여, 이 다난한 시기에 이르러 세계의 대세를 살피고 동양의 시국에 비추어서 우리나라의 정형을 보니 다시 두말할 것 없다. 독립 보호와 강토 유지는 대일본 황제의 조칙이 세계에 공포했으니 다시 의심할 필요가 없다. 우리 당은 일심 동기(一心同氣)하여 신의로써 우방과 교의하고 성의로써 동맹에 대하여 그 지도에 따르며 그 보호에 의거하여 국가 독립을 유지함으로써 안녕 행복을 영원무궁하기로 이에 감히 선언하여 고하나이다.

1905년 11월 5일
일진회가 삼가 대한제국 국민 여러 점잖은 군자(僉君子)께(座下)

일진회는 대한제국이 무능하고 무력하여 스스로 나라를 다스릴 수 없으니 일본 천황의 독립 보호와 강토 유지 조칙을 믿고 외교권 등을 위임함으로써 안녕과 행복을 실현하자는 취지에서 이런 선언서를 발표한 것이다. 선언문의 말미에 적었듯이, 일진회는 대한제국의 대다수 구성원을 '국민'으로 호명하고 있다. 그러나 그 국민은 조만간 국권을 상실할 국민이다.

반면에 《대한매일신보》는 11월 7일 사설에서 대한제국 신민을 대한제국의 '국민'으로 호명하며 다음과 같이 의무를 강조했다.

국민 의무
슬프도다 대한국민(大韓國民)은 생각하고 생각할지어다. 방금 대한국 3,000만 중(衆)의 생명이 모두 비참한 경우에 임박했으나, 관인의 탐욕스럽고 사사로운 관행도 개혁했는지 알지 못하겠고 외국인의 침학의 습폐는 날로 더욱 심한 듯하니 장차 어찌하리오. …
하물며 이처럼 위급한 때를 당하여 만일 유아의 상태로 위에 있
는 사람(在上者)에게만 의뢰하다가는 마침내 스스로 멸망할 비참
한 지경을 면하지 못하리니, 아무쪼록 학문과 사업에 힘써서 생명
의 안전을 스스로 보호하고 스스로 도모할 것이다. 지금 대한국민
으로 하여금 한마음으로 분발하여 개명(開明) 사업에 매일 매달 나
아가면 어진 하늘도 감응하사 구제하실 것이오. 세계 공론에도 응
당 돕는 자가 있으리니 어찌 생활복지를 얻지 못하리오. 이는 확실
히 믿을 것이니 다행히 범범하게 듣지 말고 각각 그 본분의 의무를
다할지어다.

여기서 말하는 '국민'은 자신의 안전을 스스로 보호하고 스스로 도
모하는 국민이며 교육과 계몽을 통해 자주 자립을 꾀하는 국민이다.
이런 분위기 속에서 11월 8일 오후 6시 이토 히로부미가 부산에
도착했고 다음 날 오후 6시 30분 서울에 들어와 손탁호텔에 머물
렀다. 이에 고종은 예식원을 시켜 대대적으로 위엄과 격식을 갖추
고 이토 히로부미를 맞이하게 했다. 11월 10일 이토는 고종을 알현
하고 일본의 국서를 바쳤다. 일본 정부가 천황의 이름으로 고종에
게 보낸 국서에 따르면, 동양 평화를 위해 이토를 파견했다고 밝히
면서 일본이 대한제국의 국방을 담당하고 대한제국 황실의 안녕을
보증한다는 내용이었다. 정교와 윤치호는 이토의 방문 목적을 상세
하게 전하면서 일본의 속내가 대한제국 보호국화에 있다고 적었다.
특히 윤치호는 11월 10일 일기에서 보호조약이 한국인의 삶에 미칠
영향을 다음과 같이 예측했다.

일본이 한국 문제로 또다시 대규모 전쟁을 벌일 가능성이 있는 요인들을 모두 제거해 버리겠다고 결심했으므로 보호조약은 확실히 안전을 보장할 것이다. 하지만 자발적으로 일본인에게 노예로 팔리는 한국인과 한국인 집단에 고통이 있을 것이다.

윤치호는 이토의 방문 목적을 정확하게 인식하면서 보호조약이 한반도에 안전을 보장해 주지만 한국인을 노예 상태로 전락시킬 것이라고 전망했던 것이다.

11월 11일 김동필 등 유생들이 이토 히로부미에게 서신을 보냈다. 정교는 이 서신을 확보하여 《대한계년사》에 적었다. 내용은 1905년 9월 유회소(儒會所) 13도 유생 대표들이 밝힌 내용과 크게 다르지 않았다. 주로 하야시 공사의 내정 간섭과 각종 침탈이 동양 평화에 위배된다고 하면서, 일본이 과거 조선·대한제국 정부와 약속한 대로 주권과 영토 보존을 약속할 것을 주장했다. 이들은 11월 10일에도 이토에게 서신을 보내 한일 간의 여러 조약에 명시된 조항을 상기시켰다. 이어서 일본 공사 하야시의 횡포를 꼬집어 통박하고 그 시정을 촉구하면서 한일 양국의 항구적인 평화를 위해서라도 일본이 한국을 보호국화하는 것은 부당하다고 역설했다. 특히 일진회의 폐단을 언급하며 근래 '보호국'이라는 말로 약속을 배반하는 논의를 앞장서 제기하고 있다고 비판했다.

이에 정부도 일진회의 활동을 비판하면서 그들의 행동 반경을 제한하고자 했다. 정교는 《대한계년사》에서 다음과 같이 기술하고 있다.

11월 11일 정부의 여러 대신이 회의를 열고, 내부(內部)로 하여

금 인민에게 고시하기를, "요즈음 일진회의 이른바 선언서는 횡설수설 문장을 지어내고 도의에 어긋난 논리를 세웠으니, 인민들이 감히 말해서는 안 되는 바가 있다. 이로 말미암아 여론은 눈을 휘둥그렇게 뜨고 깜짝 놀라고 있으며, 터무니없는 거짓말에 소란스럽게 술렁대고 있다. 여기까지 말하자니, 매우 어리석고 몹시 한탄스럽다. 한결같이 마땅히 철저하게 조사할 것이다. 다만 생각하건대, 회민들의 평소 성품은 임금께 충성하고 나라를 사랑하는 것이니, 이 어찌 본심에서 우러나온 것이겠는가? 반드시 잘못에 집착하고 오해하는 데서 비롯되어 이러한 일이 있게 된 것이다. 이에 고시하니, 대소 인민들은 모두 모름지기 모든 사실을 알고서, 의심덩어리를 깨뜨려 없애도록 하라"고 했다.

그러나 정부의 단속 노력은 내부에 근무하고 있는 일본 고문관에 의해 허사로 돌아갔다. 정교는 정부의 일진회 단속 방침에 다음과 같이 덧붙이고 있다.

경무청 고문관 마루야마 시게토시(丸山重俊)가 내부에 묻기를, 고시문 가운데, "이 어찌 본심이라고 한 부분이 있는데, 그 본심의 어떠한 점을 어떻게 헤아려 생각할 것인지, 먼저 일진회에 물어보아 그 본심의 여부를 알아낸 다음 명령을 내릴 필요가 있다. 만약 일진회에서 언성을 높이며 말을 해댄다면 장차 어떻게 그 일을 처리하겠는가? 이 고시(告示)는 승인하기 어렵다"고 했다.

오히려 송병준이 참정 대신 한규설을 방문하여 고시에 관한 일로 항의할 정도였다. 한편, 정부는 11월 13일 연회를 베풀어 이토 히로부미를 매우 극진하게 대접했다. 이날은 쌀쌀하고 이슬비가 내렸다. 윤치호는 이날 연회 광경을 다음과 같이 적었다.

저녁 7시 30분에 이토와 그 수행원을 위한 연회가 베풀어졌다. 한국인 각료들이 모두 참석했다. 나는 진심으로 대화를 하고 싶지 않았기 때문에, 의도적으로 이토 씨의 개인 비서인 도주키 옆자리를 피했다. 긴 테이블 위에는 어두운 절망의 무거운 장막이 걸려 있는 것 같았다.

국내외 정세를 잘 알고 있었던 윤치호로서는 이런 자리가 불편했지만, 당시 이토는 조약을 성사시키기 위해 뇌물 공세를 펼쳤다. 황현은 이런 사정을 다음과 같이 전하고 있다.

이토 히로부미는 300만 원을 가지고 와서 정부에 두루 뇌물을 주어 조약 체결을 성사시키고자 했다. 이에 여러 적신(賊臣) 중 교활한 자들은 그 돈으로 많은 전장(田庄)을 마련하고 귀향하여 편안한 생활을 누렸다. 권중현 같은 자가 그러했다. 이근택, 이제순[이재순의 오기] 등도 이 때문에 갑자기 거부가 되었다.

반면에 정교의 《대한계년사》에 따르면, 남원 유학(幼學) 노영현(盧瑛鉉)이 정부에 글을 올려 당대의 정세에 대해 격렬하게 논하고 윤시병과 송병준의 목을 베라고 요청했다. 당시 정교가 인용한 것은 《대한매일신보》 11월 15일과 16일 기사였다.

그럼에도 이토는 자신의 계획을 밀어붙였다. 정교는 11월 13일 이토와 대신들의 이야기를 다음과 같이 전하고 있다.

　　이토 히로부미가 사나운 목소리로 크게 말하기를,
　　"귀국은 300년 이래로 청국의 속방이었다. 우리 일본이 귀국의 독립을 맨 먼저 주창했으나, 청국이 기꺼이 따르지 않아 마침내 일본과 청국의 전쟁이 일어났다. 일본은 허다한 인명과 금액을 잃어가며 귀국의 독립을 도와주었다. 그 후로 10여 년간 귀국은 무슨 일을 했는가? 도리어 독립 이전보다 극히 불미스러운 일을 벌였다. 금번 일본과 러시아의 전쟁도 역시 귀국으로부터 비롯되었다. 수십만 명의 인명과 12억 원이라는 거액의 돈을 잃었는데, 이 모두는 귀국이 벌인 불미스러운 일을 떠맡은 것이다. 이후로 무슨 불미스러운 일이 일어나 일본에 끼칠지 알 수가 없다. 따라서 나는 지금 천황 폐하의 명령을 받들고 와서, 귀국과 네 가지 큰 안건의 조약 문서를 체결하려고 한다."
　　하고, 마침내 그것을 제시했다.
　　"하나, 황실을 안녕히 할 일.
　　둘, 한국의 외교권을 도쿄로 옮길 일.
　　셋, 한국을 통감부 아래에 둘 일,
　　넷, 통상조약은 예전대로 할 일."
　　각 부 대신은 이것을 허락하지 않았다.

이어서 이토 히로부미는 11월 15일 오후 3시 일본 공사관 서기 고쿠부 쇼타로, 제실심사국장(帝室審査局長) 박용화와 함께 고종을 만나 아뢰고, 3개 조목을 윤허해 달라고 고집스럽게 요청했다. 《황성신문》 1905년 11월 20일 〈오건조약청체전말(五件條約請締顚末)〉에 입각하여 서술한 《대한계년사》에 따르면 다음과 같다.

"하나, 외부를 폐지하고 일본 도쿄에 외교부를 두어 모든 외교권을 일본에 위탁할 일.

둘, 서울에 파견되어 주재하는 공사를 통감(統監)으로 개칭할 일.

셋, 서울 및 각 개항장의 영사를 이사(理事)로 개칭할 일."

… 황제가 이토에게 말하기를,

"나의 역대 임금님 이래로 나라에는 규범이 수립되어 있다. 무릇 나라에 중대한 사건이 있을 때는, 정부의 대소 관리와 전·현직 대신들은 물론이요, 밖으로는 유생들에게까지 자문을 구한 다음에야 비로소 결정해 처리한다. 그리고 또 나라 안의 신사(紳士)와 인민의 여론까지도 물어 찾아보고 그 일을 시행하는 전례가 스스로 있으니, 짐이 생각대로 마구 처리할 수는 없다" 하니, 이토 히로부미가 다시 아뢰기를,

"인민들이 함부로 논의하는 것은 병력을 동원해 진압할 것입니다. 폐하께서는 두 나라가 관계를 맺어온 두터운 정분을 생각하시어, 빨리 처분을 내리소서"

했다. 황제가 말하기를,

"이 조건을 인준한다면 나라가 망하는 것과 별반 다를 바가 없다. 나는 차라리 종묘사직을 위해 목숨을 바칠지언정 결코 인준할 수 없다."

했다. 네댓 시간을 허비한 다음 자리를 파하고 물러 나왔다.

이에 따르면, 당시 고종과 이토는 4시간 동안이나 격렬하게 논쟁했고 고종이 조선의 공론 전통을 언급하면서 재가를 거부했다고 밝히고 있다. 《매천야록》 역시 "고종도 서명하지 않았고 한규설도 날인하지 않았으며 날인한 사람은 오직 외부 대신 이하 각 부 대신이었다"고 적고 있다. 이런 기록을 남긴 정교와 황현이 고종에 대한 반감이 공히 심하다는 점에서 고종에 대한 이들의 이러한 서술은 특이하다고 하겠다. 이들 역시 처지와 개혁 노선은 다를지라도 국가와 민족의 보존을 최우선시하는 인사여서 주권을 수호하고자 한 고종의 결기에 주목한 것이다.

물론 고종의 이러한 언행은 국권 수호에 대한 강력한 리더십을 보여주기는커녕 여타 정치 세력에 책임을 전가하는 것처럼 보인다. 그러나 대한제국은 조선왕조를 계승한 나라로서 조선왕조와 마찬가지로 공론 정치를 중시했다. 조선시대 국왕은 나라를 독단적으로 운영하지 않고 늘 양반 사족들의 다양한 의견을 경청하는 공론정치를 펼쳤으며 대한제국 시기에 들어오면 일반 민인들의 목소리도 반영하고자 했다. 정교가 독립협회의 노력으로 설치된 중추원을 선호하든 황현이 전통적인 양반 정치를 선호하든 공론 정치를 중시했다는 점에서 고종은 정치 세력의 동의를 받아야 했다. 나아가 이토 히로부미가 고종 앞에서 폭로한 대로 고종은 유생들의 도움을 받기 위해 그들에게 밀지를 내려 을사늑약 반대 투쟁을 지시하기도 했다.

이날 11월 5일 일진회의 성명서에 반발하여 각 소학교 학생 300여 명이 수하동 소학교에 모였다. 정교는 그 광경을 《황성신문》 1905년 11월 16·17·18일 기사와 《대한매일신보》 11월 17일 기사에 의거하여 다음과 같이 전하고 있다.

각 소학교 학생 300여 명이 모였다. 그리고 총대표를 일진회에 보내 일진회에서 앞서 발표한 선언서의 취지에 대해 질문했다. 일진회는 그 총대인 학생을 꾀어 곁방으로 들어가서 두들겨 패며 위협했다. 그 일[일진회 성명서에 대한 질문]을 시킨 사람을 불러내고 진술서 한 두루마리를 받은 다음, 회원 10여 명이 그 학생을 데리고 학부(學部)로 가서 한바탕 따져댔다. 마침 학부 대신 이완용은 자리에 없어서 서로 만나보지 못했다. 무수한 욕지거리를 퍼부으며 마구 떠들어 대다가 돌아왔다.

당시 고등소학교 교관들[상급 소학생을 가르치는 교원]이 일진회의 선언서를 숨기고 그 학생들에게는 보여주지 않았다. 학생들이 질문하기를, "이처럼 나라와 크게 관계된 글을 무엇 때문에 학생들에게는 내보여 주지 않으십니까?" 하고, 답변하라고 다그쳤다. 교관들은 오랫동안 학생들과 서로 트집 잡고 비난하다가 학생들을 물리치고 외면하기에 이르렀다. 마침내 학생들은 몹시 흥분하여 며칠 동안 수업을 그만두었다. 이날 그 학생들은 수하동 소학교에 일제히 모여 일진회에 질문하려고 했으나, 일본 헌병이 도착하여 해산시켰다.

또한 11월 14일 유생들에게 통문을 돌린 김동필 등이 15일 체포되었다. 이런 분위기에서 윤치호는 11월 15일 일기에 미국 YMCA 관계자 W. J. 브라이언을 만나고자 했던 외교 고문 스티븐스의 행적과 그에 대한 생각을 적었다.

스티븐스 씨는 브라이언 씨가 서울에 도착한 순간부터 그를 요

13도 유약소 김동필의 통문
《황성신문》 11월 16일 지면(부분)으로, 아래 단을 보면 검열로 인해 활자가 뒤집혀 있다.

리해서 친일적 양념장에 잘 담그는 일을 맡았다. 스티븐스 씨는 브라이언 씨가 한국에서 일본이 취하는 방침의 정당성에 감히 의문을 제기하는 베델과, 그와 비슷한 부류의 반대 주장에 빠지게 될까 두려워하고 있다. 부득이하게 일본인의 가장 야비한 성격만을 볼 수밖에 없는 한국인이 일본인의 관대한 면을 보는 것이 어렵듯이, 일본인의 가장 좋은 면만 봐왔던 스티븐스 씨가 일본인의 야비한 면을 보는 것은 틀림없이 어려울 것이다. 일본인에 대한 스티븐스 씨의 감정은, 총명하고 성공한 학생에 대한 교사의 자긍심과 애정, 그리고 나은 대우를 받는 피고용자가 번창하고 있는 고용주에 대해 표하는 감사함과 존경심의 조합이다. 나는 스티븐스 씨의 일본인 편애를 비난하지 않는다. 아니, 나는 그 때문에 그를 존경한다. 다만 나는 스티븐스 씨가 일본을 위해 일하면서도 한국으로부터 급여를 받는 사실이 유감스러울 뿐이다. 브라이언 씨가 스티븐스 씨를 통해 저녁식사를 함께하자고 초대했다. 그러나 나는 불필요한 오해를 피하기 위해 거절했다. 오후 3시에 브라이언 씨가 YMCA에서 종교 강연을 했다. 내가 그의 강연을 통역했다.

윤치호는 YMCA에서 브라이언의 종교 강연을 통역한 뒤 오후 5시 황실로 불려 갔다. 그때 그는 일본이 을사늑약 체결을 강요하는 시초 단계의 모습을 목격했다. 이날 그의 일기는 다음과 같다.

이토 후작이 황제에게 한 제안은 다음과 같다. 한국이 외교 업무를 일본에 넘겨야 한다. 그에 따라 일본은 서울에는 통감을, 개항장과 필요하다고 생각되는 지역에는 감독자를 두어야 한다. 한국은 일본의 개입 없이는 외국의 강대국들과 외교 관계나 국가 간 관계를 맺을 수 없다.

황제와 외부 대신은 그 제안을 거절했다. 박제순은 자신이 하야시와 2시간 반 동안 계속 면담했고, 그 조약에 서명하기를 단호히 거부했다고 황제에게 고했다. 황제, 아니 사실 한국인은 모두 훌륭한 정부 없이도 국가가 독립을 유지할 수 있다고 생각한다. 그들은 차라리 쇠로 덮인 내 지팡이 끝에서 장미 다발이 활짝 피어나는 모습을 기대하는 편이 나으리라.

여기서 고종과 외부 대신 박제순의 조약 체결 거부 의사를 확인할 수 있다. 그러나 윤치호에게서는 복잡하고 모호한 자세가 드러난다. 특히 한국인과 한국 사회를 두고 "차라리 쇠로 덮인 내 지팡이 끝에서 장미 다발이 활짝 피어나는 모습을 기대하는 편이 나으리라"고 극언할 정도로 비관적이다.

한편, 정교는 다음 날인 11월 16일 궁궐 분위기를 다음과 같이 전하고 있다.

11월 16일 일본군이 각기 200~300명씩 총을 어깨에 메고 각 동네 어귀를 순회했다. 헌병은 각기 20~30명씩 각 요충지를 지키고서 인민들이 내왕하는 것을 엄중히 경계하며 살폈다. 서울 안팎의 인심은 겁을 먹고 두려워 곤란한 국면에 빠졌다.

오후 3시 이토 히로부미는 또 참정 대신 한규설과 각 부 대신 및 경리원 경 심상훈 등을 공사관으로 불렀다. 네 가지 조건을 제출하고 얼굴을 마주하면서 수용하라고 요청했다. 한규설 등은 모두 불가하다고 말했다. 잠시 말다툼하다가 밤이 깊어 자리를 파하고 돌아갔다. 한규설 등이 곧바로 대궐로 들어가서 아뢰었다.

"오늘은 임금과 신하를 막론하고 윗사람과 아랫사람 들이 서로 힘을 모아야 할 때입니다. 삼가 원하건대, 폐하께서는 경솔하게 행동하지 마소서. 신 등은 비록 만 번을 죽을지라도 따르지 않을 것입니다."

같은 날 전 승지 이석종이 서울에 13도 유약소를 설치하고 일진회의 역적질을 성토하는 글을 발표하고, 경운궁의 정문 대안문으로 가서 상소하려고 했다. 이때 일본 헌병이 이석종 등 13인을 잡아다 가두었다. 다음 날인 17일 한강, 동작진, 마포, 서강, 양화진 등에 주둔하던 일본군이 모두 서울로 돌아왔다. 정교는 이날의 삼엄한 분위기와 늑약 체결 과정을 후일 보도된 《황성신문》 1905년 11월 20

일 장지연의 사설 〈시일야방성대곡(是日也放聲大哭)〉, 일반 기사 〈오
건조약청체전말(五件條約請締顚末)〉,《대한매일신보》11월 27일 기
사에 입각하여 다음과 같이 구체적으로 기술하고 있다.

11월 17일 이른 아침 다섯 강(한강, 동작진, 마포, 서강, 양화진) 곳곳
에 주둔하던 일본군이 모두 서울로 들어왔다. 기병 700~800명, 포
병 4,000~5,000명, 보병 2만~3만 명이 동서남북으로 거침없이 마
구 달려갔다. 우리나라 인민들은 몇 발도 자유롭게 내디딜 수 없었
다. 궁궐 안팎을 몇 겹으로 포위하니, 높고 낮은 직위의 관리들 모
두 벌벌 떨며 궁궐을 출입했다.

오후 2시 일본 공사 하야시 곤스케가 의정부 [참정] 대신 한규설,
외부 대신 박제순, 내부 대신 이지용, 학부 대신 이완용, 군부 대신
이근택, 법부 대신 이하영, 탁지부 대신 민영기 등을 공사관으로
불러들여 네 가지 조건에 대해 조인하라고 간곡하게 요청했다. 한
규설 등은 모두 불가하다고 말했다. 오랜 시간 하야시 곤스케는 꾀
기도 하고 위협하기도 했다. 이지용이 말하기를,

"이 일은 우리들이 논의하여 판단할 수 있는 일이 아닙니다. 마
땅히 우리 대황제 폐하께 아뢰고 결정해야 합니다" 하니, 하야시
곤스케가 말하기를,

"그렇다면 어전회의를 여는 것이 좋겠습니다"

했다. 한규설 등은 즉각 궁궐 안으로 들어갔으며, 하야시 곤스케
는 뒤따라왔다. 한규설 등이 황제 앞에서 다시 회의를 열었는데,
여러 대신은 모두 '불가'하다고 말하고 물러 나왔다. 한규설은 박제
순과 함께 다시 앞으로 나아가 황제에게 울며 아뢰기를,

"지금 여러 신하는 한결같이 거부한다고 말했으니, 의심하거나 염려하지 않아도 될 듯싶습니다. 그러나 단지 발언과 내용이 혹 부합하지 아니한 점이 있을뿐더러 저들의 수단은 예측하기 어려우니, 일이 뜻대로 되지 않으면 4,000년 강토와 500년 종묘사직이 하루아침에 완전히 멸절하게 될 것입니다. 여기까지 말하고 나니 통곡을 이길 수가 없습니다. 폐하의 뜻을 충분히 확실하게 굳히소서" 했다. 박제순도 역시 눈물을 흘리며 아뢰기를,

"한규설의 말이 타당합니다. 그리고 신도 역시 오직 한 가지 신념이 있고 딴마음이 없습니다. 다만 삼가 바라건대, 폐하의 뜻을 확고하게 하소서"

하고, 곧바로 물러 나왔다. 하야시 곤스케가 들어와서 그 사실을 알고,

"조약을 체결하기 전에는 결코 궁궐에서 물러가지 않을 것입니다"라고 말했다. 얼마 지나지 않아 이토 히로부미, 그 수행원 하세가와 요시미치, 그 부하 각 무관, 다수 보병·기병·헌병 및 순사, 고문관과 보좌원 들이 마치 비바람이 들이치듯 연속해서 궁궐 안으로 재빨리 달려 들어갔다. 각문을 경계하고 지키며 수옥헌을 아주 가까이에서 겹겹으로 포위하며 서 있고, 창과 칼이 철통같이 빽빽하게 줄지어 늘어섰다. 내정부[內政府, 의정부를 가리킴]와 궁궐에도 일본군이 역시 줄을 지어 죽 늘어섰다. 공갈하는 그 기세는 말로 표현하기 어려울 정도였다. 이토 히로부미가 그 조건이 부결되었다는 소식을 듣고, 회의를 열라고 다시 요청했다. 한규설은 불가하다고 말했으며, 옥신각신하며 오가다 끝끝내 들어주지 않았다. 이토 히로부미는 궁내부 대신 이재극을 불러 황제를 알현할 수 있도

록 해달라고 요청했다. 때마침 황제는 목구멍에 질환이 있어 그 요청을 사양하고 물리쳤다. 이토 히로부미는 황제가 있던 궁궐의 섬돌에 아주 가까운 곳에 서서, 알현할 수 있도록 해달라고 요청했다. 황제가 그 요청을 거절하며 말하기를,

"만나볼 필요가 없습니다. 나가서 정부의 여러 대신과 협의하십시오" 하니, 이토 히로부미는 물러 나와 여러 대신에게 말하기를,

"협의하라는 황제의 지시가 이미 있었으니, 다시 회의를 열고 정부의 주사(主事)를 불러 그 안건을 다시 쓰도록 합시다" 했으나, 한규설은 회의를 열라는 요청을 들어주지 않았다. 이토 히로부미가 꾸짖기를,

"이따위 참정을 어디에다 쓰겠는가? 속히 물러가라"

했다. 한규설이 몹시 두려워하며 대답하기를,

"나는 참정이 아닙니다"

하고, 즉각 물러 나와 황제의 앞으로 들어가려고 했다. 일본인 시오카와 이치타로(鹽川一太郎) 등 서너 명이 그 뒤를 따랐다. 한규설은 그들을 돌아보고 다시 몸을 돌렸다. 일본 무관 몇 사람이 한규설을 끌고 곁방으로 들어갔으며, 일본군 및 조장(曹長)·사관(士官) 등이 좌우를 경계하며 지켰다.

이토 히로부미가 이재극을 시켜 황제에게 아뢰기를,

"참정이 황제 폐하의 명령을 따르지 않았으니, 곧바로 그 벼슬을 면직시켜 주십시오"

했다. 또 여러 대신에게 그 조항을 협의하라고 다그쳤다. 이하영과 민영기는 모두 '부(否)' 자를 썼다. 이완용은 거기에다 쓰기를,

"만약 위 조항의 자구를 조금만 고친다면 마땅히 인준하겠다" 했

다. 이토 히로부미가 벌떡 일어났다 앉으며 붓을 쥐고 소리쳐 말하기를,

"학부 대신의 말이 대단히 옳고 타당합니다. 그러므로 당연히 고치겠습니다"

하고, 제 뜻대로 두세 곳을 약간의 문자로 지워 고치고 이어서 가부를 물었다. 이완용과 박제순·이지용··이근택·권중현 등 다섯 사람은 일제히 모두 '가(可)' 자를 썼다. 이에 이토 히로부미는 이재극을 불러 황제에게 전달하라고 시키면서 말하기를,

"이 자리의 회의에서 '가'가 많고 '부'가 적으니, 이 조약은 이미 성립되었다"

하고, 다시 박제순을 협박하여 외부(外部)의 도장을 가져오게 했다. 또 말하기를,

"참정이 도장을 찍지 않은 것은 상관없다. 다만 그 밖의 나머지 대신들은 도장을 찍는 것이 옳겠다"

했다. 이때 박제순 등 다섯 사람은 모두 도장을 찍었다.

조약 제1조에 이르기를, "한국과 일본 두 나라는 동아시아의 대세를 튼튼히 하기 위하여 이전의 친밀한 관계를 굳게 맹세하여 약속할 일"

제2조에 이르기를, "한국의 외교 사무를 확장하기 위하여 도쿄에 외교부를 두고, 다만 외교에 관계되는 사항만 모두 관할할 일"

제3조에 이르기를, "한국의 서울에 통감을 두고 외교 사무를 감독할 일"

제4조에 이르기를, "한국 각 지방이 외국인이 필요로 하는 지역에는 영사 대신에 이사(理事)를 둘 일"

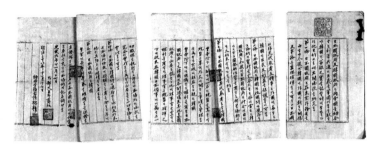

조약 명칭이 없는 을사늑약 문서

제5조에 이르기를, "한국 황실의 존엄을 보전할 일"이라고 했다.

당시 일본인은 조약의 조인을 강요하기 어렵다는 점을 알고서, 공사 통역원 마에마 교사쿠(前間恭作), 외부 보좌원 누마노 야쓰타로[詔野安太郎, 詔은 沼의 오자]로 하여금 외부에 가도록 했다. 황제의 명령이 있었다고 둘러대며 외부의 도장을 요구하자, 스티븐스가 즉각 그것을 내주었다. 수많은 일본 병사가 외부를 에워싸고 도장이 누실(漏失)되는 것을 막았다. 일본 공사관 서기관 고쿠부 쇼타로(國分象太郞)가 수옥헌 문 앞에서 미리 기다리고 있다가 그대로 그 도장을 받아 회의 자리에 들여보내 드디어 도장을 찍었다. 때는 11월 18일(음력 10월 21일이다) 오전 1시였다.

그러나 정교의 언급대로 자구(字句) 수정을 조건으로 '가(可)' 자를 쓴 사람이 이완용인지, 도장을 찍은 시간이 11월 18일 새벽 1시라는 주장이 맞는지는 확인할 필요가 있다. 최종 조약문은 17일 작성 완료되었으나 고종의 반대와 일부 대신들의 저항과 자구 수정으로 인해 18일 새벽 1시로 넘어갔다. 이때 이완용이 자구 수정을 조건으로 '가(可)' 자를 썼다고 하는데, 《대한매일신보》 11월 27일자 기사에는 그 당사자가 이완용이 아니라 박제순으로 보도되었으며 정오 1점이라고 보도했다. 정교는《황성신문》1905년 11월 20일자 〈오건조약청체전말〉에서 보도한 오전 2시 체결설을 따르지 않고《대한매일신보》11월 24일자 〈한일신조약청체전말(韓日新條約請締顚末)〉에 근거하여 오전 1시 체결설을 따랐다. 또한 조약 자구 수정을 전제로 인준을 받아들인 대신으로 두 신문 보도 내용과 달리 박제순이 아니라 이완용을 지목했다. 다만 황현은 〈오건조약청체전말〉에 근거하여 체결 시점을 오전 2시로 기술했다.

  그러나 일본은 말할 것도 없고 국사편찬위원회를 비롯한 다수의 역사 편찬 기관과 개설서 연표는 을사늑약 체결 일자를 11월 17일로 표기하고 있다. 이러한 착오는 일본 측 문헌과 일제가 편찬한 《고종실록》에 대한 사료 비판이 이루어지지 않았기 때문이다. 그러면 일본은 늑약 체결일을 왜 11월 17일 밤으로 공포했을까?

  당시 일본은 을사늑약 체결 과정에서 고종을 비롯한 대한제국 정부의 저항 사실과 조약 체결의 강제성, 불법성을 은폐하고자 했기 때문이다. 즉 체결 시각이 11월 17일 밤 시간대냐 18일 새벽 시간대냐에 따라서 대한제국 정부의 저항 양상이 달리 알려질 수 있고 조약의 성격을 달리 규정할 여지가 있다. 만일 체결 시각이 11월 18일 새벽으로 알려진다면 당시 고종은 물론 대신들의 저항이 적지 않았음을 보여주며 조약 체결 과정의 문제점이 고스란히 드러난다. 따라서 일본은 을사늑약의 체결 시각을 11월 17일 밤으로 조작한 것이다. 물론 일본 공사관은 본국에 보고하는 문서에도 체결 과정을 왜곡한 내용을 담고 있다. 1905년 11월 18일 주한 일본 공사관은 다음과 같이 본국에 보고했다.

이토 대사는 즉 한(규설) 참정과 함께 정부 대신에게 각각 따로 찬부의 결답(決答)을 구했는데 외부 대신은 본인 개인으로서는 불찬성이지만 칙명이 있으면 조인할 것이라고 답하고, 한 참정과 탁지부 대신 민영기 두 사람이 절대로 불찬성을 주장하는 외에 이지용·이완용·이하영·권중현과 이근택의 다섯 대신은 정세가 부득이하다는 의견을 제시했고 특히 학부 대신 이완용은 가장 명석하게 동의할 수밖에 없을 것이라는 의견을 표했다. 위의 형편을 이지용과 궁내부 대신 이재극에 의하여 상주한 결과 폐하께서도 역시 의결을 가납하셔서 동시에 대신 두세 명으로부터 대체로 중요하지 않은 3~4개의 수정안이 제출되었음에 이토 대사는 수정안을 취사하여 결국 확정안을 얻어 이지용과 이재극에 의해서 상주하여 …

이 보고에 따르면 주한 일본 공사관은 조약 체결 과정의 강제성과 불법성을 은폐하기 위해 을사늑약이 대한제국 정부와 고종이 자발적으로 동의하여 체결된 것으로 왜곡하고 있다. 다만 이 보고서 말미에 다음과 같이 체결 시각을 명시하고 있다.

… 폐하의 가납 재가를 얻어 조인을 마친 것은 오늘 아침 1시 반이었다.

따라서 주한 일본 공사관 스스로 밝히고 있듯이 강제 조인 시각은 앞 두 신문의 기사와 유사한 1905년 18일 오전 1시 30분으로 추정된다.

또한 늑약 체결 과정이 고종과 대한제국 일부 대신의 저항으로 인해 급박하게 돌아가다 보니 조약 명칭이 붙지 않았다. 아울러 고종이 외부 대신 박제순에게 조약 체결권을 위임하지 않아 위임장이 첨부되어 있지 않다.

한편, 정교는 〈시일야방성대곡〉을 쓴 장지연에 대해서는 훗날《대한계년사》에서 매우 부정적인 비평을 남기고 있다.

장지연은 평소에 욕심이 많고 야비하여, 다른 사람으로부터 뇌물을 받고 그에 대한 일을 신문에 실어주었다. 5조약을 체결하던 당시에, 사원(社員) 유재호(劉在護, 11월 을사늑약 체결 당시 탁지부 주사)는 장지연에게 조약 체결의 전말을 신문에 게재하도록 권유했다. 장지연은 두렵고 겁이 나서 감히 할 수 없었다. 유재호와 다른 사원들이 여러 차례 이야기하니, 이에 그 내용을 싣고는 제목 붙이기를 〈시일야방성대곡(이날을 목 놓아 통곡하노라)〉이라고 했다. 이 때문에 장지연은 경무청에 갇혔는데, 오래지 않아 석방되고는 마침내 주필 자리를 사직했다.

장지연에 대한 기술이 사실에 부합하는지는 확인할 길이 없다. 그러나 유재호가 취재원이 아닌가 하는 추정은 가능하다. 유재호는 태조 이성계의 어진을 모시는 전주의 경기전을 개수할 때 감동(監董)으로서 기여했다고 인정받아 1905년 11월 5일 탁지부 9품에서 6품으로 승진했다. 또한 장지연이 일본인 경무 고문의 신문 과정에서 밝혔듯이, 을사늑약 체결 과정의 불법성과 강제성을 잘 보여주는 잡보 〈오건조약청체전말〉이 사원 성낙영(成樂英)의 탐방에 근거하여 작성되었음을 확인할 수 있다. 그런데 성낙영은 어떻게 을사늑약 체결의 전말에 관한 정보를 확보할 수 있었을까? 여기서 고종의 측근인 조남승이 1905년 11월 17일 황명 출납과 기록을 총괄하는 비서감 승에 임명되었음에 주목해야 한다. 그가 이날 비서감 승에 임명된 뒤 늑약 체결 과정을 눈여겨보고 그 전말을 성낙영에게 전달한 것이 아닐까? 어쨌든 을사늑약 체결이 만천하에 알려진 데는 유재호와 성낙영의 역할이 매우 컸다. 그리고 장지연이 1910년대 친일파로 전락했다는 점에서 정교의 이런 평가가 주관적이라고 할 수만은 없다는 추론이 가능하다.

한편, 황현도 신문 기사를 대거 인용하여 조약의 강제 체결 과정을 적으면서 체결 이후 분위기를 전했다. 그는《매천야록》에서 정교와 달리 대신들 사이에서 이루어진 1차 부결 상황을 전혀 언급하지 않았다. 대신에 구완선의 위협 행위를 강조하고, 고종이 벌벌 떨면서 대신들과 논의하겠다고 한 발언을 옮기고 있다. 조약 체결의 강제성을 강조하면서 대한제국 황제와 대신들의 무기력을 꼬집고 있는 것이다. 그 밖에 이지용이 병자호란 때 주화론을 펼쳤던 최명길을 들먹거리며 자신을 구국의 인물로 둔갑시키려 했다고 전하고 있다. 그런데《대한매일신보》1905년 12월 3일 기사에 따르면, 황현의 이런 기술은 다소 와전된 듯하다. 이 기사에 따르면, 이지용은 최명길처럼 국가를 위해 을사늑약을 체결했다고 자랑했지만 세인들은 그런 주장을 비판하면서 이지용의 매국 행위를 최명길의 우국적인 결단에 비유해서는 안 된다고 일침을 놓았다.

당시 윤치호는 무엇을 했나? 11월 17일 오전 10시 그는 하와이 교민 관리에 관여한 미국 각료 모건(Morgan)을 방문하고 있었다. 그러나 그는 급박하게 돌아가는 정국의 소식을 전해 들으면서 다음과 같은 대화록을 남기고 있다.

　모건 씨는 하와이를 한국인 노동자들의 터전으로 묘사하는 내 설명에 상당히 흥미를 느끼는 것 같았다. 황제가 어떻게 보호조약에 동의하지 않았는지 들려주자 모건 씨는 이렇게 말했다. "그가 계속 버틸 수 있을까요? 지난 10년 동안 한국인 관리들이 올바른 통치를 할 수 없다는 것을 보여주었습니다. 지금도 한국인 관리들이 올바른 통치를 하리란 징조를 전혀 찾아볼 수 없습니다. 만약 한국이 가난하고 지독히 성가신 나라라면, 이 세계는 한국을 내버려 두었을지 모릅니다. 그러나 인류의 발전과 진보는 한국처럼 아름답고 풍요로운 나라가 언제까지나 잘못된 정부 밑에서 아무 쓸모없이 방치되는 것을 허용할 리도 허용할 수도 없습니다. 한국의 서민들은 만나면 만날수록 더욱더 좋아하게 됩니다. 그러나 한국의 관리들은 만나면 만날수록 더욱더 혐오하게 됩니다. 일본이 여기서 하려는 일을 이 세계는 승인할 것입니다. 황제는 일본의 요구에 반대할 수 없을 것입니다. 우리는 황제를 도와줄 수 없습니다."

　오후에 하야시가 보호조약 체결에 대해 한국인 각료들의 동의를 얻는 데 실패하고, 황제가 배석한 자리에서 그 문제를 타결하기 위해 각료들과 함께 궁궐로 갔다고 한다. 스티븐스 씨가 박제순이 조약에 서명했는지 물었다. 나는 이렇게 대답했다.

　"아닙니다. 제대로 된 한국인이라면 어느 누구도 그 조약에 서명하지 않을 것입니다. 미국인이 베네딕트 아놀드[Benedict Arnold, 미국 독립전쟁에 참전했지만 대륙군을 배반하고 영국군에 참전하여 배신자로 낙인찍혔다]라는 이름을 혐오하듯, 조약에 서명하는 자는 동포들에게 혐오 받는 이름을 얻게 될 것입니다. 그리고 한국이 무엇을 위해 이런 위험을 무릅써야 합니까? 일본은 이 조약을 체결한 뒤 지금까지 이용해 오던 비열한 흡혈귀 같은 착취자들을 다 몰아낼까요? 과연 일본이 한국인에게 잘못을 저지르는 일본인을 처벌할까요? 과연 일본이 한국인을 호의적이고 공명정대하게 대할까요? 일본은 그렇게 할 것이라고 말하지만, 우리는 일본을 믿지 않습니다. 일본이 악행을 해왔다는 것은 엄연한 사실이지만, 일본이 과연 선행을 할지는 두고 봐야 합니다. 따라서 누구든 그 조약에 서명하는 사람은 일본이 내세우는 무의미한 약속을 믿고 자신의 나라를 팔아버리는 자가 될 것입니다. 제정신을 가진 사람이라면 어느 누구도 서명하지 않을 것입니다."

스티븐스 씨는 내가 그렇게 말하는 것이 안타깝다고 했다. 또한 스티븐스 씨는 계류 중인 조약에 서명하는 한국인은 아놀드가 아니라 애국자가 될 것이라고 했다. … 오늘 밤이 독립국가로서 한국의 운명을 결정할 것이다.

당시 외부 협판이었던 윤치호는 조약 체결에 동조하는 대신들을 애국자로 인식하는 스티븐스의 견해를 수긍하지 않고 대한제국의 운명에 촉각을 세우고 있다. 그리고 11월 18일 일기에 이후 상황도 전하면서 사직서를 제출한 사실도 밝혔다.

잠 못 이루는 밤을 보낸 뒤, 한국 독립의 운명이 어떻게 되었는지 알아보러 일찍 외부로 나갔다. 외부에서 숙직했던 신 주사라는 사람이 나에게 다음과 같은 이야기를 해주었다.

"어(魚)[어윤적] 씨와 저는 어젯밤 10시쯤 퇴근하여 잠잘 준비를 했습니다. 우리는 그 조약이 이렇게 빨리 서명될 줄을 몰랐습니다. 어제 온종일 촉각을 곤두세우고 있었던 사람들은 시간이 갈수록 점점 불안해졌습니다. 10시가 조금 지나 전화벨이 울렸습니다. 전화를 받았고, 외부 대신 박제순이 '인궤(印櫃)를 들여보내시오'라고 하는 음성을 똑똑히 들었습니다. 인궤는 대신 관방에서 관리하고 있기 때문에 저는 즉시 외부 대신의 전갈을 김 주사에게 보냈는데, 김 주사는 오지 않았습니다. 밤이 깊어졌고, 계속해서 김 주사에게 전령을 보냈습니다. 일본 공사의 통역관 마이와[마에마 교오사쿠의 오기] 씨가 궁에서 와서 인궤를 달라고 재촉했습니다. 사람들은 모두 조바심을 냈습니다. 외부 교섭국장 이시영(李始榮) 씨가 왔습니다. 우리, 즉 어씨와 이씨, 그리고 나는 상의한 뒤 인궤를 보내지 않겠다고 결정했습니다. 이시영 씨가 궁내의 분투한 결과를 알기 위해 박제순 대신에게 전화를 걸었습니다. 박 대신이 '다 잘되었으니 인궤를 들여보내시오'라고 회신했습니다. 이 말을 듣고 우리는 인궤를 보낼 수밖에 없었습니다. 그래서 내가 궁궐로 인궤를 가져다 주었습니다. 일본군이 외부의 중앙 복도에서부터 궁 안의 내각 회의실까지 두 줄로 빈틈없이 길을 경비하고 있었습니다. 내각 회의실에는 굉장히 많은 일본인과 한국인 관리가 모여 있어서 누가 누군지 거의 구별할 수가 없었습니다. 제가 알아볼 수 있는 것은 박제순 대신과 하야시가 작은 탁자를 사이에 두고 서로 마주 앉아 있는 모습뿐이었습니다. 조약서가 그 탁자 위에 있었고, 제가 인궤를 박 대신에게 건네주자마자 즉시 서명이 이루어지고 봉인되었습니다. 그 뒤 다시 일본군 횡렬을 뚫고 외부로 돌아왔습니다."

오늘 새벽 1시에서 2시쯤 서명을 통해 조용히 한국의 독립은 포기되었다. 모든 일이 꿈처럼 보인다. 나는 무슨 일이 일어났는지 알 수 없었고 그 일이 이미 처음부터 알고 있는 결론임을 알았다. 스티븐스 씨에게 다음과 같은 편지를 썼다.

"어젯밤 보호조약이 체결되었습니다. 그것은 지난 수년간 일어났던 일련의 사건들의 불가피한 결과였습니다. 저는 이런 결과에 대해 한국의 모든 불행을 계획하고 마무리하신 분을 제외하고는 어느 누구도 비난하지 않습니다. 다만 문제는 불행이 아직 끝나지 않았고, 엄청나게 많이 남아 있다는 겁니다. 저는 여전히 희망을 믿는 바보입니다만, 일본이 단순히 거창한 선언과 지겨운 약속이 아니라 가시적이고 실질적인 행동과 실제 사례로써 한국인의 이익을 보호해 주기를 바랍니다. 조약이 서명되고 제시되자마자, 나는 그런 결과가 불가피했다는 사실을 깨달았고, 또 다른 일도 마찬가지로 피할 수 없다는 것을 알았습니다. 즉 내가 사임하는 것입니다. …"외부 대신 박제순 씨가 조약에 서명했다는 사실이 놀랍다. 참정 대신 한규설은 끝까지 서명을 거부한 유일한 사람이었다. 그는 황제가 배석한 자리에서 부적절하게 행동했다는 이유로 해직되었다! 참정 대신 만세.

어젯밤 나라의 독립이 서명을 통해 포기되는 동안, 황태자는 묘지기직 3개와 보좌관직 하나를 팔았다. 사직서를 보냈다.

수치스러운 조약에 서명한 내각은 다음과 같은 인물들로 구성되어 있다. 한규설 참정 대신, 박제순 외부 대신, 이하영 법부 대신, 이완용 학부 대신, 이지용 내부 대신, 이근택 군부 대신, 권중현 농상공부 대신, 민영기 탁지부 대신.

을사늑약 체결 후 찍은 기념사진

　이후 윤치호는 사직서가 수리되기는커녕 오히려 외부 대신 서리가 되었다. 그러나 그는 거듭 사직서를 제출했고 12월 1일에는 개혁을 촉구하는 상소문을 올렸다. 그의 상소문에 따르면, 자강의 길과 독립의 기틀은 일을 "그르친 무리들을 내쳐서 민심을 위로하고 공정(公正)한 이를 불러 맞아들여서 속히 치안을 도모하며, 토목공사를 정지하고 무속의 요술을 물리침으로써 재용을 절약하는 것"이었다. 원론적인 내정 개혁만 강조할 뿐 을사늑약에 대한 직접적 대응이 없다. 을사늑약의 불법성 여부를 떠나 힘의 논리를 일찍부터 깨달은 터였다. 그는 이듬해인 1906년 5월 4일에서야 일본 유학생 감독에 임명됨으로써 외부 협판을 그만둘 수 있었다.

　한편, 을사늑약이 체결되는 이 시각에 한성부 당직 근무를 섰던 한 관리는《한직일기(漢職日記)》에서 같은 날의 광경을 전하면서

"오전 1시경, 이토 히로부미와 하세가와가 정부 대신들과 어전에서 회의를 열고 신약 4건을 성립시켰다. … 500년 종사가 오늘에 이르러 이 지경이 되었는가! 통곡하고 통곡할 뿐이다"라고 당시 심경을 남기기도 했다. 윤치호와 달리 고관이 아닌 말단 관리였지만 자신의 심경을 도저히 감출 수 없었다. 또한 이 일기를 통해서도 조약의 날인이 17일 밤이 아닌 18시 새벽 1~2시였음을 재삼 확인할 수 있다.

정교는 11월 18일 새벽 일반민들의 을사늑약에 대한 첫 반응을 《대한매일신보》 11월 19일 기사 및 《황성신문》 11월 20일 기사, 자신의 목격담을 토대로 다음과 같이 복원하고 있다.

> 18일 새벽 3시쯤 머리를 빡빡 깎고 양복을 입은 수십 명의 사람들[削髮洋服者數十人]이 이완용의 집(소의문 밖 약현에 있다)으로 가서 그 집 두 칸을 불태워 버렸다. 이날 도성 안팎의 인민들은 을사 5조약이 조인되었다는 이야기를 듣고 모두가 분통을 터뜨렸다. 각 부의 많은 관리가 눈물을 흘리며 크게 탄식하고 맡은 사무를 모두 폐지해 버렸다. 각 학교의 학생들도 모두 학업을 그만두었다. 18일 아침부터 일본 병사들이 각기 30명씩 각부 대신의 사저로 가서 지키며 호위했다.

여기서 머리를 빡빡 깎고 양복을 입은 이들은 누구일까? 이러한 행색을 갖춘 사람들은 당시 개신교 신자, 일진회 회원으로 파악되었는데, 일진회 회원들은 을사늑약 체결에 적극 동조했기 때문에 '머리를 빡빡 깎고 양복을 입은 수십 명의 사람들'은 일진회 회원은 아니다. 그렇다면 을사늑약 체결에 불만이 많은 개신교 인사들로서 뒤에서 다루게 될 항일운동의 본산 상동교회 인사들이 아닌가 한다. 이들은 을사늑약 체결에 반대하는 상소운동을 전개했을 뿐 아니라 을사 5적 처단을 위한 암살도 모의했다.

정교는 조약 체결 당시 자리에 있었던 인물들에 대한 세간의 평가를 전했다. 그중 이근택에 관해서는《대한매일신보》1905년 11월 25일 기사를 토대로 후일담을 전하고 있다.

조약을 새로 체결하던 날, 집으로 돌아가 자기의 아들과 첩을 앞에 두고 그날 밤 궁중에서 일어난 광경을 자세히 설명했다. 또 자기는 '가' 자를 썼다고 말했다. 외국인을 위한 심복으로 일대 공로를 이루었으니, 이로부터 권세 있는 자리에서 빛을 내며 평생토록 교체되지 않을 것이라며, 자랑스럽게 우쭐대고 득의만만하게 웃으며 말했다.

때마침 반찬을 만들고 있던 그 집의 식모가 창밖에서 그 말을 듣고, 식칼로 도마를 내려치며 큰 소리로 꾸짖기를,

"내가, 이놈이 저처럼 흉악한 역적인 줄 모르고 몇 해 동안 그를 위해 일해주며 그의 밥을 먹었으니, 이보다 더 분하고 한스러울 게 없으며 이 치욕은 씻기 어려울 것이다."

하고, 마침내 몸을 일으켜 밖으로 나갔다. 이근택과 그의 아들 및 첩이 부끄러움과 분함을 참을 수 없어 그녀를 잡아다 때리려고 했다. 그 식모가 문을 나서며 크게 소리 지르기를,

"동네 사람들 내 말 좀 들어보소! 이른바 집주인이란 자가 저처럼 흉악한 역적이기에 내가 바른말로 나무란 것인데, 도리어 나를

두들겨 패려고 합니다. 여러분 나 좀 구해주시오."

이어서 다른 집으로 달아나 숨었다. 이때 그 소리를 들은 사람들
은 모두 이근택의 행동에 대해 분개하며 이를 갈았다. 이근택의 집
안에서 여러 해 동안 고용살이를 하던 침모도 식모의 의기에 감동
하여, 말도 없이 떠나버렸다. …

나라가 망한 다음, 박제순·이완용·이지용·이근택·권중현·민영
기·이하영·이재극은 모두 일본으로부터 백작·자작·남작 등의 작
위를 받았다.

이근택 집의 식모 이야기는 지규식도 11월 29일 일기에 남겼다.

남한산성 이용식이 내방하여 두어 마디 이야기를 나누고 바로
돌아갔다. 방금 서울 소식을 들으니 "이근택이 자신이 군부 대신
으로서, 한국을 일본이 보호한다는 문서에 조인하여 준 뒤 집으로
돌아가서 온 집안 권속들에게 큰 소리로 '우리 집안은 부귀가 지
금부터 크게 일어날 것이니 장차 무궁한 복과 즐거움을 누릴 것이
다' 하고는 서로 더불어 기뻐하고 축하했다. 이때 그 집 반빗아치
(饌婢) 여인이 바야흐로 칼을 들고 도마 위에 고기를 썰다가 나라
팔아먹은 이야기를 창문 밖에서 들었다. 이 여인은 대단히 통한을
이기지 못해 칼로 고기 도마를 크게 치면서 큰 소리로 질책하며 말
하기를 '내가 이러한 역적인 줄 모르고서 이런 흉악한 놈에게 몸을
두었구나!' 하고 칼을 던지고 문밖으로 뛰쳐나갔다. 또 한 침모가
있었는데, 똑같이 소리를 지르며 크게 꾸짖고 마침내 밖으로 나갔
다"고 했다. 이는 여협(女俠) 중에 특이한 열녀이다. 남아인 자가 어

원태우 지사의 투석 장면을 묘사한 삽화

일본인 화가가 그린 이 그림을 실은 자료에서는 원태우의 행위를 "우매한 농민이 술에 취해 무의미하게 돌을 던진 것"으로 폄하했다.

찌 부끄럽지 않겠는가? 저 두 여협은 가히 대한의 불후불멸(不朽不滅)의 빛이라고 이를 만하다.

지규식도 부녀자들의 의로운 행동에 부끄러워하면서 그 찬모와 침모를 두고 '대한의 빛'이라고 칭찬했다.

이토 히로부미는 조약 체결이 끝나자 수원 등지를 유람하기 위해 기차를 탔는데, 안양역 근처에서 봉변을 당했다. 정교는《대한매일신보》1905년 11월 24일 기사를 보고 이 사건을 상세히 다루었다.

11월 22일 오전 9시 이토 히로부미가 또 수원 등지를 유람하기 위해 기차를 타고 갔다. 시흥군 안양역 근처에 도착했는데 어느 사람이 있다가 몇 개의 돌멩이를 던지니, 기차 창문을 깨부수고 이토 히로부미의 몸 쪽으로 지나갔다. 오후 7시 이토 히로부미가 서울로 돌아왔다. 정부에서는 회의를 열어 시흥 군수 김종관[김종국의 오기] 의 벼슬을 면직시키고, 경기도 관찰사 정주영을 견책했다.

이처럼 일반민들은 분노하고 있었지만, 황현에 따르면 일본 공사 관과 일진회의 분위기는 사뭇 달랐다.

이때 일본 공사관에는 전보가 옷감을 짜듯이 줄줄이 이어져 조 약이 체결된 것을 서로 축하했으며, 일진회는 주연(酒宴)을 마련하 여 서로 축하하며 더욱 기세가 양양했다.

일본 공사관 직원들과 일진회 회원들은 이제 탄탄대로로 기세등 등하게 달릴 준비가 되었다. 그러나 그들의 앞길에는 무수한 저항 이 기다리고 있었다.

을사늑약 무효 투쟁

을사늑약은 일본의 주도면밀한 계획 아래 속전속결로 추진되었기 때문에, 을사늑약에 관한 기사는 쉽사리 보도되지 않았다. 그러나 체결 당일 18일 새벽 이후 탁지부 주사 유재호처럼 궁궐에 근무하 고 있었던 관리들이 궁궐 소식을 외부로 알리면서 을사늑약 체결 소식이 전해졌다. 이미 새벽 3시에 민중들이 이완용의 집을 방화할 정도였다. 그러나 조약 전반에 관한 내용은 쉽게 드러나지 않았다. 먼저 조정 관리들이 체결 소식을 들은 상황에서 다음 날 11월 19

일 의정부 참찬 이상설이 상소했다. 그는 11월 18일 체결 소식을 듣자마자 사직 상소를 올렸지만 황제가 허락하지 않자, 다음 날 늑약 체결을 비판하는 상소를 올렸던 것이다. 이 상소의 내용은 며칠 뒤 《대한매일신보》 1905년 11월 23일 기사에 실렸다.

삼가 아룁니다. 신이 어제(18일) 새벽 정부에서 삼가 들으니, 여러 대신이 일본과 더불어 조약을 체결하여 마침내 조인까지 했다고 합니다. 세상일을 이제는 다시 어찌할 수 없다고 생각되어, 물러 나와 저희 집으로 돌아왔습니다. 다만 몹시 슬피 울며 스스로 안정할 길을 찾느라 애쓰다 사직을 요청하는 상소를 올렸습니다.

이제 들으니, 그 조약이 아직은 폐하께 아뢰어 인준하는 절차를 거치지 않았다고 합니다. 신은 진심으로 매우 다행이라고 마음을 달래고 나라를 위한 계책에 아직은 할 만한 일이 있다고 생각했습니다.

대체로 그 조약은 인준해도 망하고 인준하지 않아도 망할 것입니다. 어차피 망할진대 차라리 나라를 위해 목숨을 바치기로 결심할지언정 단호하게 딱 잘라 거절하여 우리 역대 임금님께서 폐하께 맡기신 중임을 저버려서는 안 됩니다.

삼가 바라건대, 폐하께서는 전 참정 대신 한규설이 아뢴 글대로, 무릇 가결을 따른 모든 대신을 모조리 징계하시어 국법을 힘껏 바로잡으소서. 다시 조정의 신하 가운데 일할 만한 인물을 뽑아, 따로 교섭에 나서서 엄중한 말로 물리쳐 거절하게 한다면, 바라건대 세상은 영원히 폐하 마음의 소재(所在)를 알아줄 것입니다. …

근대 학문과 국제법에 밝은 이상설은 고종이 인준하지 않아 조약이 성립 요건을 충족하지 못했다고 판단하고, 고종에게 조약을 인준해서는 안 된다고 강력하게 요청하고 있다. 그는 대한제국에서 고종이 차지하는 위치를 알고 있기 때문에, 고종이 끝까지 인준하지 않고 조약에 서명한 대신들을 처벌하게 하여 국권 수호의 가능성을 타진하고자 했던 것이다. 정교도 이 상소문을 상세히 인용했는데, 이런 점에 유의했기 때문인 것으로 보인다.

이어서 다수의 전현직 관리들이 을사늑약을 비판하고 거부하는 대열에 동참했다.

11월 22일 정2품 박기양, 사직서 제조 박봉주, 전(前) 홍문관 시독 강원형 등과 법관양성소 교관 정명섭(정명섭 이하 여섯 사람은 연명이다)·조세환·고익상·김종호·윤태영·윤광보, 전 비서감 승 윤두병 등이 모두 상소하여 박제순 등을 처형하고 조약을 물리치라고 요청했다.

정교에 따르면, 그들은 "조약 체결에 찬성한 신하들은 사법 당국에 넘겨 국법을 바로잡고, 그 이른바 조약이라고 하는 것은 도로 돌려다 없애버리고 나라 안팎에 선포함으로써 조약이 무효라는 점을 내보여야 한다"고 주장했다.

그러나 일반 국민은 이런 소식을 접하지 못했다. 이에《황성신문》이 11월 20일 이전의 소식을 확보하여 11월 20일 신문을 통해 조약 체결의 전말을 보도했고, 같은 지면에 장지연의 사설 〈시일야방성대곡〉을 실었다.

장지연의 〈시일야방성대곡〉
《황성신문》주필 장지연이 쓴 것으로 11월 20일 기사에 실렸다.

또한 13도 유약소 유생들이 조약 철회와 관련자 처벌을 요구했다. 정교도 이런 상소 투쟁을 놓치지 않고 기록했다. 상소문은 다음과 같다.

지금의 이 다섯 항목의 조약이야말로 한 나라가 영영 망하게 되는 계기이니, 황제 폐하께서 '불가'라고 말씀하셨고 정부의 주무 대신인 참정이 '불가'라고 말했으며 국민이 모두 '불가'라고 했습니다. 그 가운데서 '가'라고 쓴 대신을 어찌 폐하의 신하이며 정부의 고위 관리라고 말할 수 있겠습니까?

'가부'를 가려서 조인한 것으로 말씀드리자면, 이미 폐하께서 허락하지 않으셨으니 감히 대신들이 '가부'를 따져 조인한 것은 매우 이치에 맞지 않은 일입니다. 가령 폐하께서 부득이 허락하신 적이 있어도 이미 이는 민심이 따르지 않으니 제멋대로 시행해선 더욱 옳지 않은 것입니다. 하물며 황제 폐하께 보고하고 재가하는 절차를 거치지 않고 강요하여 조인한 자취를 가지고서 그들은 어찌하여 감히 조약이 성립되었다고 말하며 세계에 널리 알리는 것입니까? 저 사람들의 조금도 거리낌 없는 짓은 단지 우리 한국만 업신여기는 것이 아니라, 바로 세계를 깔보는 짓입니다. 이는 한국 사람의 설명을 기다리지 않아도 아마 곁에서 바라만 본 세계 여러 나라에서도 짐작하고 있을 것입니다.

우리나라를 팔아먹은 역적의 경우는 '가' 자를 쓰거나 '부' 자를 쓸 때 그 모습이 이미 드러났습니다. 외부 대신 박제순은 외교의 주무 대신으로 비록 억압 때문이었다고는 하지만 머리를 숙이고 조인했으니, 나라를 팔아먹었다는 죄목을 어찌 모면할 수 있겠습니까? 그 나머지 여러 대신도 애초부터 저 사람들의 앞잡이가 되어 오늘날의 재앙을 빚어냈습니다. 역적질이 마침내 '가' 자를 쓰는 자리에서 드러났는데도 뻔뻔스럽게 부끄러움이 없으니 어찌 차마 이렇게까지 한단 말입니까? … 삼가 원하건대, 폐하께서 장차 우리의 종묘사직과 백성들을 돌보지 않으신다면 그만이지만 만약 종묘와 사직을 보전하여 모든 백성에게 군림하려고 하신다면, 빨리 먼저 사법 당국에 명령을 내려 '가' 자를 써서 아뢴 여러 역적의 머리를 베어 거리에 내걸어 민심을 달래소서. 이어서 또 각 공관에 조회하도록 명하여 따로 대등한 담판을 벌임으로써 세계의 공론을 넓히고 우리 역대 임금께서 대대로 지켜온 터전을 보전하신다면, 종묘와 사직 그리고 신하와 백성 모두에게 매우 다행일 것입니다.

늑약 체결 소식이 알려지자 항의 집회가 열렸다.《황성신문》11월

20일 보도에 앞서 늑약 체결 소식을 듣고 달려온 것이다. 정교는 대다수가 조약 무효론을 주장하는 분위기를 전하고 있다.

'5조약'이 조인되었다는 소식이 전파되자, 신사(紳士)와 인민 남녀노소가 모두 매우 분격하여 치를 떨었다. 눈물을 흘리며 한숨을 쉬는 사람들과 길게 목 놓아 통곡하는 사람들이 셀 수 없이 많았다.
...
돈의문 밖에 사는 배씨(裵氏) 성을 가진 사람으로 집안이 가난하여 가옥 중개업(家儈)으로 생계를 이어가고 있었는데, 원교(圓嶠, 돈의문 밖에 있다)에 올라가 며칠을 통곡하다가 그대로 자살했다.

조약 체결설이 돌자 각 학교 학생들이 격앙되어 등교를 하지 않았다.

11월 26일 조병세와 이근명을 비롯한 69명은 상소에서 조약 체결 관련자에 대한 처벌과 조약의 무효를 주장했다. 황현 역시 당시 조정 관리를 비롯한 여러 사람의 상소를 소개함으로써 을사늑약의 무효를 주장하고자 했다. 영국, 독일, 미국, 프랑스, 이탈리아 등 5개국 공사에게 보낸 조병세의 편지는 이를 단적으로 잘 보여준다.

지금 대체적인 세계 대세로 볼 때, 열강 사이에 자리 잡은 약소국이 스스로를 보전할 수 있는 것은 다른 게 아닙니다. 믿을 수 있는 것은 이웃 나라의 우의이며 의지할 수 있는 것은 국제법입니다. 삼가《공법회통》을 살펴보자면, 제405장에는 "조약의 수립은 반드시 국왕의 승인 명령을 기다린 다음에야 바야흐로 그대로 시행할 수 있다"고 했습니다. 제409장에는 "조약을 논의할 때 혹시라도 협박을 받았다면 그 조약도 역시 폐지할 수 있다"고 했습니다. 그렇다면 조약을 맺는 법은, 위로는 승인을 받고 아래로는 그에 대한 계책을 묻고 협의하여 쌍방이 합의를 통하여 타결해야만 바야흐로 조약이라고 말할 수 있습니다. 위협을 가하고 억눌렀다면 비록 조약을 체결했다 해도 그 조약은 무효가 되는 것입니다. 그러니 어찌 압제를 참아가면서 그들이 하는 대로 두고 볼 수 있겠습니까?

일본은 저희 나라를 대하면서 자기 나라의 부강함만 믿고 우리를 약소국이라고 업신여기고 있습니다. 이는 이미 법의 한계를 벗어난 것입니다. 하물며 저희 나라는 귀 공사와 우호 관계를 맺은 지 여러 해가 되었습니다. 제멋대로 외교권을 빼앗아 가려고 하니, 이는 오직 자기 나라의 힘만 믿고 저희 나라를 능멸하는 것뿐만 아니라, 바로 귀 공사를 업신여기는 행위이기도 합니다. 귀 공사께서는 지금 저희 나라에 주재하고 계시니, 의리상 동포나 마찬가지입니다. 그런데 다른 사람이 빼앗아 가서 올바른 우호 관계를 나눌 길이 없게 되었으니, 단지 저희 나라만 위험이 눈앞에 닥쳐 위태롭고 매우 근심스럽게 된 것이 아니라 실로 귀 공사의 체면과 권한도 손상될 것입니다.

이 서신에 따르면, 조병세는 당시 국제법의 권위자라 할 블룬칠리의 《공법회통》 관련 조항에 근거하여 을사늑약의 문제점을 역설하고 조약의 무효를 주장하고 있다. 즉 조약의 서명, 비준, 수락 또는 승인을 얻기 위하여, 개인의 인신 또는 개인적인 능력에 대해 강제 또는 강박을 가하는 행위는 조약 무효의 근거라는 것이다. 나아가 일본의 대한제국 보호국화는 세계 평화에도 위협이 된다고 강조하고 있다. 그러나 각국 공사들은 묵묵부답이었다.

이어서 조병세는 대소 벼슬아치들의 적극적인 참여를 끌어내기 위해 궁내부 집회를 제안했다. 그러나 이 집회에 모인 현직 관리는 극소수였다. 반면에 친일파의 준동이 시작되었다. 정교는 이들의 준동을 다음과 같이 기술하고 있다.

> 이때 경무사 구완선(이지용의 심복인 사람이다. 이달 17일 경무사에 임명됐다)이 오주혁, 김락승, 임철윤, 김세동, 김종락, 김동필, 정환교, 안병찬, 강원형 등의 이름을 나열하며 내부(內部)에 보고하기를, "위 사람들은 치안에 방해가 된다고 인정되어 일단 본 청(廳)에 구금했습니다"라고 했는데, 이는 대개 전례가 없던 일이었다.

이들 친일파는 을사늑약의 무효를 주장하는 전현직 관리들을 구금하여 저항 대열을 무너뜨리고자 했던 것이다.

이어서 정교는 종로 각 점포의 상인들이 모두 점포를 거두었다고 기술하고 있다. 이는 새로 체결한 조약에 대한 원통함과 분노를 금할 수 없어 영업할 마음이 없었기 때문이다. 구완선은 별순검(別巡檢)을 파견하여 억지로 점포를 열라고 명령했다. 그러자 상인들이 말했다. "나라에 큰일이 일어난 때 태연히 점포를 열라니, 실로 이는 감히 할 수 없는 일입니다. 그리고 설령 점포를 연다 해도 재정의 곤란이 매우 심하고 새 조약 사건 때문에 인심이 요동쳐서 매매가 전혀 이루어지지 않으니, 도리어 점포를 문 닫는 것만 못 합니다." 이처럼 구구절절 변명했으나, 별순검 무리들은 끝내 수긍하지 않고 몇몇 상인들을 잡아갔다.

이때 윤치호는 어땠을까. 그의 11월 27일 일기를 보자.

서울의 많은 지도급 관료인 진신(縉紳)이 황제에게 그 노예 조약
에 서명했던 각료들을 처벌하고 11월 17일 밤[11월 18일 새벽의 착오]
에 강압적으로 체결된 그 조약을 취소하라고 간청하는 내용의 상
소문을 전하기 위해 집회를 조직했다. 그 집회의 우두머리는 전 참
정 대신 조병세였다. 나는 세 번이나 집회에 참석해 달라는 요청을
받았으나 사직서를 냈다는 이유로 거절했다. 이들은 일본이 20만
명의 생명과 수억 엔의 돈을 희생시키면서 획득한 것을 소리만 요
란한 몇 장의 상소문으로 취소할 수 있다고 생각한다는 점에서 잘
못되었다. 한국인들은 오랫동안 붓의 노예로 살아왔기 때문에 붓
이 강철과 화약에 맞먹는다고 믿는 것 같다. 욕조와 칼이 일본 문
명의 원천이라면, 붓과 한문은 한국의 정신과 희망의 무덤이다.
서민들이 그 조약은 말할 나위도 없고 부패한 조정을 공격하는
것은 옳을 것이다. 그러나 그들은 지금 몹시 흥분한 상태여서 그들
에게 간섭하는 것은 완전히 미친 짓일 것이다. 그들은 훌륭한 정부
가 있을 때만 독립이 가능하다는 냉엄한 사실 앞에서 곧 진정될 것
이다. … 한국인들은 지위 고하를 막론하고 호의에 익숙하고 다른
나라의 호의를 통해 자국의 독립을 유지하기를 원하고 있다.

근대의 무력(武力)을 누구보다 잘 알고 있었기에 체념했던 윤치호
의 심정을 잘 보여주고 있다. 나아가 상소운동은 곧 냉엄한 현실 앞
에서 무너질 것이라고 예견하고 있다. 무기력한 한국인에 대한 인

식이 냉혹하기만 하다.

정교는 조병세의 이후 행동을 자세히 추적하면서 민영휘의 행태를 꼬집었다.

(11월 28일 궁내부 특진관) 조병세는 자기 집으로 돌아가지 않고 대안문 앞에서 혼자 거적을 깔고 앉아 처벌을 기다렸다. … 이날 저녁 일본 헌병 수십 명이 와서, 조병세를 붙잡아서 정동에 있는 옛 일본 헌병 파출소에 가두었다.

이때 여러 벼슬아치가 다시 상소하려고 하면서, 민영휘(민영준의 고친 이름이다)가 벼슬이 가장 높기 때문에 그를 상소의 우두머리로 정했는데, 민영휘는 매우 회피하여 따르지 않았다. 그리하여 시종 무관장 민영환을 상소의 우두머리로 정하고 상소했다.

훗날 대한민국 임시정부에서 활동했던 이시영의 경우, 당시 현장을 목격했던 관리로서 11월 27일 최재학이 주도하는 집회에 참가했다. 정교는 이 장면을 놓치지 않았다.

많은 일본 순사와 헌병이 도착해 위협하며 붙잡아 묶으려고 하니, 최재학 등이 큰 소리로 꾸짖기를, "우리들은 대한의 국민이다. 대한의 독립을 도모하다가 교활하고 간악한 너희들의 칼에 맞아 죽어 귀신이 될지언정 어찌 군말 없이 너희들의 포박을 달갑게 받아들이겠느냐?"라고 말했다. 일본 헌병이 군용 칼로 마구 때리자, 이재학 등은 맨주먹으로 적들을 상대했다. 신상민은 시퍼런 칼날에 겹겹이 포위된 속에서 닥치는 대로 마구 치고받으며 싸우니, 일본 헌병의 모자가 어지러이 땅에 떨어졌다. 그러나 어찌 그 많은 헌병을 당할 수 있겠는가? 아무개는 얼굴 부분을 칼에 찔리고 또 다른 아무개는 귓불이 잘려나가 뜨거운 피가 땅에 뿌려지니, 곁에서 바라보던 400~500명 가운데 격분하지 않은 이가 없었다.

일본병 2개 소대가 좌우로 죽 늘어섰다. 인민들은 끊임없이 '대한 독립'을 연달아 소리 높여 외쳤다. 일본 헌병들이 군용 칼을 휘둘러대며 신상민 등을 붙잡아 묶어 갔다. 신상민 등의 입에서 소리가 끊이지 않으며, '독립을 사수하라!'라는 말로 곁에 있던 인민들에게 권고했다. 일본 헌병들은 수건으로 그 입을 꽉 틀어막고 그들의 등을 구타하며 몰고 가서 경무청에 가두었다. 이를 바라보던 사람들은 모두 흐느껴 울며 한숨을 내쉬었다.

여기서 최재학 등은 황제의 신민이 아닌 '대한의 국민'임을 주장하면서 조약의 부당성을 역설하고, 나아가 '대한 독립'을 외치고 있다. 즉 황제에게 보호를 받는 적자(赤子)에서 국민으로 전환한 것이다. 이러한 '국민'은 갑오개혁과 대한제국을 거치면서 자리 잡았다. 예컨대 1904년 9월 '국민'이라는 명칭을 사용하는 국민교육회가 이미 탄생한 터였다. 유생 스스로도 자신을 특권층 양반이 아니라 국민으로 표현했다.

여성들도 조약 거부 운동에 적극 참여했다.《대한매일신보》1905년 12월 1일 기사에 따르면, 11월 29일 어떤 연소한 여성이 다수 군중이 모인 종로 거리에서 조약 체결을 규탄하는 연설을 했는데, 방청자들 가운데 감격하여 울지 않은 자가 없었다. 당시 기자는 그녀를 프랑스의 잔 다르크에 견주었는데,《대한계년사》에 따르면 이 여성은 개동여학교 교장 이신완(李信婉)으로 알려졌다. 순국 자결한 민영환 댁을 12월 1일 부인교육회 이숙원(李淑媛)과 함께 문상하면서 학생 6명을 대동했다. 그리고 같은 신문의 같은 날 사설 〈늑약 무효〉에서는 외부 대신을 협박하여 강제로 체결했다는 점에서 늑약이 무효라고 주장하고 만국공법에 비추어 무효임을 역설하기도 했다. 그리고 다른 나라의 경우도 보호국에 통감을 두지 않는다고 했다.

이토가 예견한 대로 일반인들의 상소와 시위 투쟁도 이어졌다. 정교는 그 상황을 《대한매일신보》 1905년 12월 2일 기사에 근거하여 다음과 같이 전하고 있다.

예수교 신교인 이기범·김하원·김홍식·차병수 등이 [11월 30일] 오후 3시 '우리 2,000만 동포에게 경고하는 글'을 종로에서 사람들에게 전해주며 널리 퍼뜨렸다.

"… 우리 일반 동포들께서는 어찌하여 귀머거리와 장님처럼 그 충성과 의리를 계승하지 않고, 외국인의 노예가 되는 것을 달가워하고 외국인의 굴레를 달게 받아들이려고 하는 것입니까? 결국 아메리카 인디언의 모습이 우리 대한에도 다시 나타나게 되었습니다. 2,000만이 함께 죽어 차라리 독립을 위하는 귀신이 될지언정 어찌 구차히 욕되게 살기를 탐내어 외국인의 멍에 밑에 미물이 되겠습니까? 이 때문에 우리들은 큰 소리로 부르짖어 2,000만 동포에게 경고하니, 함께 소리를 지르고 가지런히 힘을 발휘하여 이른바 '신조약'을 기필코 시행되지 못하게 하고 독립을 사수합시다."

또 독립과 국권을 지키자는 취지로 한바탕 연설을 했다. 그 내용이 격렬하고도 절실해서, 그 연설을 곁에서 들으려는 사람들이 구름처럼 몰려들었다. 일본 순사와 헌병 10여 명이 칼을 빼어 들고 마구 휘둘러댔다. 이기범 등이 칼날을 무릅쓰고 곧장 앞으로 나아가 고함을 지르며 크게 꾸짖기를, "나라의 독립을 위해 죽는 것은 우리들에게 영광이다. 어서 우리를 죽여라!" 하며, 머리로 순사와 헌병의 가슴을 사납게 들이받았다. 순사와 헌병 들이 마구잡이로 무수히 두들겨 패니, 이기범 등 네 사람은 모두 땅에 쓰러져 까무러쳤다. 곁에서 이 광경을 바라보던 인민들이 치밀어 오르는 분노를 억누르지 못하고 한목소리로 크게 울부짖으며 돌멩이를 마구 던졌다. 순사와 헌병 들이 어쩔 줄 몰라 하다가 급히 몸을 피해 부근 가게로 들어가서 군중을 향하여 총을 쏘았다. 수많은 백성들이 더욱 분하고 한스러워 비오듯이 돌멩이를 던져대며 이기범 등을 업고 갔다.

이처럼 기독교 신자들 중 일부는 길거리에서 연설을 마친 뒤 독립 사수를 외치며 시위에 나섰다. 일본 순사와 헌병 들이 총칼로 탄압하고 시위 주동자를 체포하자 시위대는 돌멩이를 던지며 거세게 저항했다.

잇따른 순절

을사늑약이 체결되자 전국 각지에서 순절 투쟁이 벌어졌다. 이는 이미 예고되어 있었다. 첫 번째 순절 투쟁은 1905년 5월 쓰시마 해전에 앞서 영국 주재 참서관과 서리공사로 4년간 근무한 이한응(李漢應)의 자살이었다. 정교는 이한응의 자결 근황을 전하면서 7월 31일 자신이 참석한 이한응 추모식 소식을 전했다.

영국 주재 서리공사 이한응이 자결했다. 이한응은 이경호의 양자이다. 이경호는 곤양 군수를 지낸 적이 있다. 갑오년(1894) 동학 무리의 난리에 친군무위 남영(親軍武衛 南營) 우영관(右營官)으로서 전주 지역에서 적들과 싸웠으나, 군대가 패배하자 그곳에서 죽었다. 그의 제사를 장충단에서 지냈다. 이한응은 광무 7년(1903) 공사관 참서관으로 영국에 부임했다. 이해에 공사의 사무를 처리했다. 일본과 러시아가 전쟁을 시작한 이래 국권이 날로 쇠약해지고 외국인으로부터 받는 모욕이 끊임없이 심해지는 것을 보자 뜨거운 피가 가슴에 끓어 넘쳐 울분을 삭이지 못하고, 5월 12일 스스로 목숨을 끊었다. 당시 나이 31세였다. … 정교·여병현·정순만 등이 추도회를 열고 그를 애도했는데, 모인 사람이 수백 명에 달했다.

이한응은 1904년 2월 한일의정서가 강제 체결되어 대한제국의 주권이 흔들리자, 영국을 비롯한 여러 구미 열강을 대상으로 주권 수호 외교 활동을 벌인 데 이어, 그해 8월 제1차 한일협약이 체결되자 각국에 주재하는 우리 공사들에게 전신으로 연락하여 한국 외교를 위해 재외 사절단이 공동 항쟁을 하도록 토의했다. 또한 영일동맹의 부당함을 들어 영국 정부에 항의했으며 대한제국의 독립이 동아시아 평화만이 아니라 세계 평화와 직결된다고 역설하면서 중립화 방안을 설득하고자 했다. 그러나 영국 정부가 주영 한국 공사관을 폐쇄하는 등 영일동맹을 강화하고 일본이 대한제국 정부의 주권을 강탈할 음모를 획책하자 자결로서 대항했던 것이다.

정교는 이한응의 충절을 기려 직접 추도회를 다녀왔기 때문에 이한응의 행장을 상세히 전할 수 있었다. 특히 그가 일부를 공개한 이

한응의 유서는, 그의 자결이 외국에 나가 있는 서리공사로서 본국으로부터 소환을 당하자 대한제국의 운명을 예상하고 내린 결단이었음을 보여준다.《한국통사》를 저술한 박은식은 "이한응의 죽음은 우리 민족의 혈기를 보인 최고의 광채였다"고 했다. 또한 정교의 서술에서 주목할 점은 추도식에 정교와 같이 참석한 정순만과 여병현이 상동교회 청년회의 주요 인물로서 후일 헤이그 특사 사건과 여러 민족 운동에 관여했다는 것이다.

황현은 이한응의 자결 소식을 전하면서 일본의 구미 국가에 대한 기만 활동을 언급했다.

일본은 지난해부터 우리나라 보호를 자신의 책임으로 삼았다고 하면서 그 기사를 신문에 왜곡 보도하고 구미 각국에 전파시켰으니 구미인들이 그 말을 일시 믿고 있었다.

이때 이한응은 런던에 있었는데, 간혹 사람들이 그를 망국인이라고 조롱했다. 그는 본국의 정황을 헤아려 보니 영원히 회생할 가망이 없다고 판단하고, 간혹 사람들이 그를 조롱하면 그는 당연한 책망으로 여기고 그 분통함을 참지 못해 본가로 보내는 편지에 자신의 심정을 써 보내고 음독자살했다.

이에 영국인들은 그를 의롭게 여겨 그 운구를 돌려보내면서 그의 유품도 아울러 보내주었다.

이어서 1905년 11월 을사늑약 반대 상소운동이 일본의 폭력적 진압으로 좌절되자 전현직 관리와 유생 들 가운데 많은 사람이 순절 행렬에 가담했다. 그 첫발을 디딘 것은 시종무관장 민영환이었다.

황현은 민영환의 순절을 좀 더 구체적으로 묘사했다.

　민영환이 자결했다. 민영환이 상소 우두머리가 되어 궁내부로 들어가자 이지용, 이근택 등이 아뢰기를, "저 상소 우두머리를 불문에 부치면 일병이 다시 들어올 것입니다"라고 했다. 이에 큰 소리로 꾸짖으면서 "너희들이 칙령을 따르지 않았으니 바로 역적이다"라고 말하며 순검을 불러 포박하도록 했다. 그러나 그 순검들은 서로 돌아보며 "아무리 무법천지라 하지만 저 사람들은 충신인데 무슨 구실로 포박하겠는가?"라고 하므로, 이지용 등은 법으로 재판하라는 거짓 명령을 내렸다.
　민영환과 여러 관리는 평리원에서 명령을 기다리고 있었으나 얼마 안 되어 시비를 가린 뒤 풀려났다. 이날은 초2일[양력 11월 28일]이었다. 여러 관리는 제각기 집으로 돌아갔다.
　이때 민영환은 탄식하기를, "어찌 집으로 갈 수 있겠는가?"라고 하면서 옛 겸인인 이완식의 집에 머물렀다. 하룻밤을 지내고 그의 어머니 서씨가 있는 곳으로 가서 뵈었는데 서씨의 뺨에 자신의 뺨을 비비며 어린애와 같은 모습을 했다. 그러자 서씨는 기뻐하면서 "우리 아이가 마음이 약한가 보구나. 그만 가서 자거라" 했다.
　이에 민영환은 아내가 있는 침실로 들어갔는데 그의 아내 박씨는 임신 중이었다. 그가 등불을 켜놓고 앉아 보니, 세 아이들이 이불 속에서 코를 골며 자고 있었다. 그가 웃으면서 말하길 "관상가가 나보고 아들이 다섯이라고 하더니 부인이 지금 쌍둥이를 가졌구려!"라고 했는데 박씨는 그 말뜻을 알아듣지 못한 채 미소를 지을 뿐이었다.

민영환이 섬돌을 내려서면서 갑자기 대성통곡을 하고는 다시 이완식의 집으로 갔다. 밤이 되자 시중드는 사람을 물리치고는 일어나 변소로 갔다가 이완식을 불러 "내가 마침 변을 보아야겠다. 데운물을 갖다주게. 내 손을 조금 씻겠네"라고 말하자, 이완식이 자기가 씻겨드리겠다고 하고는 씻긴 뒤 문 바깥에 이르렀다. 이때 고통스러운 목소리로 "내가 무슨 큰 죄가 있어 이리 죽기가 힘들단 말인가!"라고 했다. 이완식이 크게 놀라 지게문을 부수고 들어가니 붉은 피가 발뒤꿈치까지 흘러내렸다. 그는 민영환이 벽을 의지하여 반쯤 거꾸러져 있는 것을 보고 그를 부축하여 자리에 눕혔으나 그는 이미 절명한 상태였다. 벽에 핏자국이 있어 촛불을 비추어 보니 손가락으로 문지른 자국이 완연했다. 대개 노리개에 차는 칼이 짧고 작아서 한 번 찔러서는 죽지 못하고 피가 칼자루에 흥건하여 끈적거려 잡고 있을 수가 없으므로 벽에 닦은 것이다. 다시 정신을 차려 찔렀는데 그의 목구멍 관이 다 베어진 채 죽어 있었다. 이완식이 크게 소리를 지르며 통곡했고, 온 가족도 그를 따라 울었다. 곡성이 서로 전해져 삽시간에 도성 안이 통곡 소리로 가득 차 산이 무너질 듯했다. 이때 하늘에서 큰 별똥이 서쪽으로 떨어지고, 까치 수백 마리가 그의 집을 에워싸고 깍깍 짖어대며 흩어지지 않았다.

각국 공사관에서는 그 소식을 듣고는 애도의 뜻을 표했으며 일본인들도 크게 놀라 한곳에 모여 울었는데 그 모습이 매우 슬펐다. 동서양 각국 공사들과 상인으로 성안에 있는 사람들이 서로 뒤질세라 조문을 와서 비단 조각에 다투어 피를 닦고 몸에 품으며 말하길 "이는 충신의 피다"라고 했다.

그의 부고를 듣고 임금 또한 크게 통곡하고 비서승 조남승(趙南

升)에게 명하여 그의 집으로 가서 조문하도록 했다. [어머니] 서씨가
이를 맞이하여 말하기를, "신첩이 못난 자식을 두어 국가를 구제하
지 못했으니 한 번 죽었는데 어찌 그 죄를 갚을 수 있겠습니까? 원
컨대 폐하께서는 중흥을 크게 도모하여 위로는 종사를 편안히 하
시고, 아래로는 민영환의 한을 풀게 하시기 바랍니다"라고 했다.

그러나 조남승이 궁궐 문에 도착할 무렵 고종은 명을 내려 그를
들어오지 못하게 했다. 영친왕 이은이 병을 앓고 있어 마침 기도를
드리고 있었으므로 상가에 다녀온 사람을 꺼려했기 때문이다.

황현은 민영환의 순절을 구체적으로 전하는 한편, 영친왕의 건강
을 우려하여 조남승의 복귀를 거부하는 고종의 행태를 꼬집으며 고
종이 점쟁이들의 사술에 사로잡혀 있음을 넌지시 강조하고 있다.
그런데 영친왕은 1903년 11월에 홍역 증상이 회복되었기 때문에
황현이 풍설을 듣고 착각한 것으로 보인다. 반면에 정교는 고종이
고 민영환에게 의정 대신을 추증하고 그 마을에 충절을 표창하는
정문(旌門)을 세워 시호를 내려주었다고 기술했다.

정교와 황현은 공히 민영환의 유서를 각각 《대한계년사》와 《매천
야록》에 그대로 인용하면서 그의 충절을 기렸다. 국가를 망국으로
이끈 국정의 실세 중에서 스스로 목숨을 끊어 황제와 백성에게 사
죄한 인물은 그가 거의 유일했다. 특히 정교는 이후 도성민의 반응
과 일부 관리의 행태를 다음과 같이 적었다.

온 도성의 인민들은 민영환의 자결 소식을 듣고서 소리를 내지
않고 슬피 울었으며, 조문 간 사람들이 수천 명에 달했다. 민영환

은 또 상소를 남겼는데, 그 내용은 매우 강직하게 맞서며 위로는 궁중으로부터 아래로는 동료 신하까지 그간의 잘못을 숨김없이 바른 대로 말한 것이었다. 황제는 민영환이 남긴 상소가 있다는 소식을 듣고, 사람을 시켜 그 상소를 빨리 올리라고 했다. 민영규(민영환의 친족으로 일찍이 의정을 지낸 자다)와 이우면(을사 5조약에 대해 상소한 자다)이 그 상소가 황제의 뜻을 거스르지 않을까 걱정하여 제멋대로 쓴 글이라고 핑계를 대며 바치지 않았다. 사람들은 모두 그 일을 애석하게 여겼다. … 이날(곧 11월 29일이다) 도성 안팎 인민들이 종로에 대대적으로 모였는데, 조병철이란 사람이 충성심에서 우러나오는 분개함을 이기지 못하고 신조약서(新條約書)에 대해 정의심에 북받치어 슬퍼하고 한탄하는 내용의 연설을 했다. 오후 8시 일본 헌병이 군용 칼로 조병철 부자(父子)를 마구 때리니, 거의 죽을 지경에 이르렀다. 또 조병철의 아들을 잡아갔는데, 그의 나이는 이제 열 살 남짓이었다.

그렇다면, 민영환을 부러워하면서도 무시했던 윤치호는 민영환의 죽음을 어떻게 바라보았을까? 11월 30일 일기를 보자.

오늘 아침 6시쯤 무관 민영환 대감이 자결했다. 죽기를 결심했다면 차라리 싸우다가 죽는 편이 좋았을 텐데. 모두는 그의 조용한 용기에 경의를 표하라. 그의 애국심에 경의를 표하라. 그의 영웅적인 죽음에 경의를 표하라. 그의 죽음은 그의 삶보다 더 많이 이바지할 것이다.

오후에 수많은 청년이 종로에서 군중들에게 애국적인 연설을 하거나 하려고 시도했다. 그들은 일본 헌병과 군인에 의해 해산당했다. 실랑이가 뒤따르면서 일본 헌병과 경찰이 그들을 겨냥한 돌에 부상당했다. 일본인들에 의해 100명 이상이 체포되었다. 그 광경은 구경꾼들에게 정확하게 1898년 종로에서 발생했던 유사한 사태[정부의 만민공동회 진압 사태]를 떠올리게 했는데 다만 당시 해산시켰던 이들은 한국인 군인이었다. 그 사태도 11월에 일어났다. 황제는 사악한 신하들에 관해 진실을 말하고 개혁을 요구했다는 이유로 자기 백성들을 곤봉으로 때리고 총검으로 찔렀다. 지금은 일본인들이 황제를 위해 정확히 똑같은 짓을 하고 있다.

오늘 아침 영국인 목사 조던 경과 브라운 씨가 영원히 서울을 떠났다. 미국인 목사 모건 씨는 일주일 정도 뒤에 떠날 것이다. 서울에 체류하고 있는 여타 공사들도 차례차례 그 뒤를 따를 것이다.

순절보다는 결사 항전을 요구하는 그의 주문은 다소 조롱하는 듯하다. 과연 윤치호 자신은 방관자로서 묵묵히 냉소적인 목소리만 내고 있다. 그리고 1898년 정부의 만민공동회 진압을 연상시키며, 고종이 종로에 모인 조문 군중을 해산시키라고 명령한 듯한 뉘앙스로 서술하고 있다. 나아가 한국에 우호적인 외국인마저 대한제국 정부의 무능과 부패로 인해 출국하고 있음을 다시 한번 상기시키고 있다. 결국 고종과 측근 신하를 악마화하면서 망국의 책임을 그들에게 전가하고 있다.

이어서 조병세가 순절했다. 황현은 다음과 같이 적고 있다.

왜인들이 조병세를 붙잡아 하룻밤을 지낸 뒤에 그를 풀어주었다. 조병세는 민영환이 사망했다는 소문을 듣고 탄식하기를, "나도 죽어야겠다"고 했다. 그러자 옆에 있던 객들이 그를 만류하며 "부질없이 죽기만 하면 아무 이익이 없으니 어찌 조금 더 기다리지 않으십니까?"라고 했다. 조병세는, "내가 죽지 않으면 죽는 날 어찌 문약(文若, 민영환의 자)을 대할 수 있겠습니까?"라고 하면서 소매에서 아편을 꺼내 삼켰다.

이용직은 그의 사위다. 이때 그는 옆에 있다가 즉시 조병세를 수레에 싣고 그의 집으로 갔는데, 조금 뒤 그는 절명했다. 일본인들이 이 소식을 듣고 의사를 데리고 와서 주검을 살펴보려고 하자, 이용직이 그들을 크게 꾸짖으며 말했다. "우리는 대한의 대신으로서 나라를 위해 자결했는데, 너희들이 무엇 때문에 간여한단 말이냐? … 시신에 모욕을 주고자 하느냐?" 했다. 많은 일본인이 매우 놀라서 바라보다가 물러났다.

이상설 역시 순절하려다가 미수에 그쳤다. 당시 민영환의 자결 소식을 듣고 조문을 마치고 돌아오던 김구가 이상설의 자결 미수 사건을 목격했고, 훗날 《백범일지》에서 "이상설이 의분을 못 이겨 자결하려 했다"고 적었다.

한편, 정교는 함경도 출신 전 주사 김석항의 죽음을 매우 안타깝게 여겼다. 그는 1905년 11월 상소 투쟁을 하다가 감옥에 수감된 뒤 1907년 7월 옥사했다. 다음과 같이 쓰고 있다.

이에 앞서 새 조약[을사늑약]을 강제로 체결했을 때, 김석항은 종로로 가서 많은 백성들 앞에서 격앙된 어조로 연설했는데, 일본인에게 붙잡혀 감옥서에 수감되었다. 무릇 3년 동안 갖가지 고통을 겪고는 이달 3일(음력 5월 23일이다)에 병으로 죽었다. 그의 옷 속에 유서가 들어 있었다.

"아아, 내가 이제 죽는구나. 한번 늑약이 체결된 이후로, 의리에 죽은 사람이 몇 명이며 형벌을 받아 죽음을 당한 사람이 몇 명이냐? 내 홀로 오늘까지 구차하게 실낱같은 목숨을 이어오면서 늘 마음속에서 스스로 부끄러워했다. 충성스러움이 부족하여 국권을 회복하지 못하고, 옥중에서 목숨이 다하게 되었다. 죽음을 맞이해도 눈을 감을 수가 없고 원통한 영혼은 떠나지 않으니 장차 다시 국권의 회복과 역적들의 처단을 볼 것이다. 오직 원컨대 우리 동포들이 내가 죽는 것을 슬퍼하지 말고 한결같은 마음을 가져서 국권을 회복하고 역적을 처단하여 우리 동포들을 도탄에서 구하는 것이다. 그렇게 된다면 비록 이 원한을 품고 죽은 쓸모없는 귀신이라도 마땅히 저승 아래에서 일어나 춤을 출 것이다. 목숨이 다하여 더 적을 수가 없다." … 김석항은 천성이 수수하고 정직하며 충성스럽고 성실했다. 나라를 걱정하느라 집을 잊었으며 평소의 뜻을 펴지 못하고 옥중에서 죽었다. 그의 유서는 《대한매일신보》에 베껴져 실렸는데, 보고서 슬피 울지 않는 사람이 없었다.

또한 평양 진위대 상등병(上等兵)인 35세 김봉학(金奉學)과 학부주사 이상철이 자결했다. 일반 백성도 순절 투쟁에 동참했다. 인력거 인부가 목을 매어 자결했다. 황현에 따르면 그는 예전에 민영환의 사랑채에서 살다가 계동으로 이거하여 인력거를 끌며 생활하고 있었는데, 이때 민영환이 순절했다는 소식을 듣고 통곡을 하며 집으로 돌아갔다가 순절한 것이다.

그리고 황현은 상소 투쟁에 나섰다가 구속된 여러 인물의 옥바라지 뒷이야기를 《매천야록》에 담았다.

이건석(李建奭)이 구속되었다. 이때 유생 이문화, 김석항, 유한정, 이종대, 안한주, 이인순, 조성찬 등이 모두 의병으로 연좌되어 사령부에 수감되었다.
… 그 부인들은 서울로 들어가 서로 짝을 지어 행동을 함께하며 의복과 장식품을 팔아 죽을 쒀 가지고 감옥으로 가서 남편들을 대접했다. 그들은 머리가 흐트러지고 얼굴에는 때가 묻은 채 소리를 내어 슬피 울었고, 사람들이 혹 유혹하면 번번이 침을 뱉으며 "우리 집 남편이 의리를 지키어 수감되었으니 우리는 비록 만 번을 죽더라도 어찌 저버릴 수 있겠느냐?"라고 하므로 그들을 보는 사람들이 매우 의롭게 생각했다.

이때 지규식 역시 을사늑약 체결 소식을 듣고 12월 1일 일기에 가슴 아프고 한스러운 심정을 토로했다. 이어서 12월 2일 민영환과 조병세의 자결 소식을 듣고는 경악을 금할 수 없다고 했다. 그의 관심은 오로지 순절 투쟁에 쏠려 있었다. 일기 곳곳에 많은 이들의 순절 소식을 적었다. 홍만식을 비롯하여 김봉학과 민영환 집 인력거꾼 등을 예로 들었다. 특히 인력거꾼에 대해서는 "그 절의가 칭찬할 만하다"라고 적었다.

민영환의 장례식은 많은 사람의 관심을 끌었다. 황현도 그 광경을 기록했다.

민영환의 장례식

21일(양력 12월 17일), 민영환을 용인 땅에 장사 지냈다. 이때 고종
은 친히 섬돌로 내려가 멀리 전송하며 경의를 표했다. 또 각국 공
사와 영사 들도 모두 와서 조문을 하며 관을 어루만지고 애통해 했
다. 위로는 진신(搢紳)으로부터 밑으로 방곡(坊曲)의 조예(皂隸), 부
유(婦孺), 걸인, 각 사찰의 승려들도 거리가 빽빽하게 모여 곡을 하
면서 전송했으므로 그 곡성은 산야를 뒤덮었다. 이때 전동에서 한
강에 이르기까지 인파가 첩첩으로 쌓여 진을 친 듯했다. 상여를 전
송할 때 이렇게 인파가 많은 것은 근고(近古)에 없는 일이었다.

이때 향병(鄕兵) 한모(韓某)라는 사람이 장례지에서 민영휘(閔泳
徽)를 보고 "당신도 호상(護喪)을 하러 왔습니까? 당신의 성이 민씨
아닙니까? 그런데 어떤 민씨는 죽고 어떤 민씨는 죽지 않습니까?
당신은 지금 나라가 망했지만 한 번 죽어 속죄를 하지 않고 충정

공의 영구를 따라 여기까지 왔으니 하늘이 두렵지 않습니까? 속히 이곳을 떠나시오! 그렇지 않으면 뾰족한 내 군화에 치여 죽을 테니까!"라고 하자 민영휘는 말 한마디 하지 못하고 그곳을 떠났다.

이 소문을 들은 사람들은 통쾌하게 생각했다.

윤치호는 을사늑약 이후의 각종 투쟁과 순국(자결), 수감 등의 상황을 지켜보면서 무슨 생각을 했을까? 12월 12일 일기에 스티븐스에게 보내는 답신을 인용하면서 다음과 기록하고 있다.

"… 내가 확고부동한 비관주의자라고 지적한 친구는 당신이 처음이 아닙니다. 실(Sill) 씨, 베베르 씨, 그리고 다른 이들도 나에게 그렇게 말했고, 모든 일이 종국에는 잘될 것이라고 말했습니다. 그러나 불행하게도 한국에서는 그들의 낙관적인 예견보다 나의 비관적인 예감이 더 가까워졌습니다. 당신의 낙관주의가 더 나은 운명을 갖게 되길 바랍니다.

내 행동이 당신을 어리둥절하게 합니까? 나는 러시아가 한국의 개혁을 도와주리라고 생각했을 때에는 러시아 편에 있었습니다. 그러나 내가 속았다는 걸 알고는 비록 친러가 출세와 부를 의미했을지라도 러시아에 등을 돌렸습니다. 나는 한국을 지지하는 정도, 딱 그 정도만 일본을 지지합니다. 일본에 대한 내 신념이 식는다면, 그 이유는 누군가가 일본이 관음보살이라고 믿게 만든다고 해도, 일본은 자비와 고귀함으로 가득하신 관음보살이 아니라 맹목적인 헌신을 요구하는 크리슈나신[Jagannath, 인도의 신]이란 사실을 알게 되었기 때문입니다.

러시아와 일본을 혐오하면서 그것들을 거부하도록 만드는 이런 정신 때문에, 나는 한국이 겪는 고통과 치욕을 만든 작가가 이제 이른바 독립이라는 것을 회복하기 위해 꾸미고 있을지도 모르는 유치하고 은밀한 음모에 동참하거나 그 음모를 인정조차 하지 않습니다. 또한 나는 천박한 선동가들과 내 자신을 동일시하지도 않습니다. 나는 한국인들이 자신에게 부과된 상황을 받아들이고 그 상황을 최대한 활용해야 한다고 믿습니다. 나는 현재 계획하고 있는 대로 내각에 참여하기보다는 개인적인 능력을 통해 우리나라에 더 잘 기여할 수 있습니다. 이윤용이 도적들의 소굴인 평리원 판사에 임명된 것을 봅니다. 이 썩어빠진 인간에 견주면 이용익은 신사이고 학자입니다. 이런 것이 우리 보호자가 불쌍한 야만인인 우리를 구제하려고 채택한 새로운 계획의 일부란 말입니까? …"

윤치호는 순절한 이들에 대한 추모보다는 현실을 수용하는 가운데 자신의 진로를 심각하게 고민하면서 부패한 정계에 머무르지 않겠다는 의지를 표명하고 있다. 그리고 이완용의 형 이윤용을 도적떼로 간주하면서 그에 비하면 그렇게도 혐오했던 이용익은 신사이고 학자라고 추켜세우고 있다. 그러면서 그는 여러 사람이 벌이는 상소 투쟁이 별로 효과가 없을 것이라 진단했다. 12월 17일 일기가 이런 비관론을 보여준다.

'노예 계약'이 체결된 이래 모든 계층의 한국인이 품고 있는 이상한 환상이 몇 가지 있다.

한국인은 한국의 상태와 전망이 그 조약 이후에, 또는 그 조약 때문에 더욱 악화될 것이라고 믿고 있는 것 같다. 그러나 사실상 한국의 전망은 조약 이전보다 더 좋아지거나 나빠진 것이 없다. 황제와 간신들은 그대로 남아 있다. 외국 공사관이 모두 대사관으로 승격되었다고 해도, 한국이 모든 유럽 국가와 미국에 공사관을 설치할 수 있었다고 해도, 쓸모없는 서기와 직원으로 가득 찬 한국의 외부가 외교적 기능을 실행하는 데 방해를 받지 않았다고 해도, 간단히 말해 한국이 일본과 중국에 종주권을 발휘하는 독립적인 주권국임이 선포되었다고 해도, 한국인의 전망은 변하지 않았을 것이다. … 단지 명목상의 독립은 한국인에게 실질적으로 아무런 소용이 없다.

한국인이 조약에 대한 한국 내각의 동의를 강제적으로 받아낸 것이 무력을 통한 협박이었다고 외국의 대표들에게 공식적으로 발표하면, 강대국 사이에서 정당한 분노의 폭풍이 일어나 일본이 그 조약을 취소할 수밖에 없을 것이라고 믿고 있다. 첫째, 강대국 중에서 먼저 일본에 돌을 던질 정도로 정의로운 나라가 있는가? 둘째, 지원까지는 몰라도 한국에 공감을 해줄 만한 나라들과 독립적인 관계에 있던 지난 20년 동안 한국은 무엇을 했는가? 하느님조차 스스로를 돕지 않는 자는 돕지 않을 것이다. 셋째, 일본인들이 왕후의 방에서 왕후를 시해했을 때, 세계가 무엇을 했는가?

정말 아무것도 없다. 일본은 당시 비교적 주요하지 않은 국가였다. 어느 강대국이 부패의 말기에 있는 한국인을 위해 러시아 정복자의 불만을 감수할 세력이 어디 있겠는가? 따라서 무력을 통한 쿠데타라거나 일본에 대한 공식적인 저항은 아무 소용도 없다.

윤치호는 과거의 부패한 정치에 비추어 조약 체결 이후에도 결코 이전보다 악화되지 않을 것이라고 확신하면서 명목상의 독립은 아무런 의미가 없다고 단정 짓고 있다. 나아가 상소 투쟁을 벌이는 인사들을 두고 무력과 이해관계에 따라 움직이는 국제 현실을 모르는 순진한 인사로 치부하면서 제국주의 질서와 열강의 이해관계를 꿰뚫어 보고 있다. 결국 "무력을 통한 쿠데타라거나 일본에 대한 공식적인 저항은 아무 소용도 없다"는 결론을 맺고 있다.

심지어 《대한매일신보》11월 19일 기사에 따르면, 일부 개신교 신자들은 을사늑약 체결에 항의하기보다는 나라의 멸망 앞에 다른 사람을 탓하지 말고 우상을 숭배하는 자신들의 죄를 회개할 것을 강조했다.

그러면 정교는 을사늑약 반대 상소 투쟁을 어떻게 보았을까?

정교는 … 신조약이 체결되기에 이르러, 마침내 사직하려는 뜻을 굳혔다. 민영환의 순국 소식을 듣고 11월 30일에 조문을 갔다. 돌아오는 길에 전 공진회장 김영규를 만났는데, 김영규가 기뻐하며 말하기를,

"지금 여러 벼슬아치가 표훈원에 모여 장차 역적을 공격하는 상소를 올리려고 한답니다. 우리들도 가서 참석해야 하지 않겠습니까?" … 정교가 말하기를,

"지금 북쪽으로 진격한 일본 군대 가운데 아직 철수하지 않은 병력과 우리 대한의 영토 안에 있는 병력이 대략 30만 명입니다. 그 조약은 이미 맺어진 것이어서, 일본 정부는 벌써 여러 나라에 통고했습니다. 우리가 만약 그 조약을 파기하려고 한다면, 결국에는 무

력으로 서로 맞서게 될 것입니다. 가령 저 30만 병사를 모두 섬멸
시킨다고 해도, 저들의 30만 병력이 다시 올 것입니다. 그 때문에
일을 이루지 못할 것입니다.

하물며 표훈원에 모여 있는 여러 사람은 바로 평소 권세를 탐하
고 즐기던 무리입니다. 지금 이처럼 역적을 공격하는 것은 나라를
위하는 참된 마음에서 나온 것이 아닙니다. 박제순 무리를 쫓아내
고 각 부 대신의 지위를 얻어서 차지하려고 하는 것입니다. 그들이
욕망하는 바를 성취함에 한마음으로 함께 죽겠다는 뜻은 없습니
다. … "

하니, 김영규가 멍하니 말하기를,

"공의 말씀이 옳습니다! 옳습니다!"

했다. 조 정승[조병세]이 나라를 위해 목숨을 바쳤지만 단 한 사람
도 그 뒤를 따르지 않았다. 그들이 연명으로 상소할 때, 관직의 높
고 낮음과 벼슬 품계의 차례에 입각해 이름을 썼다. 표훈원 뜰에
있던 유학(幼學)과 평민 들은 모두 이름을 쓰지 않았다. 그런데도
만인소라고 칭했는데, 이는 대개 일이 성공한 다음 공로를 드러내
자랑하려고 했기 때문이었다. 참으로 안타깝고 탄식할 만한 일이
지 않은가?

정교 역시 상소 투쟁을 바라보는 시각이 어떤 면에서 윤치호의
냉소적이고 비관적인 견해와 유사하다. 심지어 만인소를 두고 공을
노린 정치적 행위라고 주장하고 있다.

고종의 국권 수호 운동

을사 5적에 대한 규탄과 처벌 요구가 빗발치자, 이완용을 비롯한 을사늑약 관련 대신들은 12월 16일 상소를 통해 적극적으로 변명을 늘어놓았다. 무엇보다 을사늑약은 단지 외교권만 이웃 나라에 맡긴 것이라고 호도하면서, 대한제국이 부강해지면 되찾을 날이 있을 것이라고 궤변을 늘어놓았다. 이러한 주장은 명백한 허위다. 을사늑약에는 조약 전문에 대한제국이 "부강해졌다고 인정할 수 있을 때까지"라는 단서를 붙여두었다. 한 나라의 외교적 주권을 제약하는 중대한 조약임에도 불구하고, 이러한 문구는 조약의 효력 기간을 모호하게 표현하고 있다. 결국 일본이 병합을 취소하도록 세력을 키우거나 일본이 할 수 없이 한국을 놓아주어야 할 때까지는 한국의 외교권을 제약하겠다는 의미로 해석되며, 외교권 환부에 대한 규정이라고 할 수 없다. 또한 상소문은 무엇보다 11월 17일 고종의 처신을 언급하면서 고종이 즉시 재결하지 않고 의정부에 맡겼다고 허위로 주장하면서 한규설에게 모든 책임을 전가하고 있다. 그러나 고종에 대해 비판적이었던 정교의 《대한계년사》 및 황현의 《매천야록》이 전거로 삼았던 앞의 《황성신문》과 《대한매일신보》의 보도 내용과 비교하면, 이완용을 비롯한 을사늑약 관련 대신들의 이런 변명은 책임을 모면하고자 한 술수에 불과했다.

일본의 삼엄한 통제와 군사적 탄압으로 늑약 반대 상소 투쟁이 소기의 목적을 이루지 못하자, 고종은 서구 열강에 대한 외교 정책에 힘을 기울이고 의병들의 적극적인 참여를 강구했다. 특사 파견을 통한 비밀 외교와 의병에 대한 밀지 정치였다.

우선 고종은 공식적인 외교 활동을 통해 을사늑약의 불법성과 부당성을 폭로하고 국제사회의 지원을 요청했다. 프랑스 외무부 장관이 1905년 11월 21일 서울을 비롯한 각국 수도 주재 본국 공사들에게 보낸 문서에 따르면, 프랑스 및 벨기에 특명 전권 공사 민영찬이 본국 정부의 이런 의사를 전달하면서 프랑스 정부의 호의와 지지를 호소했다는 것이다. 이어서 고종은 상하이발 전보를 통해 상트페테르부르크, 런던, 워싱턴, 로마, 베를린, 도쿄, 서울, 베이징으로 을사늑약의 부당성을 알렸다. 러시아 공사관도 프랑스 외무부에 을사늑약 체결에 대한 자국 정부의 항의 문서를 전달했다.

그리고 헐버트를 통해 미국에 조약 무효 의사를 전달하고자 했다. 헐버트의 회고록에 따르면 밀서는 다음과 같다.

짐은 총칼의 위협과 강요 아래 최근 양국 사이에 체결된 이른바 보호조약이 무효임을 선언했다. 짐은 이에 동의한 적도 없고 금후에도 결코 하지 않을 것이다. 이 뜻을 미국 정부에 전달하길 바란다.

또한 1906년 1월 29일 고종이 열강에 공동 보호를 요청하기 위해 문서를 작성했다. 황현은 고종의 국권 수호 투쟁을《대한매일신보》1907년 1월 16일 기사를 통해 알았다. 여기서 지칭하는 영국 신문은《런던 트리뷴((London Tribune)》이다.

영국의 서울인 런던의 신문에 우리 대한의 을사보호조약에 대한 시사(時事)가 6개 조로 게재되었다.

1. 1905년 11월 17일, 일본 공사가 박제순과 5개 조약을 체결할 때 황제는 인준을 하지 않았고, 날인도 하지 않았음.

고종의 밀서
《런던 트리뷴》에 실린 고종의 밀서를 보도
한 1907년 1월 16일자 《대한매일신보》
지면이다.

2. 일본이 이 5개 조약을 강제로 반포하므로 황제는 처음부터 반
대했음.

3. 황제는 일찍부터 독립제권(獨立帝權)을 추호도 타국에 양여하
지 않았음.

4. 일본이 외교권을 강탈하는 것은 아직까지 그런 근거를 찾아볼
수 없는데, 하물며 내치(內治)에 있어서 1건의 일이라도 어찌 인준
할 수 있겠는가?

5. 황제가 통감의 주재를 허용하지 않았으므로, 황제의 권한은
추호도 외국인의 천행(擅行)을 허락하지 않았음.

6. 황제는 세계의 각 대국으로 하여금 한국의 외교를 보호하기
위하여(이하 7자는 인장에 가려져 있음) 5년으로 한정하여 확정한다.

그 도장의 글은 '대한국새(大韓國璽)'다.

대개 임금은 조약이 강제로 체결된 직후, 한두 신하에게 비밀리에 조서를 내려 영국의 런던에 옥새가 찍힌 문서를 송부, 저들의 도움을 기대했던 것이다. 베델(E. T. Bethell, 裵說)이 신보에 보도하여 중앙과 지방에서는 그 사실의 일부나마 엿볼 수 있었다. 그다음 해에 헤이그(海牙, Hague)에서 이준 사건이 발생했다.

《대한매일신보》1907년 1월 16일 기사에 따르면, 고종이 1905년 말 런던 트리뷴 신문사 특파원 더글라스 스토리(Douglas Story)에게 전달한 밀서가《런던 트리뷴》에 보도되었다.

황제의 편지

이 서한은 여섯 가지의 명확한 제안으로 구성되어 있으며 세계 앞에서 한국의 입장을 분명히 한다.

I. 대한제국 황제 폐하는 1905년 11월 17일 하야시 씨와 박제순 씨가 체결한 조약에 서명하지도 동의하지도 않았다.

II. 대한제국 황제 폐하는 일본어를 통해 발표된 조약의 세부 사항에 반대한다.

III. 대한제국 황제 폐하는 한국의 주권을 선포했고, 자신이 어떠한 행위로도 그 주권을 어떤 외국 열강에도 넘겨주었다는 사실을 부인했다.

IV. 일본에 의해 공포된 조약에 관련된 조건은 외국 강대국들과 외교권에 관한 것이었다. 한국의 황제 폐하는 한국의 내정을 지배하는 일본의 장악을 결코 승인한 적이 없다.

고종의 밀서를 실은 외국 신문
1906년 12월 1일자 《런던 트리뷴》 지면 하단에 고종의 밀서가 보인다.

V. 대한제국 황제 폐하는 일본의 통감부 임명에 동의한 적이 없으며, 한국에서 황제권을 행사할 일본인을 임명할 가능성도 생각하지 않는다.

VI. 대한제국 황제 폐하는 한국의 외교 통제와 관련하여 5년을 초과하지 않는 기간 동안 한국에 대한 공동 보호령을 행사하도록 열강을 초청한다.

1906년 1월 29일 한국 황제 폐하의 손과 인장으로 작성되었다.

더글라스 스토리는 스코틀랜드 출신으로 정식 이름은 로버트 더글라스 스토리(Robert Douglas Story)다. 그는 전쟁과 국제 문제 전문 종군기자로 영국에서 이름이 알려진 인물이었다. 남아프리카에서 영국과 트란스발공화국이 벌인 보어전쟁(1899~1902) 때부터 종군기자로 활동했다. 이런 가운데 중국 상하이에서 고종의 대리인을 만났고 그들의 요청대로 서울로 가서 고종의 밀서를 입수했다.

밀서의 입수 과정은 일본의 삼엄한 감시와 밀정들의 눈을 피해 고종을 만난 뒤 무사히 국외로 탈출하는 과정의 연속이었다. 그의 말대로 "이미 황궁은 일본 첩자들의 온상이었고, 황제는 암살의 두려움 속에서 살고 있었으며, 모든 가까운 사람들과의 연락이 끊겨 있었기" 때문이다. 그럼에도 그는 내관을 매개로 삼아 고종과 편지를 주고받을 수 있었다. 고종은 자신의 몰락을 가져올 수 있는 밀서에 도장에 찍은 뒤 내관을 통해 더글라스 스토리에게 전달했다. 물론 이 와중에 일본은 더글라스 스토리가 머무르고 있던 호텔을 몰래 방문하여 가방을 뒤졌다. 그럼에도 더글라스는 안전한 곳에 밀서를 보관했기 때문에 무사히 이 밀서를 들고 중국 즈푸로 탈출하는 데 성공했다. 그리고 곧바로 런던에 전보를 타전했는데 그 일자는 1906년 2월 8일이었다. 《런던 트리뷴》에 보도된 고종의 밀서는 영국, 한국, 일본, 중국의 신문이 1년 넘게 인용할 정도로 오랜 파장을 남기면서 공개적인 논란을 불러일으켰다. 더글라스는 1907년 자신의 이런 경험담을 단행본으로 묶어 《고종황제의 밀서: 다시 밝혀지는 을사보호조약》(권민주 역, 글내음, 2004)(Tomorrow in the East, GeorgeBell & Sons, London, 1907)을 펴냈다.

을사늑약에 대한 각계의 반응

대다수 식자층은 을사늑약 반대 상소 대열에 참여했다. 우선 최익현은 5적을 성토하는 상소를 올렸다. 그는 이토 히로부미가 한밤중에 조약을 체결한 상황을 비판했다. 또 협박을 이겨내지 못한 대신들을 비난했다. 황현은 최익현의 상소를 상세하게 전했다. 무엇보다 시모노세키 조약 이래 러일전쟁 선전 조칙에 이르기까지 제시한 독립 보전 약속을 저버렸다고 비판했다. 그리고 고종과 참정이 "가"하지 않았기 때문에 5적의 머리를 베어 그들의 매국한 죄를 바로 잡고 외부의 관리를 선발하여 일본 공사관에 조서를 보내, 거짓 맹약의 문서를 없애버려야 한다고 주장했다. 또 각국 공사와 회동한 후 일본이 강한 힘을 믿고 약자를 능멸한 죄를 설명해야 한다고 역설했다. 그리고 그들이 말한 통감이 곧 부임할 것이라면서 고종의 축출을 우려했다.

일반인들도 을사늑약과 을사 5적에 대한 불만을 터뜨렸는데, 정교가 묘사한 민영환 상갓집 풍경에서 그런 모습이 보인다.

12월 1일 세 여자가 분향소에 와서 여러 사람에게 말하기를, "저희는 비록 여인네입니다만, 충의를 보고 감동하는 데는 남녀 간의 차이가 없습니다. 그러므로 민 공께서 돌아가셨다는 소식을 듣고, 밤을 새우며 머리를 모으고 마주 보며 울었습니다. 또 비록 치마를 입고 비녀를 꽂은 여인네 신분으로서는 남정네들처럼 상여 줄을 잡지는 못하지만, 제사 등의 비용을 정성을 다해 보조해 민 공을 존경하고 사모하는 작은 정성은 나타낼 수 있을 것이라고 생각했습니다. 집안이 또한 가난하여 예를 다 갖출 수 없으나, 자수 일을 해서 모아 둔 약간의 돈으로, 매 사람당 각각 40전을 삼가 바칩니다" 했다. 그들이 말하는 기색이 매우 유순하면서도 절실해서, 그 자리에 있던 손님들이 모두 그들의 의기에 감탄하며 칭찬하지 않음이 없었다.

이때 제문을 지어 가지고 와서, 민영환에게 제사 지내는 사람이 매우 많았다. 내의원 기녀 10여 명이 제물을 차리고 제문을 지어 제사 지냈다. 지극히 슬프고 분해하며 말하고 매우 비통해하며 소리 내어 우니, 다른 사람으로 하여금 차마 보지 못하도록 만들었다. … 개동여학교장 이신완과 부인교육회 교원 이숙원이 여학생 6명을 인솔하고 제문 및 제물을 마련하여 와서 민영환에게 제사 지냈다. 이신완은 바로 전날 종로에서 연설했던 사람이다.

민영환 문상은 일반 성인 남자뿐만 아니라 많은 부녀자도 조문했다. 황현은 부녀자들의 이런 의기를 《대한매일신보》 1906년 11월 22일 기사에서 발견하고 다음과 같이 적었다.

진주 기생 산홍(山紅)은 얼굴과 재주가 모두 뛰어났다. 이지용이 큰돈을 주고 첩으로 삼으려고 하자 산홍은 사양하기를, "세상 사람들이 대감을 5적의 우두머리라고 하는데, 첩이 비록 천한 기생이긴 하지만 자유롭게 사는 사람인데 어찌 역적의 첩이 되겠습니까?"라고 했다. 이에 이지용이 크게 노하여 산홍을 때렸다.

이때 손님 중에 어떤 사람이 그에게 "온 세상 사람들은 앞다투어 매국인에게 달려가 날마다 노복과 여비처럼 비굴하게 알랑거린다. 그대 집에 금옥이 집보다 높이 쌓여도, 산홍에게는 한 점 봄도 사기 어렵다"라는 시를 지어 주었다.

그리고 산홍 자신은 임진왜란 때 두 충신과 논개를 기리며 이런 오언절구 한시 〈의기사감음(義妓祠感吟)〉을 남겼다.

천년토록 길이 남을 진주의 의로움　　千秋汾晋義

두 개의 사당과 높은 누각으로 서 있네　　雙廟又高樓

부끄러운 인생 한가한 날에　　羞生無事日

피리 소리, 북소리 질펀하게 논다　　茄鼓汗漫遊

민영환 장례식이 끝난 지 얼마 안 되어 신기한 일이 벌어졌다. 황현은 신문 기사를 보고 다음과 같이 기록했다.

민영환의 혈의생순(血衣生笋)

민영환이 자결한 후, 그가 자결할 때 사용한 칼과 피 묻은 옷을 영상(靈床) 뒤에 있는 마루에 간직하고 있었는데, 이달 중에 그의 부인 박씨가 그 옷을 볕에 말리기 위해 가보니 새 죽순이 그 하의에 돋아나 있었다. 그 죽순은 네 개의 떨기에 아홉 개의 줄기가 있었으며, 가늘기는 벼 마디와 같고 뿌리와 줄기는 실과 같이 가늘어, 청판(廳板)과 유지(油紙) 사이에 뿌리를 의지하고 있으면서 겨우 대나무 모습을 이루고 있었으나 너무 약하여 부지하지 못하고 있었다.

이에 성안 사람들이 모두 와서 구경하여 10일 내지 한 달 동안 인산인해를 이루었다. 서양의 상인들도 와서 처음 자결할 때와 같이 술을 따라 놓고 곡을 하기도 했고, 도성 사람들도 그 광경을 그림으로 그리거나 목판에 새겨 팔았으며, 청국인들도 그 광경을 시로 읊어서 우리나라에 전해진 것만 해도 두루마리를 이루었다.

이러한 소문은 신문으로 기사화되어 더욱 퍼졌다. 궁궐에서도 내시를 파견하여 대나무 잎사귀 한 개를 가져와서 이 잎이 민충정공의 충혼이라고 했다.

이러한 순절 투쟁에 외국인도 가담했다. 황현도 이를 소개하고 있다.

일본인 니시자카 유타카(西坂豊)가 자결했다. 그는 일본의 유사(儒士)로, 평화를 주장하여 우리 동양을 돌아다니면서 세상 사람들에게 평화를 권고하고 한, 청, 일의 순치관계(脣齒關係)를 더욱 강조했다. 그는 서울에 와서 머문 지 조금 오래되었는데, 이토 히로부미와 하세가와 요시미치 등의 전횡을 보고 누차 충고했으나 듣지 않았다. 이에 그는 죽음으로써 자신의 뜻을 밝히기 위해 높은 층집에서 떨어졌으나 죽지 않았다. 그는 많은 군중 앞에서 수백 마디의 연설을 하고는 마침내 스스로 칼을 찔러 죽었다. … 이 무렵 청국인 가운데 판쭝리(潘宗禮)란 사람이 있었는데 그 죽음이 니시자카와 비슷했다.

일본인 니시자카 유타카는 한·중·일의 평화를 강조하던 평화주의자로서 한국의 주권이 일본의 무력에 침탈당하는 것을 보고 이를 저지하려 애썼으나 끝내 통하지 않자 일본의 비인도적 행위에 죽음으로써 항의한 것이다. 일본의 대한 정책이 잘못되어 가고 있는 것을 깊이 우려하여 동양의 평화를 실현하고 한국의 독립을 유지하려고 했을 것이다. 이것을 실천하고자 그는 이토 히로부미에게 서울에 통신사를 설치해 달라고 요청했지만 통감부의 방해로 그 뜻을 이룰 수 없었다. 이에 침략 행위를 비난하는 서신을 이토 히로부미에게 보냈지만 답변을 받지 못했고, 결국 이토의 대한 침략 정책에 대한 반대 의사를 분명하게 전하고자 1906년 12월 6일 이현 (泥峴, 지금의 운니동) 시라누이(不知火) 여관에서 할복 자살을 했다. 훗날 안중근과 같이 진정한 동양 평화론자로 기억될 만하다. 또한 중국인 판쭝리는 일본이 한국을 침략하는 현실을 보고 외세에 농락 당하는 중국의 운명을 생각하여 스스로 죽음을 택한 것이다. 그는 유서에서 "한국이 망한다면 중국 또한 위태할 것이다. 우리 국민이 아직도 깨닫지 못하고 있으니 사전에 피로써 경고하는 것이다"라고 했다.

심지어 을사 5적을 응징하려는 이들도 있었다. 정교의 기록에 따르면 궁문을 지키는 병사가 박제순을 살해하려고 했다.

12월 6일 참정 대신 박제순이 의정부 건물로 가기 위해 막 궁궐 문앞에 도착했을 때, 궁문을 지키고 있던 한 병사가 총을 쏘아 그를 죽이려고 했다. 하지만 그 부대 영관이 급히 그 병사의 손을 잡아당겨 총을 쏘는 것을 막았기 때문에 성공하지 못했다.

박제순은 겁을 먹고 허겁지겁 급히 일본 공사관으로 가서 하야시 곤스케 씨를 마주하고 말했다.

"나는 전날엔 다른 죄악이 없었습니다. 다만 신조약에 조인했다 하여 온 나라 사람들이 모두 죽이려고 하고 있습니다. 어찌해야 할지 모르겠습니다."

그러고는 반드시 스스로 목숨을 끊겠다고 했으나, 곁에 있던 사람이 급히 그를 구해주었다. 약간의 상처를 입은 박제순은 들것에 실려 일본 공사관에서 명동의 한성병원(漢城病院, 일본인이 설립한 것이다)으로 이송되었다. 치료받은 지 얼마 안 되어 상처가 낫자 자기 집으로 돌아갔다. 세상 사람들은 박제순을 죽이려고 한 병사의 이름이 전해지지 않음을 애석하게 여겼다.

황현의 기록에 따르면 진남포에서도 을사 5적에 대한 암살 시도가 있었다. "진남포의 항민들이 5적 토벌을 꾀하다가 그 일이 발각되어 14명이 체포되었다"는 것이다. 을사늑약 체결 이후 상층부 식자층으로부터 일반민에 이르기까지 상소 투쟁을 벌이거나 을사 5적 등 친일 관료를 처단하고자 했던 것이다.

제5부

이용익 저격 사건에서
군대 해산까지

제5부에서는 을사늑약 체결 직후인 1906년 1월 이용익 저격 사건부터 1907년 7월 군대 해산과 한국인의 반일 운동까지 1년 6개월을 다룬다.

　이 기간은 일본이 근대 제도와 통치 악법이라는 당근과 채찍으로 대한제국을 조금씩 조여오고 있었다. 그러나 고종과 우국지사들은 헤이그 만국평화회의 참석을 통해 일본의 침략을 저지하려 했고, 국채보상운동을 통해 일본의 경제적 종속에서 벗어나고자 했다. 특히 일부 의병들은 을사늑약에 반발하여 항일 운동을 벌였다.

　일본에 의해 한때 납치되었던 이용익이 고종의 밀명을 받아 헤이그 특사로 러시아로 들어갔다가 1906년 1월 저격을 당했다. 이용익 피격사건은 같은 한국인 사이에서 지역적 반목과 운동 노선 차이로 인해 벌어진 비극이었다. 고종을 극렬하게 비판했던 황현은 죽은 이용익에 대해 국권회복운동과 교육진흥운동을 벌인 당사자로 높이 평가했다.

　이듬해인 1907년에 무엇보다 눈길을 끈 사건은 국채보상운동이었다. 대구의 김광재와 서상돈의 금연회 결성이 이 운동의 단초였다. 당시 일본 차관 1,300만 원을 갚지 못해 나라가 결단날 것을 우려하여 모금 운동을 시작했다. 그러나 이 운동 역시 윤치호의 냉소 어린 눈길에서 벗어나지 못했다. 윤치호는 한국인의 감성에서 촉발된 운동에 지나지 않으며 실패할 것이라고 전망했다.

　국권 수호 운동의 또 하나의 갈래는 친일파 응징과 의병운동이었다.

일본의 탄압으로 좌절되었으나, 황현은 이러한 운동에 대해 높이 평가했다. 유생 출신 나인호, 이기 등은 을사 5적 처단 운동에 적극 나섰다. 정교는 윤치호와 달리 이러한 운동에 공감을 표하며 그들의 활동을 적극 기록했다.

황실의 마지막 국권 수호 운동은 무엇보다 헤이그 특사 파견이다. 그들의 시도는 제국주의 국가들의 무관심과 일본의 집요한 공작으로 좌절되었지만, 고종과 우국지사 사이의 간극을 좁히는 결과를 가져왔다. 황실이 아닌 국가의 존속을 위해 힘을 합친 셈이다.

이후 고종이 헤이그 특사 파견을 구실로 일본에 의해 강제 폐위되고 군대가 해산되자, 한국인의 분노는 극에 달했다. 평소 정치에 관심을 보이지 않던 지규식마저 한국 군인들이 일본인을 습격한 사실을 일기에 적을 정도였다.

1. 제국의 황혼과 국채보상운동

얼마 못 가 모금된 돈이 목표치에 턱없이 모자랄 뿐 아니라, 설령 부
채를 다 갚는다 하더라도 정부가 또다시 빚지는 것을 막을 힘이 없
다는 사실이 분명해졌다. _윤치호

부가 황실을 능가할 만큼의 재산가 민영휘와 그 밖의 고위 관리들
은 단지 약간의 돈만을 보냈으며, 일진회원 송병준 등은 있는 힘
껏 그 일을 배제했다. 해를 넘겨 그 일은 결국 뜻대로 이루어지지
않았으며, 국채보상금으로 모은 돈 10만여 원은 모조리 세 회사
사람들이 꿀꺽 삼켜버렸다. _정교

이용익 저격의 미스터리

을사늑약으로 정국이 급랭한 가운데 새해가 밝았다. 이 시점에 이용익 저격 사건이 일어났다. 그것은 대한제국의 앞날에 드리운 어두운 그림자였다. 일본이 러일전쟁에서 승기를 잡자, 고종은 일본의 승리가 대한제국에 미칠 파장을 고려하면서 1905년 7월 이용익을 만국평화회의에 특사로 파견하기로 결정했는데, 이듬해 1월 그가 뜻밖에도 피습을 당한 것이다.

만국평화회의는 러시아 차르 니콜라이 2세가 제창하여 조직된 국제회의로 세계 평화 도모가 그 목적이었다. 제1차 회의는 1899년에 개최되었으며 군비 축소와 평화 유지 문제를 논의했다. 제2차 회의는 1906년 8월 열리기로 예정되어 있었다. 대한제국은 1905년 10월 말 러시아 측으로부터 헤이그에서 열릴 국제회의에 초청한다는 의사를 전달받았다. 그러나 대한제국 정부는 이전부터 이 회의의 개최 사실을 인지하고 있었기 때문에 일찍이 회의 참가 준비에 들어갔다.

1905년 7월 한국 주재 일본 공사는 궁중에서 만국평화회의 참가를 위한 비밀회의가 개최되었다는 첩보를 본국에 보고했다. 물론 이용익이 비밀회의를 주도하고 있다는 점도 언급되었다.

이용익은 1905년 9월 11일 일본의 삼엄한 감시를 뚫고 고종의 밀서를 가지고 상하이에 도착했다. 이어서 9월 29일 러시아를 향해 출발했다. 프랑스 파리를 거쳐 그해 11월 27일 러시아의 수도 상트페테르부르크에 도착한 뒤 러시아 외무 대신 람스도르프(Lamsdorf)와 여러 차례 회견하는 등 외교 활동을 벌였다.

그런데《대한매일신보》1906년 1월 17일과 20일 기사에 이용익의 피습 사실이 보도되었다. 피습 시각은 15일 오후 5시로 알려졌는데, 생명에는 큰 지장이 없었다.

정교는 《대한계년사》에서 그가 재러시아 교민으로 통역을 담당했던 김현토에게 피격되어 사망한 것으로 기술하고 있다.

이용익은 여러 해 전 러시아 수도로 유학을 갔던 강화의 선비 김현토(나이가 30세 남짓이다)에게 통역을 요청하며 부귀를 보장하겠다고 그를 꾀었다. 하지만 보호 요청이 미처 성사되지 못했는데, 그 아무개가 유럽의 어떤 공사관 서기로 전근 가버렸기 때문이다.

이용익은 크게 실망하여, 다시 러시아 외무부의 한 관리를 찾아 그 문제를 의논했다. 김현토는 만나보기로 약속한 그 날짜에 이르러 먼저 이용익과 함께 여관으로 가서 러시아 사람이 도착하기를 기다렸다.

김현토가 품 안에서 권총을 꺼내 이용익에게 쏘았으나, 총알이 발사되지 않았다. 이에 급히 몸 주변에서 단도를 빼서 이용익을 마구 찔렀다. 여관 안은 놀라 요란스러웠다. 러시아 순사가 빨리 가서 구했으나, 이용익은 병원으로 이송된 지 겨우 30분 만에 죽었다.

김현토가 러시아 경무청에 붙잡혔다. 이용익의 손자 이종호(李鍾浩)가 법원에 고소하여, 복수해 달라고 요청했다. 재판이 열린 날, 김현토는 이용익이 나라를 팔아먹은 죄를 극렬히 논하며 물 흐르듯 응대했다. 법정을 가득 메운 방청객들은 모두 김현토가 훌륭하다고 칭찬하지 않는 이가 없었으며 앞다투어 조화(造花)를 던지니, 쌓인 조화의 높이가 김현토의 몸과 나란할 정도였다. 그리고 김현토를 위해 앞다투어 변호하는 사람이 십수 명이었다. … 김현토는 드디어 석방되었다. 얼마 안 있어 한 러시아 사람이 김현토에게 알려주기를, "그대가 만약 이곳에 오래 머무른다면, 반드시 이종호로부터 해를 입게 될 것입니다. 어찌하여 여기를 떠나지 않습니까?" 하고는, 김현토에게 여비를 주었다. 김현토는 마침내 블라디보스토크로 들어갔는데, 여비 등을 주며 그를 전송하는 러시아 사람들이 매우 많았다. 러시아 수도로부터 블라디보스토크에 이르기까지 한 소년이 김현토를 수행했는데, 잠시도 그 곁을 떠나지 않았다.

또한 이웃한 여관에 머물고 있던 사람이 수십 일이 지나서 김현토에게 와서 말하기를,

"이종호가 나에게 많은 돈을 보내어 복수해 달라고 요청했습니다. 그 돈을 물리쳤지만 그대의 뒤를 몰래 살핀 것은, 그대가 혹시 이용익과 무슨 싫어하고 원망할 만한 일이 있지 않았나 하는 의심이 들었기 때문입니다. 그대의 동정을 살펴보니, 이용익을 죽인 것은 진실로 충성심에서 우러난 분한 마음에서 나온 것이었습니다. 내가 어찌 차마 의로운 선비에게 해를 가하겠습니까? 그러나 이후에도 역시 당신을 해치려고 오는 사람이 있을 것입니다. 그대는 그 사람들을 조심하십시오. 나는 여기를 떠나 하얼빈으로 갑니다."

했다. 그 이름을 물어보니, 안중근이었다.

여기서 정교는 이용익의 죽음에 대해 "사람들은 통쾌하게 여겼다"고 전할 정도로 이용익에 대한 감정을 노골적으로 드러내고 있다. 그러나 《대한계년사》의 이용익 피격 사망 기술은 명백한 오류다. 이용익은 상트페테르부르크에서 김현토에게 피격당했지만 죽지 않았다. 이때 이용익은 11군데나 찔려 자상을 입었으나 가까스

로 살아나 상하이와 블라디보스토크에서 항일 활동을 벌였다.《통감부문서》에 따르면, 이용익은 고종의 밀명을 받아 비밀리에 청국과 프랑스, 러시아 등지를 다녔다.

또한 김현토의 안위를 걱정하는 인물로 안중근이 등장하는데 이역시 오류로 보인다. 1905년 12월 상하이에 체류하고 있었던 안중근은 아버지 안태훈이 사망하자 고국으로 돌아왔다. 그리고 1906년 3월 가족을 데리고 황해도 해주 청계동을 떠나 진남포로 나왔고 1907년 10월 블라디보스토크로 갔다. 따라서 이용익 피격 직후 시점에 안중근과 김현토는 같은 장소에 있을 수 없다. 정교의 이용익 암살에 관한 기술은 낭설에 근거하여 김현토의 이용익 암살을 미화하고자 하는 의도가 엿보인다.

그렇다면 김현토는 누구인가?《통감부문서》에 블라디보스토크 '동양학원 고용 교사 김현토'가 나온다. 1867년 11월 6일 경기도 강화군 부내면 관청리에서 출생한 그는 1895년경 러시아로 이주했다. 러시아 블라디보스토크에 소재한 한인 교포 단체 한국국민회의 기관지《대동공보(大東共報)》에 관여했으며, 안중근과 만난 적이 있었다. 김현토는 1910년 4월 2일 안중근 의사를 기리는 블라디보스토크 추도회에 참석하여 연설했다고 한다. 이 점에서도 안중근과 밀접한 관련을 맺은 요주의 인물로 파악된다.

여기에서 드는 의문점은 김현토가 왜 이용익을 죽이려 했는가이다. 나아가 그는 과연 민족주의 독립운동가였을까. 혹시 독립운동가로 위장한 밀정은 아니었을까. 그러나 이에 대해서는 정보가 별로 없어 확인하기가 만만치 않다. 다만 1910년 2월 일본 경찰이 안중근을 심문한 바에 따르면, 블라디보스토크 한인 사회에서는 이용익 피격 이후 김현토가 일본인의 사주를 받은 친일당이라는 소문이 돌았다. 그렇다면 김현토는 블라디보스토크 동양학원의 한국어 강사로 근무하면서 일본의 사주를 받아 활동한 밀정이 아니었을까.

그러나 일제가 파악한 정보 보고서에 따르면, 김현토는 1910년 9월 일제가 파악한 불령(不逞) 단체와 관련한 인물이다. 더욱이 그를 이상설, 이범윤 등 기호 계열(이른바 경성파)과 가까운 인사로 분류하고 있다. 김현토는 1910년대에도 일제의 요주의 인물로 주목받았으며 1920년대에는 극동고려공산당에 입당했다. 따라서 정교가 언급했듯이 이용익 피격 사건은 이용익의 행태에 대한 김현토의 반감이 심했거나 오해가 커진 가운데, 기호 계열 인사들의 함경도 출신에 대한 차별 의식이 초래한 민족 내부의 비극적 사건이 아닐까.

이후 가까스로 살아난 이용익은 1906년 3월 8일 상하이에 도착했으며 곧바로 블라디보스토크로 이동하여 이곳의 교민 사회를 근거지로 해서 장기적인 항전을 준비했다. 그는 이 무렵 헤이그로 건너가 만국평화회의에 참석하라는 밀명을 받은 것으로 보인다.

그러나 그는 김현토의 저격으로 입은 중대한 자상을 제대로 회복하지 못한 듯하다. 그 바람에 헤이그 특사는 이상설, 이준, 이위종으로 변경되었으며 이용익은 후유증을 이기지 못해 1907년 2월 24일 사망했다. 황현이 기술한 그의 죽음은 다음과 같다.

이용익이 블라디보스토크에서 사망했다. 이때 그는 유소(遺疏)에서 학교를 널리 세우고 인재를 양성하여 국권을 회복하기를 간청했다. 또 그의 아들 이현재(李賢在)에게 말하기를, "나라가 이미 망했으니 내가 죽더라도 고국으로 옮겨서 장사 지내지 말라"고 했다. 그러나 이현재는 이역에서 오래 있을 수가 없어 한 달 남짓 된 후에 관을 집 밖으로 내가기 위해 빈소를 열었으나 그 널이 움직이지 않으므로 이현재는 통곡하며 중지했다.

이용익을 부정적으로 인식한 황현이지만, 교육 진흥을 통한 국권 회복운동을 바라는 그의 유언을 언급함으로써 정교와 달리 그에 대한 평가를 좋게 마무리하고 있다. 《승정원일기》에 따르면, 1907년 3월 15일 이용익 사망 사실이 확인되자 고종은 4월 24일 다음과 같이 평가하며 조치를 취했다.

"이 재신(宰臣)은 마음가짐이 우직하고 일에 임해 용감하고 과감했다. 임오년[임오군란] 이후로는 나라를 위해 심력(心力)을 다했는데 그가 한 일을 더듬어 보건대 역시 충성으로 일관했다고 말할 수 있겠다. 그런데 지금 그가 죽었다는 부고를 듣고 보니 상심을 이루 다 말할 수 있으랴. 죽은 부장(副將) 이용익의 상가에 장례 물품을 궁내부로 하여금 넉넉하게 보내주도록 하고, 시호를 내리는 은전은 의논하여 청하는 자리를 기다려 거행하며 비서감 승을 보내어 제사를 지내도록 하라."

그의 노고에 대한 고종의 마지막 선물인 셈이다.

통감부는 그가 죽었다는 소식을 듣고 일단 가슴을 쓸어내렸지만, 그가 남겼을 자금에 대해서는 각별히 신경을 썼다. 일제의 이러한 심정을 대변한 인물이 바로 일진회 지도자 송병준이었다. 훗날 《삼천리》 1936년 4월호에 따르면, 1908년 송병준은 이용익의 손자 이종호가 많은 돈을 은행에 예치하고 있다고 판단하고 이종호를 승녕부(承寧府)에 불러들여 협박했다. 이때 그는 이종호가 예치한 돈이 고종의 비자금이므로 국고에 반납해야 한다고 주장하면서 통장과 도장을 요구했다. 그러나 이종호는 예치금은 조부의 돈이라며 완강하게 거부했다. 이에 송병준은 고종에게 그 돈의 주인이 누구인지 물었는데 고종이 오히려 "그 돈은 이용익의 돈이니 너는 손대지 말라"고 하여 횡령하려던 계획이 수포로 돌아갔다. 이에 송병준은 포기하지 않고 이종호를 다시 자신의 집에 감금하고 예금을 포기할 것을 강요했다. 이용익과 송병준의 악연이 본격화되었다. 황현은 이종호와 송병준의 소송을 《대한매일신보》 1908년 9월 29일 기사에 입각하여 다음과 같이 썼다.

이용익이 사망한 후 그의 손자 이종호가 그때까지 많은 재산을 소유하여 1만 24원을 은행에 예금하고 있었다. 이때 송병준은 조민희와 함께 무고하기를, "이종호가 예금한 금액은 곧 이용익의 유산이며, 이용익의 유산은 곧 황실에서 하사한 것이므로, 도리상 당연히 국고로 반납해야 합니다"라고 한 후 교지[矯旨, 임금의 명령이라고 거짓으로 꾸며 내리는 가짜 명령]를 내려 그를 송병준의 저택에 구류했다.

이때 이종호는 젊은 나이로 매우 근신(謹愼)하여 오랫동안 하세가와 요시미치에게 호감을 사는 처지였다. 하세가와가 이 소문을 듣고 소네 아라스케(曾彌荒助)를 시켜 송병준과 조민희를 꾸짖은 후 그 일이 중지되었다.

송병준의 탈취 시도는 성공하지 못했지만, 이종호 명의로 상당한 액수의 예금이 있었던 것은 사실로 보인다. 그리고 이 돈이 고종이 일본의 감시와 추적을 피하기 위해 이용익에게 몰래 맡긴 비자금일 가능성도 적지 않다. 당시 일본은 이용익이 맡아둔 자금이 고종의 지시에 따라 독립운동 자금으로 흘러들어가는 것을 경계하고 있었다.

한편, 일본은 이용익의 또 다른 예치금을 찾고자 했다. 1909년 4월 7일 이도표(李道杓)란 인물을 체포했는데, 그의 혐의는 이용익이 상하이의 은행에 남긴 예금을 인출하여 독립운동 자금으로 쓰려 했다는 것이었다. 황현은 《대한매일신보》 1909년 4월 24일 기사에 근거하여 이용익의 예치금 행방을 다음과 같이 기술하고 있다.

> 이도표는 서울 사람으로 본래 총명하고 재주와 지혜가 많았다. 그는 이때 태황제의 새서[璽書, 천자의 도장을 찍은 문서]를 가지고 장차 상하이로 가서 민영익, 이윤재(李允在), 현상건 등과 내통하여 본국에서 의병이 날로 일어날 때 의사(義士)들을 규합하여 국난에 달려오도록 하려고 했다.
>
> 이때 민영익에게는 신묘년(1891)과 임진년(1892)에 보낸 홍삼 값으로 마련한 은전 80만 환이 있었고, 이윤재에게는 그의 숙부(이용익)가 저축한 국고금 21만 원(元)이 상하이의 노청은행(露淸銀行)에 있었는데 모두 독립운동에 사용했다고 한다.
>
> 그리고 이도표는 이제 막 남대문역에서 기차를 타고 인천항으로 가려다가 즉시 왜 순사에게 체포되었다. 이때 일본인들은 그 새서를 위조된 것으로 결론 내렸다.

민영익은 명성황후의 조카로 갑신정변 때 급진 개화파의 저격에도 죽음을 면했으며, 이후 상하이에서 체류하며 고종과 수시로 연락하고 있었다. 이윤재는 이용익의 조카로 1903년 함경북도 관찰사이자 지계감독(地契監督)으로 활동하면서 대한제국 정부가 정력적으로 추진한 토지조사사업을 적극 지원했다. 당시 이러한 사업을 주관한 관서가 1901년에 설치된 지계아문이었다. 그의 이런 활동이 고종에게는 신뢰감을 준 반면에 일본에는 경계 대상으로 비쳤다. 이에 통감부는 이들의 행방을 추적하여 결국 이 돈을 찾아 압수했다. 이 탈취 사건은 1924년 이용익의 손자 이종호가 소송하면서 불거졌다.

손병희의 입국

1894년 동학농민전쟁 때 북접 농민군을 이끌었다가 실패하여 일본에 망명한 손병희(孫秉熙)가 1906년 2월 귀국했다. 북접의 지도자여서 그를 지지한 사람들도 있었지만, 황현 같은 위정척사파에게는 1894년 동학농민전쟁의 주역이라 할 남접과 북접 모두 불구대천지원수로 비쳤다. 황현은 그의 귀국을 다음과 같이 적고 있다.

천도교의 괴수 손병희가 일본에서 돌아왔다. 손병희는 여러 망명인들과 결속하고 본국의 간세배(奸細輩)와 몰래 내통하여 일진회를 창설한 후, 이때 일본인을 끼고 귀국하므로 일진회 회원들 가운데 그를 맞이한 사람이 수만 명이나 되었다.

이에 그들은 교당을 설립하고 그곳에서 연설을 하며 군중을 유혹하여 '동학'을 '천도교'로 개칭했다. 또 '시천주 조화정 영세불망 만사지(侍天主造化定永世不忘萬事知)'란 13자 글자마다 그 뜻을 해

석하여 신문에 게재했다. 그리고 윤시병, 송병준 등이 이 교를 신
봉하여 종주(宗主)가 되었다.

황현은 천도교의 전신이라 할 동학을 증오했기 때문에 손병희의
귀국을 못마땅하게 여겼을뿐더러 일진회로 오인했다. 그러나 그는
손병희가 일진회와 단절한 것을 확인하고는 일진회가 고립무원의
처지가 되었다고 판단했다. 황현은 손병희의 행적과 사상을 다음과
같이 적었다.

동학당 손병희라는 자는 자칭 외국 유학생이라고 했다. 그는 신
문사에 투서하고 보조금 100원을 부쳤다. 이어서 박남수(朴南壽)란
자도 손병희의 문인이라고 하면서 또 투서를 했다.
손병희는 투서와 함께 정부로 보내는 서신을 넣어두었는데, 그
서신에서 늘어놓은 5개조는 설국회(設國會), 주종교(主宗敎), 이재
정(理財政), 개정치(改政治), 면유학(勉遊學)이었다. 그는 또 최제우
의 문하에서 수업한 지 20여 년 후에 옷소매를 뿌리치고 바다를 건
너 10년 동안 유랑 생활을 했으므로 현재 그와 호응한 동지가 800
만 명이나 된다고 했다.
그리고 그의 학문은 '수심정기 경천애인(守心正氣 敬天愛人)'이
며, 그의 도(道)는 '효제충신(孝悌忠信) 보국안민(保國安民)'이라고
하고, 서양의 도는 서쪽에서 났기 때문에 서학(西學)이라 하며, 이
도는 동양에서 났기 때문에 동학(東學)이라 한다고 했다.

여기에는 황현이 잘못 알고 있는 사실들이 수두룩하다. 손병희는

손병희(1862~1922)

최제우의 제자가 아니라 동학 제2대 교주 최시형의 제자였다. 더군다나 손병희에게 호응하는 자가 800만 명이라는 사실은 과장이다. 그럼에도 손병희가 천도교의 이념과 지향을 선전하는 각종 글을 신문사에 투고하는 한편 언론사로부터 환심을 사기 위해 돈을 부쳤음은 사실이다. 황현은 이와 같이 투서하는 이유를 다음과 같이 적었다.

손병희는 청주의 아전이었다. 그는 갑오년[1894] 때 동비(東匪)의 괴수가 되었다가 일본으로 도주하여 이상헌[李相憲, '李祥憲'의 오기]으로 성과 이름을 바꾸고 10여 년 동안 숨어 지냈다. 그러다가 이때 본국이 더욱 어지러워지고 윤시병 등이 정치 논의에 참여하는 것을 본 뒤, 자신들이 바라던 일을 뜻한 대로 이룰 때라고 생각하여 거리낌 없이 투서를 하면서 박남수와 서로 호응했다.

정교도 손병희와 천도교를 결코 곱게 보지 않았다. 천도교가 일진회와 분리된 이후이기는 하지만 손병희의 행적에 관심을 두었다.

동학 패거리들의 일[1894년 동학농민전쟁]이 실패한 이후, 그 우두머리 손병희는 일본으로 도망가 성명을 이병헌[이상헌의 오기]으로 바꾸고 여관에서 머물렀다. 동학 무리들은 해마다 많은 금액을 모아 그에게 보내주었다. 손병희는 돈을 [천하고 흔한] 똥같이 썼다. 그 뒤(1905) 귀국하여 일진회에 참여했다. 동학의 이름을 '천도교'라 고치고 멋대로 포교했다. 서울과 지방의 의지할 데 없고 할 일 없는 무리들이 천도교에 많이 붙었다.

황제(곧 태황제)는 일진회가 거리낌 없이 제멋대로 구는 것을 싫어하여, 사람을 시켜 그 패거리인 오세창(전 국장이다. 죄를 짓고 일본으로 도망했다가 손병희를 따라 귀국한 자다), 권동진(權東鎭, 권형진의 동생이다. 역시 일본으로 망명했다가 손병희를 따라 귀국한 자이다), 최강(전 경무관이다. 이상의 세 사람은 모두 천도교 교도이다) 등을 꾀어 많은 돈을 주며 일진회에서 탈퇴하도록 하면서, 마침내 일진회가 해산되면 마땅히 높은 관직을 주어 총애하겠다고 했다. 오세창 등은 드디어 손병희와 상의했다. 손병희는 기뻐하며, 그 교도들에게 모두 일진회에서 탈퇴하라고 하면서 말했다.

"우리들은 종교인이므로 정치에 간여해서는 안 된다."

이용구가 말했다.

"안 된다. 우리들은 본래 동학으로서, 만약 일진회가 아니었으면 어찌 오늘 포교하는 일이 있었겠으며, 목숨을 보존할 수 있었겠느냐?"

손병희가 오세창 등과 함께 일진회를 탈퇴하자, 그를 따르는 무리가 또한 많았다. 결국 서울과 지방의 천도교 교도들에게는 다만 선교에만 힘쓰도록 했다. 이용구는 이에 그 종교의 이름을 '시천교(侍天敎)'로 고치고 제 패거리들과 함께 예전처럼 일진회 회원의 일을 해나갔다. 이로부터 그 종교가 나뉘어 둘이 되었다.

손병희 등은 이미 일진회에서 탈퇴했지만, 일진회는 전부가 전과 다름없이 여전히 건재했으므로 관직을 얻을 수 없었다. 각 고을의 교도들은 해마다 쌀과 돈을 거두어 냈는데, 수억을 헤아렸다. 손병희는 매우 크고 좋은 집에 살면서, 비단옷을 입고 고기를 먹으며, 첩을 두고 음악과 여색을 즐겼다. 오세창 등은 그를 스승으로 섬기기를 매우 부지런히 했으며, 또한 그에게 힘입어 생계를 유지할 수 있었다. … 이에 이르러 일본인들이 전국의 천도교 교도를 조사했는데, 88만 5,500명이었다.

여기서 정교가 손병희를 매우 부정적으로 인식하고 있음을 확인할 수 있다. 다만 권동진을 소개하면서 여타 인물과 달리 별주를 붙여 권형진의 동생임을 밝히고 있다. 권형진은 명성왕후 시해 사건과 관련해 1900년 함께 처형당한 안경수의 동료다. 권동진 역시 안경수를 추종한 반고종파 인물임을 알리기 위해 별주를 단 듯하다.

한편, 윤치호도 손병희의 귀국을 예의 주시하고 있었다. 1906년 3월 30일 일기에 다음과 같이 적고 있다.

2월 초순, 이상헌이라는 이름으로 도쿄에서 살고 있는 동학 지도자 손병희가 서울로 돌아왔다. 그의 추종자들이 사실상 부산에서 서울까지 온 거리에 줄을 섰다. 그는 자신이 새로운 종교의 지도자라고 주장하며 거물 풍채로 돌아다닌다. 그는 빈민들의 기부금에 의존해 살고 있는데, 그 빈민들은 이른바 종교 때문이 아니라 일본에 대한 손병희의 영향력이 자신들을 위해 보장해 줄 수도 있는 보호 때문에 손병희에게 몰려든다. 동학교도를 토끼처럼 사냥하곤 했던 이지용과 여타 부패한 양반들도 보호처를 구하려고 그 새로운 종파에 합류하고 있다고 전해진다. 아, 최상층에서 최하층까지 한국 양반들의 악취가 진동하는 썩음이여!

윤치호의 견해에 따르면 손병희는 많은 한국인에게 일본을 등에 업은 실력자로 비쳤던 것이다.

황현이 언급하고 있듯이, 손병희는 1894년 동학농민전쟁 시기 북접의 지도자로 참가했다가 일본군과 관군의 혹독한 진압으로 개혁운동이 좌절되자 일본으로 망명했다. 그는 일본의 근대 문물과 문명개화론을 접하면서 동학을 정비하여 합법적인 종교 조직으로 개편하고자 했으며 종교와 교육을 통한 계몽운동의 필요성을 절감했다. 이즈음 러일전쟁이 발발하고 동학에서 갈라져 나간 일진회가 본격적으로 정치 활동을 벌이자, 그는 1906년 1월 귀국하여 동학을 천도교로 개칭하고 교세를 확장하는 한편 계몽운동에 적극 나섰다. 나아가 1910년 이용익이 설립한 보성전문학교를 인수하여 육영사업에도 힘을 기울였다. 이때 박남수는 교단에서 각종 직책을 맡으며 손병희를 적극 뒷받침했으며 손병희에 이어 4대 교주가 되었다.

고종의 왼팔을 자르는 일진회

이즈음 일진회는 통감부의 지시를 받고 고종과 의병을 연결해 주는 측근 세력을 제거하는 데 앞장섰다. 정교는 《대한계년사》 1906년 6월 기사에서 일진회 회원들이 6월 5일 오후 8시 궁중에서 나오는 이른바 술사(術士)로 불리던 점쟁이들을 붙잡아서 경무청에 보내어 가두었다고 기술하고 있다. 그런데 정교는 점쟁이들이 경무청에서 풀려났는데 유독 비서감 승 김승민(金升旼)만 일본 헌병대로 넘어갔다면서 그에 관해 상세하게 기술하고 있다.

이때 일진회는 또 비서감 승 김승민을 붙잡았다. 김승민은 함경도 사람으로, 몸과 마음을 닦고 독서하며 지내고 있었다. 궁중에서는 김승민이 특이한 술수를 가지고 있다고 잘못 듣고서, 여러 차례 그를 불러들여 정해진 등급을 건너뛰어 비서감 승이라는 높은 벼슬에 임명했다.

김승민은 서울에 올라와 다시 상소를 올리고 사직을 요청했으나, 황제는 허락하지 않고 궁중에 들어와 자신을 알현하라고 명령했다. 김승민은 부지런히 일하고 궁중을 엄정하게 단속하여 깨끗이 바로잡고, 조정의 예식을 바로잡아 가지런히 하고, 술사들을 엄중히 처단하는 네 가지 일에 대해 아뢰고 나서 사직을 고수했다.

황제는 김승민의 관직을 봉상시 부제조 자리로 옮겨 임명했다. 김승민은 다시 궁궐에 들어가다가 일진회 회원들에게 붙잡혀, 그들의 집회 장소로 갔다. 윤시병 등이 수없이 공갈을 치자 김승민이 항변하며 말했다.

"나는 재야에 묻혀 글 읽는 선비로서 출셋길에 나서지 않았습니다. 황제 폐하께서 여러 차례 저를 부르는 명령을 내리셨습니다. 성대하고 극진하게 저를 예우해 주시니, 신하 된 자의 도리상 입은 은혜에 대하여 한 번은 감사를 드리지 않을 수가 없었습니다. 황제 폐하를 나아가 뵙고 이어서 곧 자리에서 물러나게 해달라고 요청 하고 작별 인사를 드리기 위해 대궐에 가던 중이었습니다. 오늘 일 진회에서 나에게 이처럼 횡포를 가하는 것은 무엇 때문입니까?"

일진회 회원들이 말했다.

"너는 바로 술사이니, 엄단하지 않을 수 없다."

김승민이 말했다.

"내가 술사라는 무슨 증거가 있습니까? 만약 증거가 있다면 마음 대로 알아서 처리하십시오. 이러니저러니 할 것 없이 한마디로 말 하여 나는 이제 고향으로 내려갈 사람이니, 붙잡아 가둘 필요가 없 습니다."

일진회 회원들이 말하기를,

"네가 만일 고향으로 내려간다면 반드시 의병을 일으킬 것이다" 하고 그대로 붙잡아 두었다가 즉각 일본 헌병사령부로 이송하여 여러 차례 고문을 받도록 했다.

정교의 이러한 서술을 통해 몇 가지 확인이 가능하다. 우선 정교 는 처음에는 김승민을 일진회 회원들의 단정대로 술사라고 오해했 다. 그러나 훗날 자신이 잘못 알고 있었다고 반성하면서 김승민의 학문과 처세를 높이 평가하고 있다. 또한 정교는 미처 알지 못했지 만 고종이 김승민을 부른 것은 그가 술사여서가 아니었다. 고종이 1906년 5월 29일 김승민을 소견(召見)하면서 나눈 대화가 《승정원 일기》에 실려 있는데, 고종과 김승민의 시국관과 의병 인식을 엿볼 수 있다.

상이 이르기를,

"겸양이 예의의 기본이지만 지금 나랏일이 날로 잘못되어 가니 너무 겸손할 필요는 없다. 애써 멀리 떠나려는 마음을 돌려 바로잡고 구제할 계책을 짜서 올리라. 옛날 공자는 천하를 돌아다니며 도를 널리 펴지 못함을 깊이 근심했는데, 이것이 어찌 유자의 근본이 아니겠는가"

하니, 김승민이 아뢰기를,

"삼가 말씀을 올리자면 마음일 뿐입니다. 천하를 바로잡고 구제하는 대경대법(大經大法)은 '마음 심(心)' 한 글자를 넘어서지 않습니다"

하자, 상이 이르기를,

"나라의 안위는 오직 '마음 심' 한 글자에 달려 있을 뿐이다. 그대의 말은 약석(藥石)이라고 이를 만하다. … "

… 상이 이르기를,

"고금의 개명(開明)의 뜻을 듣기 원한다"

하니, 김승민이 아뢰기를,

"옛것을 지킴에 쓸 만한 것이 있고 써서는 안 될 것이 있으며, 개화함에 취할 것이 있고 취해서는 안 될 것이 있습니다. 옛것을 지킴에 쓸 만한 것은 성대한 예악과 문물이고, 개화함에 쓸 만한 것은 편리한 기계와 농법입니다"

하자, 상이 이르기를,

"예악과 법도는 우리나라에 구비되어 있지만 기계로 말하면 외국에서 가져다 쓰는 것이 또한 중도(中道)라고 이를 만하다. 고금을 절충하고 현재의 복잡한 형세를 절충하면 나라가 태평하고 백성들이 평안하게 될 수 있을 것이다"

하니, 김승민이 아뢰기를,

"근래 들건대 홍주(洪州) 등지에서 의병이 일어나 소요한다고 하
니, 속히 선유사(宣諭使)를 차임해 보내 효유하여 해산시키시기를
삼가 바랍니다"

하자, 상이 이르기를,

"의병이란 의리를 지키자는 것이니 진멸(殄滅)해서는 안 되고 효
유하여 퇴거(退去)시키기만 하면 될 것이다"

했다.

여기서 고종은 이전부터 견지했던 구본신참을 강조했고 김승민
도 수구와 개화의 절충을 역설했다. 특히 고종은 김승민과 마찬가
지로 의병이 의리를 지키고자 봉기했음을 인지하고 그들을 탄압하
기보다는 효유하는 방침을 제시하고 있다. 고종은 김승민의 이러한
자세와 학문을 높이 평가하여 측근으로 두고자 했던 것이다.

그러나 고종의 배려는 김승민에게 오히려 독이 되었고, 일진회는
김승민을 의병을 일으킬 요주의 인물로 인식했다. 그는 일진회에
체포된 뒤 헌병대에 넘겨져 혹독한 고문을 당했다.

특히 이 과정에서 고종의 측근 세력도 체포되어 신문을 받았다. 정
교는 이러한 인물들에 대한 헌병대의 취조를 10월 기사에 실었다.

1906년 10월 23일 이[수학원 설립]에 앞서 일본인들이 박용화(朴
鏞和)를 석방했다. 수학원 설립에 이르러 비로소 이봉래·김승민(모
두 명동의 헌병사령부에 갇혔던 사람이다)·민형식(벼슬은 부장으로 역시 갇

했던 사람이다)·민경식·민병한·홍재봉·조남승(전 비서감 승, 이상의 사람은 모두 저동의 일본 헌병사령부에 갇혔던 사람이다) 등을 석방했다.

당시 이토 히로부미는 고종이 을사늑약 체결 이후 앞으로는 수용하는 듯하면서 뒤로는 국권 수호 운동을 벌이는 것을 눈치채고 고종의 측근 세력을 제거하려던 차에 이봉래 등과 함께 김승민을 체포 고문했던 것이다. 즉 하세가와 요시미치가 이끄는 일본 주차군과 헌병대는 친일 내각 반대 상소를 올린 지방 유생들을 무차별적으로 체포하고, 의병의 배후 혹은 치안 방해라는 이유로 민형식·민병한·민경식·이봉래 등 대관들을 시도 때도 없이 체포하는 등 살벌한 계엄 상태를 연출하고 있었다. 그리고 이 과정에서 일진회가 일본 헌병대의 고종 측근 세력 체포와 탄압에 일조했다. 다만 황족과 귀족 교육을 맡아보는 수학원(修學院)이 설치되면서 교관이 필요해져서 고종의 측근 세력을 마지못해 석방하기도 했다.

그런데 탄압은 여기에 그치지 않았다. 이토 히로부미는 고종이 측근 세력을 통해 의병들에게 자금을 공급하고 수시로 연락하고 있다고 의심했다. 1906년 7월 2일 도쿄로부터 귀임한 이토 히로부미는 고종을 알현하고, 자신이 부재중일 때 각지에서 의병이 치열하게 활동하고 내각이 동요하는 상황에 대해 고종에게 책임을 물으며 압박했다. 여기서 다시 한번 김승민의 이름이 거론되었다.

폐하께서 지금 유생 김승민이라는 자를 궁중으로 불러들여 이용하고 있다는 것을 알고 있습니다. 헌병대에서 심문한 결과 그가 가지고 있던 서류에 "폐하께서 섬나라 오랑캐[島夷] 적신(敵臣) 이토,

하세가와 운운"이라고 적혀 있습니다. 이것이 폐하의 말이냐고 묻
자 그는 진실로 그렇다고 답했습니다. 이것이 과연 폐하가 늘 말하
는 일한 양국의 교의를 돈독히 하신다는 뜻과 일치하는 것입니까?

이토는 김승민에 대한 혹독한 고문을 통해 고종이 이토 자신을
적의 신하로 인식하고 있음이 드러났다고 협박한 것이다.

이어서 이토의 지시가 고종의 조령으로 둔갑하여 공포되었다.
《승정원일기》1906년 7월 3일 기록에 따르면 다음과 같다.

전후에 걸쳐 대궐 단속을 엄격하게 하는 일로 여러 차례 칙유(勅
諭)했으나 시일이 오래되니 해이해져서 마침내 형식적인 것으로
돌아가고 난잡하게 되었다. 이것이 어찌 사체(事體)이겠는가?

이제부터는 비록 실직(實職)이 있는 사람이라도 공적인 일이 아
니면 함부로 출입하지 못하게 하라. 실직이 없는 사람은 비록 일찍
이 대관(大官)을 지낸 사람이라도 만약 명소(命召)로 부르지 않았
으면 대궐에 들어오지 못하게 하라. 그 밖의 한가한 무리들이 만약
무상으로 출입하면서 전과 같이 법을 위반하는 자가 있으면 곧 잡
아다 죄를 주되 주전원(主殿院)과 경무청으로 하여금 엄하게 규정
을 세워 각별히 시행하게 하라.

그런데 일제가 1935년에 편찬을 완료한《고종실록》에는《승정원
일기》1906년 7월 3일 기록을 그대로 옮겨놓은 뒤 사평(史評)을 통
해 김승민을 평가한 대목이 있다.

또 조령을 내리기를,

"참령(參領) 이민화(李敏和)는 인재를 잘못 추천하여 나라의 체면을 손상시켰고 상선(尙膳) 강석호(姜錫鎬)는 거기서 주선한 것이 실제와 다른 것이 많았으니 그 죄상을 따져보면 모두 극히 통탄스럽고 놀랍다. 모두 우선 본직에서 면직시키고 법부에서 잡아다 처벌하게 하라."

했다.(이에 앞서 이민화는 김승민이 경술과 문학을 잘한다 하여 강석호에게 잘못 추천했고, 폐하에게 비밀리에 보고하게 하여 벼슬에 임용하고 품계를 올려주었다. 막상 간곡하게 불러 접견해 보니 무식하고 고루한 사실이 여지없이 폭로되었으므로 이러한 명이 있었던 것이다.)

일본에 저항한 고종의 측근 인사들을 폄하함으로써 자신들의 고종 봉금 조치를 정당화하고자 했음을 확인할 수 있다.

당시 《대한매일신보》도 1906년 7월 4일 기사를 통해 이토 히로부미가 김승민, 강석호 등의 행위를 국사를 그르치는 행위로 몰아가면서 그들을 체포·신문했다고 보도했다. 곧이어 통감부는 7월 6일 김승민 건과 의병 밀지를 명분으로 삼아 내각의 이름으로 궁금령(宮禁令)을 공포했다.

이에 따라 관리와 내시 등은 궁궐을 출입할 때 출입표를 소지해야만 했다. 고종은 외부와의 자유로운 접촉이 어려워졌고 궁중은 국권 수호 운동의 구심점에서 배제될 수밖에 없었다. 이제 이토는 〈궁금령〉을 계기로 고종을 구중궁궐에 가두어 두고 통제할 수 있었고 친일 세력에게는 확신을 심어주기에 이르렀다.

국채보상운동으로 새해를 열다

1907년 한 해를 뜨겁게 달궜던 사건은 국채보상운동과 헤이그 특사 사건이다. 1906년에 일어난 일본 차관 반환운동은 얼마 안 가서 흐지부지되었지만 다수의 민인들이 참가한 국채보상운동은 달랐다. 황현도 운동의 전개 양상을 주목하고 다음과 같이 적었다.

정미년(1907) 광무 11년 정월, 대구 사람 서상돈과 김광제 등이 단연회(斷煙會)를 결성하여 국채보상금을 모금했다. 몇 년 사이에 국가가 일본에 진 부채가 1,300만 원에 이르렀다. 그런데 상환할 기약이 없어 사람들은 모두 우리 국토가 담보로 잡혀도 속수무책임을 알았다.

서상돈 등은 깊이 헤아리고 두고두고 생각한 끝에, 온 나라 전체 2,000만 명이 다 같이 흡연을 중단하면 매인(每人)의 한 달 연초비로 신화(新貨) 20전을 거둘 수 있으므로 만 3개월이면 원래 채무 금액을 모두 메울 수 있다고 생각하여 드디어 이 모임을 창설한 것이다. 그 후 각 신문 여기저기서 이 사실을 전하여 전 국민이 호응했다. 고위층은 1만 원 내지 1,000원을, 평민들은 10전에서 20전까지 액수의 다소를 구애받지 않고 희사하되 강제로 사람을 보내 희사하지는 않도록 했다. 그리고 그 신문에 게재하기를, 눈송이처럼 조금이라도 서로 이어갔으나 호응하는 사람들 가운데 정부의 대관(大官)과 서울의 사대부 및 부상(富商) 들은 한 사람도 출연하지 않고, 그토록 미친 듯이 슬퍼하여 큰 소리로 외치며 혹 그 목표량에 미치지 못할까 급급해하는 사람들은 오히려 하인 무리나 거지 부류가 많았다. 이때 희사금을 많이 낸 사람으로는 해주의 이재림이

2만 원, 김선준이 1만 원이었다. ⋯ 서상돈은 재산 많은 미국인 여성과 동거하면서 많은 재산을 모았다. 그리고 야소교(基督敎)에 물들어 미국인들과 교류했다. 일본인들이 꺼려하는데도 그가 단연회를 창설하여 국채보상금을 모금하자 사람들은 "미국 사람들이 장차 후원할 것이므로 그 일을 반드시 해내고야 말 것이다"라고 했다. 그러나 혹 어떤 사람들은 "우리나라에서 하는 일은 무슨 일이든 시작은 있어도 끝이 없으니 이 일을 어찌 기대할 수 있겠는가? 조만간 몇 사람들이 중간에서 챙겨버리고 말 것이다"라고 했는데 과연 그 말이 맞았다.

황현은 국채보상운동이 일어난 배경을 국민들이 정부 부채 1,300만 원 때문에 주권을 상실할 수 있다고 판단한 데서 찾고 있다. 특히 경상도에서 동래 경무관과 삼남 찰리사를 역임한 김광제와 상무사 임원이자 경상도 징세관이었던 서상돈은 본래 상인 출신으로서 일본 상인과 금융기관의 경제 침탈에 직접적인 피해를 입고 있었다. 두 사람이 국채 문제 해결에 힘을 쏟으면서 국채보상운동 참가자가 삽시간에 급속도로 증가했다. 그러나 황현은 정부의 대관과 서울의 사대부 및 부자 상인 들은 한 사람도 출연하지 않은 반면에 일반 서민들이 다수 참가했다고 언급하고 있다. 그리고 국채보상운동이 결국 별 성과 없이 끝났다고 지적했는데, 그것은 무엇보다 국채보상운동의 주도층이 운동을 제대로 매듭짓지 못했기 때문이다. 아울러 황현은 서상돈을 미국의 지원을 받는 개신교 신자로 오인하고 있다. "재산이 많은 미국인 여성과 동거하고 있다"고 서술하고 있는데, 이것은 서상돈을 모함하는 가짜 뉴스를 황현이 액면 그대로 믿은 듯하다. 사실 서상돈은 고조부 때부터 천주교에 입교한 천주교 집안의 독실한 신자였다.

정교 역시 《대한계년사》에서 국채보상운동의 등장과 전개 과정을 자세히 다루었는데, 주로 국채보상운동의 뜨거운 열기를 높이 평가했다. 서상돈의 주장에 서울과 지방의 벼슬아치와 백성이 호응했다면서, "머리장식과 은비녀, 가락지를 가지고 와서 기부하는 사람들이 많아 그 수를 헤아릴 수 없었다. 땔나무를 하는 아이들과 소나 말을 치는 늙은이들이 땔나무 판 값과 품삯으로 보내온 돈도 매우 많았다"고 생생하게 묘사했다.

당시 통감부도 국채보상운동을 예의 주시했다. 경무총장이 이토 통감에게 보고한 《일본공사관기록》〈출장중접수전신공(出張中接受電信控)〉(1907년 3월 2일)에 따르면 다음과 같다.

작금 경성에는 국채보상기성회라는 것을 발기하는 자가 있다. 그 뒤에는 청년회·자강회 등의 단체가 있고, 궁중에서도 암암리에 동정을 보내는 것 같다. 《대한매일신보》도 크게 고취하고 있어 일반의 인심은 이를 크게 환영하여 의연금을 내는 자가 많다. 그 목적은 현 한국 정부가 부담하고 있는 일본의 국채 1,300만 원을 보상하는 데 있다고 표방하나, 내용은 국권 회복을 의미하는 일종의 배일운동(排日運動)임은 말할 나위도 없다.

통감부는 국채보상운동을 이러한 이유로 탄압하고자 했다. 그러나 친일파 대신 이지용마저 통감부의 금연 금지 협박을 거부할 정도였다. 황현은 이지용의 사례를 들어 당시 국채보상운동의 분위기를 다음과 같이 전하고 있다.

이때 금연을 하여 국채를 보상한다는 말을 듣고 왜인들이 이지용을 위협하여 금연을 못하게 하자, 이지용은 "우리 국민들이 나를 5적의 괴수로 지목하고 있어 내 몸도 어떻게 처신할 줄 모르고 있으니 다른 일은 금할 수 있어도 이 일은 금할 수 없습니다"라고 하므로 [임시 통감] 하세가와 등도 탄식하기를, "이것은 의로운 일이니 어찌 막을 수 있겠는가?"라고 했다. 그리고 이때 출연하는 사람이 있으면 각국 영사들은 모두 자국에 전신으로 보고했다.

한편, 4월 4일 일진회의 송병준·이용구 등도 "한국에 무슨 재정이 있어 거액 차관의 금액을 모을 수 있느냐, 일찌감치 자진 해산해야 할 것"이라고 국채보상운동을 극력 반대하는 언동을 서슴지 않았다. 심지어 일진회는 5월 7일 9개 조목을 담은 장문의 편지를 정부에 발송하고 "인민이 국채를 보상한다 하여 각 의연금을 모집함은, 실로 애국사상은 가상하되 힘을 헤아리지 못함을 깨우치지 아니하고 수수방관"한다고 하여 당시 박제순 친일내각을 탄핵할 정도였다. 그러나 《대한매일신보》는 이와 같은 일진회의 언동에 대해 도둑 무리의 행위보다 더한 짓이라고 지적했다.

정교도 황현과 마찬가지로 이후의 전개 과정을 살피면서 상류층의 소극적인 참여에 대해 비판적인 견해를 피력했다.

부가 황실을 능가할 만큼의 재산가 민영휘와 그 밖의 고위 관리들은 단지 약간의 돈만을 보냈으며, 일진회원 송병준 등은 있는 힘껏 그 일을 배제했다. 해를 넘겨 그 일은 결국 뜻대로 이루어지지 않았으며, 국채보상금으로 모은 돈 10만여 원은 모조리 세 회사[황성신문사·대한매일신보사·보성사] 사람들이 꿀꺽 삼켜버렸다.

상류층의 소극적인 자세와 지도부의 탐욕으로 국채보상운동은 용두사미로 끝나고 말았다. 황현에 따르면, 당시 김종한이 비리를 저지르는 가운데 국채보상기성회 총무 오영근의 보상금 횡령혐의 사건이 일어나고 도처에서 의연금 보관에 불미스러운 일이 발생하는 등 의연금 관리가 투명하지 않아 일반 국민의 불신을 사면서 국채보상운동은 그 추진력을 잃었다. 그리하여 윤치호의 아버지 윤웅렬은 그 돈을 국채 보상에 쓰지 않고 연이율 4퍼센트로 은행에 저금하고 말았다. 국채보상운동에서도 알 수 있듯이, 대한제국의 지도층 인사들은 일제 통감부의 탄압 책동에 소극적인 태도로 일관했다.

그러면 윤치호는 이 운동을 어떻게 바라보았을까? 한참 시간이 흐른 1921년 2월 4일의 기록을 통해 짐작할 수 있다.

15년 전쯤 대구의 부자 서상돈이 국채보상운동을 시작했다. 그는 우리 한국인이 담배를 끊고 그 돈으로 1,300만 원가량의 나랏빚을 갚는 데 기부하자고 제안했다. 이 운동은 들불처럼 번져 우리가 이성보다 감성이 더 많다는 것을 다시 한번 증명했다. 당시 존재했던《제국신문》,《황성신문》,《대한매일신보》등 여러 신문사에 여기저기에서 성금이 쇄도했다. 특히 베델이라는 영국인이자 유대인[윤치호의 오인]이 사장으로 있는《대한매일신보》는 반일로 유명해서, 한국인 대중으로부터 가장 많은 신뢰와 성원을 받았다. 사람들은《대한매일신보》에 다양한 액수의 돈을 보냈다. 아녀자들은 패물을 보내기도 했다.

… 이에 국채보상금총합회가 구성되었고, 우리 선친께서 위원장에 선출되었다. 대한매일신보사가 모금한 8만여 원의 성금 가운데 4만 원이 안전한 보관을 위해 국채보상금총합회에 인계되었다. 우리 선친께서 당신 명의로 영수증을 써주었다. 얼마 못 가 모금된 돈이 목표치에 턱없이 모자랄 뿐 아니라, 설령 부채를 다 갚는다 하더라도 정부가 또다시 빚지는 것을 막을 힘이 없다는 사실이 분명해졌다. 이제 남은 2만 원을 가지고 무엇을 할 것인가가 문제였다.

그러는 동안 베델은 높은 이자를 받고 투자해 주겠다는 구실로 선친을 설득해 2만 원을 받아냈다. 베델은 1만 6,000원으로 수안금광회사의 주식을 사들였고, 4,000원은 마르탱이라는 프랑스인에게 빌려주었다. 1909년 여름 일진회가 저당권을 행사하거나 일본인들이 선친께 이 돈을 요구했다.

윤치호는 국채보상운동이 한국 국민의 감성에 의해 촉발되었지만 중도에 흐지부지되었다고 지적하고 있다. 특히《대한매일신보》 사장 베델이 보관금을 빌려 주식에 투자하고 대부 사업을 벌였다고 언급하고 있다.《통감부문서》에 따르면, 윤치호는 당시 아버지 윤웅렬의 부탁으로 베델과 접촉하여 3만 원의 소재를 알아본 결과 베델은 이미 인천 회풍은행(滙豊銀行, 중국계 은행)에서 이 돈을 인출하여 2만 5,000원은 다시 전기회사 내 은행에 예입하고, 5,000원은 자신이 보관하고 있다고 답했다고 한다. 윤치호는 오랜 세월이 흐른 1921년에 국채보상운동을 회고하다 보니 3만 원을 2만 원으로 잘못 기억한 듯하다. 또한 베델과 마르텔에게 빌려주었다는 금액 역시 부정확한 것으로 보인다.

그러나 무엇보다 통감부의 탄압이 극심했다. 통감부는 《대한매일신보》가 보관하고 있던 보상금 중 베델과 양기탁 두 사람이 윤웅렬에게서 받은 3만 원을 횡령했다는 구실을 내세워 양기탁을 구속했다. 또한 통감부는 대한매일신문사 사주 베델을 국외로 추방하기 위한 공작을 끈질기게 펼쳤다. 네 차례 공판 결과 양기탁은 증거 불충분으로 석방되었으나 통감부의 집요한 방해로 국채보상운동은 더 이상 진전되지 못했다. 이러한 일제 통감부의 탄압 책동으로 이 운동은 큰 타격을 받아 좌절되었고, 그 후에도 부채는 계속 늘어만 가서 1910년 8월 일제에게 강제 병탄 될 당시 한국의 국채는 4,500만 원에 달했다.

일제의 방해로 운동이 중단된 뒤 모금된 의연금을 처리하기 위해 1909년 국채보상금처리회가 조직되었다(회장 유길준). 이 과정에서 의연금을 노린 일진회의 저당권 행사라든가 일본인들의 압박이 일어난 것으로 보인다. 국채보상금처리회는 모금된 돈으로 토지재단을 세워 그 수익으로 교육사업을 벌이기로 방침을 정했다. 이에 따라 1910년부터 토지 매수가 시작되었지만 국권 피탈로 계획이 무산되어 버렸다. 국채보상금처리회는 교육기본금관리회로 개칭되면서 조선총독부의 통제하에 들어가 버렸으며 이후 모금된 돈마저 행방이 묘연해졌다.

2. 국권 수호 운동이 좌절되다

헤이그 담판에 갔던 이준은 대한의 형편이 억울하고 원통한 사정을 자세히 이야기했다. 그러나 각국 총대(總代)들은 초월(楚越) 사이처럼 보았다. 이준은 몹시 원통한 마음을 이기지 못하여 각국 대관들을 향해 한바탕 몹시 꾸짖고 자신의 손으로 할복하여 좌석에 앉아 있는 각국 대표들에게 피를 뿌리고 죽었다고 한다. _ 지규식

일본 황제가 전보로 새 황제의 즉위를 축하했다. … 박영효는 한바탕 다투며 따져 묻고는 분노를 참을 수 없어 궁궐에서 물러나 집으로 돌아갔다. 조금 있다가 일본 순사가 와서 박영효를 잡아다 경무청에 가두었다. _ 정교

의병을 일으키고 친일파를 응징하다

일본은 을사늑약으로 대한제국의 외교권을 빼앗은 뒤 1906년 2월 1일 통감부를 설치했다.

그러나 한국인들은 이에 굴하지 않고 을사 5적 응징을 본격화했다. 2월 17일 오후 7시 자객 3명이 이근택을 습격했다. 하지만 경비원들이 즉시 달려와 보호한 덕분에 그는 죽지 않고 한 달 만에 회복했다. 주모자는 기산도(奇山度)였는데, 황현은 그의 행위에 대해 다음과 같이 적었다.

기산도는 약관 때 머리를 깎고 사관학도가 되어 이근택의 문하에 출입했다. 이때 이근택의 소행에 분개하여 칼을 품고 다니며 그를 자살(刺殺)하려고 했다. 그러나 그의 거동이 수상하므로 이근택은 그를 체포하여 심문했다. 이때 그는 "너희 5적을 살해하려고 한 것이 어찌 나 혼자뿐이겠는가? 다만 내가 너를 모해하는 일이 은밀하지 못하여, 탄로가 났으니 한스러울 뿐이다. 오직 5적을 다 죽이려고 했기 때문에 오늘까지 시일을 지연하고 있었다. 그리고 우리의 일이 성사되고 안 되는 것은 천명에 달려 있으니 어찌 물어볼 필요가 있겠느냐? 너희 역적들은 오늘 나를 흔쾌히 죽여라" 하고 말했다. 이 사건에 남원의 노영현도 연루되어 그들은 모두 왜 사령부에 구금되었다.

기산도는 집안 친척 기우만이 1896년 장성에서 의병을 일으켰을 때 참모로 참전하기도 했다. 5적 암살 모의로 기산도 등 11명이 붙잡혀 경무청에 갇혔는데, 주도자 기산도는 1906년 5월 13일에 징역

통감으로 부임해 서울에 온 이토 히로부미

2년 6개월 형을 선고받았다. 황현은 기산도의 의열 활동을 높이 평가한 반면, 정작 기우만의 행적에 대해서는 의문을 제기하고 있다. 기우만이 5적 성토를 외쳤지만 기산도와 달리 끝내 행동으로 옮기지 않고 은둔했기 때문이다.

한편, 일본은 이토 히로부미를 초대 통감으로 한반도에 파견했다. 정교는 다음과 같이 기술하고 있다.

2월 22일 이토 히로부미가 왔다. 이달 28일 통감부 개청식을 거행했다. 서울의 크고 작은 관리 및 13도 관찰사·군수를 초청하여 큰 연회를 베풀었는데, 연회에 온 사람이 매우 많았다. 이로부터 크고 작은 정치상 명령이 모두 이토 히로부미에게 물어본 뒤에 실행되었다.

이토가 한국의 내정을 실질적으로 장악했음을 보여주고 있다. 크고 작은 정치상 명령이 이토를 거치지 않으면 시행될 수 없었던 것이다.

이때 황현은 이토의 모습을 다음과 같이 소년, 즉 젊은이의 모습에 견주었다. 두려움이었을까 부러움이었을까?

왜 통감 이토 히로부미가 내한하자 일진회는 '환영'이라고 크게 쓴 두 글자를 남대문에 게양했다. 이토 히로부미는 이때 나이가 66세였는데 그의 용감함과 건장함이 젊은이와 같았다.

그럼에도 황현은 당시 이토 통감의 지배에 맞서 전국에서 의병이 봉기했다고 언급했다.

경기, 강원, 충청, 경상 등 여러 도에서 의병이 크게 일어났다. 을사늑약이 체결된 이후 온 나라가 들끓어 곧은 대나무로 베어 깃발을 세우고 모두 일본인을 죽이자고 말했다. 이 성명을 먼저 주창한 곳은 관동이었다. 곳곳에서는 모두 향응하여 인심이 잠깐 저절로 분발했으나 병기도 없고 기율도 없었다. 비록 100명 내지 1,000명이 무리를 이루어 왜병 십수 명만 만나더라도 번번이 패배하여 모두 뿔뿔이 흩어졌다. 간혹 한두 곳의 요새를 점거하고 허를 찔러 참획하는 성과를 거두더라도 왜병들이 그 패배를 깊이 숨겼으므로 의병의 명성이 멀리 미칠 수 없었다.

황현의 의병 비판은 가혹했다. 당시 의병장들의 활동이 시위 수준에 머물렀기 때문이다. 조직력과 기율이 떨어져 제대로 된 의병이라 할 수 없었다. 을사 의병의 한계를 잘 보여주고 있다. 학계의 연구에 따르면, 다수의 의병장들이 경전만 읽은 유생 출신이어서 전술과 지휘 능력이 매우 떨어졌다.

그러나 한편으로는 고종의 비밀 지시를 받고 일어난 의병들도 있었다고 기록하기도 했다. 정교가 언급한 의병은 민종식 의병이다.

전 판서 민종식이 의병을 일으켜 충청남도 홍주에 주둔했다. 민종식은 이때 호서 지방에 있었는데, 황제의 비밀 지시를 받았고 3월 21일 의병을 일으켜 충남 홍주를 차지했다. 그리고 홍주에 주둔한 의병들이 각 군(郡)에 격문을 전하고 무기와 군량을 모으고 종이 탄환을 만들었다.

고종의 밀지를 받은 홍주 의병이 봉기하여 일본에 대항하고자 했음을 보여준다. 그러나 이에 대한 비판도 적지 않았다. 황현은 홍주 의병의 문제점을 다음과 같이 지적하고 있다.

홍주 의병이 대패하여 민종식이 도주했다. 이때 일본인들이 민종식의 병사가 많다는 말을 듣고 2개 중대를 파견하자, 우리 병력 150명도 남쪽 지방으로 내려가 그 처음으로 도착한 날랜 의병으로 홍주를 느닷없이 포위했다. 왜병들도 그들 앞에 포진하고 있었다. 민종식이 대포를 쏘아 왜병 50여 명을 사살하자 일병들은 병사를 수습하여 후퇴했다. 이에 민종식이 병대를 나누어 성을 지키고 있었다.

이때 한 향리가 자청하여 남문을 지키겠다고 하자 무리들이 "먼저 입성한 사람은 사대부입니다. 향리를 그 가운데 참여시킨다면, 사람마다 부끄럽게 여기는 일이 없지 않겠습니까?"라고 하면서 허락하지 않으므로, 그 향리는 의병들이 반드시 패할 것이라고 하며 9일 밤 남모르게 동문을 열어 왜병을 들어오게 했다.

이때 밤이 매우 어두워지자 의병들의 대열은 큰 혼란에 빠져, 왜병들에 맞서 싸우지 못하고 사방으로 흩어져 도주했다. 60여 명이 사망하고 100여 명이 체포되었다. 이때 민종식은 정예병을 선발하여 포위망을 뚫고 도주하여 홍주 10리 안에는 밀과 보리가 모두 뭉개졌다. 그 병사들과 말에 짓밟혔기 때문이다.

당시 유생들이 향리를 깔보고 배척하다가 패배를 초래했다고 지적하고 있다.

최익현도 의병 투쟁에 가담했다. 그는 1906년 6월 봉기하면서 이전 상소문에 근거하여 일본 침략의 불법성과 신의의 배신 그리고 경제적 침탈 등 16가지 죄목을 하나하나 지적하는 편지를 일본 정부에 보냈다. 정교는 이 내용을 자세하게 수록했다. 여기에는 갑신정변, 경복궁 점령, 명성왕후 시해, 이권 침탈, 친일파 양성, 철도 침탈과 토지 약탈, 한일의정서 체결, 을사늑약 반대 운동에 대한 탄압, 일진회 육성, 역부 강제 모집과 해외 이주 알선, 통신 기관 장악, 고문관 임명, 화폐정리사업, 을사늑약, 척식정책 등이 포함되었다,

황현은 최익현의 의병 봉기 상황과 함께 그의 유배 생활과 죽음에 이르는 과정을 자세히 기록했다.

최익현은 평소 두터운 명망이 있어 그의 충성심과 의리가 당대를 호위할 만하지만, 군대에 익숙하지 않은 데다가 나이도 노쇠하여 기발한 책략과 일정한 계산이 없었다. 또 수백 명의 오합지중(烏合之衆)이 제멋대로 기율도 없었으니 유생으로 종군한 사람들은 큰 관과 소매가 넓은 옷을 입고 다녀 마치 과거 시험장에 가는 것 같았으며 총과 탄환이 무엇인 줄도 모르고 있다. 심지어 시정의 한량배들을 돈으로 모집하여 겨우 대오를 채웠으므로 그 광경을 보는 사람들은 이미 그가 반드시 패할 줄 알고 있었다. …

전 판서 최익현이 쓰시마에서 사망했다. 처음에 최익현이 그곳에 도착했을 때 그에게 일본의 곡식으로 만든 죽을 내놓았으므로 그는 그 죽을 물리치고 먹지 않았다. 일본인들이 매우 놀라 우리 정부로 통고하기를, 그에게 제공할 음식물을 주라고 했다.

그러나 그는 나이도 많고 위에서 음식물을 잘 받아들이지 않아 식사량이 점차 줄었고 노환이 점점 심해졌다. 10월 16일부터 자리에 누워 다시 일어나지 못하고 있다가, 이때 서쪽을 향해 머리를 조아리는 모습을 짓고는 임병찬[최익현의 제자]에게 구두로 유소를 일러준 후 살아서 귀국하여 임금에게 알리라는 말을 하고 운명했다. 이때 그의 나이 74세였다.

황현은 최익현의 충절을 칭송한 반면, 이토에 의해 봉쇄된 고종의 외로운 처지를 동정하기는커녕 황실을 조롱했다. 양자의 간극이 너무 컸다.

이토 히로부미가 궁궐문[경운궁의 모든 문]으로 병사를 파견하여 무당들이나 점쟁이들이 들락거리는 길을 차단하고 대소 관원들의 출입을 금했다. 통감부의 증빙하는 표가 없으면 들어갈 수 없게 했다. 이로부터 궁금(宮禁)이 비로소 바로잡혔다.

임금은 우두커니 홀로 앉아 사람을 만나지 못하니 두려운 나머지 울어 눈이 온통 짓물러졌다. 하루는 태자에게 말하기를, "아이야, 들은 말에 의하면 지금 세계의 열강이 비록 남의 나라를 빼앗을지라도 그 나라 임금은 죽이지 않는다고 하니, 우리 부자가 혹 죽음을 면할 수 있겠느냐?"라고 했으며, 도민들은 궁궐을 가리키며 비웃기를 "지금 같은 때, 어찌 별입시(別入侍)를 부르지 않고 있을까?"라고 했다.

황현은 이토의 궁금령에 대해 "궁금이 비로소 바로잡혔다"면서 긍정적으로 평가하고 있다. 그러나 그는 이토의 궁금령이 궁내부 관리들을 비롯한 고종 측근들의 밀지 전달을 효과적으로 엄금함으로써 국권 수호 운동과 고종의 연계 고리를 끊어 고종의 반일 운동을 원천 봉쇄했다는 사실까지는 미처 파악하지 못했다. 일본인들이 고종의 측근이라 할 내시 강석호의 체포에 혈안이 되어 있었다는 점도 이런 사실을 방증한다. 《통감부문서》에 따르면, 강석호는 일찍이 아관파천 시기에 공을 세웠으며 을사늑약 이후에도 고종의 밀명을 받아 의병을 비롯하여 다양한 반일 세력과 연결하는 일을 담당했다.

한편, 황현의 의병 봉기에 대한 기술이 많아졌다. 봉기 횟수가 증가하기도 했거니와 을사늑약으로 국권이 상실될 위기를 맞자 이전의 의병에 대한 반감이 기대로 돌아섰기 때문이다. 1906년이 저물어 가는 11월 양한규가 의병을 일으켰다.

양한규는 대대로 아전을 지낸 집안 사람으로 … 이때 그의 나이 61세였다. 그는 을사늑약이 체결된 이후 은밀히 거의를 꾀하여 가산을 이리저리 써서 동지를 규합하고 예봉을 감추고 때를 기다리고 있었다. 이때 지방대가 설날 차례를 치르기 위해 모두 집으로 돌아갔고 왜병의 방위도 허술한 것을 보고, 드디어 그믐날 밤 이경 [오후 9시에서 11시 사이]에 읍내에서 힘꼴이나 쓰는 100여 명을 거느리고 습격하니 왜병들이 사방으로 달아났다. 이에 무기를 거두어 들이고 사방의 문을 지켰다.

그는 이때 칼에 피를 묻히지 않고도 일이 잘 수습될 것 같아 매우 기뻐하며, 손을 뒤로 두르고 순대청(巡隊廳) 위아래를 여러 차례 돌다가 갑자기 탄환을 맞고 쓰러졌다. 그것은 날이 저물어 정신을 제대로 차리지 못하고 있는 데다가 그 오합지중은 아무 기강이 없어 휘하에서 양총을 난사해도 미처 저지하지 못하여, 결국 어디서 날아든 탄환에 맞은지도 모르고 있었다. 이때 많은 의병은 양한규가 사망하자 일이 잘 풀리지 않을 줄 알고 모두 뿔뿔이 흩어졌다. 그러나 날이 밝자 일병들이 점차 모여 의병을 체포하기 위해 사방으로 수색에 나섰고, 횡재를 당한 사람들이 감옥에 가득했다.

한편, 식자층은 사회단체를 조직하여 국권 수호 운동을 벌였다. 그 가운데 가장 큰 단체는 대한자강회였다. 황현의 기록에 따르면, 대한자강회는 1906년 5월 헌정연구회를 확대 개편한 사회단체로 국민 교육을 고양하고 식산을 증진해 부국강병을 이루어 장차 독립의 기초를 마련하기 위해 조직되었다. 주로 강연회를 개최하고 기관지를 발행하면서 계몽 활동에 앞장섰다. 그러나 황현은 이 단체가 군중을 선동한다는 이유로 1907년 8월 이완용 내각에 의해 해체되었다고 덧붙였다.

윤치호는 자신이 대한자강회에 관여하고 있었기 때문에, 그 활동을 일기에 적극적으로 기술하고 있다. 대한자강회가 창립된 지 얼마 안 되는 1906년 5월 6일의 일기다.

지난달 14일 자강회가 조직되었다. 나는 회장으로 선출되었다. … 자강회의 목적은 다음과 같다. (1) 교육을 확산하고 한국인의 경제적 상황을 개선할 최선의 수단에 대해 숙고하고 논의하는 것, (2) 자립에 대한 감정과 열망을 지도하고 개발하는 것, (3) 현 내각의 쓸모없는 자들을 점차 대체할 수 있는 제대로 된 인물을 양성하는 것. 내 견해는 무엇인가? … 그 신생 조직은 일진회의 지나친 횡포를 견제하거나 저지할 무언가를 간절히 바라는 대중의 열망에 대한 무의식적 반응이다. 그리고 한국인들 사이에서 다소 애국적인, 그래서 반일 성향의 절망적인 영혼들이 상호 공감과 연합을 위한 공통의 중심을 가지려고 노력하고 있다. 그러나 이 단체가 한국인에게 유용하게 되는 순간 일본인들이 당장 달려들어 해체시킬 것이라는 단순한 사실 때문에, 이 단체가 앞으로 별로 쓸모가 없을 것이라고는 생각하지 않는다.

윤치호는 이 단체의 설립에 의미를 부여하면서 언제든지 일본인의 탄압 대상이 되리라 예상하고 있다. 그럼에도 대한자강회가 계몽운동의 중추가 될 것이라고 판단했고 본인 자신이 계몽운동에 역점을 두었기 때문에 회장직을 맡은 것으로 보인다. 그러나 그의 불길한 예감은 적중했다. 1907년 7월 헤이그 특사 사건이 터진 지 한 달도 안 되어 이완용 내각에 의해 해체되었다.

을사 5적 처단 운동

1907년 새해가 밝자 을사 5적을 처단하고자 하는 운동이 절정에 달했다. 산발적이고 개인적인 암살 시도에서 벗어나 나인영이 중심이 되어 조직적이고 계획적인 활동을 펼쳤다. 그 시작점은 상동교회였다. 상동교회 인물들과도 연고가 있는 정교는《대한계년사》에 다음과 같이 적었다.

> 우리나라 예수교 신자인 전덕기(全德基)와 정순만[鄭淳萬, 이승만, 박용만과 함께 3만이라 불림] 등이 신조약이 조인된 이후부터 상정승동(尙政丞洞, 숭례문 안에 있다)에 있는 교회당 안에 매일 모여, 오후 7시부터 9시까지 하느님께 나라를 위하는 기도를 드렸는데 남녀 교인이 수천 명에 이르렀다.
>
> 그 후 전덕기와 정순만은 교우인 평안도 출신 장사(壯士) 수십 명을 모집하여, 박제순 등 여러 사람을 죽이려고 여러 차례 시도했는데, 일본병들의 방호가 엄하고 촘촘하여 성공하지 못했다.

이들의 을사 5적 처단 모의는 실행되지 못했기 때문에 세상에 드러나지 않았지만, 정교는 상동교회 청년회와 평소에 알고 지내던 터라 이와 같은 기록을 남긴 것이다. 상정승동은 조선 명종 대 청백리로 유명한 상진(尙震)이 살았던 마을이라서 붙은 이름으로, 훗날 상동으로 바뀌었다. 한편, 백범 김구도《백범일지》에서 상동교회 청

을사 5적
위 왼쪽부터 권중현, 박제순,
이근택, 아래 왼쪽부터 이완용,
이지용.

년회의 활동을 서술하면서 회원들을 상세하게 소개했다. 예컨대 전덕기, 정순만, 이준, 이석(이동녕), 최재학, 계명륙, 김인집, 옥관빈, 이승길, 차병수, 신상민, 김태연(김홍작), 표영각, 조성환, 서상팔, 이항직, 이희간, 기산도, 전병헌, 유두환, 김기홍, 김구 등이 이 모임의 주요 회원이었다. 나아가 이 단체가 애국 운동의 구심점으로 성장하리라 전망하면서 구성원들이 상소운동을 비롯한 다양한 운동을 전개할 것이라고 강조하고 있다. 위 회원 명단에는 없지만, 이회영 형제들도 상동교회 청년회에서 활동하고 있었다. 상동교회 청년회는 이처럼 이회영, 김구 등 중요 인물을 성장시킨 대표적인 청년 단체였다. 이 모임의 지도자라 할 전덕기는 1905년 을사늑약이 체결되자 엡웰 청년회(이후의 전국감리교청년회연합회)를 소집하여 이들을 중심으로 을사늑약 무효 투쟁을 전개했다. 그러나 상동교회 인물들이 상소 투쟁과 시위 투쟁을 벌였지만 여의치 않자 을사 5적 처단을 기도했던 것으로 보인다. 이러한 조짐은 미국 북감리교 한국 선교연합회의 스크랜턴(William Benton Scranton)에게도 감지되었다. 이근택을 공격하여 부상을 입힌 기산도도 상동교회 청년회 회원이었다.

이러한 움직임은 일본에 가서 을사늑약을 저지하기 위해 힘썼던 나인영, 오기호, 김인식(金寅植) 등에게 영향을 미쳤다. 이들의 을사 5적 처단 운동에 관해서는 황현이 짧지 않은 분량으로 적고 있다.

전 주서 나인영[훗날 '나철'로 개명], 전 주사 오기호와 김인식 등이 5적을 죽이려고 모의했으나 미수에 그쳐 평리원에 자수했다. 이때 나인영 등은 폭발약 궤짝 2개를 몰래 가지고 있었는데 자물쇠에 장치를 설치하여 맞부딪치면 불이 나도록 했다. 그들은 그 폭발약을 이지용과 박제순 등에게 보내며 "이것은 미국인 아무개 씨가 증정한 것이다"라고 했다. 그 집에서 받아놓고 열어보려 했으나 박제순이 안 된다고 했다. 누군가가 뾰족한 칼로 그 틈 사이를 후비니 그 폭발약 궤짝이 열렸고 가족들은 모두 놀랐다. 그리고 이지용도 우연히 열지 않고 있다가 박제순의 소식을 듣고 서로 허둥대며 놀라서 이 사실을 발설하지 말자고 했다. 나인영 등은 일이 뜻대로 되지 않자 장사 강원상, 황화서 등 18명을 모집하여 매양 세 사람으로 조를 짜서 한 사람씩 대적하도록 했으니 박용화(朴鏞和)를 포함하면 6적(敵)이 되기 때문이다.

나철(1863~1916)
대종교의 창시자로 을사 5적 처단 운동을 주
도했다.

    이때 강원상은 권중현을 맡아 사동(寺洞)까지 그의 뒤를 밟다가
세 번이나 육혈포를 쏘았으나 명중하지 못하고 결국 체포되었다.
얼마 지나지 않아 박용화는 자객을 만나 사망했다. 이지용 등은 크
게 놀라 그들의 소굴을 끝까지 찾으려고 여러 날 동안 경찰들을 들
들 볶았다. 그리고 이때 나인영 등이 다시 거사하려고 했으나 이용
할 기회를 얻지 못했다. 드디어 그들은 5적의 참간장[斬奸狀, 역적을
죽인 경위서] 및 통감부와 각국 영사관에 보내는 통첩, 방방곡곡에
보내는 광고문, 자신회(自新會)의 취지서, 애국동맹가, 그 간적을
살해한 후의 자수문 등 증거가 될 만한 문서를 가지고 연명하여 자
수했다.

정교도 나인호 등의 5적 암살 활동에 대해 《대한계년사》에 장황하게 기술했다. 황현처럼 매우 의미 있는 사건이라 여겼기 때문이다. 참가 인물들의 행위와 발언 등을 꼼꼼하게 기술하고 있는데, 입수한 판결문 내용을 대화체 형식으로 재구성한 것으로 보인다.

정교의 《대한계년사》에 따르면, 을사 5적 처단 모의는 나인영 등이 을사늑약 이전 일본 조야를 설득하려다가 세계의 공론에 대한 배신감을 느끼고 1905년 12월 귀국하면서 본격화되었다.

광무 10년(1906) 12월 25일(음력 11월 10일이다) 나인영 등이 장차 귀국하려고 도쿄를 출발하여 시모노세키에 이르러 4일 동안 오래 머물렀다. … [나인영과 오기호는] 드디어 보검 두 자루를 구입하여 각기 상자에 감추었다. 12월 29일 배를 타고 출발하여 12월 30일(음력 11월 15일이다) 아침 부산항에 도착했다가, 그날 저녁에 서울로 들어왔다.

당시 참정 대신 박제순과 내부 대신 이지용은 권력을 다투며 서로 충돌하고 있었다. 나인영이 오기호와 다시 의논했다.

"나라 안의 화근을 제거하려면 다섯 역적(박제순·이지용·이근택·이완용·권중현을 가리킨다)을 한꺼번에 모두 제거해야 합니다. 그러려면 그 형세상 반드시 다섯 사람이 필요합니다. 세 사람을 모집한 다음 우리 두 사람과 함께 각기 한 역적씩 동시에 손을 대서 죽여버린다면 어찌 통쾌한 일이 아니겠습니까?"

때마침 전 진사 김동필(金東弼)이 박대하(朴大夏)·이홍래(李鴻來)(전 총순이다) 두 사람을 추천했다. …

나인영과 오기호가 묻기를, "그대들 가운데 지혜와 용기를 겸비하여 일을 함께할 수 있는 사람이 있습니까?" 하니, 박대하가 말하기를, "의병의 남은 일당으로 끓는 물이나 뜨거운 불도 가리지 않고 밟고 갈 만한 자들의 수가 아직은 많이 있습니다" 했다. 나인영과 오기호가 말하기를, "그렇다면 장사 100명을 모집해 오십시오" 하니, 박대하가 말하기를, "무릇 사람을 모집하는 데 비용이 들지 않을 수 없습니다" 했다. 나인영과 오기호가 말했다. "좋습니다."

나인영 등은 본래 집안이 가난했다. 따라서 오기호가 이 비용 문제를 정인국에게 의논하자 정인국은 기쁘게 허락했으나, 때마침 정인국이 병이 들어 돈을 마련하지 못했다. 나인영과 오기호는 이에 솥과 다리미 및 자기 집안 부녀자들의 비녀까지 내다 팔아 겨우 1,000원을 얻어서 박대하에게 주며, 전라도와 경상도에 가서 장사를 모집하도록 했다.

광무 11년(1907) 1월 박대하가 돌아와서 말했다.

"모집에 응한 사람이 150명이며, 기일을 정해 일제히 모이기로 했습니다. 그런데 모름지기 수만 원에 달하는 비용이 들어갈 것입니다." …

광무 11년 2월 3일 이용태가 비로소 돈을 건네주자 김인식은 그 돈을 가지고 나인영의 집으로 갔다. 나인영은 오기호와 한자리에 있다가 그를 보고 크게 기뻐하며 즉시 1만 냥을 박대하에게 주고, 5,000냥은 김동필에게 넘겨주며 인천항으로 가서 서양식 총 8자루를 구입해 오도록 시켰다. 2,000냥은 그대로 김인식에게 맡겨서, 장사 무리들이 서울로 온 뒤에 지출할 비용으로 처리하도록 했다. 이날 밤 비밀리에 의논하여, 2월 13일 곧 음력 1월 1일 모든 관리들이 황제에게 축하를 드릴 때, 박제순 등 다섯 역적이 반드시 반열의 앞자리에 있을 것이므로 그때를 틈타 일제히 그 다섯 역적들의 목을 베어 죽이기로 했다.

을사 5적 처단 결행 일자는 동원 인력의 추가 확보와 자금 부족, 일본의 경계 강화로 늦추어지다가 드디어 3월 25일로 확정되었다. 오기호가 참정 대신 박제순, 김동필이 내부 대신 이지용, 이홍래가 군부 대신 권중현, 박대하가 학부 대신 이완용, 서태운이 법부 대신 이재극, 이용채가 전 군부 대신 이근택을 맡아 처단하기로 했다. 그러나 거사 당일 이홍래, 강원상 등의 결사대가 군부 대신 권중현을 공격하여 부상을 입히는 데 그치고 거사는 실패로 돌아갔다. 나인영과 오기호 등은 다시 거사를 도모했지만 사전에 발각되어 관련자들이 대거 검거되었다. 이 사건과 관련된 30여 명은 최고 10년에서 5년의 유배형을 받았다. 나인영과 오기호는 10년 유배형을 받았으나, 12월에 고종의 특별사면으로 풀려났다.

그리고 정교는 사건 직후 도성 안의 분위기를 전했다.

이날 온 도성 안의 인민들은 이 총소리[군부 대신 권중현을 암살하고자 발사한 총소리]를 듣고서 분하고 원통하게 여기고 큰 소리로 꾸짖었으며, 의기에 북받쳐 탄식하며 분개하지 않음이 없었다. 어떤 이는 가슴을 쓸어내리며 몸을 구부리며 웅크리거나 슬피 노래를 부르며 통곡했고, 더러는 긴 한숨과 짧은 탄식을 지었다. 박제순 등은 제집 대문의 경비와 도로 호위에 더욱 엄중하고 빈틈없는 태세를 갖추었다.

시중의 분위기를 전하면서 을사 5적 처단 실패에 대한 안타까운 심경을 표현하고 있다. 사건 직후 정교는 나인영과 오기호를 만났다고 적었다. 정교는 이 자리에서 이들의 을사 5적 처단 시도에 공감하면서도 이후 야기될 탄압의 악순환에서 벗어나지 못할 것을 우려하고 있다. 결국 나인영과 오기호, 김인식이 정교의 만류를 받아들여 평리원에 가서 자수했다.

한편, 1907년 6월 30일 오후 3시 정재홍이 박영효 환영회에서 이토를 죽이려다 여의치 않자 자살했다.《대한계년사》에서 다음과 같이 기술하고 있다.

이때 서울의 상류층 인사들이 박영효를 위해 … 환영회를 열었다. … 6월 30일 오전 12시, 표훈원 총재 민병석, 육군부장(陸軍副將) 윤웅열, 전 판서 김종한·김가진 등과 신사들이 부인들과 함께 참석했다. 박영효는 병을 핑계로 오지 않고, 종인(從人) 안영중을 대신 보내 사례했다. …

한창 연회가 베풀어지던 오후 3시, 정재홍이 권총으로 제 배를 쏘아 중상을 입었다. 여러 사람이 모두 크게 놀라, 곧바로 정재홍을 부축하고 적십자병원으로 가서 그를 치료했다. …

정재홍은 집이 남산 아래 남소동 장충단 앞에 있었다. 문장을 조금 했으며, 상업에 종사했다. 예수교 신교를 믿었다. 인명의숙(仁明義塾)을 설립하여 후학을 교육하는 데 힘썼다. 일찍이 말하기를, "박영효와 서재필이 귀국하여 중요한 당면 과제를 책임지고 맡은 연후에야 우리 한국에는 한 가닥 희망이 있을 것이다" 했다. … 이날 농상소에 간 것은, 이토 히로부미가 모임에 올 것으로 생각하여 반드시 총 한 발로 그를 죽이고 여러 사람 앞에서 공공연하게 자살함으로써 충의에서 일어나는 분한 마음을 풀려고 한 것인데, 이토 히로부미가 오지 않자 격앙된 마음을 이기지 못했다. 뜻을 이루지 못했으니 살아서 돌아갈 수는 없다고 생각하고는, 끝내 스스로 총을 쏘아 세상을 떠났다. 진실로 지사다. 이 소식을 듣고 슬퍼하지 않는 사람이 없다.

정재홍은 고아원을 운영하고 교육사업을 벌이는 한편 대한자강회 인천 지회장을 맡으며 일진회와 싸웠던 인물로 알려져 있다. 국망의 위기와 함께 친일 세력이 확산되자 이에 맞서 자결을 선택했는데, 이는 친일파에게 경고하고 '사이비 선각자'에게 경각심을 일깨워 항일정신을 북돋는 기폭제 역할을 했다. 이때 유서와 함께 남긴 〈사상팔변가(思想八變歌)〉는 정재홍이 나라와 상관된 미운 놈을 저격하기 위해 육혈포를 구하는 과정과 사후 자결을 통해 전국에 본보기가 되고자 결심하는 내용을 담고 있다. 특히 이토가 한국인 망명객을 주선하기 위해 마련한 자리에 참석하여 이토를 저격하려고 했다가 여의치 않자 자결했다는 점에서 안중근의 선구자라고 하겠다. 그의 자결 소식은 '지사 정재홍'이란 이름으로 《대한매일신보》와 《황성신문》을 통해서 널리 전파되었다. 그러나 준비 상황을 보았을 때 정재홍이 과연 이토를 저격하려고 했는지 의문이 남는다. 그럼에도 그가 국망의 위기 의식을 제고하고 친일파들에게 경고하고자 했다는 점에서 의미 있는 자결이었다.

또한 그의 장례식장에 많은 이들이 부의금을 보내왔다. 이들 대부분은 이동휘, 윤치호, 김도완, 석진형, 전덕기, 최병헌 등 당대를 대표하는 계몽자강론자였다. 잠시 소강상태에 빠졌던 민족운동이 그의 죽음으로 다시 불붙기 시작했다.

헤이그 특사 사건

을사늑약 체결 직후 고종은 조약이 무효임을 알리기 위해 다양한 채널로 미국과 접촉을 시도했을 뿐만 아니라 각종 여론 활동도 벌였다. 그러나 시어도어 루스벨트 대통령과 미국 정부는 대한제국에 전혀 호의적이지 않았고 오히려 일본을 적극 편들었다. 미국 공사관이 가장 먼저 서울에서 철수하자 그 파장이 적지 않았다. 이는 미국이 대한제국의 외교권 상실을 기정사실화하고 일본의 한국 지배를 인정하는 것으로 비쳤기 때문이다.

이에 고종은 헐버트에게 헤이그의 상설 중재재판소에 대한제국 문제를 제소하는 임무를 맡겼다. 대한제국의 운명을 국제사회의 외교 중재로 해결하고자 했던 고종의 마지막 노력이었다. 그러나 국제사회에 대해 무엇보다 크게 기대한 것은 헤이그 제2차 만국평화회의였다. 러일전쟁으로 촉발된 군사적 위험을 막기 위해 루스벨트 미국 대통령이 주관하기로 합의가 이루어졌다. 이를 알게 된 고종이 1905년 10월 법어학교 교사를 베이징 주재 러시아 공사에 파견했고, 러시아 외무성이 전문을 통해 '대한제국의 주권 불가침을 인정하며 국제회의에서 한국의 견해를 밝힐 수 있도록 헤이그 회의에 대한제국 대표를 초청한다'는 의사를 전달했다. 한국을 포함해서 세계 47개국이 모일 예정이었던 제2차 만국평화회의는 일본의 불법적인 국권 침탈을 국제사회에 직접 호소할 수 있는 절호의 기회였다.

1907년 4월, 고종은 상트페테르부르크에서 입은 중상으로 사망한 이용익 대신 법률에 밝은 이준을 헤이그 특사로 선발하여 이미 1906년부터 블라디보스토크에 체류하고 있던 이상설과 함께 러시아 수도 상트페테르부르크로 보냈다. 이들은 시베리아 횡단열차를 이용하여 6월 4일 상트페테르부르크에 도착했고 그곳에서 주러 대한제국 공사 이범진의 아들이자 세 번째 특사인 이위종과 만났다. 세 명의 특사 가운데 이준은 국내에서 직접 고종으로부터 명령을 받은 사람으로 상동교회 청년회와 연결되어 있었다. 고종의 누이의 남편 조정구의 두 아들 조남승·조남익 형제가 이 청년회에서 활동하고 있었다. 상동교회 청년회는 상소 투쟁을 벌이고 을사 5적 암살에 가담하는 한편, 최후의 수단으로 헤이그 특사 파견을 적극 떠맡았던 것이다. 조씨 형제는 고종의 밀명을 받아 한성전기회사의 주식을 콜브란에게 팔고 받은 20만 원을 헤이그 특사 파견 자금으로 활용했다. 훗날 이런 사실이 일본에 발각되어 데라우치가 본국에 보고했고 흑룡회가 《일한합방비사》에 이 사실을 기록했다.

이상설은 지난날 을사늑약 체결에 항의하는 상소를 올리면서 고종에게도 "차라리 사직을 위해 죽는 것이 낫지 않겠습니까"라는 극언까지 한 인물이었다. 그럼에도 국권의 위기는 황제 고종의 권력 수호를 넘어 민족의 생존과 직결되기 때문에, 고종의 밀명을 받들어 기꺼이 죽음의 길로 나아갔던 것이다.

당시의 특사 파견은 비밀리에 추진되었기 때문에 황현, 정교, 윤치호 등에게 전혀 알려지지 않았다. 훗날 이준이 만국평화회의 회의장에 입장하지 못해 분사(憤死)함으로써 이 사건이 국내에 알려졌다.

정교가 《대한계년사》에서 기술한 헤이그 특사 사건의 전말은 다음과 같다.

헤이그 특사
1907년 7월 5일자 《평화회의보(Courrier de la Conférence)》에 실린 기사로, 헤이그 특사를 다루고 있다. 왼쪽부터 이준, 이상설, 이위종.

이해는 제2차 회의를 여는 때였다. 황제는 5조약을 강제로 체결한 것을 분하게 여기고, 전 의정부 참찬 이상설, 전 평리원 검사 이준을 밀사로 특파했다. 이상설에게 별도로 비밀 지령을 주어 헤이그에 가서 일본인이 강제로 조약을 맺은 것과 일본에 달라붙은 박제순 등이 정부 대신이 되어 우리나라를 억누르고 인민에게 잔인하고 포악하게 군 사실에 대해 만국평화회의에 호소하도록 했다. 이상설 등이 몰래 움직였는데 4월 20일 시베리아에서부터 철도로 러시아 수도에 이르러, 전 러시아 주재 공사관의 서기관 이위종(이범진의 아들)과 함께 헤이그로 갔다. 러시아 수도에 있던 네덜란드 신문사 통신원이 그 사실을 알고는 6월 28일 이 내용을 본사에 전보로 알렸다. 그 신문사에서는 곧바로 '한국의 밀사가 헤이그에 온다'고 신문에 실었다.

7월 1일 헤이그에서 미국의 신문사에 전보를 보냈는데, 이르기를 "네덜란드 외부 대신이 말하기를, 공개적인 글을 가지고 각국의 위원들에게 운동하는 한국인 일행의 대표는 전 의정부 참찬 이상설과 전 평리원 검사 이준, 전 러시아 주재 한국 공사관 서기관 이위종이라고 했다"고 했다. 또 이르기를, "이상설은 출발하기 전에 한국 황제로부터 특사로 임명되었다. 이준이 말하기를, '우리들의 사명에 대해서 만약 일본이 우리 황제께 책임을 묻는다면, 반드시 모른다고 대답하실 것이다'라 했다. 이로 보건대, 저들은 실제로 한국 황제의 비밀 지령을 받았음을 알 수 있다. 이위종은 러시아어, 영어, 프랑스어에 능숙하여 러시아, 영국, 미국, 프랑스 각국의 위원을 방문했지만, 아무도 상대할 수 없었다고 한다"고 했다. 각국의 신문에서 널리 보도하지 않는 곳이 없었다. …

이때 이상설 일행이 헤이그에 도착했는데 회의 개최 3~4일 전이었다. 이준은 이위종에게 평화회의 간부를 방문하여 회의 참석에 대해 말하도록 했다. 간부는 그들의 회의 참석을 허락하지 않았다. 이위종이 항의하며 말하기를,

"그렇다면 무슨 이유로 만국평화회의라고 부릅니까?"하며 다투며 심하게 따지기를 그치지 않았다. 간부가 말했다.

"동등한 나라 이외에는 참가를 허락하지 않습니다. 그러나 이왕 오셨으니 그저 방청이나 하시지요. 발언권과 그밖에 의안의 제출권은 없습니다."

7월 8일 이상설 등 3인이 그 회의 장소로 갔다. 각국의 위원들이 모두 도착했다. 이준은 방청석에 앉아 있었는데, 좀처럼 만나기 어

려운 좋은 기회이므로 놓칠 수 없다고 생각하여, 힘차게 연단으로 뛰어올랐다. 이위종은 통역하려고 역시 함께 올랐다. 좌석에 앉은 모든 사람이 그들을 바라보았다. 러시아인 회장과 영국, 일본 두 나라의 위원은 발언권이 없다는 이유로 항의했다. 이준이 천천히 대답했다.

"나도 그 사실을 알고 연단에 올랐습니다. 비록 그렇다고는 해도 나는 당당한 대한 사람으로서 우리 대황제 폐하의 밀칙을 받고 온 것입니다. 이 평화회의도 그저 강자들의 모임에 지나지 않아 약자들이 평화를 보전하지 못하도록 한다면 실로 평소에 바라던 바는 아닙니다."

말을 마치고 품속에서 짧은 칼을 뽑아내어 제 배를 한 번 찌르고는 피를 뚝뚝 흘리며 연단 위에 엎어졌다. 모임에 있던 사람들이 깜짝 놀라 떨지 않는 사람이 없었다. 네덜란드 경찰서에서 순검이 곧바로 와서 이준의 시신을 거두고 이상설과 이위종 등을 붙잡아 묶어서 갔다. 각처의 신문기자들이 뒤섞여서 어지럽게 사진기를 들고 와서 이상설 일행과 시체의 참혹한 모습을 촬영했다. 네덜란드 경찰서에서는 이상설 일행의 사건을 자세히 조사하고, 촬영한 각 신문기자들을 불러서 각기 5,000환씩을 내게 해 6만 환을 거두어 이상설 일행에게 여행비로 주었다. 이준의 죽음은《대한매일신보》가, 7월 18일자 일본 도쿄의 전보에 근거해서 7월 19일에 베껴 실었다.

헤이그 특사 파견 과정과 이들의 분투, 이준 자결 소식이 잘 드러나고 있다. 그러나 오류도 발견된다. 실제로 이상설 일행은 만국평화회의장 안으로 들어가지 못한 채 회의장 밖 광장에서 기자회견을 통해 외국 기자들에게 호소한 뒤 신문기자단이 모인 국제협회에서 연설을 했다.

이준의 자결설 역시 논란거리였다. 《대한매일신보》 순한글판 1907년 7월 19일 기사는 이준이 "흥분한 마음을 이기지 못하여 이에 자결하여 만국 사신 앞에 피를 뿌려서 만국을 경동케 했다"고 보도하고 있다. 심지어 도쿄 전보에 근거한 한국 황제에 의한 독살설도 보도되었다.

황현은 이준의 사망을 어떻게 기술했을까?

네덜란드의 헤이그에서 회의를 개최하자 임금은 이 소식을 듣고 몰래 이준에게 어인(御印)이 찍힌 문서를 주어 그가 블라디보스토크로 가서 이상설과 함께 러시아를 경유하여 헤이그로 가게 했다. … 그들이 헤이그에 도착했을 때 이위종은 우리 한국과 일본 간의 변란에 관한 전말을 수만 마디의 말로 진술했으나 회원들은 한국인은 외교권이 없다고 하여 물리치고 귀담아듣지 않았다. 이준은 분노와 원통함을 참지 못하고 스스로 할복한 후 뜨거운 피를 한 줌 쥐어 좌중에 뿌리며 "이와 같은데도 믿지 못하겠습니까?"라고 말했다. 그 피는 뚝뚝 떨어지고 그는 벌써 고꾸라졌다. 이때 그 회원들은 크게 놀라 서로 돌아보며 말하길 "천하의 열장부(烈丈夫)다. 일본은 참으로 아무 형편이 없구나"라고 했다.

이때 일본이 우리 한국이 일본의 부속국이 되기를 진심으로 원한다고 여러 나라를 속인 까닭에, 구미인들이 반신반의하고 있었던 것이다. 그런데 일본인들이 저지른 간악한 행위의 내막이 전부

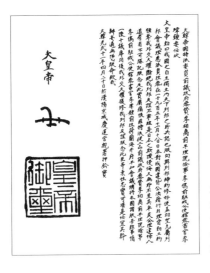

고종의 헤이그 특사 신임장
미국 《인디펜던트(The Independent)》
1907년 8월 22일자에 실린 헤이그 특사
신임장이다. 우당 이회영이 어새를 위조했
다는 주장이 있다.

드러나니 마침내 부끄럽고 화가 나서 이상설 등을 해하려고 하자
미국 공사가 그들을 붙들고 그곳을 떠났다.

황현은 주로 《대한매일신보》와 《황성신문》의 보도에 근거하여 이
준의 할복 장면을 생생하게 묘사하면서 이상설 일행 소식과 일본의
방침을 전하고 있다. 이 가운데 이준의 폭로에 일본인들이 변명하
지 못했다고 서술하고 있는데 이는 명백한 오류다. 당시 이상설 특
사 일행의 노력에도 불구하고 만국평화회의는 일본과 행보를 같이
하면서 열강의 이익을 대변하고 있었다. 박은식이 《몽배금태조》에
서 설파한 대로 만국평화회의는 "강권을 가진 자와 이긴 자의 이용
물에 지나지 않는 것"이었다. 특히 할복설은 논란거리였다. 박은식
은 이준 사후 8년이 지난 1915년에 출간된 《한국통사》에서 이준이
"울분을 참지 못하고 갑작스럽게 사망했다"고 기술하고 있다. 후일

여러 정보를 취합하여 내린 결론으로 보인다. 네덜란드 현지 신문들은 이준이 오랫동안 앓고 있던 볼 종기를 수술한 뒤 후유증으로 사망한 것으로 보도하고 있다. 이상설 역시 훗날 이준이 볼 종기로 사망했다고 회고했다.

이후에도 이준의 죽음을 둘러싸고 다양한 설이 맞섰다. 크게 할복설과 분사설이다. 1956년 문교부 장관의 요청에 따라 국사편찬위원회에서 현지 조사를 실시한 결과 그가 할복자살을 한 것은 아니라는 결론에 도달했다. 반면에 이준 열사를 추모하는 단체인 일성회(日醒會)에서는 1962년 이준 열사의 사인에 대한 자료를 발간했는데 여기서는 할복설과 분사설을 각각 주장하는 기록과 증언을 소개하는 가운데 할복설에 무게를 두었다. 심지어 네덜란드 현지 신문의 보도도 일본인의 날조로 번복된 것으로 추정하고 있다. 그러나 《한국민족문화대백과사전》 '이준' 항목에서는 여러 설과 그 근거들을 바탕으로 "이준은 통분을 누르지 못해 헤이그에서 순국했다"고 기술했다.

그러면 지규식은 언제 헤이그 특사 사건 소식을 접했을까. 그는 7월 20일 일기에 다음과 같이 썼다.

헤이그 담판에 갔던 이준은 대한의 형편이 억울하고 원통한 사정을 자세히 이야기했다. 그러나 각국 총대(總代)들은 초월(楚越) 사이처럼 보았다. 이준은 몹시 원통한 마음을 이기지 못하여 각국 대관들을 향해 한바탕 몹시 꾸짖고 자신의 손으로 할복하여 좌석에 앉아 있는 각국 대표들에게 피를 뿌리고 죽었다고 한다. 충의의 열렬함은 만고에 보기 드물다고 이를 만하다. 그 열렬함이 어찌 민충정(閔忠正, 민영환), 조면암(趙冕庵, 조병세) 제공(諸公)만 못하겠는가?

지규식은 당시 《대한매일신보》 기사를 보고 일기에 이준의 할복 소식을 옮겨 적으면서 그의 충성심을 높이 평가했다. 그리고 자신의 소감을 밝히면서 헤이그 회의에 참석한 각국 대표들이 초나라와 월나라 사이와 같다고 했다. 초월(楚越)은 '간담초월(肝膽楚越)'에서 비롯된 고사성어로, 간과 쓸개처럼 아무리 가까운 관계여도 마음이 맞지 않으면 초나라와 월나라처럼 사이가 멀어질 수 있다는 뜻이다. 지규식은 각국이 자국의 이익을 위해 상대방을 버릴 수 있음을 간파한 듯하다.

고종의 강제 퇴위

이 소식은 뮈텔의 귀에도 들어갔다. 뮈텔은 7월 12일 일기에서 헤이그 특사 사건이 향후 대한제국에 미칠 영향에 대해 주목하고 있었다. 그는 상황이 고종에게 불리하게 돌아가고 있다고 판단했다. 황제가 헤이그에 밀사를 파견한 것이 일본인들의 감정을 몹시 상하게 했기 때문이다. 그리하여 황제를 정치에서 손을 떼게 할 것이라는 소문도 들려왔다. 뮈텔은 이런 정국 상황을 예의 주시하며 "이 모든 것이 우리에게 또 새로운 혁명과 폭력을 예고하는 것이 아니겠는가?"라고 조심스럽게 전망하고 있었다.

이어서 뮈텔은 7월 14일 일기에 헤이그 특사 사건과 관련하여 중요한 사실을 적었다. 이날 오후 5시경 프랑스 측의 샤를 프티가 방문했는데, 그가 천주교 신자이자 통역관 출신이었던 김요한(본명 김조현(金祚鉉))을 통해 고종이 헤이그 특사 파견에 전혀 간여하지 않았다고 선언하도록 충고했다는 것이다. 프랑스 측의 이러한 조언은 고종을 양위 강요의 위기에서 구하기보다는 헤이그 특사 사건으로 인해 국제사회에서 떨어진 일본의 위신을 세워주는 데 주안을 두고 있었다. 심지어 프티의 이런 행동을 들은 뮈텔은 통감부가 이를 기회로 전권을 위임받는 게 좋지 않겠냐고 훈수를 두고 있다. 당시 프랑스도 자신들의 이익을 지키기 위해 러일전쟁 이전과 달리 일본의 대한제국 강점을 기정사실로 만들고 대일 협력에 직간접적으로 관여하고자 했음을 보여준다.

한편, 일본 국내에서는 한일 간의 신뢰를 훼손시켰다는 이유로 고종의 퇴위와 한국 보호국화를 주장하는 목소리가 높아졌다. 고종 폐위 주장에 관한 소식은 헛소문이 아니었다. 7월 10일 이미 일본 정부가 "지금 기회를 놓치지 말고 한국 정부에 관한 모든 권력을 장악할 것을 희망한다. 그 실행에 대해서는 실지의 상황을 참작하여 행하는 것이 필요하므로 이를 통감에게 일임한다"는 내용의 대한(對韓) 방침을 결정하여 이토에게 보낸 상태였다.

정교 역시 일본의 이러한 방침을《대한매일신보》1907년 7월 16일 기사를 통해 짐작하고 다음과 같이 적었다.

오이시 마사키(大石正己, 전 서울 주재 공사이다)가 말했다. "이토 히로부미 후작은 근래에 한국 황제의 신임이 더욱 두터워졌다고 과시하며, 새 내각은 친일파로 조직한 까닭에 앞으로의 정책은 믿고 맡길 만하다고 말한다. 그러나 지난번에 발생한 사건[헤이그 특사 사건]을 통해 우리 통감이 한국 황제의 신임을 얻지 못하고, 새 내각 또한 신임할 수 없다는 사실이 드러난 것이다.

한국 황제가 잔꾀를 부리며 일한협약을 근본으로부터 유린하려고 하니, 최후의 수단으로 황제의 폐위도 안 될 것은 없다. 이제는 먼저 한국 황제에게 직접 일본에 와서 사죄의 뜻을 표하게 하고, 사죄 그 이상의 조처는 내각이 총사직을 하도록 하는 것이다. 그 후에 이어질 내각은, 미국이 하와이를 합병하기 전의 사례를 본받아 모두 일본인으로 조직한다. 모든 정무를 일본인의 수중에서 행하여, 한국을 명실상부하게 보호국으로 삼는다.

일본 정부는 자신들의 계획대로 7월 16일에 열린 내각회의에서 헤이그 특사 파견을 구실로 마침내 황제 폐위를 결정했고, 이완용이 다시 입궐하여 일본의 외무 대신 하야시 다다스가 서울에 오기 전에 황태자에게 선양하라는 일본의 요구를 받아들일 것을 고종에게 강요했다.

뮈텔도 7월 17일 일기에서 하야시의 서울 방문이 정국에 미칠 영향을 예의 주시하면서, 이것이 중대한 사건들을 야기할 것이라는 주변 지인들의 발언을 전하고 있다. 이어서 7월 19일 일기에서는 친일파 정부 대신들이 이토와 협상한 뒤 7월 17일 저녁에 궁궐에 들어가 고종에게 최후통첩을 했다고 전하고 있다. 그 내용 세 가지는 1905년 11월 17일 보호조약에 날인할 것, 황제직을 양위할 것, 일본에 가서 천황에게 밀사 파견 이유를 설명할 것이었다. 일본은 황제직 양위를 강요함과 동시에 을사늑약의 비준을 요구한 것이다. 고종은 최후통첩에 대한 서명을 완강히 거부했다. 이 소식은《대한매일신보》1907년 7월 18일자 호외를 통해 삽시간에 한국인들에게 알려졌다.

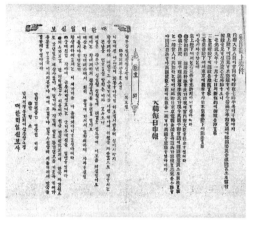

《대한매일신보》 1907년 7월 18일자 호외
황제 양위를 강요하는 내각 상주 내용과 고종의 거부 사실을 보도하고 있다.

뮈텔의 7월 19일 일기에 따르면, 18일 오후 5시경 이토 히로부미가 궁궐에 들어가고 대신들이 그 뒤를 따라 들어가 고종에게 양위를 재차 간청했으나 성공하지 못했다. 그럼에도 일본은 공작을 벌여 19일 오전 9시 《관보》 부록을 통해 7월 18일자에 양위를 알리는 조칙을 실었다. 뮈텔은 이런 상황을 두고 일본의 공작이 작동되었음을 감지했다. 자신의 말대로 "그 정보들의 출처가 일본 측"이었다. 그러나 《관보》 1907년 7월 19일자 호외를 보면 고종이 황태자에게 양위한다는 구절이 들어 있지 않고 "군국대사(軍國大事)를 황태자로 하여금 대리하게 한다"는 구절만 들어 있다. 또한 《대한매일신보》 1907년 7월 20일 기사는 《관보》의 대리 조칙을 보도하면서 일본과 친일 내각 대신의 강요에 의한 대리임을 강조했다. 특히 고종이 을사늑약에 어보를 찍지 않기 위해 대리 조칙을 결심했다고 전하고 있다. 뮈텔이나 한국인들이 일본인들의 공작에 말려들어 고종의 양위를 기정사실로 받아들인 셈이다.

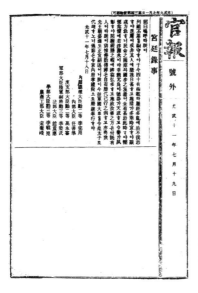

황태자에게 정사를 대리하게 한다는 조칙
《관보》1907년 7월 19일자 호외에 조칙의
내용이 실려 있다.

　지규식도 7월 19일 일기에 "일본이 헤이그 평화 담판을 트집 잡아
꾸짖고, 대한 황제가 오로지 대죄(待罪)하기 위해 오라는 침책(侵責)
이 더욱 급박하니, 황상은 마지못해 황태자에게 전위했다"는 기록
을 남기고 있다.

　뮈텔의 7월 19일 일기에 따르면, 이날 도성 주민들은 고종의 양위
소식을 듣자 "말할 수 없는 큰 슬픔이 온 장안을 뒤덮었으며 … 한
국인 상점들이 문을 닫았다." 이어서 18일 밤부터 궁궐 주변에 모인
군중들이 이따금 돌을 던졌고 일본 경찰이 이를 제지했다. 오후 1시
경에는 이틀 전 사직한 궁내부 대신 이재극이 자살했다는 헛소문이
나돌았다. 또 대궐 앞에서 일본 경찰이 군중 속에 있던 한국인 두
명을 죽였다는 소문도 있었다. 또 이날 일기에 따르면 오후 4시 20
분에는 종로 쪽에서 총성이 들려왔다. 평양 진위대 군인들이 도망

가는 장교들과 일본 경찰을 향해 총을 쏘았기 때문이다.

그러나 이완용 등은 일반인들의 이런 분위기에 개의치 않고 공작을 폈다. 정교는《대한계년사》에서 이렇게 적고 있다.

이때 이완용 등이 날마다 이토 히로부미에게 친히 가서 보고, 은밀히 논의했다. … 이완용 등은 7시 반부터 20시까지, 황태자에게 자리를 물려주는 일에 대해 상주했다. 수옥헌 안에는 이완용 등 7명만 있었고, 문밖에는 일본 순사 무리가 단단히 지키며 막았다. 황제를 가까이서 모시는 신하는 한 사람이라도 엄중히 막아서 서로 오갈 수 없었다. 황제가 윤허하지 않자, 이완용·이병무·송병준은 모두 다그쳐 요청했다. 황제는 어쩔 수 없어서 오전 3시(7월 19일이다)에야 비로소 황태자에게 대리를 명령하는 조칙을 내렸다. 이완용 등은 그제서야 물러갔다. … 황제는 원로 8명을 불렀는데, 신기선·민영휘·민영소 세 사람만 이날 밤 궁궐에 들어왔고, 나머지는 모두 병을 핑계로 들어오지 않았다. 황제는 이완용 등과 함께 의논해 보라고 명령했다. 신기선 등은 다만 '예, 예'라고만 하고는 물러났다.

일진회 회원 수백 명이 초롱불을 들고 궁성을 둘러섰다. 성 안팎의 인사들이 그것을 보고 울분을 참지 못했다. 이에 일시적으로 우르르 몰려들어 큰 소리로 부르짖기를 "일진회 회원을 때려 죽이자"고 했다. … 또 회원 한 떼거리가 있었는데, 다른 곳으로부터 인민들에게 내쫓겨 와서 별안간 들이닥쳤다. 먼저 들어온 일진회 회원들은 인민들이 자신들을 때려죽이려고 들어온 것으로 생각하고 각자 도망쳐 흩어졌다. 미처 문을 닫을 겨를도 없이 유리창을 깨뜨리고 달아났는데, 다리가 부러진 사람이 매우 많았다.

정교의 《대한계년사》에 따르면, 고종은 이토와 친일 대신들이 양위를 강요했음에도 불구하고 황제 자리를 양위한 게 아니라 대리를 명령했으며 이날 밤 도성민들이 황제 양위에 맞서 단체를 조직하여 대항했음을 확인할 수 있다. 여기서 문제가 되는 고종의 대리 조칙은 다음과 같다.

아아, 짐이 열성조(列聖朝)의 큰 기업(基業)을 이어받아 지킨 지 이제 44년이 되었다. 누차 많은 난리를 겪었기에 정사가 뜻대로 되지 않아 인재 등용에 더러 적임자를 얻지 못하여 소란이 날로 심한가 하면 시행한 조치가 대부분 시의적절하지 못해 어려움과 걱정이 다급한 실정이다. 민생의 곤궁함과 나라의 위기가 지금보다 심한 때는 없었기에, 깊은 연못에 임하거나 얇은 얼음을 밟는 듯 두렵기 그지없다. 그런데 다행스럽게도 황태자는 덕성을 타고났고 훌륭한 명성이 일찍부터 드러나 일상적으로 문안하는 여가에 나에게 도움을 많이 주었으며, 그로 인해 정사를 개선하는 방도에 대해서도 이제 부탁할 사람이 있게 되었다. 짐이 가만히 생각건대, 선위를 하는 것은 본래 역대로 이미 행한 규례가 있고 또한 우리 선왕조의 성대한 의례도 계승하는 셈이 되는 것이다. 그래서 짐은 이제 나라의 대사를 황태자에게 대리하게 하는 바이니, 의절(儀節)은 궁내부 장례원에서 마련하여 거행하도록 하라."

이 조칙에 따르면, 고종은 황제 자리를 선위하려 한 것이 아니라 황태자에게 나랏일을 대리하게 하려 했던 것이다.

이에 통감부도 자신들이 의도했던 '양위'와 고종이 내린 조칙의 '대리' 사이에 괴리가 있음을 간파했다. 7월 19일 통감 이토가 외부 차관에게 보낸 보고서는 다음과 같다.

동 조칙 중 '군국(軍國)의 대사를 황태자로 하여금 대리시킨다'고 하여 얼핏 보면 양위라고 인정하기 어려운 점이 있지만, 당국의 고례(古例)에 의하면 일단 천위(踐位)한 국왕이 살아 있는 동안에는 신왕(新王)이 따로 즉위식을 거행하지 않음.

전자는 은퇴하고 후자는 다만 대리의 명의에서 국정을 행하는 것으로, 조칙 중 특히 '전례(前例)를 인수하여 권근전선[倦勤傳禪, 정사에 피로하여 황위를 물려주는 것]'이라는 자구가 있는 것을 보아도 이번 거사가 양위를 의미하는 것이 명백하므로 다짐 삼아 전보함.

통감부도 '군국의 대사를 황태자로 하여금 대리시킨다'는 조칙을 자신들이 의도하는 결론에 맞게 해석하려 하고 있다.

반면에 정교는 《대한계년사》에서 통감부가 황제의 '대리'를 호도하여 양위로 끌고 가자 박영효가 문제를 제기했다고 적고 있다.

7월 21일[7월 20일의 착오] 일본 황제가 전보로 새 황제의 즉위를 축하했다. 이완용이 또한 이에 대해 회답하려고 했다. 궁내부 대신 박영효가 말했다.

"황태자는 다만 명령을 받아 대리하는 것인데, 어찌하여 새 황제의 즉위에 대해 회답하는 전보를 보낼 수 있습니까? 절대로 옳지 않습니다."

이완용은 여전히 제 말만 고집했다. 박영효는 한바탕 다투며 따져 묻고는 분노를 참을 수 없어 궁궐에서 물러나 집으로 돌아갔다. 조금 있다가 일본 순사가 와서 박영효를 잡아다 경무청에 가두었다.

또한 황현도 정교처럼 박영효가 고종의 강제 퇴위를 반대하다가 체포된 상황을 기록으로 남겼다. 두 사람이 언급한 박영효의 문제 제기를 통해서도 알 수 있듯이, 고종은 황태자에게 '대리'를 명했을 뿐인데, 일본과 친일 내각이 이를 호도하여 황태자에게 선위하도록 강요하고 이의를 제기한 관리들을 탄압했던 것이다.

그런 가운데 일본 정부는 양위를 강요하는 방식과 '대리'를 '양위'로 호도하고자 하는 시도가 국제사회와 한국인들을 납득시킬 수 없다고 판단하고 이런 문제점을 봉합하고자 했다. 《통감부문서》에 따르면, 7월 23일 보고를 통해 순종의 조칙과 양위식으로 그 모순을 해결하고자 했다.

각 이사관(理事官), 부이사관에게

양위의 조칙문 중에 '황태자로 하여금 군국(軍國)의 대사를 대리시킴'으로 되어 있어서 그 후의 문의(文意)로 추측할 때는 이것이 전적으로 양위의 뜻이 명백하나 어쨌든 일반의 의혹을 살 염려가 있음. 또 한국 정부는 엊그제 밤(21일) 새 황제의 이름으로 아래의 조칙을 발포했음. 이로써 양위의 뜻이 명백해졌음.

'황제의 말씀에 이미 대조(大朝, 왕세자 섭정 시)의 처분을 이어받았다. 태황제 존봉(尊奉)의 절차는 궁내부 장례원으로 하여금 도감

1907년 7월 19일 가짜 양위식
이탈리아 주간지 《라 트리부나 일러
스트라타》 표지에 실린 가짜 양위식
을 묘사한 그림.

(都監)을 두어 거행하기로 한다.'

이상의 조칙 내용은 전 황제께 '태상황제(太上皇帝)'의 존칭을 붙
여서 은퇴의 뜻을 명백하게 밝힌 것임.

일제는 태황제 존봉의 절차를 거침으로써 양위를 기정사실화하
고자 한 것이다.

한편, 황현 역시 고종이 양위 요구를 처음에는 결코 윤허하지 않
았다고 명백하게 밝히고 있다. 또한 일본의 무력시위 앞에 기세가
꺾여 대리의 형식을 취했음을 조칙을 통해 보여주었다. 그리고 이
조칙을 '교조(矯詔)'라고 표현했다. 다만 고종이 끝내 이완용에게 선
위를 약속했다는 일화를 덧붙이고 있다.

훗날 박은식도 《한국통사》에서 대리는 양위와 다르다는 점을 강

조하면서 다음과 같이 논박했다.

비록 그러했으나[조칙을 내렸으나] 대리한다는 것과 양위한다는 것은 근사한 것 같으나 실상은 차이가 있다. 대개 본조의 대리한다는 전례(典例)는 신군(新君)을 소조(小朝)라 하고 구군(舊君)을 대조(大朝)라 하여 소조는 대조의 명령을 받들어 행하는 것이며, 국가 대권은 대조로부터 조정을 받는 것인즉 이토 히로부미가 어찌 여기에 만족해할 것인가? 이에 이완용을 시켜 양위를 행할 것을 결정했다.

일제가 왜 고종과 순종이 참석하지 않은 가운데 황위 양위식을 벌였는지를 짐작할 수 있는 대목이다.

그러나 한국인들은 이러한 불법적이고 강제적인 양위 조치를 받아들일 수 없었다. 그것은 국망을 의미하기 때문이다. 정교는 황제 양위를 반대하는 결사회(決死會)의 결성과 움직임을 기술했다.

이날 밤(7월 18일 밤이다) 11시에 온 도성의 인민이 종로에 모여서 위태로운 나랏일을 우려하며 결사회를 만들었다. 총대위원 8명을 뽑되 먼저 7명은 7대신(이완용 등을 말한다)에게 보냈다. 그러나 질문하기 위해 출석하고자 했으나 일본 순사가 저지해 출석해서 질문할 수 없었다. 다시 만인소를 받들어 올릴 것을 논의했다. 한쪽 사람이 반대하며 말하기를,

"총대위원의 질문도 일본인이 하지 못하게 하는데, 비록 만인소를 받들어 올린다고 해도 반드시 임금께 전해지지 못할 것이오" 하

니, 다른 한쪽 사람이 대답하며 말했다.

"상소가 비록 임금께 전해지지 못하더라도, 세계의 이목에 널리 알려서 인민의 의무를 표시하면 되는 것입니다. 지금의 3건의 사실 은 5조약보다도 더 심하고, 7대신이 한 짓은 5대신이 한 짓보다 더 심하니, 일본인과 함께 어울려 한통속이 되어 황제를 협박하고 있 습니다. 우리 한국의 인민이 비록 어리석은 사람들이라고는 해도 한마음으로 함께 뭉쳐 뜨거운 피를 뿌립시다."

제소위원(製疏委員) 6명을 뽑아 정하여 한창 상소문을 읽어놓고 있는데, 이른 새벽 일본 순사와 헌병 들이 또 와서 무섭게 다그치 며 자신회 회원들을 해산하도록 했다. 여러 회원이 말했다.

"우리들은 인민의 의무를 다하기 위해 모인 것이다. 비록 맞아 죽는다 해도 해산할 수 없다."

순사와 헌병 들이 총칼을 가지고 마구 때렸다. …

7월 19일 오후 4시경 우리나라 시위 3대대의 병사 몇십 명이 민 회에 와서, 일본 순사들과 총을 쏘며 맞붙어 싸웠다. 일본인 3명이 즉사하고 우리 민회의 백성도 사망했다. 청국 사람 1명도 팔을 다 쳤다.

일본 순사들이 자신회 회원들을 진압하는 과정에서 한국인 시위 대 병사들이 일본 순사들과 싸워 많은 사상자가 발생했다.

이어서 7월 20일 오후 2시 군중 1,000여 명이 소의문 밖 약현으로 몰려가 이완용의 집에 불을 질러 모두 태워 버렸다. 과부로 살던 이 완용의 며느리는 가마를 타고 도망쳐 아현에 이르렀는데, 많은 군 중이 그 가마를 때려 부수었다. 그 며느리는 계집종에게 업혀서 달아나 민가에 숨었다. 아울러 일부 군중은 같은 날 오후 4시 황토현 (지금의 세종로 네거리)을 지나던 이완용 일행을 공격했다가 경호 군인들이 총을 쏘자 흩어졌다. 이날 이완용 등 7명은 제 처자들을 데리고 진고개의 일본인 구락부로 이주했다. 방화했던 인민들 가운데 일부는 마포 지역까지 나갔다. 그날 밤 10시경 총성이 그치지 않았다. 정교는 《대한매일신보》 기사에 근거하여 이날 군중들이 벌인 이완용 집 공격의 전말을 《대한계년사》에서 상세하게 기술했다.

뮈텔은 7월 20일 일기에 고종이 '보호조약'을 추인했다고 적었다. 그것은 통감부가 발표한 거짓 보도를 그대로 옮긴 것으로 보인다. 당시 고종은 을사늑약을 결코 추인하지 않았다. 그런 까닭에 뮈텔은 이틀 뒤인 22일 일기에서 "황제가 보호조약에 서명했다는 것은 거짓 소문이었던 것 같다"고 정정하면서 자신이 거짓 소문에 속았음을 인정했다.

같은 날 22일 오후 4시 기독교 목사 홍태순이 고종의 양위에 반대하여 자결했다. 홍태순은 경기도 양주에 사는 주민으로 고종의 양위에 분노하면서 대한문 앞에서 독약을 삼키고 세상을 떠났다. 이어서 23일 오후 6시 전 중추원 의관 이규응도 자결했다. 그는 이완용 등의 잘못을 공격하는 상소문을 짓고는 밤새도록 통곡한 뒤 아편을 먹고 죽었다. 그리고 곳곳에서 친일 대신들을 공격한다든가 연설 집회를 여는 등 강제 양위를 규탄하는 시위가 이어졌다. 정교는 황현이 미처 기록하지 못한 이들의 죽음을 《대한매일신보》 1907년 7월 24일 기사에 근거하여 《대한계년사》에 남겼다.

그러나 일본은 한국인들의 저항에도 아랑곳하지 않고 7월 20일 세계 각국에 양위 조칙을 알리고 고종의 퇴위를 기정사실화했다.

그리고 한국인들의 양위 반대 시위를 경찰과 주차군을 동원하여 무자비하게 진압하는 한편, 대한제국 군인들의 저항을 우려하여 서울 시내 화약고를 접수했다.

이러한 소식이 지방까지 금세 전달되지는 않았다. 지규식은 도성 근처에 거주하면서도 고종의 양위 소식을 미처 듣지 못했다. 다만 일본의 침탈에 저항한 한국인들의 동향과 흉흉한 도성 분위기가 전해왔다. 지규식의 7월 20일 일기는 다음과 같다.

서울 소식을 들으니 일본인들이 함부로 벌이는 포악한 짓이 더욱 심하다. "영남의 역부 2명이 일본인에게 모욕당하자 분하고 원통한 마음을 이기지 못해 일본인 1명을 즉각 때려죽이고 피신했다. 이로 인해 소동이 크게 일어나 우리 병정이 일본병과 서로 총을 쏘아 시장이 철시하고 도성 안 민심이 흉흉하다"고 했다.

정미조약 체결

일본은 고종의 강제 퇴위를 마무리짓자 곧바로 대한제국과 새로운 조약을 체결하고자 했다. 당시 러시아는 러일전쟁 후 일본에 대한 복수전을 계획했지만, 국내의 혁명 열기가 너무 높아 사정이 여의치 않자 영국과 동맹을 맺는 방향으로 선회하고, 일본과의 긴장관계를 러일협약으로 풀려던 참이었다. 일본 역시 한국과의 새로운 조약 체결을 통해 러시아의 방해나 간섭을 받지 않으려고 했다.

일본은 을사늑약에 이어 한국의 내정을 장악하기 위해 정미조약을 강요했다. 물론 한국 측의 당사자는 이완용이었다. 정교는《대한계년사》에서 체결 과정과 조약 내용을 인용하고 있다.

7월 24일 오후 4시, 이완용이 이병무과 함께 황제를 알현했다. 7시에 궁궐에서 물러 나와 내각회의를 열었다. 11시에 이완용과 송병준이 들어가 황제를 알현하고, 12시에 궁궐에서 물러 나와 통감 관저로 갔다.

임선준·고영희·조중응··이병무가 먼저 통감 관저로 가서, 이완용과 송병준을 몹시 기다렸다. 이에 이토 히로부미 및 일본군 사령관 하세가와 요시미치, 외무성 대신 하야시 다다스와 한자리에 둘러앉아 원만한 분위기에서 7조항의 협약에 조인했다. 그 내용은 다음과 같다.

하나, 한국 정부는 시정(施政)의 개선에 관해서 통감의 지도를 받도록 할 일.

둘, 한국 정부의 법령 제정 및 중요한 행정상의 처분은 미리 통감의 승인을 거칠 일.

셋, 한국의 사법 사무는 보통 행정사무와 구별할 일.

넷, 한국 관리를 임명하고 해임하는 일은 통감의 동의로써 이를 행할 일.

다섯, 한국 정부는 통감이 추천한 일본인을 한국 관리에 임명할 일.

여섯, 한국 정부는 통감의 동의 없이 외국인을 초빙하여 고용하지 않을 일.

일곱, 메이지 37년(1904) 8월 23일에 조인한 한일협약(韓日協約) 제1항은 폐지할 일."

덧붙이자면 한일협약 제1항의 내용은 "대한 정부는 대일본 정부가 추천한 일본인 1명을 재정 고문으로 대한 정부에 초빙해 고용

하되, 재정에 관한 사항은 일체 그의 의견을 묻고 시행할 일"이었
다. 조약의 끝에 기록했다.

　이상을 증거하기 위하여, 아래에 각각 각 본국 정부의 알맞은 위
임을 받아 이름을 적고 본 협약에 조인한다.

광무 11년(1907) 7월 24일

내각 총리 대신 이완용 인

통감 후작 이토 히로부미 인

이에 한국인들이 전국 곳곳에서 정미조약 체결에 항의하여 각종
활동을 벌였다. 정교는 이들의 움직임을 옮겨 적었다.

　24일 이래 황주의 인민들이 일제히 파업했는데, 일본인과의 매
매를 끊었다. 의주의 인민이 결사회를 조직해 서울로 와서 나라의
어려움을 구하기 위해 목숨을 바칠 것이라는 소문으로 인심이 흉
흉했다. 원주의 인민 또한 들끓고 있었는데, 그 관찰사가 내부에
보고해서, 군부에 조회해 미리 손을 써 막아 달라고 요청했다. …
　이날(7월 25일) 진남군(경상남도에 속하며 서울에서 900리다) 병정
70~80명이 경무분견소(警務分遣所)를 습격했는데, 서울에서 일본
경부와 순사, 순검 42명을 파견하여 경무분견소를 응원했다. 진남
의 인민 수백 명이 병정들에 합세하여 돌맹이를 던지며 일본인의
가옥을 헐어 부수었는데, 다친 일본인은 5명이었다. 마산포로부터
일본 병사 10명과 순사 10명이 와서 지원했다. 이날 밤 고성진위대
(固城鎭衛隊)의 병정이 일본인의 가옥을 때려 부수었다.
　7월 28일 부산 일본 요새의 병사 15명과 마산포의 일본 순사 10

명이 급히 와서 지원했다.

당시 서울에서 정미조약이 체결되었다는 소식은 지규식의 분원 마을에도 금세 전해졌다. 7월 26일 일기는 다음과 같다.

서울 소식을 들으니 황제 폐하께서 황태자에게 황위를 물려주고 동궐(東闕, 창덕궁)로 이어하시고, 새 황제는 경복궁으로 입어하시고, 정동 새 궁궐은 일본인에게 내주었다고 했다. 매우 통탄스럽다.

지규식은 서울의 잘못된 정보를 그대로 받아 적은 듯하다. 고종은 경운궁, 즉 덕수궁에 계속 머물렀다. '덕수궁(德壽宮)'은 강제 양위 직후인 8월 2일 친일 내각이 고종의 장수를 빈다는 뜻으로 개명한 칭호다. 다만 통감부는 경운궁을 접수하지는 않되 순종을 고립시키기 위해 고종으로부터 떼어놓았다. 그리고 8월 14일 일기는 다음과 같다.

본관[本倅, 군수]이 고시하기를 새 황제께서 연호를 융희(隆熙)로 고치시고, 백성들에게 효유하여 편안한 마음으로 일에 종사하게 하라고 조칙을 널리 알리셨다.

그리고 고종을 보좌하고 손발이 되어주었던 많은 궁궐 대소 관리가 해임되었는데, 황현은 그 사정을 다음과 같이 언급하고 있다.

내관(內官) 중 이때를 전후하여 축출된 사람은 500여 명, 나인(內

人), 무감(武監), 별감(別監), 별군관(別軍官), 원역[員役, 서리의 일종] 등은 3,500여 명이었다.

황현이 일찍부터 강석호 등 측근 세력을 혐오했음에도 흥인지문·숭례문의 성가퀴 훼철, 금광·동광 채굴권 침탈 등 일본의 침략이라는 맥락 속에서 환관 축출을 언급했다는 점에서 고종 측근 세력의 운명을 담담하게 바라보고 있었음을 짐작할 수 있다.

반면에 고종의 측근 세력을 미워했던 정교의 서술은 황현과 조금 달랐다.

태황제[고종] 대에 내시 강석호, 이유태 등이 황제의 총명을 막아 가리고 정치에 간여하여 안팎의 높고 낮은 관직이 그들의 입에서 많이 나왔다. 뇌물을 공공연히 받았으니 재산이 황실보다도 많았다. 그들의 일당이 차차 늘어갔으니, 세력을 믿고 제멋대로 막되게 굴어서 사람들이 모두 흘겨보았다. 일본인들이 환관의 폐단을 자세히 알아내고는 그들을 미워했다. 이에 이르러 그 무리들을 모두 줄여 없앴으니, 수천 명 가운데 겨우 6명만이 남았다.

정교는 일본인들이 환관의 폐단을 인식하고 개혁 차원에서 궁궐 관리들을 해고한 것으로 파악하고 있다. 재야인사인 그는 고종이 환관 등의 도움을 받아 반일 세력과 은밀하게 연락하려 한 사실을 알지 못한 채 환관들을 고종의 총명을 가로막은 장본인으로 인식했기 때문이다. 이 글을 통해 그의 환관에 대한 부정적 시각을 확인할 수 있다.

그러나 환관과 나인 등 고종 측근 세력에 대한 식자층의 인식이 모두 동일한 것은 아니었다. 《대한매일신보》 1907년 8월 23일 기사에 의거한 《대한계년사》에 따르면, 8월 2일 이토 히로부미에게 장문의 편지를 보낸 김익수, 장하상, 안길수 등 15명은 일본의 속내를 알아차리고는 다음과 같이 비판했다.

밖으로는 궁궐을 엄숙하고 깨끗이 한다고 핑계하고, 안으로는 실상 우리 대황제 폐하를 가두었습니다. 이와 같은데 우리 황실의 존엄을 지켜주었다고 말할 수 있습니까?

결국 통감부가 내놓은 명분과 달리 실제 의도는 고종의 국권 수호 활동을 철저하게 봉쇄하는 것이었다.

일제가 한국군을 해산하다

일본은 고종 황제를 강제로 퇴위시키고 정미조약과 러일협약을 잇달아 체결한 직후 대한제국 군대를 해산시키고자 했다. 정교는 군대 해산 모의가 시작된 사정을 다음과 같이 적고 있다.

같은 날(7월 26일) 오전 9시, 일본군 사령관 하세가와 요시미치가 우리나라의 여단장 양성환과 군부 차관 한진창을 불러, 전국의 군대를 해산하는 일에 대해 몰래 논의했다. …

7월 31일 오전 군부 대신 이병무와 일본군 사령관 하세가와 요시미치가 이토 히로부미 통감의 관저에서 모여, 우리나라 군대를 해산하기로 논의해 결정했다. 오후 9시 40분에 총리 대신 이완용,

법부 대신 조중응이 황제에게 상주한 뒤 황제가 조서를 내렸는데, 아직은 반포하지 말도록 했다.

이어서 8월 1일 조서가 반포되었다. 황현은 조서 내용을 전하면서 '교조(矯詔)'라고 표현했다.

짐이 국가가 다난한 때를 당하여 불필요한 경비를 줄이고 실업(實業)에 유의하는 것은 오늘의 급무이다. 지금 군대 복무 현황을 보건대, 용병(傭兵)으로 군대를 조직하고 있으므로 상하가 일치할 수 없어 완전한 방위를 하기에는 부족하다. 이에 짐은 지금부터 군제를 쇄신하여 사관 양성에 전념하려 하고 있다.

장차 후일에 징병령을 발하여 그 병력이 견고하게 구비될 수 있는 효과를 얻을 수 있도록 한다. 지금 유사에게 명하여 무릇 황실을 지키는 데 소요되는 인원은 그대로 뽑아 존치하되, 기타 부대는 각각 일시 해산을 명한다. 짐은 너희들이 오랫동안 쌓인 노고를 생각하여, 특별히 계급에 따라 하사금을 내릴 터이니, 너희들 장교, 하사, 군졸 들은 짐의 말을 잘 본받아 각자 자기 직업을 취하여 허물이 없도록 꾀하라.

정교는 《대한계년사》에서 군대 해산 과정을 다음과 같이 기술하고 있다.

8월 1일 7시, 하세가와 요시미치가 우리나라 각 대대의 영관·위관 장교 및 전직 대장 들을 불러 모았다. 이에 여단장 양성환, 시위

제1연대 제1대대 대대장 박성환[朴星煥, 박승환의 오기] 등 10여 명이 와서 모였다. 이병무가 조칙을 보여주며 가르쳐 타일렀고, 하세가와 요시미치도 엄한 말로 타일렀다. 각 부대의 장관(將官)은 자기 부대로 돌아가 하사와 군졸 들에게 맨손으로 훈련원으로 가서 운동하도록 꾀어 서로 통솔하여 나아가는데, 일본군이 좌우를 둘러싸서 갔으니 장차 훈련원에서 해산식을 거행하려고 한 것이었다.

8시에 일본 장교는 각 병영이 텅 빈 틈을 타 전동(典洞)의 시위 3대대 부대와 정동의 숙위소로 빨리 가서 점거했다. 9시에 홍화문 앞 징상대(徵上隊) 부대를 빼앗고, 그 무기를 모두 거두어들였다.

이어서 일본은 《매천야록》에서 기술한 바와 같이 한국군 하사와 1년 이상 병졸, 1년 이하 병졸에게 각각 80원, 50원, 25원을 지급하고 부대를 떠나도록 했다. 일종의 무장해제인 셈이다.

그러나 일본군이 이처럼 만반의 대비를 했음에도 예상하지 못한 일이 발생했다. 제1연대 제1대대 대대장 박승환(朴昇煥)이 자결한 것이다. 황현은 그 사정을 다음과 같이 적고 있다.

박승환은 돌아가는 낌새가 수상한 것을 잇달아 살피고 별고(別庫)에 몰래 감추어 두고 일본인에게 반납하지 않고 훈련원에 가지 않았다.

그러나 군대 해산 교조를 듣고 통곡하고는 부대원들에게 말하기를, "나는 나라의 은혜를 입고 살아온 지 여러 해다. 지금 나라가 망했는데도 왜놈 하나를 죽이지 못했으니 죽어도 죄가 남을 것이다. 나는 너희들이 떠나는 것을 차마 늦출 수 없으니 차라리 죽을

박승환(1869~1907)

따름이다"라고 했다. 곧 의자에 앉은 채 칼을 빼어 가로 찌르자 몸
이 의자와 함께 넘어졌다. 이때 박승환은 입직(入直)하여 10여 일
동안 집에 가지 않은 채 다만 문을 닫고 울음을 삼키다가 이날에
이르러 끝내 자결했다.

이날 부위(副尉) 구의선도 박승환과 함께 자결했으며, 정교(正校)
1명, 졸병 1명(모두 성명을 모름)도 자결하여 그 뒤를 따랐다.

정교는 박승환이 자결한 뒤 발생한 한국군과 일본군의 전투를 묘
사하고 있다.

여러 장졸이 비로소 그가 죽은 까닭을 알고는 모두 슬프고 분하
게 여겼다. 또 일본 군사들이 닥쳐온다는 풍설을 듣고 1소대의 위

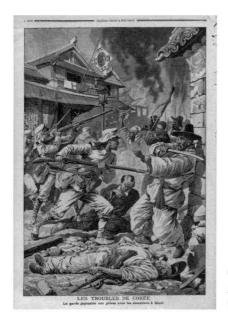

남대문 전투
프랑스 일간지 《르 프티 주르날》에 실린
남대문 전투 삽화.

관과 병졸 들이 병영 밖으로 나와 일본군과 맞붙어 싸웠다. 제2연
대 제1대대(제1대대의 부대는 남대문 안에 있는데 이전의 선혜청이다) 군
사도 서로 호응했다. 반 시간이 넘도록 서로 죽이거나 다치게 했는
데, 중과부적으로 우리 군사들이 사방으로 흩어졌다.

　10시에 남문[숭례문] 밖에 이르러 다시 일본군 부대를 습격하려
고 하니, 남문을 경비하던 일본군이 모두 문루 위에 올라가 총을
쏘고 기관포를 발사했다. 포성이 성 안팎에서 진동했고 우리 군사
들은 모두 도망해 피했다.

　11시에 일본군이 드디어 두 부대 병영을 빼앗았다. 이 전투에서
일본군 중대장 1명이 탄환에 맞아 죽었고, 사병으로 죽거나 다친
사람이 30여 명이었다. 우리 측은 참위 남상덕·이충순 등 7명과 하

사 40명이 전사했고, 병졸 30명이 부상했으며, 포로가 된 자가 500여 명이었다.

이어서 정교가 기술한 바와 같이 일본군은 숭례문 안팎의 민가에 난입하여 구 한국군을 수색하여 체포했다. 이때 일본인 역부들도 가세하여 한국군을 수색한다는 핑계로 숭례문 안팎의 민가에 들이 닥쳐 돈과 살림살이들을 무수히 훔쳐 갔다.

이어서 정교는《대한매일신보》1907년 8월 2일 기사에 의거하여, 한국군의 피해와 선교사들의 구호 활동을 전하고 있다.

이날 우리나라 예수교 신교 선교사 4명, 의사 1명이 제1대대 병영 안으로 갔다. 우리 병사 수백 명이 탄환에 맞아 땅에 엎어져 있었는데 겨우 실낱같이 목숨이 붙어 있는 자 50명은 모두 인력거에 싣고 미국인의 제중원(濟衆院, 남문 밖에 있다)에 가서 치료해 주었다.

황현도 제중원 의사를 비롯한 여러 의료인이 부상당한 의병들을 구호하고자 노력하는 모습을 눈여겨보고 있었다. 그는 전투 현장의 소식을 전하면서 여학교의 간호원 수 명이 탄환을 무릅쓰고 넘어진 구 한국군을 인력거에 실어 병원으로 이송했고, 미국인 의사 애비슨(O. R. Avison)과 목사 조원시(趙元時) 등과 함께 한국군 부상자를 제중원으로 이송하여 그들의 치료에 전력을 기울인 에피소드를 언급했다. 덧붙여 서울 주민 김명철, 기인홍, 김창기, 이원선 등도 금액을 갹출하여 전사한 장교와 병졸 들의 장례를 치르고 또 제전(祭奠)까지 마련하여 곡을 하고 돌아갔다고 적었다.

그러나 통감부는 이러한 상황에 아랑곳하지 않고 통제와 진압의 강도를 높여갔다. 정교는 그 상황을 다음과 같이 적고 있다.

지난밤부터 일본군이 궁궐에 들어와 에워싸 지키면서 전화선을 끊어 각처와 연결되지 못하도록 했다. 이날 각 부(部)의 전화를 폐지하면서 아울러 궁내부 전화과 주사를 구속했다.

경시총감(警視摠監) 구연수는 고시문을 각 마을에 내걸었다. "일반 인민들은 경거망동하지 말도록 하라. 안심하고 생업에 종사한다면 아주 무거운 형벌은 면할 것이다."

일본군은 궁궐을 봉쇄하기 위해 전화선도 끊었으며 여기에 저항하는 궁내부 직원을 구속한 것이다. 1907년 8월 2일 《대한매일신보》에 "어제 각부에 전화를 폐지하기 위해 궁내부 전화과 주사를 모두 구속했다"는 내용의 기사가 실렸다. 또한 통감부는 이미 이틀 전에 궁궐에서 나인과 내시를 일제히 축출했다. 한편, 통감부는 군대를 해산시킨 뒤에 한국인의 동요와 반발을 사전에 막기 위해 상점을 열도록 권유하면서 경계를 늦추지 않았다.

그러나 통감부의 조치에도 구 한국군은 결코 굴하지 않았다. 황현은 지방 군대인 진위대의 해산 과정과 이들 군인의 의병 합류를 상세히 기술하고 있다.

이때 양서[兩西, 황해도와 평안도]와 관북[關北, 함경도]에서도 많은 병사들이 의병들의 군진으로 투신했고, 양호[兩湖, 충청도와 전라도] 이남 지역도 처음에는 토비에 투신한 병사가 많았으나 그 후 의병이 사방에서 일어나자 많은 병사가 모두 그들에 합류했다. 이때 안동(安東)과 원주(原州) 두 지역의 진위대는 이에 앞서 낌새를 알아채고 총을 메고 흩어졌으므로 일본인들이 매우 괴롭게 여겼다.

각 도에서 진위대를 창설함에 도적의 소굴이 서로 닿아 있었으나 그들을 금지하지 못했다. 그들은 오직 술을 취하도록 마시고 음식을 배부르도록 먹었으며 교만하고 욕심이 많아 백성들을 착취했으므로 지방에서는 그들을 호랑이처럼 두려워하고 원수처럼 미워했다. 그들이 해산되었을 때는 무지한 백성들이 손을 들고 좋아했다. 그러나 얼마 안 되어 의병이 뒤따라 일어나 일본군과 싸움을 벌여 죽거나 다쳐 낭패를 보는 자가 수천 수만을 헤아리게 되니, 진위대를 창설할 때와 같지 않았다.

군대 해산 이후 진위대의 군인들이 일본군에 저항했으며, 그것이 여의치 않자 이른바 토비라 불렸던 기존 농민 의병과 연대하여 함께 싸웠다고 적고 있다. 물론 이 대목에서 황현의 한국 군대에 대한 이중 의식이 보인다. 황현은 도적이나 다름없는 군인들의 무능과 민간인 수탈을 비판해 오던 터였다. 그로서는 군대 해산 직후 일반민들의 환호를 이해했다. 그런데 이러한 부정적 군대 인식을 지녔던 그가 구 한국군의 항일투쟁을 목격한 뒤로는 진위대 창설 초기와 다르다면서 호의적으로 평가하고 있다. 나아가 강화 진위대에 대해서도, 일본군 53명을 살해하고 일진회 회원인 군수를 죽였다면서 그들의 활약상을 긍정적으로 평가했다.

이에 통감부는 무기류를 회수하기 시작했다. 황현은 이에 대해 다음과 같이 언급하고 있다.

대한제국 군대 해산
해산 명령 후 막사를 습격한 일본군과 탈취한 총포를 쌓아둔 모습이 보인다.

　민간에서 제작된 총포·화약과 강원도, 평안도에서 사슴을 사냥한 엽총을 모두 거두어들였다. 의병들이 사용할까 두렵기 때문이다.

　나아가 친일 내각은 의병들의 활동이 활발해지자 일본 본토의 군대를 출동시켜달라고 요청했다. 당시 일본에 있는 각국 공사들은 일본군 2개 사단의 한국 파견을 반대했다. 황현은 그 사정을 기록했다.

　이완용은 날마다 하세가와 요시미치를 문안하며 왜 군대를 차병하여 우리 의병을 토벌해 줄 것을 간청했다. 하세가와는, "이 일은 갑자기 이루어질 수 없으나 만일 귀 황제 친필의 칙서를 우리 천황에게 바친다면 혹 가능할 것입니다"라고 말했다.

이때 2개 사단을 한국으로 보내자는 의견이 있었으나 일본에 있는 각국 공사들이 일본에 따지며, "귀국이 한국을 보호하겠다고 스스로 맡아놓고는 지금 군대를 파견하여 도륙을 하려고 합니까? 이것은 공례[公例, 국제법]에 없는 일이니 천하에 누가 믿을 수 있겠습니까?"라고 말하자 일본인들은 마침내 그만두었다. 이런 일이 있은 지 수년이 지난 후 일본인들도 의병을 매우 괴로운 존재로 여겼지만, 일거에 떨쳐 일어나지 못한 것은 이 때문이었다. 그리고 하세가와의 대답은 간청에 따른 농담이었다.

사실상 친일 내각의 군대 증원 요청은 의병들의 활약에 놀란 자신들의 신변과 관련되었다. 황현은 이런 사정을 놓치지 않고 적었던 것이다.

7적이 왜 군대를 빌려 자신들의 가옥을 호위했으나 그들의 수는 5~6명에 불과했다. 매일 식사할 때마다 왜 병사에게 닭 1마리와 계란 5개를 제공해야 했고 담배도 이집트나 시키시마[敷島, 일본의 한 지역으로 담배 생산으로 유명하다]에서 생산된 것이 아니면 피우지 않았다. 그 비용을 셀 수 없어 매우 고통스럽게 여겼다.

유생과 식자층도 편지 운동을 벌이기 시작했다. 8월 2일 김익수, 장하상, 안길수 등 15명이 이토에게 장문의 편지를 보내 1905년 을사늑약 이래 일본의 정치적·경제적 침탈을 고발했다. 이에 따르면 이들은 일본이 전보사와 우체사를 탈취한 이래 을사늑약과 각종 조약의 체결, 고종의 강제 퇴위 과정에서 친일파들이 벌인 행각과 일본인들의 정치적 침략·경제적 침탈을 언급하면서 의병들이 벌이는 대일 항쟁의 정당성을 제시하고 항쟁을 적극 지지했던 것이다.

제6부

의병전쟁에서
강제 병합까지

1907.	12	의병, 13도 창의군 결성
1908.	3	전명운과 장인환, 미국 샌프란시스코에서 스티븐스 사살
1908.	6	의병장 허위 체포
1908.	8	양기탁, 국채보상금 횡령 혐의로 기소됨
1908.	12	동양척식주식회사 설립
1909.	1	나철, 대종교 창시
1909.	9	일본군, 남한대토벌작전 개시
1909.	10	안중근, 이토 히로부미 사살
1909.	12	일진회, 〈한일합방성명서〉 발표
1910.	3	안중근, 뤼순 감옥에서 사형당함
1910.	8	일본, 대한제국 강제 병합

제6부에서는 1907년 7월 군대 해산 이후 일본의 침략 공작과 친일파의 활동 그리고 한국인의 의열투쟁으로 점철되었다가 1910년 8월로 마감한 대한제국의 끝자락을 다룬다.

이 기간에 한국인은 새로운 국가 건설을 향한 발걸음을 내딛는 동시에 일본의 침략으로 인한 국망의 고통을 감내해야 했다. 장인환과 전명운의 스티븐스 저격, 안중근의 이토 히로부미 처단과 이재명의 이완용 저격 그리고 이름도 남김없이 사라진 의병들의 투쟁은 훗날 독립운동의 역사적 기원을 이루었다. 황현과 정교는 이들의 의열투쟁을 높이 평가하면서 후손들이 기억하도록 자신들의 역사책에 기록으로 남겼다. 특히 이들은 안중근 재판 사건을 상세하게 다루면서 그의 동양평화론을 소개했고 그의 행위를 적극 지지했다. 반면에 윤치호는 일본의 침략과 공작에 대해서는 거부감을 보였지만 문명화 노력을 결코 낮게 평가하지 않았다. 특히 미국인에 대해서는 문명화의 선도자라는 인식에 갇혀 있었다. 뮈텔은 이토를 처단한 안중근이 천주교 신자임을 부정했다. 아마도 그 사실이 알려지면 천주교의 입지가 좁아지고 포교가 매우 곤란해진다고 판단했기 때문일 것이다. 따라서 그는 이토 추모 행사에 적극적으로 참여했다. 나아가 고종이 후일의 국권 회복을 위해 일본의 눈을 피해 뮈텔에게 따로 맡겨놓은 중요 외교문서 등을 통감부에 순순히 넘겨주었다. 물론 통감부는 이 과정에서 고종의 비자금을 찾아내어 대한제국 황실의 항일운동을 위한 물적 기반을 송두리째 해체시켰다.

이 시기 이완용을 비롯한 친일파의 만행과 매국 행위는 세간의 관심을 끌었다. 누구보다도 그들의 행위를 증오했던 황현과 정교는 온갖 풍문과 신문 보도를 일일이 점검해 책에 기록했다. 또한 의병 활동을 그때그때 기록해 두었다가 월 단위로 적었다. 황현의 경우, 일본군이 의병을 탄압하는 과정에서 저지른 만행뿐만 아니라 의병장들의 장렬한 최후를 상세히 기록했다. 반면에 지규식은 자신의 마을이 의병과 일본군 사이에서 약탈의 대상이 되고 있는 상황을 힘들어 했는데, 이는 당시 일반 민중의 딜레마를 잘 보여준다.

일본은 1909년 1월 일진회의 거두 송병준이 이른바 '한일합방건의서'를 제출하도록 공작을 벌인 뒤 본격적으로 병합 수순에 들어갔다. 같은 해 7월 사법권과 경찰권마저 장악함으로써 대한제국에 대한 실질적인 지배권을 틀어쥐었다. 10월 26일 이토가 안중근에 의해 처단되었음에도 병합 공작은 지속되었다. 1909년 12월 일진회가 〈한일합방성명서〉를 발표했다. 통감부가 일진회를 내세워 한국인의 반응을 떠보면서 병합을 위한 마지막 수순에 들어간 것이다. 이어서 이완용을 비롯한 친일파들을 매수한 뒤 1910년 8월 22일 한일병합조약을 체결했다. 이 조약 문서에 있는 순종의 수결은 일본인 통역관이 만든 가짜였다. 그리고 이 책의 주인공 5인 가운데 한 명인 황현이 9월 10일 절명시를 남기고 자결했다. 민족의 위기와 절망의 시대에 선비로서 아무것도 할 수 없었던 무기력과 자괴감을 견딜 수 없었을 것이다.

1. 침략자의 야만과 민중의 갈림길

서울 사람들의 변소에는 종종 이완용, 박제순의 성이 써 붙어 있었
다. 이곳은 '이박요리점(李朴料理店)'이라는 큰 글씨가 써 붙은 것
이다. 이것은 개와 한 가지임을 말하는 것이다. _ 황현

일본 병사가 말하기를 "이 마을에는 폭도가 많아 상부의 훈령에
따라 마을 전체 가옥을 모두 불태워서 영구히 폐허로 만들겠다"고
했다. 그래서 내가 "거주민은 실지로 죄를 범할 이유가 없다"고
말하고 원정(原情)을 자세히 써서 올리니, 마침내 "특별히 사면하
겠다"고 써서 보였다. _ 지규식

친일파의 추문과 탐욕

1905년 11월 을사늑약 체결에 앞장선 친일파의 언동은 곧바로 신문과 풍문을 통해 일반 민인들에게 급속도로 퍼졌다. 이들은 이토에게 충성한 대가로 벼락 승진했다. 정교는 1907년 5월 이완용 내각의 탄생을 다음과 같이 폭로하고 있다.

5월 박제순 등을 교체하고, 이완용을 의정부 참정 대신에, 임선준을 내부 대신에, 고영희를 탁지부 대신에, 이병무를 군부 대신에, 조중응을 법부 대신에, 이재곤을 학부 대신에, 송병준을 농상공부 대신에 임명했다.

당시 박제순 등 정부의 각 대신들이 비록 이토 히로부미에게 아첨하며 아양을 떨었지만, 박제순 및 내부 대신 이지용, 탁지부 대신 민영기, 군부 대신 권중현, 법부 대신 이하영, 농상공부 대신 성기운 등이 이토 히로부미의 뜻에는 차지 않아서, 황제에게 아뢰어 모두 교체하고 이완용 등으로 대신 임명했다. 이완용은 이토 히로부미에게 온갖 방법으로 아첨하며 달라붙어 백방으로 노력했다. 임선준은 이완용의 사돈이었고(임선준의 형의 딸이 이완용의 맏아들 이승구의 처가 되었는데, 이완용과 정을 통했다. 이승구는 이 때문에 병을 얻어 죽었다) 고영희는 평소에 이완용과 이토 히로부미에게 아첨하며 달라붙었던 자다. 이병무 또한 이토 히로부미에게 아부하여 그의 심복이 되었던 까닭에 등급을 뛰어넘어 이 자리에 임명되었다. 조중응은 통감부의 통역관으로 한결같이 일본인의 지시를 받던 자다. 이재곤은 황족으로서, 역시 이완용과 이토 히로부미에게 아부하던 자다. 송병준은 귀국한 뒤 사령부의 1등 통역이 되었다. 또 일진회

를 만들어 몸소 일본인의 사냥매, 사냥개 같은 앞잡이가 되는 공로
가 있었다. 오직 궁내부 대신 이재극만 교체되지 않았다.

정교는 친일파의 온갖 행각을 소개하면서 이들의 초고속 승진이
이토에 대한 적극적인 협력의 결과임을 알려주고 있다. 특히 임선
준을 소개하면서 그가 이완용의 사돈이라는 점과 이완용이 자신의
며느리이자 임선준의 형의 딸과 사통했다는 내용을 별주로 붙이고
있다.

이러한 기술은 황현의《매천야록》에도 나온다. 황현은 이완용 사
통설의 풍문을 '이완용의 자부간통(子婦姦通)'이라는 제목으로 상세
하게 적고 있다. 역사가는 확인되지 않은 사실을 적어서는 안 되지만
당시 소문과 민중들의 분노를 반영하고자 한 것 같다. 다만《매천야
록》에서는 이승구가 이명구로 잘못 표기되어 있다. 그러나 이승구가
음력 1905년 7월 26세 나이로 병사했다는 점에서 당시 이완용 사통
설은 명백한 헛소문이다. 당시 애국적 식자층과 민중들의 친일파에
대한 분노 때문에 이러한 소문이 널리 퍼진 듯하다. 그럼에도 이완
용 사통설은 잠잠해지기는커녕 오히려 확산되었다.

《대한매일신보》도 이완용과 며느리의 관계를 의심하면서 1910년
1월 5일 기사에서 직접적으로 언급하지 않고 비꼬았다. 1909년 12
월 이완용이 이재명에게 칼을 맞고 대한의원에 입원했을 때 간병하
는 며느리의 효심을 칭찬하면서 다음과 같이 풍자하고 있다.

총리 대신 며느리 임 부인은 병든 시아버지를 간호하고자 의원
까지 들어가서 약시중에 힘쓴다지, 평시에는 '색양(色養)'하여 그

즐거움을 다하더니 병에 걸리자 저렇게 걱정하다니 그 효성은 천만고의 특색일세.

황현은 《대한매일신보》 1908년 4월 2일 보도를 인용하여 세간에서 송병준, 조중응, 신기선 등을 일본의 3대 충노(忠奴)로 지목했음을 알려주고 있다. 보도 내용을 인용하면 다음과 같다.

제일 충노 송병준은 일진회를 조직하여 5조약[을사늑약] 시에 선언서로 일등 공신이 되고 그 수하 친병 40만 명으로 일본에 아첨하여 자위단 토벌대로 전국을 소요케 하며

제이 충노 조중응은 동아개진교육회의 두령이 되어 80만 명 보부상을 회집하여 이토 씨와 소네 아라스케(曾彌荒助) 씨의 호령을 등대(等待)하며

제삼 충노 신기선은 이토 씨의 돈 1만 환으로 대동학회를 확장하여 유교를 부지(扶持)한다 이름을 내걸고 포고문 한 장으로 국내 유림을 위협하여 일본 권력 내에 복종케 하고자 하니

이에 민중들의 분노는 극에 달했다. 황현도 민중들의 해학과 분노를 다음과 같이 전하고 있다.

서울 사람들의 변소에는 종종 이완용, 박제순의 성이 써 붙어 있었다. '이박요리점(李朴料理店)'이라는 글씨가 크게 쓰여 있는데, 이것은 개와 한 가지임을 말하는 것이다.

당시 민중들 사이에 이런 우스갯소리가 퍼졌다.

그러나 친일파들은 매국에 대해 매우 큰 보상을 받았다. 특히 1908년을 넘어가면서 일본이 대한제국의 정치, 경제, 사법, 교육 등을 장악하자 친일파에게 대가를 지불하기 시작했다. 황현은 이와 관련하여 다음과 같이 적고 있다.

무신년(1908) 융희 2년 정월, 이완용에게 은금(恩金) 10만 원을 주었다. 7조협약을 체결한 이후 이완용 등에게 그 노고에 대한 상을 주려고 했다. 첫째는 가자(加資), 둘째는 훈장(勳章), 셋째는 은금(恩金)이었다.

이 가운데 압권은 송병준이다.《매천야록》에 따르면, 송병준은 이미 을사늑약 직전 일진회 선언서로 뇌물을 받기 시작하여 1907년 정미조약 때도 역시 뇌물을 받았다. 심지어 송병준은 민영환이 관리하던 부평 땅을 탈취하기까지 했다. 이 땅은 근대 농업회사 목양사(牧養社)가 관리하던 땅이었다. 황현은《대한매일신보》1908년 12월 23일 논설과 12월 24일 기사 등에 근거하여 이 땅의 내력과 송병준의 약탈 행위를 다음과 같이 적고 있다.

대내[大內, 내부 대신을 가리킴]로 있던 송병준은 민충정공[민영환]의 고아와 과부가 의지할 곳 없음을 얕잡아 보고 민영환의 유산으로서 700여 석의 도세(賭稅)를 받는 농장을 노렸다. 왜 순사와 결탁하여 강권과 위협을 가하면서 못 하는 일이 없으므로 사람들은 분통을 터뜨리며 사방에서 성토했다.

이때 송병준은 일진회 회원 이강호를 불러 그 사실을 《국민보》
[《국민신보》의 오기]에 게재하여 그 내용이 무고라는 것을 밝혀주면
많은 사례금을 주기로 약조했다.

이윽고 송병준이 이 약속을 어기자 이강호 등은 크게 화를 내어
그 사실을 자세히 기록하여 널리 알렸다.

《대한매일신보》 1908년 12월 24일 기사에 따르면, 송병준은 이강
호 등에게 예전에 자신이 벌인 사기 행각이 무고라고 신문에 밝혀
주면 그 대가로 1,000원을 지급하겠다고 약속했다. 그러나 송병준
이 글의 형식이 잘못되었다는 평계로 약속한 금액을 지급하지 않자
이강호 등이 송병준이 사기를 쳤다고 재판소에 고소하면서 사건의
진상이 드러난 것이다.

또한 일부 친일파는 이토 동상 건립 운동을 벌이기도 했다. 황현
은 "서울의 무뢰배들이 목소리를 높여 이토 히로부미가 공덕이 있
으므로 그의 동상을 만들자고 간청했지만 이토가 허락하지 않았다"
고 기술했는데, 이러한 이토 동상 건립설은 《대한매일신보》 1908년
11월 28일 기사에 근거하고 있다는 점에서 낭설은 아니었다.

이토 통감의 공덕을 기리기 위해 동상 건조의 논의를 어제 이래
로 김윤식 외 2, 3인 원로가 주창하여 신구 정부 대관과 협상한 바
있는데 근일에 김윤식 씨가 일동의 대표로 통감에게 내락을 청할
계획이오 장차 건조비 모집에 착수할 터이라더라.

물론 이들의 노력은 이토의 고사로 무산되고 말았다. 그러나 황현

이토 히로부미와 이지용 일행
1906년 촬영한 사진으로, 뒷줄 가운데가 이토 히로부미, 오른쪽이 이지용, 앞줄 왼쪽에서 세 번째가 홍경이다.

은 원로 대신인 김윤식마저 친일파로 돌아서서 동상 건립을 추진했음을 확인한 셈이다.

특히 황현은 역사책에 담기에는 부담스러운 친일파 부인들의 불륜 행각을 적었다. 친일파에 대한 분노 때문이기도 하거니와 그것은 유학자로서 도저히 용납할 수 없는 행위였기 때문이었다. 관련 내용은 다음과 같다.

이지용의 처 이씨는 자칭 이홍경(李洪卿)이라고 하는데, 이때 남편과 함께 [일본에] 갔었다.

우리나라의 부녀들은 옛날에는 이름이 없고 다만 아무개 씨(某氏)라고만 칭했다. 그녀는 이때 일본의 풍속을 본받아 저마다 자기 이름을 써서 사회에 머리를 드러내게 되었는데, 홍경으로부터 처음 시작된 것이다.

홍경은 처음에 일본 관리인 하기와라 모리이치(萩原守一)와 정을 통했고, 또 고쿠부 쇼타로(國分象太郎)와도 통했으며 후에는 하세가와 요시미치와도 통했다. 하기와라가 질투했으나 발설하지 못했다. 왜 풍속에 남녀가 서로 만났을 때는 반드시 악수를 하고 입을 맞춰 친밀함을 표시했다. 하기와라가 본국에 돌아갈 때 홍경이 그를 전송하면서 입맞춤을 했다. 이때 그녀는 혀끝을 내밀어 하기와라의 입으로 들이미니 하기와라가 그 혀를 깨물었다. 홍경이 아픔을 참고 돌아오므로 도성 사람들은 작설가(嚼舌歌)를 지어 그를 조롱했다. 당초 이지용은 허랑방탕하여 누차 임금에게 꾸지람을 들었는데, 홍경이 엄비 처소를 들락거리면서 임금의 뜻을 돌려놓아 마침내 권세를 잡기에 이른 것이다. 그러므로 이지용은 그녀의 방자한 행동을 금할 수 없었다.

그리고 민영철(閔泳喆)의 처 류씨(柳氏)는 구례 사람인 류제빈(柳濟賓)의 딸로 민영철의 재취인데, 그녀는 얼굴이 아름다워 하세가와의 사랑을 받았고, 홍경과 함께 '두 미인'으로 지목받았다. 류씨는 이름을 옥경(鈺卿)이라 했다. 이때 민영철이 상하이로 가 있을 때, 옥경은 집에 있으면서 날마다 왜관으로 가거나 북한산 승방(僧房)으로 갔는데, 공공연하게 벌이는 음란행위를 그치지 않았다.

당국의 검열이나 신문사 자체 판단 때문이었는지, 이러한 추문은 기사화되지 않았다. 그럼에도 불구하고 시골에 사는 노인의 귀에 들어간 것을 보면, 당시 민중들 사이에 회자된 듯하다. 이러한 성적

추문이 유포된 것은 사실 여부를 떠나 지배층에 대한 조롱을 통해 그들의 권위를 깎아내리고 그들에 대한 분노를 표출하고자 했던 민중들의 욕망 때문이었을지 모른다.

의병전쟁과 일본군의 만행

일제의 군대 해산은 의병운동이 새로운 단계로 발전하는 전기가 되었다. 수많은 구 한국군이 일제의 군대 해산 조치에 반대하여 의병 대열에 참여했다. 이는 그동안 일제의 무력 진압에 다소 기세가 꺾인 의병들에게 커다란 힘이 되었다. 그리하여 의병들은 거국적인 의병 항일전을 벌였는데, 이는 종전의 의병 투쟁과는 비교할 수 없을 정도로 규모와 전력 면에서 새로운 전환점을 가져왔다.

우선 이강년 의병 부대를 필두로 전국 각지에서 의병들이 봉기했다. 정교는 다음과 같이 전하고 있다.

이강년의 사람됨은 뜻이 크고 기개가 있다. 종사와 나라가 장차 망하게 됨을 분노하여, 충주·제천 등지에서 의병을 일으켰다. 병력은 수백 명을 넘지 않았지만, 충성과 절의로 스스로 노력하여 여러 차례 일본인과 전투를 벌여 그들을 격파했다. 융희 2년(1908) 7월에 전투에서 패하여 제천에서 붙잡혔고, 10월에 해를 입어 죽게 되었다. 말투와 낯빛이 직설적이고 격렬하여, 평리원 대법관인 우리나라 사람이나 일본 사람을 심하게 욕하고 꾸짖으면서 조금도 굴하지 않았다. 일본 사람 가운데 크게 외치며 칭찬하고 감탄하면서 눈물을 흘리는 사람도 있었는데, "진정으로 충성스럽고 의로운 선비"라고 말했다.

제6부 의병전쟁에서 강제 병합까지

박정빈은 이강년과 같은 시기에 (황해도) 금천에서 의병을 일으켰다. 여러 차례 일본인과 전투를 벌였지만 중과부적으로 패했다. 결국 그 무리들을 해산시키고 달아나 숨었다.

전 참찬 허위도 (경기도) 포천에서 의병을 일으켰는데, 뒤에 붙잡혔다. 융희 2년 10월에 일본인이 살해했다. 이때 안동군의 이광렬 (李光烈)도 의병을 일으켰다.

황현은 《대한매일신보》 기사 등을 대거 활용하여 이들의 활약상을 상세하게 적었다. 여기에는 허위, 유인석 등 여러 의병장이 포함되었다. 지평 군수, 양지 군수, 마전 군수, 죽산 군수 등 친일 군수들이 의병 부대에 피살되었다고 전하고 있다. 그러나 그는 안타까운 상황도 상세히 전했다. 특히 의병장 민종식을 숨겨주었다가 1907년 9월 26일 일본군에 피살된 전 참판 이남규(李南珪)의 활동과 피살 과정, 그의 행적을 상세하게 적고 있다.

군민 가운데 일진회에 참여한 자들이 다투어 고자질을 하며 "이남규를 제거하지 않고는 내포(內浦) 지역에는 편안할 날이 없다"고 말하므로, 일본인들이 그 말을 믿고 그를 체포하여 결박하려고 했다. 이에 이남규는 분격하며 "나는 대장부이므로 죽을 수는 있으나 욕을 당하지는 않을 것이다. 너희들이 가자는 대로 맡겼는데 어찌 결박하려 하느냐?"라고 하면서 가마를 타고 나갔다. 이때 그의 두 아들도 따라가려고 하자 이남규는 "너희 둘이 나를 따라 죽으면 우리 가문은 어떻게 되겠느냐?"라고 하면서 물러가라고 큰 소리로 꾸짖었다. 그러나 그의 어린 아들은 따라갔다.

온양 위암촌 앞에 이르자 왜병들은 서로 저희들끼리 눈짓을 하더니 칼을 빼어 들고 그의 앞으로 다가갔다. 이남규가 그들을 꾸짖기를 "너희들이 서울로 가자고 했으니, 가면 일이 판결될 것이다. 어찌 성급히 해치려 드느냐?"라고 하며 그 칼을 막고 손으로 칼을 쥐자 다섯 손가락이 모두 베어져 땅에 떨어졌다. 이때 그의 아들이 아버지를 감싸 막으며 왜적을 크게 꾸짖다가 부자가 모두 살해되었다. 그들의 시체는 갈기갈기 찢겨 성한 곳이 없었다.

이때 가마꾼 한 사람이 가마의 기둥을 뽑아 들어 왜놈 한 명을 박살 내고 그 자리에서 또 죽임을 당했다. 세 사람의 시신이 길에 버려져 있었는데, 하루가 지나도록 염을 하는 자가 없었다. 이 외 암촌은 이성렬(李聖烈)의 고향 마을인데, 이성렬은 왜병들이 떠나기를 기다렸다가 비로소 염을 했다.

황현은 평소 강화도의 양명학자이자 문장가 이건창을 존경했다. 황현이 1910년 국망으로 죽기로 결심한 뒤 이건창의 묘소를 참배할 정도였다. 그래서 이건창 다음으로 최고의 문장가로 알려졌던 이남규가 일본군에게 피살되자 크게 슬퍼했다. 그에 대한 이런 심정은 자신만이 아니라 많은 이들의 아픔이었다고 절절하게 토로하고 있다.

또 황현은 1908년 2월 29일에 피살된 의병장 민긍호(閔肯鎬)의 활동과 피살 과정도 전하면서 친일파의 후안무치를 꼬집었다.

의병장 민긍호가 패하여 죽임을 당했다. … 왜병들은 그를 결박하여 길을 가다가 의병들에게 탈취당할까 염려하여 끝내 살해했다. 이때 그들은 그를 매우 의롭게 여겨 관을 마련하여 염을 해주고 후하게 장례를 치러주었다. 그의 묘비에 '의병대장 민긍호지묘 (義兵大將閔肯鎬之墓)'라고 표시했다.

민긍호는 영동 지방의 산골에서 활동할 적에 백성들에게 식사를 제공하도록 요구했을 뿐 그 밖의 재물을 억지로 요구하지 않았다. 그의 부하들은 겨우내 솜옷도 입지 못하여 많은 병사의 손가락이 떨어져 나갔다. 그가 죽임을 당한 후에는 민간에서 그를 추모하여 가련하게 여겼다.

송지헌(宋之憲)이라는 사람은 송시열의 후손으로, 이때 내부(內部)의 서기관으로 있었다. 그가 일본인 쓰루오카(鶴岡)를 만나 민긍호의 죽음을 축하하자 쓰루오카는 정색을 하며, "민긍호는 쓸 만한 사람입니다. 당신은 의병이 일어난 근본적인 원인을 알고 계십니까?"라고 했다. 송지헌은 매우 부끄러워하며 어찌할 바를 몰랐다.

민긍호는 원주 진위대의 정교(正校)로 있다가 군대가 해산되자 의병에 투신했다. 그는 강원도에서 가장 큰 의병 부대를 거느리고 100여 차례 전투를 벌여 일본군에 큰 타격을 주었다.

그밖에도 황현은 수많은 의병장의 죽음을 일일이 거명하며 역사에 남기고자 했다. 경북 의병장 남우팔을 비롯하여 많은 의병장이 피살되었다고 밝히고 있다. 특히 일본군의 진압에는 일진회를 비롯한 친일 세력의 준동이 있었다. 일진회 회원들은 왜인과 공모하여 자위대를 창설했다. 그러나 1907년 7월~1909년 5월에 일진회 회원 9,200여 명이 의병에 의해 피살되었다.

1909년 3월 통감부가 추정한 일진회 회원의 수가 2만여 명이라고 한다면, 일진회 회원의 사망자가 전 회원의 절반가량 되는 셈이다.

그러나 일진회만 친일 행위에 앞장선 것은 아니었다. 황현은 일진회 소속이 아닌 다른 인물들도 거론했다.

상주 사람 강영상(康永相)이 통감부에 스스로 털어놓기를, "원컨대 병사 1,000명을 빌려주면 경북 의병을 소탕하겠다"고 했다. 전 참령 이민직(李敏稷)은 우리 정부에 글을 올리길 "자신을 소모관(召募官)으로 임명하면 해산된 군대를 불러 모아 충북 의병을 일거에 섬멸할 수 있다"고 했으나 허락하지 않았다. 이민직은 갑오년(1894) 동비의 괴수였고, 일진회에 가입하여 지방에 해독을 끼친 사람이었다.

특기할 만한 점은 당시 의병 진압에 나섰던 인물 가운데 동학농민운동의 지도자도 있었다는 점이다. 동학 잔당이 일진회 회원으로 변신하여 의병을 탄압하는 모습은 평소 동학당을 부정적으로 인식해 온 황현의 격분을 살 만했다. 황현의 눈에 이 진압자들은 오로지 출세를 목표로 지방 사회를 흔들어 놓은 인물로 비쳤다.

한편, 의병에 대한 이중적인 인식이 서서히 바뀌는 모습도 보여주고 있다. 황현은 의병들이 군자금을 마련하는 과정에서 충신과 애국자 집안의 재산을 약탈하지 않았음을 강조하고 있다. 또한 일반 주민들의 의병에 대한 헌신도 언급했다. 1907년에 "관동의 백성들이 의병을 궤향(饋餉)했다"고 했는데, 강원도 백성들이 의병에게 식량을 제공한 것을 '궤향'이라는 용어를 써서 긍정적 의미를 드러내고 있다. '궤향'이란 음식을 보내 접대한다는 뜻이다. 의병이 주민들로부터 식량을 약탈한 것이 아니라 백성들이 어려운 형편에도 자발적으로 식량과 감자를 제공했음을 강조하고자 한 것이다. 그렇다고 해서 황현이 의병들의 민가 약탈 사실을 숨긴 것은 아니다.

양호(兩湖)에서 의병이 크게 일어났으나 의병을 일으킨 사람들은 무기가 없음을 우려하다가 민간의 소를 약탈하고는 군산항으로 들어가 소 한 마리에 양총(洋銃) 한 자루씩 바꾸었다. 이에 연산, 노성, 진산, 금산 등지의 들에는 소가 텅 비니 소 한 마리의 가격이 민전(緡錢, 끈에 꿴 돈) 300냥이나 되었다.

반면에 일본군의 온갖 약탈과 불법 행위를 일일이 고발했다.

왜병들이 정산(定山) 정혜사(定惠寺)를 불태우고 청풍, 진천, 상주, 제천 등 여러 군아(郡衙)를 소각했다. 그중 제천의 한 군은 소각된 관아가 과반이나 되었다. 그들은 또 청주로 들어가 화양동에 있는 환장암(煥章菴)을 소각했다. 이때 《우암문집(尤菴文集)》[송시열의 문집] 판각도 모두 소실되었다. 그리고 이때 의병들도 경기도의 골짜기 고을의 민호(民戶) 수백 채를 소각했다.

특히 1907년 12월 일본군의 《우암문집》 판각 소각은 황현에게 엄청난 충격이었을 것이다. 물론 신문에는 소각 주체가 드러나지 않는다. 그러나 《대한매일신보》 1909년 9월 14일 기사에 따르면, 당시 일본군이 의병을 진압하는 과정에서 불을 지른 것으로 파악된다. 이들 건물과 판각은 유학의 중심인물 송시열과 관련되기 때문에, 황현은 일본군의 만행을 결코 용서할 수 없었다. 일본군의 또 다른 만행도 고발했는데, 일본군이 1907년 9월 보은향교를 소각하고 심지어 그해 10월 이황의 사우 및 고택을 소각했다는 것이다.

이처럼 황현이 의병을 바라보는 시각이 예전과 달라졌다. 의병장의 피살을 상세히 다루고 의병 봉기 현황을 일일이 적었다. 다음은 음력 1908년 1월 의병 봉기 상황이다.

'의보(義報)'에 따르면, 그들은 [함경남도] 홍원(洪原) 용연사(龍淵社)에서 온 힘을 다하여 전투했고, 장진 의병들은 일진회 회원 80여 명을 살해한 후 이천(伊川)으로 들어가서 일진회 회원 9명과 왜병 13명을 살해하고 양덕과 서흥 사이에서 전투했다. 16일에는 곡산에서 전투를 벌이고 17일에는 해주 산속으로 후퇴했으며, 20일에는 문화와 송화의 접경에서 전투를 했다. 10일에는 왜병들이 대포 2문을 싣고 동대문 밖으로 나가고 8일에는 장흥에서 전투를 벌였으며, 21일에는 충주 장호원에서 전투를 벌이다가 전라도 광주의 기삼연을 체포했으나 의병들이 빼돌려 달아났다. 왜병 300여 명이 북청 의병에게 섬멸되었다. 12일에는 장성에서 전투를 벌이고 8일에는 김약유의 병사들이 지평에서 전투를 벌였으며 삼수의 순사초소(巡査硝所)를 습격했다.

이러한 '의보'란은 1907년 7월 군대 해산 직후 관동·호서·영남에서 의병이 '대흥(大興)'한 사실과 1908년 1월부터 1910년 6월까지 의병 전투를 월별로 정리하고 있다. 물론 이 기록들은 단순한 사실을 채록한 메모에 불과할 수도 있다. 그러나 그는 '살왜(殺倭)'를 목적으로 도도히 전개되는 구국의병의 모습을 묵묵히 바라보면서《대한매일신보》에 보도되는 '지방 소식'을 달별로 정리하여 기록함으로써 의병들의 고귀하고 숭고한 투쟁을 역사에 남기고자 한 것이다. 특히 의병에 대한 보고를 뜻하는 '의보(義報)'라는 표현은 여타 일기나 역사책에서 보기 어려운 용어로, 그의 의병에 대한 인식이 변화했음을 잘 보여준다.

황현은 의병들의 지향과 목표를 보여주는 문건의 내용도 최대한 담고자 했다. 다음은 1908년 5월 허위가 이끄는 의병들의 투서 내용이다. 요구 사항이 30여 개인데 여기에는 4개 조항만 들어 있다.

의병들이 통감부로 투서하여 4개 조항을 다음과 같이 요구했다.
1. 태황(太皇)의 복위
2. 통감의 철환(撤還)
3. 일본인 관리의 파면
4. 외교권의 작환[繳還, 회복을 뜻함]

나아가 일본군의 앞잡이 노릇을 하는 통역관을 '토왜(土倭)'라고 부르고 있다는 점도 전하고 있다.

이때 우리 백성 중에 통역이 된 자가 무고, 살인, 약탈 등을 외구(外寇)보다 더 심하게 하므로 사람들은 그들을 '토왜'라고 불렀다.

일본군은 자신들의 군대를 지원해 줄 헌병 보조원을 13도 각 군에 걸쳐 뽑았다.

13도 각 군에 헌병 보조원을 뽑아 배치했다. 각 군마다 10여 명 또는 4~5명을 두어 급여를 후하게 주고 그 직급을 높게 책정했으므로 각 지방의 젊은 부랑배들이 서로 앞을 다투어 왔다. 또 그들은 양민을 무고하게 학살하여 묵은 원한을 갚았고 마을을 약탈하여 사복을 채웠으나, 일본인들은 그들의 행위를 알면서도 금하지 않았다. 그들이 자기들에게 붙은 것이 기뻤기 때문이다.

이들은 거대한 병력을 유지하려고 각종 물자를 한국인에게서 약탈했다. 이 가운데 한국인 헌병 보조원의 약탈은 빼놓을 수 없었다.

이때 일본인으로 각 군에 주재한 자는 분견소, 토벌대, 경무청, 재무서, 헌병소, 수비대 등의 이름을 붙이고 있었고, 또 험한 요처마다 분파소(分派所)를 두었다. 그들이 일상생활에 필요한 모든 물자를 우리 백성에게 할당하여 거두었으나 일찍이 값을 치르지 않은 적이 없으나 대다수는 서리와 토왜가 모두 가로챘다. 일본인들이 지방분소(地方分所)를 처음 왔을 때는 반드시 대가를 잘 치렀는데 얼마 안 되어 토왜에게 교사(敎唆)를 받고 혹은 반값만 치르거나 혹은 전혀 값을 치르지 않기도 했다.

황현은 1910년 의병이 일본군과 내통하는 민간인 마을을 공격한 사건도 기록했다. 《대한매일신보》 1910년 1월 28일 기사에 따르면, 갈마동(葛馬洞) 면장이 일본 헌병 보조원과 연락하여 의병을 탐지하여 보고했기 때문이다.

의병들이 장단(長湍) 갈마동의 민가 30여 호를 소각했다. 촌민들이 왜병들과 내통하고 있었기 때문이다.

심지어 현상금에 눈이 먼 이들이 의병장들을 고발하기까지 했는데 개중에는 의병장과 가까운 친구도 있었다. 그러나 신문 오보로 밀고자로 오해받는 경우도 있었다. 예컨대 황현이 《대한매일신보》 1908년 7월 9일 기사를 근거로 허위의 친구 여영조와 박대원이 현상금에 눈이 멀어 허위를 고발했다고 적었는데, 이 기술은 명백한 오류였다. 황현은 이후 《대한매일신보》 1908년 7월 12일 기사를 보고 자신의 오류를 정정했다.

왜군들이 허위의 뒤를 밟아 깊은 산골짜기의 넓은 굴에 있는 소굴로 가보았으나, 마침 허위가 거기에 없었다. 마침내 돌아오고 있는데 이때 도중에 뒤에서 "내가 허위다"라고 외치는 소리가 들렸다. 일본인들이 의아해하며 "어찌 스스로 자수를 하느냐?"고 물으니 허위는 "이토 히로부미와 한번 통쾌하게 대화를 나누고 싶다"고 했다. 그는 즉시 체포되었다. 대체로 그는 자신이 하는 일이 이루어지지 못하고 한낱 노고만 더할 뿐임을 알고 공공연하게 죽고자 했다고 한다.
이때 여영조는 [대한매일]신보사에 와서 당초에 이런 일이 없었다고 설명하고, 그의 이름은 '영조(永祚)'로 '조(祖)'가 아니라 한 즉, 그 일이 잘못 알려진 것임을 짐작할 수 있다.

허위는 밀고가 아닌 자수로 체포되었던 것이다. 황현은 《대한매일신보》에 의존하여 기사를 채록하는 과정에서 종종 오류를 저질렀다. 그러나 오류를 바로잡음으로써 선비로서의 윤리를 지키고자 했음을 확인할 수 있다. 이때 허위는 당당하게 헌병사령관 아카시 모토지로(明石元二郎)의 신문에 응했다. 황현은 그의 일화를 전해준다.

허위가 사령부에 수감되었다. 이때 그는 성하(盛夏)임에도 솜옷을 입고서 휘파람을 불며 꿋꿋하게 태연자약했다. 신문하기에 이르러 일본인이, 선동한 자와 대장이 누구냐고 물었다. 허위는 웃으며 "선동한 자는 이토 히로부미이요 대장은 나다"라고 했다.

일본인이 "어찌 이토 공을 지목하느냐?"고 묻자 허위는 "이토 히로부미가 우리나라를 전복시키지 않았다면 의병은 필시 일어나지 않았을 것이다. 그러니 이토 히로부미가 선동하지 않았다면 누구란 말이냐?"라고 맞서며 꾸짖고 굽히지 않았다.

허위는 1908년 10월 21일(음력 9월 27일) 순국했다. 황현은 그의 모습을 자세히 적었다.

28일[음력 9월 27일의 오기] 의병장 허위가 살해당했다. 허위가 교살될 때, 일본 승려가 경문(經文)을 외워 그의 명복을 빌려고 하자 허위가 꾸짖기를, "충의로운 귀신은 절로 승천하여 신선이 된다. 설령 지옥에 떨어진다 해도 어찌 너희 같은 오랑캐 중놈의 도움을 받겠느냐?"고 했다.

그리고 일본인 관리가 유언이 있냐고 묻자, 허위가 말하길 "대의를 펴지 못했으니 유언이 무슨 소용이리오?"라고 했다. 또 관리가

"시신을 수습해 줄 사람이 있냐고 묻자, 그는 "시신을 어찌 거두리오. 이 감옥에서 썩는 것이 좋다"라고 말한 후 안색이 자신만만한 채로 "나를 빨리 죽여라"고 소리를 크게 질렀다.

[대한매일]신보사는 그 말을 지목하여 "하늘의 해가 빛이 없어졌다"고 보도했으니 그 기사를 읽은 이들 중 눈물을 흘리지 않는 사람이 없었고, 간수 두 사람도 허위와 이강년의 죽음을 보고 비분함을 이기지 못해 모자를 찢고 그곳을 물러났다.

심지어 어느 의병장이 의병을 일으키기 전에 부인에게 죽음을 권유한 이야기도 전했다.

원주 사람 김운선(金雲仙)이 지난해(1907) 7월부터 국권이 실추되는 것을 보고 분노가 일어나 죽으려다가 적을 토멸하기로 결의하고 그의 처에게 말하기를, "내가 의병을 일으키면 그 화가 반드시 당신에게 미칠 것이니, 당신이 지금 내 손에 죽어 내 손으로 직접 장례를 치르는 것이 어떻겠소?"라고 했다. 그의 처가 웃으며 말하길 "그것은 저의 뜻입니다"라고 하면서 목을 내밀어 죽었다.

김운선은 그날로 그 시신을 짚으로 싸서 장례를 치르고 단신으로 포 하나를 끌며 원주와 제천 사이를 오가며 숨기도 하고 나타나기도 했다. 그가 쏜 대포는 빗나간 것이 없어 10일 동안 30여 명을 죽였다. 이때 왜병들이 그를 매우 두려워하여 "숲처럼 많은 의병은 두려울 게 없으나 일개 장군[김운선]은 하늘에서 내려왔도다"라고 말했다.

황현은 의병들의 전투 실적을 다음과 같이 기록했다.

1908년 12월, 경기도에서는 7차례 전투, 평남에서는 1차례 전투, 함경도에서는 8차례 전투, 해서에서는 7차례 전투, 관동에서는 4차례 전투, 충청도에서는 1차례 전투, 영남에서는 7차례 전투, 호남에서는 5차례 전투를 치렀다.

이때 의병의 수는 3,592명이었으며 경기, 해서, 전남이 가장 많았다. 그다음은 전북, 관동, 북관[함경남북도], 호서, 영남 등지였다. 관서 지방은 조금 안정되었다. 그중 많은 병력이 출몰하여 조금 번잡했던 곳은 양주, 포천, 가평, 마전, 연천, 파주, 평산, 연안 등지였다. 이때 이진룡, 하성태, 한정만 등은 강화파(江華派)인 지홍기와 합세하여 황해도에서 횡행했다.

한편, 황현은 1909년 일본인들이 일본군에 정보를 제공하기 위해 의병 탐색 지도를 작성했다고 기록했다. "왜인들이 전국 지도를 그리고 세 지구로 나누어 의병 유무를 기록했는데, 의병을 탐지하고 체포하는 데 편리했다"는 것이다. 이러한 정보는 신문에도 보도되지 않았던 사항이다. 황현이 재한 일본인의 지원 활동을 예의 주시하고 있었음을 알 수 있다. 아울러 신정희, 박노천, 조수연 등 정탐꾼들의 활동을 언급하면서 그들의 음모로 붙잡힌 이은찬에 대해 소개했다. 이은찬은 군대 해산 이후 9월 원주에서 이구재와 함께 의병을 일으킨 장본인으로, 13도 연합의병을 구성하는 데 기여한 인물이다. 13도 연합의병장 이인영(李麟榮)이 부친상을 이유로 문경으로 돌아가면서 13도 의병연합작전이 실패로 돌아가자, 허위와 함께 임진강 의병연합부대를 편성하여 일본군을 공격했다. 그런데 서울에 있던 박노천 등이 이와 같은 계획을 탐지하고 군자금을 제공하겠다는 미끼로 서울로 유인했다. 그들의 말을 믿고 3월 31일 서울에 잠입하여 용산역에 나타났다가, 잠복하고 있던 일본 경찰에 잡혀 1909년 경성지방법원에서 교수형을 선고받고 순국했다. 훗날 《대한매일신보》 1909년 6월 1일 기사에서 신정희, 박노천, 조수연 등이 이은찬을 유인하여 체포한 정탐인으로 지목되면서 온 천하에 드러났고 황현의 귀에도 들어갔던 것이다. 황현은 1909년 6월 7일에 체포되었다가 13일에 처형된 이인영의 체포 소식도 전했다.

기호 의병대장 이인영이 태전[太田, 지금의 대전]의 분견소에 붙잡혔다. 그는 부친상을 당한 뒤 문경에 숨어 있다가 다시 황간으로 들어가던 중 정탐하던 왜병에게 체포된 것이다.

그러나 황현은 1910년 간도 의병의 두만강 도강에 주목하면서 이들에게서 희망을 보았다.

간도 이범윤(李範允)의 부하 조상갑, 이승호, 방병기, 김제익, 한진수 등이 온성과 종성 사이를 출몰하면서 대군이 6월에 도강할 것이라고 표명했다. 함경도 주민들은 여기에 힘입어 그들을 성원했고 6진 주재 왜병들은 주야로 경계를 엄히 했다.

정교는 1910년경부터 의병 활동을 주목했는데, 의병들의 전사 소식뿐 아니라 이들의 탁월한 승리 소식도 전했다.

이진룡, 한정만, 공태원이 황해도 연안, 배천, 재령, 수안 등지를 거리낌 없이 누비고 다녔는데 각각 부하 40~50명을 이끌었다. 연기우와 서로 기맥이 통했고 이진룡은 적성의 감악산을 근거지로 삼았다. 연기우와 이진룡은 일본의 연합부대와 여러 차례 전투를 벌여 이겼다. 사상자가 매우 많아 일본인이 그들을 가장 꺼렸다.

일본 수색대가 이진룡 부대를 찾아다니는 과정에서 인민들의 마을에 여기저기 흩어져 머무르고 있자 이진룡과 그의 부하들은 농민 복장으로 갈아입고 종적을 감추었다. 이진룡은 또 때때로 농민들과 서로 섞여 기차를 타고 서울을 왕래하며 일본인의 동정을 정탐했으니, 그의 지혜와 용기가 이와 같았다.

의병들이 농민들과 연대하여 활동했으며 기차를 타고 다니며 이동했음을 강조하고 있다.

정교는 또한 의병들의 의기와 절개를 높이 평가했다. 허위가 일본군에게 체포되어 순국하자 창의원수부(倡義元帥府) 대장 권중설에 관해 적었다.

융희 1년(1907) 9월 전 참찬 허위가 포천에서 의병을 일으켰다. 그의 부하 권중설과 고재식 두 사람이 각각 병사 50여 명씩을 이끌고 양주, 포천, 영평, 장단, 춘천, 철원 등을 오갔다. 일본 헌병 및 순사 부대와 여러 차례 전투를 벌여 그들을 격파했다.

허위가 붙들려 죽게 되자 사람들이 권중설을 추대하여 창의원수부 대장으로 삼았다. 권중설은 각국 영사들에게 편지를 보내 일본인이 약속을 어긴 일과 우리나라가 위기에 드리운 상황에 대하여 통렬히 비난했는데 말이 매우 적절했다.

다시 일본인과 전투를 벌였는데 불리해지자, 고재식과 함께 포천 청송면 백호리 능내동에 남몰래 숨었다. 이에 이르러 일본 헌병대에 체포되었다. 3월 21일 서울로 압송되어 넘겨져 일본 헌병대에 갇혀 심문을 받았다. 권중설은 학문이 넉넉하고 풍부했으며 풍채가 빼어났다. 자신을 심문하고 조사했지만 진상을 하나도 실토하지 않았다. 뒤에 끝내 해를 입었다.

정교의 의병에 대한 인식은 1910년 7월 마지막 의병장 채응언을 기술하는 과정에서 절정에 달한다.

의병장 채응언이 함경남도 땅에서 일본의 헌병분견대를 습격하여 여러 차례 격파했다. 이에 이르러 제 부하들을 10명에서 15명까지로 나누어 각 지역에 출몰하도록 했다. …

채응언은 제 부하 장수인 박형원에게 병사 17명을 인솔하여 평안남도 성천군 화창의 일본 헌병분견소로 가서 공격하도록 시켰다. 채응언은 정예 병사 약간 명을 인솔하고 평안남도 양덕군 화촌면으로 들어가, 그곳 사립학교의 졸업식이 끝난 뒤 제 부하들을 훈련시키며 학생들에게 구경시켰다. 또 그 학생들이 체조하는 것을 지켜보았다. 무릇 그들이 지나는 곳에서는 털끝만큼도 시골 백성들을 침범하거나 약탈하는 일이 없었다. 공개적으로 표명하여 말하기를, "나는 대한제국의 독립을 위하며, 우리 동포를 돕고 보호하는 사람이다"라고 했다. 들은 사람들 가운데 감탄하지 않는 사람이 없었다.

의병장 채응언(?~1915)
1914년 일제의 대대적인 의병 탄압작
전으로 체포된 채응언(오른쪽).

채응언의 경우, 신식 교육의 본산이라 할 소학교를 공격하기보다
는 그들의 체조 활동을 보면서 새로운 독립 국가를 꿈꾸었다고 본
것은 아닐까. 대개 의병들은 신식 학교와 단발한 교사들을 각각 일
본식 교육의 장이자 담당자로 인식하던 터에 채응언 의병의 이러한
모습이 정교에게는 색다르게 보였던 것이다. 그리고 정교는 의병들
이 시골 백성을 침범하거나 약탈하지 않았다고 강조하고 있다.

의병과 일본군 사이에서

의병 투쟁은 민족의 구성원으로서 당연히 지지하고 응원해야 할 사
안이다. 그러나 정작 일상을 영위하는 일반민에게 그들에 대한 물
자 지원은 매우 난감한 일이다. 일본군이 이런 지원을 문제 삼아 마

을을 초토화하거나 겁박하기 때문이다. 지규식이 살고 있는 광주 분원도 사정이 다르지 않았다. 특히 이 지역은 경기·강원 의병이 자주 출몰하는 지역이고 교통의 요지여서 물질적·정신적 피해가 매우 컸다.

의병들은 이 마을 학교에 들어와 경고문을 보내고 떠났다. 신식 학교를 일본인 학교로 인식하고 적대적인 반감을 드러낸 것이다. 지규식은 1907년 8월 7일(음력 6월 29일) 일기에서 다음과 같이 적고 있다.

학교에 또 투서가 있었다. 이르기를 "투서 1장이 칠판 뒤에 있으니 자세히 찾아보라"고 했다. 그러므로 칠판 뒤를 찾아보니 과연 봉서(封書) 1통이 있었다. 개봉하여 보니 교사에게 보낸 투서로 "급히 즉시 돌아가라. 만일 떠나지 않으면 반드시 죽을 것이다"라고 적혀 있었다.

이 시점은 고종의 강제 퇴위, 군대 해산으로 말미암아 의병운동이 활발해지는 때였다. 당시 신식 학교를 설립하여 계몽운동을 펼치려 했던 지규식으로서는 난감한 일이었다. 더욱이 일주일도 안 되어 불길한 소식이 마을에 전해졌다. 일본군이 마을 근처에 주둔하고 있다는 소식인데, 이는 일본군과 의병의 격돌을 예고하는 것이었다. 특히 원주 의병에는 방금 해산된 원주 진위대의 한국 군인들이 가담했다는 소식도 전해졌다. 모든 상황이 불안과 긴장의 연속이었다.

8월 16일에는 의병 70여 명이 광주군에 들어와 많은 물자를 압수했다는 소식도 들어왔다. 그리고 의병들이 지규식의 마을에서도 무기와 함께 의병을 차출할 것이라는 소식이 전해졌다. 불안감이 고조되는 순간이었다. 결국 8월 19일 "본 군 의병장으로 이백원(李伯元)을 추천했다. 지금 바야흐로 병사를 모집하고 있으니, 분원에서도 다소를 불러 모으고 총과 창을 수합하여 가지고 속히 들어오라"는 내용의 편지가 전해졌다. 지규식은 몰지각한 편지라며 탄식했지만 그러한 요구를 거절할 수 없었고, 8월 21일 동네 공론을 모으는 동회를 열었다. 이때 주민들은 공포에 떨었다. 병사를 제공하는 일은 주민으로서는 엄청난 부담이었다. 그래서 8월 22일 가능한 한 그들의 요구를 무마하고 이를 반대하는 행위자를 징계하고자 했다.

학교 담장 수축하는 일을 시작했다. 8개 마을에서 10명이 부역 나왔다. 의병을 불러 모으는 일은, 이백원에게 잘 말하여 돌려보내게 했다. 저녁을 먹은 뒤 정용환(鄭龍煥)이 본 군에서 도망 나와 돌아오다가 사사로이 병사 13명을 모집하여 왔다. 동정(洞庭)에서 정가 놈을 체포하여 가두고 심부름꾼을 보내 본 군 수서기(首書記)에게 보고했다.

정용환은 지규식과 달리 의병 활동에 적극적인 인물로 보인다. 그래서 지규식은 그를 붙잡아 광주군에 보고했다. 양근 관아에서 답변이 없자, 지규식은 정용환을 풀어주면서 집 밖에 나가지 말라고 엄중하게 일러두었다. 그러나 지규식이나 마을 주민의 바람과 달리 상황은 더욱 악화되었다. 지규식은 8월 25일 일기에서 "각처에서 의병이 세차게 퍼져나가 일본군과 교전한 곳에는 사상자가 셀 수 없

제6부 의병전쟁에서 강제 병합까지

고, 불을 지름이 더욱 심하여 인심이 대단히 흉흉하다"며 그 심각성을 토로하고 있다. 결국 그의 불안은 현실로 나타났다.

8월 26일 광주 의병이 이천에서 지규식의 마을로 들어온 것이다. 마을 주민들은 공동으로 저녁밥을 제공하고 총 2자루와 군수전을 내놓아야 했다. 하지만 의병의 요구는 여기에 그치지 않았다. 지규식이 8월 27일 일기에서 쓴 것처럼, 의병은 마을 동임에게 면포와 돈을 요구했으며 심지어 매질을 하기도 했다. 특히 의병과 일본인 사이에서 교전이 벌어지면서 사태는 심각해졌다. 의병 1명이 사망한 것이다. 우천과 분원 주민들은 피난 가기에 바빴다. 사태가 이렇게 흘러가자 의병과 일본군의 전면 충돌이 예상되었다. 그리고 지규식의 예상대로 일본군이 드디어 남한산성으로 들어오니 마을 사람들이 돌아왔다. 다른 나라 군대의 진입에 안심하는 형국이 된 것이다. 8월 30일(음 7월 22일) 일기는 이런 광경을 보여주고 있다.

일본인 7명이 우천평을 건너 남한산성으로 향하니, 들에 나가 있던 사람들이 모두 피신하여 들어왔다. 매우 우습고 한탄스럽다. 학교 담장 수축 공사를 다시 시작했다.

그의 말대로 상황이 '우습고 한탄스러웠다'. 그래도 일상의 배움은 진행되어야 하니 학교 담장을 수축하는 일이 재개되었다. 이때 서울에서 강제 단발 소식이 전해오자 마을이 다시금 술렁였다. 그리고 일본군이 들어와 약탈하기 시작했다. 9월 10일 일기다.

어젯밤(9월 9일)에 일본군 6명이 우천평에서 분원 마을로 들어와서 많은 닭과 달걀을 구해 오라고 위협하고 공갈쳤다. 할 수 없이 닭 13마리와 달걀 120개를 얻어 주었으나, 오히려 부족하게 여기고 유덕기(柳德基) 가게에서 궐련초(卷煙草) 2상자를 또 빼앗아 가서 한바탕 놀랐다. 밤이 깊은 뒤 나가서 우천평 소식을 들으니 "일본군이 집집마다 갑자기 들이닥쳐서 일상생활 용품을 무수히 가져가 온 동네가 도피했다"고 했다. 매우 한탄스럽다.

한편, 일본군의 약탈과 함께 의병들의 요구 사항도 늘었다. 9월 12일 일기다.

의병소에서 화약 100근을 남종면에 강제로 배정했다. 면회(面會)에서 "대전(代錢)으로 마감하기로 의논을 수렴하고 각 동에 분배했다"고 했다.

결국 화약은 구매하기 어렵기 때문에 돈으로 대신 내기로 하고 각 마을에 할당한 것이다.

그뿐 아니라 의병들은 청년들을 징발해 갔다. 심지어 분원 학교를 점거해 대장 사무실로 사용했다. 9월 16일 일기에 이런 사정이 고스란히 드러난다.

정오에 본 군 의병 400명이 갑자기 우천 시장에 나타났다. 조금 있다가 분원 학교로 들어가 대장 집무소를 차리고자 했다. 할 수 없이 내주고 교사 2명은 우리 집으로 자리를 옮겼다. 저녁을 먹은 뒤 귀천 김 국장을 청하여 오게 하고, 분원 마을 내 부유한 집 7~8명을 불러들여 얼마간의 군수전 몇 냥을 내도록 요구했다. 소요가 밤새 도록 이어졌으나 나는 신병 때문에 피곤하여 나가보지 못했다.

다음 날 17일에는 일본군이 마을로 들어왔다. 마을에 큰 위기가 닥친 것이다.

날이 샐 무렵에 영의[지규식의 아들]가 급히 알리기를 "일본군이 방금 동네 안으로 들어왔습니다. 사세가 매우 급박합니다"라고 했다. 나를 부축하여 일으켜 등에 업고서 그의 집에 이르니 총소리가 하늘을 뒤흔들고 의병이 달아났다. 조금 있으니 총소리가 어느 정도 멈추었다. 내가 지팡이를 짚고 집으로 돌아오니 집안 식구들이 자리를 텅 비웠고, 교사 2명과 가동만 남아 있었다. 일본군이 물러 갔다는 말을 듣고서 교사 2명이 귀천으로 돌아갔다. 정오가 되어 의병이 동산(東山)에 모여 있다가 내려와서 한 부대는 우천평으로 가고 한 부대는 퇴촌으로 갔다. 비로소 편안해지고 정돈되었다. 가 동을 광주 퇴촌 지하동으로 심부름 보내 어머님과 식구들 모두 인 솔하여 오도록 했다.

의병들은 도망갔고 일본병도 그들을 추적하기 위해 마을에서 나 갔다.

이 과정에서 일본군의 추격을 받던 의병 가운데 2명이 총탄에 맞 아 죽었다. 마을 주민들은 인간적인 도리로 시체를 매장하고 이 사 실을 일본군 주둔 대장에게 통보하면서 탄환도 보냈다. 마을 주민 들은 살얼음판을 걷는 기분이었다. 그러나 상황은 끝나지 않았다.

의병들이 군수전을 요구한 것이다. 그러나 그다음 날 의병들은 군수전을 다시는 걷지 않겠다고 약속했다.

양평 의병은 양근 관아를 점령했으며 우편 취급소를 습격하기도 했다. 따라서 일본군의 진압 활동도 집요해지기 시작했다. 지규식은 9월 21일과 22일 일기에서 일본 병선 수 척이 용산에서 올라온다며 우천 장시가 한낮에 즉시 파하고 주민들이 피신했다고 적었다. 그리하여 의병과 일본군 사이에 사천 장터에서 교전이 벌어졌다. 일본군의 공격으로 주변 마을의 피해가 극심했다. 9월 27일 일기다.

다른 사람을 통해 듣건대 "의병이 일본군과 사천 장터에서 교전하여 의병이 패하여 달아났다. 일본군은 고읍동(古邑洞)으로 들어가 불을 놓아 28호를 모두 태웠으며 동민 4명이 총탄에 맞아 죽었다. 본 군으로 쫓아 들어가 총을 쏘고 불을 놓아 한 고을이 모두 타버리고 해를 입은 자 또한 많다"고 했다.

병력이 부족해진 의병들은 마을 주민들 중에서 청년들을 차출했다. 의병들의 자금 마련 문제도 긴급한 현안이 되었다.

갈수록 첩첩산중이었다. 9월 20일 의병들이 군수전을 침탈하지 않겠다고 약속해 놓고는 한 달도 안 되어 다시 군수전을 요구한 것이다. 이어서 여기저기 출몰한 의병들이 군자금을 내놓으라고 손을 벌렸다.

한편, 일본군이 분원 마을로 몰려오면서 마을은 공포 분위기에 휩싸였다. 지규식은 10월 26일 일기에서 험악한 분위기를 전하고 있다.

이른 아침에 광주 수비대 일본군 10여 명이 와서 자신들을 영접하여 자리를 잡아 앉게 했다. 일본 병사가 말하기를 "이 마을에는 폭도가 많아 상부의 훈령에 따라 마을 전체 가옥을 모두 불태워서 영구히 폐허로 만들겠다"고 했다. 그래서 내가 "거주민은 실지로 죄를 범할 이유가 없다"고 말하고 원정[原情, 억울한 사정을 하소연하는 글]을 자세히 써서 올리니, 마침내 "특별히 사면하겠다"고 써서 보였다. 그러므로 내가 백민(百民)들에게 널리 유고(諭告)하고 어루만져 위로했다. 그 대장에게 주과(酒果)를 대접한 뒤 점심을 올리려 하니 "잠시 우천평에 나가 살펴보고 돌아와서 밥을 먹겠다"고 하고 나갔다. 잠시 후에 화염이 하늘을 찌를 듯하고 포성이 진동하더니 두어 시간 뒤에 돌아왔다. 그에게 무엇을 했는지 물으니 "가옥 1채가 불에 타서 곧 두들겨 껐다"고 했다. 동장 박좌윤(朴左允)과 상유사 김도경(金道京)을 잡아 왔다. 저녁때가 되어 동임들을 호되게 매질하며 힐문하여 폭도를 기어코 이실직고하라고 하니, 그 동임들은 죽기를 각오하고 거절했다. 내가 옆에서 그들은 죄가 없다고 설명하니 마침내 석방하여 보냈다. 이날 밤은 아무 일 없이 머물러 묵었다.

의병의 빈번한 출몰을 이유로 마을을 소각하겠다는 일본군의 협박과 엄포에 대해 지규식은 마을 어른으로서 침착하게 대처하며 억울한 사정을 호소했다. 그러나 일본군은 민가 한 채를 본보기로 불태우고 동장들을 호되게 매질하며 의병들의 행선지를 대라고 강요했다. 일본군이 남한산성으로 이동하자, 10월 30일 의병들이 닥쳐 어느 집 첩을 인질로 잡아가 처형하기도 했다. 그 이유는 나중에 밝혀졌는데, 그 첩이 일본군의 읍내 민가 소각에 앞장섰다는 것이다. 그 집이 아무래도 어떤 의병과 관련되지 않았나 싶다.

결국 의병과 일본군이 체류하는 동안 사용된 경비가 도마 위에 올랐다. 예전 방식으로 각 마을에 분배하여 거두기로 하고 빈부 형편에 따라 배정했다. 11월 3일 일기다.

동회에서 의병과 일본인이 왕래할 때 발생한 경비 7,600여 냥을 각 마을에 분배하여 거두기로 했다. 120여 호를 5등급으로 나누되 상등은 180냥, 2등은 130냥, 3등은 80냥, 4등은 35냥, 5등은 20냥으로 배정했다.

이후에도 일본군의 출몰이 줄지 않았으니 분원 마을도 일본군의 감시 대상이었음은 분명했다. 그러나 일본군의 체류 경비는 온전히 마을 주민의 몫이었다.

광주 수비대 일본군 8명이 우천평에 이르러 분원 동임과의 만남을 청하여, 내가 이종락과 함께 나가서 만나 맞닥뜨렸고 안부 인사를 했다. 의병 소식을 물었으므로 없다고 답했고, 저들은 "장차 분원에 들어가 머물러 묵으려고 한다"고 말하여, 나와 종락이 그리하라고 답하고 돌아왔다. 병정 3명이 먼저 학교에 들어와서 나에게 말하기를 "정성 들여 청소한 개인 집을 빌려 쓰면 좋겠다"고 했으므로, 김수긍(金洙兢) 사랑방을 깨끗이 청소하고 들어가 거처하라고 했다.

일본군이 마을에 들어올 때마다 마을에서 부담하는 경비는 늘어만 갔다. 11월 7일 일기다.

일본군이 아침을 먹은 뒤, 우천평으로 나가 배를 타고 창우(倉隅)로 내려간다고 했다. 병정 3명은 곧바로 남한산성으로 향했는데, 마을에서 닭 25마리와 달걀 100개를 마련해 주고 일꾼에게 지워 보냈다. 정오가 되어 고랑리에 머물고 있는 기마병 5명이 또 와서 말먹이 보리를 사달라고 했다. 정은한(鄭恩漢)에게서 봄보리 2섬 5말, 적두(赤豆) 2되, 달걀 30개를 사 갔는데, 값 377냥 5전 중 단지 315냥만 주고 갔다. 강하게 요구할 수 없어서 그대로 두었다.

물론 그 과정에서 의병을 지원하면 마을을 소각시키겠다는 일본군의 협박이 지속되었다. 11월 12일 일기다. 마을 주민들은 다시 한번 공포 분위기에 휩싸였다.

양수두[兩水頭, 지금의 두물머리] 일본 병참 수비대에서 부근 동임들을 불렀다. 이종락이 앞서갔는데, 대장이 선언서를 포고한다고 했다. 이에 따르면 "각 마을 폭도들이 자수하여 무기와 장비를 바치도록 하면 죄를 용서하고, 만일 그렇지 않으면 그 마을에 불을 질러 모두 없앨 것이다. 또 각 마을에서 엄히 파수하여 만약 폭도가 오면 쏜살같이 병참소로 달려와 보고하라"고 했다.

마을 주민들은 마을에 들어온 일본군의 체류 경비만 대는 게 아니라 일본 병참 경비도 일부 부담해야 했다. 11월 15일 일기에 따르면, "양수두 일본 병참대에서 심부름꾼을 보내 백미 50되와 달걀 200개를 구해 보내라고 요구하자, 그 숫자대로 얻어 보냈다는 것이다.

일본군은 금품과 물자를 요구했을 뿐 아니라 헌병대가 마을의 행정과 주민의 운명을 직접 결정하는 모습까지 보인다. 11월 19일 고랑리 헌병대장이 직접 마을에 들어와 자위단을 만들고 "마을의 호구를 사실대로 조사하라"고 명령했다. 그리고 "마을 안 의병의 유무를 사실대로 알리라"고 하면서 의병들을 귀화시키라고 강력하게 요구했다.

일본군은 여기서 더 나아가 의병을 색출하고 일진회 회원과 가족을 철저하게 보호했다. 지규식이 11월 25일 일기에 쓴 것처럼, 일본군은 마을 사람들에게 의병을 즉시 바치라고 강요하면서 온갖 위협을 가했다. 심지어 11월 26일 일기에서는 양근의 어느 사람이 자신의 첩이 의병에게 화를 당한 것을 두고 반드시 복수하겠다고 다짐한 사실을 전하기도 했다. 지규식으로서는 마을에 끼칠 피해를 우려하여 이 사람과 가까운 양근 병참 순사 겸 일진회 사무원을 찾아가 애걸복걸했다. 지규식의 눈에 일진회는 마을의 수호자였다. 이어서 지규식이 우려했던 대로 동네 주민들 사이에 갈등이 일어나기 시작했다. 일본군을 지원하는 자위단이 조직되어 일부 주민이 입단하자, 동네 주민들은 경비를 마련해야 했고 의병들을 이른바 귀화시키는 데 혈안이 되었다. 심지어 일본 순검이 직접 조사하여 의병을 색출하겠다는 의지를 보이자, 이곳 출신 의병들이 주민들의 안위를 위해 의병 대열에서 이탈하기도 했다. 이른바 귀순이다. 또한 양수두 병참에서 마을의 무기 보관 여부를 물으면서 온갖 협박 문서를 보내자, 동네 주민들은 의병을 만나거나 피해를 보면 즉각 일본 헌병소에 보고했다. 동네 주민들은 생존하기 위해 양다리를 걸쳐야 했고, 그래서 헌병대의 소소한 행사에도 동원되어야 했다. 예컨대 일본군 사령부 대장의 행차에 학도들을 데리고 양수두에 나가야 했다. 그러나 그들이 마을에 들어가 패악을 부리는 것에 비하면, 이러한 동원은 별일이 아니었다. 지규식은 1908년 7월 1일 일기에서 일본군 대장이 자신의 실수로 시계와 지폐를 분실하고는 집집마다 수색하면서 온갖 행패를 저질렀다고 상세히 적었다. 결국 동네 주민들은 돈으로 해결하기로 결정하고 마을 회의를 거쳐 돈을 모아 일본군 대장에게 갖다 바쳤다. 물론 이 와중에도 의병 2명이 와서 보조금을 독촉했고, 2,000냥을 거두어 모아서 여러 가지로 애걸하여 주어 보냈다. 이후에도 이러한 요구는 계속되었다.

해가 바뀐 1909년에도 상황은 비슷했다. 역시 군수전이 문제였다. 물론 일본군은 의병을 추적했고 전사자가 발생하기도 했다. 드디어 마을에서 의병에게 자금을 대지 않겠다는 의견들이 속출했는데, 그렇게 거부하는 것도 이해할 만했다. 일본 헌병대의 협박이 너무 컸던 것이다. 1909년 8월 14일 일기다.

양주 고안(高安) 헌병대장이 심부름꾼을 시켜 자신학교(自新學校)에 동네 모든 민인을 모아놓고 연설했다. 내용은 "의병이 들어왔을 때 본동의 보고가 매번 늦어서 미처 쫓아가 잡지 못했다. 지금 이후로는 밤낮으로 파수하고 먼저 본 사람은 굳이 동임에게 알리지 말고 도착 즉시 급히 와서 고안 본소에 보고하라. 그리하면 즉시 군대를 보내어 잡을 것이다. 이처럼 주의하고 다시는 때늦은 보고로 일을 그르치는 폐단이 없게 하라"고 했다.

물론 의병 쪽의 요구 사항도 만만치 않았다. 8월 19일 일기다.

배추를 심었다. 장사근이 갑자기 왔는데, 고안 일본 헌병소에서
잡아갔다. 오후에 의병소에서 전령이 왔다. 내용은 "군수전과 총알
값 총 8,000냥을 마련해 보내라. 만일 영을 어기면 온 동이 큰 화를
면하기 어려울 것이다"라고 했다. 전령을 가지고 온 사람은 오 아
무개라고 말했다. 우천평으로 나갔던 동임이 붙잡혀 곤욕을 당해
서 아무개들이 회의하여 당오전 1,000냥을 변통해 주었다. 우천동
은 500냥을 마련해 주었다고 한다. 밤이 깊어지자 사유를 갖추어
고안 헌병소에 보고했다고 했다.

마을이 이런 위기에 처하자 지규식은 그 상황을 8월 21일 일기에
서 다음과 같이 토로했다.

고안에 간 일행이 해가 저물도록 돌아오지 않았다. 인편을 통해
들으니 "동장·단장(團長)이 거듭 노형(拏刑)을 받았다"고 했다. 8개
마을의 백민(百民)이 저녁을 먹은 뒤 일제히 우천평으로 나가 잠시
기다리고 있으니, 모든 사람이 배를 타고 내려와서 일제히 영접하
여 본동으로 들어갔다. 오리 큰길가에 이르러 8개 마을을 집합시켜
이장이 백민촌장(百民村長) 이종락과 널리 유고하기를 "이처럼 존
망이 달린 절박한 시기를 당해 만일 단합하지 않으면 반드시 망하
고 말 것이다. 만일 서로 사랑하는 뜻이 있으면 각기 마을에서 단
합하겠다는 취지서를 작성하여 동중(洞中)으로 보내라. 그러면 수
행할 수 있거니와 만일 그렇지 않으면 내일을 위시하여 다시는 간

섭하지 않겠다"고 하니 백민이 "네, 네" 하고는 각각 흩어졌다. 나는 즉시 돌아와 본리 각 호를 불러 모아 효유하고, 단합 취지서를 작성하여 각 호가 이름을 열거·날인하게 한 뒤 회의를 마쳤다.

그 바람에 일본군과 타협이 이루어졌고, 장사근도 보증을 서서 석방되었다. 의병들이 일본군의 탄압에 견디지 못하고 쫓겨나면서 결국 분원 마을에는 발을 디디지 못했다. 마을 사람들에게는 의병과 일본군 양쪽에 시달리지 않는 평화 시기로 여겨졌다.

하지만 의병이 모조리 사라진 것은 아니었다. 일본군의 의병 진압이 끝나갈 무렵 일부 의병이 이 지역을 지나가고 있었다. 1910년 6월 19일 오후 8시 의병장 강기동(姜基東)이 부하 30여 명을 인솔하고 우천에 들렀다가 백목(白木) 70자, 담배 2근, 궐련 18상자, 학생 모자 3개, 잠낭(潛囊) 3개를 청구했고, 마을 주민들은 즉시 마련해 주었다. 마을 주민들로서는 양쪽에 물자를 대주는 악순환을 거듭한 것이다.

이후 강기동은 양주군 화도면 전투에서 패한 뒤 서울로 잠입했다가 체포되었는데, 순사를 발로 차고 도주했다. 1911년 2월 12일 북간도로 망명하기 위해 원산에 잠시 체류하던 중, 일본인이 경영하던 오처루(吾妻樓)에서 술을 마시다 일본 경찰에 붙잡혔다. 그해 2월 17일에 서울로 이송, 경무총감부에 수금되었는데, 팔다리에 태극기와 극기(克己)라는 글자를 묵자하고 옥중항쟁을 벌이다가 용산 일본군 행형장에서 총살당했다. 그 밖에 많은 의병이 일본군의 총탄에 쓰러졌고 마을 주민들은 이런 와중에도 양쪽에 시달리면서 생존을 도모해야 했다.

호남 의병과 남한대토벌작전

1908년 1월 13도 의병이 주축이 된 창의군의 서울진공계획이 실패한 뒤 호남을 중심으로 의병운동이 치열하게 전개되었다. 이 지역 의병들이 일본 군경과 벌인 전투 횟수는 1908년 전체 전투 수의 25퍼센트에서 1909년 47.3퍼센트, 참가 의병 수는 1908년 전체 의병 수의 24.7퍼센트에서 1909년 60.1퍼센트로 늘어났다. 황현은《매천야록》에서 호남 의병운동을 상세히 다루고 있다. 그가 전라남도 구례 사람이고 의병 소식을 빨리 접할 수 있었기도 하거니와 호남 의병의 활동이 활발했기 때문이다. 특히 일제가 호남 의병을 진압하기 위해 이른바 남한대토벌작전을 벌였기 때문에 그 참상도 황현의 눈길을 끈 것으로 보인다.

황현은 1907년 호남의 의병 봉기를 다음과 같이 평했다.

전라남북도에서 의병이 일어났다. 6월 이후 관동과 영남에서만 의병이 날로 치성(熾盛)했는데 오직 호남에서만 의병이 없었기에 사람들은 호남의 수치로 여겼다. 이때 이석용은 임실에서 의병을 일으켰고 김태원은 함평, 기삼연은 장성, 문태수는 무주, 고광순은 동복에서 의병을 일으키니 사방이 일시에 감화되었다.

그러나 이때 그들은 물자와 장비가 없고 기강도 없어 감히 왜병들과 혈전을 벌이지 못하고, 오직 형세만 취하여 뒤흔들 뿐이었다. 이때 김태원은 기발한 전략을 많이 써서 많은 왜병을 사살했다. 문태수는 말타기를 잘하여 호남과 영남 사이를 왕래하면서 민심을 얻었기 때문에 백성들이 서로 그를 숨겨주었다. 이석용은 종잡을 수 없이 왕래하여 일본군이 현상금을 걸고 체포하고자 했으나 결국 잡지 못했다. 고광순은 지리산에 들어가 전투하다가 패하여 전사했다.

황현은 미처 깨닫지 못했지만, 1895년 동학농민혁명 때 호남이 가장 많은 피해를 입었기 때문에 의병이 쉽게 나오기 어려웠을 것이다. 그러나 1907년 군대 해산 이후 다시 한번 의병운동이 활발해지면서 호남에서도 의병운동이 폭발적으로 증가했다. 그러나 황현은 의병 부대의 문제점도 하나하나 언급하면서, 군량과 장비가 없고 기강도 없어 일본군과 제대로 전투를 하지 못했다고 날카롭게 지적하고 있다. 그러나 이 가운데 김태원과 문태수는 각각 전략과 기마를 잘했을뿐더러 민심을 얻었다고 강조하고 있다.

황현은 의병장의 전사를 안타깝게 여겼고 《매천야록》 곳곳에 그 사실을 하나하나 기록했다. 1907년 백낙구의 의로운 죽음을 다음과 같이 묘사했다.

호남의 의병장 백낙구가 태인에서 왜병들과 싸우다가 전사했다. 백낙구는 지난 섣달, 광주에서 석방된 후 집으로 돌아가지 않고 전북 의병과 합류했다. 이때 왜병들이 태인의 들에서 의병을 습격하여 그를 추종하던 무리가 전세가 불리해지자 그를 부축하여 도망가려고 했다. 백낙구는 탄식하며 "너희들은 가고 싶은 대로 가거라. 이곳은 내가 죽을 곳이다"라며 꼿꼿하게 나오면서 "백낙구가 여기 있다"고 외쳤다. 결국 그는 총을 맞고 절명했다.

고광순에 대해 서술할 때는 관아 향리들의 배신행위도 지적했다.

고광순이 동복에서 왜병들을 습격했으나 오히려 패주했다. 이에 앞서 고광순은 최익현 의병에 합류하려 했으나 미치지 못하고, 또 양한규와 함께 모의하여 남원을 점거하기로 했으나 뜻을 이루지 못했다. 한참 지나 그는 100여 명을 모집하여 동복군으로 들어갔는데 그곳의 향리들이 화가 미칠 것을 두려워하여 왜군을 인도하여 그를 습격했다. 고광순은 도망하여 죽음을 면했다.

이름은 잊어버렸는데 이씨는 일찍이 정언(正言)을 지냈고 관서 사람이었다. 그는 완력이 빼어나 나라 안을 두루 다니며 은밀히 충성과 의리가 있는 사람들과 사귀었다. 그는 처음에 민종식을 따르다가 패했고, 또 최익현을 따르다가 패했고, 또 양한규를 따르다가 패했고, 이때에 이르러서는 고광순을 따르다가 또 패했는데, 끝내는 그가 어디로 갔는지를 알지 못했다.

황현은 고광순의 아까운 죽음과 함께 어느 무명용사의 헌신도 역사에 남기고자 했다.

1908년 김태원의 의병 훈련과 활약상, 전사에 이어 부인의 장렬한 자결도 묘사했다.

호남의 의병장 김태원이 전투에 패하여 전사했다. 김태원은 나주 박산촌에서 병을 치료하고 있었는데, 일본인들이 그를 추적하고 있었다. 김태원은 싸우지 못하고 마침내 죽임을 당했다.

김태원은 의병을 일으킨 뒤 1년 동안 왜병 수백 명을 죽였다. 그는 부하를 엄격하게 통제하여 백성들을 괴롭히지 못하도록 했다. "군대는 본래 정예로움을 귀하게 여기고 숫자가 많은 것을 귀하게 여기지 않거늘, 하물며 오늘의 이른바 의병에 있어서랴! 많기만 하고 정예롭지 못하다면 득실이 생길 따름이다"라고 했다.

이 때문에 그가 처음부터 끝까지 거느린 병사는 30~40명에 불과했는데 이들을 가려내 단련시키니 모두 죽음을 두려워하지 않는 병졸이었다. 그는 점을 잘 맞추는 것에 숙달하여 신기하게 들어맞는 경우가 많았으므로 백성들은 그를 매우 의지했는데 그의 사망 소식을 듣고 놀라지 않는 사람이 없었다. 그의 장례에 많은 사람이 모였는데 일본인들 또한 금지하지 않았다.

이때 김태원에게는 어린 자식이 하나 있었다. 처 아무개 씨[낙안 오씨]는 김태원의 사망 소식을 듣고는 즉시 일본인이 있는 곳으로 들어가 남편의 시신을 찾아와서 땅에 묻었다. 그의 처는 아들을 수년 동안 양육하면서 점점 방도를 알게 되었다. 태황제[고종을 가리킴]의 상사(喪事) 소식을 들은 아무개 씨는 김태원의 친족을 모아놓고, "이 아이가 집안을 일으킬 것입니다. 국상이 났다고 들었으니, 나는 응당 이를 따라 죽을 것입니다"라고 말하고 그날 저녁에 자결했다.

여기서 주목할 점은 김태원의 처 낙안 오씨가 1919년 1월 고종이 죽자 자결했다는 것이다. 그녀는 자식 양육 때문에 남편 따라 죽지 못했지만 정성 들여 양육한 결과 자식이 어느 정도 반듯하게 성장하자 고종의 죽음과 함께 자결하기에 이른 것이다. 낙안 오씨의 자결 사건은 1910년 9월 황현이 자결하고 약 9년이 흐른 뒤에 일어난 일이지만, 추후 다른 이들이 《매천야록》에 추가하여 적은 것으로 보인다.

황현은 전라북도 정읍에서 의병을 일으킨 이은찬에 대해서도 "기개가 있고 격렬했다"고 칭송했는데, 정교도 그에 대한 기록을 남겼다.

이은찬은 왕실의 성씨로서, 나라가 장차 망하게 될 것을 분하게 여기고 정읍에서 의병을 일으켰다. 일본군을 꽤 살상했는데, 뒷날 전투에서 패하여 붙잡혔다. 죽음을 앞두고 시를 남겼다.

오얏 가지 한 나무로 배를 만들어	李枝一樹作爲船
뭇 백성들을 구하려고 바닷가에 배를 대었네	欲濟蒼生泊海邊.
조그만 공도 얻지 못하고 이 몸이 먼저 빠지니	未得寸功身先溺
누가 생각하리오 동양이 만년토록 즐거우리라고	誰算東洋樂萬年

황현은 특히 호남 3대 의병장으로 일컬어지는 심남일(沈南一)이 체포된 것을 안타깝게 여기면서도 그가 신문물을 배운 지식인임을 다음과 같이 강조했다.

전남 의병장 심남일이 강무경과 함께 체포되었다. 이때 심남일은 의병 700여 명과 함께 장흥 봉치산에서 왜병과 싸웠다. 의병이 패하자 그는 암굴 속에서 은신하고 있다가 결국 왜병에게 발각되어 체포되었다. 심남일은 본래 함평 사람으로 일찍 왜로 들어가 왜어를 공부하면서 영어도 겸하여 공부했다. 그들은 의병을 일으켜 많은 참획을 거두었다.

그러나 심남일은 서당 훈장과 향교 교임을 지냈을 뿐 일본에서 유학했다는 기록이 없는 점으로 보아 황현이 착각한 듯하다. 황현이 심남일에 대해서 관심을 가진 것은 그의 백성에 대한 자세 때문일 것이다. 심남일이 주민 보호에 힘썼음은 다음의 지침에 잘 드러나고 있다.

원컨대 제군들은 특히 백성을 무마하는 데 힘써야 한다. 부디 토지와 재물을 빼앗지 말고, 겁략하지 말 것이며, 무고한 사람들을 때리지 말라. 그리고 경솔하게 군사를 발동하지 말고, 적을 가소롭게 보지 말라. 가는 곳마다 백성들을 집안사람을 맞이하듯 반갑게 서로 대함으로써 백성들에게 실망을 주지 말라.

훗날 박은식은 심남일을 두고《한국독립운동지혈사》에서 다음과 같이 서술했다.

그는 훤한 얼굴에 훤칠한 풍채로 재주가 뛰어나고 기지가 많았다. 의병 70여 명을 모집하여 누차 기묘한 계책으로 토적하여 매우 위망이 있었으나, 마침내 장흥군의 동쪽 산에서 패전하여 의병장 강무경과 함께 전사했다[체포되었다].

당시 일제는 호남 의병을 진압하기 위해 1909년 9월부터 2개월 동안 이른바 남한대토벌작전을 벌였다. 황현은 이 작전을 다음과 같이 서술하고 있다.

왜병들이 길을 나누어 호남 의병들을 수색했다. 그들은 위로는 진원, 금산, 김제, 만경, 동으로는 진주, 하동, 남으로는 목포에서부터 그물 치듯 사방을 포위했다. 파견된 순사들이 촌락을 샅샅이 수색하고 가택마다 빗질하듯 조사하여 조금만 의심이 가면 즉시 주민을 살해하므로, 이때부터 행인들의 종적이 저절로 끊기고 이웃마을마저 통행할 수 없었다.

의병들이 삼삼오오 짝을 지어 사방으로 도주했으나 그들이 숨을 만한 곳은 없었다. 힘이 센 사람은 앞으로 돌격해서 싸우다가 죽고, 약한 사람들은 땅을 기면서 애걸하다가 그들의 칼에 맞아 죽었으므로 의병들은 점차 밀려나 강진, 해남 등 육지가 끝나는 곳까지 쫓기게 되었다.

이때 사망자는 무려 수천 명이었으며 고제홍, 심남일 등이 전후에 걸쳐 왜병에게 결박되었다.

일본군은 북쪽으로는 금산에서부터, 남쪽으로는 목포에서부터, 동쪽으로는 진주, 하동에서부터 반대편 방향으로 포위망을 좁히면서 의병들을 공격했다. 그 결과 호남 의병들의 피해는 막심했다. 황현은 당시 호남 의병들의 피해를 다음과 같이 정리했다.

전남 의병 중 왜병에게 살해된 의병은 374명, 체포된 의병은 1,055명이었고, 빼앗긴 총기는 255정, 군도(軍刀)는 330자루였다.

이어서 1910년에도 많은 의병이 해산하거나 체포 또는 살해당했다. 심지어 일본군은 토벌을 빙자하여 주민들을 수탈하거나 살해했다. 황현이나 정교는 미처 파악하지 못했지만, 후일 알려진 사실에 따르면 1907년 8월부터 1914년 말까지 일본군이 학살한 의병은

1만 6,700명, 부상자는 3만 6,770여 명이었는데, 2개월의 남한대토
벌작전 기간에 체포, 학살된 의병장은 103명, 의병은 4,138명에 이
르렀다.

　황현은 피살된 의병장들의 죽음을 기리면서 전해산의 절명시를
다음과 같이 전하고 있다.

　　호남 의병장 전해산은 광주에서, 영남 의병장 정문칠은 영해에
서 체포되었다. 이때 삼남 의병이 차례로 패배하여 종종 무기를 바
치고 귀화하기도 했다. 각 지방이 조금 안정되었지만, 왜병이 토벌
을 빙자하여 발호했으므로 억울하게 살해당하거나 부상당한 사람
들이 이루 헤아릴 수 없었다.

서생이 무슨 일로 갑옷을 입었다가	書生何事着戎衣
본래 세운 뜻이 이처럼 어긋나니 탄식하네	太息如今素志違
조정 신하들이 재앙 만들었음을 통곡하노니	痛哭朝廷臣作孽
바다 밖 적이 침입 포위하니 차마 논하리	忍論海外賊侵圍
밝은 해는 소리 삼키고 강물은 흐르고	白日吞聲江水逝
푸른 하늘 눈물 삼키고 가랑비 날리네	青天咽泪雨絲飛
이제 영산의 길에서 작별하여 떠나지만	從今別却榮山路
울음 우는 두견새 되어 피맺혀 돌아오리	化作啼鵑帶血歸

2. 안중근이 이토의 가슴을 저격하다

안중근은 양복 차림이었다. 그가 모두 여섯 발의 총을 쏘는 데 채 1분이 넘지 않았다. 사흘 전에 이토 히로부미는 기사(技師) 오다 (小田)에게 말하기를, "나는 다른 사람에게 암살되는 것이 본디 소망이었다"고 했으니, 과연 그 말처럼 되었다. _ 정교

다른 사람을 통해 간접적으로 들으니 "이웃 나라 만주 땅에서 한인이 일본 이토 히로부미를 총으로 쏘아 죽였다고 하는데, 이 일로 서울 각 학교는 3일간 휴학하라는 칙령이 있었다"고 했다. _ 지규식

의열의 시대가 열리다

1908년 3월 23일 미국 샌프란시스코에 벌어진 암살 사건이 국내에 전해졌다. 놀랍고 충격적인 소식이었다. 훗날 황현이 적은 사건의 개요는 다음과 같다.

장인환(張仁煥)과 전명운(田明雲)이 미국인 스티븐스를 미국 샌프란시스코에서 살해했다.

당초 스티븐스는 주미 일본 공사에 고용되어 두 사람과 매우 친하게 지내다가 마침내 우리 외부의 고문관이 될 수 있었다. 무릇 그는 일본에 이롭고 우리 한국에 해로운 일이라면 무슨 일이든 알선했다. 이때 그는 자기 나라 미국으로 돌아가 한국이 일본에 보호를 요청한 일은 진정에서 나온 것이라고 거리낌 없이 말했다. 또 우리나라를 훼손하고 모욕하는 온갖 잡다한 짓을 다 했다.

이때 장인환 등은 샌프란시스코에 머물고 있었는데, 통분을 이기지 못해 그가 차에서 내리는 것을 엿보다가 권총으로 저격했고 스티븐스는 그 자리에서 죽었다[스티븐스는 즉사하지 않고 이틀 뒤인 25일 사망했다]. 미국인들은 그들을 의롭게 여겨 취조하여 처벌하되 관대한 쪽으로 처리했다.

그러나 장인환은 징역 15년[징역 25년의 오류]을 살게 되고, 전명운은 바로 석방되었다. 대개 장인환이 범행을 자인하여 나머지 사람들에게 누를 끼치지 않았기 때문이다. 장인환과 전명운은 모두 평양 사람이다.

재미동포 장인환과 전명운이 대한제국 외부 고문 스티븐스를 대

전명운과 장인환 의거
1908년 3월 25일자 《공립신보》 지면이
다. 두 사진 중 왼쪽이 전명운, 오른쪽이
장인환.

낮에 암살했던 것이다. 황현은 당시 미국인들도 그들의 행위를 의
롭게 여겼다고 전하고 있다.

정교도 두 인물의 스티븐스 살해를 상세하게 기술했다. 특히 황현
과 마찬가지로 미국인들이 그들의 행위를 너그럽게 치죄했다고 평
가하면서, 이들의 행위가 테러가 아니라 의열이라고 주장하고 있다.

정교는 그들의 행위가 왜 의열 활동인가를 구체적으로 기록했다.

이에 앞서, 정부 고문관인 스티븐스가 휴가를 얻어 제 나라로 돌
아갔다. 3월 21일 샌프란시스코에 도착해, 그 지역 신문기자에게
우리나라의 일에 대해 다음과 같이 말했다.

"첫째, 일본이 한국을 보호한 뒤로 한국에 유익한 일이 많아졌

습니다. 따라서 근래에 한국과 일본 두 나라 사람들 사이의 교류가 점점 친밀해졌습니다. 둘째, 일본이 한국민을 다스리는 방법은 미국이 필리핀을 다스리는 것과 같습니다. 셋째, 한국의 새 정부를 조직한 뒤 정계에 참여하지 않은 인사나 일본에 반대하는 사람, 외딴 시골구석의 농민이나 각처의 인민들은 전날처럼 정부의 학대를 받고 있지 않습니다. 때문에 모두 일본인들을 환영합니다."

이런 인터뷰 내용이 각 신문에 실렸다. 이때 샌프란시스코에 머물고 있는 우리나라 인민들은 분노를 이루 견딜 수 없었다.

3월 22일 밤 8시, 샌프란시스코 공립관(共立館, 우리 인민이 세운 것이다)에서 공동회를 열었다. 총대(摠代) 최유섭, 문양목, 정재관, 이학현 등 4명을 보내 고급 호텔에 머물고 있는 스티븐스를 방문하도록 했다. 스티븐스는 호텔 응접실로 맞아들였다. 네 사람은 우리나라의 정세에 대해 물어보며, 신문에 실린 일에 대해 따지면서 잘못을 바로잡으라고 요구했다. 스티븐스는 대답했다.

"한국에는 충신 이완용이 있으며 또 이토 히로부미 통감도 있으니 한국과 동양의 행복입니다. 내가 한국의 형편을 보건대, 태황제의 과실이 너무 심합니다. 완고당(頑固黨)은 백성의 재산을 도둑질했으며, 인민은 어리석어 독립할 자격이 없습니다. 그러니 일본이 탈취하지 않았더라도 일찍이 러시아에 병탄되었을 것입니다. 나는 일본의 정책을 지지하고 있습니다. 신문에 실린 것은 사실이니 바로잡을 필요가 없습니다."

정재관이 그 말을 듣고 분한 기운이 크게 일어나, 주먹을 휘두르며 바로 스티븐스의 목을 쳤다. 스티븐스가 뒤로 넘어졌다. 네 사람은 일제히 일어나, 각각 그들이 앉았던 의자를 들어 스티븐스를 때렸다. 스티븐스는 얼굴 부위에 부상을 입고 피를 흥건하게 흘렸다. 응접실에 둘러앉아 있던 수백 명의 손님들이 크게 놀라 말리고 화해를 권유했다. 네 사람은 분노와 원한을 참지 못하고, 스티븐스의 도리에 어긋난 행적과 일본인의 난폭한 행동에 대해 한바탕 연설을 했다. 모든 자리에 가득 앉은 손님들 가운데 통쾌해하지 않는 사람이 없었으며, 친절하고 듣기 좋은 말로 위로하며 돌아가도록 권유했다. 네 사람은 마지못해 다시 돌아와 공립협회에 모인 모든 사람들에게 그간의 경위를 널리 알렸다. 여러 회원은 더욱 분노하여 편안히 있을 수 없어서 그 뒤에 흩어져 돌아갔다.

이어서 스티븐스의 이런 발언을 전해 들은 장인환과 전명운이 행동에 나섰다. 두 사람은 서로의 계획을 모른 채 스티븐스를 암살하기 위해 오클랜드 정거장으로 갔다. 정교가 묘사한 암살 현장은 다음과 같다.

> [공립협회] 회원 장인환과 전명운은 각각 권총을 지니고, 오클랜드 정거장으로 갔다(이때 두 사람은 서로에게 알리지 않고 각자 행동했다).
> 3월 23일 오전 9시 30분, 스티븐스는 샌프란시스코를 떠나 화성돈[華盛頓, 워싱턴 D. C.]으로 가려고 오클랜드 정거장에 도착했다. 일본 영사(샌프란시스코에 주재하던 자다)와 함께 자동차에서 내릴 때, 장인환과 전명운이 좌우에서 연달아 세 차례 총을 쏘았다. 총소리가 탕탕 나는 곳에서 스티븐스가 땅바닥으로 쓰러졌다. 경찰관들이 몰려와서 마차에 싣고 병원으로 갔다. 샌프란시스코 경찰서의 관리가 이 급한 보고를 받고 와서 스티븐스를 보았다. 스티븐스는

총탄 두 발을 맞았는데, 한 발은 등 뒤를 꿰뚫어 허파에 부상을 입혔고, 한 발은 스티븐스의 다리를 맞춰 부상을 입혔다. 전명운은 장인환이 두 번째로 쐈던 총탄에 잘못 맞아 어깨에 부상을 입고서 곧바로 병원으로 보내졌다. 붙잡힌 장인환은 경찰서에 갇혔다. 3월 25일 스티븐스는 죽었다.

또한 정교는 황현에 비해 재판 과정과 결과를 자세하게 기술하고 있다.

12월 23일 미국 지유리[支由里, 지명 불명, 캘리포니아 상급법원을 가리킴] 법정에서는 장인환과 전명운 두 사람을 고의로 사람을 죽인 범인이라는 죄목으로 재판했다. 12월 27일 배심원에서 판결하여 장인환은 25년 징역, 전명운은 95개월 징역을 선고받았다. 당시 미국 변호사 페럴(Robert Ferral), 코그란(Nathan C. Coghlan) 등은 지유리 법정에서 두 사람의 일이 애국심에서 나왔다는 점을 밝히고, 또 격렬한 말투로 원고(스티븐스) 측 검사의 잘못된 점을 공격하며 말했다. 배심원도 그 주장을 옳다고 여겨서, 두 사람은 죽음을 면할 수 있었다.

황현은 이완용이 스티븐스의 사망 소식을 듣고 부의금 1만 5,000원을 부조한 사실을 기록한 데 이어, 장인환의 선고 형량을 정리하여 다음과 같이 기술했다.

미국인이 장인환에게 금고 25년형을 선고했다.

더럼 화이트 스티븐스(1851~1908)
대한제국 외교 고문을 지냈고, 1908년 전
명운과 장인환에게 저격당해 죽었다.

당초 미국이 장인환을 구금하여 경과된 지 10개월이 되는 지난
해 양력 12월 23일 재심을 했다. 법관은 그의 충의에 감복하여 눈
물을 흘리기까지 했다.

선고함에 있어 "중죄 2등은 비록 30년의 징역을 살아야 하지만,
충의로운 지사에게 이런 형을 시행할 수 없으므로 그다음의 형을
적용한다"고 했다. 드디어 5년을 감해 금고형을 처했는데, 매년 형
기를 줄일 것을 계산하면 17년에 지나지 않았다고 한다.

장인환이 25년 징역형을 선고받았지만 충의를 인정받아 감형받
았다고 전하고 있다.

한편, 전명운도 장인환의 공범자로 체포되었다. 그 뒤 당당한 애
국심에 감복한 재판관이 전명운을 무죄로 선고, 1908년 6월 27일
석방되었다. 전명운은 장인환의 재판이 진행 중일 때 신변에 위협

을 느껴 이름을 마크 필즈(Mark Fields)로 바꾸고, 1908년 12월 블라디보스토크로 피신했다. 당시 안중근은 이토 암살 계획을 세우고 있었는데, 전명운의 피신이 안중근의 계획에 영향을 미치지 않았을까? 안중근의 배후가 전명운이라는 보도가 나올 정도였기 때문이다.

그렇다면 윤치호의 스티븐스 피살에 대한 반응이 궁금해진다. 윤치호와 스티븐스는 친밀했고 둘 다 약육강식의 세계관으로 세상을 바라보았기 때문이다. 스티븐스가 재미동포와 나눈 대화 가운데 했던 "내가 한국의 형편을 보건대, 태황제의 과실이 너무 심합니다. 완고당은 백성의 재산을 도둑질했으며, 인민은 어리석어 독립할 자격이 없습니다"라는 발언은 윤치호가 늘 일기에 적었던 구절과 매우 유사하다. 또한 윤치호는 1906년 3월 20일 일기에서 볼 수 있듯이 안과 밖이 다른 일본인과 달리 "스티븐스 씨의 관점은 지나치게 정당하고 정직해서 (상대적으로) 교활하고 비열한 일본인들에게는 잘 맞지 않는다"라고 두둔할 정도로 그에 대한 신뢰가 컸다. 그러나 스티븐스가 피살된 시점의 일기가 존재하지 않아 그의 반응은 확인할 수 없다.

안중근의 이토 저격

1909년 10월 26일, 연해주 독립군 참모중장 안중근은 러시아 정부와 회담을 갖기 위해 만주의 하얼빈역에 도착한 이토 히로부미를 저격, 사살했다. 이 소식은 삽시간에 국내외에 알려졌다.

황현은 그날의 상황을 다음과 같이 묘사하고 있다.

10월 26일 안중근이 하얼빈에서 이토 히로부미를 죽였다. 안중

안중근의 이토 히로부미 저격
안중근이 하얼빈역에서 이토 히로부미를 저격하는 모습을 상상하여 그린 그림이다. 박영선 화백 작품.

근은 갑산[황해도 해주의 오류]에서 태어나 정처 없이 떠돌아다녔는데, 지금은 평양 사람이 되었다. 나이가 이제 막 31세였다. 그는 이토 히로부미를 죽여 나라의 수치를 씻고자 하여 남모르게 계획을 세운 지 이미 여러 해가 지났다. 이해 봄에 동지들과 맹세하기를, "금년에 이 도적을 죽이지 못하면 내가 자결하겠다"고 했다.

　그 후 여름이 가고 가을이 될 무렵 이토 히로부미가 만주를 순시한다는 소문을 듣고 그는 블라디보스토크에서 만주로 뒤쫓았다. 마침 이토 히로부미가 하얼빈에 도착하여 러시아 관리[코콥초프(Kokovtsov)]와 만나기로 약속이 되어 있었다. 그가 막 기차에서 내렸을 때, 안중근은 러시아 병사들과 섞여 있다가 연속해서 권총을 발사했는데 세 발 모두 명중했다. 이토 히로부미가 기차에서 떨어져[이토가 저격을 당한 것은 기차에서 내린 이후다] 그를 여럿이 메고 병원으로 들어갔으나 그는 30분 만에 숨을 거두었다.

그의 총은 6연발[7연발의 오류] 권총이어서 다른 세 발은 호위한 일본인들이 맞았으나 모두 죽지는 않았다. 이토는 오른쪽 배와 등에 명중되었던 것이다. 그가 죽은 지 하루도 채 안 되어 그의 사망 소식이 동서양 전 지역에 전신으로 급속하게 알려졌다. 각국에서는 모두 놀라며 조선에 아직 사람이 있다고들 했다.

안중근과 공모자 10여 명이 모두 체포되었는데 그는 웃으며 말하길 "내 일이 이미 성공했으니 죽더라도 누가 알아주랴"고 했다. 이 소식이 서울에 알려지자, 사람들은 감히 소리 내어 통쾌하다고 말하지 못했지만 모든 사람의 어깨가 들썩했으며, 각자 깊은 방에서 술을 따라 마시며 서로 기뻐하며 축하했다.

그리고 이때 이완용, 윤덕영, 조민희, 유길준 등은 양궁[兩宮, 고종과 순종]의 명이라 조작하여 즉시 다롄(大連)으로 가서 조문했다. 임금은 친히 통감부로 가서 조문하고 이토 히로부미에게 문충공(文忠公)이란 시호를 내렸으며, 제전비(祭奠費)로 3만 원(元)을 부조하고 그의 유족에게는 10만 원을 주었다.

이학재(李學宰) 등이 이토 히로부미의 송덕비를 건립하자고 건의하고 민영우(閔泳雨)가 그의 동상을 세우자고 건의하면서 미친 듯이 매우 바쁘게 뛰어다니므로 일본인들은 그만둘 것을 명령했다.

당시 황현이 《황성신문》을 비롯한 여러 보도 기사를 종합하여 이토의 피살 과정과 사후 이토 조문 상황을 상세히 기록한 것이다.

정교 역시 놀랄 만한 이 사건의 배경과 이토의 피살 현장을 《대한계년사》에 자세히 소개했다.

이때 일본이 청국과 협약을 맺어 만주의 지린(吉林)에서 회령 사이의 철도부설권을 획득했다. 안둥현(安東縣)에서부터 펑톈(奉天)에 이르기까지 청국 인민들이 떠들썩했다. 미국 정부에서 항의가 있었고, 러시아는 지린의 철도에 대응하여 경쟁하는 마음에서 조남[洮南, 타오난, 펑톈에 두었던 부(府)의 이름] 철도부설권을 청국에 요구했다.

러시아의 대장대신(大藏大臣)은 극동 지역을 시찰하기 위해 하얼빈에 왔다. 이토 히로부미는 그와 만나 만주의 일을 은밀히 논의하기 위해, 기차를 타고 10월 26일 오전 9시 하얼빈에 도착했다. 러시아 대장대신이 열차 안으로 찾아와서, 약 20분간 함께 이야기한 뒤 하얼빈 주재 일본 영사 가와카미 도시히코(川上俊彦)의 인도로 열차에서 내렸다.

청국과 러시아 두 나라의 군대 및 문무 관리와 각국의 외교관들, 그 밖의 인민들이 모두 그를 환영했다. 이토 히로부미는 걸어서 그들 앞으로 와서, 차례로 악수하고는 일본인들이 늘어서 있는 곳으로 돌아섰다. 갑자기 러시아 군대가 정렬해 있는 쪽으로부터 우리나라 사람 안중근이 7연발 권총을 연속 발사했다. 첫 번째의 탄환 세 개는 이토 히로부미에 명중했고, 두 번째로 발사한 것은 일본 영사의 오른쪽 팔뚝과 가슴 부위에 명중했다. 세 번째로 발사한 것은 비서관 모리 타이지로(森泰二郎)의 오른쪽 팔뚝과 가슴 부위에 명중했다. 마지막으로 발사한 것은 만주철도 이사인 일본인 다나카 세이지로(田中清次郎)의 오른쪽 발에 명중했다.

철도 총재 나카무라 제코(中村是公)가 이토 히로부미를 안아 일으켰다. 러시아 관리들이 보살피며 기차 안으로 돌아갔다. 일본 의사 고야마 젠(小山善)이 붕대로 이토 히로부미를 둘둘 감아 묶고는 다른 의사들과 함께 러시아 병원으로 가서 러시아 의사들과 함께 응급 치료했다. 30분이 지나 마침내 죽었으니, 오전 10시였다.

안중근은 양복 차림이었다. 그가 모두 여섯 발의 총을 쏘는 데 1분이 채 걸리지 않았다. 사흘 전에 이토 히로부미는 기사(技師) 오다(小田)에게 말하기를, "나는 다른 사람에게 암살되는 것이 본디 소망이었다"고 했으니, 과연 그 말처럼 되었다. 탄환을 맞을 때, 첫 번째 탄환은 오른쪽 팔뚝 위쪽 2분의 1 지점으로부터 오른쪽 갈빗대 부분을 거쳐 심장 아래쪽에 박혔다. 두 번째 탄환은 다섯 번째 갈비뼈로부터 가슴 부위를 관통하여 여섯 번째 갈비뼈에 박혔다. 세 번째 탄환은 위쪽 팔뚝 가운데 부분을 관통했다.

이토 히로부미는 탄환에 맞은 후 기차 안에 앉아 있으면서 말했다. "탄환에 많이 맞았다."

러시아 대장대신이 와서 위문하자, 이토 히로부미가 "하하, 한국을 위해 … " 말하고는 미처 끝맺지 못하고 신음했다. 모리도 탄환에 맞았다는 소식을 듣고는, "모리도 맞았느냐?" 하고는 결국 죽었다.

러시아 관리가 곧바로 안중근을 붙잡아 엄중히 조사한 뒤 일본 영사에게 보냈다. 이때 이토 히로부미가 탄 열차는 경계가 엄중했다. 10월 25일 밤 시허(西河)를 건널 때, 우연준[우덕순의 이명], 조도선 두 사람이 권총을 지니고 있는 것을 보고는 곧바로 잡아서 묶었다. 안중근은 원산을 출발해 블라디보스토크를 지나, 10월 25일 오후 7시 하얼빈에 도착했다고 한다. 붙들릴 때 낯빛이 차분하고 태연자약했다.

이토의 사망 과정은 황현의 서술과 정교의 서술이 대동소이하다. 그런데 정교가 제일 먼저 본 것은 이토 피격 소식을 국내에 최초로 보도한 《황성신문》 10월 28일 기사다. 그런데 이 기사에는 이토의 발언 내용이 없다.

이등 공 일행은 지난 26일 오전 9시 하얼빈에 도착하여 러시아 대장대신이 열차 내에 내방함으로 인하여 약 20분간 담화한 후 하얼빈 주재 일본 영사 무라카미[村上, 가와카미(川上)의 오류] 씨의 선도로 일동이 하차하여 러·청 양국 군대와 각국 외교단과 러·청 양국의 문무관과 기타 환영 여러 단체가 정렬한 앞으로 걸어가면서 러·청 양국 대관과 각 단체 대표자에게 순차로 악수를 행한 뒤 일본인 단체의 정렬한 처소로 다시 되돌아가려고 할 때였다. 러시아 군대의 정렬한 편으로 돌연히 폭죽을 올림과 같은 포성이 나오는 일 찰나 사이 탄환 3개가 공의 우측 복부에 지나간지라 만주철도 총재 나카무라 씨는 즉시 이토 공을 안고 일어나고 러시아 관헌 일동이 구호하여 기차 안으로 돌아가서 고야마(小山) 의사가 준비했던 붕대로 묶고 환영차 왔던 일본인 의사 2명과 함께 러시아 병원에 이르러 해당 병원 의사와 함께 응급 치료 했으나 30분 후에 마침내 절명했다. 흉행자(行兇者)는 나이가 20세가량 된 나이 어린 한인이요 소지한 흉기는 7연발 권총이라 첫 번째에 이토 공을 쏘고 두 번째에 그곳에 있던 일본 영사 가와카미(川上) 씨의 우측 팔과 흉부에 발사하고 세 번째 비서관 모리(森) 씨의 우측 팔과 흉부에 쏘고 마지막으로 만주철도 이사 다나카(田中) 씨의 우측 다리에 쏘았다. 해당 흉행자는 "한인이 이토의 압박을 받으므로 이를 한스럽게 여겨 보복하고자 함이라"고 말했으며 공의 유해는 26일 오전 11시에 하얼빈을 출발하여 동일 오후 5시에 창춘에 도착했다가 6시에 동지(同地)를 출발하여 오늘 아침 9시에 다롄에 도착했다 더라.

이 기사에는 이토의 발언 내용이 없다. 이 점에서 정교가 인용한 이토의 발언은 《오사카 마이니치 신문》에 근거한 것으로 보인다. 그리고 안중근이 저격자 이름으로 최초로 국내에 공개된 것은 《황성신문》 1909년 11월 6일 기사다. 여기에서도 이토 발언이 보이지 않는다. 오히려 《대한계년사》와 유사한 기사는 《오사카 마이니치 신문》 1909년 10월 28일 기사다.

이토 공의 흉변 시 당시 공의 곁에 있었던 나카무라 만철 총재는 말했다. 우리들이 공을 둘러싸고 있으면서 이런 꼴이 된 것은 참으로 면목 없다. 그러나 흉행은 순식간에 벌어져 방어할 수 없었다. 이때 공은 정렬한 환영단 가까운 곳을 천천히 걸어가고 있었는데 돌연 우측면에서 여러 발의 총성이 울렸다. 공은 첫 발을 맞았을 때 한 걸음 나아갔다. 두 발째 맞자 또 한 걸음 나아갔고, 세 발째에 비틀거렸다. 나는 돌연한 사태에 당황하지 않으려 했고, 놀랐지만 주저할 때가 아니어서 바로 앞에서 공을 껴안았는데 공은 허둥대는 모습 없이 "당했다. 탄환이 여러 개 박힌 듯하다"고 중얼거렸다. 이때 러시아인이 빨리 눕히는 것이 좋겠다고 말해서 5~6인이 얼굴을 하늘로 향하게 안고 기차 안으로 들어갔다. 이때 공이 멀쩡한 정신으로 "흉행자는 어떤 놈이냐"고 물었다. 나는 한국인이라는 뜻을 고하고, "모리 씨도 당했습니다"라고 말하자 "모리도 당했는가"라고 낮은 목소리로 말했다. 이미 이때는 단말마가 다가와 있었다.

최근 한상일과 김봉진의 연구는 이토의 이러한 발언에 의구심을 표하면서 이 기사가 조작된 것이라고 결론짓고 있다. 여타 자료와 비교했을 때, 이토는 총에 맞은 뒤 즉사했을 가능성이 높다는 것이다. 훗날 이토의 수행원 무로다 요시아야(室田義文)의 거짓 증언을 보태, 이토가 자신을 저격한 사람이 한국인임을 알고 "어리석은 녀석이다"라고 발언했다고 하는데, 이는 신빙성이 없다. 일본인들이 이토의 죽음을 극화하고 병탄을 정당화하는 동시에 안중근의 의거를 폄하하고 한국인을 멸시하기 위해 만들어 낸 허구라는 것이다. 달리 말해 그 표현 밑바닥에는 문명화와 식산흥업을 기조로 삼은 이토를 암살하는 어리석은 짓이 결국 병탄을 자초했다는 점을 부각하려 한 흔적이 보인다는 것이다. 또한 《대한계년사》에서 언급한 이토의 "하하, 한국을 위해…"라는 발언도 허구다. 이토는 이미 1909년 4월, 총리 대신 가쓰라 다로, 외무 대신 고무라 주타로와 3자 회합에서 한국 강제 병합에 찬성한 뒤 자신이 죽기 석 달 전인 7월 내각회의에서 한국 병탄에 대한 건을 다시 의결한 터였다.

한편, 만주에서는 안중근을 도와준 공범들을 체포하는 데 혈안이 되어 있었다. 황현은 일제 경찰의 체포 과정을 상세히 전하고 있다.

안중근 사건에 연루되어 구속된 사람은 모두 9명이었다. 그들은 홍원의 조도선, 서울의 우연준, 명천의 김려생, 풍기의 유강로, 서울의 정대전(鄭大鎬, 鄭大鎬의 이명)과 김성옥, 경북의 김구담(金九

제6부 의병전쟁에서 강제 병합까지

潭, 金衍), 하얼빈의 김형재, 위남[威南, 咸南의 오기]의 정공경[貞公瓊
은 卓公圭(卓公圭의 이명)의 오기]이었다.

대부분 30대였는데 김성옥은 49세이고 유강로는 18세라 한다.
그리고 안중근의 아우 정근은 당시 28세로 서울 양정의숙에 재학
중이었고, 태근(泰根, 恭根)은 24세로 진남포의 보통학교 부훈도였
는데 안중근 거사를 듣고 스스로 사임하거나 퇴학을 했다.

당시 일제가 공범이나 배후를 찾기 위해 혈안이 되어 다수를 구
속했음을 보여주고 있다.

정교도《황성신문》11월 25일 기사를 인용하여 안창호에 관해서
상세하게 전하고 있다.

이때 서울의 인사들 가운데 안중근 사건에 혐의가 있는 사람이
라는 이유로 경시청에 붙잡힌 사람이 꽤 많았는데, 모두 무죄로 석
방될 수 있었다. 오직 평양 사람 안창호만이 용산 일본군사령부에
갇혔는데, 몸에 병이 있어서 2~3일 지나 보석으로 석방되었다. 안
창호는 어렸을 적에 기독교 신교에 들어갔다. 서울에 머무르다가
뒤에 미국을 돌아다니면서, 천하의 대세 및 나라가 장차 망하리라
는 사실을 알고는 충의에서 일어난 분한 마음과 격앙된 마음을 이
루 견딜 수 없었다. 융희 1년(1907)에 귀국하여 모임에 나가서 연설
하기도 하고, 혹은 사람들을 향해 글을 발표했는데, 기울어져 위태
로운 종사와 나라를 일으킬 것을 반드시 격렬하고 절실하게 타일
러 권했다. 일본인들이 매우 그를 꺼렸는데, 이 때문에 그를 가둔
것이다. 안창호는 큰 목소리로 꾸짖기를, "네놈들은 아무 까닭 없

이 한국의 뜻있는 선비를 죽이려 하느냐?"라고 말하고는 곧 땅에 쓰러져 기절했다. 일본인들이 안창호의 벗을 불러다 마주 들고 가도록 하고는 '보석으로 석방했다'고 했다.

《대한매일신보》 1910년 2월 22일 기사에 따르면, 이때 조사를 받고 풀려난 인물은 안창호 외에 이갑(李甲), 이기종(李璂鍾), 이종호(李鍾浩), 김명준(金明濬) 등이었다. 이들은 가택 수색뿐 아니라 신문 과정에서 혹독한 고문을 당했다. 러시아 공사 이범진의 장남 이기종은 1909년 10월 30일 오전 경성 헌병분소에서 체포되어 석 달 이상 신문을 받았는데 고문 후유증으로 고생하다가 1938년에 유명을 달리했다.

요란한 조문 정국과 뮈텔의 안중근 부정

이토가 죽자 친일 내각은 조문 행렬에 적극 동참했다. 우선 정부 대표단을 일본에 보냈다. 황태자 영친왕은 3개월 동안 상복을 입었다. 황현은 그 상황을 다음과 같이 적고 있다.

> 황제는 민병석을, 태황제는 박제빈을 각각 뽑아 조위사(弔慰使)로 삼고, 김윤식을 원로 대표로 함께 일본에 가도록 했다. 이때 일본 조야는 크게 놀라고 애모(哀慕)하여 국장으로 이토 히로부미를 장례했다. 군중들의 분노가 아직 풀리지 않아 마치 밀물이 밀려들고 불이 타는 듯했다. 민병석 등이 오는 것을 보자 어리석은 무리들이 다투어 민병석 일행을 해쳐 울분을 터뜨리고자 했으나, 일본 관리들의 삼엄한 경호로 그 위기를 모면했다. 황태자[영친왕]는 일

제6부 의병전쟁에서 강제 병합까지

이토 히로부미 장례식
1905년 11월 5일 일본 도쿄에서 치러진 이토 히로부미 장례식 행렬 모습. 오른쪽 예복 대열 맨 앞이 조선 초대 총독 데라우치 마사타케.

찍이 이토 히로부미를 태사로 삼았던 터라 스승에 대한 상례(喪禮)로 3개월 동안 상복을 입었다.

정교는 대한제국 정부의 조문 사절단과 그 밖의 친일파의 행동을 자세히 묘사하고 있다.

이토 히로부미의 시신은 10월 26일 오전 11시 하얼빈을 출발하여 오후 5시 창춘에 도착했다. 러시아의 공사 이하 여러 관원이 모두 상복을 입고 조문하며 보냈다. 창춘에 이르자, 일본인 가운데 이토 히로부미가 죽었다는 소식을 듣고 깜짝 놀라지 않은 사람이 없었다. 일본 천황은 그의 시종 및 시종무관을 파견하고 군함을 급히 보냈는데, 다롄만에 도착하여 이토의 시신을 맞았다.

우리나라의 황태자(당시 일본 도쿄에 있었다)도 소속 무관 김응선을 오이소(大磯)에 있는 이토 히로부미의 집으로 보내 그의 아내 이토 우메코(당시 이토 히로부미의 아들 이토 히로쿠니는 다롄으로 갔다)에게 조문하고, 또 다롄만으로 가도록 했다. 이날(곧 10월 26일이다)부터 일본 헌병 1명이 이완용 사저의 문을 지키며 경비했다. 통감부도 엄중히 경비했다. 송병준(당시 일본 도쿄에 있었다)은 일본 정부에 순사 3명을 부탁하여, 제가 머무르고 있던 여관을 경호하도록 했다.

10월 27일 황제는 전보를 보내 일본 천황에게 이토 히로부미의 상례에 조문했다. 황제는 시종원 경 윤덕영을, 태황제는 승녕부 총관 조민희를 칙사로 삼아 다롄만으로 보내 위문하게 했다. 총리 대신 이완용은 내각을 대표하여 갔다. 한성부민회(漢城府民會) 회장 유길준은 부민을 대표하여 다롄만으로 갔다.

10월 28일 오전 10시 의친왕이 통감부로 갔고, 오후 2시에는 각 부(府), 부(部), 원(院), 청(廳)의 주임관들도 통감부로 가서 이토 히로부미의 상례에 조문했다. 오후 3시, 황제는 통감부로 행차해서 위문했다. 황제는 곤원절(坤元節, 10월 30일이다)[대한제국 시기 순종의 황후 윤씨의 탄신일]에 여러 신하에게 연회를 베풀기로 한 것을 정지하도록 지시하고, 이토 히로부미에게 '문충(文忠)'이라는 시호를 내리고, 조회와 시장을 사흘 동안 정지하도록 지시했다. 내부 대신 박제순은 황제의 뜻을 받들어 13도에 훈령을 내렸다.

이날 이완용 등은 오전 10시 다롄에 도착했는데, 이토 히로부미의 시신을 실은 군함은 이미 출발했다. 급히 뒤쫓아 싼산도(三山島) 요충지에 이르러 배를 맞대어 배 위에서 황제의 조의를 전달하고, 오후 1시에 다롄으로 돌아왔다(10월 29일에 귀국했다. 유길준도 함께 돌아왔다).

일본 천황은 이토 히로부미에게 종1위(從一位)를 증직하고, 국장으로 예식을 갖추어 장례하도록 지시했다. 같은 날 이토 히로부미의 시신이 제 나라로 돌아갔다.

10월 29일 우리나라 내각에서는 20만 환을 이토 히로부미의 장례에 보내고, 또 제전비 3만 원을 보냈다.

10월 30일 황제는 칙사로 궁내부 대신 민병석을, 태황제는 승녕부 부총관 박제빈을 파견하여, 오이소에서의 이토 히로부미 장례에 참석하도록 했다. 농상공부 대신 조중응은 내각을 대표하여 갔다(조중응은 은으로 만든 꽃병을 이토 히로부미의 집에 주었다). 10월 31일 유길준도 그곳에 갔다.

이어서 정교는 이토 장례에 참석하고자 일본에 간 조문 사절단이 자신들을 맞는 일본 내의 험악한 분위기에 놀라고 위축되었던 상황을 전하고 있다.

같은 날(곧 11월 1일이다) 민병석이 일본 도쿄에 도착했다. 매우 급작스러워 준비할 수가 없었던 까닭에 전화로 일본 궁내성과 통화하여 타고 갈 마차를 빌렸고 일본 천황을 알현하고 서양식 호텔에 묵었다. 당시 일본 시민들의 여론이 끓어올라, 이토 히로부미 암살 사건은 한국의 지도층에서 나왔으므로 마땅히 이번에 특파된 사신에게 분풀이해야 한다는 투서가 우편을 통해서 호텔에 보내온 것이 이루 헤아릴 수 없었다. 일본 경찰관들의 보호가 매우 엄하여, 중요한 일이 아니면 외출을 허락하지 않았다. 민병석 일행은 마치

이토 히로부미를 추모하기 위해 지은 박문사
1932년 조선총독부가 건립한 사찰로, 이름은 이토의 이름 '博文'에서 따왔다.

사지에 들어온 것 같았다. 우리 황제가 직접 보낸 국서도 일본 궁
내성 대신에게 전해주고는 이토 히로부미의 장례식에도 겨우 참석
했다(11월 9일 민병석 일행이 돌아왔다).

여기서 의아한 점은 일본 국민들이 안중근의 배후로 아무런 근거
없이 한국의 지도층을 의심하고 있다는 것이다.

11월 4일 서울에서도 황실과 내각의 주도로 이토의 장례식이 성대
하게 치러졌다. 장충단은 이완용을 비롯하여 황실 종친 등이 참석했
을뿐더러 한양 도성민들과 교사와 학생도 동원되었다. 정교는 《대한
계년사》에서 이러한 문제점을 지적했다. 각 신문사에서는 신문 발행
을 중지하고 직접 참석했다. 경시청에서는 서울의 인민들에게 반기
(半旗)를 계양하고, 깃대에는 삼베를 감아 조의를 표시하도록 했다.
내부 대신 박제순은 한성부 및 13도 관찰사에 훈령을 내려, 학교는
하루 동안 학업을 쉬고 또 노래와 음악을 금지하도록 했다. 훗날 장

충단 남쪽 기슭에 이토를 기리는 박문사(博文寺)가 설립되었다.

또한 지방에 거주하는 친일파 인사들도 이때다 싶어 조문 행렬에 적극 동참했는데, 그 일로 지방이 소란스러웠다. 황현이 전하는 바는 다음과 같다.

신녕(新寧)에 거주하는 황응두는 지방 위원이었다. 그는 이토 공의 변고에 대해 사죄하지 않을 수 없다고 주장했다. 윤대섭, 김태환, 양정환 등이 그와 호응하여 각 군(郡)을 위협하여 강요하므로 각 군에서는 위원들을 일본으로 파견했다. 이때 위원들을 파견하는 데 드는 경비를 거두느라 지방이 크게 시끄러웠다.

당시 이들 일행은 《황성신문》 1909년 11월 20일자에 조문 사죄단을 구성한다는 광고까지 낼 정도였다. 그리고 이러한 조문을 이전에 최익현을 조문한 일에 견주었다.

신녕 군수 이종국이 이토 히로부미 추도회를 결성하여 박상기, 황응두 등과 큰 소리로 말하기를, "지난번 민영환, 최익현과 같이 고루한 놈이 죽었을 때 온 나라 사람이 친척처럼 애도했는데, 지금 이 은인 이토 공이 돌아가셨는데 한 사람도 슬퍼하는 자가 없는가? 우리 한국이 망하는 것은 아침저녁의 일이 아니다"라며 황응두 등을 독촉해서 사죄단을 꾸려 일본으로 갔다.

이종국은 민영환과 최익현의 순국을 '고루한 놈의 죽음'이라고 폄하하는 반면에 이토의 죽음을 은인의 죽음이라고 매우 안까타워하고 있다. 그는 이토의 죽음을 애도하지 않는 일반인들의 분위기를 비난하며 사죄단을 결성했다.

친일파의 행각은 사당과 동상 건립으로까지 나아가고 있었다. 황현은 이 점을 꼭 남기고자 했다.

민영우는 동아찬영회(東亞贊英會)를 창립하여 이토 히로부미를 추도했다. 또 윤진학이란 자는 인민들에게 10전씩을 거두어 사당을 건립, 향사를 지내려고 했다. 혹 어떤 사람들은 그의 동상을 세우고자 했으며, 혹은 그의 비를 세우고자 미친 개처럼 분주하게 돌아다녔다.

안중근의 이토 처단 소식은 뮈텔의 귀에 금세 들어갔다. 안중근이 천주교 신자라는 사실은 아직 알려져 있지 않았지만 그에게는 대단히 충격적인 사건이었다. 뮈텔은 이토의 사망 소식을 접한 뒤 10월 26일 일기에서 이토의 행위를 한국을 억압하려는 행위로 인식하고 있는 한국인 일반의 반일 감정을 전하고 있다. 예컨대 한국인들은 명성왕후 시해, 을사늑약 체결, 고종의 강제 폐위 등을 이토가 저지른 행위로 인식하고 안중근의 이토 저격을 이토에 대한 복수로 여기고 있었다. 제삼자인 뮈텔의 눈에도 이토의 죽음이 한국인에게는 공공의 불행이 아니라 경사였음이 확인되고 있다.

한편, 뮈텔은 불길한 예감이 엄습했다. 10월 28일 일기에서 이날 오후 6시 '이토 공 암살자가 천주교인'이라는 일본 유력 신문의 보도 내용을 전하는 전보를 일본 요코하마 주재 신부로부터 받았다고 적고 있다. 이어서 이토 암살자가 미국에서 스티븐스의 살인 사건에도 관여했다는 보도 내용도 전해졌다. 이에 뮈텔은 저녁 8시 30분경 "결코 아님. 또 어떠한 천주교인도 스티븐스 암살에 가담한 일 없음. 뮈텔"이라는 문구를 넣어 답전(答電)을 했다. 이는 이토 암살자도 천주교인이 아니라고 주장하는 셈이다. 이어서 다음 날 아침 일본인이 경영하는 《서울 프레스》에 항의 편지를 발송했다.

그러나 뮈텔의 바람과 달리 저격자가 천주교인이라는 사실이 점점 명백해졌다. 10월 30일 일기에 이토의 암살 주범이 천주교인이라는 고발이, 2년여 전에 블라디보스토크 쪽으로 떠났다는 암살자에 대한 소식들과 함께 다시 화제가 되었다고 적었다. 뮈텔로서는 자연스럽게 이토 암살범이 안도마[안중근의 세례명]임을 직감했다. 그러나 그는 안중근과 안도마가 동일 인물이 아닐 것이라는 기대를 포기하지 않았다. 그로서는 더 많은 정보가 필요했다. 11월 1일 일기에는 안중근에 관한 정보를 보도하는 신문 기사를 전하면서 안도마의 본명이 다묵(多默, 즉 토마스)이라는 사실도 적고 있다. 그의 언급대로 "거기에 거짓이 있을 수도 있고 사실이 있을 수도 있다. 그것은 고지식한 교우들에게서나 들을 수 있는 소식들이다. 보다 정확한 정보가 아쉽다"고 소감을 적었다.

초조와 고뇌의 시간이었다. 뮈텔은 이 사건이 천주교에 미칠 영향을 계산하고 있었는지 모른다. 11월 2일 일기에서 다롄에서 온 전보를 통해 안응칠이 안중근이란 사실을 알게 되었다고 적고 있다. 더욱이 안중근이 안도마의 본명임을 확인했을 때 그의 희망도 사라져가는 듯했다. 그래도 희망은 남아 있었다. 신문사들이 안중근이 천주교 신자라는 사실을 보도하지 않았기 때문이다. 이에 그는 안중근이 천주교 신자가 아니라는 쪽으로 방향을 잡아갔다. 11월 3일 일기에서 그는 신문사들의 이러한 보도 태도를 예의 주시하면서 안중근의 이토 저격으로 불편해진 통감부 정례 방문을 당분간 자제하기로 했다고 적고 있다. 이후에도 신문들이 안중근에 대해 이러저러한 소식을 전하고 있으나 그가 천주교인이라는 사실은 더 이상 거론하지 않았다. 11월 7일 일기는 이런 보도를 전해주고 있다. "신문들이 암살자에 대해 이러저러한 소식을 전하고 있으나 그가 천주교인이라는 사실은 더 이상 거론하지 않고 있다." 그의 뜻대로 되어가고 있었던 것이다.

그러나 잠잠하던 안중근 문제가 다시 부각되었다. 12월 14일 안중근의 두 동생이 뮈텔을 방문한 것이다. 12월 20일 일기에 따르면, 12월 14일 뮈텔은 안중근의 동생 안정근과 안공근이 자신을 방문했다고 추가로 적으면서 그들 형제가 일본 경찰의 허가를 얻어 뤼순에 수감되어 있는 안중근을 면회할 것이라는 소식을 전하고 있다. 이날 일기에는 자세한 대화 내용이 나오지 않지만, 안중근의 동생들이 뮈텔에게 무언가를 부탁하러 온 것으로 보인다.

일반 민중도 이토의 피살 소식을 들었다. 지규식도 5일이 지난 10월 31일에 충격적인 사건을 일기에 남겼다.

다른 사람을 통해 간접적으로 들으니 "이웃 나라 만주 땅에서 한인이 일본 이토 히로부미를 총으로 쏘아 죽였다고 하는데, 이 일로 서울 각 학교는 3일간 휴학하라는 칙령이 있었다"고 했다.

당시 일본 헌병대는 안중근의 이토 처단을 둘러싼 민심의 동향을 예의 주시하고 있었다. 《통감부문서》(1909년 11월 8일)에 따르면 일본 헌병대는 11월 22일 다음과 같이 상부에 보고했다.

(1) '이토 공은 한국의 대개혁을 애써 단행한 바로 그 적이기 때문에 한국인의 원한을 사는 것은 당연하다. 이제 공을 암살했으므로 원한은 이미 풀린 것이 틀림없지만 다만 이 때문에 거액의 배상금을 물고, 또한 이것이 동기가 되어 장차 일본의 압박을 더욱더 받게 되는 것은 필연적인 것으로 이에 따라 입게 되는 우리나라의 손해는 매우 클 것'이라는 소문은 한국인 다수가 모이는 장소에서는 끼리끼리 전해지고 있는 추세인 것 같습니다.

(2) 기독교회당 및 학교 등에서는 겉과 속 모두 이에 관한 일체의 소문을 입 밖에 내고 있지 않으며, 만일 타인이 이를 언급하면 즉시 그 말을 금지하는 상황이니 그 내막의 진상은 분명치 않습니다. 개성에 있는 기독교 학교인 한영서원장 윤치호가 홍보를 접한 10월 26일 밤의 행동을 내탐한 바에 의하면, 동인(同人)은 그 소식을 전해 듣자 크게 놀라며 그 후 매우 걱정하고 있음은 사실인 것 같으며, 또 개성 동부에 있는 청년야학교는 그날 밤 홍보를 접하자 곧 학업을 쉬었다고 하는데, 이는 굳이 축의 또는 조의의 의미가 있는 것이 아니라 중대한 것이기 때문인 듯싶다.

(3) 한국인 간의 일설에 이토 공의 훙거 후에는 한국에서 현재 통감에게 아무런 견제를 가하는 자가 없기 때문에 한국인은 반드시 불행을 당하는 일이 많을 것이라고 하는데, 이러한 것은 일본통으로 일컬어지는 자들 사이에 유행하는 일종의 소문인 것 같습니다.

(4) 흉행자는 한국 내지와는 아무런 계통도 가지지 않고, 분명 블라디보스토크·하얼빈 지방으로 망명하고 있는 폭도 수괴의 부류

일 것이라는 말은 개성의 한국인 사이에서 처음부터 나돌던 소문이었습니다.

(5) 이 외에 친일파라고도 일컬어야 할 테지만 소수의 한국인은 '이토 공의 흉변은 곧 한국의 크나큰 손실이다. 한국의 장래를 진심으로 생각해 주던 사람은 이토 공이었는데 통심(痛心)으로 견딜 수가 없다'며 낙담하고 있습니다.

대다수 한국인들이 이토 피살 후 입조심을 하면서 일제의 보복으로 많은 피해를 입지 않을까 우려한다고 전하고 있다. 윤치호 역시 개성의 한영서원을 운영하면서 이토 피살 소식을 듣자 여타 자산가·식자층과 마찬가지로 이후 전개 과정을 우려한 듯하다. 특히 친일파의 경우, 그러한 우려가 극심했다. 그러나 11월 2일 상황 보고에 따르면 한국인의 민심이 보복에 대한 우려만은 아니었다. 그것은 친일파나 양반 지주에 국한되었을 뿐 일반 민심은 달랐다. 지규식의 주변도 이런 분위기가 아니었을까 짐작된다. 각 도마다 조금씩 다르지만, 지규식의 분원 마을과 멀리 떨어지지 않은 충청북도의 일본 헌병대는 이토 애도 및 우려 분위기보다는 통쾌한 분위기를 감지하고 있었다.

한국 관리는 한국의 앞길에 대해 다소 비관하고 있는 듯하다고 할지라도, 일반 인민은 표면적으로는 경악하는 듯하지만 내심으로는 쾌재를 부르짖고 있는 것 같습니다.

일반 인민의 경우, 자산가 및 친일파와 달리 속으로는 통쾌하다는 감정을 조심스럽게 지니고 있다는 것이다. 이러한 동향은 뮈텔이 일기에서 밝힌 안중근의 이토 저격 직후 한국인 민심의 동향과 일치한다.

한편, 이즈음 통감정치에 대한 민심의 동향은 어떠했을까. 일본 헌병대가 1909년 11월 이토 피살 직후 파악한 '관민의 일본 정부에 대한 감정, 그 밖의 신뢰 정도'라는 항목별 민심 상황 보고서의 내용은 다음과 같다.

관리는 일본의 시정을 비의(非議)하지 않을 뿐 아니라 일본인에 대해 항상 그 덕택을 구가(謳歌)하고, 일본인과 한국인의 합동 석상에서는 일본의 후의를 재잘거리는 것을 일과처럼 합니다. 그렇지만 한국인만의 회합이 있을 때는 곧 일변해 일본을 매도합니다. 만약 유생, 양반의 경우 일본인에게 의지하고자 하는 자가 있을 때는, 반드시 엽관(獵官)의 목적을 위해서지 믿고 복종하는 것은 아닙니다. 그리고 오랫동안 귀족의 폭정에 괴롭힘당한 국민의 다수를 차지하는 하층민에 이르러서도, 표면은 신정(新政)의 공평함을 기뻐하며 경찰을 신뢰하고 소(訴)를 행하는 경향을 초래하기도 하나 이것 역시 충심으로 구가하는 것이 아닌 것 같습니다.

이 보고서에 따르면 통감부도 일부 세력을 제외한 한국인 대다수가 통감정치를 부정적으로 인식하고 있다고 파악하고 있었던 것이다.

이어서 11월 중순 서울 남산에 소재한 통감 관저 녹천정(綠泉亭)에서 불이 나자, 한쪽에서는 원흉의 제거라고 환영했고 또 다른 한

쪽에서는 냉소적으로 맞대응했다. 황현은 이 화재사건을 두고 다음과 같이 전했다.

통감의 관저인 녹천정에서 화재가 발생했다가 곧 꺼졌다. 이로 인해 유언비어가 많이 나돌아서 일본인들이 더욱 의심하고 두려워했다.

이토 히로부미가 죽은 후 모든 사람이 큰 원흉이 이미 거꾸러졌으니 국가에서 조금 서훈을 하라고 했다. 일본인들이 더욱 격노하여 정령을 더욱 준엄하게 하여 젖은 섶을 묶듯 단속했다. 그러므로 어떤 사람들은 안중근이 나라가 어지러이 망하는 것을 구한 게 없다고 말했다.

《황성신문》 1909년 11월 16일 기사에 따르면 녹천정은 이토 히로부미가 애호했던 기념물로 영구 보존하기로 했던 건물이다. 이러한 건물이 불에 타버렸으니 일본은 당황했고 한국인들 사이에서는 온갖 유언비어가 나돌았던 것이다.

나아가 황현은 《대한매일신보》 1909년 11월 28일 기사에 근거하여 세간에 떠도는 소문을 놓치지 않고 기록했다.

태황제가 이토 히로부미가 죽었다는 소식을 듣고 얼굴[天顔]에 크게 기뻐하는 표정이 나타나며 잠깐 동안 웃고 이야기를 했다. 일본인 경시관 요비코 유이치로(呼子友一郎)가 이 소식을 듣고 크게 원한을 품고 그 말의 출처를 조사하여 진위를 파악하고자 심지어 나인들까지 잡아다가 신문했다. 어떤 사람들은 시종 이용한(李容

漢)이 일본인에게 아첨하기 위해 고자질한 것이라고 했다.

이런 소문을 들은 요비코 경시관이 상급 관리부터 하급 여관(女官)에 이르기까지 신문한 결과 이용한이 조작하여 보고한 것으로 파악되고 있다. 고종이 과연 이토의 죽음에 미소를 지었는지 확인할 수 없지만 고종이 이토의 죽음에 만족했을 것이라는 민중들의 기대가 이런 소문으로 번진 게 아닌가 한다. 특히 황현은《대한매일신보》의 추측성 기사와 달리 고종의 그러한 웃음과 기쁜 기색을 기정사실화하고 있다. 이런 단정적인 서술은 어쩌면 황현 자신의 감정을 묘사한 것인지도 모른다. 고종에 대한 반감이 강했지만 이토의 죽음을 놓고 자신과 고종의 감정이 동일하지 않을까 하는 희망을 담은 듯하다.

안중근의 재판 투쟁

안중근은 체포와 신문을 거친 뒤 재판에 회부되었다. 이때 변호 비용을 대겠다는 사람이 나타났다. 민영익이었다. 황현은《대한매일신보》12월 7일 기사에 근거하여 상하이에 있는 민영익이 4만 원을 내고 프랑스와 러시아의 변호사를 고용하여 안중근의 재판을 도왔다는 소식을 전했다.

민영익은 자신과 아무런 연결고리도 없는 안중근을 왜 지원한 걸까? 안중근 신문조서에 따르면, 1905년 6월경 안중근이 상하이에서 구국의 방책을 구하기 위해 민영익을 만났을 때 문전박대를 당한 적이 있었다. 따라서 그의 변호 비용 지원은 여전히 미스터리다. 혹시 1910년 블라디보스토크 주재 일본 총영사와 조선 통감이 외무성에 비밀리에 보고한 대로, 고종의 측면 지원으로 민영익이 국제 변호인단을 구성하기 위해 나선 것은 아닐까 짐작해 본다.

이어서 안중근을 변호하기 위해 자원한 평양 출신 안병찬(安秉瓚) 변호사에 대해 기술하고 있다.

안중근의 아우 안정근, 안공근이 뤼순에서 서울에 있는 변호사 협회에 서신을 보내 안중근의 변호를 맡아달라고 하자 서울에 있는 변호사들은 서로 눈치만 보며 감히 자원하는 사람이 없었지만, 평양 변호사 안병찬이 개연히 자원하여 초 10일 뤼순으로 향했다.

아울러 황현은 안중근의 어머니 조마리아에 대해서도 전했다.

안중근의 어머니가 변호사를 방문하기 위해 평양에 도착했다. 이때 그의 말과 얼굴빛은 의연하여 장렬한 대장부와 같았다. 사람들은 모두 "이러한 어머니에 이런 아들이다"라고 말했다.

황현은 안중근의 행적을 돋보이게 하기 위해 그의 시를 소개했다. 안중근이 하얼빈에 도착했을 때 머물렀던 김성백 집에서 지었던 시가(詩歌)다. 《안응칠 역사》에 실린 이른바 '장부가(丈夫歌)'와 조금은 다르지만 대체로 비슷하다.

대장부가 세상에서 살아가는 일이여, 그 뜻이 크도다.

丈夫處世兮 其志大矣

시대가 영웅을 만드는가 영웅이 시대를 만드는도다.

時造英雄兮 英雄造時

눈 부릅뜨고 천하를 보노라, 어느 날에 큰일을 이룰꼬?

雄視天下兮 何日成業

동풍(東風)이 점점 차가워짐이여, 기필코 목적을 이루리다.

東風漸寒兮 必成目的

쥐도둑아, 쥐도둑아, 어찌 이 목숨에 비기랴.

鼠竊鼠竊兮 豈肯此命

어찌 이 지경에 이를 줄 알았으리오, 시세가 실로 그러하도다.

豈度至此兮 時勢固然

동포여, 동포여! 하루속히 큰일을 이룰지어다.

同胞同胞兮 速成大業

만세! 만세! 대한 독립!

萬歲萬歲兮 大韓獨立

안중근은 자신의 포부를 천명하는 가운데 이토를 대한제국의 국권을 훔친 쥐도둑으로 간주하며 이토 저격의 역사적 의미를 되새기고 있다.

정교 역시 안중근 재판 과정을 예의 주시하면서 재판 과정에 관한 온갖 정보와 소식을 입수하여 《대한계년사》에 상세하게 실었다. 우선 1909년 11월 안중근이 뤼순의 관동도독부 고등법원으로 이송되는 상황을 생생하게 그려냈다. 주로 《황성신문》, 《대한매일신보》, 《오사카 마이니치 신문》 등을 입수하여 일자별로 정리하면서 안중근에 대한 주관적 비평을 더했다. 대표적인 사례를 들면 다음과 같다.

11월 3일 … 안중근은 하얼빈에서 다롄만으로 호송될 때, 기차 안에서 일본 순사 무리들을 꾸짖었다. "너희들은 마땅히 나를 지사(志士)로서 대우해야 한다. 너희들의 손을 내 신성한 몸에 가까이 하지 말라." 그는 감옥 안에 있으면서도 태연히 잠을 깊이 잤다. 사람들은 모두 그의 대담무쌍함에 놀랐다. … 여러 사람은 더러 이야기하던 중에 아내나 자식 일에 이르면 슬퍼하고 눈물 흘리며 고향을 떠올린다. 유독 안중근만은 우국지사로서 아내나 자식은 생각하지 않았다. 암살 사건은 달리 관계된 사람은 없고 오직 자기 한 사람의 뜻이었다고 했다. 평소에 술 마시기를 즐기는 성품이지만, 2~3년 전에 한국이 독립하기 전까지는 술을 마시지 않겠다고 서약했다고도 했다.

11월 말 … 안중근은 두 동생이 왔다는 소식을 듣고는 말했다. "저들이 만약 나를 만나보려 한다면 그들을 만날 것이나, 나는 결코 그들을 만나볼 마음이 없다." 감옥 관리의 허가를 얻어 서로 만나게 되자, 안공근은 목이 메도록 소리 내어 울었다. 안중근도 그 마음을 억누르지 못하여 붉은 기색을 얼굴에 쏴 하고 시원하게 드러냈다. 잠시 후 세 사람은 모두 조용하고 평온한 상태로 마주했다. 두 동생은 먼저 어머니가 준 십자가를(안중근의 어머니는 예수교 구교에 들어갔다) 안중근의 머리 위에 두고 어머니의 말을 전했다.

"이 세상에서는 네 얼굴을 다시 보기 어렵겠구나. 네가 앞으로 어떤 알 수 없는 형벌을 받더라도 빨리 이 세상에서의 죄악을 씻어낸다면, 반드시 다음 세상에서는 착한 하나님의 아들이 되어 다시 세상에 나올 것이다. 네가 형벌을 받을 때에 신부님(안중근에게 세례를 해준 프랑스 선교사다)께서 너를 위해 특별히 산 넘고 바다 건너 먼

길을 와서, 네 몸을 대신하여 참회를 드릴 것이다. 너는 그때 신부
님이 주재하는 종교 의식에 따라 조용히 인사를 하고 이 세상을 떠
나거라."

안중근은 "믿음에 따라 서약합니다"라고 했다. 이어서 두 동생이
제 형수와 조카들을 데리고 귀국한 뒤에 어떠한 조처를 취해야 할
지에 대해 묻자, 안중근은 냉정하게 대답했다. "내 처자식을 건사
하는 소소한 일은 너희들이 좋을 대로 처리하라."

정교는 안중근의 당당함과 의협심, 선공후사를 구체적으로 드러
내며 안중근의 풍모와 성격을 상찬했다.
반면에 《황성신문》의 안중근 재판 보도 태도와 방식에 대해서는
노골적으로 불만을 드러냈다.

유근(전 탁지부 주사다)이 장지연을 대신했는데, 의병을 다룬 모든
기사에서 반드시 '폭도(暴徒)'라고 칭했다.(당시 다른 신문에서는 의병
의 활동에 대해 실으며 '의병' 혹은 '의비(義匪)'라고 했다) 안중근이나 이
재명과 같은 경우에는 꼭 '행흉자(行凶者)' 혹은 '흉범(凶犯)'이라고
실었다. 세상 사람들이 침 뱉으며 욕하기를, "비록 '암살자(行刺者)'
나 혹 '자객'이라고 쓰더라도 안 될 것이 없건만, 일본인과 이완용
의 무리에게 아부하는 것이 어찌 이리 심한가?" 했다.

주필 장지연이 〈시일야방성대곡〉으로 체포되자 대신하여 맡은 유
근이 의병을 '폭도'라 하고 안중근과 이재명을 '흉악범'이라 표현한
것을 비판한 것이다. 정교는 안중근 재판 과정과 죽음 소식을 모아

일지별로 정리했다. 주요 내용을 추출하면 다음과 같다.

1월 초, 일본 [관할]의 뤼순 법원에서 안중근을 예비 조사했다. 그 사건에 연루된 사람이 20여 명이고, 신문조사 및 그 밖의 관계 서류가 3,000여 건이나 되었다.

평양 변호사 안병찬이 안중근을 변호하기 위해 문서로 내각에 보고하여 허락을 얻었다. 자기 재산을 들여 여비 100환이나 되는 돈을 마련하고, 일본의 이사청에 편지를 보내 여권을 얻었다. 1월 11일 뤼순을 향해 떠났다. 같은 군의 신사(紳士) 송재엽이 제 여비를 스스로 마련해 함께 갔다.

그러나 안병찬을 비롯한 국제변호인단 구성은 일제의 거부로 성사되지 못했다. 정교는 그 이유를 다음과 같이 적고 있다.

1월 27일 법원장이 일본에서 돌아왔는데, 각국의 사람들은 모두 일본어가 능숙하지 않으므로 재판하는 데 불편함이 있다면서 단지 일본인의 변호만을 허락했다.

2월 1일 정오 안병찬·고병은과 안중근의 동생 안정근·안공근이 안중근을 면회하려는데 일본의 검찰관·전옥(典獄)·통역생 등이 함께 참석했다. 검찰관이 안병찬에게 말했다.

"안중근의 변호를 원하시는 모양인데, 우리 법원에서는 외국인 변호사를 허락하지 않기 때문에 우리나라 사람으로 선임해야 합니다. 재판할 때 우리나라 변호사를 통해 당신의 뜻을 이야기해 주십시오"

안병찬이 말하기를,

"무릇 사람에게는 자기의 신체와 명예를 지킬 권리가 있습니다. 따라서 자신의 뜻대로 자신의 변호사를 정하는 것입니다. 지금 안중근이 무거운 죄를 지어 자신의 변호사를 선임하기를 원하는데, 무슨 까닭으로 허락하지 않고 그가 원하지 않는 변호사를 선임하는 것입니까?" 하니 검찰관이 말하기를, "서양의 변호사도 허락하지 않았습니다. 그러니 오래 끌 필요가 없습니다" 하고는, 이어 안중근을 만나보게 했다.

일제는 안중근을 사형대에 세우기 위해 인간의 기본권마저 무시했다. 국제변호인단의 변호를 거부하고 제한된 관선 변호사로 꾸리려 한 것이다. 그리고 공판 기일을 2월 7일로 잡음으로써 피고 측의 변호인 구성을 어렵게 만들었다. 안병찬 등 국제변호인단이 변호인석에 앉지 못한 상태에서 2월 7일 첫 공판이 열렸다.

2월 7일 일본인들이 비로소 안중근 등에 대한 공판을 열었다. 2월 12일까지 모두 5회였다.(2월 11일은 일본의 기원절인 까닭에 공판을 중지했다) … 각국 사람 약 280명이 보통 방청석에 앉았는데, 어깨가 서로 부딪혔다. 우리나라 사람인 변호사 안병찬, 그의 사무원 고병은, 영국 변호사 더글러스(E. Douglas), 통역 일본인 니시가와 다마노스케(西川玉之助), 러시아 변호사 미하일로프(C. P. Mikhailov), 통역 우리나라 사람 한기동은 변호인석 옆의 의자 하나에 따로 줄지어 앉았다. 구내의 부인석에는 일본 문무 관리의 부인 및 러시아 영사의 부인이 앉았다. 신문기자석에는 각 신문기자들이 앉았다.

재판관석의 뒤편에는 일본 중장 사이쇼(稅所), 소장 호시노(星野), 경리부장 유모토(湯本), 고등법원장 히라이시(平石), 경시총장 사토(佐藤), 러시아 영사 등이 줄지어 앉았다.

피고 안중근·우덕순·조도선·유동하 등 4명은 … 8시 40분에 법정으로 들어갔다. 재판장 마나베 주조(眞鍋十藏), 검찰관 미조부치 다카오(溝淵孝雄), 서기 와타나베 료이치(渡邊良一), 통역 소노키 스에키(園木末喜) 등이 출석했다. 관선 변호사 미즈노 기치타로(水野吉太郎)와 가마타 마사하루(鎌田正治)도 출석했다. … 그 후 검찰관 미조부치 다카오가 일어서서, 기소 사실을 늘어놓으며 말했다. "피고 안중근은 추밀원 의장 공작 이토 히로부미 및 그의 수행원들을 살해하기로 결의하고, 메이지 42년(1909) 10월 26일 오전 9시 러시아 동청철도의 하얼빈에서 미리 준비한 권총을 발사하여 공작을 죽음에 이르게 했습니다. 또 공작의 수행원인 총영사 가와카미 도시히코와 궁내부 대신의 비서관 모리 타이키치로우(森泰二郎), 남만주철도주식회사의 이사 다나카 세이지로(田中淸太郎) 각각의 손과 발, 가슴 부위에 총상을 입힌 자인데, 위의 세 사람은 죽음에 이르지는 않았습니다.

피고 우덕순과 조도선은 안중근과 함께 공동의 목적으로 이토 히로부미 공작을 살해하려고 동청철도의 차이자거우역(蔡家溝驛)에 머무르며 준비를 하다가 러시아 경비병의 방해를 받아 그 목적을 이루지 못한 자들입니다. 유동하는 안중근 등의 결의를 알고 통신과 통역의 임무를 맡아 그들의 행위를 방조한 자입니다." …

미조부치 다카오가 그들의 범죄 사실을 진술한 뒤 마나베 주조가 먼저 안중근을 심문했다. 안중근이 대답했다. …

제6부 의병전쟁에서 강제 병합까지

"지난번 일러전쟁 당시 일본 천황 폐하의 선전(宣戰) 조칙 가운데 '한국의 독립을 돕고 동양의 평화를 유지한다'는 말이 있었다. 한국의 일반 백성들은 감격하여 일본군의 승리를 축원했다. 수천 리 먼 길에 걸쳐 군량과 무기를 나르고 도로와 교량을 다듬고 만들었다. 일본과 러시아의 강화가 성립된 결과 일본군이 개선하자 한국인들은 마치 제 나라 군대가 개선해 돌아온 것처럼 환영하며 한국의 독립을 견고히 할 것이라 확신했다. 뜻밖에 1905년 11월에 이르러, 이토 히로부미가 대사로서 한국에 와서 많은 액수의 돈을 나라의 역적 일진회 두령 몇 명에게 주고는 그들을 사주하여 이른바 '선언서'라고 하는 흉측한 글을 발표하게 했다. 또 병력으로써 황실과 정부를 위협하여 5조약을 앞장서 주장했다. 우리 황제 폐하께서는 재가하지 않으셨고, 참정 대신 또한 조인하지 않았다. 다만 세상에서 '5적(五賊)'이라 일컫는 다섯 대신만이 도장을 찍었으니 이는 무효 조약일 듯한데, 완전하게 성립되었다고 칭하며 당당한 우리 대한제국의 국권을 박탈했다. 4,000년의 국가와 2,000만의 백성들은 각각 텅 빈 폐허가 되고 어육(魚肉)이 되는 처지를 면할 수 없으니 어찌 몹시 분개하지 않을 수 있겠는가?

이로부터 온 나라의 인민들은 모두 격앙된 생각을 품게 되었고, 입을 모아 복종하지 않겠다고 외쳤다. 뜻있는 신사(紳士)들은 당시의 세상일에 대해 통렬히 논하면서 더러는 상소를 올리고 더러는 장문의 편지를 보냈다. 충의에서 일어나는 분한 마음을 떨친 바, 더러는 자결하여 죽고 더러는 독약을 마시고 죽었으며 더러는 감옥에 갇혀서 죽고 더러는 음식을 거부하고 죽었다. 이와 같이 목숨을 바친 사람들이 몇십 명이나 되는지 모른다. 사방에서 의병이 봉기하여 일본군과 맞서 싸워 전사한 사람이 또한 몇십만 명이 되는지 모른다. 오히려 만족하지 못하고, 강제로 7협약을 체결하고 군대를 해산했으며 태황제를 폐위했다. 사법권을 위임한다고 칭하면서 나라 안의 여러 가지 이익을 모조리 빼앗아 가졌다. 그러므로 한국의 인민은 위아래를 따질 필요 없이 그 원통함이 세월이 지날수록 더욱 심해져 뼛속까지 미쳤으며 몹시 분하여 이를 갈며 속을 썩이고 있다. 이는 한국의 불행뿐만 아니라 동양 전체의 불행이다. 이토 히로부미의 죄악이 이처럼 가득한데, 오히려 간사하고 교활한 수단으로 '한국의 인민들이 일본의 보호 정책을 기쁜 마음으로 따른다'며 각국에 발표하여 세계를 기만했다. 이제야 한국의 뜻있는 사람들이 이토 히로부미의 잔인한 행위와 한국인들의 복종하지 않는다는 의사를 널리 드러내어 알리기 위해 다수가 외국으로 나갔다.

내가 생각하고 궁리하건대, 이토 히로부미는 원래 일본의 으뜸가는 인물로서, 그가 지니고 있는 비상한 권력을 믿고 우리나라에 대한 포악한 행동을 가장 심하게 한 자다. 그러므로 먼저 그를 죽인 뒤에야 한국의 독립을 회복할 수 있고 동양의 평화가 유지될 수 있다고 여겼다.

3년 전에 본국을 떠나면서 늘 이러한 생각을 품고 블라디보스토크를 오갔는데, 이제 그 목적을 달성했다. 임금이 치욕을 당하면 신하는 임금을 위해 목숨을 바치는 법이니, 이는 당연하며 기본적인 일이다. 또 나는 3년 동안 북간도 부근에서 의병을 모집하여 일본군과 여러 차례 교전했다. 이번에는 의병 참모중장의 자격으로서 하얼빈에서 독립전쟁을 개시하여 적장인 이토 히로부미를 습격

제6부 의병전쟁에서 강제 병합까지

하고 그의 백발이 성성한 머리를 우리 군대에 바치려고 한 것이지 결코 개인의 자격으로 행동한 것이 아니다. 대한제국의 참모중장이 지금 적의 포로가 되었으니, 이곳에서 이른바 공판하고 취조하는 것은 크게 옳지 않은 일이다." …

이때가 오후 0시 15분이었다. 재판장 마나베 주조는 한 시간 동안 휴식한다고 공포했다. 당시 방청인 가운데에는 다롄 및 다른 곳에서 지난밤에 도착해 온 사람이 200명이나 있었다. 방청권은 이미 모두 배부되었는데, 아직도 문밖에 수백 명이 대기하고 있었다. 오시(午時, 오전 11시~오후 1시)를 전후해 교체하여 입장할 때는 비록 일본인이라도 그들의 신체를 수색했다. 법정 안팎에서는 순사와 헌병이 엄중히 경계하고 있었다.

안중근은 거사 이유를 진술하면서 이토 히로부미 처단이 대한의군 참모중장으로서 이루어졌음을 밝히는 한편, 자신을 적국의 포로로 대우하지 않는 재판의 부당성을 언급하고 있다. 특히 을사늑약이 무효 조약임을 강조하고 있다. 정교는 안중근 재판 광경을 전하면서 자신의 견해도 덧붙였다.

안중근은 두 손으로 앞에 가로질러 놓은 나무를 잡고 마나베 주조를 똑바로 쳐다보았다. 때때로 자기 양복 주머니에서 수건을 꺼내어 얼굴을 닦았다. 그에 대한 심문에 극도로 평온하고 조용히 대답했다. 자기의 일에 대해서는 조금도 숨겨두는 것이 없었는데, 각처에 있는 동지들의 일에 대해서는 감싸며 보호하는 듯했다.

량치차오(1873~1929)
청말 중화민국의 근대 사상가, 언론인, 정치
가, 교육가이다.

　정교는 직접 재판정에 참석하지 않았지만,《대한매일신보》1910
년 2월 12일 기사 등을 통해 재판정의 분위기를 전해 들으면서 자
신의 견해를 덧붙인 것으로 보인다.

　당시 재판정에는 중국의 대표적인 지식인이자 혁명가 량치차오
(梁啓超)가 자신이 창간한《국풍보(國風報)》의 신문기자로서 참석했
다. 그는《국풍보》1910년 2월 28일 기사에 '안중근 선포 사형'이란
제목의 글을 발표했다. 여기서 그는 "안중근은 사형선고를 받고서
도 안색이 흔들리지 않고 평시처럼 의기양양했으며 아울러 항소할
생각이 없으며 국치를 한번 씻었으니 기꺼이 죽겠다고 말했다. 오
호라, 참으로 열사라고 하겠다고 현장 분위기를 전했다.

　정교는 안중근이 2월 9일 재판에서 진술한 내용도 전하고 있다.

　"나는 개인의 자격으로 이 일을 행한 것이 아니라, 한국 의군의
참모중장으로서 국가를 위하고 동양의 평화를 위해 실행한 것이
다. 전날 설명한 바대로 일본은 일러전쟁을 개시할 당시의 선언을

배신하고 강압적으로 한일협약을 체결했으니 일본은 동양의 평화를 어지럽게 하는 당사자다. 이토 히로부미는 지난 시절 민후[명성황후]를 시해했을 때 주모자였다. 또 한국에는 외신(外臣) 된 몸으로 우리 황제 폐하를 속이고 황제의 자리를 폐하고 새 황제를 세웠다. 이토 히로부미는 다만 한국의 역적일 뿐만 아니라, 일본 천황의 대역적이다. 일본의 전 황제인 고메이 천황 …"(안중근은 이토 히로부미가 고메이를 시해한 일을 말하려고 한 것이다)이라고 했는데, 말을 마치기도 전에 마나베 주조는 안중근의 진술을 중단시켰다. 피고의 진술이 공공의 안녕과 질서에 방해된다는 이유로 공개를 금하고 방청인들을 법정에서 나가도록 했다. 이때가 오후 4시 10분이었다. 그 후 안중근과 우덕순 두 사람의 진술을 들을 수 있는 곳이 없다. 오후 4시 25분에 재판을 마치고 법정을 닫았다.

일본인 재판장은 안중근이 고메이 천황 독살설을 언급하려 하자 매우 민감한 반응을 보이며 그의 진술을 막고 휴정시켰다. 고메이 천황은 메이지유신 직전 이토를 비롯한 토막파의 막부 공격을 비판하던 인물로, 1867년 36세의 나이로 급사했다. 당시 고메이 천황이 천연두로 사망했다고 보도되었지만 독살설이 끊임없이 나돌았다. 최익현도 격문에서 이토 히로부미의 고메이 천황 독살설을 언급할 정도였다. 정교 역시 이러한 독살설을 이미 알고 있던 터라《대한매일신보》1910년 2월 18일 기사에서 미처 보도되지 못한 안중근의 고메이 천황 독살 관련 진술을 보충할 수 있었다.

정교의《대한계년사》에 인용된 검사의 논고는 다음과 같다.

안중근은 한국인으로 착하고 아름다운 성격을 가지고 있지만은 않습니다. 그의 아비는 상당한 재산을 가지고 있으며 생활은 중류 이상으로, 지방의 이름난 집안이라고 하기에 부끄러울 것이 없습니다. 종교는 천주교로, 세례를 받기까지 했습니다. 그러나 안중근은 그의 지위로 보아 비교적 배움은 적지만, 그의 성질은 꿋꿋하고 곧으며 그의 의지는 힘 있고 굳셉니다. 또 정치에 대한 생각은 풍부합니다.

그 동기에 대해 살펴보면, 안중근은 석탄 상점을 운영하다가 실패했습니다. 안정근이란 사람의 정치 연설을 듣고 그의 생각이 끓어올랐습니다. 그리하여 고향 마을을 떠난 뒤 사방을 유랑하며 의병에 참가한 것이 범죄의 동기라고 언급하고 있습니다. 유동하와 조도선 두 사람은 논할 필요가 없습니다. 안중근과 우덕순 피고 등의 진술에서는 정치적 생각이 기본 요인이었다고 하고, 러시아 관리의 조사에서는 명백히 개인적 불만으로 범죄를 저지르기로 마음먹었다고 언급하고 있습니다.

안중근은 일찍부터 곰곰이 생각하다가 이토 히로부미가 만주로 건너왔다는 이야기를 들은 뒤에야 결정했습니다. 그리고 우덕순은 안중근의 꾐에 빠진 때부터, 조도선과 유동하는 범죄를 저지르기 이틀 전에 뜻을 품은 듯합니다. …

정교는 당시 관선 변호사의 변론도 입수하여 전하고 있다.

2월 12일 오전 9시 반, 제5회 공판을 열었다. 관선 변호사 가마타 마사하루가 일어서서 말했다. … "재판권의 관할 문제에 대해

제6부 의병전쟁에서 강제 병합까지

논하자면, 이 사건의 범죄가 일어난 곳은 청국 영토이며 피고는 한국인입니다. 일본인의 범죄는 일본 영사가 재판할 권리가 있지만, 이것을 한국인에게 적용하기는 곤란합니다. 또 광무 3년(1899)의 한청조약 및 광무 9년(1905)의 한일보호조약 등에 대해 논하자면, 한국의 외교권은 소멸된 것이 아니고 다만 일본이 대리하는 것에 불과합니다. 그러므로 한국의 신하와 백성을 일본의 형법으로 다스리는 것은 옳지 않으며 한국의 형법을 적용하는 것이 옳습니다. 한국의 형법에는 이 사건과 같이 해외에서의 범죄에 관한 조항이 없으므로 피고에게 형벌을 내릴 수 없습니다. 지금 가령 일본의 형법으로 형벌을 내린다고 하더라도 피고는 이토 히로부미의 정책을 오해한 것만이 아닙니다. 검사의 논고와 같이 극형을 내린다면 이토 히로부미 공이 희망하는 바가 아니라는 것을 그의 별세 이래 현재까지 명료하게 미루어 살펴야 할 것입니다."

가마타 마사하루는 일본인 관선 변호사임에도 불구하고 재판권의 관할이 일본에 있지 않다고 주장하고 있다. 또 안중근의 행위는 이토 히로부미의 동양 평화론에 대한 오해의 결과라고 변호하면서 극형을 적용해서는 안 된다고 주장하고 있다. 당시 일본 정부는 사건이 청국에서 일어났을지라도 한국인은 일본의 보호국 인민이기 때문에 그 범죄는 일본제국 형법 제1조의 이른바 '제국 안의 범죄'로 간주하여 당연히 제국형법을 적용하는 것이 옳다는 원론적인 방침을 고수하고 있었다.

이어서 정교는 《대한매일신보》 1910년 2월 20일 '안중근의 공판' 기사를 인용하여 2월 12일 안중근의 최후진술을 전하면서 자신의 마음도 함께 싣고 있다.

　안중근은 낯빛이 태연한 채 끊임없이 웅변하며 수 시간 큰 소리
로 진술했다. 모두 더할 수 없이 슬프고 끔찍하면서도 기개가 있는
이야기로, 차마 다 적을 수가 없다. 대략 다음과 같은 내용이다.
　"이토 히로부미는 5조약을 체결한 이후 한국의 통감이 되어 한
국인들을 가혹하게 대하고 황제를 폐위하고 새 황제를 세웠다. 때
문에 나는 동양의 평화와 한국의 독립을 위해 한목숨 걸고 이 일을
행했다. 그러므로 나는 결코 저 검사관이나 변호사 등의 말과 같이
이토 히로부미의 정책을 오해한 것이 아니다.
　또 나는 한 개인의 원한으로 일을 행한 것이 아니며, 이는 곧 국
민의 의무이다. 그러므로 나를 보통의 형사 피고인으로 재판하는
것은 옳지 않으며, 국제공법에 따라 여러 나라 사람들이 입회한 가
운데 심리하고 재판하는 것이 지극히 당연하다.
　또 한국의 변호사가 변호하기 위해 특별히 왔는데 허가하지 않
고 다만 일본의 변호사를 내세워 책임을 모면하려 했으니 편파적
이라는 의혹이 없을 수 없다."
　이어 검찰관 및 변호사를 향하여 한바탕 조리 있게 논박했다. 최
후로 말했다.
　"나는 한국의 독립을 기원하는 것 말고는 전혀 바라는 바가 없
다." 이때가 이미 오후 4시 20분이었다. 마나베 주조는 2월 14일에
판결하겠다고 공포하고는 재판을 마치고 법정을 닫았다.

　여기서 안중근은 관선 변호사의 변호와 달리 이토의 정책을 오

해하여 그를 죽인 것이 아니라고 명백하게 밝히고 있다. 또한 자신의 행위는 국민의 의무에서 비롯된 것이라고 주장하면서 국제공법에 따라 공정하게 재판할 것을 요구하고 있다. 끝으로 안중근은 자신의 유일한 소망이 한국의 독립임을 다시 한번 역설했다. 이후 2월 14일 재판에서 안중근에게 사형이 선고되었다.

이어서 정교는 2월 15일에 안중근이 안병찬에게 전한 유언을 다음과 같이 옮기고 있다.

"저는 대한의 독립을 회복하고 동양 평화를 유지하기 위해 3년 동안 해외에서 모진 고생을 겪다가, 끝내 그 목적을 달성하지 못하고 이곳의 일본 감옥에서 죽습니다. 생각하건대 우리 2,000만 형제자매가 각각 스스로 분발하여 학문에 힘쓰고 실업을 진흥하며 우리의 자유와 독립을 기어이 회복한다면, 죽는 사람으로서 유감이 없을 것입니다."

이후 안중근은 자서전 《안응칠 역사》와 《동양평화론》을 집필했는데, 정교는 이런 모습을 다음과 같이 전하고 있다.

안중근은 감옥 안에서 차분하고 태연하게 자기 평생의 행적을 기록하여 기술했다. 또 《동양평화론》을 지었는데, 초고가 50여 매에 이르렀다. 일본인의 요청으로 붓을 휘둘러 글씨를 쓰거나 그림을 그려준 것이 매우 많았다. 감옥의 관리에게는 온순한 태도로 대했다.

또 뤼순에 사는 벗(공판 때 안중근의 인격과 학식을 알고 잘 대우해 주는 사람을 얻었다)에게 마음속에 품고 있는 생각을 적은 편지를 부쳤다.

천리 밖 임 생각에 바라보는 눈이 뚫어질 듯하오이다.

思君千里, 望眼欲穿

이로써 작은 정성을 표하니 행여 이 정을 저버리지 마소서.

以表寸誠, 幸勿負情

경술년(1910) 1월 뤼순 옥중에서

대한국인 안중근 씀

그러나 그의 평안한 죽음은 의외의 장벽에 부딪혔다. 뮈텔이 안중근의 재판을 애써 방관하고 있을 때인 2월 21일, 안중근의 사촌동생 안명근이 뮈텔을 방문했다. 뮈텔은 그날 일기에서 저녁 8시가 지난 시각에 뤼순에서 온 안명근이 빌렘 신부를 안중근에게 보내줄 것을 자신에게 다시 간청했다고 적고 있다. 안명근은 빌렘 신부가 안중근의 사형 집행 때 종부성사를 해주기를 바라고 이를 부탁했던 것이다. 그러나 뮈텔은 '중대한 이유들'을 들어 거절했다. 심지어 그는 불만을 표하는 안명근을 무례하다고 생각했다.

얼마 뒤에는 빌렘 신부가 자신의 종부성사를 허락해 달라고 간청했다. 뮈텔은 3월 4일 일기에서 빌렘 신부가 뤼순으로 가게 해달라고 간청하는 편지를 또 보내왔다고 적었다. 이에 뮈텔은 "이전과 마찬가지로 사형수로 하여금 그의 거사 이유를 취소케 하는 어려움에 처하게 하고 싶지 않아 여전히 거절하는 것이고, 그러나 선교사를 보내는 것을 허락하기 위해서는 그전에 이러한 취소의 어떠한 증거를 나에게 보여주어야 한다"고 회신했다. 그러나 빌렘 신부는 교구의 최고 성직자인 뮈텔이 불허했음에도 불구하고 뤼순으로 떠났다.

뤼순 감옥에 면회를 온 두 동생, 그리고 빌렘 신부와 이야기하는 안중근

빌렘 신부의 안중근 면회 전경은 정교가 전해주고 있다.

3월 2일 황해도 신천의 천주교회 신부 빌렘이 안중근의 부탁으로 재령에서 길을 떠나 3월 9일 뤼순에 도착했다. 같은 날 안중근의 사촌동생 안명근이 안중근을 만나기 위해 인천에서 증기선을 타고 뤼순으로 향했다.

빌렘은 안중근을 만나 약 2시간 동안 종교적으로 참회하도록 깨우치고 마침내 다시 만날 기약 없이 헤어졌다. 안중근은 빌렘을 만나 돌아가면 한국과 프랑스 두 나라의 신도와 동포 들에게 평화적 수단으로 대한의 독립을 회복하도록 전해달라고 말했다. 처음으로 뜨거운 눈물을 뿌렸다.

정교는 자세한 보도가 없어 빌렘의 종부성사를 구체적으로 묘사하지 않았다. 그러나 《안응칠 역사》에 따르면, 빌렘 신부는 첫날 교회의 가르침에 따라 훈계하고 이튿날은 고해성사를 베풀었으며, 다음 날 미사를 거행했는데 이때 안중근은 성체성사를 받았다고 한다.

한편, 뮈텔은 안중근 문제가 천주교계로 번질까 전전긍긍했다. 3월 5일 일기에서 그는 빌렘 신부의 뤼순 행 출발 소식을 신문 보도를 통해 알고 나서 "불행하다. 고집 쓰는 것은 좋은 것이 아닌데!"라고 적으며 그의 행동을 비난했다. 이후 뮈텔은 불복종을 이유로 빌렘의 미사 집전을 2개월간 중지시켰다.

안중근이 3월 26일 사형을 당했다는 소식이 국내에 전해지자, 뮈텔은 3월 28일 일기에서 그 소식을 기록하면서, 일본인들이 안중근 유족들에게 시신을 넘겨주지 않으려 한 조치를 두고 "극히 당연한 일이다"라고 짧게 소감을 밝혔다. 뮈텔은 일본인들의 부당한 처사를 비난하기보다는 오히려 옹호한 것이다. 왜 그랬을까? 천주교를 보호하기 위해 안중근과의 관계를 끊으려는 의도적인 고육책, 아니면 안중근 시신의 국내 반입에 따른 사태를 우려한 일본 측에 대한 배려 등을 들 수 있다. 그러나 일기 어디서도 그의 의도를 찾아볼 수 없다.

정교는 안중근의 사형 일자를 둘러싼 논란을 언급하고 3월 26일 사형 집행일의 분위기를 전했다.

일본 법원은 안중근의 사형을 3월 25일에서 27일 사이에 집행하려고 했다. 안중근은 예수가 십자가에서 처형된 날(3월 25~27일)을 제삿날로 해달라고 법원에 신청했고 3월 25일로 정해졌다. …

일본인들은 안중근의 사형을 기어이 3월 25일로 정했다가, 그날은 건원절[乾元節, 1908년부터 대한제국 순종 황제의 탄생을 기념하던 날]이라는 통감부의 전보에 근거하여 다시 3월 26일로 정했다.

3월 26일 안중근은 사촌동생 안명근이 가지고 온 흰색 명주 두루마기와 검은색 양복바지를 입고 우리나라 가죽신을 신고 차분하게 사형 집행을 기다렸다. 일본 감찰관 미조부치 다카오, 전옥 구리하라, 통역 소노모토 등이 사형장에 입회했다. 구리하라가 사형 집행 문서를 낭독하고 유언의 유무를 물었다. 안중근이 말했다.

"내가 이곳에 이른 것은 본래 동양 평화를 위한 것이니 유감이 없다. 이곳에 입회한 일본 관헌에게 바라건대, 앞으로 한국과 일본의 친선과 동양의 평화에 있는 힘을 다하라."

그 뒤 약 3분 동안 최후의 기도를 행하고는 묵묵히 사형대로 올랐다. '동양 평화 만세!'를 외치고, 의젓하게 형벌을 받았다. 때는 10시 4분이었으니, 곧 이토 히로부미가 피살된 시각이었다. 11분이 지난 후 죽었다. 형장에 나온 일본인 의사가 안중근의 시신을 확인하고, 두꺼운 송판으로 된 관에 넣은 후 감옥 안의 교회로 옮겨 모셨다.

황현도 안중근 재판을 예의 주시하다가 1910년 2월 14일 사형선고 이후 그의 사형 일자가 3월 26일로 결정되었다는 사실을 알고 이를 기록했다. 그리고 안중근이 밝힌 이토의 15가지 죄목을 소개했다.

안중근의 사형 집행일이 이달 26일로 정해졌다. 안중근은 그 소식을 듣고도 낯빛이나 밥 먹고 잠자는 것이 보통 때와 같았다. …

3월 26일 안중근이 뤼순 감옥 형장에서 죽임을 당했다. 국내외 사람들 누구나 그를 장하게 여기며 그의 죽음을 동정했다.

처음에 안중근은 이토 히로부미의 대죄 15개 항을 다음과 같이 역설했다. 1. 명성황후를 시해한 죄, 2. 광무 9년(1905) 11월에 5조약을 강제 체결한 죄, 3. 융희 원년(1907) 7월에 7조 협약을 강제 체결한 죄, 4. 태황제를 폐위한 죄, 5. 군대를 해산한 죄, 6. 무고한 양민을 살육한 죄, 7. 이권을 약탈한 죄, 8. 한국 교과서를 금지한 것, 9. 신문 구독을 금지한 것, 10. 은행권을 사용한 죄, 11. 동양의 평화를 교란한 것, 12. 일본 천하를 기만한 것, 13. 교과서를 금기(禁棄)한 것, 14. 일본 고메이 천황을 시해한 것, 15. (빠짐)

이 15개 조항은 안중근이 직접 저술한 《안응칠 역사》와 그 구성과 내용이 다소 다르다. 아무래도 신문사에서 축약 보도하는 과정에서 와전된 듯하다. 《안응칠 역사》에 따르면, 2항과 3항은 원래 한 개의 항이며 9항은 잘못 들어갔다. 그리고 '정권을 강제로 빼앗은 죄', '교육을 방해한 죄', '한국인들의 외국 유학을 금지한 죄', '한국인이 일본의 보호를 받으려 한다고 세계를 속인 죄' 등이 누락되어 있다. 또 7항에서 언급하고 있는 '이권'은 철도부설권, 광산개발권, 산림과 천택(川澤) 개발권을 지칭한다.

이어서 안중근 묘지가 조성되지 못한 것에 안타까움을 표하면서 안중근의 유시를 적었다.

안중근의 집안사람이 그의 유언에 따라 하얼빈에서 장례를 치르려고 했으나, 일본인들이 허용하지 않고 뤼순 감옥 내 장지에 매장하도록 했다. 대개 안중근이 죽음에 임해 당부하기를, 국권이 미처 회복되기 전에는 고국산천으로 돌아가지 말고 하얼빈에 임시로 안치하여 자신의 비통한 마음을 기억해 달라고 했던 것이다. …

안중근은 두 구절의 유시(遺詩)를 남겨 "장부는 비록 죽을지라도 마음이 쇠와 같고, 의사는 위태로움에 처해도 기운이 구름과 같다(丈夫雖死心如鐵 義士臨危氣似雲)"고 했다.

일본은 유해를 몰래 매장하고 그 장소를 알리지 않았다. 안중근의 추모 열기가 폭발적으로 커지는 것을 막고자 했기 때문이다. 그 결과 안중근의 유해는 현재까지 발견되지 않고 있다.

그러나 안중근 사후 추모 열기는 오히려 높아졌다. 국내에서는 할 수 없었지만 블라디보스토크에서는 추모가 가능했다. 황현은 이 지역 한국인들이 여러 차례 추도회를 열었다고 적었다. 또한 정교는 《대한매일신보》 1910년 3월 31일 기사에 근거하여 안중근 추모 열기를 이용하여 돈을 벌고자 했던 당시 분위기를 전했다.

이때 일본인들은 엽서에 안중근의 사진을 인쇄해 서울에서 판매했는데, 인민들이 그것을 다투어 샀다. 3월 28일 내부(內部)가 치안 방해라며 그것을 금지했다. 남부경찰서는 그 사진관 주인을 불러 치안에 방해된다고 타이른 뒤 풀어주었다.

한편, 일본 정부는 재판장 마나베 주조에게 150환, 검찰관 미조부치 다카오에게 250환, 통감부 통역 소노키 스에키에게 200환, 전옥 구리하라에게 150환을 내려주었고, 그 밖의 관리 21명에게도 상금을 하사했다.

3년 선고를 받은 우덕순은 일본인에게 보복 살해된 것으로 알려졌다. 정교가 우덕순의 이후 행적을 다음과 같이 전하고 있다.

우덕순은 뒤에 내란(의병을 말한다)과 계획 살인죄로 함흥지방재판소에서 결석(법정에 나타나지 않는 것을 가리킨다)재판을 받았다. 뤼순의 일본 관동도독부에서 순사 2명을 보내 7월 16일(음력 6월 10일이다) 인천경찰서로 압송하고, 7월 18일 부산으로 호송했다가 다시 함흥으로 보냈다. 일본인들은 끝내 우덕순을 살해했다.

정교의 우덕순 피살에 대한 기술은 와전된 소식에 근거한 것이다. 우덕순은 경성감옥 수감 중 1908년의 함흥감옥 탈옥 사건이 드러나 형이 추가되어 7년간 옥고를 치르고 1915년 2월 출옥했다. 다시 만주로 망명하여 각지를 다니며 학교와 교회를 설립하고, 교포들과의 상호 연락과 교포 2세들의 독립사상 고취에 힘썼다고 알려져 있다. 그러나 2019년 일부 학자의 의혹 제기와 KBS 보도에 따르면, 우덕순은 일본의 밀정으로서 1920~1930년대 하얼빈과 치치하얼 등 만주 지역에서 조선인민회의 간부로 활동했다고 한다. 조선인민회는 일제가 당시 조선인들을 통제하기 위해 만든 친일 단체로, 우덕순은 일본의 정보기관인 특무기관과 밀접한 관계였으며, 조선인과 독립운동가를 감시하고 활동 정보를 수집하여 넘겼다고 보도되었다. 그리하여 현재 우덕순은 논란의 중심에 서 있다. 우덕순의 조선인민회 활동과 기타 활동에 대한 치밀한 검증 작업이 필요하다.

그 밖에 황현은 "블라디보스토크에 거류하는 한국인 류승하가 모금하여 안중근 기념비를 건립했다"고 기록했다. 그러나 이는 황현의 착각이다. 《황성신문》과 《대한매일신보》 1910년 5월 17일 기사에 따르면, 류승하가 안중근 기념비를 세우기 위하여 의연금 모집차 귀국했다는 소문에 대해 모처에서 진위를 파악 중이라고 보도하고 있다. 황현의 착오인지 의도한 기록인지 확인할 수 없지만 안중근의 거사가 오랫동안 기억되기를 바라는 마음에서 이런 기록을 한 것이 아닐까?

반면에 윤치호는 안중근의 이토 척살 사건을 매우 부정적으로 보았다. 1919년 9월 2일 일기에서 강우규 의사의 사이토 마코토 저격 사건을 언급하면서, 10년 전 안중근의 이토 척살 사건을 소환하여 다음과 같이 맹비난했다.

오후 5시 사이토 제독이 서울에 도착했다. 오후 7시에 문희, 선희를 데리고 램버스 감독 일행을 마중하러 역에 나갔다. 그러나 감독 일행은 오지 않았다. 에비슨 박사 이야기를 듣고 깜짝 놀랐다. 에비슨 박사 말에 따르면, 어떤 멍청이들이 사이토 제독에게 폭탄을 던졌는데, 사이토 제독을 빗나간 폭탄 때문에 구경꾼 여러 명이 부상을 당했다고 한다. 정말이지 한심한 일이다. 조선인들은 이토 히로부미 씨 암살사건이 병합을 재촉했다는 사실을 잊어버렸단 말인가? 바보들 같으니라구!

안중근의 이토 척살 당시의 일기는 남아 있지 않아 10년 전 윤치호가 그 사건을 어떻게 인식했는지는 알 수 없다. 다만 윤치호는 안중근의 이토 저격으로 병합이 빨라졌다는 일본인 정치가와 관변 학자의 말을 그대로 믿고 있었다. 이토 피살 이전에 병합의 시계가 이미 돌아가고 있었다는 사실을 모른 채 한국인의 의열 활동에 모든 책임을 전가한 것이다.

이완용의 가슴을 찌른 이재명

안중근이 이토를 저격하여 처단한 지 두 달도 안 되어 서울 한복판 명동성당에서 이완용을 암살하려다 미수에 그친 사건이 터졌다. 정교는 사건의 내막을 다음과 같이 전하고 있다.

> 12월 22일 내각 총리 대신 이완용이 종현성당에서 있었던 벨기에 황제 레오폴드 2세(Leopold II)의 추도회(12월 17일 벨기에 황제가 죽었다)에 참석했다. 추도회가 끝난 뒤 이완용은 문밖으로 나섰다. 오전 11시 30분 인력거를 타고 겨우 몇 발짝을 갔는데, 이재명이 길가에서 갑자기 툭 튀어나왔다. 큰 소리로 '대감!'이라 외치며, 단도(길이는 여덟 치 남짓한 일본제 호신용 칼이다)를 휘두르며 인력거 앞으로 달려들었다. 먼저 인력거꾼을 찌르니, 땅에 엎어져 그 자리에서 바로 죽었고 수레도 따라 뒤집혔다. 다시 이완용의 허리 부분을 찔렀다. 이완용이 놀라고 무서워서 별안간 높이 뛰어올라 달아나려고 하는 참에 다시 이완용의 어깨 부분을 마구 찌르고 목청을 돋우어 가며 거리낌 없이 말했다. "나는 목적을 달성했다." 이어서 "대한 만세!"를 외쳤다.
>
> 이완용을 호위하는 순사가 뛰어서 앞으로 다다라 이재명을 붙잡으려 했다. 이재명은 칼을 휘두르며 서로 맞섰다. 순검이 칼을 뽑

아 이재명을 쳐서 이재명의 어깨 부분 두 곳에 상처를 입히고는 그를 붙잡아 이완용의 집으로 돌아왔다. 이재명이 곁에 있던 순사에게 말했다.

"피비린내가 너무 심하다. 불과 지권연[紙捲煙, 썬 담배를 얇은 종이로 말아놓은 담배] 한 개비 가져오라."

순사교번실(巡査交番室, 파출소)에 붙잡아 두고 그를 심문하자 대답했다.

"5조약이 체결된 이후로 이러한 뜻을 품었다. 미처 적당한 때를 얻지 못했기 때문에 오늘날까지 이르게 되었다. 일진회 회장 이용구 따위의 무리에 이르러서는 곧 기슬[蟣蝨, 이의 알과 이]과 같은 부류로서 언급할 가치도 없다."

곧바로 경시청으로 보내졌다. 가마에 타고 순사에게 말했다. "내 다친 넓적다리를 잘 살펴달라."

심문실에서 배와 가슴을 위로 하고 반듯하게 누워 붉은 피를 뚝뚝 흘리면서 심문에 대답했는데, 말투가 또렷하고 기질이 태연자약했다.

이재명은 평양 사람으로 나이는 21세였다. 골격이 준수했으며 낯빛은 희고 깨끗했다. 몇 해 전 미국 샌프란시스코에 갔다가 예수교 신교에 들어갔다. 이해 귀국하여, 머리카락을 바짝 깎고 낡아 빠진 등쪽이 넓은 서양 옷을 입었다. 탄환을 장전한 5연발 권총을 허리에 찼다. … 이완용의 상처는 왼편 어깨에 세 치 남짓, 허리 부분 한 곳에 한 치 남짓이었는데, 크게 다친 곳은 어깨였다. 찔리고 한 시간이 지나자 정신이 조금 혼미해졌다. 황제와 태황제, 황후가 모두 사람을 보내 그를 위문했다. 한국과 일본의 관리와 백성으로

위문하려는 사람들이 몰려들었다.

이재명이 이완용을 처단하려 한 이유를 들어보면, 그가 을사늑약 체결의 장본인임을 확인할 수 있다. 이재명에 대한 인물평에서 볼 수 있듯이 정교는 대단히 호의적인 논평을 하고 있다.

이에 일본군사령부는 헌병과 보조원, 정탐인 들에게, 무기를 지니고 있는 사람은 누구든 곧바로 잡아 오라고 명령했다. 또 헌병과 보조원 들에게 각 고등관(高等官)의 집과 각 궁가(宮家) 및 각 관청과 사회단체를 순찰하도록 했다.

일본 도쿄의 여러 신문은 이완용이 죽을 경우를 가정하여 대한(對韓) 정책에 대해 논의하는 여러 명사의 의견을 모아서 가득 실었다. 그 가운데 전 외무성 대신 하라 다카시(原敬)는 나라를 합쳐야 한다는 의견을 강경하게 주장하기도 했다.

한편, 정교는 비용이 부족하다며 민생을 소홀히 했던 황실이 이완용의 부상은 빼놓지 않고 챙기는 모습을 보면서 간접적으로 불만을 드러냈다.

지방의 소요 사태로 해를 당한 인민이 385명이었고, 불에 탄 집이 6,681호였다. 황실비 가운데에서 진휼금 9만 4,222환을 내려주었다. 그 뒤로 해를 당한 인민 746명과 불에 탄 집 3,305호는 황실비가 부족했기 때문에 그 진휼금을 받을 수 없었다. 12월 말에 있었던 일이다. 이듬해 1월 황제가 이완용에게 인삼과 녹용을 각각 몇 근씩 내려주었다. 태황제와 엄귀비도 각각 치료비 500환을 내려주었다.

당시 의병 봉기와 일본군의 진압으로 민생이 도탄에 빠졌음에도 지원하지 않은 황실이 이완용의 조속한 회복을 위해 귀중한 한약과 하사금을 내렸던 것이다.

황현도 이재명의 이완용 저격 사실을 상세하게 남기고 있다.

23일[22일의 오류, 음력 10월 10일] 이재명이 이완용을 칼로 찔렀는데 죽지 않았다. 이재명은 평양 사람으로 현재 나이가 21세였다. 6년 전 미국으로 유학을 갔다가 귀국 후에는 늘 나라의 부끄러움을 생각하여 이를 씻지 못함에 원통하고 분하게 여겼다. 이때 합방론이 제기되자 이재명은 탄식하기를, "이용구를 죽이지 않을 수 없다"고 하더니 이윽고 "재앙의 근본은 이완용이다"라고 하며, 마침내 당초 계획을 바꾸었다.

이완용은 벨기에 황제가 사망함에 종현성당에서 열리는 추도회에 갔다. 이때 이재명은 건물 밖에서 엿보고 있다가 이완용이 나와서 인력거를 탈 때 칼을 휘둘러 곧장 찔렀다. 그런데 인력거꾼 박원문이 먼저 칼을 맞고 거꾸러지자 이재명은 몸을 날려 인력거에 뛰어올랐고 이완용은 재빨리 피하는 사이에 허리와 등 세 군데를 연거푸 찔렀다. 순사들이 이재명을 찔러 인력거에서 떨어뜨렸고 이완용을 마주 들고 돌아갔다.

대개 이완용이 머리를 깎고 양복을 입고 있어 붙잡기가 불편했고, 짐승 털 모직으로 두껍게 단장하고 있어 칼이 바로 급소에 들어갈 수 없었다. 이완용은 서양 의사를 불러 치료를 받았는데, 의사가 말하기를 "칼이 허파 부분에 닿았으나 요행히 살 수 있었다"고 했다.

이재명이 붙잡히자 탄식하기를, "이완용은 죽이지 못했으니 내가 이용구를 죽이겠다"고 했다. 이재명 사건이 일어나자, 순사의 정탐을 받아 역시 잡히게 되었다. 이재명을 살피고 있다가, 그를 체포한 것이다. 그는 단도를 옥관(獄官)에게 던지며, "이것이 바로 이용구를 살해하려던 물건이다. 이제 그만이니 어찌할 것인가?"라고 했다. 이때 서울 사람들은 크게 놀랐고 조중응, 박제순 등도 경호를 배가했다.

황현은 《대한매일신보》 1909년 12월 23일 기사를 보았음에도 이재명의 12월 22일 이완용 처단 미수 일자를 12월 23일로 착각하여 잘못 기술했다. 주목할 점은 이재명이 이완용을 죽이려다가 실패한 뒤 곧이어 "이용구를 죽이겠다"고 발언한 것이다. 이재명이 이완용

제6부 의병전쟁에서 강제 병합까지

과 이용구를 연거푸 죽이려고 한 셈이다. 그러나 이러한 기술은 명백한 오류다. 사건의 맥락상 이재명이 암살 미수로 붙잡힌 상황에서 이용구를 죽인다는 것은 불가능하다. 이러한 오류는《황성신문》과《대한매일신보》의 기사, 정교의《대한계년사》,《역주 매천야록》(임형택 외)에서도 언급하고 있듯이 이즈음 이용구를 죽이려 했던 김정익(金貞益)의 발언을 잘못 삽입한 데서 비롯되었다. 이들 문헌에 따르면, 이재명의 이완용 처단 시도가 미수로 끝난 뒤 이용구를 죽이려 했던 김정익도 이재명의 연루자라고 하여 붙잡힌 뒤 15년 형을 받았다.

《황성신문》1909년 12월 26일 기사에 따르면, 두 사람은 모두 평양 출신으로 오랜 친구여서 잘 알고 있었다. 그래서 김정익이 나라의 위기를 깨닫고 서울로 올라와 이재명을 만났는데, 두 사람은 이완용과 이용구 중 누구를 먼저 죽일지를 놓고 논쟁했다. 이재명은 일본과 조약을 맺어 대한제국을 국망의 위기로 몰아넣은 이완용을 먼저 처단해야 한다고 주장한 반면, 김정익은 '한일합방'을 외치며 '합방 후' 대신이 되고자 하는 이용구를 먼저 처단해야 한다고 주장했다. 그래서 두 사람은 각각의 주장을 절충한 끝에 이완용과 이용구 척살을 분담하여 의거를 벌이려다가 미수나 모의에 그친 것이다. 체포 직후 김정익은 이용구를 처단하지 못한 것을 탄식했다.

이후 이재명과 김정익은 재판을 받았다. 정교는《대한계년사》에서 이들을 심문했던 검사 이토 도쿠준(伊藤德順)의 논고 내용을 소개하고 있다.

"이재명 등의 범죄 내용은, 작년 말쯤의 일한합방 문제로 인하여 흉악한 짓을 행했으므로 정치에 관련된 범죄라고 인정할 수 있습니다. 이완용에 대한 범죄는 이재명이, 이용구에 대한 범죄는 김정익이 하기로 정했으며, 그 나머지는 종범입니다. 정치와 상관이 있는 듯한데 두 범인은 본래 관직이 없었습니다. 이재명은 멕시코[미국의 오류]로 이민을 갔던 자이며, 김정익은 평양에 여학교를 설립한 자입니다. 정치와 상관되었으니 우매한 자로서 본래 지식이나 학문이 없이 합방 등의 일에 대해 오해하여 정부의 대신과 정당의 우두머리를 해치려 한 것으로 인정됩니다.

또 이재명의 범죄 원인은 춥고 배고픔을 참지 못하고 죽을 지경에 이르러 단지 이용구를 해침으로써 명예를 낚으려 할 목적으로 이완용을 찌르는, 못나고 더러운 생각으로 배일파라는 것을 보여주려 한 데에서 나온 것입니다. 한편으로는 아깝지만 한편으로는 몹시 흉악한 사람입니다. … 이재명은 이완용을 계획적으로 살해하려 했는데 미수에 그치고, 고의로 박원문을 살해한 두 가지 죄를 함께 저질렀으니 사형에 처하고, 김정익은 이용구를 계획적으로 살해하려 했는데 미수에 그쳤으니 징역 15년 … 에 처하도록 요청합니다."

일본인 검사는 이재명의 친일파 처단 시도를 공명심을 드러내기 위한 행위로 폄하했다. 또한 이재명의 이완용 암살 미수를 김정익의 이용구 처단 모의와 연계하여 다룸으로써 이재명을 이완용과 이용구를 살해하려 한 주범으로 간주하고 있다. 더욱이 이재명의 우발적인 인력거꾼 살해를 고의적인 것으로 둔갑시키고 있다. 이재명의 의열 행위를 극단적으로 폄하하면서도 살인죄에 중점을 두고 형량을 최대한 높이려는 의도가 보인다.

지난 안중근 재판에서 변호하려다 일본의 거부로 참가하지 못했던 안병찬 변호사는 이재명을 위해 다음과 같이 변론을 폈다.

변호사 안병찬이 말했다.

"본 사건의 피고 이재명은 오늘에 이르러 예사롭지 않은 죄명 아래 서 있습니다. 본 변호인은 이에 대하여, 그 사실의 존재는 인정합니다. 그러나 피고가 본 사건의 범죄를 실행한 사정은, 한마디로 이야기하면 그 원인은 단순히 애국적 열성에서 나온 것이지 결코 개인적 분노나 증오에서 비롯된 천박하고 용렬한 행동이 아닙니다.

피해자 이완용은 내각의 의자에 자리잡은 이후 털끝만큼도 국가와 인민을 돌보지 않고 다만 자기의 지위만을 공고히 했습니다. 5조약과 7협약을 체결하여 나라를 다른 나라 사람에게 팔아먹고, 우리 500년 종묘사직과 2,000만 백성들이 오늘 이와 같은 비참한 지경에 빠지도록 했습니다. 뜻있는 선비의 원통한 피가 흘러넘치고, 나라를 근심하는 사람의 뜨거운 눈물이 뚝뚝 떨어졌습니다. 이와 같은 죄상은 저 이완용도 반드시 스스로 인정할 것입니다."

이후 검사와 변사 간에 치열한 법리 논쟁이 벌어졌다. 정교는 이 과정을 상세하게 기록으로 남겼다. 그러나 이재명은 사형을 선고받았다. 이재명은 자신이 인력거꾼을 죽인 것은 고의적인 살인 행위가 아니라고 반론하고, 더 나아가 이완용 살해의 정당성을 주장했다. 당시 변호를 담당했던 이면우는 이재명의 반론을 보강하면서 변호했는데, 정교는 그 내용의 대략을 다음과 같이 전하고 있다.

"… 대체로 고의적 살인은 어떠한 것을 막론하고 그 의도가 갖추어져 있는가를 필요로 합니다. 이 사건은 그 의도라는 점에서 꽤 부족한 부분이 많습니다. 또 스스로 정신을 잃은 가운데, 의지도 없고 알지도 못하던 상황에서 나온 일입니다. 이는 우리나라《형법대전》제482조의 '다투어 때리다가 곁의 사람을 뜻밖에 죽게 만든 사람'에 대한 조문을 적용하는 것이 옳을 것입니다. 듣자 하니 또 피고는 이 일을 모르고 있다가 이완용의 집에 가서야 비로소 알았다고 합니다. 그러므로 인력거꾼을 고의로 살해한 것으로 인정하는 것은 매우 부당한 일입니다. 그런데 뜻밖에 죽게 만든 것에 대해 법에 규정된 조문이 없으니, 비슷한 조문이나 전례에 따라 결단하여 처분하는 것이 옳습니다. 비슷한 조문에 따를 때 사형이 없다면, 이를 사형에 처하는 것은 옳지 않습니다. … 또한 위 범죄의 정신에 대해서 논하면, 피고가 이완용을 살해하려고 한 것은 개인적 증오나 이익에 말미암은 것이 아니라 국가를 위하고 공익을 위한 것입니다. … 게다가 피고는 일찍이 해외에 나갔으며, 또 그 기록된 바를 보면 이러한 의도가 생겨난 것은 5조약에서 비롯되었다고 합니다. … 또 그 결과도 이완용이 이미 완쾌된 지 오래되었으니, 형량을 감해줄 여지가 있습니다. 그러므로 본 범죄 세 건 가운데, 가장 무거운 이완용의 살해죄에 대하여 상당히 참작하고 헤아려 형량을 감해주기를 희망합니다."

또한 정교는 당시 재판정에서 벌인 이재명의 항의를 다음과 같이 구체적으로 전하고 있다.

7월 12일 오전 10시에 법정을 열고 재판을 시작했다. … 이재명이 성이 나서 큰 소리를 질렀다.

"이치에도 맞지 않고 공정하지도 못한 형벌로 비록 내 생명은 빼앗더라도 내 충성스럽고 의로운 넋과 속마음은 침범하지 못할 것이다. 내 영혼은 영원히 살면서 생전에 이루지 못한 목적을 기어이 이룰 것이다." 큰 소리로 외치며 국가의 앞날에 대하여 의분에 북받치며 슬퍼하고 원망하는 조사(弔辭)를 말하고는, 순사와 간수 무리에게 억눌리고 몸이 묶인 채 끌려 나갔다. 문밖에서 서서 기다리던 그의 아내 오인성(吳仁星)과 친족들을 대하고는 마지막 이별을 행했다. 오인성이 전날[5월 18일]과 같이 하늘을 부르며 소리 내어 슬피 울면서, "이완용은 지금까지 의연히 생명을 보존하고 있다. 그런데 도대체 무슨 속셈으로 내 남편을 사형에 처하는가?" 하고 날뛰며 원통함을 하소연했다. 당일에는 방청을 엄금했다.

7월 18일 오후 이재명은 다시 고등법원에 항소했다. 8월 13일 공판을 열고 그 결정을 선고했는데, 역시 제1심과 같았다. 얼마 지나지 않아 이재명을 죽이고, 김정익 등을 징역형에 처했다.

정교는 법리 논쟁과 재판 과정을 통해 이재명 재판의 불공정과 부당성을 일일이 역사에 남기고자 했던 것이다. 결국 이 재판은 법리적이라기보다는 정치적으로 귀결되었다. 정교는 이재명 재판을 통해 선조들이 국적 이완용을 처단하고자 의거에 나섰으며 비록 이완용을 처단하지는 못했지만 친일 매국노들에게 경종을 울리고 일제에 두려움을 주었음을 후손들에게 말하고 싶었던 것이다.

황현도 이 재판의 귀결을 다음과 같이 기술하고 있다.

이재명 등을 신문했다. 일본인 검사 이토(伊藤)는 이재명은 교형 (絞刑), 김정익, 이동수, 김병록, 조창호 등은 징역 15년, 오복원, 김 락선 등은 징역 10년, 박태은, 김용문 등은 징역 7년, 이학비, 김이 걸, 김병현, 이응삼 등은 징역 5년에 처했다.

이때 이토는 많은 뇌물을 받고서 이재명을 반드시 사형에 처할 것을 주장했다. 그러나 이재명은 살인미수죄에 해당되었으므로 인 력거꾼 박원문의 사망을 끌어들여 이재명에 대해 고살(故殺)의 죄 로 덮어씌우고 드디어 사형의 율을 적용한 것이다. 일본인 변호사 오사키(大崎), 이와타(巖田), 고노(木尾) 등 세 사람은 모두 이에 반 박하며 박원문을 죽인 것은 실수로 죽인 오살(誤殺)이요 고살이 아 니니, 만일 이재명을 살해한다면 법률의 본의를 크게 잃은 것이라 고 주장했다.

여기서 쟁점의 대상으로 떠오른 인력거꾼 박원문이 누구인지 궁 금해진다. 《황성신문》 1909년 12월 24일 기사에 따르면, 박원문은 원래 이완용의 사위 홍운표(洪運杓)의 인력거꾼이었는데 신체가 건 장하여 이완용의 인력거를 끌게 되었다. 더욱이 이재명이 이완용을 척살하고자 했을 때 완강하게 제지했던 인물로 묘사되고 있다. 사 건 직후 이완용의 아들 이항구는 박원문의 어머니에게 집 한 채를 마련해 주고 의식을 지급했다. 만일 그가 이완용 집안에 고용되지 않은 인력거꾼이었다면 과연 죽음을 무릅쓰고 그렇게까지 제지했 을까? 박원문이 길거리에서 인력거를 끌었던 일꾼이 아닌 경호원일 가능성이 높다는 학계 일각의 주장은 타당한 듯하다. 이재명은 무 고한 인력거꾼을 살해한 것이 아니라 이완용을 척살하려다가 경호원의 저지로 막히자 우발적으로 경호원을 살해한 셈이다.

그러면 뮈텔은 이재명의 이완용 저격 사건을 어떻게 보았을까?

우선 사건 장소가 명동성당이라는 점에서 충격에 빠졌다. 12월 22일 일기에서 그는 이재명을 '테러리스트'라고 표현하면서 범인이 천주교 신자가 아니라 개신교 신자라는 사실에 안도했다. 그런데 이 일기에서 유의할 점은 이재명의 여자 조카 이율리안나가 벌인 행동이다. 그녀는 이재명이 명동성당 내부에서 이완용을 죽이려고 하자 성당 내 거사를 반대하면서 성당 바깥에서 저격하라고 했다는 것이다. 이율리안나 역시 이재명이 투숙했던 집에서 체포되었다. 그러나 이재명의 이완용 저격 사건에 부인 오인성, 여관집 주인 백조이 외에는 여성이 보이지 않는다는 점에서 의문의 인물이다.

그렇다면 뮈텔의 조국이자 제국주의 국가였던 프랑스는 이 사건을 어떻게 인식했을까?

서울의 프랑스 영사 파이야르는 "이완용은 일본 정부에 영혼을 팔아먹은 자로 인식되어 국민들의 존경을 전혀 받지 못하고 있으며, 이미 오래전부터 목숨이 위험에 처해 있었습니다. '한일합방'을 추진하는 일진회의 계획이 이번 테러의 결정적인 요인이었을 것으로 추정됩니다"라고 본국에 보고했다. 이듬해 1910년 5월 이재명에게 사형선고가 내려진 재판에 대한 보고에서는 "2,000만 한국인들 중 마음속 깊이 이완용의 죽음을 바라지 않은 한국인은 거의 없을 것"이라는 이재명의 재판 과정에서 나온 발언을 소개했다. 그리고 사형선고를 받은 그가 "한국인들의 마음속에서 대한제국 독립의 새로운 순교자로 간주"될 것이라고 기술했다.

훗날 김구는 이재명의 이완용 저격 사건 실패를 아쉬워하며 그와의 인연을 《백범일지》에 남겼다. 이 회고록에 따르면, 11월 중순 김구가 노백린과 함께 이재명을 만났을 때 그를 "시세의 격변 때문에 헛된 열정에 들뜬 청년"으로 여기고 그에게서 단총을 빼앗았다. 이완용을 죽이려는 그의 충심은 이해하지만 무모한 계획이라고 판단했던 것이다. 그러나 김구는 거사 당일 후 이재명이 총이 아닌 단도로 이완용을 죽이려다가 실패했다는 소식을 듣고는 자신의 잘못된 판단으로 이완용을 저세상으로 보내지 못한 것을 후회했다.

　그런데 국가기록원에서 소장하고 있는 이완용 저격 사건 판결문에 따르면, 이재명은 단도와 단총을 각각 한 자루씩 소지한 것으로 나와 있다. 만일 이재명이 단총을 소지했다면 왜 사용하지 않았는지 여전히 의문이 든다. 반대로 단총을 소지하지 않았다면, 판결문에 이재명이 왜 단총을 소지한 것으로 기록되어 있는지에 대한 의문은 여전히 풀어야 할 과제다.

3. 일제의 수탈과 문화 침략

이때 산림 측량 기한이 임박해 왔으나 민간에서는 관망하며 날짜를
보내고 있었다. 일본인들이 마침내 사방에서 제멋대로 측량을 하니,
산림과 천택을 불문하고 저들의 손을 한번 거치면 자기 소유로 만들
었다. _ 황현

저녁밥을 먹은 뒤 온 동네 주민이 많이 모인 자리에서 집강(執
綱)이 한바탕 연설을 했다. 가옥세와 주초세(酒草稅, 주세와 연초
세)를 내일 안으로 거두어 바치라고 백민에게 널리 알리고 밤이
깊은 뒤 회의를 다 마쳤다. _ 지규식

일제의 황실 비자금 문서 탈취

일제는 일찍부터 황실의 비자금과 외교 관련 문서를 찾기 위해 혈안이 되었다. 무엇보다 고종의 대일 저항의 물적 기반과 법률 근거 자료를 제거하고자 했기 때문이다. 특히 헤이그 특사 사건이 터지자 일제는 고종의 자금줄과 외부 연락망을 막기 위해 온갖 수단을 강구했다.

우선 고종과 가까운 내시들을 집중 추적했다. 내시들이 뮈텔과 연결된다고 판단하여 그 고리를 파헤치려 했다. 특히 고종의 비밀 칙서를 가지고 있는 이세직(李世稙)의 행방을 쫓고 있었다.

러일전쟁이 끝나가던 1905년 3월 일본 공사관의 하기와라 모리이치(萩原守一)가 뮈텔을 방문했다. 그는 1896년 초부터 주한 일본 공사관 직원으로 한국의 경제와 정치에 깊이 관여해 왔다. 1903년 공사 대리와 공사로서 일본 정부의 이익을 관철시키는 데 앞장섰다. 따라서 그의 뮈텔 방문은 예사로운 일이 아니었다. 그는 고종이 비장하고 있는 외교문서와 비자금을 추적하고 있었던 터라 뮈텔을 방문하여 그 단서를 찾고자 했다. 특히 이 과정에서 이세직을 체포하고자 했음을 보여준다.

뮈텔은 1905년 3월 10일 일기에서 밝힌 바와 같이, 하기와라에게 자신과 이세직의 관계를 토로하면서 이세직이 영세와 견진을 했을지라도 그를 천주교인으로 볼 수 없다고 단언했다. 나아가 근래에 이세직을 만난 적이 없다고 강하게 부인했다. 그는 이세직을 "그런 일을 맡아 할 만한 사람(고종의 대리인)이 못될뿐더러 도망친 유배자로서 경찰에 체포될까 두려워 감히 외출할 생각을 못 하"는 인물로 여기고 싶었기 때문이다. 나아가 플랑시 프랑스 공사를 만났을 때 이세직을 일절 언급하지 않았다. 이제 그에게 이세직은 매우 부담스럽고 멀리해야 할 존재였다.

이세직은 함경도의 한미한 가문 출신으로 원래 이름이 이일직(李逸稙, ?~?)이다. 1894년 김옥균 살해 사건 주모자로 홍종우의 김옥균 암살에 공을 세워 출세했다. 그는 박영효도 암살하려고 했지만 그가 경계하는 바람에 미수에 그쳤다. 조선에 들어온 이후 이세직으로 개명하고 법부 주사(6등), 궁내부 참서관, 법부 검사(5등), 법부 형사국장(4등), 중추원 의관(3등)으로 단기간에 고속 승진했다. 고종 근왕 세력의 일원으로 자리 잡았다고 하겠다. 그러나 개인적인 독직과 권력투쟁에서 밀리면서 제주도로 유배를 가기도 했다. 그런 가운데 고종과 연결고리를 유지하면서 고종의 통치 자금을 확보하는 데 힘을 기울였으며 수십 점에 달하는 기밀문서를 소지하기도 했다. 문서들은 1904년 12월부터 고종의 밀칙 아래 해외 차관 도입, 일본에 대한 첩보 활동, 이권 양도 특허 계약 사건과 관련되어 있었다. 일본 헌병이 그를 체포하는 데 혈안이 될 수밖에 없었던 것이다.

1905년 3월 13일 마침내 이세직이 일본 헌병대에 체포되었다. 뮈텔은 1905년 3월 14일 일기에 이런 사실을 적으면서 이세직이 체포되기 한 달 전 일본의 지시를 받은 비서원 승지와 홍문관 관리가 문서 보관 여부를 정탐하기 위해 명동성당을 방문했다고 덧붙였다. 뮈텔은 일본의 의구심을 더욱 불러일으킬 듯하여 3월 14일 재차 방문한 이들의 면담 요청을 고사했다. 당시 일본은 이세직을 체포하기 위해 뮈텔을 감시하고 있던 터였다. 그리고 이세직과 동향이고 가까운 이용익과 프랑스 신부들의 연결고리를 추적하던 끝에 체포한 것이다.

일본은 1905년 3월 이세직을 체포한 이래 5년 동안 고종의 대외 연락망을 감시하고 중요 문서를 찾는 데 온갖 힘을 기울였다. 그리고 드디어 오랫동안 추적해 온 고종의 중요 문서를 명동성당에서 찾아냈다. 뮈텔의 1910년 5월 6일 일기를 토대로 사건의 내용을 재구성하면 다음과 같다.

1910년 5월 6일 오후 경찰의 인도를 받은 조남승(趙南昇), 김조현(金祚鉉) 그리고 정장 차림과 평복 차림의 한국인 각각 1명, 평복 차림의 일본인이 뮈텔을 방문했다. 그들은 고종이 1906년에 맡긴 철제 상자를 반환하라고 요구했다. 뮈텔은 이런 요구에 대해 맡은 물건을 다른 사람에게 넘겨줄 수 없다고 거절했다. 이에 방문자들은 고종이 그 물건에 대한 영수증을 이미 뮈텔에게 주었다고 상기시켰다. 뮈텔로서는 곤혹스러운 순간이었다. 고종이 발급해 준 영수증을 뮈텔이 보관하고 있다면 더 이상 거절할 명분이 없는 셈이었다. 꼼꼼한 뮈텔은 자신의 일기를 확인하러 2층으로 올라갔다. 그리고 그는 문서를 보관한 상자의 열쇠들과 함께 1907년 11월 그 기탁물을 돌려달라는 황제의 옥새가 찍힌 영수증을 찾아냈다. 조남승을 비롯한 방문객들이 지켜보는 가운데 상자를 열어보니 종이들로 가득 차 있었다. 그중에는 한문과 영어로 된 여권의 견본들도 들어 있었다. 뮈텔로서는 더 이상 거절할 수 없었다. 조남승과 김조현이 영수증에 서명을 했고 이내 방문객들에게 '유명한' 상자를 가져다 달라고 했다. 일본이 그토록 찾는 데 혈안이 되었던 상자가 왜 뮈텔에게서 나왔을까?

고종은 을사늑약 이후 주권을 회복하기 위해 각국 황제를 대상으로 외교 투쟁을 벌이는 가운데 그 근거라 할 각국과 체결한 외교문서를 숨기고자 했다. 1906년 1월까지만 하더라도 중요한 대외관계 문서나 조약 원본들은 대부분 궁중에서 보관하고 있었다. 통감부가 모든 외교문서와 조약 원본을 외사국으로 옮겨달라고 여러 차례 요구했으나, 궁내부는 궁중 화재 때 분실했다며 이에 응하지 않았다. 그것은 무엇보다 통감부가 이런 문서를 입수하여 대한제국의 주권 수호 외교를 원천적으로 봉쇄할지 모른다는 불안감 때문이었다. 이에 고종은 1906년 자신이 총애했던 조남승을 통해 뮈텔에게 문서를 맡겼다. 1910년 5월 13일 내부 대신 박제순이 내각 총대신 이완용에게 보고한 문서를 수록한 《내부거래안(內部來去案)》에 따르면, 고종이 뮈텔에게 맡긴 문서들은 〈조일수호조규〉 등 각국과의 통상조약 문서, 해외 파견 외교관에 대한 임명장, 경인선 부설 계약문서 등 공식적인 외교문서 외에도 고종이 이탈리아 황제에게 '국외 중립'을 성명한 친서, 한일의정서 이후 러시아·프랑스·독일 황제 등에게 국권 회복을 청원한 친서, 러일전쟁 중 러시아 황제에게 보낸 친서와 밀칙 등 총 87건이었다. 통감부는 이 문서들을 압수한 뒤 5월 12일 목록을 정리했다. 목록 제목은 〈불인(佛人) 민덕효(뮈텔의 한국식 이름)로부터 징수한 철궤(鐵櫃) 내 문서〉다.

조남승은 풍양조씨 가문 출신으로 아버지가 조정구이고 어머니가 고종의 누이여서 고종이 조남승의 외삼촌이다. 조남승은 조정구와 마찬가지로 고종의 근왕 세력으로 궁내부 요직을 맡으면서 고종과 외부의 연결고리가 되었다. 특히 상동교회의 이회영과도 연결되어 헤이그 특사 파견에도 관여했다.

따라서 일본과 통감부는 고종 측근 세력을 감시·추적하고 있었는데, 조남승이 일본의 감시망에 걸려들었다. 《통감부문서》에 따르면,

1910년 6월 조남승이 일본 경시청의 취조를 받았다. 1909년 10월 그가 고종의 밀명으로 미국인 헐버트에게 상하이의 독일계 은행에 예치한 비자금을 인출해 달라는 신임장을 전달한 혐의였다.

그러면 1909년 10월 고종이 조남승을 통해 헐버트에게 신임장을 전달하려 한 이유는 무엇인가? 그것은 상하이 덕화은행에 예치된 돈을 인출하려 했기 때문이다. 이태진과 김동진의 연구에 따르면, 고종이 1903년과 1904년 두 차례에 걸쳐 상하이 덕화은행에 상당한 금액을 예치했는데, 은행에 예치되어 있는 총금액을 엔화로 환산하면 24만 2,500엔, 마르크화로 환산하면 51만 마르크였다. 1909년 대한제국 정부의 1년 세입 예산과 최하급 직원인 고원(雇員)의 봉급이 각각 1,100만 엔과 400엔임에 비추어 볼 때, 24만여 엔은 매우 큰 금액임을 짐작할 수 있다. 이 돈의 용도는 여러 정황으로 보아 무기를 구매하거나, 후일 나라에 위기가 닥쳤을 때 비밀 외교 자금으로 쓰기 위한 것으로 추정된다.

그러나 이토 히로부미는 1907년 6월 헤이그 특사 파견 자금을 탐문하는 과정에서 고종 황제의 예치금에 대한 낌새를 알아챘고, 주한 독일 영사를 통해 예치 상황을 알아냈다.《통감부문서》〈1907년 중 통감부 외무부에서 취급한 사항 목록〉에 '내탕금 52만 마르크를 독일 은행에 예금하는 것'이라는 제목의 문건이 포함되어 있다. 이어서 1908년 4월 통감부 총무장관 쓰루하라 사다키치(鶴原定吉)가 고종이 인출을 승인한 것처럼 서류를 날조하여 독일 영사에게 자금 이전을 요구하는 서신을 보냈고, 독일 공사관과 덕화은행은 고종의 예치금 증서도 받지 않은 채 돈을 내줬다. 따라서 1909년 10월 헐버트가 예치금 증서와 고종 위임장을 비롯한 모든 서류를 가지고 있었음에도 이 예치금을 인출하지 못했던 것이다.

그런데 통감부의 이러한 탈취가 성공한 것에는 무엇보다 이완용의 밀고가 크게 작용했다. 황현은 그 사정을 1910년에 다음과 같이 적고 있다.

당초 미국인 콜브란이 전차회사를 설립할 때, 이완용과 이윤용 등이 태상황에게 돈 100만 원[지금 돈으로 환산하면 500억 원 정도]을 출연하여 도울 것을 권했다. 이완용은 그 가운데 40만 원을 가로 채고 60만 원만 콜브란에게 주었다. 또 콜브란이 차도를 수선할 때 태상황은 다시 70만 원을 출연했다.

그런데 작년 콜브란이 이 회사를 일본인에게 매도하면서, 태상황이 두 번에 걸쳐 출연한 돈을 대내[大內, 황실]로 다시 반환하는데, 그 돈을 이완용에게 맡겨 바치도록 했다. 임금[태상황의 오기]은 콜브란이 회사를 매도했다는 소식을 들었는데, 출연한 원금이 들어오지 않는 것을 이상하게 여겨 사람을 시켜 콜브란에게 따졌다. 콜브란은 어새가 찍힌 영수증을 갖고 와 제시했는데, 그것은 바로 태황제가 평소 사용하던 사각의 소도장(小圖章)이었다. 대개 이완용은 콜브란이 반환했던 돈까지 가로채고 작은 어새를 훔쳐서 찍어 증서를 내주었으니 이를 이리저리 꾸며대어 맞추고자 했던 것이다.

이에 태상황은 크게 노하여 그 원인을 파헤치고자 했다. 조남승은 그때 심부름하던 사람이어서, 중죄로 다스려질까 두려워 달아났다가 결국 붙잡히고 말았다. 이에 이완용 등의 죄상이 드러나자, 이완용은 자신의 죄과를 벗어버리고자 통감부에 태상황이 갑오년

[1894년] 이래 일본을 배척했던 여러 건의 사건을 폭로하고, 그 사건 전후의 문서들이 한 개의 철상자 안에 비장되어 프랑스 영사관에 은밀히 보관되어 있다고 말했다.

일본인들이 프랑스인과 교섭하여 그 철상자를 열람하니 태상황 때의 외교문서와 각국 문장들뿐만 아니라 헤이그 사건에 관한 문서도 있었다. 일본인들은 이를 비밀에 부치고 그 철상자를 자기 나라로 보냈다. 이윽고 조남승이 석방되었다.(청국, 영국, 미국, 프랑스, 러시아, 이탈리아, 벨기에 등 9개국과 체결한 조약 정문[正文, 원문]은 이토 히로부미가 외부를 폐지했을 때 어디로 갔는지 알지 못해 [이토가] 수색에 힘을 다했는데도 끝내 찾지 못한 문서였다. 그러나 오랫동안 태상황의 신임을 받았던 조남승이 천주교인이었으므로 프랑스 교회당에 비밀리에 보관해 두었던 것이다)

통감부는 고종이 대한제국의 주권을 지키는 데 매우 중요하다고 여겨 비밀리에 숨겨놓은 조약 문서 원본 등을 드디어 찾아내 본국으로 보냈던 것이다. 그런데 현재 이 외교문서 원본의 상당수가 행방이 묘연하다.

황현은 《대한매일신보》 1910년 5월 26일 기사와 《황성신문》 5월 27일 기사 등을 근거로 이 사건의 내막을 적었으나 부분적인 오류도 보인다. 예컨대 문제의 문서를 보관한 주체는 프랑스 영사관이 아니라 명동성당이다. 또 《황성신문》 5월 27일 기사에 따르면, 헤이그 사건 문서가 발견되었다는 보도는 허설(虛說)이었다. 통감부가 헤이그 문서가 발견되었다는 거짓 정보를 의도적으로 흘린 게 아닌가 한다. 그럼에도 불구하고 대체적인 내용은 사실에 부합한 듯하다.

당시 프랑스 영사관도 뮈텔이 이 사건에 관련되어 있다고 판단하여 정보 수집에 힘을 기울였다. 서울 주재 프랑스 총영사가 본국 외무성에 '조남승에 대한 보고'라는 문서를 송부할 정도였다. 총영사는 보고서에서, 《오사카 마이니치 신문》을 비롯한 여러 일본 국내 신문들이 뮈텔 쪽에서 나온 문서 가운데 《대한매일신보》 사장 베텔에게 지불되었다는 영수증을 언급하거나, 고종이 독일의 도움을 받아 독일의 조차지 자오저우만으로 도피하려 했다는 등의 온갖 정보를 진실 여부와 상관없이 보도했다는 내용을 담고 있다. 프랑스 총영사는 이런 보도를 일부 부정하면서도 독일 총영사가 손탁을 통해 고종의 개인 재산에 관심을 가졌음을 증빙 자료와 함께 상부에 보고하고 있다.

그 후 조남승은 중국으로 망명하여 독립운동 세력을 후원했다고 알려졌다. 그의 아버지 조정구는 일제의 강제병합에 맞서 작위를 거부하고 자결하려다 실패했고 이어서 조남승을 따라 해외 망명을 선택했다. 그러나 조정구는 차남이자 전 궁내부 비서승 조남익이 복막염으로 치료를 받던 중 1924년 10월 사망했다는 소식을 듣고 1925년 5월 귀국했다.

한편, 뮈텔은 이러한 수색을 당하자 순순히 중요 외교문서가 들어있는 철상자를 넘겨주면서 이 사태를 모면하는 듯했다. 그러나 은닉 사건으로 처지가 난감해진 뮈텔에게 또다시 위기가 찾아왔다. 천주교 학교에서 통감부가 금지한 역사교과서를 사용했기 때문이다. 뮈텔은 7월 8일 일기에서 그러한 위기 상황을 상세히 적었다. 일기에 따르면 부이용 신부의 학교에서 금지된 책, 즉 《유년필독(幼年必讀)》과 《동국사략(東國史略)》을 사용했다고 경찰이 학부에 보고했다. 특히 후자는 여전히 학생들에게서 거두지 않고 그대로 사용하다가 적발되었다. 당시 통감부는 한국의 역사와 문화를 잘 보여주는 서적들의 유통과 열람을 엄격하게 금지했다. 뮈텔은 부이용 신부에게 즉시 편지를 보내 그로부터 《동국사략》을 회수하겠다는 약속을 받아내서 위기를 모면하고자 했다.

심지어 8월 8일 통감부에서 천주교 신부들을 감시하고 우려하고 있다는 소식도 전해 들었다. 뮈텔의 그날 일기에 따르면, 통감부 측이 정체불명의 정보를 입수하여 사실 여부를 문의했다. 통감부의 정보에 따르면, 뮈텔 주교와 드망즈 신부 등 천주교 관계자들이 《조선망국사(朝鮮亡國史)》를 준비하고 있고, 이를 목적으로 각 도의 유생들에게 편지를 띄웠으며, 발행 부수는 총 14만 부로 프랑스어판 10만 부, 한문판 3만 부, 한국어판 1만 부라는 것이다. 이때 뮈텔은 이렇게 통감부가 오해한 것이 이세직의 거짓 밀고 때문이라고 판단했다. 8월 9일 그는 이세직의 농간으로 천주교 측이 어려운 상황에 몰리는 것을 조기에 막기 위해 고마쓰 미도리(小松綠)에게 사실 무근임을 알리는 편지를 보냈다. 위기에서 벗어나는 순간이었다.

일제의 수탈과 민중의 경제 투쟁

통감부는 황실의 저항을 봉쇄하고 물적 토대를 장악하기 위해 경제 제도 정비에 나섰다. 황실 재산과 국유재산을 조사하여 재원을 장악하는 것이 급선무였다. 1907년 10월 이른바 임시제실유급국유재산조사국(臨時帝室有及國有財産調査局)을 설치했다. 이 기관의 임시 위원장은 송병준이었다. 그는 경리원(經理院)의 조세 징수관을 폐지하는 문제와 역둔토(驛屯土, 역원과 관아의 경비에 보태는 토지) 및 각 궁의 전답과 원림에 인원을 파견하여 조사하는 문제, 당해 연도의 조세 징수를 탁지부에 위탁하는 문제를 내각에서 의논하여 순종의 결재를 받았다. 황현은 이 기구의 설치 사실을 기록한 데 이어 탁지부 문서가 통감부로 이관되었다는 내용을 덧붙였다.

이토 히로부미가 탁지부의 문서와 장부를 통감부로 이관했다. 이때 통감부에는 재정감사장을 두고 중앙금고를 제일은행으로 이속했으나, 우리 정부는 침묵을 지키며 한 사람도 그들을 저지하지 않았다.

또한 이토는 자기 국민 가운데 우리나라에 거류하는 자에게 지세(地稅)를 본국에 납부하도록 했는데, 박제순이 이지용과 함께 이토에게 그 사유를 묻자 이토는 잠시 그 일을 중지했다.

그리하여 탁지부 문서의 통감부 이관 작업이 중단되었다. 그렇다고 해서 일제의 식민 지배를 위한 물적 토대 조성 속도가 느려지는 것은 아니었다. 또 러일전쟁의 큰 화두였던 삼림이 일본에 넘어가기 시작했다. 황현은 그 사정을 길게 기술하고 있다. 1908년 1월 20일에 공포된 '삼림법'이 이러한 수탈의 근거였다. 삼림법 조항 가운데 제19조가 산주들의 눈길을 끌었는데, "삼림산야의 소유자는 본 법 시행일로부터 3개년 이내에 삼림산야의 지적 및 면적의 약도를 첨부해 농상공부 대신에게 신고하되, 기간 내에 신고하지 아니한 것은 모두 국유로 간주한다"는 내용이었다. 따라서 산주들은 땅을 빼앗기지 않기 위해 신고하고 측량해야 했다. 측량술을 배우는 데 여념이 없었던 것은 이 때문이었다. 그럼에도 불구하고 신고서

가 접수된 건수는 대략 52만 건으로 신고를 마친 면적은 대략 220
만 정보였다. 전국 1,600만 정보의 14퍼센트에도 미치지 못했다. 당
시 측량술 경비 과다로 별로 수익이 나지 않을 땅은 방치된 나머지
국유지에 편입되기도 했다. 그리하여 마을 주민들은 산림을 약탈당
하여 임야를 공동으로 이용할 수 없었다.

나아가 통감부는 일본인의 삼림 약탈을 물심양면으로 지원했다.
황현은 그 광경을 적나라하게 적었다.

이때 산림 측량 기한이 임박해 왔으나 민간에서는 관망하며 날
짜를 보내고 있었다. 일본인들이 마침내 사방에서 제멋대로 측량
을 하니, 산림과 천택(川澤)을 불문하고 저들의 손을 한번 거치면
자기 소유로 만들었다. 광주의 일본인들이 무등산을 측량하려 하
자 군수 홍란유는 많은 주민을 힘차게 일어서게 하여 재판소에 고
소하도록 했다. 무릇 12차례나 고소하자 일본인들이 스스로 그만
두었다.

한편, 일제가 노린 것은 진황지와 역둔토였다. 황현도 이를 예의
주시하여 자세히 적었다.

송병준은 진황지를 일본인들이 개간하도록 허가했고, 이완용은
또 역둔토를 일본인들에게 넘겼다.

일본은 우리나라로 이민을 보내기 위해 바야흐로 자기 나라에서
주식 출자금을 모집했는데, 이것이 이른바 척식정책(拓殖政策)이
었다. 송병준 등은 이에 영합하여 토지로 아첨했던 것이다. 지난해

이윤용이 일본에 갔을 때 일본인들이 척식회사의 모금 방법을 의논했는데, 이윤용이 "우리나라는 본래 가난하여 모금에 응모할 수 없으므로 역둔토로 대신하고 싶다"고 했다. 일본인들이 "그렇다면 조인(調印)하여 승낙하는 것이 좋겠다"고 하자, 이윤용은 흔쾌히 그들의 뜻을 따랐다. 대개 그들 형제가 의논하여 그렇게 하기로 한 것이다.

이때 신문 보도에는 600만 명이 이주해 올 것이라는 설이 있었다. 그들을 화륜선에 싣고 와서 전국의 연해에 퍼뜨렸고, 바다에서 강으로 들어오는 지역은 강배로 흩뜨리니, 이런 연해와 하천 중에서 배로 갈 수 있는 지역에 일본인들이 거처하지 않은 곳이 없었다.

황현은 일제가 자국민을 한국으로 이주시키는 데 힘을 기울였고 토지 확보에 혈안이 되었으며, 친일파들이 그러한 이주를 적극 지원했다고 고발하고 있다. 당시 일제는 안으로는 자본주의의 급속한 발전 과정 속에서 나타난 인구 문제, 사회 문제, 식량 문제의 해결, 밖으로는 세계 자본주의의 압력을 해소하기 위한 출구로서 한반도를 주요한 척식 대상지로 삼았고, 이를 통해 한국을 일본화하고자 했던 것이다. 한반도 곳곳에 일본인 이주민이 대거 몰려온 것은 이 때문이었다.

그 결과 삼남 지방에서 일본인들의 토지 소유 면적이 급증했다. 황현은 1909년 금강 주변 충남과 전북의 토지 소유 상황을 적었다.

일본인들이 금강 유역을 주목하여 농민들이 그곳에 떼로 모여들어 다투어 땅을 사들였다. 전북과 충남에서 1년 내에 매입한 토지

총계는 논이 14만 36두락이며 밭은 1만 2,917두락, 노전(蘆田) 및 진황전(陳荒田)은 2만 625두락, 염전(鹽田)은 799개소였다.

그들은 날마다 토지를 잠식하여 제한할 수 없었다. 그러나 우리 농민들이 들 가운데 한 구역을 점유하고 있으면 일본인들은 사방에서 들을 위협하여 비가 오면 그 위에서 길을 막아 흘려보내지 않았고, 날이 가물면 남의 전답에서 함부로 물을 대어갔다. 우리 농민들이 만일 조금이라도 저항하면 그들이 즉시 주먹질을 하거나 발길질을 하므로, 이때부터 우리 농민들은 모두 손해를 당하여 마침내 저렴한 가격으로 일본인들에게 토지를 팔고 다른 곳으로 이사를 갔다. 일본인 가운데 나날이 토지를 많이 점유한 자가 늘어난 것은 이 때문이었다. 일본인들이 농사를 처음 시작할 때는 그들 나라의 옛 법을 사용했으나, 토질이 달라 우리 농민들의 수확에 미치지 못하자 그들은 종종 우리의 풍습을 따랐다.

특히 일본인들이 토지를 확보하면서 수리 시설을 장악하는 과정을 소상하게 밝히고 있어, 식민지 지주제의 틀이 만들어지는 과정을 확인할 수 있다. 즉 일본인 위주의 대지주가 양적으로 더욱 대규모화·보편화하는 가운데 지주는 생산·분배·유통 과정에서 소작농에 대한 규제를 강화하거나 중간관리인의 권한을 배제하여 자신들의 수입을 극대화했다. 반면에 소작인은 권리가 약화되고 수입은 감소되어 갔으며 심지어 소작지에서 축출되기도 했다.

또한 황현은 일제가 1908년 8월 야심 찬 기획으로 동양척식주식회사를 설립하기 위해 제정한 법률을 소개했다.

8월, 동양척식회사법[정식 명칭은 동양척식주식회사법]을 반포했다. 이때 일본인 우사가와 가즈마사(宇佐川一正)가 총재, 민영기가 부총재, 오기마치 사네마사(正親町實正)가 척식회사 위원장이었다.

그해 9월 한일 정부는 '동양척식주식회사법'에 의거하여 각각 83인과 33인의 설립위원을 임명했고, 설립위원회는 양국인을 주주로 하는 자본금 1,000만 원의 주식회사를 세우고 본점을 서울에 두기로 했다. 총 20만 주 가운데 6만 주는 대한제국이 토지로 투자했다. 12월 창립총회에서 일본 정부는 총재에 일본 중장 출신 우사가와 가즈마사, 부총재에 내무차관 출신 요시하라 사부로(吉原三郎)를 임명했으며, 대한제국은 한국 측 부총재에 탁지부 대신을 지낸 민영기를 임명했다.

설립 초기 회사의 주요 업무는 경지를 집적하여 일본 농민을 이주시키는 이민사업이었다. 이때 국내 여론은 동양척식주식회사 설립을 둘러싸고 찬반양론으로 갈렸지만, 대다수의 의견은 반대였다. 친일 계몽운동 단체인 대한협회(大韓協會)마저 반대했다. 일본인의 이주가 한국의 산업 발전을 해치지 않고 한일 양국의 발전을 도모할 수 있는지, 일본인 이주자의 수에 제한이 있는지, 토지를 매입할 때 강제성은 없는지, 주식 모집 방법이 무엇인지 등의 사항을 감안하여 반대한 것이다.

황현은 《대한매일신보》 1908년 10월 3일과 10월 17일 기사에 의거하여 동양척식주식회사의 회의 일화를 소개하면서 토지 매입과 대차의 강제성 문제를 부각했다.

13도 척식위원들이 일본으로 갔다. 일본인들이 이미 척식하기로 모의한 다음 거짓된 마음으로 우리나라 사람을 불러 그 회의에 참여시켰다. 이에 정부는 각 도마다 지방의 명망가 한두 명씩 회의에 들어가도록 했다. 도쿄에서 회의가 개최되었는데, 그 안건은 매매, 대차, 경영, 관리, 건축, 이주, 분배 등이었으며 이것은 모두 조삼모사로서 등을 어루만지고 목을 조르는 술책이었다. 모든 위원들은 "예, 예" 하고 대답만 할 뿐이었다. 전라남도 위원 박원규(朴源奎)와 김형옥(金衡玉), 황해도 위원 김영택(金永澤)만이 목숨을 걸고 강력히 저항하여 저들의 의론이 조금 굽혔다.

일본인들은 협약을 강제로 시행하지 못하고 우리 정부에 공문을 보내 그대로 지키도록 했다. 박원규 등이 이미 귀국하자 그때 사람들은 황해도 오형근(吳亨根), 평안남도 백순흠(白舜欽)과 황업(黃鄴), 평안북도 이충실(李允實)과 이택원(李宅源), 함경남도 조근호(趙根浩), 함경북도 손서헌(孫瑞憲)과 한홍석(韓弘錫)을 박원규 등 세 사람과 합해서 '12활불(活佛)'[그러나 여기에 언급된 인물은 총 11명이다]로 칭했다.

한국 측 위원들은 각 도에서는 2명씩, 한성부에서는 7명을 선발하되, 각 도에서는 관찰사로 하여금 추천케 하고 한성부는 정부가 선택했다. 이렇게 선발된 위원들은 도쿄를 방문하여 일본 측 위원들과 회의했다. 이 회의에서 일본인들은 토지의 강제 수용을 밀어붙이려고 했지만, 박원규, 김형옥, 김영택이 극력 반대하여 소유자의 허락 없이는 매매와 대차를 강제할 수 없음을 명확하게 밝혔다. 이로써 조금이나마 침략의 속도를 늦출 수 있었다. 당시《대한매일

제6부 의병전쟁에서 강제 병합까지

신보》는 이 위원들을 두고 수나라 군대의 침입을 물리친 을지문덕과 독도를 지킨 안용복에 비유했다. 다만 《대한매일신보》가 '12활불'에 해당하는 인물을 지목한 것으로 보아 황현의 기술과 달리 이세 위원의 주장에 아홉 위원이 가세한 것으로 보인다. 이때 일본인들의 무리한 요구를 수수방관한 위원들은 기호, 영남, 관동 지방 위원들이었다.

농업뿐이 아니었다. 1차 산업의 하나라 할 광공업 분야에서도 일본인들에게 채광권을 허가했다고 전하고 있다.

> 성주의 금광, 함평의 동광, 용천의 흑연광, 창원의 동철광, 의주의 금광, 부평의 동광, 창원의 동광, 순안의 사금 등의 채광을 일본인들에게 허락했다.

통감부는 일본인의 경제 침투를 지원하고 강화하기 위해서 화폐 주권을 탈취하고 그 속에서 차익을 챙기고자 했다. 황현은 통감부의 이른바 화폐정리사업이 초래한 문제점을 다음과 같이 기술하고 있다.

> 일본 옛 은화[대한제국 정부가 주조한 백동화]를 폐지하여 1원의 가치를 엽전 5냥과 같게 했다. 이때 그 중량과 가치가 서로 맞먹기 때문에 10여 년 동안 사용했으므로 민간에서는 그것을 귀중한 보배로 여기고 많이 저장했다. 이때 이르러 왜인들은 중량이 무거우므로 녹여서 새 화폐로 개주(改鑄)하면 그 이익이 여러 배나 되었으므로 옛 화폐의 통용을 금지했다. 전후로 화폐의 등락을 조종하여 우리나라의 화폐가치에 대한 이익까지도 그물질한 것이 모두 이와 같

은 술수이다. 우리나라 사람들이 그들의 농간을 모르지 않았으나 국권이 무너진 까닭에 감히 그들과 다투어 따질 수 없었다.

황현은 대한제국 정부가 주조한 백동화를 일본인들이 주조한 은 화로 착각하고 있다. 당시 한국인 상인들은 백동화 액면 가치를 인정받고 있었기 때문에 다수 가지고 있었다. 그런데 통감부는 백동화를 신화폐로 교환하는 과정에서 1894년 〈신식화폐발행장정〉의 규정과 달리 거래 가치와 시세 등의 이유를 들어 백동화의 가치를 신화폐의 절반으로 취급했다. 그 결과 백동화의 기준을 충족하는 갑종 백동화는 2분의 1로, 부정하게 발행된 을종 백동화는 이보다 더 불리한 5분의 1로 축소하여 교환해 주었다. 심지어 화폐로 인정하기 어려울 정도로 조악한 병종은 값을 쳐주지 않았다. 백동화를 세금으로 받거나 매수하는 경우에도 마찬가지였다. 이어서 통감부는 수거된 백동화를 녹여 신화폐로 주조한 뒤 유통시킴으로써 차익을 챙겼고 화폐 등락 조종을 통해 이에 따른 이익을 확보했다.

통감부는 여기에 그치지 않았다. 이러한 수익만으로는 식민지 지배의 물적 기반을 확보하기에는 턱없이 부족했기 때문에 한국인들로부터 충당하고자 했다. 그러기 위해서는 안정적인 징수 행정 체계가 마련되어야 했다. 황현은 그 중심 기관으로서 1908년에 신설된 재무감독국 관제를 언급했는데, 한성국은 경기도, 충청도, 강원도를 관할하고, 평양국은 평안도, 황해도를 관할하고, 대구국은 경상도, 전주국은 전라도, 원산국은 함경도를 관할했다.

이어서 토지세, 호세(戶稅, 일종의 주민세)를 비롯하여 여러 조세를 늘려나갔고 가옥세, 주세, 연초세 등 이른바 신삼세(新三稅)도 신설했다. 그중 주세와 연초세는 소득 수준과 상관없이 부담해야 하는 간접세로 빈민 과세적 성격이 강했다. 황현은 통감부의 조세 징수를 다음과 같이 적고 있다.

가옥세, 주세, 연초세 관련 법령을 반포하여 시행했다. 본년 수입 예산은 가옥세가 21만여 원, 연초 경작세가 41만 5,000원, 연초 판매세가 70만여 원, 주세가 16만 3,000여 원이었다. 비록 주점이 아니더라도 몇 호씩 묶어 일배[一排, 군제 편제 단위]로 편성하고 1년에 두 차례씩 세금을 징수했다.

이때 일본군은 의병을 구축하느라 전국에 퍼져 있었다. 또 각 군(郡)에는 수비대, 경무청, 재무서, 헌병청, 토벌대 등을 두었는데 이들은 모두 일본인이었다. 쌀과 닭, 달걀, 채소에서부터 생선, 과일, 마(麻), 면(綿) 등 각종 생활품에 이르기까지 모두 징수했는데 혹은 반값을 주기도 하고, 혹은 정가의 3분의 1만 주기도 했으며, 혹은 거저 빼앗았다. 그러나 백성들이 원망하고 떠들어도 호소할 곳이 없었는데 이 신삼세까지 가중되어 백성들은 더욱 곤란해졌다.

이러한 세금 징수는 지규식의 분원 마을에도 큰 충격으로 다가왔다. 지규식은 1909년 6월 14일 일기에서 다음과 같이 언급했다.

저녁밥을 먹은 뒤 온 동네 주민이 많이 모인 자리에서 집강(執綱)이 한바탕 연설을 했다. 가옥세와 주초세(酒草稅, 주세와 연초세)를 내일 안으로 거두어 바치라고 백민[白民, 아무 벼슬이 없는 백성]에게 널리 알리고 밤이 깊은 뒤 회의를 다 마쳤다.

통감부가 일반 대중들이 애용하는 술과 담배에 세금을 부과하자, 마을에서는 대책회의를 열었던 것이다.

통감부가 새로 부과한 세금 중에서 가장 큰 문제로 부각된 조세는 시장세였다. 1909년 4월 지방 기관의 재원을 확보할 요량으로 '지방비법'을 공포했는데, 이 세목 안에 시장세가 포함되었다. 시장세는 장시에 물건을 파는 영세 소상인에게 부과하는 세금으로 빈민 과세의 대표적인 조세였다. 시장세의 경우, 방매 가액의 100분의 2였다. 1909년 10월을 기점으로 시장 상인들의 대대적인 시장세 반대 투쟁이 일어났다. 평안남도 순천의 경우는 시장 관리인에 대한 공격에 그치지 않고 일제의 수탈 기구인 재무서, 우편국, 경찰서를 습격하고 일본인 상점을 불태울 정도였다. 황현 역시 시장세 반대 투쟁에 주목하고 1910년 1월 29일에 일어난 평안남도 순천의 시장세 반대 투쟁을 소개하고 있다.

순천민이 시장 잡세의 징수에 맞서 군아(郡衙), 재무서, 우편국, 금융회 등 여러 관청을 소각하고, 일본인 징세취급소 소장 오노(大野)를 살해하여 낯가죽을 벗기고 그의 시신을 불태웠다. 그곳에 거주하던 일본인이 모두 살해되었는데, 모두 9명이었고 우리 백성 사망자는 10여 명이었다.

이에 양서 지방 여러 고을에서는 그 소문을 듣고 민심이 소란하여 경보(警報)가 계속되므로, 일본인들은 병력을 파견하여 엄중히 경계했다. 이때 그들이 순천으로 들어가 주동자를 정탐하여 체포하자 사방에서 크게 혼란스러웠다.

당시 용천 양시에서도 상인들이 일제히 철시하고 시장세를 끝까지 거부하기로 결정했다. 통감부는 무력 진압으로 대응했고 그 결과 양측이 충돌했다. 그럼에도 불구하고 통감부는 평안도가 미국 선교사들의 포교 지역이었고 시장세 반대 투쟁이 기독교와 연계되었다고 판단하여 의병을 처벌할 때와 달리 형량을 줄였다.

수산업의 사정도 마찬가지였는데, 제주의 어민이 가장 심각했다. 그리하여 1909년 제주 어민이 난을 일으켰다. 황현은 '어업법' 공포 이후 1909년 제주 어민이 봉기할 만큼 급박한 상황에 몰리고 있다는 사실을 《대한매일신보》와 《황성신문》 1909년 10월 15일 기사에 의거하여 전하고 있다.

제주에서 큰 소란이 일어났다.

처음에 제주 사람들은 어업과 채취에 의지하여 생계를 꾸려왔으나 일본인들이 수산을 관장한 이래 주민들은 마침내 이익을 잃었다. 또한 군수가 20세 이상 60세까지 한 사람도 빠짐없이 군적에 등록하라고 명령하니 주민들은 자신들을 청왜 전쟁[청일전쟁] 터에 인솔하여 데려간다고 생각했다. 그릇된 소문이 돌았으니, 일본인들이 가죽 벗기는 기계를 들여와서 섬 사람들을 모두 죽인다고 하여 민심이 흉흉해졌다. 이에 닭과 돼지를 마구 잡아 마음껏 술을 마시기도 하고 농장과 재산을 모두 매도하여 술값과 음식값으로 탕진하기도 했다. 혹은 산봉우리에 올라가서 슬퍼하다가 떨어져 죽기도 했다. 학교 생도들은 일본인 교감을 쫓아내고 격문을 돌려가며 거류 일본인들을 잡아 없애기로 결심했다.

일본인 수산업자들이 제주도에 들어와 수산업을 장악하고 수탈을 일삼자 제주 어민들이 민란을 일으키고자 한 것이다. 일본 수산업자들이 우수한 장비로 밀어(密漁) 수준을 넘어 자원 약탈적 침탈을 감행하고 있는데도 정부가 소극적으로 대응했기 때문이다. 특히 1909년 어업법이 공포된 뒤 일본인 어부가 격증하여 수많은 어기(漁基)를 점령했는데, 제주 어민이 근대법을 알지 못하고 한국인 관리들도 속수무책이어서 제주 어민들이 극단적인 지경에 이른 것이다. 더욱이 장차 중일 전쟁이 일어나면 주민을 징발할 것이라는 낭설마저 돌면서 반일 분위기가 거세게 일어났다. 이러한 분위기는 지난 1891년 3월 22일에 일어난 제주 어민들의 봉기를 떠올리게 했다. 당시 일본 어민들이 1883년 조선과 일본이 맺은 〈조일통상장정〉에 편승하여 제주 어장을 침탈하자 제주 어민들이 봉기하여 무력으로 맞섰다. 1909년 10월 이때도 이런 분위기가 제주도를 감싸고 있었다. 물론 당국의 개입으로 큰 충돌은 피했지만 당시 일본 수산업자의 제주 침탈을 극적으로 보여주는 장면이었다.

한편, 일본은 1907년부터 철도, 도로 등 자국 산업의 인프라를 조성하기 위해 한국인 노동자를 대거 모집했다. 위험성이 높고 손실이 큰 난공사에 저임금으로 한국인 노동자를 투입하여 수익을 최대한 올리고자 했기 때문이다. 일본인 청부업자들은 한반도에 건너와 감언이설로 노동자를 모집하고 있었다. 황현은 이 소식을 듣고 다음과 같이 적었다.

일본인들은 충북 지방의 철도에 인접한 여러 고을의 어리석은
사람들을 유혹하기를 자기 나라의 철도 부설 사업이 한창인데 한

한국인 노동자를 위한 철도공사장 위령비
1908년 10월 일본의 토목 건설 회사인 하자마구미가 산업재해로 사망한 한국인 노동자를 위해 히사쓰 선의 중간역에 세운 추도기념비. 이 가운데 조선인 '최길남'의 이름이 있다.

달치 품삯이 400환이라면서 응모하면 단시일에 천금을 벌 수 있다고 했다. 응모자에게는 즉시 400환을 지급하니 서로 다투어 응모하여 열흘 사이에 600여 명이나 되었다. 일본인들은 그들을 재촉하여 기차와 선박에 태워 보냈다. 그리고 일단 가면 소식이 묘연했다. 이 일은 아는 사람들이 말하길, '멕시코로 갔다'고 했다.

황현은《대한매일신보》기사에 근거해 위 이야기를 적은 것 같다. 1907년 6월 18일 기사에 그런 내용이 나오는데, 그것은 사실이었다. 일본인들이 한국인 노동자를 일본으로 오게 한 뒤 멕시코에 팔아넘겼고, 일부 한국인이 멕시코로 송출되어 비참한 생활을 면치 못했다. 한국인 노동자 중 일부는 실제로 일본의 토목 건설 공사 현장에 투입되었는데, 그중 몇몇 노동자는 산업재해로 사망하기도 했다. 안해룡의 취재에 따르면, 현재 일본 히사쓰선(肥薩線)의 중간역에는 1908년 10월 일본의 토목 건설 회사인 하자마구미(間組)가 건립한 '도중난병몰추도기념비(道中難病歿追悼紀念碑)'가 있다.

이 추도기념비의 좌우로는 철도 공사 중 사망한 노동자 14명의 이름, 나이, 거주지, 사망 연월일이 적혀 있다. 이 가운데 조선인 노동자 '최길남'의 이름이 있다. '한국 경기도 남양주군 신시가'에 주소를 둔 최길남은 1908년 3월 16일 33세의 나이로 사망했다. 비석은 1910년 경술국치 이전에 조선에서 일본으로 온 노동자가 구마모토현 히토요시의 철도 공사 현장에서 일하고 있었다는 사실을 확인시켜주고 있다.

일제의 문화 침략

통감부는 한국의 문화와 교육을 장악하여 한국인을 동화시키는 데 혈안이 되었다. 우선 한국 불교를 친일 불교로 만들기 위해 불교계와 승려들에게 매력적인 정책을 구사했다. 1908년 12월 '사사재산관리규정(寺社財産管理規程)'을 제정하여 사찰 재산 등을 보호하고자 했다. 황현은 이 규정의 문제점을 신랄하게 비판했다.

사찰재산보호령[寺刹財産保護令, 사사재산관리규칙의 오기]을 반포했다. 일본 풍속은 본래 불교를 숭상하여 우리나라에서도 승려들을 비호하기에 힘썼다. 승려들은 일본의 형세를 믿고 날로 제멋대로 행패를 부려 평민들은 감히 그들에게 저항하지 못했다. 이에 그들은 통감부에 부탁하여 이 영을 내리게 한 것이다. 또 왕왕 자기

들이 학교를 설립하여 예술을 배우고 익히도록 했다. 그러나 간사한 승도들이 기세를 부려 계율이 텅 비어 있는 까닭에, 사람들은 "우리나라가 쇠퇴하자 석씨(釋氏)가 먼저 망한다"고 했다.

황현은 통감부의 불교 정책을 못마땅하게 여기면서 국권 상실과 불교 쇠퇴가 함께 진행되고 있다고 본 것이다.

반면 통감부는 일본 불교를 이식하고자 공작을 벌였다. 황현은 일본 정토종의 침투에 대해 일찍부터 상세히 기록하고 있었다.

일본 승려들이 [1900년 음력 4월] 서울 명동에 정토종교회(淨土宗 教會)를 창설했다. 일본인들은 평소에 석가를 존경하여 왕공(王公) 이하가 모두 예의를 갖추었고, 그 떠돌이 중도 우리나라 서울에 와서는 단상에 올라 불경을 강(講)했으며, 장교와 병사 들까지 강연을 들은 자들은 숙연하여 감히 그의 비위를 거스르지 못했다. 그리고 우리 백성들도 일본인의 횡포를 우려하여 그 스님을 보고 한번 정토종교회에 자신을 의탁하면 일본인들과 대항할 수 있다고 생각하고 마침내 뒤질세라 구역 안쪽에 모여들었다. 곳곳에 사찰을 설립했고, 교활한 백성들은 그들에게 의지하여 정토종의 교패(教牌)를 호신용으로 팔아 재물을 모으기도 했다.

일본 정토종은 일본을 배경으로 포교 활동을 벌이면서 많은 한국인을 끌어모았다. 당시 정토종은 일부 한국인 승려들을 끌어들여 불교연구회를 만들었을뿐더러 승려를 양성하는 명진학교를 설립했다. 이러한 활동은 한국 불교의 일본화에 힘을 기울인 통감부의 시책과 조응했다.

또한 유교 교육의 본산이라 할 향교 역시 통감부의 통제에서 벗어날 수 없었다. 통감부는 1910년 4월 '향교재산관리규정'을 제정하여 학부에서 향교의 재산을 관리하게 했다. 황현의 기록에 따르면, 향교도 이전과 달리 국가의 지원이 아니라 통제를 받게 되었다.

한편, 통감부는 계몽운동의 거점이라 할 사립학교인 민립학교에 대한 탄압을 본격화했다. 친일 내각 학부 대신 이재곤이 1908년 8월 26일 '사립학교령'을 반포했다. 황현은 사립학교령 반포 당시의 사회 분위기를 전하고 있다.

학부 대신 이재곤이 사립학교령을 중앙과 지방에 반포했다. 이때 사립학교가 고을마다 다투어 발기되었는데 교과서 찬술은 모두 우리나라 사람들 손에서 이루어졌다. 그러므로 국망을 통분하여 유사한 것끼리 묶어 문장을 지으면서 왕왕 비분하고 격동한 뜻을 부쳐 서로 감동시키려고 했다.

일본인들은 이를 싫어하여 이재곤에게 제재를 가하도록 지시했다. 무릇 교과서 가운데 애국과 관계되는 것은 모두 거두어 소각했으며, 관리들에게 다시 교과서를 편집하게 하니, 다만 공손하고 유순한 행동만을 취하여 책을 만들도록 해서 읽고 익히게 했다.

사립학교령에 따르면, 한국인이 사립학교를 설립하려면 학부 대신의 인가를 받아야 하며, 경우에 따라서는 학부 대신이 폐교를 명령할 수 있도록 했다. 한국인의 교육계몽운동을 탄압하기 위한 조치였다. 따라서 다수의 민립학교가 폐교되었으며, 많은 교과서가 폐기되어 학교 현장에서 사용할 수 없게 되었다. 다만 일본 제국주의에 순응하는 일부 교과서만 활용되었다.

　나아가 시중에서 판매되는 도서들마저 검열하거나 폐기했다. 황현은 다음과 같이 전하고 있다.

　　일본인들은 서점에 명령을 내려《월남망국사》와《동국사략》,《유년필독》등의 서적 판매를 금지했다. 저들이 우리나라 사람의 입을 막고 다물게 하는 것이 이와 같았던 것이다. 또 인쇄법[印刷法, 출판법의 오류]을 제정했다.

《월남망국사》는 한말 지식인에게 큰 영향을 끼친 중국 학자 량치차오가 저술한 역사책으로, 베트남의 멸망에 관한 내용을 담고 있다. 이 책의 번역자는 교과서 편찬자 현채다. 현채는 이 책을 통해 베트남의 멸망이 결코 남의 문제가 아니라 대한제국의 문제임을 각성시키고 일본의 침략을 경계하고자 한 것이다.《동국사략》역시 현채가 저술한 교과서로, 단군신화를 머리말에 두었고 근대 이전에는 조선의 문명이 일본의 문명보다 앞섰다는 점을 강조했다. 특히 임진왜란에서 조선이 일본에 승리했고 의병들이 활약했다고 서술하고 있다.《유년필독》도 현채가 편찬한 초등학교용 교과서로, 이순신과 정약용 등 구국의 위인과 뛰어난 학자를 선별·서술하여 애국 정신을 고취시키고 자강 정신을 일깨우고자 했다. 따라서 통감부는 이런 교과서류들의 학습은 물론 유통마저 철저하게 엄금했다. 아울러 통감부는 1909년 2월 '출판법'을 제정하여 서적 등의 원고를 사전 검열했다. 황현은 이러한 출판법을 착각하여 '인쇄법'으로 오기한 듯하다. 아울러 황현은 학부 차관 다와라 마고이치(俵孫一)가 각 학교에 정치에 대한 거론을 금지한 사실도 명기했다.

또한 통감부는 한국사를 연구하고 정리한다는 취지 아래 많은 역사 자료를 탈취해 갔다. 《대한매일신보》 1909년 7월 29일과 7월 30일 기사에 따르면, 이토 히로부미는 귀국할 때 내각(규장각) 서책 800여 권을 반출했다. 그중에는 태조 때 편찬한 《팔역지도(八域地圖)》 두 권이 포함되어 있었다. 이용원이 이토에게 규장각 서책들을 제공한 것으로 보인다. 이용원은 1908년 9월 규장각 대제학에 임명되어 1910년 7월까지 업무를 수행했으며 1910년 5월 일진회의 '합방청원서'를 찬성했다. 《팔역지도》가 어디에 있는지는 현재까지도 오리무중이다.

일제의 문화재 약탈은 서책에 국한되지 않았다. 해인사 팔만대장경도 탈취하고자 했다. 황현은 문화재 침탈의 현장을 고발했다.

고려 문종의 넷째 아들 대각국사가 문종 10년 병신년(1056)에 송나라로 들어가 장경(藏經)을 열람하고 그 전부를 구입하여 돌아왔다. 그 후 그는 이거인(李居仁)과 협력하여 그것을 새기기 시작한 지 8년이 지나서 역사(役事)를 끝냈다. 판(板)은 모두 15만 매로 해인사에 보관되었으니, 이른바 대장경이다. 그 당시에는 1부만 인출했으며, 태조 계유년(1393)에 다시 간행하고 세조 정유년[1465, 을유년의 오기]에 다시 간행하고 연산군 6년(1500)에 다시 간행하고, 태황제(고종) 을축년(1865)에 다시 간행하고 광무 3년(1899)에 또 간행했다. 그 밖에도 인민들과 인쇄한 것은 일일이 헤아리기 어렵다.

일본 도쿄의 조조지(增上寺) 및 겐닌지(建仁寺)에도 소장본이 있는데 대개 우리나라에서 인쇄하여 가져간 것이다. 이때에 이르러 일본 승려 사토(佐藤)가 이 판목 자체를 가져가려 하자, 전국의 승려들이 격분하면서도 어떻게 대책을 세워야 할지 알지 못했다.

황현은 해인사 팔만대장경의 내력을 알지 못해 재조대장경과 구분하지 못했고 불교를 경계하는 입장이면서도 대장경의 반출에 우려를 표하고 있다.

이어서 1910년 영희전을 헐어서 통감부 특허국 건물 건립에 사용했다고 기록하고, 경복궁 전각을 헐어 일본인에게 판매한 사실도 고발했다. 관련 내용은 다음과 같다.

경복궁을 헐어 매도했다. 경복궁은 모두 4,000여 칸으로 매 칸의 정가는 15원에서 27원이었다. 이때 한국인과 일본인의 원매자(願買者)는 80여 명이었으며, 3분의 1은 일본인 기타이 아오사부로(北井靑三郎)에게 매도하기 위해 계약서를 작성했다. 그곳에 장차 대공원을 조성하기 위한 것이다.

그러나 식자층과 민인들이 힘을 합해 문화재를 지킨 이야기도 들려준다. 경천사지 10층 석탑 이야기가 그것이다. 1907년경 우리나라에 황태자 가례를 축하하기 위해 들어왔던 일본 궁내성 대신 다나카 미쓰야키(田中光顯)에 의하여 경천사지 10층 석탑이 일본 도쿄로 불법 반출되었다. 황현은 《대한매일신보》 1907년 3월 21일, 4월 23일, 6월 4일 기사에 근거하여 다음과 같이 기술했다.

경천사지 10층 석탑

일본 특사 다나카 미쓰야키가 귀국하면서 경천탑(敬天塔)을 뜯어서 가져갔다. 이 탑은 [경기도] 풍덕군 경천리의 옛 절터에 있었다. 탑은 12층[10층의 착오. 당시 이 탑의 층수를 계산할 때 기단부와 탑신부를 합하여 13층 석탑 또는 12층의 석탑으로 불렸음]으로 한쪽 면에는 '지정 8년(1348)에 하늘을 받들어 황제 황후 태자를 위해 축원한다(至正八年 敬天祝願 爲皇帝皇后太子)'는 15자가 새겨져 있었다. 대개 고려 말에 노국공주(魯國公主)가 시집올 때 실어 왔던 것으로, 서울의 대사동[大寺洞, 탑골] 석탑과 함께 건립된 것이다. 600년이 지난 지금까지도 깨진 석편이 전혀 없다. 돌 같으면서 옥은 아니요, 옥 같으면서 돌이 아닌데, 사람과 사물이 새겨져서 그 신이하고 정교한 솜씨가 사람들의 눈을 빼앗았다.

이해 가을 일본 승려 3명이 와서 절을 중건하도록 청하며 두루 시찰하고 돌아갔다. 이때 다나카 미쓰야키가 많은 일본인을 동원해서 그 탑을 해체하여 기차에 싣고 밤을 도와 바다를 건너갔다. 그 고을 주민들은 힘껏 막았으나 일본인들이 칼을 휘두르고 총을 쏘아 끝내 저지할 수 없었다. 저들이 도착해서 박물관에 전시했는데, 동서양 사람들이 몰려들어 구경하고는 천하의 빼어난 보물이니 그 값을 논하면 우리 경부선과 경의선 철로를 부설하는 자본과 맞먹는다고 했다.

1907년 3월 개성의 남쪽 풍덕의 부소산 경천사지에 소재했던 대리석탑을 일본인 다나카 미쓰야키가 서해를 통하여 도쿄에 있는 자신의 주택 정원으로 몰래 운반했던 것이다. 당시 일본인들은 개성에서 서남쪽으로 약 50리 떨어진 부소산 기슭에서 경천사지 10층 석탑을 해체 포장하여 '임금님이 하사했다'는 계획적인 공갈과 무력으로 인근 주민의 항거를 물리친 후 10리 밖의 선착장인 영정포(領井浦)로 실어 내갔다. 이 포구에서 다시 배에 옮겨 실어 몰래 일본으로 향했으니, 대한제국 황제의 명령을 거짓으로 내세워 치밀하고도 완벽하게 벌인 문화재 약탈이었다.

그러나 헐버트가 이 사실을 알고 1907년 4월 4일자 《재팬 크로니클(The Japan Chronicle)》에 경천사지 10층 석탑의 밀반출을 고발하는 기고문을 써서 국제사회에 알렸다. 심지어 그는 헤이그 만국평화회의에 파견되었을 당시 현지 신문 《만국평화회의보》를 통해 이 사실을 폭로하기도 했다. 다나카의 불법 반출 사실이 탄로 나고 국제사회에서 비난 여론이 들끓자, 일본인 식자층 사이에서 비난의 목소리가 커졌다. 이후 초대 총독 데라우치 마사타케는 "다나카가 실어 간 석탑을 조선의 원위치로 돌려보내라. 그것은 불법적인 반출이었다"고 지적했으나, 다나카 역시 만만찮은 권력자였으므로 순순히 속죄하거나 애써 탈취한 석탑을 돌려보낼 리가 없었다. 그러나 2대 총독 하세가와 요시미치가 부임한 뒤 학계는 물론 조선총독부의 반환 요구와 여론을 피할 수 없어 1918년에 마침내 굴복하여 반환했다. 그러나 탑재들이 서울에 도착했을 때 포장을 풀고 보니, 원상 복원이 불가능할 정도로 심하게 파손되어 있었다. 이런 상태로 경복궁 근정전 회랑에 방치되어 오다가 40년이 지난 1959년 재건에 착수하여 1960년 완공, 지금의 위치에 놓였다.

한편, 1907년 일본은 도쿄박람회를 개최했는데, 이때 자신들의 우월의식을 뽐내기 위해 인종 전시회를 열었다. 황현은 도쿄박람회에 전시된 조선인 부녀 소식을 《대한매일신보》 1907년 6월 21일 기사에 근거하여 다음과 같이 기술하고 있다.

부산 출신 정덕규와 대구 출신 박 아무개는 모두 일본인에게 유인당해 도쿄로 갔다. 이 두 사람은 30세 미만으로 모두 매우 어리석었는데, 일본인들이 이들을 한국 복식으로 분장시켰다. 정씨는 상투를 틀어 올리고 망건으로 묶은 위에 큰 삿갓을 썼으며, 소매 넓은 도포를 입었다. 박씨는 쪽을 지고, 좁은 소매의 적삼과 긴 치마를 입었는데, 모두 매우 넉넉해 보이도록 하여 의자에 묵묵히 앉아 있게 했다. 이런 연출은 우리나라 사람을 꿈틀거리는 동물 정도로 깔보고 조롱하여 박람회에 출품한 것이었다. 그런데도 그 두 사람은 그 연유를 알지 못한 채 그들의 말만 듣고 묵묵히 앉아서 하는 일 없이 하루하루를 보냈다. 세계 각국 사람들이 마음대로 살펴보다가 일본인들의 야박하고 모진 행위를 원망하지 않음이 없었다. 마침 민원식이 시찰차 갔다가 보고는 매우 안타깝게 여겨 몸값을 지불하고 데려왔다.

서구 제국주의자들이 흑인을 인종 전시장에 데려와 전시하듯이, 일본이 한국인들을 자신들의 문화 우월주의를 충족하는 도구로 이용한 것이다. 한국인들이 동물원의 원숭이로 전락한 것과 다름없었다. 이에 친일파 민원식마저 이 광경을 목격하고 충격을 받아 그들을 본국으로 데려왔다.

4. 병합으로 가는 길

한국이 합병되고 그 조약이 29일에 공포될 것이라는 소식을 들을 수
있었다. 이와 같은 협상에서 전 황제와 현 황제가 얼마나 무기력했
는지 여실히 드러난다. 속국이 되느니 차라리 죽는 것이 낫지 않은
가? 천주님은 이 슬픈 상황에서 우리를 지켜주시기를! _뮈텔

합방론을 처음 들고나온 이래 이용구는 자객이 겁나서 하룻밤에
도 잠자리를 세 번이나 옮기다가 끝내 일본인 상점에 숨어 지냈
다. 일진회 회원들도 이용구의 소행에 분노하고 사상이 오염된 것
을 아파하면서 이용구를 성토했다. _황현

사법권과 경찰권마저 일제의 손에

1909년 새해가 시작되었다. 그러나 한국인들은 어두운 그림자가 짙게 내리는 아침을 맞았다. 곧바로 일진회의 송병준이 이른바 한일합방을 건의하는 문서를 일본 정부에 제출했다. 황현은 송병준이 그러한 문서를 제출한 사정을 전했다.

송병준이 일본에 머물러 있으면서 아직도 돌아오지 않고 이용구, 서창보, 이학재, 홍긍섭, 최정규 등과 서로 연락하며 한국인은 회유되기 어려우므로 속방으로 만들어 누르는 것만 못하다고 하여, 드디어 합방선언서(合邦宣言書)를 만들어 일본에 올렸다.

일본 정부도 강제 병합을 준비하고 있었지만 열강의 눈치와 한국인의 반발을 우려하여 때를 기다리고 있었는데 송병준이 먼저 나선 것이다. 이때부터 합방 문제가 크게 거론되기 시작했다. 그러나 송병준의 이러한 제안은 일본 군부 강경파와 사전에 모의한 결과였다.

그럼에도 불구하고 여전히 걸리는 구석이 있었다. 일본에 거세게 저항하는 한국인 의병이 문제였다. 계속 시간을 끌면서 사법권을 먼저 장악한 뒤 나머지 의병들을 전면 토벌하고자 했다. 사법권을 장악해야만 의병 토벌이 용이하다고 판단했기 때문이다.

1909년 7월 5일 일본으로 귀임했던 이토 히로부미가 다시 대한제국을 방문했다. 당시 일본 내각은 '한국 병합 실행에 관한 건'을 의결한 터였다. 이제 병합으로 갈 수 있는 길을 트기 위해 사법권을 탈취하고자 했다. 7월 12일 대한제국의 사법권을 박탈하는 이른바 '기유각서'를 체결했다. 황현은 '신5조약'이라고 부르기도 하고 '한일신협약'이라고 부르기도 했다.

정교가 일자별로 정리한 기유각서 체결 과정은 다음과 같다.

7월 10일 오후 5시 소네 아라스케 통감 관저에서 원유회를 열어, 이완용 등 여러 대신 및 각 부(府)·부(部)의 칙임관·주임관을 맞이하여 연회를 베풀었다. 7시에 모임을 마치고 흩어졌는데, 다시 이완용·박제순과 모였다. 이토 히로부미 및 그 밖에 통감부의 총무장관과 외무 부장도 모두 있었다. [이토 히로부미가] 군부를 폐지하고 사법권을 일본에 위임하는 일을 제시했다. 이완용 등은 사안이 중대하므로 내각 대신들의 의견을 수렴하여 회답하겠다고 대답했다. 두 사람[이토 히로부미와 이완용]은 곧바로 이완용의 사저로 돌아가 몰래 논의했다.

7월 11일 이완용의 사저에서 임시내각회의를 열어 그 사안에 대해 논의했다. 고영희(법부 대신), 이병무(군부 대신), 이재곤(학부 대신)은 '모두 옳지 않다'고 말했다. 두 사람은 곧바로 가서 소네 아라스케를 만나 그에게 이야기했다. 소네 아라스케는 이 두 안건[군부 폐지와 사법권 위탁]은 한국과 일본 두 나라가 반드시 실행해야 할 것이라고 말했다.

7월 12일 이완용 등 여러 대신은 이토 히로부미, 소네 아라스케와 함께 통감 관저 2층에서 회의를 열었다. 이토 히로부미는 이완용 등에게 그 까닭에 대해 한바탕 설명했다. 12일 밤 이완용 등은 다시 이토 히로부미 등과 회의하여, 그 일을 승낙했다. 그 협약을 널리 알려 이르기를, "한국 정부가 사법 및 감옥의 사무를 일본 정부에게 위탁하는 것에 관하여, 한국 정부와 통감은 다음과 같이 약속하여 정한다"고 했다.

그 각서의 내용은 다음과 같다.

"한국 정부 및 일본국 정부는 한국의 사법 및 감옥의 사무를 개선하고 한국의 신하와 백성 및 한국에 있는 외국의 신하와 백성 그리고 인민의 생명과 재산의 보호를 확실하게 할 목적과 한국 재정의 기초를 튼튼히 할 목적으로 다음의 조항을 약속하여 정한다.

제1조 한국의 사법 및 감옥의 사무가 완전히 갖추어졌다고 인정될 때까지, 한국 정부는 사법 및 감옥 사무를 일본국 정부에 위탁한다.

제2조 일본국 정부는 일정한 자격이 있는 일본인 및 한국인을 한국에 있는 일본의 재판소 및 감옥의 관리로 임용한다.

제3조 한국에 있는 일본의 재판소에서는 협약 또는 법령에서 특별히 규정하고 있는 사람 외에, 한국의 신하와 백성에 대해서는 한국의 법규를 적용한다.

제4조 한국의 지방 관청 및 관리는 각각 제 직무에 따라서 사법 및 감옥의 사무는 한국에 있는 일본 해당 관청의 지휘와 명령을 받아야 한다."

또 끝에 덧붙이기를, "일본국 정부는 한국의 사법 및 감옥에 관계되는 일체의 경비를 부담한다"고 했다. … 이날 이완용 등은 도성 안을 경비했고, 일본 순사 5명이 이완용의 집에 와서 빈틈없이 경호했다.

황현은 기유각서의 문제점을 다음과 같이 지적했다.

이때부터 일본인들은 자기들 마음대로 법률을 만들어 그것을 특별법이라고 했으나, 사람들은 아무런 저항도 하지 못하고 입만 삐죽거릴 뿐이었다. 신조약을 체결하던 날 밤에 일본군 200명이 궁성을 포위하여 비상사태에 대비했다.

이어서 통감부는 각 도에 시찰원을 파견했다. 황현은 그 상황을 다음과 같이 적었다.

이완용이 신5조약을 체결한 후 민심이 불온해지니 각 도에 시찰원을 파견하여 민심의 동향을 탐지하도록 했다. 먼저 정만조를 전라 선유사로 파견했는데, 그는 일본인을 대동하고 갔다. 광주에 이르러 많은 민인을 모아놓고 효유하기를 "황태자가 영명하여 바야흐로 이웃 나라에서 유학을 하고 있으니, 국가 중흥의 희망이 그리 멀지 않았습니다. 여러분은 안도하여 본업에 힘쓰면서 태평의 시기를 기다리십시오"라고 했다. 마당에 가득 찬 사람들이 모두 입을 삐죽거리며 자리를 떠났다. 정만조는 매우 부끄럽고 쑥스러워 얼마 있지 못하고 몰래 서울로 돌아왔다.

곧이어 경찰권을 통감부에 이양했고 법부도 폐지됐다. 사법권을 빼앗기 위해 사법 관련 두 기관을 장악하거나 폐지한 것이다. 황현은 다음과 같이 적었다.

12일, 법부를 폐지하고 사법권을 일본에 위임했다. 법률학교의 학생들은 "사법권이 이미 없어졌거늘 법률을 배워서 어디다 쓰겠

느냐?"라고 탄식하면서 서로 통곡했고 그러다가 흩어진 학생이 과
반이나 되었다. 이완용은 내각회의를 열어 협약에 조인하고, 그날
밤으로 통감부에 가서 바쳤다.

이토 히로부미는 이처럼 사법권을 탈취하는 소임을 마치자 일본
으로 돌아갔다. 이어서 7월 30일 군부가 폐지되었다.

일진회와 이완용의 친일 대결

그사이 이토가 안중근에게 처단되었지만 일본 내각은 이미 한국 병
합을 의결한 상태에서 대한제국의 사법권을 탈취했다. 다만 열강의
간섭을 우려하여 시기를 저울질하고 있었을 뿐이다. 이즈음 우치타
료헤이에게 지시를 받은 일진회는 1909년 12월 본격적으로 이른바
한일합방운동에 나섰다. 정교는 그 시점을 이토 사망 직후로 여기
고 이토 추모 분위기를 틈타 벌어진 합방청원운동의 징조를 다음과
같이 적고 있다.

　11월 1일 제국신문사(광무 2년 서울 인민들이 만든 것이다) 사장 정운
복(이토의 장례식 행차 때 정운복은 일본인을 만나, "일본은 마땅히 한국을 합
병해야 한다"고 말했다. 일본인은 곧바로 이를 신문에 실었다. 뒤에 국민대연설
회에서 그 죄를 공격하고, 군중들 사이에서도 그것에 대해 연설했다. 정운복은
또 일본인의 돈을 받아, 그들의 정탐꾼이 되었는데 나라가 망할 때까지 그 짓을
했다)과 국민신보사(일진회에서 만든 것이다) 사원 한 명이 각각 신문
사를 대표하여 역시 이토 장례식에 참석했다. 일진회의 전 부회장
홍긍섭도 일진회를 대표하여 갔다(홍긍섭은 은으로 만든 꽃병 하나를 이

토 히로부미의 집에 주었다. 송병준과 〈한일합방성명서〉를 공포하여 널리 알리는 일에 대해 은밀히 논의했다).

드디어 일진회 회장 이용구는 12월 2일 밤 회원들을 갑자기 모아 총회를 열었다. 정교의 《대한계년사》에 따르면 이른바 〈한일합방성명서〉 발표로 회원들이 어리둥절하다가 소란스러워졌다. 곧이어 이용구가 '만장일치'로 가결되었다고 선언하고 그 성명서를 내각, 부, 부, 원, 청 및 13도 관찰사와 각 군수, 서울과 지방의 각 사회 단체, 각 학교와 유력자들에게 발송했다. 그 성명서의 주요 내용은 다음과 같다.

… 갑오년(1894)에 일본은 일청전쟁을 일으켜 거액의 전쟁 비용을 소비하고 수많은 군사를 희생시키며 청국의 굴레를 벗기고 우리 대한의 독립을 확실히 있게 했습니다. 정치를 흐리고 어지럽히며 좋은 우의를 배척하고 물리쳐서, 이 영원히 이어갈 터전을 잘 지키지 못한 것은 우리 한국인이 스스로 초래한 것입니다.

마침내 일러전쟁의 원인과 결과를 매개하여 일본은 손해가 갑오년의 열 배나 되었는데도 이를 돌아보지 않았으며 우리가 러시아 사람들의 호랑이 아가리에 들어갈 한 점 고깃덩이가 되지 않도록 해주고 동양 전체의 평화를 유지했습니다. 그러나 이런 선린주의를 기꺼이 따르지 않고 이 나라에 붙었다 저 나라에 붙었다 하는 폐단을 만들어 마침내 외교권을 다른 나라에 넘겨주고 보호조약을 체결함에 이른 것도 우리 한국인 스스로가 초래한 것입니다.

일본과 한국의 관계가 이미 친밀해진 이래로 언짢은 마음을 풀고 기술을 전수받으며 점차 조금씩이라도 문명의 모범으로 나아가지 않고 도리어 헤이그 문제를 만들어 커다란 정변을 불러일으켜 연이어 7조약을 체결한 것은 우리 한국인 스스로가 초래한 것입니다.

시국의 형편이 완전히 달라진 이후로 식산에 힘써 생활을 펴게 하며 교육을 발전시켜 지식에 통달케 하는데 1년[3년의 오류] 동안 한 가지 사업도 펼쳐서 일으키지 못했습니다. 안으로는 권력과 이익을 차지하려고 다투고 밖으로는 폭도들이 창궐하여 인민들의 생활이 한 치 앞을 내다볼 겨를이 없도록 점점 극단적인 상태로 빠진 것은 우리 한국인 스스로가 초래한 것입니다.

이토 히로부미 태사(太師)가 인민을 편안하게 하고, 태자를 잘 도와서 이끌며 우리 한국을 위해 애쓴 것은 잊기 어려울 것입니다. 뜻밖에 하얼빈의 변괴가 일어나, 일본 온 나라의 여론이 끓어오르고 한국에 대한 정책의 근본적 해결을 앞장서 부르짖으며 어떠한 위험을 불러일으킬지 알지 못하게 된 것은 우리 한국인 스스로가 초래한 것입니다. …

우리 2,000만 동포의 머릿속에 충만한 정신을 분발시켜 큰 소리로 외쳐서 바야흐로 금일 일본 여론이 앞장서서 부르짖는 근본적 해결 문제에 대하여 그 거센 물결을 막고 그치게 합시다. … 동등한 정치적 권리를 획득하는 것을 법률에서 '정치적으로 나라를 합친다'(政合邦, 이 세 글자는 각국에서 사용하지 않는 말이다)고 하니 이 말을 이해하지 못하는 사람들이 '합병은 나라의 영토를 큰 나라에 딸려 붙이는 것'이라느니 갖가지 다른 잘못 전해진 말로 인심을 의혹시키고 나라의 방침을 교란해 갈수록 헛갈리게 합니다. 앞길을 아득하게 하는 어리석은 무리들은 일일이 거론할 필요가 없습니다. 노련한 정치가와 의분에 찬 뜻있는 선비들은 이 일에 대해, 일본의 한국에 대한 정책이 이를 너그럽게 인정할지 알지 못하여 애써 속을 태웁니다. 일본의 황실과 정부, 여론이 이를 너그럽게 인정하는 것은 우리 2,000만 국민 모든 사람이 진실로 호소하고 요청하는 것에 달려 있습니다. …

이어서 이용구는 다음 날인 12월 3일 밤 대회를 열어 서울 회원 250명과 지방 회원 80여 명을 참석시켰다. 여기서 다시 한번 '한일합방'의 문제를 결의하여 고종에게 상소했다. 또 한 통의 상소를 통감 소네 아라스케에게 보내, 일본 천황에게 아뢰어 달라고 부탁했다. 또 이완용과 소네 아라스케에게도 편지를 올렸다. 이용구 등 일진회 간부들은 자신들의 이른바 한일합방 청원을 정당화하기 위해 이러한 성명서와 상소를 통해 고종의 이른바 균세(均勢) 외교와 국권 수호 노력을 무신(無信)과 배신이라고 비난하고 일본의 군사 행동을 동양 평화를 유지하고자 하는 노력으로 높이 평가하는 한편, "일본과 한국이 나라를 합쳐서 하나의 큰 제국을 새로 만들어야 한다"고 역설했다.

서울의 프랑스 영사는 일진회의 합방 청원에 대해, 도쿄에서 병합 문제를 검토하기 전에 통감부가 국민 정서를 알아보기 위해 부추겼을 것으로 판단했다. 도쿄의 프랑스 대사는 소네 통감이 일진회를 부추기지 않은 것처럼 보이기 위해서 신중하게 처신했다고 기록했다.

나아가 도쿄의 프랑스 대사는 일진회의 이 같은 움직임을 두고 다음과 같이 본국에 보고했다.

합방 청원은 일본 정부 지도자 간의 한국 병합 방침이 최종 결정된 후 이를 단행하기 위해 여론을 조성하는 작업의 일환이었다. 일진회의 〈한일합방성명서〉 발표 이후 한일병합 요구가 강화되자 반대의 목소리도 커졌다. 서울의 프랑스 영사는 이에 대해서 일본의 지배를 순순히 받아들이는 듯 체념적 무기력을 보였던 대한제국의 국민감정이 깨어나는 놀라운 일을 목격하게 되었다.

이에 앞서 윤효정이 11월 10일 대한협회를 설립했는데, 정교는 대한협회를 두고 다음과 같이 비판했다. 그의 말을 들어보자.

윤효정이 대한협회를 설립했다. 문명으로써 인민을 깨우쳐 이끈다는 취지를 내세웠지만, 뒤로는 몰래 일본인에게 정탐 비용을 받았다. 무릇 나라 안의 크고 작은 일을 더듬어 살펴 은밀히 일본인에게 보고했다. 일진회 회원들이 안팎의 관직에 많이 임명된 것을 보고 나서는 불 같은 욕심이 크게 일었다. 마침내 일진회와 연합해서 〈합방성명서〉를 내놓기에 이르렀는데, 다시 분리되었다. 12월 6일, 오는 12월 12일에 국민대회를 열자고 제안했는데, 일진회의 죄를 공격하여 나라 정책의 기본 방침을 안정시키겠다고 했다. (경시총감) 와카바야시 라이조(若林賚藏)의 말을 듣고는 물러나, 다시는 감히 한마디도 하지 못했다.

이처럼 일진회와 대한협회가 합방의 공을 둘러싸고 경쟁하자, 이완용도 거기에 밀리지 않기 위해 대한국민회(大韓國民會)를 조직하여 일진회를 공격했다. 이어서 이완용은 12월 5일 대한국민회가 임시국민대연설회를 개최하도록 배후에서 사주했다. 당시 통감부 첩보에 따르면, 이완용이 12월 4일 오후 8시경 이 연설회의 발기인 민영소에게 모임의 잡비로 1,500원을, 또 그날 밤 9시경 변사 정응설, 고희준 등에게도 보수의 의미로 500원을 주었다고 알려져 있다. 또한 일진회 성주(聲誅, 목소리를 높여 베는 것)의 목적을 이룬 날에는 수만 원의 보수를 줄 것이라고 연설회 발기인 등에게 넌지시 말했다고 덧붙였다. 또 일설에는 이완용이 일진회에 맞서는 비용으로 내각 기밀비에서 1만 원을 지출해 그중 5,000원은 오가키 다케오(大垣丈夫)에게, 5,000원은 정응설에게 교부했다고도 파악하고 있다. 당시 경시총감 등의 보고에 따르면, 이완용과 대한국민회는 병합을 반대하는 것이 아니었다. 12월 5일 임시국민대연설회에서 그들이 비판한 것은 일진회 회장 송병준의 일진회가 '합방청원서'를 제출했다는 사실이었다. 정응설은 "일진회의 청원서는 우리 국민의 뜻이 아니며 오직 하나의 괴물인 송병준, 이용구와 일부 일진회 회원들에게서 나온 것이다"라고 주장했다. 이러한 주장은 송병준을 견제하기 위한 핑계에 불과할 뿐 실제로는 한일병합을 위한 주도권 싸움에서 비롯되었다. 이날 연설자들은 일본의 보호통치는 한국의 개발을 위해 유익하고 불가피하다고 말했다. 또한 이토 히로부미는 한국인의 은인이며 "그의 죽음은 불행하고 통탄할 일이다"라고 말했다. 연설회에는 임원들도 대거 참석했다.

한편, 12월 10일 대한국민회는 내각 및 통감부에 편지를 보내어, 송병준과 이용구를 죽이고 일진회를 해산시켜 달라고 부탁하기도 했다. 이때 이용구에 대한 일반인들의 분노가 얼마나 컸는지를 전하기 위해 하나의 일화를 들려준다.

이날 밤 이용구(당시 청화정[淸華亭, 일본인 요릿집]에 있었다)가 화장실에 갔는데, 어떤 사람이 나무 몽둥이로 이용구의 팔뚝을 쳤다. 이용구는 놀랍고 무서워서 산똥을 싸며 급히 달아나 제 침실로 들어갔다. 당시 돈의문 안의 노동회(勞動會, 이[대한국민회]에 앞서 노동자들이 이 모임을 만들었다) 회원들이 일진회가 한 짓에 분노하여, 일진회 회원으로 노동회의 명부에 있는 사람들을 모두 그 이름을 삭제하고 쫓아냈다.

한편, 이완용이 이끄는 임시국민대연설회에 돈을 내는 이들도 있었다. 정교의 말을 빌리면 다음과 같다.

이때 서울과 지방의 신사(紳士)에서 평민에 이르기까지 임시국민대연설회에 큰 액수의 의연금을 보내오는 사람이 매우 많았는데, 적게는 10환에서 많게는 20전까지 이르렀다.

그러나 이완용을 지지하는 인사는 일부에 지나지 않았다. 정교는 민영규, 민영소 등 임시국민대연설회 발기인을 두고 건달 패거리 13명과 함께 만들었다고 혹평했다. 그리고 이 세 단체가 통감부의 통제하에 움직이고 있다고 폭로했다.

12월 9일 정오에 경시총감 와카바야시 라이조가 일진회와 대한국민회, 임시국민대연설회의 회장 3명을 불러, 여러 가지 사무를 보는 데 시끄러운 일이 일어나지 않도록 조심해서 처리해 달라고 타일렀다. 또 이용구를 책망했는데, 그러한 글을 갑자기 공개하여 민심을 떠들썩하게 했다는 이유에서였다. 민영소 등은 감히 상소하지 못했다.

이때 뮈텔은 일진회의 한일병합론 제기에 놀라움을 표하며 일진회의 추이를 예의 주시했다. 12월 6일 일기에서, 12월 4일 일진회가 한국을 일본에 합방시키라는 성명서를 발표했다고 전하면서 이에 흥분한 사람들이 대한국민회를 비롯한 단체들을 결성하고 있다고 적고 있다. 당시 일진회는 국내 인사는 물론이고 외국 인사들에게도 일진회의 합방성명서를 보냈는데, 뮈텔도 이 성명서를 받았다고 자신의 일기에 적으면서 일진회 회원들이 대거 탈퇴할 것이라고 전망했다.

또한《대한매일신보》는 12월 7일 논설 〈고한국동포(告韓國同胞)〉에서 "동포를 빙자하여 나라를 팔되 동포가 손을 소매에 넣고 입을 다물고 있으면 이는 동포가 나라를 파는 것과 차이가 나겠는가 슬프도다 동포여"라고 절규했다. 한국인들이 일어나 일진회를 규탄할 것을 호소한 것이다. 이어서 천도교도 일진회의 합방성명서를 규탄하는 성명서를 발표했다.

그래도 새벽은 온다

임시국민대연설회의 개최는 의외의 결과를 초래했다. 일본 유학생마저 일진회의 합방성명서에 분노를 표출하면서 일진회를 공격하는 운동이 번졌다. 정교는 먼저 일본에 유학 중인 한국인 학생들의 동정을 전하고 있다.

일본 유학생 700인이 일진회의 합방성명서 제출에 몹시 분하고 노여운 감정을 참지 못하고 임시국민대연설회에 참가하기 위하여 대표 고원훈, 이풍재를 파견했다. 이들은 12월 12일에 서울로 들어왔다. 12월 14일 경시청에서 두 사람을 불러, 학생의 신분으로 정치에 간여하면 안 된다며 타일렀다. 그들의 〈천하에 포고하는 글(布告天下)〉과 〈내각에 보내는 장문의 편지(上內閣長書)〉를 압수하고 빨리 일본으로 건너가 배움에 힘쓰라고 엄히 경고했다.

임시국민대연설회를 통해 이러한 포고문과 편지를 보낸 유학생 단체는 1909년 도쿄에 있는 한국인의 각 단체를 통합한 대한흥학회(大韓興學會)였다. 회지 《대한흥학회보》를 펴냈는데, 주필은 훗날 삼균주의(三均主義)의 제창자인 조소앙이었다. 당시 그는 '한일합방 성토문'의 기초위원으로서 이 글을 작성하고 비상대회를 소집하려다가 발각되어 고초를 겪기도 했다. 그리고 고원훈과 이풍재는 12월 12일 일본 유학생 총대로서 서울에 들어왔다. 황현의 《매천야록》에 따르면, 통감부는 재일 한국인 유학생들이 일진회를 성토하려 하자 이를 월권행위로 규정하고 그들에게 1,000원을 징수할 정도였다. 《대한매일신보》 1909년 12월 15일 기사에 따르면, 재일본동경대한흥학회(在日本東京大韓興學會)의 이름으로 일진회를 강렬하게 성토하면서 일진회를 '불공대천지수(不共戴天之讐)'로 규정했다.

나아가 정교는 기녀 산홍(山紅)이 일진회의 합방성명서에 반대하여 국민연설회에 의연금을 기부한 사실도 소개했다.

기녀 산홍(성은 강씨(姜氏)다)이 이 소식[초산군 주민들의 합방 반대 의

조소앙(1887~1958)
대한흥학회의 핵심 인물로 일진회 성토에
앞장섰으며, 훗날 대한민국 임시정부 건국
강령의 기초인 삼균주의를 주창했다.

연금 기부 소식]을 듣고 말하기를, "내 비록 여자의 몸일지라도 또한
2,000만 가운데 한 사람이다" 하며 주머니에 있는 돈을 몽땅 털어
20전을 보태 주었다. 그를 매우 칭찬하지 않은 사람이 없었다.

통감부는 이러한 소동이 민족운동으로 번질까 우려하여 조기에
차단하고자 했던 것이다. 그럼에도 평안북도 철산군의 인민들이 큰
길에 모여 일진회의 죄를 공격하는 연설을 했다. 돈을 모아 내각에
전보를 보내고, 다시 편지를 보내 이용구를 죽여달라고 요구했다.
정주공립보통학교 및 사립 유신학교 신학(新學) 학생들이 〈한일합
방청원서〉에 맞서는 학교 교장의 연설을 듣고는 대부분이 분노했
고, 분위기가 험악해졌다.

또한 12월 22일 정교는 안중근을 변호했던 안병찬 변호사가 일진회의 〈한일합방청원서〉를 법률적으로 다음과 같이 규정했다고 전하고 있다.

평양 변호사 안병찬이, 이용구와 그 패거리인 송병준, 홍긍섭이 은밀하게 계획하여 한일합방론을 주장한 것은 대역 모의 미수와 국권괴손율(國權壞損律)에 관계된다 하여, 경성 지방재판소에 고발했다.

황현도 일련의 사태를 우려의 눈길로 바라보고 있었다. 우선 대한협회가 일진회와 통합하려는 뜻을 눈치채고 있었다. "대한협회가 일진회와 통합하여 성명서를 내려고 했는데, 일진회가 불응하자 협회장 김가진이 서신을 보내 일진회를 질책했다"는 것이다.
황현은 이완용이 일진회를 탄압하려는 의도도 간파하고 있었다.

일진회가 합방론을 정부에 헌의하여 상주할 수 있기를 바랐는데, 이완용이 기각했다. 그것은 이완용 자신이 합방안을 앞장서서 제기하려고 했는데, 일진회에서 선수를 치자 시기하여 민영규 등을 부추겨 연설회를 열도록 하고 그 헌의를 기각한 것이다.

그리하여 일진회는 통감부의 지원을 받지 못하고 이완용의 방해로 지지부진한 상태로 궁지에 몰리고 있었다. 황현은 다음과 같이 기술하고 있다.

합방론을 처음 들고나온 이래 이용구는 자객이 겁나서 하룻밤에도 잠자리를 세 번이나 옮기다가 끝내 일본인 상점에 숨어 지냈다. 일진회 회원들도 이용구의 소행에 분노하고 사상이 오염된 것을 아파하면서 이용구를 성토했다. 그로 인하여 스스로 적(籍)을 버리고 일진회를 떠난 사람이 하루에 70명에 이르렀고, 지방의 회원들도 잇달아 탈퇴했다. 이때 윤길병도 일진회를 탈퇴했다.

그리고 재일 한국 유학생들의 〈한일합방청원서〉 반대 성토도 소개하면서, 심지어 유학생들이 이용구를 암살하려 했다는 이야기도 적었다.

일본 유학생 김익삼과 이익선이 고국으로 돌아와 영등포역에 도착하자, 순사가 그들이 이용구를 찔러 죽이려는 것이 아닌가 의심하여 체포했다.

《대한매일신보》1909년 12월 22일 기사에 따르면 이 유학생들은 평북 출신으로 도쿄고등상업학교에 재학 중인데, 12월 20일 영등포역에서 이용구 암살 혐의자로 체포되었다. 그리고 홍긍섭도 저격 대상이었으므로, 자객이 그의 집에 침입하여 도주했다고 적었다.

정교는 합방에 찬성한 이칭익(李稱翼)과 이학재(李學宰)를 호적에서 지운 이야기도 전했다. "두 사람이 합방 문제로 창귀(倀鬼) 노릇을 했기 때문에" 연안 이씨 종중이 이들을 종적에서 삭제했다는 것이다. 창귀는 먹을 것이 있는 곳으로 범을 인도한다는 못된 귀신을 뜻하는 단어로 앞잡이를 가리킨다.

이칭익은 추적할 수 없지만 이학재의 경우, 1909년 11월 이토 히로부미 불망비를 세우기 위한 취지서를 발표했으며 심지어 동상 건립도 추진했다. 특히《대한매일신보》1910년 1월 29일 기사에 따르면, 1910년 1월 일진회에 찬성할 목적으로 조직된 국민동지찬성회(國民同志贊成會)의 발기인으로 참여했다.

이처럼 전국 곳곳에서 일진회를 공격하자 이용구가 소네 아라스케에게 애처롭게 빌면서 "합방의 일을 실행한 연후에야 저희들은 제 목숨을 보존할 수 있습니다"라고 전했다. 그리고 물러나서는 다른 사람에게 "합방의 일을 실제로 이룬 뒤, 정부의 각 대신과 13도의 관찰사 및 각 군수의 자리는 모두 우리 일진회 회원이 차지할 것이다"라고 장담했다고 한다.

그러나 많은 일진회 회원이 이번 사태를 겪으면서 급속하게 일진회에서 탈퇴했다. 정교는 가장 많은 회원을 거느리고 있는 평안북도를 예로 들고 있다.

평안북도 각 군의 일진회 회원들이 전날 이용구에게 속았다는 사실을 비로소 깨닫고는 거의 모두 일진회에서 탈퇴했다. 쓸데없이 고집부리고 갈팡질팡하며 흔쾌히 따르지 않는 사람들은, 즉시 그 경계 밖으로 내쫓았다가 만약 스스로 일진회에서 탈퇴하겠다고 이야기하면 다시 기꺼이 맞아주었다. 이에 백성들이 모두 그들의 타고난 성품을 회복했다.

정교는 백성들이 정부의 수탈에 못 이겨 일진회에 가담했지만 그 본색을 알고 탈퇴하는 사태를 보면서 백성들이 본성을 회복했다고 평가하고 있다.

한편, 일진회 내부의 의견들도 전하고 있다. 서창보는 여러 군수를 역임했으며 국민동지찬성회 부회장을 맡고 있었다. 그러나 그는 1909년 12월 일진회의 성명서 발표 이전만 하더라도 명성황후 복수 상소를 비롯하여 을사늑약 반대 운동을 주도했으며 을사 5적 모살 혐의로 10년 유배를 선고받기도 한 인물이었다. 당시《국민신보》는 그를 대표적인 전향자로 꼽았다. 정교의 주장에 따르면 그는 이용구에게 돈 100환을 받고 매수된 것으로 보인다.

일본 내각은 강제 병합을 서두르기 위해 야마가타 아리토모의 후배 데라우치 마사타케를 마지막 통감으로 파견했다. 야마가타는 일본의 제3대 내각 총리대신을 지냈고 이토 히로부미, 이노우에 가오루와 함께 조슈(長州) 3존으로 불릴 정도로 일본 정계의 실세였다. 또한 일본 군부의 아버지로 불릴 정도로 대표적인 강경파 인물이었다. 정교는 데라우치의 부임 과정을 다음과 같이 쓰고 있다.

5월 28일 소네 아라스케를 병으로 그 직책에서 교체하고, 육군대신인 육군대장 데라우치 마사타케를 대신 임명했다. 훈2등 야마가타 이사부로 부통감을 통감으로 임명했다. 5월 31일 일본 궁성에서 그들의 친임식(親任式)을 행했다. 황제가 이 소식을 듣고 데라우치 마사타케와 야마가타 이사부로에게 축하 전보를 보냈다. 소네 아라스케에게는 위로의 전보를 보냈다.

정교에 따르면, 이때 일진회가 일본에 있는 데라우치에게 밀서를 보냈다. 그 내용은 정교도 확인하지 못한 채 소문으로만 들은 듯하다. 곧이어 6월 21일 데라우치가 서울 통감부의 참여관 이시즈카 에이조(石塚英蔵)에게 전보를 통해 명령하여, 대한제국 정부로 하여금 경찰 사무를 통감부에 위임케 하도록 한 사실이 이와 관련되지 않을까 한다. 그리고 6월 24일 밤 8시 30분, 박제순은 이시즈카의 저택에서 만나 그 각서에 조인했다. 그 내용은 2개 조항으로 이루어져 있는데, 한국의 경찰 제도가 완비되었다고 인정될 때까지 한국 정부는 경찰 사무를 일본국 정부에 위탁하고(제1조), 한국의 황궁 경찰 사무에 관해서는 필요에 따라 궁내부 대신이 담당 관리와 임시로 협의하여 처리하게 할 수 있다(제2조)는 것이었다.

대한제국 정부는 사법권에 이어 내정의 최후 보루라 할 국내 경찰권마저 통감부에 넘긴 것이다.

황현도 이러한 낌새를 눈치챘다. 7월 21일 경무총감부(警務總監部) 신설에 대해 "종전의 경시청과 내부 경무국 관서는 모두 경무총감부로 이관시켰다. 7월 1일부터 각 경찰서 보고 및 통감부 사령서는 일체 메이지 연월을 쓰고 융희를 쓰지 못하도록 했다"고 기록하고 있다.

그리고 이를 계기로 국내 치안을 강화한다는 명목으로 한국인에 대한 감시와 통제를 철저히 했다. 당시 일본인들은 한국인 밀정들에게 다음과 같은 명령을 내렸다. 정교가 파악한 바에 따르면 다음과 같다.

이때 각 대신 사저의 경호는 더욱더 엄밀해졌다. 이로부터 일본인들이 경찰서의 정탐자[밀정]들에게 타이르기를, 민간에서 무릇 세 사람 이상이 모여 이야기하는 일이 있으면 그들의 행동을 상세히 조사하도록 했다.

강제 병합 이전에 한국인의 일거수일투족을 감시함으로써 병합에 대한 저항을 최소화하고자 한 것이다. 또한 정교는 8월 23일, 통감부가 공고한 경시총감부령(警視摠監部令) 제3호의 내용을 통해서 8월 22일 이후 한국인의 반발을 막을 수 있는 법적·무력적 기반을 갖추었음을 보여주었다.

"제1조 현재 당분간 정치에 관한 집회 혹은 옥외에서의 군중의 집회를 금지한다.
제2조 본 명령을 위반한 자는 구류 또는 과료에 처한다.
제3조 본 명령은 반포한 날로부터 시행한다."
이에 각 경찰서에서는 그 관할 지역의 각 모임에서 3인 이상 집회하는 것을 금지하도록 했다.

집회의 자유를 철저히 엄금함으로써 병합을 위한 마지막 수순을 밟은 것이다.
일제의 강제 병합이 다가오면서 본격적인 행동이 시작되었다. 정교의 《대한계년사》에 따르면, 7월 14일 국민협성회에서 내각 및 통감부에 편지를 올려, 빨리 합방의 일을 거행하라고 요청했다. 그리고 일본에 머물던 통감 데라우치 마사타케가 7월 23일 서울에 들어왔다. 데라우치가 남대문역에 도착한 것은 오전 11시 56분이었다. 각 관청의 주임관, 한성부민회·일진회 및 각 사회단체 등이 앞장서서 그를 맞이했다. 학부 대신 이용직은 관공립학교의 학교 임원들

에게 명령하여, 각각 학생 15명씩을 데리고 대열을 지어 영접하도
록 했다. 근위대도 그를 마중 나갔다. 상인들은 국기를 내걸어 환영
의 뜻을 표시했다. 수많은 일본인이 가서 그를 맞이했다. 그리고 평
양에 거주하던 한 부자가 편지를 올렸다.

당시 평양에 살던 최익환(崔益煥)이 통감부에 편지를 올려, 합방
의 일에 찬동했다. 최영연의 아들 최원식이 그 편지를 기초했는데,
세상 사람들은 '대를 이어 그 죄악을 이룬다'고 했다.

최영연은 일진회의 총무원을 지냈던 인물로 부자가 대를 이어 친
일을 한 셈이다.

이때 이용구도 통감부에 편지를 올려 합방의 일을 빨리 행해달라
고 부탁했다고 덧붙였다. 그리고 수순대로 이완용 등은 통감 데라
우치 마사타케의 명령을 받아, 8월 22일 내각회의를 열고 우리나라
를 일본에 합병하는 일을 정했다. 정교는 같은 날 황제가 내린 조칙
을 다음과 같이 적고 있다.

"나는 동양의 평화를 든든히 하기 위해서는 두 나라 사이의 친밀
한 관계를 가지고 이쪽과 저쪽이 서로 합하여 한 나라를 이룸으로
써 서로 만세토록 영원할 행복을 도모해야 한다고 생각한다. 이에
한국의 통치권을 들어서 이것을 내가 지극히 신뢰하는 대일본제국
황제 폐하께 넘겨주기로 결정한다. 이어 필요한 법조문을 규정하여
장래 우리 황실의 영원한 안녕과 백성들의 복리를 보장하기 위해,
내각 총리 대신 이완용을 전권위원에 임명하니, 일본제국 통감 데

라우치 마사타케와 한데 모여 상의하여 결정하도록 하라. 여러 신하는 또한 나의 뜻이 확정하여 결단한 바를 본받아 받들어 행하라."

이 조서는 이날 반포되지 않았다. 한국인들의 반발을 우려하여 한동안 은폐했기 때문이다. 따라서 정교도 8월 29일 이후에야 병합 사실을 알았을 것이다. 일제가 병합조약을 굳이 8월 29일에 공개하기로 한 것은 이날이 고종의 음력 생일(7월 25일)이기 때문이다. 고종의 58번째 생일에 맞춤으로써 병합일을 축하일로 만든 셈이다. 정교는 8월 29일 황제의 조칙을 수록했는데, 그 내용은 다음과 같다.

"내가 덕이 부족하여 어렵고 커다란 사업을 이어받아 자리에 오른 뒤 오늘에 이르도록, 낡은 제도를 고쳐 새롭게 하는 정치에 관하여 자주 도모하고 준비하고 시험하며 애는 썼지만 아직도 이르지 못했다. 쇠약함이 쌓여 내려온 바 고질이 되었고 지치고 쇠약해짐이 궁극에 다다라 기일 안에 바로잡아 회복할 조처의 희망이 없으니 한밤중의 근심과 걱정에 뒷감당을 잘할 방책이 아득하다. 이를 맡았으나 갈수록 무질서가 심해져서 끝판에는 스스로 수습하지 못하게 되기에 직면하게 되었다. 그러므로 차라리 큰 임무를 다른 사람에게 부탁하여 완전한 방법과 혁신의 보람을 아뢰게 하는 것만 같지 못하기 때문에, 내가 이에 두려워하며 돌이켜 살펴보고 과감하게 스스로 결단한다. 이에 한국의 통치권을 이전부터 가까이 여기며 믿고 의지하며 우러러보던 이웃 나라 대일본의 황제 폐하께 넘겨주어 밖으로 동양의 평화를 든든히 하고 안으로 팔도의 백성을 보전케 한다. 생각건대 너희 높고 낮은 신하와 백성 들은 나

라의 형편과 시대적 요구를 깊이 살펴서 번거롭게 소란을 피우지
말고 각자 그 생업에 편안히 종사하여 일본제국의 문명한 정치에
복종하여 행복을 함께 누리라. 나의 오늘 이 일은 너희 백성들을
잊음이 아니라 너희 백성들을 구해 살리고자 하는 지극한 뜻에서
진실로 나온 것이니, 너희 신하와 백성 들은 나의 이 뜻을 잘 본받
도록 하라."

융희 4년(1910) 8월 29일.

정교의 《대한계년사》에 따르면, 이 조서는 아관파천 뒤 도망하여
일본에 있던 전 외부 교섭국장 육종윤(陸鍾允)이 초고를 지었다. 육
종윤은 1891년 진사시에 급제했는데 이때 함께 급제한 이가 나인영
이다. 특히 8월 29일 합방의 조서 및 일본 황제의 조서, 데라우치 마
사타케가 쓴 '우리 국민에게 널리 알리고 깨우치는 글'도 모두 육종
윤이 지은 것으로 추정된다. 나인영과 육종윤의 길은 어디에서 갈
라졌을까.

이어서 이완용이 데라우치 마사타케와 체결한 이른바 합방조약
을 수록하고 있다. 그 문서의 내용은 다음과 같다.

한국의 황제 폐하 및 일본국의 황제 폐하는 두 나라 사이의 특수
하게 친밀한 관계를 돌아보아, 서로의 행복을 증진하며 동양의 평
화를 영구히 확보하기 위한 이 목적을 달성하려면 한국을 일본국
에 병합하는 것이 낫다고 확신한다. 이에 두 나라 사이에 병합 조
약을 체결하도록 결정하니 이에 한국의 황제 폐하는 내각 총리 대
신 이완용을, 일본국의 황제 폐하는 통감 자작 데라우치 마사타케

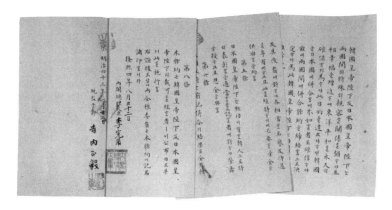

한일 강제 병합 조약문

를 각각 저마다 전권위원에 임명한다.

이어서 위의 전권위원은 한데 모여 협의하여 아래의 여러 조항을 협의하여 결정한다.

제1조 한국의 황제 폐하는 한국 전부에 관한 일체의 통치권을 완전히 또 영구히 일본국의 황제 폐하에게 넘겨줌.

제2조 일본국의 황제 폐하는 앞 조에 실린 넘겨줌을 수락하고 또 완전히 한국을 일본제국에 병합함을 승낙함. 그 아래에 또 여섯 조항이 있는데, 이제 생략한다.

그러면서도 조칙이 반포되고 옥새가 찍히는 과정의 뒷이야기를 전하고 있다.

이에 앞서 8월 22일 해 질 무렵, 통감부의 여러 관리(오직 데라우치 마사타케만 오지 않았다)와 이완용 등 각 대신과 시종원 경 윤덕영,

중추원 의장 김윤식이 창덕궁에 모였다. 오후 6시쯤, 이완용과 윤덕영이 두 조칙(8월 22일과 29일의 조칙이다)을 내어와 옥새를 찍으라고 황제를 다그쳤다. 황제는 무슨 일을 하는지 알지 못했다. 김윤식이 홀로 말했다. "우리 한국은 폐하 한 분의 한국이 아닙니다. 다른 나라 사람에게 양여하는 것을 가벼이 논의해서는 안 됩니다."

이완용과 윤덕영은 일본인의 지휘를 받아, 곧바로 김윤식과 여러 사람을 쫓아냈다. 마침내 옥새를 가져다 그 문서에 찍었다(그때 일본인들은 옥새를 가지고 통감부로 갔다).

황현 역시 이 내용을 소개했는데, 아울러 일본 천황의 조서도 소개했다.

"짐은 동양의 평화가 영구히 유지되고, 제국의 안전이 장래 보장될 필요를 생각하고 또한 한국 화란(禍亂)의 연원을 고려하여, 지난날 짐의 정부가 한국 정부와 협정하여, 한국을 제국의 보호 아래 두어 그 화란의 근원을 두절하고 평화를 확보하도록 했다. 그로부터 4년 남짓 지나는 동안, 짐의 정부는 한국 시정을 개선하려고 열심히 노력했고, 그 성적 또한 볼 만한 것이 있었다. 그러나 한국에서 현재 시행되고 있는 제도는 아직도 치안을 유지하기에는 완전하지 못해, 그 의구심은 매 시각 국내에 넘쳐나 인민들이 안도하지 못하고 있다. 진실로 공공의 안녕을 유지하고 민중의 복리를 증진하자면 분명히 현행 체제를 혁신하는 것이 피할 수 없는 일이다. 짐은 한국 황제 폐하와 함께 이런 사태를 살펴보고 생각하다 부득이 한국을 들어 일본제국에 병합하여 시세의 요구에 응하기로 한

일본 천황의 조서

《조선총독부 관보》 제1호(1910. 8. 29)에 실린 일본 천황의 조서로, 오른쪽이 일본어판, 왼쪽이 한국어판이다.

것이다. 이에 한국을 영구히 일본제국에 병합했다. 한국 황제 폐하와 그 황실 각 인원은 병합된 뒤라도 응당 상당한 특별 대우를 받을 것이요, 민중은 직접 짐의 보살핌에 놓여 안강(安康)과 행복을 증진할 것이요, 산업과 무역은 태평 아래 현저한 발달을 보게 될 것이다. 동양 평화는 이에 의거하여 그 기초가 더욱 견고하게 될 것임을 짐이 믿어 의심치 않는 바이다. 짐은 특별히 조선총독을 두어, 짐의 명을 받들어 육해군을 통솔하고 제반정무(諸般政務)를 총괄할 것이니 너희 백관 유사들은 짐의 뜻을 능히 본받아, 마음과 힘을 다하되 시행과 설치의 완급을 마땅히 하여, 서민 대중이 영원히 태평의 즐거움을 누리도록 할 것을 기약한다.”

일본 천황은 이 조서를 통해 강제 병합을 정당화하고 조선총독을 임명하여 한반도를 통치할 것임을 언명하고 있다.

그런데 뮈텔에게는 병합 소식이 일반인들과 달리 일찍 전해졌다. 뮈텔은 8월 26일 일기에 다음과 같이 적었다.

반 비르브리트 씨 덕분에 한국이 합병되고 그 조약이 29일에 공포될 것이라는 소식을 들을 수 있었다. 이와 같은 협상에서 전 황제와 현 황제가 얼마나 무기력했는지 여실히 드러난다. 속국이 되느니 차라리 죽는 것이 낫지 않은가?

천주님은 이 슬픈 상황에서 우리를 지켜주시기를!

대한제국 시절 선교의 자유를 얻기 위해 황실과 부단히 접촉했던 뮈텔은 이제 대한제국의 황실을 비판하면서 죽는 게 낫지 않냐는 조롱 섞인 언사를 적고 있다. 외국인 뮈텔에게는 한국의 국망보다 천주교의 앞날이 더 걱정이었다.

그리고 8월 29일에는 다음과 같이 적었다.

월요일, 벌써 9시부터 경무 통감부에서는 각 신문이 합병과 관련된 모든 칙서와 법령, 포고문 들을 주지시키도록 총지휘에 나섰다.

11시에 합병조약이 반포되었는데 그것은 통감부가 아닌 총독부 관보 제1호에 발표되었다. 2시에 2매의 긴 벽보들이 붙었는데, 하나는 그의 나라를 일본 황제에게 순순히 넘긴다는 황제의 칙서이고, 또 하나는 데라우치 자작의 아주 능숙한 포고문이다. 한국인들은 어리둥절할 뿐이다. 그러나 이렇다 할 움직임도 아무런 소요도 없었다. 사실 그러기란 매우 어려웠을 것이다.

일제가 사전에 사법권과 경찰권을 장악하고 집회마저 엄금한 상황이 뮈텔의 눈에는 들어오지 않은 듯하다. 뮈텔은 9월 1일 일기에서 "어제 전 황제(고종)가 일본 천황에게 자신의 목을 자르지 않은데 감사하기 위해 데라우치 자작을 방문했다. 얼마나 가엾은 일인가!"라며 대한제국 황실을 모욕했다.

그러나 8월 29일 이래 수많은 사람이 자결했다. 후일 역사학자들에 의해 밝혀진 바에 따르면, 금산 군수 홍범식, 주러 공사 이범진, 승지 이만도, 진사 황현, 환관 반학영, 승지 이재윤, 송종규, 참판 송도순, 판서 김석진, 정언 정재건, 감역 김지수, 의관(議官) 송익면, 영양 유생 김도형, 태인 유생 김천술, 연산 이학순 등이 순절했다. 당시 일제의 삼엄한 통제와 요시찰 인물에 대한 감시 그리고 언론에 대한 엄혹한 통제 속에서 뮈텔에게 이런 소식은 전해지지 않았을 것이다. 더욱이 예천에 거주하던 박주대의 1910년 8월 31일 일기에 따르면, 어느 집안에서는 순절자가 나왔음에도 부고를 알리는 일을 스스로 막았다고 적고 있다. 아무래도 일본의 보복이 두려워 순절자 소식을 알리지 않은 듯하다. 오늘날 1910년 8월 한일병합 직후의 순절자 현황을 알 수 없는 것은 이 때문이다. 그럼에도 박주대는 가능한 한 순절자의 현황을 자신의 일기에 담고자 했다.

강제병합 소식은 지규식의 양근 소재 분원 마을에도 전해졌다. 그 일자는 8월 31일로 비가 내렸다. 지규식은 자신의 일기에 다음과 같이 적었다.

그저께 대한 온 나라 전체가 일본국에 합병되었다. 황제를 개칭하여 왕이라 하고, 대한을 개칭하여 조선이라고 한다. 500여 년 동안 지켜온 종사와 3,000리 강토와 2,000만 민족이 없게 되었다. 가슴 아파하고 한탄한들 어쩌겠는가?

지규식은 여느 한국인과 마찬가지로 망국을 한탄했다. 그러면서도 그는 이전 시기와 달리 '2,000만 생령(生靈)'을 '2,000만 민족'이라 불렀다. 그가 오랫동안 신문을 구독하고 신식 서적을 독서한 결과로 보인다. '민족'이라는 용어는 1903년 6월 이전에는 보이지 않는다. 《황성신문》 1903년 6월 9일 논설 〈재포전국민인(再佈全國民人)〉에서 "이천만동포민족(二千萬同胞民族)"이라는 문구가 나오는데 여기서 가리키는 '민족'은 종족이 아닌 한국인 족속을 가리키는 개념이다. 이후 이러한 개념의 '민족'이라는 용어는 《대한매일신보》에서도 자주 등장했다. 지규식도 이러한 용어와 개념에 익숙해진 듯하다. 다만 지규식도 순절자들에 대해서는 기록하지 않았다

정교는 국망 이후 순절한 전 판서 김석진, 금산 군수 홍범식, 환관 등의 소식을 수소문해 듣고 《대한계년사》에 열거했다. 다만 9월 7일 황현의 자결 소식은 정교의 귀에 들어가지 않았는지 명단에서는 빠져 있다. 황현의 순절은 《매천야록》에 기록되었는데, 그의 주변 인물이 추후에 적은 것이다.

한국이 망하자 전 진사 황현이 아편을 복용하고 죽었다.

그는 죽으면서 절명시 칠언절구 4수를 남겼다. 주변 인물이 정리

한《매천야록》에 남아 있다. 그중 한 수는 다음과 같다.

새와 짐승도 슬피 울고 강산도 찡그리네	鳥獸哀鳴海岳嚬
무궁화 우리 강산이 망했구나	槿花世界已沈淪
가을 등불 아래 책을 덮고 지난 역사 헤아리니	秋燈掩卷懷千古
인간 세상에 식자(識者) 노릇 참으로 어렵구나	難作人間識字人

황현은 민족의 위기와 절망의 시대에 선비로서 아무 일도 할 수 없었던 무기력과 자괴감을 절감했을 것이다. 그러나 그는 죽음으로써 자신의 시대적·개인적 한계를 극복하고자 했다. 또 그의 이런 기록 정신과 책무 의식은 캄캄한 어둠 속에서 여명을 부르는 시대의 닭 울음소리였다.

이어서 망국의 최종 책임자라 할 순종은 1926년 4월 25일 죽음을 앞에 둔 어느 시점에, 황실에 충성을 다한 전 궁내부 대신 조정구에게 자신의 유언이라 할 유조를 비밀리에 위탁하여 미국의《신한민보》에 알려 보도케 했다.《신한민보》1926년 7월 8일 기사에 실린 순종의 유조다.

"목숨을 겨우 보존한 짐은 병합 인준의 사건을 파기하기 위하여 조칙하노니 지난날의 병합 인준은 강린(強隣, 일본을 가리킴)이 역신의 무리와 더불어 제멋대로 해서 제멋대로 선포한 것이요, 다 나의 한 바가 아니라 오직 나를 유폐하고 나를 협제(脅制, 으르대고 억누름)하여 나로 하여금 명백히 말을 할 수 없게 한 것으로 내가 한 것이 아니니 고금에 어찌 이런 도리가 있으리오. 나 구차히 살며 죽

순종(1874~1926)

지 못한 지가 지금에 17년이라 종사의 죄인이 되고 2,000만 민생
의 죄인이 되었으니, 한목숨이 꺼지지 않는 한 잠시도 이를 잊을
수 없는지라. 유수(幽囚, 잡아 가둠)에 곤하여 말할 자유가 없이 금일
에까지 이르렀으니, 지금 한 병(病)이 심중하니 일언(一言)을 하지
않고 죽으면 짐이 죽어서도 눈을 감지 못하리라. 나 지금 경(卿)에
게 위탁하노니 경은 이 조칙을 중외에 선포하여 내가 최애최경(最
愛最敬)하는 백성으로 하여금 병합이 내가 한 것이 아닌 것을 효연
(曉然)히 알게 하면 이전의 소위 병합 인준과 양국(讓國)의 조칙은
스스로 파기에 돌아가고 말 것이라.

　여러분이여, 노력하여 광복하라. 짐의 혼백이 명명(冥冥, 어두운 모
양, 저승)한 가운데 여러분을 도우리라."

비록 순종이 병합을 인준하고 한참이 지난 뒤에 죽음을 앞두고 병

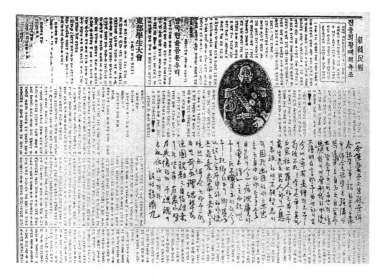

1926년 7월 8일자 《신한민보》 상단에 실린 순종의 유조

합 인준을 부정하여 그 의미가 반감되기는 하지만, 그의 이런 유조는 재미 한인을 비롯한 재외동포들에게 병합의 불법성과 강제성을 다시 한번 각인시키는 계기가 되었다. 조정구는 순종보다 앞서 1926년 3월 31일 한 많은 세상을 떠났지만 그는 죽기 직전 순종의 유조를 세상에 알림으로써 그의 역할을 다한 셈이다. 《조선일보》 1926년 4월 1일 기사에서 〈구한국말엽지사 조정구 씨 장서(長逝)〉라는 제목으로 그의 삶과 죽음을 되돌아보면서 그의 장례식 광경을 '적빈(赤貧)한 가정(家庭), 장비(葬費)도 난판(難辦), 눈물겨운 그 정경'으로 묘사했다. 이어서 순종이 4월 26일 창덕궁에서 죽음을 맞이했다.

한편, 윤치호는 순종의 죽음을 어떻게 인식했을까. 그 역시 6월 10일 순종의 창덕궁 영결식장에 참석했기 때문에 일기에 상세히 적었다.

제6부 의병전쟁에서 강제 병합까지

서울 집이다. 순종 황제의 인산일이다. 서울 거리는 장례 행렬을 보려고 전국 각 지방에서 올라온 사람들로 말 그대로 활기를 띠고 있었다. 창덕궁에서부터 영결식이 거행될 훈련원에 이르는 연도에 구경꾼이 몇 겹으로 늘어서 있었고, 완전무장한 군인과 경찰이 도로를 따라 죽 늘어서 있었다. 일본 당국자들은 한국인 선동가들이 소요를 시도할 만한 여지를 조금도 남겨놓지 않았다. 나는 오전 7시 30분부터 숙부님, 두 사촌동생과 함께 영결식장인 훈련원 안쪽에 자리를 잡았다. 영결식은 정오가 다 되어서야 끝났다. 중앙고보, 연희전문, 보성전문 학생들이 전단을 배포하며 만세를 불렀다. 그들은 즉시 체포되어 경찰서로 연행되었다. 사람들이 놀라서 우르르 도망치다가 부상자가 속출했다. 순종 황제의 유해를 실은 대여 (大轝)이 내 곁을 지나갈 때 흐르는 눈물을 참을 수 없었다.

그 역시 순종의 유해를 실은 대여(大轝)가 지나가자 흐르는 눈물을 주체하지 못했다. 또한 일제의 삼엄한 경계를 목격했고, 중앙고등보통학교, 연희전문학교, 보성전문학교 학생들이 전단을 배포하며 만세를 불렀다고 언급했다. 이어서 그는 6월 12일 일기에서 순종 장례식으로 인해 일본인이 경영하는 경성전차회사가 막대한 수입을 거두었다고 언급하고 있다.

이번 장례식 주간은 경성전차회사에 막대한 수입을 안겨주었다. 한국 황제가 살든 죽든 이익을 챙기는 자는 일본인뿐이고, 한국인은 오로지 손해만 본다. 모든 것이 일본인에게 유익하도록 움직이고 있는 것 같다.

그러나 그뿐이었다. 윤치호에게 순종의 죽음은 개인적인 연민을 야기할지언정 그 이상의 사건이 아니었다. 오히려 구시대의 종말을 반기지 않았을까. 그가 7년 전인 1919년 1월 23일에 쓴 일기를 통해서도 그러한 점을 짐작할 수 있다.

YMCA에 출근했다. 평균적인 한국인은 10퍼센트의 이성과 90퍼센트의 감성으로 이뤄져 있다. 서울에 살고 있는 한국인들은 전황제의 승하 때문에 와글와글하고 있다. 유교적인 예문가(禮文家)로서 자부심을 지닌 많은 노인은 역겨운 상복을 입고 있다. 그러나 한국인들은 슬픔과 부끄러움에 대한 억눌린 감정을 환기시키기 위해 이 기회를 이용하는 것 같다. 그들이 전 황제의 승하를 두고 이소동을 벌이고 있는 것은 그의 통치가 어리석음과 실수로 점철되었다는 사실을 몰라서가 아니라, 그의 죽음이 한국의 자결권이 끝내 소멸되었음을 나타내는 상징적인 사건이기 때문이다. 한 방울의 눈물은 그를 위한 눈물이고, 두 방울의 눈물은 그들 자신을 위한 눈물이다.

윤치호는 한국인의 울분과 수치심 등에 대해 연민을 느끼면서도 '와글와글하고' '소동을 벌이는' 한국인의 충격에 공감하지 못하고 있다. 그렇다면 그 대신 그는 새로운 청년 세대의 미래를 보았을까. 시위 학생들에 대한 관심은 일기에 표명하지 않았다. 그들의 요구 사항이 무엇인지 시위가 왜 일어났지에 대한 언급이 전혀 없다.

그럼에도 불구하고 순종과 조정구가 구시대 근왕주의를 상징하는 대표적인 인물이고 당대의 역사적 과제를 완수하지 못한 비운의

제6부 의병전쟁에서 강제 병합까지

인물이었을지라도, 두 달이 지난 시점에서 6·10 만세운동이 전개되었다는 점은 그들이 여전히 기억되어야 할 인물임을 여실히 보여준다. 나아가 순종은 숨이 끊어지는 마지막 순간까지 불법적이고 강제적인 조약 체결의 실상을 만방에 알림으로써 후손들의 주권국가를 향한 노력에 조금이나마 도움을 주려 했던 것은 아닐까? 순종의 죽음은 구시대의 종말을 의미하지만 새 세대가 딛고 넘어가야 할 디딤돌이었다.

왕조국가로서의 대한제국은 일제의 집요한 침략 공작과 내부 통합의 좌절로 자신을 지키지 못하고 사회의 대다수 구성원과 후속 세대에게 국망의 고통과 역사적 부채를 안겨주었다. 그러나 짧은 존속 기간에도 불구하고 대한제국은 이 땅의 구성원들이 고단하지만 주권국가를 향한 치열한 경험을 공유할 수 있는 역사적 기반을 제공함으로써 훗날 한국인들이 주권국가 회복의 정당성을 되뇌이며 주권 회복 운동을 펼칠 수 있는 지평을 열어주었다. 3·1운동과 민주공화정 대한민국 임시정부의 탄생은 대한제국의 역사적 경험에 대한 뼈아픈 성찰과 함께 결코 망각할 수 없는 기억이 교차된 산물은 아니었을까.

이미지 출처 및 소장처

47 숭실대학교기독교박물관

49 일본국립국회도서관

58 서울역사박물관

62 인터넷 아카이브(Internet Archive)

64(좌) 위키미디어 커먼즈

64(우) 위키미디어 커먼즈

69 위키미디어 커먼즈

70 국사편찬위원회

81(좌) 독립기념관

81(우) 인터넷 아카이브

91 국립고궁박물관

101 서울대학교 규장각한국학연구원

103 국립고궁박물관

115(좌) www.findagrave.com

115(우) 위키미디어 커먼즈

119(좌) 위키미디어 커먼즈

119(우) 문화재청

127(좌) 고려대학교박물관

127(우) 플리커(flickr.com)/코넬대학교도
서관

139 플리커/코넬대학교도서관

153 위키미디어 커먼즈

157 위키미디어 커먼즈

158(상) 인터넷 아카이브

158(하) 위키미디어 커먼즈

163 국립중앙박물관

177 인터넷 아카이브

178 인터넷 아카이브

180 국립중앙도서관

183 위키미디어 커먼즈

185 한국전력 전기박물관

186 한국전력 전기박물관

187 한국전력 전기박물관

190 국립중앙박물관

196 문화재청

198 동아일보

202 위키미디어 커먼즈

210 위키미디어 커먼즈

215(좌) 위키미디어 커먼즈

215(우) 서울대학교 규장각한국학연구원

221 동아일보

237 독립기념관

246 위키미디어 커먼즈

264 국립중앙박물관

287 국립중앙박물관

322 국립중앙도서관

326 위키미디어 커먼즈

328 서울대학교 규장각한국학연구원

331 국립민속박물관

343 위키미디어 커먼즈

348 국립중앙도서관

352 서울대학교 규장각한국학연구원

364 위키미디어 커먼즈
367 위키미디어 커먼즈
371 한국전력 전기박물관
386 인터넷 아카이브
408(좌) 문화재청
408(우) 위키미디어 커먼즈
420 안중근의사기념관
444 서울대학교 규장각한국학연구소
457 플리커/코넬대학교도서관
465 국립중앙도서관
472 플리커/코넬대학교도서관
474 독립기념관
497 게티이미지(Getty Image)
502 일본국립국회도서관
510 일본국립국회도서관
515(좌) 위키미디어 커먼즈
515(우) 위키미디어 커먼즈
529 위키미디어 커먼즈
533 위키미디어 커먼즈
536 뉴욕역사협회(New-York Historical Society)
539 스미소니언박물관
543 플리커/코넬대학교도서관
544 국립중앙박물관
567 국립중앙도서관
574 국립고궁박물관
583 플리커/코넬대학교도서관
587 박건호
592 국립중앙도서관
611 플리커/코넬대학교도서관
619 국립고궁박물관
621 국립고궁박물관
644 위키미디어 커먼즈

664 서울역사박물관
673 위키미디어 커먼즈
675 위키미디어 커먼즈
683 독립기념관
687 독립기념관
692 국립고궁박물관
693 국립중앙도서관
698 알라미(Alamy)
710 위키미디어 커먼즈
711 위키미디어 커먼즈
715 라돔디지털도서관(Radom Digital Library)
729 위키미디어 커먼즈
747 독립기념관
771 국립중앙도서관
775 위키미디어 커먼즈
777 안중근의사기념관
786 알라미
789 서울역사박물관
809 위키미디어 커먼즈
816 안중근의사기념관
825 독립기념관
858 안해룡
865 국립중앙박물관
883 위키미디어 커먼즈
893 서울대학교 규장각한국학연구원
895 위키미디어 커먼즈
900 위키미디어 커먼즈
901 국립중앙도서관

참고문헌

I. 자료

1. 주인공 5인의 자료
《윤치호일기》,《뮈텔주교일기》,《대한계년사》,《매천야록》,《하재일기》

2. 연대기
《고종실록》,《순종실록》,《일성록》,《승정원일기》,《비서원일기》,《관보》

3. 신문 및 잡지
《독립신문》, *The Independent*,《황성신문》,《대한매일신보》,《미일신문》,《제국신문》,《대한자강회월보》,《대한협회회보》

4. 문집과 일기류, 회고록, 견문류, 자서전
《해학유서》,《면암집》,《주연집》,《해천추범》

국채보상운동기념사업회, 대구흥사단 공편,《국채보상운동 100주년기념자료집》, 대구광역시, 2007

김도형 편,《대한국인 안중근 자료집》, 선인, 2008

김구, 도진순 주해,《백범일지》, 돌·베개, 2002

김구, 도진순 엮고보탬,《백범어록》, 돌베개, 2007

전주대학교 호남학연구소 편,《매천전집》(황현), 한국인문과학원, 1984

5. 통감부와 일본 정부 발간 자료
《일본외교문서》,《주한일본공사관기록》,《통감부문서》

6. 기타
고려대학교 아세아문제연구소,《구한국외교문서》1~22, 1965~1973

국사편찬위원회 엮음,《프랑스외무부문서》, 2002~2010

국회입법조사국 편,《구한말의 조약휘찬》, 1989

김순덕 외,《한말의병 관계문헌 해제집》, 민음사, 1993

金正明 編,《日韓外交資料集成》4, 巖南堂書店, 1967

송병기·박용옥·박한설 편,《한말근대법령 자료집》1~9, 대한민국 국회도서관,
    1971~72

이인섭,《元韓國一進會歷史》, 文明社, 1911

이태진·이상찬,《조약으로 본 한국 병합》, 동북아역사재단, 2010

최덕수 외,《조약으로 본 한국 근대사》, 열린책들, 2010

II. 연구논저

1. 단행본

김기석 편,《고종황제의 주권수호 외교》, 서울대학교 한국교육사고, 1994

김도형,《대한제국기의 정치사상연구》, 지식산업사, 1994

김도형,《근대 한국의 문명전환과 개혁론: 유교 비판과 변통》, 지식산업사, 2014

김도형,《국권과 문명: 근대 한국 계몽운동의 기로》, 지식산업사, 2022

김동진,《헐버트》, 참좋은친구, 2010

김미성,《조선 최후의 공인, 지규식의 일기》, 세창출판사, 2023

김삼웅,《의사 이재명의 삶과 죽음》, 문학과경계, 2003

김삼웅,《의암 손병희 평전》, 채륜, 2017

김상기,《한말 의병 연구》, 일조각, 1997

김영숙 편역,《군대 해산과 한국주차권의 독립운동 탄압》, 역사공간, 2020

김용섭,《증보판 한국근대농업사연구[하]》, 일조각, 1984

김용섭,《신정 증보판 한국근대농업사연구[II]: 농업개혁론·농업정책(2)》, 지식산
    업사, 2004

김용섭,《신정 증보판 조선후기농업사연구[II]: 농업과 농업론의 변동》, 지식산업
    사, 2007

김원수,《헤이그 만국평화회의 특사외교와 국제외교》, 독립기념관, 2016

김윤희,《이완용 평전》, 한겨레출판, 2023

김종준,《일진회의 문명화론과 친일활동》, 신구문화사, 2010

김태웅,《한국근대 지방재정 연구: 지방재정의 개편과 지방행정의 변경》, 아카넷, 2012

김태웅, 《대한제국과 3·1운동》, 휴머니스트, 2022

김현숙·한성민, 《일본의 한국 보호국화와 강제 병합》, 동북아역사재단, 2022

김형국, 《활을 쏘다: 고요함의 동학, 국궁》, 효형출판, 2006

류자후, 《이준선생전》, 동방문화사, 1947

민영환, 조재곤 역, 《해천추범》, 책과함께, 2007

박민영, 《최익현》, 역사공간, 2012

박성수, 《독립운동사연구》, 창작과비평사, 1995

박은식, 김태웅 역해, 《역해 한국통사》, 아카넷, 2012

박지향, 《윤치호의 협력일기》, 이숲, 2010

박찬승, 《근대이행기 민중운동의 사회사》, 경인문화사, 2008

박찬식, 《1901년 제주민란 연구》, 각, 2013

반재식, 《반학영전기》, 백중당, 2010

서영희, 《대한제국 정치사 연구》, 서울대학교출판부, 2003

서영희, 《일제 침략과 대한제국의 종말》, 역사비평, 2012

송정환, 《러시아의 조선침략사》, 범우사, 1990

신광철, 《천주교와 개신교: 만남과 갈등의 역사》, 한국기독교역사연구소, 1998

신재동, 《청년 의사 장인환, 전명운》, 지식과감성, 2023

신용하, 《독립협회연구》, 일조각, 1976

안승일, 《김홍집과 그 시대》, 연암서가, 2016

안중근, 김은숙 외 옮기고 풀이함, 《비판정본 안응칠역사》, 독도도서관친구들, 2020

오영섭, 《고종황제와 한말의병》, 선인, 2007

오영섭, 《한국근현대사를 수놓은 인물들(1)》, 경인문화사, 2007

오진석, 《한국 근현대 전력산업사, 1898~1961》, 푸른역사, 2021

와다 하루키, 이웅현 역, 《러일전쟁 기원과 개전(2)》, 한길사, 2019

외교통상부, 《이범진의 생애와 항일독립운동》, 외교통상부, 2003

유병용 외, 《박영효 연구》, 한국정신문화연구원, 2004

유영렬, 《개화기의 윤치호연구》, 한길사, 1985

유영익, 《갑오경장연구》, 일조각, 1990

윤대원, 《데라우치 마사다케 통감의 강제 병합 공작과 '한국병합'의 불법성》, 소명, 2011

윤덕한, 《이완용 평전》, 중심, 1999

윤병석, 《이상설전》, 일조각, 1984

윤선자, 《한국근대사와 종교》, 국학자료원, 2002

이민원,《명성황후와 아관파천》, 국학자료원, 2002

이방원,《한말 정치변동과 중추원》, 혜안, 2010

이범진,《미사일록》, 푸른역사, 2023

이승만,《독립정신》, 1910(활문사, 1946)

이영호,《동학 · 천도교와 기독교의 갈등과 연대, 1893~1919》, 푸른역사, 2020

이원순,《조선시대사논집: 안(한국)과 밖(세계)의 만남의 역사》, 느티나무, 1992

이종각,《자객 고영근의 명성황후 복수기》, 동아일보사, 2009

이지순·박규현·김병욱 역,《근대 한불 외교자료 Ⅰ~Ⅲ》, 선인, 2018

이창식 외,《이도철과 춘생문의거》, 제천문화원, 2006

이태진 편,《일제의 대한제국강점》, 까치, 1995

이태진,《고종시대의 재조명》, 태학사, 2000

이태진 외,《영원히 타오르는 불꽃》, 지식산업사, 2001

이태진 외,《헤이그 특사》, 태학사, 2008

이태진,《일본의 한국병합 강제 연구: 조약 강제와 저항의 역사》, 지식산업사, 2016

이태진·사사가와 노리가쓰 편,《3·1독립만세운동과 식민지배체제》, 지식산업사, 2019

이태진,《지식인 안중근》, 태학사, 2024

임혜봉,《망국대신 송병준 평전》, 선인, 2013

장영숙,《고종의 정치사상과 정치개혁론》, 선인, 2010

전봉덕,《한국근대법사상사》, 박영사, 1981

전우용,《한국 회사의 탄생》, 서울대학교출판문화원, 2011

전우용,《안중근》, 한길사, 2022

정일성,《이토 히로부미》, 지식산업사, 2002

정세현,《항일학생민족운동사연구》, 일지사, 1975

정재정,《일제침략과 한국철도(1892~1945)》, 서울대학교출판부, 1999

조익순·이원창,《이용익의 재평가》, 해남, 2002

조재곤,《근대격변기의 상인 보부상》, 서울대학교출판부, 2003

조재곤,《민영환: 대한제국의 마지막 숨결》, 역사공간, 2014

조재곤,《전쟁과 인간 그리고 '평화': 러일전쟁과 한국사회》, 일조각, 2017

조항래 편,《국채보상운동사》, 아세아문화사, 2007

차배근,《개화기 일본유학생들의 언론출판활동연구(Ⅰ): 1884~1898》, 서울대학교출판부, 2000

최덕규,《제정러시아의 한반도정책, 1891~1907년》, 경인문화사, 2008

최덕규,《대한제국 국제관계사 연구》, 동북아역사재단, 2021

최덕수 외,《대한제국과 국제환경》, 선인, 2005

최덕수 외,《근대 한국의 개혁 구상과 유길준》, 고려대학교출판문화원, 2015

최문형,《열강의 동아시아정책》, 일조각, 1982

최문형,《한국을 둘러싼 제국주의 열강의 각축》, 지식산업사, 2001

한상일,《이토 히로부미와 대한제국》, 까치글방, 2015

현광호,《대한제국의 대외정책》, 신서원, 2002

홍순권,《한말 호남지역 의병운동 연구》, 서울대학교 출판부, 1994

황재문,《안중근 평전》, 한겨레, 2011

황태연,《백성의 나라 대한제국》, 청계, 2017

H. N. 알렌, 김규병 역,《한국근대외교사연표》, 국회도서관, 1966

F. A. 맥켄지, 이광린 역,《한국의 독립운동》, 일조각, 1969

F. H. 해링튼, 이광린 역,《개화기의 한미관계: 알렌 박사의 활동을 중심으로》, 일조
      각, 1973

F. A. 맥켄지, 신복룡 역,《대한제국의 비극》, 탐구당, 1974

가스통 르루, 이주영 역,《러일전쟁, 제물포의 영웅들》, 작가들, 2006

강재언, 정창렬 역,《한국의 개화사상》, 비봉출판사, 1981

김문자, 김승일 역,《명성황후 시해와 일본인》, 태학사, 2011

김문자, 김흥수 역,《러일전쟁과 대한제국》, 그물, 2022

P.G. von Möllendorff: Ein Lebensbild von R. von Möllendorff, 신복룡·김운경 역,《묄
      렌도르프문서》, 평민사, 1987

더글라스 스토리, 권민주 역,《고종황제의 밀서》, 글내음, 2004

러시아연방 국립문서보관소, 엄순천 역,《러시아문서 번역집 X》, 선인, 2013

러시아연방 국립문서보관소, 김종헌 역,《러시아문서 번역집 XI》, 선인, 2013

아라이 신이치, 이태진, 김은주 역,《약탈문화재는 누구의 것인가》, 태학사, 2014

오가하라 히로유키, 최덕수, 박한민 역,《이토 히로부미의 한국 병합 구상과 조선 사
      회》, 열린책들, 2012

이사벨라 버드 비숍, 이인화 역,《한국과 그 이웃나라들: 백년 전 한국의 모든 것》,
      살림, 1994

지그프리트 겐트, 권영경 역,《독일인 겐테가 본 신선한 나라 조선, 1901》, 책과함께,
      2007

호머 헐버트, 마도경·문희경 역,《한국사, 드라마가 되다》, 리베르, 2009

혼마 규스케, 최혜주 역주,《일본인의 조선정탐록: 조선잡기》, 김영사, 2008

오카모토 다카시, 강진아 역,《미완의 기획, 조선의 독립》, 소와당, 2009

잭 런던, 윤미기 역,《잭 런던의 조선사람 엿보기: 1904년 러일전쟁 종군기》, 한울,
        2011

제임스 브래들리, 송정애 역,《임페리얼 크루즈》, 프리뷰, 2010

조경달, 최덕수 역,《근대조선과 일본》, 열린책들, 2015

黑龍會 編,《日韓合邦秘史》, 原書房, 1966

大江志乃夫,《日露戰爭の軍事史的硏究》, 岩波書店, 1976

讀賣新聞西部本社 編,《頭山滿と玄洋社》, 海鳥社, 2001

2. 논문

구희진,〈한말 교원 이강호와 근대교육의 험로〉,《전북사학》47, 전북사학회, 2015

김광우,〈대한제국 시대의 도시계획: 한성부 도시개조사업〉,《향토서울》50, 서울시
        사편찬위원회, 1991

김대길,〈1910년 평안도지방의 시장세 반대운동〉,《사학연구》42, 한국사학회, 1992

김상기,〈한말 양평에서의 의병항쟁과 의병장〉,《역사와 담론》37, 호서사학회, 2004

김성환,〈서우 전병훈의 생애와 저술에 대한 종합적 연구(Ⅰ)= 국내 거주기
        (1857~1907)의 활동과 저술〉,《도교문화연구》38, 한국도교문화학회, 2013

김소영,〈대한제국기 '국민'형성론과 통합론 연구〉, 고려대학교 박사학위논문, 2010

김순덕,〈경기지방 의병운동 연구: 1904~1911〉, 한양대학교 박사학위논문, 2002

김아름,〈대한제국기 진휼정책의 개편과 진휼활동〉,《역사연구》48, 역사학연구소,
        2023

김양식,〈1901년 제주민란의 재검토〉,《제주도연구》6, 제주도연구회, 1989

김용섭,〈광무연간의 양전·지계사업〉,《증보판 한국근대농업사연구[하]》, 일조각,
        1984

김용섭,〈매천 황현의 농민전쟁 수습책〉,《증보판 한국근대농업사연구[하]》, 일조각,
        1984.

김용섭,〈근대화 과정에서의 농업개혁의 두 방향〉,《한국근현대농업사연구》, 일조
        각, 1992

김봉진,〈안중근과 일본, 일본인〉,《3·1독립만세운동과 식민지배체제》(이태진·사사

가와 노리가쓰 편), 지식산업사, 2019

김정송, 〈뮈텔 주교의 조선 인식과 선교 방침(1890~1919): 정치 · 사회적 측면을 중심으로〉, 《성농 최석우신부 고희기념한국가톨릭문화활동과 교회사》, 한국교회사연구소, 1991

김정환, 〈한말 · 일제강점기 뮈텔 주교의 교육활동〉, 《한국근현대사연구》 56, 한국근현대사학회, 2011

김정환, 〈한말 · 일제강점기 한국천주교회의 재편: 뮈텔 주교의 재임기를 중심으로〉, 《역사와 담론》 57, 호서사학회, 2010

김정환, 〈뮈텔 일기 연구〉, 충남대학교 박사학위논문, 2015

김종수, 〈돈헌 임병찬의 생애와 복벽운동〉, 《전북학》 44, 전북사학회, 2014

김종준, 〈진보회 일진지회의 활동과 향촌사회의 동향〉, 《한국사론》 48, 서울대학교 국사학과, 2002

김태웅, 〈1894~1910년 지방세제의 시행과 일제의 조세수탈〉, 《한국사론》 26, 1991

김태웅, 〈1920 · 30년대 오지영의 활동과 《동학사》 간행〉, 《역사연구》 2, 역사학연구소, 1993

김태웅, 〈대한제국기의 법규 교정과 국제 제정〉, 《한국근현대의 민족문제와 신국가건설》(김용섭교수정년기념한국사학논총간행위원회 편), 지식산업사, 1997

김태웅, 〈한국 근대개혁기 정부의 프랑스 정책과 천주교: 왕실과 뮈텔의 관계를 중심으로〉, 《역사연구》 11, 역사학연구소, 2002

김태웅, 〈인권 사상의 역사적 기반과 전개〉, 《사회와 역사》 124, 한국사회사학회, 2019

김헌주, 〈마을주민의 시선에서 본 의병운동(1894~1909)〉, 《한국사학보》 49, 고려사학회, 2012

김현숙, 〈한국 근대 서양인 고문관 연구(1882~1904)〉, 이화여자대학교 박사학위논문, 1999

김희연, 〈주한미국공사 알렌의 이권 획득과 세력권 확보 시도〉, 고려대학교 박사학위논문, 2022

나애자, 〈이용익의 화폐개혁론과 일본제일은행권〉, 《한국사연구》 45, 한국사연구회, 1984

노길명, 〈구한말 프랑스 선교사의 사회 · 문화활동: 그 성격과 한계성을 중심으로〉, 《교회사연구》 5, 한국교회사연구소, 1987

노용필, 〈천주교의 신앙 자유 획득과 선교 자유 확립〉, 《교회사연구》 30, 한국교회사

연구소, 2008

노용필, 〈대한제국기 자신회 관련 고문서에 대한 검토〉, 《한국근현대사연구》 5, 한
국근현대사연구회, 1996

문일웅, 〈대한제국 성립기 재일본 망명자 집단의 활동(1895~1900)〉, 《역사와현실》
81, 한국역사연구회, 2011

문일웅, 〈만민공동회 시기 협성회의 노선 분화와 《제국신문》의 창간〉, 《역사와현실》
83, 한국역사연구회, 2012

뮈텔, 최용록 역, 〈조선에서의 학교 설립을 위한 보고서〉(1908년 7월 7일), 《교회와
역사》 384, 한국교회사연구소, 2007

박성수, 〈서재필에 대한 재평가〉, 《서암조항래교수화갑기념한국사학논총》(서암조
항래교수화갑기념한국사학논총간행위원회 편), 아세아문화사, 1992

박성진, 〈에밀 부르다레(Émile Bourdaret), 대한제국기 한 이방인 고고인류학자〉,
《인문과학연구》 63, 강원대학교 인문과학연구소, 2019

박은숙, 〈경기도 분원마을 지도자 지규식의 외세 인식과 그 변화(1894~1910)〉, 《한
국인물사연구》 26, 2016

박재혁, 〈한말 활빈당의 활동과 성격의 변화〉, 《역사와세계》 19, 부산대학교 사학회,
1995

박찬승, 〈활빈당의 활동과 그 성격〉, 《한국학보》 10-2, 일지사, 1984

박찬승, 〈1890년대 후반 도일 유학생의 현실인식: 유학생 친목회를 중심으로〉, 《역
사와현실》 31, 1999

박찬식, 〈한말 천주교회와 향촌사회: '교안'의 사례 분석을 중심으로〉, 서강대학교
박사학위논문, 1995

박찬식, 〈한말 교안과 교민조약: 교회와 국가의 관계를 중심으로〉, 《교회사연구》 27,
한국교회사연구소, 2006

배항섭, 〈정교(1859~1925)의 관직경력과 사회활동〉, 《한국사연구》 165, 한국사연
구회, 2014

서영희, 〈1894~1904년의 정치체제 변동과 궁내부〉, 《한국사론》 23, 서울대학교 국
사학과, 1990

서진교, 〈1898년 도약소의 결성과 활동〉, 《진단학회》 73, 진단학회, 1992

서태원, 〈강화지방대·강화진위대 연구(1896~1907)〉, 《한국사연구》 168, 한국사연
구회, 2015

신동원, 〈조선말의 콜레라 유행, 1821~1910〉, 《한국과학사학회지》 11-1, 한국과학

사학회, 1989

신소연, 〈일제강점기 경기 개성 지역 석조문화재 보존사업〉, 《한국미술사연구》 40, 2021

신영우, 〈강원도 홍천의 동학농민군과 풍암리 전투〉, 《동학학보》 37, 동학학회, 2015

신용하, 〈허위의 의병 활동〉, 《나라사랑》 27, 외솔회, 1977

신용하, 〈구한말 보안회의 창립과 민족 운동〉, 《사회와 역사》 44, 한국사회사학회, 1994

안해룡, 〈일본의 근대 철도 건설에 참여한 조선인 노동자: 히사쓰선·산인선 철도 위령비를 중심으로〉, 《한일민족문제연구》 42, 2022

오영섭, 〈개화기 안태훈(1862~1905)의 생애와 활동〉, 《한국근현대사연구》 40, 한국근현대사학회, 2007

왕현종, 〈대한제국기 양전·지계사업의 추진과정과 성격〉, 《대한제국의 토지조사사업》(한국역사연구회 근대사분과 토지대장연구반 편), 민음사, 1995

왕현종, 〈대한제국기 입헌논의와 근대국가론: 황제권과 권력구조의 변화를 중심으로〉, 《한국문화》 29, 한국문화연구소, 2002

우정열, 〈윤치호 문명개화론의 심리와 논리〉, 《역사와사회》 33, 국제문화학회, 2004

유진영, 〈대한제국 시기 독일인 군악대장 프란츠 에케르트(1852~1916)의 활동에 관한 연구〉, 《독일연구》 23, 한국독일사학회, 2012

윤병석, 〈일본인의 황무지개척권 요구에 대하여〉, 《역사학보》 22, 역사학회, 1964

윤선자, 〈일제의 한국 강점과 천주교회의 대응〉, 《한국사연구》 114, 2000

윤창대, 〈전병훈 《정신철학통편》 연구: 한국철학의 위상과 성격을 중심으로〉, 국제뇌교육종합대학원대학교 박사학위논문, 2015

이계형, 〈황현의 역사인식과 《매천야록》의 사료적 가치〉, 《애산학보》 46, 2019

이구용, 〈대한제국의 성립과 열강의 반응: 칭제건원 논의를 중심으로〉, 《강원사학》 1, 강원사학회, 1985

이민원, 〈칭제건의의 전개와 대한제국의 성립〉, 《청계사학》 5, 청계사학회, 1988

이민원, 〈아관파천 전후의 한로관계 1895~1898〉, 한국정신문화연구원 한국학대학원 박사학위논문, 1994

이민원, 〈조선의 단발령과 을미의병〉, 《한국의암학회》 1, 의암학회, 2002

이민원, 〈대한제국의 장충사업과 그 이념: 장충단과 모충단을 중심으로〉, 《동북아문화연구》 33, 동북아시아문화학회, 2012

이상배, 〈장충단의 설립과 장충단제〉, 《지역문화연구》 4, 세명대학교 지역문화연구

소, 2005

이상찬, 〈1896년 의병운동의 정치적 성격〉, 서울대학교 박사학위논문, 1996

이상찬, 〈갑오개혁과 1896년 의병의 관계〉, 《역사연구》 5, 역사학연구소, 1997

이상찬, 〈1896년 의병과 명성왕후 지지세력의 동향〉, 《한국문화》 20, 한국문화연구
　　소, 1997

이상찬, 〈1896년 의병운동 통설에 대한 비판적 검토〉, 《역사비평》 45, 1998

이상찬, 〈1896년 환궁의병 운동의 전개 양상〉, 《한국문화》 30, 2002

이영관, 〈독일 세창양행과 구한말 조선의 근대화 현실〉, 《한국사상과 문화》 76, 한국
　　사상문화학회, 2015

이영호, 〈대한제국시기 영학당운동의 성격〉, 《한국민족운동사연구》 5, 한국민족운
　　동사학회, 1991

이영호, 〈일제의 식민지 토지정책과 미간지 문제〉, 《역사와현실》 37, 한국역사연구
　　회, 2000

이원순, 〈한말 제주도 통어문제 일고〉, 《역사교육》 10, 역사교육연구회, 1967

이원순, 〈조선말기 사회의 '교안' 연구〉, 《역사교육》 15, 1973

이원순, 〈한미 고빙 구미인 종감〉, 《조선시대사논집: 안(한국)과 밖(세계)의 만남의
　　역사》, 느티나무, 1992

이윤상, 〈1894~1910년 재정 제도와 운영의 변화〉, 서울대학교 박사학위논문, 1996

이윤상, 〈일제에 의한 식민지 재정의 형성과정: 1894~1910년의 세입구조와 징세기
　　구를 중심으로〉, 《한국사론》 14, 서울대학교 국사학과, 1986

이재석, 〈한청통상조약 연구〉, 《대한정치학회회보》 19-2, 한국정치학회, 2011

이창훈, 〈20세기 초 프랑스의 대한정책〉, 《한불외교사: 1886~1986》(한국 정치외교
　　사학회 편), 평민사, 1987

이태진, 〈서양 근대 정치제도 수용의 역사적 성찰〉, 《진단학보》 84, 진단학회, 1997

이태진, 〈조선·대한제국 조약문 원본들과 중요 근대화 산업 계약문서들의 행방〉,
　　《한국문화》 33, 서울대학교 한국문화연구소, 2004

이태진, 〈국민 탄생의 역사: 3·1독립만세운동의 배경〉, 《3·1독립만세운동과 식민지
　　배체제》(이태진·사사가와 노리가쓰 편), 지식산업사, 2019

장동하, 〈한말 교안의 성격〉, 《민족사와 교회사》(최석우 신부 수품 50주년 기념 사
　　업위원회 편), 한국교회사연구소, 2000

장동하, 〈초대 주한 프랑스 공사의 외교정책과 한국 천주교회〉, 《가톨릭 신학과 사
　　상》 39, 신학과사상사학회, 2002

장동하, 〈개항기 교회 재건 운동과 교구장들의 선교 정책〉,《인간연구》5, 2003

장동하, 〈조선교구장 뮈텔 주교와 주한 프랑스 공사 프랑뎅의 갈등〉,《가톨릭 신학
　　　과 사상》45, 신학과사상사학회, 2003

장석흥, 〈안중근과 빌렘〉,《한국학논총》47, 국민대학교 한국학연구소, 2017

전정해, 〈광무년간의 산업화 정책과 프랑스 자본·인력의 활용〉,《국사관논총》84,
　　　국사편찬위원회

전정해, 〈대한제국의 산업화 시책 연구: 프랑스 차관 도입과 관련하여〉, 건국대학교
　　　박사학위논문, 2003

전봉덕, 〈대한제국 국제의 제정과 기본 사상〉,《법사학연구》창간호, 법사학회, 1974

정상수, 〈일본의 한국 강제병합과 강대국들의 대응 1895~1910년〉,《서양사연구》
　　　42, 서울대학교 서양사연구회, 2010

정창렬, 〈한말 변혁운동의 정치·경제적 성격〉,《민중의 성장과 실학》(정창렬저작집
　　　간행위원회 편), 2014

조건, 〈일제 '한국주차군' 경리부의 활동과 한국민의 대응(1904~1910)〉, 동국대학
　　　교 석사학위논문, 2005

조광, 〈고종황제와 뮈텔주교〉,《경향잡지》63, 한국천주교주교회의, 2004

조동걸, 〈의병운동의 한국민족주의상의 위치(상)〉,《한국민족운동사연구》1, 한국민
　　　족운동사학회, 1986

조재곤, 〈대한제국기 홍종우의 근대화 개혁론〉,《택와허선도선생정년기념 한국사학
　　　논총》, 일조각, 1992

조재곤, 〈왕산 허위의 관직생활과 항일투쟁〉,《왕산 허위의 나라 사랑과 의병전쟁》
　　　(김희곤 외), 구미시·안동대학교 박물관, 2005

조흥윤, 〈세창양행(世昌洋行), 마이어, 함부르크 민족학박물관〉,《동방학지》48, 연
　　　세대학교 국학연구원, 1985

주진오, 〈독립협회와 대한제국의 경제정책 비교 연구〉,《국사관논총》41, 국사편찬
　　　위원회, 1993

주진오, 〈19세기 후반 개화 개혁론의 구조와 전개: 독립협회를 중심으로〉, 연세대학
　　　교 박사학위논문, 1995

차경애, 〈러일전쟁 당시의 전쟁견문록을 통해서 본 전쟁지역 민중의 삶〉,《중국근현
　　　대사연구》44, 한국중국근현대사학회, 2010

최덕규, 〈고종황제의 독립운동과 러시아 상하이 정보국(1904~1909)〉,《민족문화온
　　　동사연구》81, 한국민족운동사학회, 2014

최덕수, 〈독립협회의 정체론과 외교론 연구〉, 《민족문화연구》 13, 고려대학교 민족
　　문화연구소, 1978

최석우, 〈뮈텔주교일기의 해제〉, 《뮈텔주교일기》 1~8, 한국교회사연구소,
　　1986~2008

최종고, 〈구한말 주한 프랑스인 사회: 《뮈텔주교일기》를 중심으로〉, 《교회사연구》
　　27, 한국교회사연구소, 2006

최종고, 〈로랑 크레마지〉, 《한국의 서양법수용사》, 박영사, 1982

최창희, 〈황무지개척권 반대운동〉, 《한국사》(국사편찬위원회 편), 탐구당, 1999

홍명순, 〈19세기 말 독일인의 조선여행기: 문화 간 커뮤니케이션 관점을 중심으로〉,
　　《외국어로서의 독일어》 27, 한국독일어교육학회, 2010

홍순권, 〈을사늑약 전후 개화지식인들의 정국인식과 대응〉, 《한국독립운동사연구》
　　24, 한국독립운동사연구소, 2005

홍순호, 〈대한제국 법률고문 L.Crémazy의 임명과정분석〉, 《한국문화연구논총》 36,
　　이화여자대학교 한국문화연구원, 1981

홍순호, 〈대한제국시대의 한·불관계〉, 《주제연구》 5, 이화여자대학교 한국문화연구
　　원, 1984

홍순호, 〈파리 외방 전교회 선교사들의 한국진출에 대한 프랑스 정부의 태도〉, 《교
　　회사연구》 5, 한국교회사연구소, 1987

홍정근, 〈조선후기 학자 순암 안정복의 주체적 사유〉, 《한국철학논집》 19, 한국철학
　　사학회, 1988

李丙洙, 〈韓國の近代化と《刑法大全》の頒示〉, 《思想》 583, 岩波書店, 1973

梶村秀樹, 〈朝鮮からみた日露戰爭〉, 《史潮》 7, 歷史學會, 1980

쟝 끌로드 알랭, 〈고종재위기간의 불한관계〉, 《한불외교사: 1886~1986》(한국 정치
　　외교사학회 편), 평민사, 1987

奧村周司, 〈李朝高宗の皇帝卽位について: その卽位儀禮と世界觀〉, 《朝鮮史研究會
　　論文集》 33, 朝鮮史研究會, 1995

찾아보기

《독립신문》20, 42, 104, 118, 119, 122, 157, 159, 161, 177, 178, 200~202, 214, 230, 231, 236, 274, 291, 294, 310, 318, 354

독립청원서 538, 556

《동국사략(東國史略)》844, 845, 862

동양평화론 448, 721

《동양평화론》814

동학농민운동(동학농민전쟁) 32, 34, 35, 97, 98, 642, 645, 647, 735, 762

ㄹ

량치차오(梁啓超) 39, 809, 862

뤼순(旅順) 181, 199, 367, 393, 413, 414, 440, 446, 448, 454, 458, 528~530, 720, 793, 799, 800, 803, 814~821

리훙장(李鴻章) 469

ㅁ

만국공법(萬國公法) 131, 135, 347, 548, 549, 599

만국우편연합 310, 353

《만국평화회의보》866

만인계(萬人契) 379, 380

만한교환론(滿韓交換論) 137, 390~392, 429

메가타 다네타로(目賀田種太郞) 509~511

명성왕후 시해 사건 23, 29, 34, 42~44, 46, 51, 52, 63~65, 68, 70, 81, 88, 90, 93, 102, 108, 110, 112, 114, 116, 209, 210, 218, 263, 287, 359, 360, 362~364, 471, 490, 646, 667, 791

모스크바의정서 121, 122, 200, 337

목양사(牧養社) 727

민긍호(閔肯鎬) 733, 734

민병석(閔丙奭) 233, 314, 455, 456, 480~482, 506, 507, 550, 552~554, 679, 785, 788, 789

민상호(閔商鎬) 166, 550

민영찬 403, 618

민영철 432, 462, 730

민영환(閔泳煥) 20, 39, 84, 102, 118, 126~128, 134, 153, 154, 224, 235, 260, 279, 281, 288, 292, 314, 321, 357, 359, 382, 390, 436, 470, 476, 541, 555, 556, 597, 599, 602~611, 615, 623~625, 689, 727, 790

민영휘 597, 611, 612, 633, 658, 694

민종묵 192, 193, 195~197, 207, 223, 247, 258~260, 271, 506

민종식 630, 666, 667, 732, 763

민형식 262, 651, 652

ㅂ

박문사(博文寺) 789, 790

박승환(朴昇煥) 630, 709, 710

박영효(朴泳孝) 18~20, 30, 166, 171, 172, 175, 204,, 211, 244~246, 250, 255, 256, 271, 273, 282, 286, 287, 290~303, 306, 314, 316, 319, 323, 327, 334, 335, 355, 357, 358, 361, 364, 365, 555, 662, 679, 696, 697, 838

박용화 563, 651, 674, 675

박은식(朴殷植) 441, 442, 602, 687, 698, 766

박정양(朴定陽) 56, 60, 61, 118, 134, 184,

921 찾아보기

871~874, 877~880, 884, 890~894

이용익(李容翊) 92, 153, 175~177, 182, 187, 204, 209~212, 355, 382, 390, 393, 400, 404, 412~416, 422, 432, 438, 445, 460~463, 468, 549, 553, 613, 630, 631, 634~642, 647, 682, 838

이용태 490, 518, 521, 677

이용한 205, 797, 798

이위종(李瑋鍾) 62, 81, 82, 638, 682~686

이유인 358, 360~362, 399, 486

이윤용(李允用) 56, 69, 77, 166, 214, 490, 613, 842, 848

이윤재(李允在) 641, 642

이은찬 743, 744, 764, 765

이인영(李麟榮) 197, 213, 361, 396, 462, 743, 744

이일직(李逸稙) 152, 838

이재명(李在明) 721, 725, 802, 823~835

이종호(李鍾浩) 635, 636, 640, 642, 785

이준(李儁) 638, 662, 673, 682~689

이지용(李址鎔) 30, 444, 445, 506, 570, 573, 576, 578, 582, 586, 595, 603, 624, 647, 657, 658, 673~676, 678, 724, 729, 730, 846

이토 히로부미(伊藤博文) 460, 468~471, 477, 549, 550~554, 559~565, 569, 571~573, 584, 587, 622, 626, 630, 652, 654, 664, 665, 668, 679, 680, 690, 692, 694, 699, 703, 704, 707, 720, 721, 724, 728, 729, 740, 741, 769, 772, 776~793, 797, 805~813, 818, 819, 822, 841, 843, 856, 863, 870, 871, 874, 876, 879, 886, 887

이하영 455, 456, 479, 480, 488, 490, 503, 504, 507, 570, 572, 576, 582, 586, 724

이학균 152, 203, 433, 462, 468

이한응(李漢應) 353, 600~692

이화학당 280, 283

이회영(李會英) 673, 687, 840

일진회(一進會) 236, 249, 430, 436~438, 486, 489, 490, 500, 514~522, 524, 557~561, 565, 566, 569, 584, 588, 633, 639, 642, 643, 645~649, 651, 652, 658, 660, 661, 665, 667, 670, 671, 680, 694, 714, 720, 722, 724, 726~728, 732~735, 737, 757, 806, 824, 834, 863, 869, 870, 874, 877~890

임시국민대연설회 878~882

ㅈ

자오저우(胶州) 181, 844

장박(張博) 64, 66, 362

장인환(張仁煥) 720, 721, 770, 771, 773~775

장지연 570, 577, 578, 590, 591, 802

장충단(奬忠壇) 601, 679, 789

재일본동경대한흥학회 882

《재팬 크로니클(The Japan Chronicle)》866

전덕기(全德基) 672, 673, 680

전명운(田明雲) 720, 721, 770~776

전병훈 314~316

전환국(典圜局) 393, 511

절영도 저탄소 192, 193, 197

정미조약 630, 702, 704, 705, 707, 727

정병하(鄭秉夏) 47, 63, 68, 71, 108, 112

정순만(鄭淳萬) 601, 602, 672, 673

그들의 대한제국 1897~1910

5인의 기록으로 재구성한 있는 그대로의 대한제국사

1판 1쇄 발행일 2024년 12월 2일

지은이 김태웅

발행인 김학원
발행처 (주)휴머니스트출판그룹
출판등록 제313-2007-000007호(2007년 1월 5일)
주소 (03991) 서울시 마포구 동교로23길 76(연남동)
전화 02-335-4422 **팩스** 02-334-3427
저자·독자 서비스 humanist@humanistbooks.com
홈페이지 www.humanistbooks.com
유튜브 youtube.com/user/humanistma **포스트** post.naver.com/hmcv
페이스북 facebook.com/hmcv2001 **인스타그램** @humanist_insta

편집주간 황서현 **편집** 최인영 강창훈 이영란 **디자인** 김태형
조판 홍영사 **용지** 화인페이퍼 **인쇄** 청아문화사 **제본** 민성사

ⓒ 김태웅, 2024

ISBN 979-11-7087-265-8 03910